从鸦片到议会

——马地臣和渣甸（上）

袁 峰◎著

綫裝書局

图书在版编目（CIP）数据

从鸦片到议会——马地臣和渣甸：全 2 册 / 袁峰著
. —北京：线装书局，2021.7
　ISBN 978-7-5120-4442-5

　Ⅰ. ①从… Ⅱ. ①袁… Ⅲ. ①马地臣 – 人物研究②渣
甸 – 人物研究 Ⅳ. ① K856.538

中国版本图书馆 CIP 数据核字（2021）第 050214 号

从鸦片到议会——马地臣和渣甸
CONG YAPIAN DAO YIHUI——MADICHEN HE ZHADIAN

著　　者：袁　峰
责任编辑：于建平
出版发行：线装书局
　　　　　地　址：北京市丰台区方庄日月天地大厦 B 座 17 层（100078）
　　　　　电　话：010-58077126（发行部）　010-58076938（总编室）
　　　　　网　址：www.zgxzsj.com
经　　销：新华书店
印　　制：天津雅泽印刷有限公司
开　　本：710mm×1000mm　1/16
印　　张：45
字　　数：543 千字
版　　次：2021 年 7 月第 1 版第 1 次印刷

线装书局官方微信

定　　价：158.00 元（全 2 册）

序

　　鸦片战争前的中英关系研究成果颇丰，但学界对英印散商个体的研究始终十分匮乏。本书作者独辟蹊径，从英国商人马地臣、渣甸两人的生平事迹入手，从微观层面考察鸦片战争前中英关系的宏观状况，从细微角度剖析恢宏庞大的历史事件，这个视角和思路是难能可贵的。

　　观水有术，必观其澜。本书研究对象马地臣和渣甸，堪称一对最佳生意拍档。两人共同创办了"怡和洋行"——第一次鸦片战争爆发前成立于中国，并且唯一延续至今的外资企业。两人都是在中国声名狼藉、在英国享有盛誉的人物；两人都是年纪轻轻就去国离乡，不约而同地选择侨居中国，白手起家开创商业帝国；两人都是惯于商战、善于应变、长于借势，最终富甲一方、落叶归根。渣甸虽然年长马地臣 12 岁，但两人生平经历交叉，商业眼光和政治见解较为一致。他们是众多历史事件的亲历者和见证者，可以毫不夸张地说：他们的身上隐藏着一部 19 世纪 20 年代至 40 年代的中英关系简史。

　　史学的生命在于真实。在档案稀缺、资料阙如的情况下，本书作者把匠心运用于研究之中，既博采众长又去伪存真，既广引群收又精雕细琢，既举其大纲又详其细目。慎思明辨，积千言以至鸿篇；治学不辍，累万语乃有巨制。虽然难以还原全部史实，但如果读者能从本书中看到严谨真实的历史脉络，倒不枉费作者的初衷。

当然，总有一些人会怀疑史学研究的意义。他们认为实用才是现代社会的主旋律，殊不知，推动社会进步的不仅仅是实用技术，更有文化传承。人类既要有面向未来的进取心，也要有追问过去的好奇心。历史不会简单地重复，却常有惊人的相似之处。反以观往，复以验来；反以知古，复以知今。历史有时就像是"罗生门"，扑朔迷离，激发着每一位愿意亲近历史的人不断追求真相，而真相里往往隐藏着有益于现实的经验和教训，这就是史学研究的意义。

习近平总书记在2016年知识分子、劳动模范、青年代表座谈会上指出："志之所趋，无远勿届，穷山距海，不能限也。"写作和研究，需要一个志向、一份兴趣、一种情怀。本书作者长期工作在科学技术一线，把最好的青春年华奉献给了科技事业。在业余时间里，他潜心研究中国近代对外贸易史，一直没有停止过学习、思考和写作。学问勤中得，萤窗万卷书。如果没有不忘初心的毅力和志向，没有刻苦钻研的耐心和韧劲，是无法将这样的研究进行下去的。我很欣喜看到本书顺利出版，并乐于将此书介绍给大家。

是为序。

袁树林

目录

上部　怡和洋行创始人——马地臣

下部　"铁头老鼠"——渣甸

上部　怡和洋行创始人——马地臣

第一章　怡和洋行创始人

　　1796 年 10 月 17 日詹姆士·马地臣①出生于英国苏格兰北部萨瑟兰郡莱尔格镇②的一个富裕家庭。出生仅一个多月，11 月 22 日马地臣即受洗礼成为基督徒。马地臣父亲老唐纳德·马地臣是苏格兰从男爵③，其家族来源于罗斯和克罗马蒂郡西南部的洛哈尔什镇和阿塔代尔镇④的马地臣显贵家族的一个分支，曾与英国东印度公司保持着长期密切的关系。

　　马地臣在中学时就读于爱丁堡皇家中学（Edinburgh's Royal High School）。1811 年毕业于当时英国最好的两所大学之一爱丁堡大学。另一所著名大学是格拉斯哥大学，而此时牛津大学、剑桥大

---

　　①　詹姆士·马地臣：James Matheson，又译孖地信、孖地臣，英国人。

　　②　萨瑟兰郡：Sutherland Shire，英国苏格兰原郡名。莱尔格镇：Lairg town。

　　③　老唐纳德·马地臣：Donald Matheson。因与詹姆士·马地臣的侄子三孖地臣同名，为避免混淆，故称老唐纳德·马地臣。见 Mackenzie, Alexander History of the Mathesons with Genealogies of the Various Families（1900）。有研究者认为，马地臣父亲不是从男爵。见科利斯《外交泥淖》（Collis, *Foreign Mud*）。

　　④　罗斯和克罗马蒂郡：Ross and Cromarty Shire。洛哈尔什镇：Lochalsh town。阿塔代尔镇：Attadale town。

学的排名略逊于上述两所大学。此后马地臣前往伦敦，在一家代理行工作两年。1813 年马地臣到达印度加尔各答，在叔父开设的"里卡兹·麦金托什行"（Rickards，Mackintoch & Co.）当学徒并担任会计。"里卡兹·麦金托什行"是当时印度最大的商行之一，后来不幸破产，负债高达 250 万英镑。1818 年马地臣离开"里卡兹·麦金托什行"，前往广州。也许上帝在关上一扇门的时候，真的打开了一扇窗。马地臣从此开启了在广州二十多年疯狂积累财富的经商生涯。

一、散商崛起

"天下熙熙，皆为利来；天下攘攘，皆为利往。夫千乘之王，万家之侯，百室之君，尚犹患贫，而况匹夫编户之民乎！"两千年前的司马迁深刻指出一个"利"字，足以激发上至王侯、下至平民的追逐本能。正所谓"利之所在，人必趋之"①。至于亲朋道义因财失，父子情怀为利休，古今中外不胜枚举。

15 世纪起，欧洲船队开始出现在世界各地的海洋上。新生的资本主义商人群体在全世界范围内到处探寻新的贸易路线和贸易伙伴。传说中物产丰盈、人口众多的东方尤其让这些冒险家们十分向往。他们热切地盼望着东方市场能像广袤无垠的东方大陆一样广阔，东方富饶的物产能够给他们带来梦寐以求的巨额财富。

但遗憾的是，第一个愿望要暂时落空了。因为此时东方世界还普遍停留在农业社会里，尤其是古老的中华帝国，长期自给自足的

---

① 《明经世文编》卷 270。

小农经济、日益增长的国内贸易和城市家庭手工业，天然地抵制了来自西方国家的工业制造品。"在帝国的领域内，差不多包括各种气候，而生活上的必需品与奢侈品可以由成功的农业与广阔的内陆商业来供应，因此，或者在世界上没有一个国家，可以像中国那样不依赖与其他民族来往的。"①

直到 19 世纪 30 年代，怡和洋行给客户发送的行情报告中还称中国土产"紫花"布，在质量和价格上均优于英国曼彻斯特出产的棉布。1890 年中国海关总税务司赫德②在《中华见闻录》一书中写道："中国有举世最好的粮食：米；最好的饮品：茶；最好的衣服：棉、丝、皮毛。拥有这些重要物产及无数的副产品，中国无须向外购买一毛钱东西。"③相反，西方国家前往中国，往往需要携带大量金银货币用于购买丝和茶，随船所携带的西方商品却成了点缀。

16 世纪至 19 世纪初期，西方对华贸易向中国输入的商品不仅品种单一，而且数量较少，但从中国输出商品的种类和数量均较多。1637 年英国船长韦德尔（Captain Weddell）首次到达广州开辟对华贸易，不仅没有卖出一件英国商品，相反却购买了价值 8 万银圆、重达 600 吨的瓷器、糖、丁香、生姜、黄金等中国货物。1750 年之前，英国东印度公司从伦敦运往广州的商品主要是约克郡的毛织品、康沃尔的铅和兰开夏的棉织品，但货值从未超过总投资金额的 5%，

---

① 〔美〕马士著、区宗华译：《东印度公司对华贸易编年史》（第 4 卷），中山大学出版社 1991 年版，第 327 页。

② 罗伯特·赫德：Robert Hart，1835—1911 年，英国政治家。1861 年至 1911 年在华担任清朝海关总税务司。

③ 〔英〕罗伯·布雷克（Robert Blake）著、张青译：《怡和洋行》，台北时报文化出版企业股份有限公司 2001 年版，第 14 页。

英国东印度公司位于伦敦的总部大楼

通常低至 2%。①1751 年 4 艘英国东印度公司商船从英国驶向中国，装载价值 119，000 镑的现银和 10，842 镑的英国商品。商品的价值不足现银价值的十分之一。1811 年至 1828 年，英国东印度公司向中国出口的货物总价值几乎是从中国进口的货物总价值的六倍。

　　1606 年荷兰商人率先将茶叶引入欧洲。1664 年英国东印度公司第一笔订单就是从爪哇运回 100 磅②中国茶叶。随着茶叶成为英国从贵族到平民共同喜爱的饮品，茶叶逐渐成为唯一一种不会与英国国内产品形成竞争的普通消费品，因此英国东印度公司长期垄断茶叶贸易，禁止散商从中国向英国运销茶叶。但唯利是图的散商们，纷纷将茶叶作为走私入英的主要商品。为了抵制茶叶走私，1784 年英

①　马士，《东印度公司对华贸易编年史》（第 2 卷），第 328 页。

②　1 磅 ≈ 0.4536 千克。

国国会通过《抵代税条例》(Commutation Act)，将茶叶关税从100%以上降低到12.5%，这极大地减轻了英国东印度公司的税费负担，也导致英国该年茶叶进口由上年的600万磅激增到1500万磅。此后，英国东印度公司逐渐在中英贸易中主要从事茶叶贸易，而将其他诸如瓷器、丝绸等商品留给该公司赴华贸易商船上随船船长或船员开展私人贸易。据统计，1811年至1819年，英国东印度公司从中国进口茶叶价值占总进口货物的97.6%。

总体而言，相对于当时的全球贸易，具有官方背景的英国东印度公司对华贸易的规模并不大。但东方市场的重要性不言而喻，对华贸易"不在于它所能吸收的英国工业品的绝对数量，而在于它在国内市场情况不振时吸收那些为保持新机器运转所必需的剩余产品"[①]。东方市场的重要性，还体现在有待开发的市场如此之大，足以诱惑具有冒险精神的自由贸易者纷至沓来。就在英国东印度公司为中国市场难以开拓而苦恼烦闷的时候，自由商人们却欣喜地发现虽然中国总体上并不依赖对外贸易，但中国沿海省份对外贸易的依存度远远高于想象。

当时的中国人普遍认为茶叶和大黄是外国人不可缺少的必用品。一旦缺少茶叶、大黄，外国人就无法生存。所以清政府认为一旦发生中外纠纷，对付外国人最有效的威胁手段就是停止贸易。这种愚昧的认识深刻影响了清政府的对外政策。实际上一旦停止对外贸易，除了对外国商人造成经济影响外，还同时广泛地影响到福建江西的茶农、江苏浙江的蚕丝产户和广东广西的手工业者。这些沿海地区的人们同样需要对外贸易。

---

① 〔英〕格林堡著、康成译：《鸦片战争前中英通商史》，商务印书馆1961年版，"作者序言"，第6页。

　　因此，第二个愿望很快就通过渴求财富的商人们尤其是自由商人们的越洋冒险获得了实现。运销东方商品所引发的财富神话迅速在西方盛传，并刺激着自由商人们前赴后继前往远东这片神奇的土地。

　　自1600年起，英国东印度公司长期享有英国政府授予的自好望角以东至麦哲伦海峡之间的整个东方地区的贸易特权。"直到1834年为止，关于向中华帝国疆域输入或输出商品的业务，其贸易和经营的独占权，就英国臣民来说，在法律上是属于公司的。"[1] 由于英国东印度公司禁止自由商人直接从事中英贸易，于是自由商人们转而开展印度、菲律宾、南洋群岛等地区同中国广州口岸之间的贸易。这一贸易，被称为"港脚贸易"（Country Trade）。主要参与者是英籍和印籍自由商人，即英印散商。

　　英籍散商主要是来自苏格兰和英国北部的商人。苏格兰境内平原少、丘陵多，因此苏格兰人被称为英国的"山地民族"。贫瘠的地理环境造就了苏格兰人崇尚自由和冒险的性格。18世纪至19世纪初，苏格兰人纷纷远离故土、远涉重洋前往东方追求财富。

　　印籍散商主要是印度祆教徒和印度教徒。印度祆教徒原为波斯人。8世纪，伊朗先知琐罗亚斯德信徒（Zoroastrian）为了逃避穆斯林的迫害，从波斯移居印度。其后裔居住在孟买及附近城乡，称为巴斯人[2]。17世纪早期，随着英国在印度进行殖民扩张，居住在港口附近的巴斯人纷纷弃农从商，并获得相当成功，因而被称为"印度的犹太人"。1830年底，在中国从事鸦片走私的42家外国商行中，有20家是巴斯人独资经营的。广州口岸的"夷商"中，巴斯人占总

---

　　① 格林堡，《鸦片战争前中英通商史》，第16页。

　　② 巴斯人：Parsee，又作Parsi。

人数的三分之一，仅次于英国人，并多于美国商人。

英国东印度公司为了维护其垄断地位，要求英印散商获颁许可证后，才能从事港脚贸易。因此，从事港脚贸易的英印散商实质上是英国东印度公司的特许商人。英印散商可以凭东印度公司特许证自行将中国茶叶运往孟买，或向中国输入从印度运来的棉花、象牙、鸦片和从东南亚运来的燕窝、樟脑、锡和香料等货物。直到1813年英国政府向散商全面放开印度贸易，东印度公司与英印散商之间的特许关系才告终结。但在1833年，东印度公司贸易特权终止前一年，广州特选委员会①又重申航行中国海面的英印散商货船必须向委员会提交核发特许证（执照）的申请。②

当英国东印度公司满足于垄断茶叶贸易带来的稳定收益时，富有冒险精神的英印散商不断将对华贸易水平推向新的高度。19世纪初，随着印度原棉和鸦片向中国输入的日益增多，英印散商对华贸易在中英贸易的比重越来越大，尤其是1813年英国国会取消东印度公司对印度贸易的垄断权，只保留对华贸易的垄断地位后，英印散商大量增加，港脚贸易竞争加剧，"港脚贸易成了整个结构的基石"③。1830年英国东印度公司对华贸易额约为1200万英镑，而英印散商对华贸易额则高达3000多万英镑。④1817年至1833年，除个别年份外，港脚贸易输入中国的货值几乎每年都占中英贸易输入货值的四分之三左右。

---

① 1786年之前，英国东印度公司派驻广州的机构为管理委员会。1786年起，英国东印度公司派驻广州的机构为特选委员会。

② 马士，《东印度公司对华贸易编年史》（第4卷），第368页。

③ 格林堡，《鸦片战争前中英通商史》，第14页。

④ 吴义雄：《在华英文报刊与近代早期的中西关系》，社会科学文献出版社2012年版，第8页。

　　港脚贸易作为英国对华贸易的重要补充，不仅弥补了英国东印度公司贸易商品单一的缺陷，还为东印度公司提供了购买茶叶的白银。英国政府鼓励散商将销售产品所得白银交付给英国东印度公司在广州的金库，用以换取能在伦敦兑付的九十日或三百六十五日的汇票。散商只需将部分白银随船载运离开中国，英国东印度公司广州委员会则可以使用金库里的白银直接支付购买茶叶费用，降低了大量白银远洋运输的风险。早在 1787 年，印度总督兼孟加拉威廉堡司令官查尔斯·康沃利斯①就曾致函英国东印度公司广州特选委员会，指出港脚贸易的重要性："他们②不输出这些商品，会使我们居留地③的财政受到损失。阻止不让输出到你们那里④去，会使他们在中国赖以供应的黄金损失，因为不能期望东印度公司每年都能够供给你们所需要的白银。而供应你们财库，没有比将印度商品在中国出售的方式更好。"⑤这一年，英印散商提供给英国东印度公司广州金库的资金占到东印度公司在广州投资所需资金的 53%。1775—1795年，英国东印度公司广州金库的三分之一以上库银是由英印散商提供的。⑥

　　英国东印度公司和英印散商在英国—中国—印度等地的三角贸

---

　　①　查尔斯·康沃利斯，第一代康沃利斯侯爵：Charles Cornwallis, 1st Marquess Cornwallis, 1738 年 12 月 31 日—1805 年 10 月 5 日，又译作康华里、康华利等，英国军人、殖民地官员及政治家。康沃利斯于 1786 年至 1793 年任印度总督。

　　②　指英印散商。

　　③　指印度。

　　④　指广州。

　　⑤　马士，《东印度公司对华贸易编年史》（第 2 卷），第 461 页。

　　⑥　〔美〕费正清：《中国沿海贸易与外交：1842—1854 年通商口岸之开放》（John K. Fairbank, *Trade and Diplomacy on the China Coast: The Opening of the Treaty Ports, 1842-1854*），第 1 卷，美国马萨诸塞州剑桥出版社 1953 年版，第 59—60 页。

易中获得了资金的快速周转。东印度公司广州大班[①]返回英国前，往往也将私人银钱业务交付给散商洋行如"马格尼亚克行"（Magniac & Co.）进行打理。但英国东印度公司由此控制了英国、中国和印度之间的汇率，并通过汇率获得巨额利润，这就引起英印散商的极大不满。1830年英印散商在要求废除东印度公司特许状的斗争中，曾指控东印度公司对汇率进行操控。

由于东印度公司垄断着中英直接贸易，不允许散商向英国运销利润肥厚的茶叶，而且"东印度公司的商业实践在内容上、机构上和进取精神上与广州港脚商人是不大相同的"[②]，因此自由商人一直希望能够打破东印度公司的垄断，使贸易自由成为跨国贸易的基本原则。1828年8月2日《广州纪录报》[③]指责英国东印度公司垄断茶叶贸易对扩大英国对华贸易产生了消极影响，抑制了中英贸易的进一步发展："因为公司的回程货只以茶叶为限，所以他们的棉花虽然和从前的价值相比亏短很多，而公司的最后垄断权不会受到多大的损害。但是就这个口岸的全部贸易而言，公司的在华商业并不占十分巨大的比重。美国贸易和港脚贸易都规模很大，措置一有失当，就会发生深刻影响。在此间一切商业活动都受束缚的情况下，交易的大量增加似乎不大可能。"[④]

最终经过长期斗争，英国散商与印度殖民地资本家、英国产业资本家一起，推动国会通过决议，彻底废除了东印度公司的垄断特权。

---

①　大班：Supercargo，该词来自于"货督"（Supra Cargo）。

②　格林堡，《鸦片战争前中英通商史》，序言。

③　《广州纪录报》：The Canton Register，又译作《广州纪事报》《广东纪事报》《广州志乘》。

④　格林堡，《鸦片战争前中英通商史》，第162页。

二、怡和洋行创始

　　1782年英国人约翰·亨利·考克斯（John Henry Cox）、丹尼尔·比尔①和约翰·里德②三人共同出资，合伙建立"考克斯·里德行"（Cox Reid & Co.）。这是英国人在中国开设的第一个私人商行。这个商行历经多次合伙人变更和名称更改，最终发展为"渣甸·马地臣行"，即"怡和洋行"。

　　据美国学者马士③记载：考克斯是"为了他的健康的关系"④才于1781年来到广州的。1782年考克斯获得了东印度公司伦敦董事会的授权许可，可以在广州从事三年"打簧货"的销售。"打簧货"是英国工业制造者专门为东方市场制造的样式奇巧、造型华丽的机械钟表和自动玩具。清朝统治者对英国先进的军事工业和机器制造业不感兴趣，斥之为"奇技淫巧""形器之末"，却对"藏着一只宝石镶嵌的小鸟、盖子揭开就发出叫声的鼻烟壶"⑤等自动玩具感到新奇。考克斯的父亲詹姆士·考克斯（James Cox）原本就是这些玩具的主要供应商。父亲逝世后，考克斯代父亲收账。由于清政府规定

---

　　① 丹尼尔·比尔：Daniel Beale，？—1827年1月4日，英籍，曾任英国东印度公司商船会计，后任普鲁士驻广州领事。逝世于澳门。

　　② 约翰·里德：John Reid，苏格兰人，曾任奥地利驻广州领事。

　　③ 马士：Hosea Ballou Morse，1855—1934年。美国人，1874年至1909年曾在清政府洋关工作。退休后出版著作 The International Relations of the Chinese Empire（《中华帝国对外关系史》）与 The Chronicles of the East India Company Trading to China：1635-1834（《东印度公司对华贸易编年史：1635—1834》）。

　　④ 马士，《东印度公司对华贸易编年史》（第2卷），第461页。

　　⑤ 考克斯：《一些精致的优质机械品和珠宝的说明书》，1773年。转自格林堡《鸦片战争前中英通商史》，第20页。

对外贸易只能是"物物交换",考克斯在广州无法收到现银,只能接受冲抵货款的中国商品。这就促使考克斯投身于更大范围的中英贸易中。最初考克斯充当东印度公司商船私人贸易①和港脚商人的广州代理人。不久,考克斯购买了"供应号"（Supply）和"进取号"（Enterprise）两艘帆船开始进行港脚贸易,主要是从印度加尔各答向广州贩运原棉和鸦片。

1785 年考克斯把商业触角延伸到太平洋皮货贸易。该年考克斯在英属印度孟加拉省创办了皮货庄,并利用瑞典海军的武装双桅帆船,表面上是参与俄国与瑞典作战,实际是到美洲西北海岸寻找供应广州口岸的海獭皮和海豹皮。1787 年里德因为奥地利广州公司破产离开中国,只剩下比尔在广州打理"考克斯·里德行"。考克斯依然保留着商行股份,因此商行名称改为"考克斯·比尔行"（Cox Beale & Co.）。

1791 年考克斯去世,丹尼尔·比尔的弟弟托马斯·比尔②开始参与"考克斯·比尔行"的经营。此时托马斯·比尔的官方身份是普鲁士领事秘书。从现存最早的怡和账册可以看到,最迟至 1799 年,"考克斯·比尔行"已经更名为"哈弥顿·里德行"。合伙人是:托

---

① 英国东印度公司允许来华商船船长和船员随船携带私人货物在广州进行私人贸易。最初船长可获得公司商船 56 吨的免费舱位,后又增加到 99 吨。船员、船医也有一定数量的免费舱位。这些免费舱位通常又被港脚商人以每吨 20 至 40 英镑的价格抢购。英印散商通过这种方式变相参与中英本土之间的贸易。

② 托马斯·比尔:Thomas Beale。亨特在《旧中国杂记》专列一章讲述了托马斯·比尔的轶事。托马斯·比尔"是在中国的最老的外国侨民,在 1785 年之前已经来到中国",托马斯·比尔晚年居住在澳门,于 1841 年 12 月 10 日失踪,1842 年 1 月 13 日在沙滩上（Cacilha's Bay）被发现遗体,后葬于旧基督教坟场（old Protestant Cenmetery）〔〔美〕亨特著,冯树铁、沈正邦译:《广州番鬼录·旧中国杂记》,广东人民出版社 2009 年版,第 276—281 页）。

马斯·比尔、罗伯特·哈弥顿①、大卫·里德②、亚历山大·歇克③。1799 年罗伯特·哈弥顿去世，"哈弥顿·里德行"更名为"里德·比尔行"（Reid Beale & Co.）。合伙人是：托马斯·比尔、大卫·里德、亚历山大·歇克。1800 年大卫·里德返回英国。1801 年查尔斯·马格尼亚克④抵达中国，并加入"里德·比尔行"成为合伙人。

　　"里德·比尔行"开展的业务主要是货物代理，即作为中间商代他人买卖货物并收取佣金，同时还经营放贷业务，很少独立从事某种商品的全部贸易过程。⑤"里德·比尔行"对代购、代销业务收取佣金 5%，对代收、代汇业务收取佣金 2%。这种代理业务的经营模式，一直为马地臣所推崇称道，对日后马地臣的经营活动产生较大影响。"里德·比尔行"业务不断增加，很快就成为当时广州最大的鸦片代理行。此后，该行不满足于只做港脚贸易，开始与伦敦的一家药材商行⑥合作，插手中英之间的直接贸易。首先伦敦药材商行利

---

　　①　罗伯特·哈弥顿：Robert Hamilton，苏格兰人。

　　②　大卫·里德：David Reid，苏格兰人，18 世纪 90 年代来广州之前，曾在印度加尔各答"弗利行"（Fairlie）做合伙人。"弗利行"创建于 18 世纪 80 年代，后陆续改名"弗利·福开森行"（Fairlie Fergusson & Co.）、"弗利·基摩尔行"（Fairlie Gilmore & Co.）、"福开森·克拉克行"（Fergusson Clark & Co.），1833 年在金融危机中倒闭。该行曾与怡和洋行前身"比尔·马格尼亚克行"业务往来比较密切。

　　③　亚历山大·歇克：Alexander Shank。

　　④　查尔斯·马格尼亚克：Charles Magniac。其父弗朗西斯·马格尼亚克（Francis Magniac）是钟表匠，曾为清朝皇帝制作过音乐钟。弗朗西斯·马格尼亚克共有 8 个儿子：查尔斯、霍林沃思、丹尼尔先后来到广州经营贸易；弗利（Fry）、莱恩（Lane）在英国东印度公司供职；1 个儿子在滑铁卢战场身亡；另 2 个儿子夭折。查尔斯是弗朗西斯的大儿子。

　　⑤　英国剑桥大学图书馆藏怡和档案（以下简称怡和档案），1831 年 11 月 4 日，"发给私人的函件稿簿"，詹姆士·马地臣。格林堡，《鸦片战争前中英通商史》，第 135 页。

　　⑥　这家药材商行由"克利兰德·怀特公司"（Cleland，White & Co.）和"斯科特公司"（D.Scott & Co.）联合组建。1802 年亚历山大·歇克获赠了部分股份。

用英国东印度公司商船的"优待吨位"①运送现银和铅、普鲁士蓝、洋红等欧洲杂货，抵达广州后交付"里德·比尔行"；"里德·比尔行"销售货物后，再从广州十三行行商和"小商铺"②手中收购大黄、肉桂和樟脑等药材；最后由英国东印度公司商船船员利用返程时的"优待吨位"将药材运往伦敦商行。

通过药材生意，"里德·比尔行"与行商建立了良好关系，很快就成为广州口岸最大的药材买主。"里德·比尔行"资金周转不够时，还会向行商借款进货，比如 1801 年就曾向沛官伍秉钧借款 5 万元、向潘启官借款 3 万元、向经官借款 2 万元。伦敦药材商行也一度可以操纵英国市场上的药材行情。但散商经营中英药材生意的风险较大，主要存在"优待吨位"稀缺、英国东印度公司商船职员竞争、需要大量现金周转等问题。因此"里德·比尔行"等商行一直呼吁开驶一艘中英直接贸易的自由商船，但 1802 年英国国会拒绝了散商的请求。

1803 年"里德·比尔行"更名为"比尔·马格尼亚克行"。合伙人是：托马斯·比尔、亚历山大·歇克、查尔斯·马格尼亚克。由于英国东印度公司开始严格管理"优待吨位"，"比尔·马格尼亚克行"不得不于 1804 年退出中英直接贸易，重回港脚贸易。"比尔·马格尼亚克行"还与美国纽约的威廉·罗杰斯（William Rogers）合作，将中国茶叶运销美国。直到 1812 年"第二次英美战争"爆发，合作关系才被迫中断。

"比尔·马格尼亚克行"与孟买的亚历山大·阿当森合作，每年

————————

① 英国东印度公司来华商船船长和船员享有随船"优待吨位"。通常船长每人拥有 2 万—5 万英镑的贸易资本。

② 小商铺：也称"店商"，指十三行商人以外的小商人，广东当局最初只允许小商铺销售个人用品，后允许从事限定货物的买卖。

运输印度棉花前往广州。最初，散商与行商一般是在每年6、7月份印度棉花进口之前就口头约定价格。1805年"比尔·马格尼亚克行"与浩官伍秉鉴约定印度棉花进口价格为每担13.6两。但棉花运到广州后，浩官发现这批棉花是陈货便拒绝收货。经过讨价还价，最终浩官以每担12.9两的价格收货。但即便是降价收购，浩官还是在这项棉花生意里亏损了1万多银圆。此后行商们都要求先看样再购货。1806年查尔斯·马格尼亚克曾将印度棉花运往厦门，试图在福建沿海打开销路，但由于清政府阻挠而没有成功。

1811年查尔斯·马格尼亚克的弟弟霍林沃思·马格尼亚克[①]加入"比尔·马格尼亚克行"。该年"比尔·马格尼亚克行"更名为"比尔行"。合伙人是：托马斯·比尔、亚历山大·歇克、查尔斯·马格尼亚克、霍林沃思·马格尼亚克。1815年托马斯·比尔私下与澳门法官亚里亚加[②]合伙进行鸦片投机，但遭遇失败。"1817年被欠款额达1，000，000元以上，而他则欠英公司402，485元，经济上陷入困境"[③]，不得不脱离"比尔行"。1817年"比尔行"改称"歇克·马格尼亚克行"。

1819年亚历山大·歇克去世。"歇克·马格尼亚克行"更名为"查尔斯·马格尼亚克行"（Charles Magniac & Co.）。主要合伙人为查

---

① 霍林沃思·马格尼亚克：Hollingworth Magniac，1786年4月—？。格林堡于《鸦片战争前中英通商史》，第202页记载："1811年霍林沃思·马格尼亚克到达。"但根据刘诗平于《洋行之王：怡和与它的商业帝国》（中信出版社2010年版）第15页记载：Jardine Matheson & Co. afterwards Jardine, Matheson & Co. limited: An Outline of the History of a China House for a Hundred Years 1832–1932（London: printed in Great at the Westminster Press, 1934）一书认为，霍林沃思·马格尼亚克于1805年抵达澳门。

② 亚里亚加：Senhor Arriaga，葡萄牙人，曾任澳葡首席法官兼海关关长。

③ 亨特，《广州番鬼录·旧中国杂记》，第277页。参见H.B.Morse: The Chronicles of the East India Company Trading to China, 1635–1834, Oxford, 1926, Vol.3, pp.248, 340。

尔斯·马格尼亚克和霍林沃思·马格尼亚克两兄弟。1819 年之前，印度棉花在广州最高曾卖到每担 17 两，但 1819 年至 1830 年印度棉花价格持续低迷，1830 年棉花价格甚至每担仅为 5.7 两。"查尔斯·马格尼亚克行"一度遭遇了巨大的经济损失，有些行商也因为印度棉花滞销而破产。

威廉·渣甸

1823 年丹尼尔·马格尼亚克加入"查尔斯·马格尼亚克行"。查尔斯、霍林沃思、丹尼尔三兄弟成为该行合伙人。此时"查尔斯·马格尼亚克行"已是广州最著名的鸦片商行之一。但霍林沃思·马格尼亚克无心经营生意，急于退休定居英国。1824 年查尔斯·马格尼亚克因病返回英国。临行前查尔斯·马格尼亚克委托威廉·渣甸 ① 代管行务和生意，直到身在伦敦的霍林沃思·马格尼亚克赶回广州为止。

查尔斯·马格尼亚克到达伦敦后不久就去世了。"查尔斯·马格尼亚克行"改称"马格尼亚克行"。合伙人是霍林沃思·马格尼亚克、丹尼尔·马格尼亚克。1825 年 7 月渣甸正式加入"马格尼亚克行"，成为合伙人。1826 年霍林沃思·马格尼亚克如愿退休离开中国，但没有立即从"马格尼亚克行"撤资。据马地臣记载：由于特殊的个人原因，直到 1831 年止，霍林沃思·马格尼亚克一直是"马格尼亚克行"的隐名合伙人。②

---

① 威廉·渣甸：William Jardine，又译作"威廉·查顿"，英国大鸦片商贩。

② 怡和档案，1832 年 3 月 10 日，"发给私人的函件稿簿"，詹姆士·马地臣。格林堡，《鸦片战争前中英通商史》，第 134 页。

1828 年 1 月，詹姆士·马地臣与外甥亚历山大·马地臣①正式加入"马格尼亚克行"②。此时"马格尼亚克行"的合伙人是丹尼尔·马格尼亚克、威廉·渣甸、詹姆士·马地臣、霍林沃思·马格尼亚克（隐名合伙人）。该年丹尼尔·马格尼亚克脱离"马格尼亚克行"。

这一时期，广州口岸的印度原棉进口几乎陷入停顿，只有鸦片贸易稳定扩张。港脚商人纷纷从事鸦片走私活动。"马格尼亚克行"通过孟买最大的巴斯鸦片商贩摩提钱德·阿米钱德③、奥勿治·多那治④，经由葡萄牙在印度的殖民地口岸向中国运送大量的"白皮土"。1829 年"马格尼亚克行"在华主要英商有渣甸、马地臣、亚历山大·马地臣、莱特（Henry Wright）、比尔（T.C.Beale）。

1830 年"马格尼亚克行"已经成为规模最大的广州商行，经营的"几乎全部是鸦片生意，至于在中国购进货物，只是为了适应从中国调回资金的需要"⑤。该年，霍林沃思·马格尼亚克在英国上议院面对议员质询其在广州从事何种经营时，公开宣称："除了充任代理人外，我们所从事的主要是鸦片买卖，实际上几乎全部是鸦片买卖。这项买卖的简单过程就是：把钱从中国汇到印度购买鸦片，鸦片就

---

① 亚历山大·马地臣：Alexander Matheson，也译作"央孖地臣"，1805—1886年。1826 年 2 月抵达广州，1835 年成为怡和洋行合伙人，1839 年 6 月 25 日离华。1840 年结婚，但数月之后意外丧妻。1841 年 8 月再度抵华。1846 年退休离华，1882 年获封从男爵（Sir Alexander Matheson，1st Baronet）。

② 刘诗平，《洋行之王：怡和与它的商业帝国》，第 52 页。

③ 摩提钱德·阿米钱德：Motichund Amichund，祆教徒，是当时孟买最大的印籍港脚鸦片烟贩。

④ 奥勿治·多那治：Hormusjee Dorabjee。

⑤ 英国《上议院审查委员会报告》，1830 年，第 429 页。格林堡，《鸦片战争前中英通商史》，第 97 页。

运到我们在中国的店里。我们再又把钱汇往印度购买鸦片，以备下个贸易季节出售。"①1831 年"马格尼亚克行"在华主要英商有渣甸、马地臣、亚历山大·马地臣、莱特、查·比尔（Chay Beale）、鲁宾逊。

1832 年对马地臣来说注定是不平凡的一年。这年元旦英国东印度公司广州商馆举办宴会，宽阔饭厅内高朋满座，100 多位衣着华丽的外国人齐聚一堂，共贺新年，呈现出一派大发横财后的喜悦景象。②6 月 30 日，霍林沃思·马格尼亚克在《广州纪录报》上刊登声明："已于 2 月 15 日发布公开告示，霍林沃思·马格尼亚克先生在敝行的利益，于本日终止，嗣后敝行将更名为渣甸·马地臣行，生意由余下合伙人威廉·渣甸和詹姆士·马地臣经营。"③第二天，马地臣与渣甸将行号更名为"渣甸·马地臣行"（Jardine Matheson & Co.）。意气风发、踌躇满志的马地臣，与渣甸一起迈上了开拓庞大商业帝国的漫漫征途。

1844 年"渣甸·马地臣行"总部搬到香港之后，采用"怡和洋行"（EWO）作为中文译名，意思是"快乐和谐的洋行"。怡和行早期的主要合伙人是渣甸、马地臣。1835 年亚历山大·马地臣成为合伙人。

---

① 英国《议会文件·鸦片贸易》，第 22—23 页。〔美〕张馨保著、徐梅芬等译：《林钦差与鸦片战争》，福建人民出版社 1989 年版，第 245 页。

② 《广州纪录报》1832 年、《澳门月报》1842 年 1 月号。〔美〕马士著、张汇文等译：《中华帝国对外关系史》（第 1 卷），商务印书馆 1963 年版，第 72 页。

③ The Canton Register，September 3rd，1832。吴义雄：《条约口岸体制的酝酿》，中华书局 2009 年版，第 10 页。

三、早期经商（1818—1834 年）

1818 年（嘉庆二十三年）6 月，马地臣从加尔各答到达广州。关于马地臣前往广州的原因，据说是受到"高人"指点。一本庆祝怡和洋行成立 100 周年的书中曾揭秘："某日，他的叔父委托他把一封信递交给即将启程赴中国的英国船船长。他忘记传递这封信，而且船已经开航了。被这样的疏忽激怒了的老人家，对马地臣斥责道：'你最好回家去！'他听从叔父的话，便去购买了回英国的船票。这时，一位老船长劝他说：'为何不到广州去碰碰运气呢？'于是，他改变了主意前往广州一试。……此事好像发生在 1818 年，或许发生在大约与威廉·渣甸在澳门立足的同时，为了赶上从十月持续到来年三月的茶季提前去广州。"[①]

那位"独具慧眼"的老船长是曾在英国东印度公司中印贸易商船上担任船长的罗伯特·泰勒[②]。泰勒的主要工作是商船船长，兼职工作是船主的代理人和商船事务长。泰勒说服马地臣前往广州，以非正式合伙关系一起做生意，主要是走私鸦片。19 世纪初的中国虽然弊窦丛生，社会矛盾激化严重，但表面上仍是商机无限，一派物华天宝的盛世图景。马地臣在此时毅然放弃返回英国，选择了完全陌生的中国广州，因为他深信：物竞天择，适者生存。他下定决心要在中国东南沿海错综复杂的外贸环境里放手一搏。而这一决定，

---

① *Jardine，Matheson & Co. afterwards Jardine，Matheson & Co. limited：An Outline of the History of a China House for a Hundred Years 1832-1932*，edited by James Sturant，London：Printed in Great at the Westminster Press，1934，pp.4-5。刘诗平，《洋行之王：怡和与它的商业帝国》，第 27 页。

② 罗伯特·泰勒：Robert Taylor。

正应了"失之东隅，收之桑榆"的老话。20多年后，当马地臣在鸦片战争的炮火硝烟中带着"功成名就、衣锦还乡"的喜悦离开中国时，应该会感激当年在加尔各答的遭遇吧。

马地臣抵达广州时，外商在广州开设的行号已有24家。"这种行号，虽然主要是一个贸易行，但也做银行家、票据捐客、船主、运商、保险代理人、代办商等的业务。在商业和财务方面，它同分布在全世界的分支或代理行维持密切的联系。"[①] 刚到广州的前三年，马地臣不仅与泰勒一起走私鸦片，还先后在西班牙、丹麦商行任职，并取得了西班牙、丹麦的通商执照。马地臣的主要工作是充任散商货船的大班，在广州与加尔各答之间往来送货。三年后，马地臣才作为代理人常驻广州。

马地臣在来华经商早期就显示出非同寻常的商业嗅觉和生意头脑，尤其表现在他对英国棉织品的推销方面。早在1786年，英国东印度公司大班就试图向行商推销英国棉织品，但由于不符合中国市场需求而长期销售欠佳。1819年7月18日马地臣在广州组织了一次公开拍卖，以推销英国兰开夏出产的棉织品。在8月14日致加尔各答麦金泰尔公司（D.MacIntyre & Co.）的函中，马地臣写道："从城内各地来的很多商人参观了上月18日举行的公开售卖。……衬衫料子几乎完全销不出去——他们说它是他们的夏布的仿制品（当然仿制得也很差）。条纹布也不受欢迎。他们对于这些美丽的东西似乎不感兴趣。"马地臣认为中国商人更加喜欢"稀疏的小花朵，似乎印在白底上的更好"。马地臣称为了不至亏本，就只能通过走私逃避重税，"这时我能够将它们全部用船上的小划子偷运进来，并且将它们用拍卖方法逐渐卖掉；但是当发觉我的仆役是不可靠，而且他确曾

---

① 格林堡，《鸦片战争前中英通商史》，第131页。

将非法勾当报告给官厅的时候，就不得不打断这个念头"①。

尽管如此，马地臣和泰勒仍对英国棉织品的销售前景充满信心。马地臣还携带一些容易销售的样品前往加尔各答，寻求定制。马地臣和泰勒认为："我们预料英国棉货在中国领土上将来的消费是有希望的，因为它们现在供应丰富，价格便宜。我们觉得要是注意他们所建议的花样（这似乎比质地更要注意），那制造商就会取得很大的好处，即使这种贸易对于那些做赊账买卖的人将会是一种赊本生意，正如东印度公司船上的许多人——他们现在是主要的进口商———样。但是关于最受欢迎的花样的知识对于他们大多数人仍旧是一种秘密……"②

有些商人与马地臣和泰勒的看法不同，他们对英国棉织品在中国的销售前景表示悲观。"查尔斯·马格尼亚克行"认为虽然英国棉织品的质地要比中国棉织品优良，但中国人一般抵触外来新奇货物，因此销售英国棉织品不是一项很好的买卖。1821 年英国东印度公司在广州出售英国印花布、棉布等货物，亏损达 35%③，因此东印度公司也不看好棉织品市场。1824 年 4 月 14 日西班牙商人德·伊里萨里④致信新加坡塞姆公司和其他商行，告诫他们不要在英国棉织品方面进行商业冒险。

事实证明，马地臣的判断是对的。由于英国政府禁止散商从事中英直航贸易，因此英印散商和美国商人利用新加坡作为中转港从

---

① 怡和档案，1819 年 8 月 14 日，"罗伯特·泰勒和詹姆士·马地臣致加尔各答麦金泰尔公司函"。格林堡，《鸦片战争前中英通商史》，第 90—91 页。

② 怡和档案，1819 年 12 月 16 日，"罗伯特·泰勒和詹姆士·马地臣致加尔各答麦金泰尔公司函"。格林堡，《鸦片战争前中英通商史》，第 91 页。

③ 马士，《东印度公司对华贸易编年史》（第 4 卷），第 2—3 页。

④ 德·伊里萨里：Xavier Yrissari，西班牙籍商人。

英国大量运来棉织品，再转运中国。虽然英国棉织品从新加坡转运到中国需增加约 8.5% 的成本，但随着工业革命的不断发展，英国制造业生产规模扩大、生产成本下降，质优价廉的英国棉织品在中国销量逐渐增加。1824 年 7 月 28 日马地臣颇具商业远见地称："中国人对于英国疋头货 ① 的需要，现在虽然有限，可是因为价格低廉，将来可望增加。我们已经看到一些富裕商人让他们的孩子穿印花布的衣服，这种布过去是只作被单用的，如果这种风气流行——这并不是不可能的——那么它所开辟的英国工业品的市场是不可限量的。"② 1828 年 11 月 20 日渣甸在信函中报告，过去在广州销售的双股棉线一般不运销内地，而是转售到印度，或将其中一部分卖给广州制造业，"中国人并不能纺出像我们从英国进口的一样便宜的棉纱。但是他们将它用作纬纱有很大困难，一般是将它用在织机的卷轴上充作经线。然而，时间是会解决困难的。假定这样，那么消费就一定要极大地增加"③。渣甸高兴地宣称英国棉布已经开始行销中国内地。到了三四十年代，"洋布盛行，价当梭布而宽则三倍，是以布市销减，蚕棉得丰岁而皆不偿本。商贾不行，生计路绌"④。在英印散商采取的倾销攻势下，英国棉纺织销售出现了持续繁荣，中国土布市场严重萎缩。

1819 年至 1829 年的十年间，英国棉织品销售日趋见涨，但印度棉花的销量却连续下跌。广州口岸的印度棉花大量积压，市场萧条。关于印度棉花长达十年进口低迷的原因，众说纷纭，主要观点有：

---

① 疋头：泛指丝纺织品。

② 怡和档案，1824 年 7 月 28 日，"伊里萨里行"。格林堡，《鸦片战争前中英通商史》，第 91 页。

③ 格林堡，《鸦片战争前中英通商史》，第 93 页。

④ 包世臣：《齐民四术》（卷一），"致前大司马许太常书"。

中国棉花丰收；行商操纵市场；印度棉花质量低于中国棉花；南京棉花由原来陆运至广州改为海运从而降低了运输成本；中国因为遭遇水灾从而导致购买力下降；等等。1820年12月27日马地臣指出："由于一种非常的致命伤以及在某种程度上我疑心是由于英国棉制品的涌入而引起的制造业的停滞，是恐慌的原因。"[①] 也就是说，马地臣认为英国棉织品的大量进口，冲击了广东地区的纺织业，导致其对原料棉花的需求萎靡不振。1821年2月17日马地臣重申："棉花似乎在一种无可挽回的恐慌之下，我疑心这同英国制造品大量进口妨碍了本地制造业有关系。"[②] 这一论断，正与该时期印度棉花与英国棉制品在华销售存在此消彼长的态势相吻合。

1820年5月，马地臣与渣甸在印度孟买首次相遇[③]。两人都是从1818年才开始作为自由商人正式经营港脚贸易，此时都还处于积累经验的起步阶段。虽然双方没有开始建立稳定的合作关系，但彼此留下了深刻印象，为日后合伙奠定了良好基础。数年之后，两人在各自领域上获得了一定成就，才真正携起手来，强强联合，创建更大的商业帝国。

此时，年轻的马地臣需要的是一位在商场上具有广泛人脉和丰富经验的合伙人。1821年6月18日德·伊里萨里抵达澳门，准备在广州设立商行。德·伊里萨里曾是马地臣叔父"里卡兹·麦金托什行"的客户，对马地臣有一定的了解，因此邀请马地臣合伙做生意。

---

① 怡和档案，1820年12月27日，"罗伯特·泰勒和詹姆士·马地臣"。格林堡，《鸦片战争前中英通商史》，第84页。

② 怡和档案，1821年2月17日，"罗伯特·泰勒和詹姆士·马地臣"。格林堡，《鸦片战争前中英通商史》，第84页。

③ Maggie Keswick, *The Thistle and The Jade. A Celebration of 150 Years of Jardine Matheson & Co.*, Mandarin Publishers limited, 1982.

伊里萨里经商多年积累的客户群，尤其是加尔各答拉罗瑞等大商家正是马地臣所梦寐以求的。6月19日马地臣兴奋地写道："昨晚，迎接尹沙瑞^①先生莅临澳门，令我高兴万分；如果还有什么可增加我的喜悦，就是他所带来前所未有的大生意，这将使我们业务兴隆，而且还超过我所能有最乐观的期望。"[②]

很快，马地臣和伊里萨里签订正式合伙契约，成立了"伊里萨里·马地臣行"。关于经营范围，他们约定："合伙人的意图主要是专心经营代理业务，不过并不排除在当地做些安全的投机生意，但是往别处去做冒险生意则被认为是营业方针的例外，而不是它分内的事情。"关于利润分配，他们约定："利润应该登入共同账户，从这个账户中，每人每年得为各自的用途提取不超过五千元的款项，余下的款项滚存到合伙关系期满时为止，然后平均分派。"[③] 如马地臣所愿，从 1821 年 7 月到 1826 年 10 月，在伊里萨里这位"贵人"的扶持下，"伊里萨里·马地臣行"生意骎骎日盛。

这一时期，由于马尼拉糖、欧洲锌的竞争，英印散商从广州运出中国糖、生锌等货物逐渐无利可图。鉴于可供从中国运往印度的"回程货"越来越少，马地臣等英印港脚商人逐渐退出经营中国货物输入印度的生意。有时他们会在途经巴达维亚[④]时，从荷兰人手中购买日本铜，作为返回印度时的随船货物。"伊里萨里·马地臣行"还从广州将丝绸运往西班牙的殖民地南美洲，再将南美洲的铜和秘鲁白银运至广州。马地臣还专门租了一条商船常年往来广州与墨西哥之间。

---

① 即德·伊里萨里。

② 布雷克，《怡和洋行》，第 38—39 页。

③ 格林堡，《鸦片战争前中英通商史》，第 135 页。

④ 巴达维亚：即今雅加达，又名椰城，是印度尼西亚最大的城市和首都。此时为荷属东印度当局首府。

马地臣等散商很少能像英国东印度公司那样享有与广州十三行行商预约售货甚至口头预约的便利，一般都得看样售货。主要原因是散商的整体信誉度不高，行商对散商的货物品质不够信任①。但总体来说，正如戴维森②、麦克斯威尔等散商和英国东印度公司大班马治平、德庇时③等人在英国下议院关于对华贸易的审查委员会上一致承认的那样：外国人"在广州做生意比在世界上任何其他地方都更加方便和容易"④。

1825年之前，清政府不允许外国人使用快艇自行来往于澳门和广州之间，只允许外国人雇用官艇。由于官艇费用高昂、速度较慢，英印散商多次提出抗议。1825年5月31日马地臣、渣甸、霍林沃思·马格尼亚克⑤等英籍散商和其他外侨联合上书粤海关监督

———————————

① 当然也有例外。据亨特记载，旗昌洋行与伍浩官拟定下一贸易季节茶叶合约时一般采取口头约定方式，虽然合约数额巨大，但"这些合约除双方各自记账外，从无其他记录，没有书面协议和签字，也无须盖印和誓证，从未发生过故意破坏合约的事件。至于货物的数量和质量问题，行商方面是很忠实很认真地履行合约的。这里所说的，是我本人最初20年所亲历的。……作为中国商人诚实的必然结果，我们既无收据，也无支票簿"（《广州番鬼录·旧中国杂记》，第97—98页）。

② 戴维森：W.S.Davidson，英国苏格兰人，后加入葡萄牙籍。1805年至1824年在华从事鸦片贸易。

③ 德庇时：John Francis Davis，约翰·弗朗西斯·德庇时，1795—1890年，又译"爹核士""戴维斯"和"大卫斯"等，英国汉学家，曾担任英国东印度公司驻广州大班、英国政府驻华商务总监。1844年5月德庇时接替璞鼎查出任第二任香港总督，但任内首度征税，税捐过重失去人心，于1848年3月去职。

④ 英国《下议院审查委员会报告》，1830年，阿金（1892）、戴维森（1592）、贝茨（3203）、麦克斯威尔（3205）等。格林堡，《鸦片战争前中英通商史》，第55页。

⑤ 马士《东印度公司对华贸易编年史》没有明确记载此次联合上书的私商姓名。但根据本书附录《英国对华贸易现状和展望》一文，马地臣自述参与了1825年6月9日的入城呈信。根据1825年前后在华英商的日常表现进行推断，马地臣、渣甸理应参与了5月31日的联合上书。

七十四①，控诉来往粤澳航程费用太高，请求允许外国人雇用快艇行驶内河并且合理降低规费和关税。②粤海关监督拒绝了散商们的请求，马地臣等人便决定进城直接呈信两广总督阮元。

6月9日，马地臣、霍林沃思·马格尼亚克等37名外国人从城外的十三行商馆区出发，经靖海门进入广州城，但不久就迷了路，竟然走进了统领广州府兵勇的协台衙门。行商听闻此事，赶紧前来安抚外商。双方商议的折中办法是马地臣等人将禀帖交给行商，由行商向两广总督转呈并申请雇用快艇；在未获得许可之前，行商缴纳官艇规费和航程其他费用，外商只需要缴纳艇租。马地臣等人于是退出广州城。事后，广州协台向两广总督阮元报告了这一事件。阮元大怒，认为外国人胆敢聚众擅入广州城，是由于行商和城门守卫严重失职，于是下令逮捕十三行商馆的守门人、管家等人，将靖海门军官责打40大板，重笞当值守兵并予以革除。行商被谕令加强对外商监督，按月报告外国人行踪。阮元还给每座商馆派遣了一名监守，由其对外国人违法事件负直接责任，并重申外商完成当年贸易后应立即返回澳门或船上。

虽然阮元严厉处理了外商入城事件中失职的中方人员，但他对马地臣等外商提出的请求也予以适当考虑。数天后，两广总督阮元和粤海关监督七十四发布谕令，称如果外商按照雇用官艇的流程办理申请手续并照常缴纳规费，就可以雇用快艇。但外商认为航程费

---

①　七十四：清朝内务府司员，1824年4月8日至1825年9月30日任粤海关监督。

②　马士《东印度公司对华贸易编年史》（第4卷）第120页："5月31日（商馆当时是在澳门），不列颠私商及其他外国人上书海关监督，申诉广州与澳门之间的航程费用过巨，并要求'获得政府核准，雇佣快艇行驶内河为合法，并合理降低规费和关税的数额。……而碰到主要的困难是海关关吏对任何一个申请领取雇佣快艇执照的人，都企图勒索一笔巨额的关税和规费'。"

用较高的问题并没有解决，于是英国东印度公司广州特选委员会向阮元提交了一份来往粤澳官艇的费用清单：官艇租金 100 元、执照费 6 元、33 种规费和规礼 [①] 共约 334 元，总计约 440 元；如果携带丝织品，要另交执照费 2 元、规费和规礼 45.3 元；粤海关还要对乘客的财物或携带的其他商品征收一定关税。

　　经过马地臣等外商的多次力争，广东地方当局最终允许外商雇用快艇来往澳门和广州，并大幅度降低航程规费。长达半个世纪禁止外商雇用快艇的制度告终。此后，粤澳内河航道上快艇往来越发频繁，雇用官艇越来越少。但这又引发另外一个问题，就是粤海关查缉走私的难度增大。为了限制快艇数量，1826 年夏粤海关监督规定：内河航行的快艇核准费用，要与经由虎门的官艇相同。

　　1826 年 10 月德·伊里萨里在印度加尔各答去世。德·伊里萨里对与马地臣合伙的五年经商经历十分满意，他在遗嘱中特意声明要留给马地臣 500 美元，用于"购买一样纪念物，代表我对他特殊品格的敬佩。在我们一同于广州共事的岁月，无人比我有更好机会体会这些益处" [②]。马地臣亲赴加尔各答为伊里萨里料理后事。

　　1827 年 3 月初，马地臣再次前往加尔各答处理伊里萨里留下的有关事务。临行前，马地臣将"伊里萨里·马地臣行"交由他的外甥亚历山大·马地臣和"马格尼亚克行"合伙人渣甸负责。9 月马地臣返回广州，将"伊里萨里·马地臣行"改名为"马地臣行"（Matheson & Co.）。

　　"马地臣行"至少拥有 25 万银圆的资金，但属于伊里萨里的股份只有 1.7 万银圆。马地臣致函伊里萨里在西班牙的财产执行人，对

---

① 规礼：外国人又称之为 Cumsha，也可译作金沙。
② 布雷克，《怡和洋行》，第 40 页。

此进行了解释："除了原有财产所占股份之外，伊里萨里没有向他和我名下的商号投入一分钱资金，我唯一能向他姐姐报告的好消息是，这些财产要少于在我们合作的5年左右时间里过一种富足生活的费用。"言下之意，伊里萨里没有给"伊里萨里·马地臣行"追加过投资，1.7万银圆是原始股份，而伊里萨里在5年合作期内，花销远大于收益所得。至于马地臣所言是否属实，抑或是马地臣侵吞了与伊里萨里合伙赚得的绝大部分收益？只有他自己清楚了。

19世纪20年代以后，中国进口货物的格局发生变化。一方面，受道光皇帝勤政节俭的影响，时钟之类"打簧货"的需求急剧下降；另一方面，由于美国人捕猎和砍伐过度，海獭皮、海豹皮等皮货和檀香木等木材供应下降，而胡椒、锡等东南亚商品经新加坡大量输入中国，导致进口价格持续下跌。1821年马地臣还认为来自班卡岛的锡是"最可靠的海峡产品[①]"，仅过了6年时间，1827年马地臣就只能用拍卖的方式将锡亏本销售。1827年至1828年海峡产品市场极度过剩，导致一批小商行倒闭。1831年10月31日马地臣致信新加坡代理人查理·托马斯，提醒他广州市场输入的东南亚商品已经达到饱和，"你们从经验就可以知道，这里对于任何新输入的海峡产品是怎样一种脆弱的市场"[②]。1837年7月10日马地臣又指出："（海峡产品的贸易是）一种很坏的和蚀本的生意。"[③]

1828年初，马地臣加入"马格尼亚克行"，入股资金为6万银

---

① 海峡产品是指来自马来半岛和东印度群岛的商品，比如燕窝、槟榔、藤类、胡椒、螺钿、龟甲、锡等。

② 怡和档案，1831年10月31日，"发给私人的函件稿簿"，马地臣致查理·托马斯的信。格林堡，《鸦片战争前中英通商史》，第79页。

③ 怡和档案，1837年7月10日，"发给私人的函件稿簿"，詹姆士·马地臣。格林堡，《鸦片战争前中英通商史》，第80页。

圆。此时，"马格尼亚克行"已开展了中英、中巴（巴西）以及中国到澳洲等国家和地区的贸易。马地臣在该行开始与威廉·渣甸结成牢不可破的商业同盟。

马地臣加入"马格尼亚克行"的第二年，广州口岸就出现了英国东印度公司商船"延不进口"事件。东印度公司特选委员会为了抵制广东地方当局的勒索和歧视，一改长期以来忍气吞声的做法，以确保船员健康为由，将英国赴华商船封舱停泊在黄埔口外，拒绝驶入广州黄埔港。自1829年7月25日特选委员会决议要求英国商船滞留黄埔口外，到1830年2月准许英国商船进入黄埔贸易，"延不进口"事件持续时间长达六个月，其目的是"在当局对船只驶入黄埔的迟滞表示不安时，然后委员会可以提出他们的热望，即将行商的数目立即增加到旧时的水平"①。其间英国东印度公司特选委员会与清政府地方当局就行商数量锐减、行佣及规费数额巨大等问题进行了反复争执和磋商。

马地臣所在的"马格尼亚克行"等散商洋行大力支持特选委员会的封舱措施。1829年9月26日"马格尼亚克行"呈递给特选委员会的备忘录中明确提出，必须要求清政府增加行商数量、取消或减少1950两规费、扩大与行外商人交易的权利等，其斗争矛头直指已经沿袭100多年的行商制度。9月29日英商颠地等人向特选委员会主席部楼顿②递交申诉书，全面抨击清政府贸易和税收体制，要求部楼顿转送广东当局。部楼顿根据申诉书，于10月3日致函两广总督李鸿宾，提出改变税收体制等八项要求。③随着"延不进口"事件久

---

① 　马士，《东印度公司对华贸易编年史》（第4卷），第216页。

② 　部楼顿：William Henry Chichely Plowden。

③ 　To W.H.C.Plowden, Esq, President & C.and Select Committee, Extract of a Letter from the Select Committee to the Viceroy of Canton, The Canton Register, 22nd December, 1829.

拖不决，渣甸等人认为封舱停止贸易的措施不只影响外商，也会影响到中国商人和工匠。11 月 5 日渣甸致信孟买代理人，称："在广州有很多灾难，茶商和绸缎织工现在变得很不满。"[①] 他们坚信广东当局不会视若无睹。

果然，由于英国东印度公司商船"延不进口"，影响了广州口岸的关税征收，广东当局不得不做出一定让步。1830 年 5 月 11 日粤海关监督谕令将英国东印度公司商船已被征收一个世纪[②] 的 1950 两规礼费降低为 1718.502 两。此后，东印度公司商船缴付买办费也由 53 人以下应缴数额 848 元减为 496 元，散商船从 672 元减为 392 元。[③] 虽然规费和买办费均有下降，但"中国政府的勒索和苛捐杂税，使得几乎所有外国商人都从事非法贸易。如此一来，公共税收减少，只剩下诚实的公司近乎孤立无援地支撑着该港口（按：广州口岸）的大量需求"[④]。

19 世纪 20 年代起，马地臣将非法贸易基地设在伶仃岛，不仅疯狂走私鸦片，就连清政府限制进出口或要求纳税进出口的合法货

---

① 《发往印度函件稿簿》，"威廉·渣甸致孟买雷敏顿公司的信"，1829 年 11 月 5 日。格林堡，《鸦片战争前中英通商史》，第 40 页。

② 马士《东印度公司对华贸易编年史》（第 1 卷）第 185 页记载："我们（按：《编年史》作者马士）在这艘船第一次见到明确提出关于'1950 两'的问题，它是未来的百年内磋商和讨论的特别事项：'我们［按：1727 年抵达广州的'奥古斯塔斯王子号'（Prince Augustus）商船大班托里阿诺］在这一天内同时交付通事 1950 两，由唐康官担保，当作我们的船送给道员（Toyen）、总督及其他大官员的规礼。按照现行的惯例，它已被视为和船钞相同的课征。'"

③ 马士，《东印度公司对华贸易编年史》（第 4 卷），第 245 页。

④ 〔英〕弗兰克·韦尔什著，王皖强、黄亚红译：《香港史》，中央编译出版社 2007 年版，第 64—65 页。该书第 65 页注引自"马士：《编年史》第 4 卷，1829 年 11 月 23 日（Morse, Chronicles, vol.iv, 23 November 1829）"，但著者在《编年史》中未能查到所引。

物，比如白银、生锌、盐硝等，他都要进行走私。由于中国白银含银量比西班牙银圆的含银量高 15% 左右，马地臣等外商就将中国白银走私运往印度，从而赚取利润。清政府对伶仃洋面的走私活动早已知悉，多次颁发措辞强硬的谕令，要求外国商船不得滞留伶仃洋，务必驶入内河遵例报关或回驶本国；同时还要求广东水师严行驱逐，但一直收效甚微。事实上，广东口岸没有严格执行朝廷既定的关税税则，是沿海走私屡禁不止的重要原因之一。粤海关税费名目繁多、税额随意增减让外商无所适从，因此"（走私）诱惑很强烈，关税不确定，控制很薄弱，而且毫无风险……他们走私，有些人很急切，有些人自鸣得意，有些人犹豫不决，但他们都以这样或那样的，无论是合理的还是不义的方式走私"①。马地臣在与生意伙伴的很多信函中，毫无顾忌地记载了其在伶仃洋面走私货物偷逃税款的斑斑劣迹。

1834 年底，马地臣暂离广州返回英国。总体来说，马地臣早年在广州生活和经商是顺利的，而且生命财产、饮食供应都很有保障。同时期的在华美商亨特（William C.Hunter）记载道："由于这里②的生活充满情趣，由于彼此间良好的社会感情，和无限友谊的存在，由于与被指定同我们做生意的中国人交易的便利，以及他们众所周知的诚实，都使我们形成一种对人身和财产的绝对安全感。任何一

---

① 　C.W.King, "*Application of the Powers of the Consuls of the United States of America for China*", *The Chinese Repository*, vol.6, p.508. 吴义雄，《条约口岸体制的酝酿》，第 213 页。1830 年戴维森在下议院委员会的证词（问 2551）称："在出口货方面，我私运大量的白银，因为它是违禁品；白铜也是如此；指导我的准则是，我将那些违禁品走私，至于那些规定征税的，则不然。"（马士，《东印度公司对华贸易编年史》（第 4 卷），第 364—365 页）

② 　指十三行商馆。

清代海幢寺内景

个曾在这里居住过一段较长时间的'老广州'，在离开商馆时，无不怀有一种依依不舍的惜别心情。"① 这也说明，当时广州口岸的营商环境不算太差。

早在马地臣首次到达广州的两年前，1816 年两广总督蒋攸铦规定：每月初八、十八、二十八日外商可在通事陪同下，前往十三行商馆对岸的海幢寺、花地闲游，日落之前要报明回馆，每次限额 10 人；游玩时不准饮酒滋事，不准在外过夜，如有违犯，就从重责罚行商和通事，而且该外商此后不准再去两地闲游。马地臣在广州经商期间，一般都能够遵守规定，按期结伴前往清政府指定地点游玩。当然，由于清政府一贯的庸腐作风，这些规定往往成为一纸空文，既没有十足的约束力，又没有完善的监督机制。亨特称："事实上，

---

① 亨特，《广州番鬼录·旧中国杂记》，第 37 页。

要求通事跟随的'规条'并未严格执行，但也从未被废止。"①

　　虽然清政府对外商外出活动进行了严格限制，但也保障了外商的人身安全。亨特感慨道："在世界各地，再也没有一个地方当局，对外国人的人身安全比这里更加注意的了。这些外国人是自愿来到一群广大的人民中间生活的，他们的习惯和偏见是如此地排斥外国的事物，而且中国政府并没有条约义务要对这些人加以保护。他们只是勉强被允许在广州居住。外国领事或任何其他的官方代表，都未得到中国的直接承认。然而地方政府对他们的保护是不遗余力的。"②马地臣在早期对华经商的生涯里，虽然遭遇过歧视和限制，也遭遇过勒索和驱逐，但总体上有惊无险，不仅生活惬意，还赚了个盆满钵满。在广东温润的冬日暖阳里，他也许曾经有过"广东乐，不思苏格兰"的悠游自得之感吧。

四、宝顺洋行

　　1807 年时任英国东印度公司广州特选委员会低级大班的乔治·巴林（George Baring）创办"巴林行"（Baring & Co.）。这是在中国开设的第二家英国私人商行。随后莫洛尼（Moloney）和罗伯茨（Robarts）两位大班加入，"巴林行"改称"巴林·莫洛尼·罗伯茨行"（Baring, Moloney & Robarts & Co.）。该商行主要充任港脚散商的广州代理行。

---

① 亨特，《广州番鬼录·旧中国杂记》，第 59 页。
② 亨特，《广州番鬼录·旧中国杂记》，第 37 页。

　　"巴林·莫洛尼·罗伯茨行"既触犯了经营私人贸易的东印度公司大班们的切身利益，又增加了从事港脚贸易的英印散商们的额外费用，因此遭到他们的联合抵制。该行曾强迫广州十三行行商关成发参与一宗鸦片交易，导致关成发严重亏本，也使英国东印度公司蒙受巨大损失。为了避免职员经营鸦片影响公司合法商品的贸易，1809 年英国东印度公司禁止广州商馆人员担任港脚贸易中的鸦片代理商。"巴林·莫洛尼·罗伯茨行"只得将鸦片业务转交给戴维森。戴维森于是担任"巴林·莫洛尼·罗伯茨行"鸦片部经理，专门负责鸦片代理生意，其他货物代理由"巴林·莫洛尼·罗伯茨行"其余合伙人承办。

　　1813 年英国东印度公司禁止大班从事任何商品的港脚贸易，巴林、莫洛尼、罗伯茨就退出商行[①]，由戴维森承揽"巴林·莫洛尼·罗伯茨行"所有货物的代理业务，这些货物主要是印度棉花和鸦片。"巴林·莫洛尼·罗伯茨行"改称"戴维森行"（Davidson & Co.）。1819 年关成发曾做过"戴维森行"一艘著名鸦片船"老师傅号"的保商[②]。

　　1823 年"撒丁王国领事"托马斯·颠地[③]来到广州，加入"戴维森行"。1824 年戴维森退出商行，离开中国。"戴维森行"改名

---

　　① 参见格林堡《鸦片战争前中英通商史》，第 23—24 页。

　　② 亨特《广州番鬼录·旧中国杂记》第 46 页记载："行商控制了广州口岸全部的对外贸易，每年总额达数百万元，受益固多，责任亦重。外国商船或其代理人如果违犯了'规条'，俱由行商负责。官方认为他们能够而且应当管理住在广州商馆的外国人和停泊在黄埔的外国船只。行商对这两者，都有保证他们守法的责任。因此外国居民从登岸之日起，必须有一个保人，每艘外国船亦然，行商也就成了'保商'。"

　　③ 托马斯·颠地：Thomas Dent，英国鸦片商贩。

兰斯洛特·颠地（Lancelot Dent）

为"颠地行"（Dent & Co.），后译为"宝顺洋行"①。1826年"颠地行"合伙人有托马斯·颠地、兰斯洛特·颠地②、罗伯特·英格利斯③。1831年托马斯·颠地离开中国，兰斯洛特·颠地成为宝顺洋行的主要负责人。

"宝顺行"和"怡和行"在19世纪初期的英印散商贸易中，一直占主导地位。两行业务总量几乎占到整个港脚贸易的三分之二。直到1867年"宝顺行"在全球棉花泡沫危机中破产倒闭之前，"宝顺行"一直是早期"怡和行"的最主要竞争对手，但业务量始终低于怡和行。"宝顺行"与位于加尔各答的"帕麦尔行"④、位于孟买的"福士行"、位于澳门的"派拉里行"（A. Perlira & Co.）业务联系密切。其中"福士行"与"怡和行"在孟买的生意合作伙伴"布鲁斯·福西特公司"⑤也互为商业竞争对手。

宝顺洋行还与怡和洋行在新闻舆论领域开展竞争。兰斯洛

---

　　①　鸦片战争前部分史料根据"颠地行"租用的行商商馆名称，又将"颠地行"称为"保顺夷馆"。

　　②　兰斯洛特·颠地：Lancelot Dent，1799—1853年，英国大鸦片商贩，是托马斯·颠地的侄子。

　　③　罗伯特·英格利斯：Robert Inglis。又译作茵格斯、英记利士，英国籍，原为英国东印度公司广州商馆办事员，后加入宝顺洋行。

　　④　帕麦尔行：Palmer & Co.，由18世纪80年代到达加尔各答的约翰·帕麦尔开设，1830年因过度投资靛蓝业务而欠下500万英镑债务，最终倒闭。

　　⑤　布鲁斯·福西特公司：Bruce Fawcett & Co.，1815年改名雷敏顿·克劳福公司（Remington Crawford & Co.）。

特·颠地长期资助《广州周报》①的出版发行，该报奉行保守主义，与马地臣创办的《广州纪录报》在对华关系和对华策略方面进行过持续数年的激烈论战。

据马地臣记载：怡和行和宝顺行之所以长期关系不睦，是因为渣甸和颠地在 1830 年发生严重争执而成为死对头。这一年靛蓝价格暴跌，加尔各答商行纷纷倒闭。与怡和行、宝顺行都有业务往来的帕麦尔行也因为过度投资靛蓝业务而不幸倒闭。但渣甸藏匿了一封使用渣甸快船从加尔各答送往广州的信件，这封信件里载有帕麦尔行已经倒闭的重要消息。由于颠地没能及时获悉帕麦尔行倒闭的消息，因而受到拖累，遭受了巨大损失。相反，渣甸却及时采取措施、妥善部署，减少了损失。从此宝顺行、怡和行势同水火。

1836 年 2 月 13 日，长期在华居住经商的克里托（Crito）在《广州周报》上发表文章，声称宝顺行与怡和行早期行号原本关系融洽，但 1826 年霍林沃思·马格尼亚克离开中国之后，两行关系开始恶化。据克里托分析，起因是马地臣、渣甸等人与英国东印度公司来华商船船长逐渐达成默契，最终"（马格尼亚克行）控制了东印度公司的船长和职员的资本的最大份额"②。

也有研究者认为，宝顺洋行与怡和洋行交恶最初是因为颠地运用其在伦敦的影响力，使得渣甸从广州开出的汇票被拒付。之后有个叫尼斯比特（Nisbett）的骗子没能欺骗住颠地，反倒骗了马地臣

---

① 《广州周报》: *The Canton Press and Price Current*，又译作《广东周报》《澳门新闻录》。1835 年 9 月 12 日创刊于广州，由英商颠地洋行资助发行，弗兰克林、莫勒（Edmund Moller）等主办，逢周六出版。1839 年迁往澳门，1844 年停刊。

② Crito，*To the Editor of The Canton Register*，*The Canton Press*，February 13th，1836. 吴义雄，《条约口岸体制的酝酿》，第 19 页。

的钱。这些都激发了马地臣和渣甸对颠地的憎恶。[①]

除了商业竞争的因素外，颠地和马地臣、渣甸还分属不同党派。颠地属于托利党，马地臣、渣甸属于辉格党。两党代表资产阶级不同集团的利益，在英国轮番执政，相互攻讦。政治诉求不同也致使宝顺行与怡和行长期不和。颠地与英国东印度公司广州大班都属于保守派，因此双方关系较好。东印度公司处处维护颠地的宝顺洋行，却对怡和洋行多有指责。

另外，宗教信仰、民族习惯的不同，也使宝顺行与怡和行长期纷争和互相敌视。宝顺洋行使用英格兰旗帜，即白底红十字的圣乔治十字旗；而怡和洋行使用的是苏格兰旗帜，即蓝底白色斜十字的圣安德鲁十字旗。颠地家族来自英格兰西北部的威斯特摩兰郡（Westmorland），这个地方位于英格兰与苏格兰交界地带。由于历史上英格兰与苏格兰存在数百年恩怨，因此威斯特摩兰郡的居民对苏格兰人普遍印象不佳。当然，尽管宝顺行与怡和行积怨较深，但利益始终是双方共同关注的重点和合作纽带。两行也确曾在个别贸易事宜上有过合作，比如 1838 年 5 月初，两行操控了广州口岸的鸦片市场行情，携手将"公班土"价格由每箱 300 元推涨到每箱 580 元[②]。

英格兰圣乔治十字旗

苏格兰圣安德鲁十字旗

---

① 怡和档案，1831 年 8 月 25 日，"发给私人的函件稿簿"，詹姆士·马地臣。韦尔什，《香港史》，第 72 页。

② 布雷克，《怡和洋行》，第 85 页。

五、怡和洋行发展

1832年7月1日，"渣甸·马地臣行"（即"怡和洋行"）在广州创立。这一年渣甸48岁，马地臣36岁。两人正值壮年，无论精力和经验都十分充足。从此在中国大地上，一家英国人开设的商行开始了其商业帝国开疆拓土、睥睨群雄的百年发展之路。

怡和集团 logo（怡和洋行标志为苏格兰国花——蓟花）

怡和洋行成立初期，就广泛与其他行号开展业务往来，比如位于孟买的"亚当森，莱基，里奇·斯图尔特行"（A.Adamson，J.Leckie，Ritchie Stewart & Co.）、"伯恩斯·麦克维卡行"（Burns MacVicars & Co.）、"塔勒克·布罗迪行"（Talloch Brodie & Co.）；位于加尔各答的"詹姆士·斯科特行"（James Scott & Co.）、"麦金泰尔行"；位于新加坡的"约翰斯顿行"（H.L.Johnstone & Co.）；位于澳门的"派瓦行"（Payva & Co.）等。澳葡政府规定英国散商在澳门的业务必须由葡萄牙代理商经营。怡和洋行选择在澳门与巴雷托（B.Barretto）合作。此后多年巴雷托一直在澳门代理怡和业务。怡和洋行还与智利瓦尔帕莱索[①]等拉丁美洲地区进行商业往来。1832年马地臣自豪地说，怡和洋行的贸易额使它成为"这一商埠（广州）

---

① 瓦尔帕莱索：Valpa raiso，智利中部的港口城市，位于南美洲智利西海岸。

的总焦点或中心"[①]。

1831 年，怡和洋行成立之前，"马格尼亚克行"专门设立疋头部，主要负责运销英国纺织品。疋头部在苏格兰格拉斯哥[②]设有辅助代理处，由佩顿（Paton）负责。曼彻斯特商会[③]主席约翰·麦克维卡（John MacvVicar）是疋头部的常设"秘密代理人"。在华鸦片走私商贩和英国工业资本家为了共同谋取利益而勾结起来。怡和洋行通过麦克维卡得以与曼彻斯特棉织业巨头进行合作；麦克维卡通过怡和洋行代销鸦片以获得贩茶资金，从而经营茶叶进口贸易。比如：1835 年 7 月初，麦克维卡一次就运送 50 箱[④]价值约 25,000 英镑的土耳其"金花土"鸦片给怡和洋行用于销售后采购茶叶。"伦敦东印度和中国协会"[⑤]副主席黑斯蒂[⑥]也通过怡和洋行在广州代售其委托的鸦片。

1834 年 4 月 21 日英国东印度公司对华贸易专营权被正式取消。在此前后，英国自由商人已经迫不及待地开始中英直接贸易了。第一艘"自由船"[⑦]"莎拉号"[⑧]于该年 3 月 22 日被怡和行从黄埔派往伦

①　格林堡，《鸦片战争前中英通商史》，"作者序言"，第 7 页。

②　格拉斯哥：Glasgow，苏格兰最大城市，英国第三大城市，位于中苏格兰西部的克莱德河（R. Clyde）河口。

③　曼彻斯特商会：英国棉纺织中心曼彻斯特的产业资本家、银行家、进出口商及其他工商界人士组成的一个团体。

④　鸦片一般以箱或袋为单位，1 箱（袋）重 140 磅，约为 63.5 千克。

⑤　伦敦东印度和中国协会：London East India and China Association，成立于 1836年，主要成员是与印度或中国贸易相关的进出口贸易、金融、航运等大型公司。该协会对英国经济、政治、外交等具有广泛影响力。

⑥　黑斯蒂：Archibald Hastie，曾任英国下议院议员。

⑦　当时的英国人称取消东印度公司专利权之后的时期为对华自由贸易时期。

⑧　"莎拉号"：Sarah，吨位 488 吨，船长怀特塞德（Whiteside）。载货：南京丝2965 担、丝织品 11250 匹、南京布 8000 匹、桂皮 883 担、大黄 419 担、干姜 7475 担、杂货价值 2600 银圆。其中丝和丝织品的价值超过 100 万银圆。

敦。4月24日怡和行又派出"坎登号""夏洛特公主号""乔治亚娜号"和"皮拉图斯号"共四艘满载茶叶的船只前往英国格拉斯哥①、利物浦②、赫尔③和法尔茅斯④等地。马地臣断言："1834年4月本国贸易的开放将形成广州史上的一个大时代。"⑤此后数年，怡和洋行迅速填补英国东印度公司留下的贸易空白。除了走私鸦片外，怡和洋行还广泛经营一般货物进出口业务，包括：从中国载运茶叶、丝绸到英国；从菲律宾载运香料、蔗糖到中国；从巴达维亚购买日本铜运到印度；办理货运票据和保险；出租船坞和仓库；以及提供进出口信贷，甚至走私军火等。怡和洋行还在马尼拉设立代理行渥太打公司（Otadui & Co.），专门经营从爪哇和马尼拉向中国输送大米、糖、烟和大麻等货物。当然，马地臣等自由散商对华贸易最惯常采取的手段仍是走私。1834年8月21日英国驻华商务总监督律劳卑⑥向英国首相查尔斯·格雷⑦报告称："大部分贸易都已经通过走私进行。"⑧

通过不择手段的原始积累，怡和洋行迅速取得了商业运营的成

---

① 格拉斯哥：Glasgow，位于苏格兰中西部，克莱德河（R. Clyde）河口。

② 利物浦：Liverpool，英格兰西北部的港口城市。

③ 赫尔：Hull，英国中部港口城市。

④ 法尔茅斯：Falmouth，英国南部康沃尔（Cornwall）半岛东南海岸港口城市。

⑤ 怡和档案，1833年12月29日，"发给私人的函件稿簿"，詹姆士·马地臣。格林堡，《鸦片战争前中英通商史》，第80页。

⑥ 律劳卑：William John Napier, 9th Lord Napier of Merchiston, 1786年10月13日—1834年10月11日，苏格兰墨奇斯顿（Merchiston）人，出身贵族，信奉长老会。曾在英国皇家海军服役，曾任上议院议员，第一任英国驻华商务总监督。政治家、外交官。

⑦ 查尔斯·格雷：Charles Grey, 2nd Earl Grey, 1764—1845年，英国政治家，1830—1834年任英国首相。风靡欧洲的格雷伯爵茶以他命名。

⑧ 胡滨译：《英国档案有关鸦片战争资料选译》，中华书局1993年版，第24页。

功，逐渐发展成为业务范围涵盖贸易、金融、航运、仓储等的综合性商行。1800 年怡和行前身"里德·比尔行"的资本仅为 12 万元，经过 30 多年的发展，到了 1837 年怡和行的资本高达 261.3 万元。"英国侵华，怡和洋行担负着的使命与英国侵略印度时东印度公司所担负着的相同"。①

1837 年英美爆发金融危机，怡和洋行受到影响，一度经营困难。雪上加霜的是，欠下怡和洋行巨额债务的兴泰行也行将破产。4 月 20 日颠地、特纳等英商向两广总督邓廷桢提出申诉，鉴于兴泰行已无力偿还商欠，要求十三行公行按惯例承担兴泰行的债务。邓廷桢对兴泰行巨额商欠十分震惊，4 月 23 日谕令行商首领伍浩官在十日内查明兴泰行债务。颠地给予公行以外语和账目方面的协助。此后数月，中外商人代表进行了账目清查，最终确定兴泰行欠下债务为 2470332.57 元，其中欠怡和行 1880207.70 元。② 颠地与行商议定由公行分期偿还欠款且不计分期利息。此时怡和行正遇到经济困难，当然希望公行能够尽快连本带息一并偿还，同时马地臣还认为颠地等人核定的兴泰行欠款偏少，所以马地臣痛斥颠地："多管闲事，插手这笔利息或借贷双方的账目，这个决定荒唐而又不公正。"③ 对于怡和行遭遇的经营困境，伦敦"马格尼亚克·史密斯行"凭借雄厚的财力进行了帮助，使怡和行平安度过了当年发生的金融危机。11 月 18 日渣甸致信伦敦霍林沃思·马格尼亚克，乐观地声称怡和洋行经营恢复正常，没有倒闭风险。

1838 年 11 月 26 日各破产行商的债权人一起向时任英国外交大

---

① 〔日〕内藤英雄：《广东志》，广东东洋文化研究所 1940 年版，"商业篇"。

② 吴义雄，《条约口岸体制的酝酿》，第 243—245 页。

③ 韦尔什，《香港史》，第 173 页。

臣巴麦尊①请愿，要求英国政府就商欠偿还问题向清政府提出交涉。鸦片战争后，英国政府通过《南京条约》，迫使清政府继续偿还兴泰行等破产行商的债务。1842年马地臣请求时任英国全权公使璞鼎查②预兴泰行欠款一事，希望能够收回利息并重新核定债务。但颠地向璞鼎查解释了1837年清理兴泰行债务的情况，璞鼎查认为当年的处理较为妥当，便拒绝了马地臣的请求，不再重翻旧账。

　　1839年林则徐在广东严查鸦片走私，中英关系逐渐恶化。英国驻华商务监督查理·义律③禁止英国商船具结进入黄埔贸易，因此中英贸易暂时中断。为了继续开展对华贸易，怡和洋行只好雇用美国人。1839年夏，怡和行雇用了两个刚从"旗昌洋行"④脱离出来的美国人詹姆士·瑞安⑤和约瑟夫·顾理治⑥。由他们凭借美国人的身份帮助怡和行销售棉布、购买茶叶。怡和行甚至在美国旗帜的掩护下将代理商、茶叶品鉴人偷偷运到广州来。马地臣在伶仃洋面的"壮士号"趸船上经常给瑞安和顾理治等人发号施令，遥控他们买卖商品。整个第一次鸦片战争期间，瑞安和顾理治都冒着巨大的风险，一直

---

　　① 巴麦尊：Lord Henry John Temple，3rd Viscount Palmerston，亨利·约翰·坦普尔，第三代巴麦尊子爵，又译帕尔姆斯顿、帕麦尔斯顿，1784—1865年，爱尔兰贵族，1807—1865年先后任英国海军部委员、军政大臣、内政大臣、外交大臣和首相。

　　② 璞鼎查：Henry Pottinger，英国北爱尔兰人。1843年4月5日至1844年5月担任英国驻香港总督。

　　③ 查理·义律：Charles Elliot，1801—1875年。1836年至1840年担任英国驻华商务监督。

　　④ 旗昌洋行：Samuel Russell & Co.，1824年1月1日成立。旗昌洋行前身是1818年12月26日成立、1823年12月26日结束的罗素洋行。

　　⑤ 詹姆士·瑞安：James Ryan，美国费城人。

　　⑥ 约瑟夫·顾理治：Joseph Coolidge，美国人。詹姆士·瑞安、约瑟夫·顾理治后来与纽约的奥古斯丁·赫尔德（Augustion Heard）创办赫尔德公司（Augustion Heard & Co.，又译琼记洋行）。1875年琼记洋行并入怡和行。

查理·义律（1801—1875 年）

留在广州替怡和行做进出口贸易。

1839 年 9 月义律宣布临时封锁珠江口。由于伦敦的茶叶价格很大程度上取决于广州待运出口的茶叶数量，因此广州贸易停顿直接导致了英国茶叶价格上升。这些是颠地和英国囤积茶叶的商人们所乐见的。但马地臣对此表达了不满："真是奇怪之至，我国商人中一小部分，除了维持英国的茶叶市场之外，什么都不管，他们仍然尽力阻止经营商业。"[1]1840 年 1 月 5日林则徐根据道光皇帝旨意，宣布永远断绝中英贸易。怡和洋行便使用美国、丹麦、瑞典、普鲁士等国旗为掩护，并经常变更船名在广州暗中进行中英贸易。怡和行还雇用在广州的美国人查尔斯·金[2]为其代理业务服务。查尔斯·金主要负责帮怡和行办理用印度棉花换取美国的伦敦汇票的业务。

对于马地臣通过美国等中立国商船运送茶叶出口[3]的行为，义律私下里予以支持。因此马地臣得以将茶叶运往英国牟取厚利，怡

---

① 格林堡，《鸦片战争前中英通商史》，第 192 页。

② 查尔斯·金：C.W.King，美国人，同孚洋行合伙人。

③ 亨特《广州番鬼录·旧中国杂记》第 143 页记载："撤离的英国人把他们的生意交给美国行号代管，大部分是交给旗昌洋行管理……本洋行（按：旗昌洋行）的几艘船，包括'伶仃号'在内，来往上述各地（按：九龙、铜鼓洋面等）和黄埔之间，以每吨 30 到 40 元的价格运载不列颠的货物，印度棉花则每包 7 元，船上收货，货到商行后收取运费。在美国旗帜下进行的贸易非常活跃，对英国朋友和他们的利润都大有帮助。茶叶是这些进口货的回程酬报，茶叶运到碇泊所，再经铜鼓运往英伦。"

和行的净利润比前几年大幅上涨 ①。这就触犯了颠地和英国囤积商的利益，引起了他们的极大不满。颠地等人还向英国下议院呈递请愿书，对义律进行了激烈抨击。2 月 29 日预感到大规模战争即将爆发的马地臣致信约翰·阿拜·史密斯 ②，要求他探明英国政府对于战时茶叶贸易的政策："值得考虑的是，像茶叶这样一种英国的生活必需品，英国政府在对华作战的情形下，是否愿意默许通过外商之手出口，而不愿以封锁港口阻断供应来苦恼已经动扰不安的本国人民，——不说税收上的损失。你很可以探明政府对于这一点的看法，并且据以相机行事。"③ 为了维护义律的政策，马地臣还专门让身处伦敦的渣甸聘请一名律师在《泰晤士报》上进行辩护。马地臣甚至向渣甸宣称："（如果没有茶叶运到英国，将会）激起本国人民的懊恼和不满，危及政府的声望。"④ 由于有利可图，马地臣尽可能地采取各种措施，极力维持对华贸易。即使这样，广州口岸对外贸易也已经难以如常开展了。马地臣曾将茶叶装到 2 艘悬挂美国国旗的船只上，原本以为清政府会很快放行美国商船，但等了一个多月，仍然没有放行。

　　1840 年 7 月英军占领舟山。马地臣随后派遣大卫·渣甸 ⑤ 和唐

---

　　① 　根据布雷克《怡和洋行》第 103 页记载：1832—1833 年怡和行净利润 30.9 万英镑，1837—1838 年净利润 6.3 万英镑，1838—1839 年净利润 5.3 万英镑，1839—1840 年净利润 23.5 万英镑，1840—1841 年净利润 20.3 万英镑。

　　② 　约翰·阿拜·史密斯：John Abel Smith，英籍银行家，曾任英国下议院辉格党议员。

　　③ 　怡和档案，1840 年 2 月 29 日，"发给私人的函件稿簿"，詹姆士·马地臣。格林堡，《鸦片战争前中英通商史》，第 192 页。

　　④ 　格林堡，《鸦片战争前中英通商史》，第 192 页。

　　⑤ 　大卫·渣甸：David Jardine，威廉·渣甸的侄子。

渣甸侄子安德鲁·渣甸

纳德·马地臣 ① 前往舟山，试图在那里开辟英国棉货市场。但由于当地人对英国侵略者充满了愤恨，马地臣的尝试最终失败。1841 年 2 月英军占领虎门炮台。马地臣认为广州英国商馆可以重新启用，便派遣安德鲁·渣甸 ② 前往广州。但广州民众奋起反抗侵略者，迫使英商再次逃离英国商馆。1842 年 12 月广州十三行商馆被广州民众纵火焚烧，怡和洋行商馆也被焚毁。怡和洋行总部便从广州迁到澳门。

1844 年 3 月怡和行总部从澳门迁到香港东角 ③。怡和洋行是众多在华洋行中最先发现香港价值和最早在香港开展大规模投资的洋行，对香港早期发展具有举足轻重的作用。因此，在香港，一直有"未有香港，先有怡和"之说。所谓"有恒产者有恒心"，怡和洋行较早在香港拥有恒产，表明其有立足香港的恒心。香港开埠的最初十年，

---

① 唐纳德·马地臣：Donald Matheson，？—1901 年。詹姆士·马地臣的侄子。1837 年来华，1842 年成为怡和行合伙人，1849 年退出怡和行。后成为英国长老会（Committee of Foreign Missions of the English Presbyterian Church）成员。1892 年任英国"禁止鸦片贸易会"（The Society for the Suppression of the Opium Trade）执行委员会主席。

② 安德鲁·渣甸：Andrew Jardine，威廉·渣甸的侄子。

③ 东角原是香港海角，位于今铜锣湾东角道、怡和街和渣甸坊一带，因向北突出如角而得名。19 世纪中期，东角地皮为怡和洋行所有。怡和洋行在此设立总部，并设置货仓及于糖街附近设糖厂，即前香港铸币厂址。英国最初称该地为"马地臣角"（Matheson Point），后改称东角（East Point）。百年时间里，经多次填海，东角两侧海湾消失，东角成为内陆的一部分。

怡和洋行将香港作为货栈，大力开展鸦片贸易，成为香港最主要的两家商行之一。19世纪中期，香港成为华工出洋的集中地。怡和洋行积极参与了广东沿海罪恶的苦力走私贸易。1854年，怡和洋行运送苦力一个航次就可获利9万元。由于怡和洋行巨大的商业影响力，在第二次鸦片战争中下令焚毁圆明园的英国驻华公使额尔金曾说："香港总商会几乎成了怡和洋行的一个部门。"①

怡和洋行也是首家在上海开设分公司的欧洲公司和首家在日本开设分公司的外国公司。1843年12月上海开埠仅一个月，怡和洋行上海分公司就宣告成立。该年底到达上海的7艘英国商船中，怡和行的"斯图亚特号"轮船吨位最大，为423吨。1844年上海首次拍卖土地，靠近英国领事馆的1号租地由怡和洋行购得。怡和洋行的分支机构还遍布中国沿海、长江沿岸19个通商口岸和我国边陲重镇昆明、哈尔滨等地。

1861年5月怡和洋行在上海设立"怡和丝厂"，这是上海首家机器缫丝厂。厂方很快发现女工比男工更经济更能适应高强度工作，于是开始招聘女工。截至该年7月，怡和丝厂已经雇有25名女工，这成为中国近现代化女工群体诞生的滥觞。

1872年以后，怡和洋行放弃鸦片贸易，开展多元化投资，涉及纺织、保险、航运、采矿、银行，甚至军火、铁路等领域。1876年怡和洋行在上海建成吴淞铁路，这是中国第一条铁路。怡和洋行还安装了中国的第一部电梯。1906年11月22日怡和洋行从合伙公司改为股份有限公司，合伙人成为董事。

1912年，渣甸后裔家族买下了马地臣家族的公司股份，但公司名称未变。1912年怡和洋行总部迁到上海，1930年又迁回香港。怡

---

① 韦尔什，《香港史》，第241页。

和洋行逐渐发展成为亚洲最大的贸易公司，被称为"太子行"。1967
年怡和集团成为上市公司。1984年怡和洋行注册地迁至百慕大。

　　作为"全球企业500强"之一，怡和洋行是第一次鸦片战争爆
发前成立于中国并持续经营至今的唯一外资企业，也是香港开埠100
多年间除了政府以外的最大雇主。目前，怡和集团的商业版图涉及
金融、餐饮、酒店、房地产、建筑工程、IT项目等国计民生的各个
方面。正如怡和行曾经的广告语所说："只要有贸易的地方，就有怡
和洋行。"虽然其在发展过程中遭受过诸多批评和指责，但没人可以
否认这是一家生命力、适应力、创造力都极强的百年企业。

第二章　鸦片走私巨魁

一、鸦片流毒中国

马克思在《资本论》中引用英国经济评论家邓宁格的论述指出："资本逃避动乱和纷争，它的本性是胆怯的。这是真的，但还不是全部真理。资本害怕没有利润或利润太少，就像自然界害怕真空一样。一旦有适当的利润，资本就胆大起来。如果有 10% 的利润，它就保证到处被使用；有 20% 的利润，它就活跃起来；有 50% 的利润，它就铤而走险；有 100% 的利润，它就敢践踏一切人间法律；有 300% 的利润，它就敢犯任何罪行，甚至冒绞首的危险。如果动乱和纷争能带来利润，它就会鼓励动乱和纷争。"[①] 毒品的利润远远超过 300%，所以无数人为之甘冒杀头危险。"盖凡民之畏法，不如其鹜

---

① 马克思在《资本论》第二十四章"所谓原始积累"第六节的写作注释中，引用了英国经济评论家邓宁格《工会与罢工》一文中的句子。(《资本论》第 1 卷，《马克思恩格斯全集》第 23 卷、第 829 页注释，人民出版社 1972 年版。)

利。鬼蜮伎俩，法令实有时而穷。"①

　　7 世纪末或 8 世纪初鸦片既已传入中国。1589 年（明万历十七年）鸦片开始作为药材征税进口。最初鸦片主要是吞服食用，17 世纪吸食法从南洋一带传入中国东南沿海后，吸食鸦片的恶习迅速蔓延。由于中国在对外贸易长期出超，欧洲市场现银日趋短缺，迫使外国商人寻找能为中国市场广泛接受的货物。印度、波斯、土耳其等地出产的鸦片正符合中国的消费需求，同时又不需要欧洲商人远途运输大量现银。因此 1773 年英国东印度公司在英属印度孟加拉省取得鸦片贸易垄断权后，即从加尔各答向广州口岸输入鸦片。② 实际上，早在 1729 年（雍正七年）清政府就颁布了世界上第一个禁烟令——《兴贩鸦片及开设烟馆之条例》，明确规定严惩贩卖、教唆或引诱他人吸食鸦片的行为，并追究失职官吏的责任。此后，鸦片由合法货物转为违禁货物，鸦片进口成为走私行为，受到清政府屡次严禁。但鸦片贸易成为中外贸易最主要的增长点，鸦片最终成为中国事实上的最大宗进口商品。

　　值得关注的是，19 世纪英国等欧洲国家，以及美国、印度、东南亚等国家和地区，鸦片作为止痛药物，其买卖和使用都是合法的。直到 1868 年英国才制定《毒品药店法案》，对英国本土鸦片贸易进行一般性限制，1914 年英国才正式颁布法令禁止鸦片贸易。③ 虽然

---

　　① 〔清〕许乃济：《鸦片例禁愈严流弊愈大亟请变通办理折》，道光十六年四月二十七日。
　　② 马士认为：1773 年是英国商人把鸦片从加尔各答输入广州最早的一年。（〔美〕马士著、张汇文等译：《中华帝国对外关系史》第 1 版第 1 卷，生活·读书·新知三联书店 1957 年，第 199 页。）
　　③ 连心豪教授《近代中国的走私与海关缉私》一书（厦门大学出版社 2011 年版）第 5 页记载，"英国在国内严厉禁毒的同时，却实行双重标准，丧心病狂地将鸦片源源不断走私到中国"，实际上 19 世纪英国在国内并未严厉禁毒。

世界各地也出现因为滥用鸦片导致的社会问题，但鲜有严重到像中国这样的程度。在清朝末年，不管是官宦富商，还是贩夫走卒，甚至武将兵勇，各个阶层都大量出现吸食鸦片成瘾的人。鸦片在中国伐性戕生、流毒日广，成为威胁清政府统治和社会发展的一大痼疾。[①]1844年第二任香港总督德庇时试图从心理学的角度解释这一现象，他对两广总督耆

1919年美国公开销毁鸦片

英说："人们天性喜欢那些很难得到的东西……在中国，由于鸦片被禁，人们贪婪地想得到它……在英国，鸦片历来是合法的，人们却普遍厌恶它。"[②]

　　总的来看，鸦片最终在中国泛滥成灾的主要原因有：第一，吸食法的致瘾性远高于吞食法。明末清初，烟草与鸦片混合吸食的方法传入中国并迅速在沿海省份流行。乾隆年间，中国已广泛流行使用烟枪吸食鸦片膏了。而西方国家通常是将鸦片溶于酒精制成鸦片酊，用于制作麻醉剂或退烧药。第二，清朝中后期人口激增，消费市场庞大，同时封建君主专制制度发展到顶峰，政治高压和思想禁

---

　　① 亨特否认鸦片具有严重的社会危害性，他认为："吸烟只不过是一种习惯，就如同我们外国人喝酒一样，只要有节制就可以了。至于与美国和英伦的饮酒比较，则鸦片的恶果是微不足道的。这是我在广州、澳门和香港40年侨居生活中的个人经验。"（《广州番鬼录·旧中国杂记》第82页）这种罔顾事实、一味粉饰的观点是错误的。

　　② 韦尔什，《香港史》，第201页。

锢导致整个社会思维僵化，享乐奢靡风气和避世厌世情绪盛行，为
鸦片在中国蔓延创造了条件。同样是封建王朝，一衣带水的邻邦日
本则没有遭遇鸦片的大规模侵害，"日本之所以能阻止鸦片的侵入，
是因为当英国在印度大量生产鸦片并向外倾销时，恰好是日本民族
的青春期，即鸦片到了日本海关，也会被一脸严肃的日本人没收"①。
第三，外国商人尤其是英印散商为谋取暴利大量走私鸦片入境。英
国东印度公司在印度大力发展鸦片种植，甚至给烟农预付资金，并
允许烟贩延期付款。东印度公司还要求港脚商人只能贩运该公司在
孟买公开拍卖的鸦片，否则吊销散商的对华经营许可证或处以罚金。
1796年嘉庆皇帝颁布禁烟令后，为了避免影响茶叶生意，英国东印
度公司不再直接参与对华鸦片销售，而是"毫不犹豫地为走私提供
货源并鼓励私商把这些货物运往中国"②。由于鸦片贸易的特殊性，某
些年份从印度贩运鸦片前往中国的鸦片商贩会因为清政府的严厉打
击或鸦片售价较低而亏损。英国东印度公司甚至会对亏损商贩给以
补贴，其中支付给售往中国的鸦片商贩的补贴要多于支付给售往新加
坡等地的鸦片商贩的补贴。③魏源曾愤慨地指出："中国以茶叶、湖丝
驭外夷，而外夷以鸦片耗中国，此皆自古未有，而本朝独有之。"④

　　第四，由于清政府政治腐败、官僚体制僵化，难以彻底取缔鸦
片贸易。虽然清政府陆续颁布了很多禁烟政策，但外国商人对清政
府禁烟令的效力始终持怀疑态度，"这么久以来所享有的豁免权，加

　　① 倪建中：《百年恩仇》（上册），中国社会科学出版社1996年版，第274页。
　　② 〔美〕欧文：《英国对中国和印度的鸦片政策》（David Edward Owen, *British Opium Policy in China and India*，美国纽黑文1934年版，第53页。
　　③ 1840年渣甸在英国议会作证时的证词。*Evidence of William Jardine*, No.1807, op. cit, p.132.
　　④ （清）魏源：《海国图志》，筹海篇四。

上中国政府本身的弱点，致使外国人相信，其不会实行任何严厉的措施来禁止这项贸易，而历次上谕不过被看作是徒然浪费纸张而已"①。广东地方官员甚至收受贿赂，充当鸦片走私的"保护伞"。"法愈峻则胥役之贿赂愈丰，棍徒之计谋愈巧"②，在地方官员的默许、纵容和庇护下，广东口岸最终形成了大规模、有组织的走私体系。"自从禁止鸦片以来，鸦片贸易在地方官吏的纵容默许之下，仍然在黄埔和澳门两地进行，而且有些官吏监视着鸦片一箱箱搬运，每箱收费若干；又有些官吏走私地方较远，则每年接受贿赂若干，纵容私运者干犯禁令"③；"海关缉私船和快船都从事这种活动。（走私船的）许可证是从官员那里买来的，讨价还价一结束，货物就如常运入并发货……现存秩序的存在可以保证他们获取巨额的资财，而根绝走私则会使他们合法所得的主要源泉趋于干涸"④。

19 世纪初，中国沿海鸦片贸易达到惊人规模，绝大部分在华外商都从事鸦片走私。19 世纪 20 年代，印度生产的鸦片取代棉花成为输入中国的首要商品。⑤ 到了 1836 年，整个中国约有 1250 万人吸食鸦片。如此庞大的消费群体存在，自然就不愁没有销售商。外商只需要将鸦片运到中国沿海，就有数量众多的中国人包办销售事宜。由于耕地狭小、生齿日繁，再加上灾害、饥荒、贪吏等因素，沿海民众生活日益困苦，纷纷贩卖鸦片谋生。"粤之惠、潮，闽之

---

① 亨特，《广州番鬼录·旧中国杂记》，第 106 页。

② （清）许乃济：《鸦片例禁愈严流弊愈大亟请变通办理折》。

③ 姚贤镐编：《中国近代对外贸易史资料》（第 1 册），中华书局 1962 年版，第 314 页。

④ 郭士立备忘录，pp.3–6，F.O.17/15。吴义雄，《条约口岸体制的酝酿》，第 212 页。当时粤海关水上稽查官（Tidewaiters）为默许走私而收取的贿赂标准为：生丝 4 元/担、铜 5 元/担、布匹 120 元/船、肉桂和茶叶 10 元/担。

⑤ 龚缨晏：《鸦片的传播与对华鸦片贸易》，东方出版社 1999 年版，第 161 页。

漳、泉，其民好利轻生，与他处异。自鸦片之利兴，趋之者十人而九……闽越之民，自富商大贾以至网鱼拾蚌、椎埋剽劫之徒，逐其利者不下数十万人"①，真可谓：千里海疆贩毒忙，逐利元为稻粱谋。

《布莱克伍德爱丁堡杂志》(*Blackwood's Edinburgh Magazine*)曾评论说："鸦片贸易的罪过——如果说得上是罪过的话，不在英国商人，而应由中国、英国政府和东印度公司三方面平均共同负责。"②这种各打五十大板的观念是不公允的。事实上，鸦片商人才是最重要的媒介。如果没有鸦片商人的冒险逐利行为，东印度公司在印度生产的鸦片就无法运到中国；鸦片贸易获得的白银和茶叶就无法运到英国；中国的禁烟政策就不会屡屡失败。最终，也正是因为马地臣等鸦片商人和工业资本家的鼓动和聒噪，才促成英国政府悍然发动对华战争。按照费正清的说法，"散商的思想是贪得无厌和肆无忌惮的，并且有宗教信念做护符。(一位鸦片船长在日记中写道：'12月2日。忙于迅速交货。没有时间读圣经。')"③滑稽的是，鸦片贩子在沿海进行走私时，不时会装载宗教书籍免费赠送民众。④伪善的鸦片贩子们一边像魔鬼一样贩卖毒品，一边像天使一样传播上帝的福音。

当然清政府的腐朽无能也是重要因素，美商亨特曾得意地说："我们(按：外国人)完全无视他们(按：清政府)的文告、禁令、

<hr>

① 中国史学会主编：《鸦片战争》(第1册)，〔清〕徐继畲《禁鸦片论》，上海人民出版社、上海书店出版社1972年版，第490页。
② 张馨保，《林钦差与鸦片战争》，第52页。
③ 〔美〕费正清：《中国沿海的贸易和外交》，第69页，引用怡和洋行的档案。〔美〕费正清著、刘广京译：《剑桥中国晚清史(上卷)》，"第五章条约制度的形成"，中国社会科学出版社1985年版。
④ 《香山明清档案辑录》第226页"闽浙总督程祖洛奏报察究夷船游奕并查办两省洋盗情形片"(道光十四年二月二十一日(1834年3月30日))记载："道光十二年三四月间，有英咭唎国夷船漂泊闽省洋面，不遵驱逐，并将不经夷书送给渔船。"

警告和威胁，将其统统看成一纸空文。我们自己也常常说他们很宽大，对他们给我们提供帮助和保护感到惊奇；事实上，他们是把我们看作一些不听话的孩子，一群从来不讲'道理'的人。"[1]鸦片商贩并不否认清政府有权力和实力禁止鸦片进口，但他们认为清政府长期以来禁令松弛、官吏贪腐，很大程度上助长了鸦片贸易。清朝各个阶层均有大量人群与中外鸦片商贩沆瀣一气、狼狈为奸，正如严复所痛斥："华风之弊，八字尽之，始于作伪，终于无耻。"

二、黄埔鸦片基地

魔鬼不停地在我的身旁蠢动，

像摸不着的空气在周围荡漾；

我把它吞下，胸膛里阵阵灼痛，

还充满了永恒的、罪恶的欲望。

——波德莱尔《恶之花·毁灭》

黄埔位于广州东部约 21 公里处，是优良深水港湾，这里"广为水国，人多以舟楫为食"[2]。清初至鸦片战争前夕广州对西方一口通商，使得黄埔港成为清政府专门指定的西方对华贸易商船的碇泊地和贸易港口。19 世纪初，鸦片走私主要集中在澳门至黄埔水域。

1818 年起，由于受到南京等地区棉花增产的影响，印度棉花价

---

① 亨特，《广州番鬼录·旧中国杂记》，第 80 页。

② （清）屈大均：《广东新语》，中华书局 1985 年版，第 395 页。

马地臣（James Matheson）

格暴跌、利润下滑。向中国输入印度棉花逐渐无利可图，相反中国市场上的鸦片价格却逐年暴涨。因此，作为英印散商可以选择的为数不多的货物——鸦片，就成为马地臣向中国运销的首要货物。鸦片走私的巨大利润，让马地臣对"入境而问禁，入国而问俗，入门而问讳"的中国礼教嗤之以鼻、不屑一顾，他决意"以外国害人之物，易中国有用之财"①。这一年，马地臣似乎与恶魔签订了契约：他向恶魔出卖灵魂，恶魔助他从此财源广进。马地臣凭借着在叔父商行实习时掌握的货物运销知识和东方口岸的基本情况，很快就在鸦片贸易中崭露头角。这一时期，马地臣运往中国的鸦片主要是产自英属印度孟加拉省的"公班土""刺班土"等优质鸦片及少量产自印度土著各邦的"白皮土"等次等鸦片。

1818 年斯科特公司的双桅船"特威德号"（Tweed）、1819 年麦金泰尔公司的"哈斯丁侯爵号"、1820 年拉鲁利太公司（M.Larruleta & Co.）的"胡格利号"（Hooghly）都从孟加拉省首府加尔各答装运鸦片抵达广州黄埔，委托马地臣代理销售。随着鸦片需求的激增，与马地臣合伙经营鸦片生意的罗伯特·泰勒曾兴奋地说："鸦片像黄金一样，我可以随时卖出。"② 马克思对此评价道："天朝的立法者对

————————

　　① 刘芳辑，章文钦校：《葡萄牙东波塔档案馆藏清代澳门中文档案汇编》（上册），澳门基金会 1999 年版，第 141 页。

　　② 英国剑桥大学图书馆藏怡和洋行档案，《发出函件稿簿》，罗伯特·泰勒，1819 年 11 月 4 日。格林堡，《鸦片战争前中英通商史》，第 108 页。

违禁的臣民所施行的严厉惩罚以及中国海关所颁布的严格禁令，都不能发生效力。中国人在道义上抵制的直接后果是英国人腐蚀中国当局、海关职员和一般的官员。浸透了天朝的整个官僚体系和破坏了宗法制度支柱的营私舞弊行为，同鸦片烟箱一起从停泊在黄埔的英国趸船上偷偷运进了天朝。"[1]

马地臣十分注重鸦片质量，获得了良好口碑，甚至连英印政府的盐烟部门有时也会请他充当鸦片鉴定人。马地臣对当时一些散商用"伊斯法罕浆"（Ispahan juice）、儿茶等冒充鸦片导致鸦片质量下降的短视行为十分不屑，他批判这种造假行为说："我差不多要完全将它归咎于代理人的不老实，……这种货物在某些时候所能获取的极大的利润，对于我们本性中的贪财的弱点，是超乎寻常的引诱。"[2]可见，马地臣不以走私鸦片为劣迹，但以向鸦片掺假为耻辱。

马地臣等英印散商在黄埔水域的大规模鸦片走私引起了清政府的打击。两广总督阮元严禁从黄埔、澳门输入鸦片并逮捕和惩处了一批鸦片贩子和吸食者。1820 年广东当局要求戴维森从黄埔撤出"老师傅号"鸦片船，并明确指出："送钱也无用。"[3]广东当局还要求十三行行商搜查外国商船是否有藏匿夹带鸦片行为，并要求行商对其担保的外国商船负责。行商感到迫在眉睫的危机和压力，他们要求外国商贩立即将碇泊黄埔的鸦片趸船驶离广州内河，否则他们就将向地方当局进行报告。沛官还要求，"以后所有来船应该出具甘结，宣称船上没有载鸦片，……除非提出这样的一个保证，否

---

① 马克思、恩格斯：《马克思恩格斯全集》第 12 卷，"鸦片贸易史"，中央编译局编译，人民出版社 2008 年版，第 588 页。

② 格林堡，《鸦片战争前中英通商史》，第 109 页。

③ 布雷克，《怡和洋行》，第 43 页。

则，……行商以后不可能担保任何船只"①。话虽如此，马地臣还是能够使用各种诡计诱骗行商承保。他不无得意地向印度鸦片货主报告说："行商一般不肯承保鸦片船只，须要诱哄他们落入圈套。"②

由于受到清政府地方当局的不时查缉、澳葡政府的偶尔干涉和中外商贩的无序竞争，鸦片总体贸易量虽然上升，但价格很不稳定，有时还剧烈波动，甚至个别年度严重滞销。1819 年在清政府的严厉打击下，鸦片价格暴跌，走私渠道被切断，马地臣和泰勒负债累累，几乎破产。然而祸不单行，一个叫贝本③的人诱骗泰勒向一项投机生意中投资了 6 万多元。此后，投资款就人间蒸发，再也收不回来。泰勒因此"气得几乎发昏"（马地臣语），1820 年 8 月 4 日就过世了。

马地臣深陷即将破产的泥淖，所幸他与泰勒是松散的合伙关系，不需要承担泰勒留下的债务。泰勒病亡不久，鸦片价格经历暴跌之后突然暴涨，挽救了濒临绝境的马地臣。马地臣迅速将所囤积鸦片高价卖出，赚了一大笔钱。1821 年马地臣出手阔绰，在澳门购买了一栋房屋，方便返澳时居住。此时澳门作为外商在非贸易季节的临时居住地，各种舞会、音乐会、赛马等娱乐产业发展迅速，十分适合单身且性格开朗的马地臣。

风险与收益总是如影随形。尤其是高收益，往往意味着高风险。1821 年 9 月"叶恒澍案"引发了广东当局对鸦片的严厉查缉，最终导致黄埔退出"鸦片走私天堂"的名单。叶恒澍原在澳门从事渔业和走私鸦片。1820 年澳葡当局对输入澳门的鸦片每箱征收 40 银圆，用于设立一个规模约 10 万银圆的行贿基金，由叶恒澍管理并充当澳

---

　　① 马士，《东印度公司对华贸易编年史》（第 4 卷），第 17 页。

　　② 格林堡，《鸦片战争前中英通商史》，第 110 页。

　　③ 贝本：G.M.Baboum，亚美尼亚人。据记载，早在 1801 年贝本就曾盗窃"里德·比尔行" 3 万元和一个行商的 10 万多元。

葡当局贿赂广东官员的中间人。但在该年，叶恒澍卷入了一起因鸦片走私引发的凶杀案。次年归案后，叶恒澍在严刑逼供下为了保命，揭发了广东地方官员的受贿行为。最后叶恒澍因贩卖鸦片而定罪轻判（枷号一月、发近边充军、到达配所后杖一百），没有被追究凶杀案的重罪。1822 年 5 月，马地臣写道："这个卑鄙的阿西①（近来在澳门的主要烟贩），已经被判发配到冰天雪地的地方，但是他仍关押在此地的监牢。他似乎曾向北京控告，暴露官吏的爱财和贪污，并拿出他几年来向他们行贿的账簿作为证明……盼望北京派遣一位钦差来审判这个案件。"② 鉴于黄埔水域的走私放私愈演愈烈，广州口岸的行贿受贿越发明目张胆，两广总督阮元决定严厉查处。

1821 年下半年，广东地方当局在黄埔查出了一宗鸦片走私大案。经过保商揭发，共有四艘洋船涉案：英国船长霍格（Hogg）的"尤金尼娅号"（Eugenina）、达姆·约翰森（Dam Johnson）的"胡格利号"、帕金斯（ParKins）的"墨罗佩号"（Merope）和美国船长考珀兰（Cowpland）的"急庇仑号"（Emily，284 吨）。这四艘洋船中前 3 艘都与马地臣有业务联系。其中在"墨罗佩号"和"尤金尼娅号"船上查获的 1200 箱鸦片中有 470 箱是马地臣代理的。广东当局下令将 4 艘商船装载的鸦片进行焚毁，并将已经卸到岸上的进口货物的一半予以没收（后赦免），仍在船上的进口货物不许出售；又把已经装船的出口货物全部搬上岸，不允许载运出口。广东当局还限令 4 艘商船和马地臣等人在 5 日内离开黄埔港口，永远禁止再来广州贸易。查尔斯·马格尼亚克称："（这次是）记忆所及最棘手的一

---

① 阿西：Asee，葡萄牙人对叶恒澍的称谓。

② 伊里萨里行，1822 年 5 月 17 日。格林堡，《鸦片战争前中英通商史》，第 110 页。

次迫害。"①

　　年轻的马地臣首度遭遇被驱逐的境况，顿感束手无策。他只好致信英国东印度公司，请求帮助并咨询今后行动的指导意见，但英国东印度公司的回复让马地臣十分失望。东印度公司答复说："由于我们特别留意于竭力避免卷入中国政府当前采取禁止鸦片贸易的行动，我们将谨慎对待你前信的答复。……关于我们对此事的干预或劝告，我们恳切地对你说，曾经一再向从事鸦片贸易的有关方面提出警告，它是禁止输入中国的，必须全赖他们采取认为适宜于保证他们财产安全的那种措施，要经常承担这一责任，因为它的后果可能影响到不列颠国家同这个国家的整个贸易。"②英国东印度公司既不干预散商的鸦片走私，也不允许散商打着公司名号进行走私，以防止威胁到公司合法贸易的开展。

　　英国东印度公司为了撇清与马地臣的关系，甚至告诫马地臣："我们向你警告，反对将输入这个国家（指中国）的任何鸦片，标明是公司鸦片，因为它会使中国政府心理上有一个不正确的印象，以致损害公司的利益。"③英国东印度公司将鸦片走私责任推卸得一干二净，似乎与鸦片贸易毫无关系，这符合该公司的一贯做法。当大班德庇时在1829年回答英国下议院特别委员会询问东印度公司与中国鸦片走私是否有关联时，在广州居住17年之久的德庇时竟然信誓旦旦地宣称："我此生从未见过一箱鸦片，因此我无法谈论此事。"如果相信德庇时的声明，进而相信东印度公司确实与鸦片贸易毫无瓜葛，就如同相信颠地洋行从未从事过鸦片走私一样滑稽可笑。因为

---

　　①　布雷克，《怡和洋行》，第43页。

　　②　马士，《东印度公司对华贸易编年史》（第4卷），第18页。

　　③　马士，《东印度公司对华贸易编年史》（第4卷），第18页。

颠地洋行簿记员亨利在同一个委员会上也作证称："这辈子从来没有见过一箱鸦片。"[1] 实际上，英国东印度公司是印度鸦片的最大生产商，英印散商在中国沿海走私鸦片对他们来说早已是公开的秘密了，何况散商销售鸦片获得的白银正是英国东印度公司用于购买茶叶等大宗货物的主要资金来源。英国东印度公司特选委员会从来都十分关注鸦片在广州口岸的销售情况。"其时东印度公司虽不再直接贩运此项毒物，然载土之'近邻船舶'（按：港脚船），则须领有该公司之执照，且照内载有不得擅自装运非经该公司售出之鸦片等语。故印度政府所收之鸦片出口税颇为可观，而销售鸦片之目的地，固无人不知其为中国。当时英国统治下之印度及东印度公司对于鸦片贸易竟采用此项掩耳盗铃之计，似不无可议之处也。"[2]

1821 年两广总督阮元兼任粤海关监督后，严令广州十三行 4 位总商浩官、茂官、潘启官和章官轮流用身家性命担保来华外船没有载运鸦片。不过，1840 年渣甸在英国议会上作证时称，当时行商转达两广总督阮元的谕令时说鸦片商贩只要将鸦片船迁移到虎门口外，并保证不来黄埔，广东地方当局就不过问虎门外的鸦片贸易。以阮元本人的政治地位和官声学识，似乎不太可能公开颁布这样不负责任的谕令，因为与渣甸同年在英国议会作证的英格利斯称阮元将鸦片船赶出黄埔后，继续对停泊在伶仃洋的鸦片趸船进行驱逐，只是后来不知何故停止了这一进程。[3] 无论如何，由于阮元加大了在黄埔

---

① 1840 年英国议会《蓝皮书（第 7 卷）》，《下院特别委员会 1829 年备忘录》（第 442 号）。韦尔什，《香港史》，第 60 页。

② 班思德：《最近百年中国对外贸易史》。引自海关总税务司署统计科《最近十年各埠海关报告（1922—1931 年）》（上卷），第 21—22 页。班思德为近代中国海关洋员。

③ *Evidence of William Jardine*，No.1594，op. cit，p.120；*Evidence of Robert Inglis*，No.688–689，op. cit，p.67.

黄埔帆影（英国画家威廉·哈金斯绘于 1835 年）

的查缉力度，以黄埔为基地经营鸦片走私的疯狂时代在 19 世纪 20 年代初暂告结束。马地臣只好将船驶离黄埔港，寻找新的更加安全的走私"乐土"。

三、伶仃走私网络

伶仃洋，也称零丁洋，位于广东省珠江入海口，是珠江最大的喇叭形河口湾，域内有内伶仃岛和外伶仃岛。内伶仃岛，原名零丁山、伶仃山，位于珠江口内伶仃洋东侧，因独居海中而得名。后为区别于外伶仃岛，改称内伶仃岛。马地臣发现：由于广东当局海上缉私力量不足，将伶仃洋和内伶仃岛作为跳板进行鸦片走私相比黄埔水域更为安全。

清政府自 1685 年设立海关以来，一直施行水师营汛与海关共同承担缉私职责的制度。一般而言，粤海关负责进出口货物查验和内

粤海关稽查船（白色三角旗上写有"奉旨缉捕"）

河航道及陆路查私；广东水师不仅负责广东沿海军事防卫，还负责沿海巡查缉私。"夷船在洋私卖税货，应责成水师查拿"[1]；"广东营汛之设，固非专为榷务。而海口及夷商往来之路，向建炮台。又稽查番舶，必资水师之力。故关政辖于督臣，而水师亦归其节制，实有相须为用之势也"[2]。但清朝中后期水师废弛已久，战斗力较弱，往往不愿到伶仃洋查缉走私。再加上贿赂横行，只要不在黄埔走私鸦片，地方官就对伶仃洋和澳门等地的鸦片走私睁一只眼闭一只眼。

1821年底，"尤金尼娅号""墨罗佩号"鸦片船驶出虎门口后，马地臣便将这两艘船下锚在内伶仃岛充当鸦片趸船。1822年3月26

---

① 梁廷枏总纂，袁钟仁校注：《粤海关志》，广东人民出版社2002年版，第567页，两广总督卢坤、粤海关监督彭年于1835年奏准的"酌议增易防范夷人章程八条"第八条。

② 梁廷枏，《粤海关志》，凡例第十条，第2页。

日沛官、茂官拜访英国东印度公司特选委员会主席咸臣，声称据可靠消息，"尤金尼娅号""墨罗佩号"两艘鸦片船仍然留在穿鼻洋附近。这两艘船一旦引起两广总督阮元的注意，又会引发新一轮的查缉或封舱停止所有贸易，因此沛官、茂官希望东印度公司通知马地臣将趸船撤离。由于不愿意干涉伶仃洋上的鸦片趸船，特选委员会对广东地方当局和行商提出的驱逐沿海鸦片趸船的要求，只是推脱责任称："我们无法管辖那些从未驶入口岸的船只，无论如何亦不能放在我们的管辖权之内，而这些船只的行动和意图，我们一无所知"，"我们是无法对不驶入内河的不列颠船只进行任何管理的"。①而马地臣对这种警告一般都采取置之不理的态度。

此时，马地臣已经通过与广州"窑口"商贩相互勾结，组成效率较高的走私网络，创造了一套全新的伶仃洋走私模式。首先马地臣将浮动废船碇泊在内伶仃岛、急水门、金星门②等水域并改造成

---

① 马士，《东印度公司对华贸易编年史》（第4卷），第80、113页。

② 金星门位于珠江口西侧淇澳岛与唐家湾之间，是一个船舶停泊避风的优良港湾。清政府将金星门附近水域归为"内洋"，严禁鸦片趸船在此处碇泊。马士指出：1821年阮元严禁珠江内河鸦片走私后，鸦片商贩"所采取的第一个步骤是把中国辖区外的一切鸦片卸到那些仍停泊在港外的船上，第二个步骤是使用固定的趸船，这些趸船在冬季停泊在伶仃岛，当西南季风来到的时期就移泊于金星门（Kapsingmoon）、急水门（Kapsuimoon）和香港以策安全"（《中华帝国对外关系史》第一卷，商务印书馆1963年版，第169页）。但邓廷桢在"两广总督邓廷桢等奏报遵旨查明住澳夷人并无毁坟抗殴等情片"［道光十六年十二月二十日（1837年1月26日）］中指出，"至金星门系属内洋，不惟夷船寄泊，从前偶有因风避人者，节经遂时驱逐，现已全出伶仃"（中山市档案局（馆）、中国第一历史档案馆编：《香山明清档案辑录》，上海古籍出版社2006年版，第256页），可见，直到1837年邓廷桢还认为金星门不是鸦片趸船的碇泊地。吴义雄在《邓廷桢与广东禁烟问题》（《近代史研究》2008年第5期）中对马士说法提出质疑。他根据1837年1月30日邓廷桢给行商的谕令和7月13日礼科给事中黎攀镠的《请禁止趸船穷治窑口以截纹银去路折》认为，鸦片趸船直到1833年前后才进入金星门停泊。

伶仃洋上的鸦片船（William John Huggins 绘于 1824 年）

武装趸船，作为"水上仓库"和鸦片集散中心。然后马地臣坐镇广州商馆指挥飞剪船将印度鸦片运送到碇泊洋面的趸船上，并将样品偷运到广州商馆。广州的"窑口"商贩到商馆看样订货、交付烟款、取得提货单，再雇用"快蟹船"等中国舢板快船到伶仃洋面的趸船取货，然后偷运至广州销售。这个走私网络，分工明确，风险共担，隐蔽性和机动性较强，往往让清朝海关和水师难以稽查。①

---

①　道光十六年许乃济在《鸦片例禁愈严流弊愈大亟请变通办理折》中指出："（伶仃洋）其地在蛟门以外，水路四通，有大船七八只，终岁停泊，收贮鸦片，谓之趸船。有省城包买户，谓之窑口。由窑口兑价银于夷馆，由夷馆给票单，至趸船取货。有来往护艇，名曰快蟹，亦曰扒龙，炮械毕具。亡命数十辈，运桨如飞，所过关卡，均有重贿，遇兵役巡船向捕，辄敢抗拒，互致杀伤。"参见《香山明清档案辑录》第 234 页"两广总督卢坤等奏报查明番舶贩卖鸦片并查办情形折"、第 226 页"两广总督李鸿宾奏陈仍随时设法认真查禁私运烟银以除蠹害片"。

虎门

　　伶仃洋走私模式很快就被其他鸦片商贩效仿。"瓦莱塔号"（Valetta）、"三宝垄号"（Samarang）[①]、"尤金尼娅号"、"詹姆西纳号"（Jamesina）[②]、西班牙双桅帆船"奎罗加将军号"（General Quiroga）、美国双桅帆船"卡德特号"（Cadet）等鸦片船都下碇于内伶仃岛。[③]

---

　　①　该船为"查尔斯·马格尼亚克行"和颠地合买，吨位达 505 吨。

　　②　马士《东印度公司对华贸易编年史》（第 4 卷）第 346 页记载，"英国的鸦片进口商随即派遣刚从加尔各答运鸦片来的'气精号'（按：'气仙号'）（304 吨）和伶仃鸦片趸船'詹姆西纳号'（382 吨）前往该海岸"；第 356 页记载，"在不列颠散商航运记载内，包括两批来往加尔各答与伶仃之间的鸦片飞剪船，每船如下：'詹姆西纳号'（382 吨）……"。但该书第 204 页记载"（1829 年伶仃洋面 47 艘英国散商船只中，）有一艘 393 吨三桅帆船'詹姆西纳号'，是马格尼亚克洋行所有及受托的"，此处吨位疑为误记。

　　③　《香山明清档案辑录》第 262 页"护理湖北巡抚张岳崧奏为严防英人贩卖鸦片事折"［道光十八年五月十九日（1838 年 7 月 10 日）］记载："迩来查拿加严后移于新安县境之零丁洋。该洋由澳门远望可见，凡夷船之带鸦片者脚港为多，英咭唎则什之二三。其船来粤，过老万山后至零丁洋。"

英国东印度公司特选委员会称："中国的鸦片消费继续增长，由于现在船只整年留在伶仃，因而获得了进行这种买卖的便利，前时所受到的干扰，在很大程度上已不再存在。我们相信，在最近十年内，这个国家的消费数量，差不多已增加了一倍。"①

伶仃洋集散中心的鸦片进入广州口岸后，中国鸦片商贩便纷纷向全国各地贩运。一路向西经肇庆溯西江进入广西、贵州；一路向北经乐昌进入湖南或经南雄

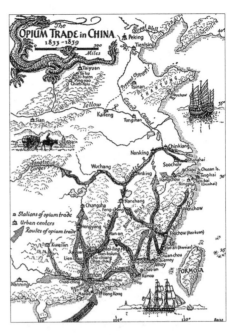

中国的鸦片贸易途径

进入江西，再通过长江航运贩至北方各省；一路向东经潮州沿韩江进入福建，或海运到达泉州转陆路进入江西、浙江。其他各地区如福建厦门、浙江宁波、直隶天津等地的鸦片商贩也纷纷以购货名义航海而来，在伶仃洋购买鸦片后扬帆返程，再通过沿海港口偷运内地。1823 年输入中国的鸦片达到 6000 箱，货值首次超过印度棉花货值并在此后长期维持高位。1824 年渣甸称：甚至从广州起航的装着贡品的贡船也成为向北方各省运送鸦片的得力工具。②

趸船在内伶仃岛碇泊也存在一定问题，比如：所需开支的项目十分庞杂。尤其是台风季节里，伶仃洋毫无屏障，再加上海盗时有

① 马士，《东印度公司对华贸易编年史》（第 4 卷），第 113 页。

② 怡和档案，1824 年 12 月 14 日，"发往印度函件稿簿"，参看渣甸对审查委员会的证词，1840 年。格林堡，《鸦片战争前中英通商史》，第 102 页。

出没，因此鸦片商船预防台风和海盗的保险费较高。1822 年 9 月 22
日马地臣致信加尔各答代理人拉鲁利太，抱怨保险费用较高。在他
看来伶仃洋的海难、查稽、海盗的风险都很低，这方面的保险支出
似乎并不必要：

> "在'墨罗佩号'初次出航的时候，我们的邻居完全
> 不替它保险。可是，几个月的经验的结果，使他们的态度
> 幡然改变。当时[①]加尔福先生（Mr. Calvo）的'克罗加号'
> 所付的海上保险费是百分之一，然而就是目前减低到百分
> 之点五的保险费，照我们看，连同栈租，也是这种贸易不
> 胜负担的一笔开支。……经过此间著名的暴风最多的季度
> 之后，我们的经验是，海险不足虑，不需要保险。……船
> 长对于这条江（世界上最安全的一条江）两岸的深浅和各
> 安全地点已了若指掌，而且在必要时别的船还可予以援
> 助。……至于被中国方面查获的想法，我们认为是不成问
> 题的。因此，唯一的危险可能来自企图劫财的成帮的海
> 盗；但是若干年来粤江上一直没有海盗。同时不论这笔横
> 财有多大，还够不上被认为是有引诱力的，因为（按：海
> 盗行为）……不会不终于被破获而受到惩罚，正如 1817 年
> 在澳门航线上劫掠一艘美国船的人们在美国领事面前正法
> 的情形一样。……既然目前我们不能将贸易带回黄埔，那
> 么，免去这笔沉重的负担就很紧要。"[②]

---

① 指 1822 年 7 月。

② 英国剑桥大学图书馆藏怡和洋行档案，"发出函件稿簿"，"伊里萨里行"，1822
年 9 月 22 日。格林堡，《鸦片战争前中英通商史》，第 111—112 页。

虽然在伶仃洋上走私鸦片要承担较高的趸船保险和仓储费用，但马地臣认为把澳门、新加坡等地作为鸦片走私基地也有各自的不足。对于澳门，自从 1820 年马地臣被禁止从葡萄牙在印度殖民地达曼和果阿装运"白皮土"，而且起诉达曼和果阿两地葡印当局首脑失败后，马地臣就对葡萄牙政府心存不满，对澳门印象不佳。

1821 年葡萄牙资产阶级民主革命运动进入高潮，并很快波及澳门。1822 年澳门立宪派和保守派尖锐对立并发生暴力冲突，立宪派一度罢黜了葡萄牙果阿政府任命的澳门总督和首席法官。两广总督阮元等人对该暴力事件只是轻描淡写地认为："（大西洋夷人）因番差、兵头亏缺库项，径将番差等驱逐，自立番差、兵头。"[①] 实际上，当年 8 月澳门发生了严重骚乱，澳葡当局无法控制局势，澳门社会秩序一度陷入瘫痪。因此马地臣不主张将澳门作为鸦片集散地，1822 年 9 月马地臣称："（按：澳门）葡萄牙人的越来越多的限制同中国人是一样的，而且它的政府的不稳定情形已使它远非如此贵重的一种贸易的理想集散地。"[②]

马地臣还认为澳葡当局的一些贵族官员贪污成性、腐败严重。他写道："自亚里亚加死后，此间（按：澳门）就没有一个正式的法官。如果你希望在这里得到公平待遇，你就应该尽量设法运动里斯本朝廷派出一位令人尊敬的法官。"[③]19 世纪 20 年代的澳葡当局，实在不能让马地臣满意。1825 年经当地人选举产生的澳门法官竟然是一名船医。

澳葡当局为了从鸦片贸易中渔利，对鸦片征收每年 10 万至 20

---

① 费成康：《澳门四百年》，上海人民出版社 1988 年版，第 241 页。

② 英国剑桥大学图书馆藏怡和洋行档案，"发出函件稿簿"，"伊里萨里行"，1822 年 9 月 22 日。格林堡，《鸦片战争前中英通商史》，第 112 页。

③ 格林堡，《鸦片战争前中英通商史》，第 122—123 页。

万元的关税，并将鸦片关税用于贿赂中国官吏，以保证澳门的鸦片贸易不被取缔。马地臣对此强烈反对，他写道："葡萄牙居留地对中国当局的仰赖，就我们看来，是此计划中无法克服的障碍。迄今，吸食者不愿对中国官吏的剥削屈服时，尚可诉诸广州和伶仃洋的市场。但是，如果照着葡萄牙人的提议及期盼，就如同把鸦片接连不断地放到中国官吏唾手可得的范围内，这就很难预料中国官吏可能会贪心到何种前所未闻的地步。"[1] 渣甸也表示："（澳葡当局）行事原则，完全不能使当地的外国人感到财产有所保障。"[2] 正是由于1821年"叶恒澍案"暴露出澳葡当局行贿基金的存在，引发了广东当局对澳门至黄埔水域鸦片走私的严厉查缉。

至于马尼拉、新加坡等地，鸦片贸易相对较为安全，而且仓储、保险、逾期停泊等费用较为低廉。马地臣一度想放弃伶仃洋趸船走私，而将走私基地设置于马尼拉、新加坡等地。但马尼拉、新加坡距离中国沿海口岸较远，在帆船时代来往并不方便。1823年9月马地臣指出：

　　"你当已注意到我们为节省保险费和栈租拟将鸦片存贮于马尼拉的主张。——这项主张，若非由于该殖民地目前人心浮动和近来欧洲战事的缘故，我们是要重新提出的。……目前的浮动货栈的办法迟早必须改变；乌利鸦特行[3] 的下述计划和我们的看法正不谋而合——鸦片的总货栈应设于马尼拉或新加坡，以小而快的好船来向中国运货，每隔三四

---

① 布雷克，《怡和洋行》，第43—44页。

② 布雷克，《怡和洋行》，第44页。

③ 乌利鸦特行：Messrs. Uriarts，印度加尔各答的一家西班牙行号。

个月往销货最好的沿海各地作定期的航行。由于在东北季
候风时期驶往中国海的困难和延搁，新加坡的路程遥远纵
非不可克服的障碍，总是一个重大的缺点。"①

　　马地臣还考虑过台湾、厦门等地，但最终经过综合分析和多番
比较，马地臣认为在内伶仃岛附近通过趸船进行鸦片集散走私的方
式是最有利可图的。而且鸦片交货时，趸船可抽取每箱鸦片 5 元的
"金沙"；如果 7 天内不按订单取货，趸船还可以收取 2 元滞留费。②
这使得伶仃洋上的趸船可以获得一笔不菲的收入。

　　进入 19 世纪 20 年代，印度土邦为了谋取鸦片暴利，大量生
产"白皮土"。英国东印度公司历来通过限制产量、垄断经营来稳定
"公班土"的价格，但对印度土邦的"白皮土"无权管控和干预，只
能打压经销商。英印政府的秘书曾充满遗憾地记载："对麻洼③的，
由于它的种植自由而又分散在各个土邦的不同地区上，我们的控制
是有限的。我们限制措施的成功，只能寄希望于减少我们的竞争者
贸易上的各种优势……"④虽然"白皮土"质量不如"公班土"，又受
到英国东印度公司的打压，但"白皮土"成本低、利润大、出膏率
高而且便于快速脱手抛售，使得时常遭受清政府查缉的鸦片走私贩
更乐于大量购销。马地臣评价道："现在它（白皮土）已经成为除财

　　① 英国剑桥大学图书馆藏怡和洋行档案，"发出函件稿簿"，"伊里萨里行"，1823
年 9 月 26 日，詹姆士·马地臣致加尔各答麦金吐公司函。格林堡，《鸦片战争前中英通
商史》，第 113 页。
　　② 亨特，《广州番鬼录·旧中国杂记》，第 71 页。
　　③ 麻洼：Malwa。位于印度中央邦，是印度除孟加拉、比哈尔（Behar）外，另
一个鸦片主要产地。
　　④ 马士，《东印度公司对华贸易编年史》（第 4 卷），第 99 页。

主外很多中国人喜欢的一种烟土，的确是做投机生意的比较稳当的货物。"① 马地臣经营鸦片几乎都是与行商以外的掮客进行现银交易，很少会像英国东印度公司从事大宗货物那样遵循清政府"易货贸易"的要求。但个别英印散商会用鸦片和中国货物进行易货交易，比如查尔斯·马格尼亚克使用"易货"方式就可以比马地臣更低价地出售鸦片。1822 年 9 月 4 日马地臣向"伊里萨里·马地臣行"的加尔各答代理商抱怨时称，这种方式长此以往会影响鸦片市场的发展，毕竟英印散商值得经营的中国货物越来越少。

马地臣等商贩长期在伶仃洋使用趸船走私鸦片，不可避免地引起清政府各级官员和社会舆论的关注，但广东当局一般很少直接过问伶仃洋趸船走私鸦片问题，有时只是迫于禁烟形势和舆论压力而简单地发份通告，"命令'碇泊口外'的船只驶入港口，或驶回本国，否则'龙船'将对违反这项特别禁令者开炮轰击，把它们粉碎"②。广东当局偶尔也会派遣水师进行追缉，但效果眇乎小哉！因为，每当清政府试图在外洋驱逐鸦片趸船时，马地臣、渣甸等鸦片商贩就会将鸦片趸船在伶仃洋、金星门、急水门之间来回变换位置，1839 年前后还停泊至香港水域。③ 一些快蟹船甚至武装对抗缉私官艇。1826 年 12 月底，广州特选委员会记载："由于珠江河口现在走私交易进行的猖獗，导致政府防营派遣武装船艇前往伶仃及各岛屿，驱散全部从事非法贸易的外国船只。这种措施的唯一直接效果，就是船只从它们原来的停泊处所散开和对鸦片贸易活动的相

---

① 英国剑桥大学图书馆藏怡和洋行档案，"发出函件稿簿"，"伊里萨里行"，1824 年 2 月 6 日。格林堡，《鸦片战争前中英通商史》，第 118 页。

② 亨特，《广州番鬼录·旧中国杂记》，第 72 页。

③ 1840 年渣甸在英国议会作证时的证词。*Evidence of William Jardine*，No.1424–1426，op. cit，p.108.

当阻碍。假如中国政府不采取比当前的表现更有效的办法去制止走私的扩展，则本口岸的散商贸易就可能全部变成非法买卖。因为很多海关官吏，他们的工作本来是制止走私的，但常有代理商用他们的工具进行走私。"①

1831 年英国东印度公司允许英印散商交纳一定额度的转运费，就可以将麻洼"白皮土"直接从孟买港运往中国，而不必再从葡萄牙人控制的达曼港运出。此举极大促进了"白皮土"的销量。此后在中国销售的白皮土，大部分是马地臣、渣甸经营的。以马地臣、渣甸为首的散商，将广州口岸的鸦片走私数量由 1800—1821 年的平均每年不足 4500 箱激增到 1821—1831 年的平均每年 1 万箱。1831年伶仃洋上的鸦片趸船约有 25 艘，来往伶仃洋和广州的走私快艇多达 100—200 艘，这一年走私进入中国的鸦片高达 1.9 万箱，而且数量还在逐年增加。

如此大规模的鸦片走私，使得马地臣、渣甸等鸦片商贩丑声远播，甚至连位高权重的封疆大吏都听闻他们的劣迹恶行。1831 年 3月 15 日一群外国水手在伶仃洋与中国官艇发生了小规模武装冲突，导致一名中国人死亡。虽然广东当局多次下令追查，但由于英国东印度公司广州特选委员会推诿且肇事商船早已驶离而最终不了了之。11 月 5 日两广总督李鸿宾在向行商颁发的谕令中愤怒地指责该案凶手和相关人员，同时他怒斥到："马尼克（按：马格尼亚克洋行），该项交易之头目（或是渣甸，或是马地臣），彼常与三叭伦② 在十三行商馆，是长住的恶棍，他收纳鸦片价款。"李鸿宾指出："（趸船）

---

① 马士，《东印度公司对华贸易编年史》（第 4 卷），第 141 页。
② Sampaling：鸦片趸船船长或船主，是该案率先开枪之人。

常碇泊于伶仃东端，已有数年，亦不往别处。如外国商人马尼克[①]，常居广州十三行。被称为常驻之恶棍，长期尚未返国，所有行商与通事人等无不尽悉此事。倚仗彼辈之财富，竟敢编造谎言诡计，声称该船已扬帆回国，其实仍暗中游荡该处，屯存与出售烟土。"[②] 由此可见，李鸿宾对马地臣等人走私鸦片一事了如指掌。不管广东当局是有心纵容怠玩误公，还是无力取缔不愿肇衅，伶仃洋走私模式已经成为鸦片走私的首选方式，广州已有一大半洋行在伶仃洋公开从事鸦片贸易，而且交易量十分巨大。

　　广东当局面对走私分子的嚣张气焰，实际上也采取过"以其人之道，还治其人之身"的做法。广东水师曾根据马地臣等鸦片商贩使用的快蟹船样式进行仿制，用于剿捕海盗及走私分子。由于黄埔至东莞虎门的航道上，共有要隘七处，广东水师便仿制了七艘快蟹船，由粤海关从关税中拨出税款建造，每艘造价约银 500 两左右。仿制成功的七艘快蟹船分别布置于黄埔至虎门七处要隘进行巡察缉捕，效果良好，不仅使走私船及海盗一时敛迹，还缴获过海盗快蟹船数只。于是广东地方当局加大快蟹船的建造，提供给水师缉私使用。50 年代末，身在湖南的曾国藩听闻广东水师快蟹船战斗力较强，便命令湖南船厂仿制了几十艘，以增强湘军水师的战力。太平天国后期，当湘军从水陆两路围攻太平天国首都天京（今南京），久攻不下之际，曾国藩向朝廷奏调广东水师快蟹船 30 只，配齐水兵，经由广西循内河驰往长江，参加围城之战。最终湘军攻克金陵城，太平天国运动失败。

---

① 指马地臣或渣甸。

② 马士，《东印度公司对华贸易编年史》（第 4 卷），第 283—284 页。

四、拓展沿海市场

1822 年广州口岸鸦片价格暴跌，"伊里萨里·马地臣行"面临严峻考验。该行囤积的大批英属印度孟加拉省"公班土"鸦片，即使亏本甩卖也无人问津。针对"黯淡的、不幸的前途"，马地臣决心派遣"一个远征队去开辟中国东海岸上的走私贸易"，尤其想"组织自马尼剌至厦门的投机生意"，以挽救濒临破产的"伊里萨里·马地臣行"。[①]

1823 年 6 月马地臣亲自搭乘"圣塞瓦斯蒂安号"（San Sebastian）双桅帆船沿中国海岸向东部航行，寻找销售鸦片的机会。"圣塞瓦斯蒂安号"载重 200 吨，悬挂着西班牙国旗。船长约翰·马奇（John Mackie）是马地臣的表兄弟，从 1820 年起就用西班牙籍帆船在中国东南沿海进行鸦片走私。1830 年在英国议会作证时，约翰·马奇得意地称：他首次贩卖鸦片就很成功，用满船鸦片和少量硝石就换回了价值约 8 万银圆的白银。[②] 也许，马地臣开辟沿海鸦片市场的念头正是受到了约翰·马奇成功事例的启发和影响。

起初马地臣试图在厦门销售鸦片，但"圣塞瓦斯蒂安号"在港口停泊了四天仍然无法卸货。约翰·马奇和马地臣都十分失望。不过转机很快出现，就在他们启航准备离开厦门时，"一个官厅的委员从港口尾随我们七英里，要求我们回航"[③]。马地臣得以在厦门卖掉

---

① 刘诗平，《洋行之王：怡和与它的商业帝国》，第 56 页。

② *The Forced Trade with China*，*The Canton Register*，January 12th，1836。吴义雄，《条约口岸体制的酝酿》，第 367 页。

③ 英国剑桥大学图书馆藏怡和洋行档案，"发出函件稿簿"，"伊里萨里行"，1823 年 9 月 2 日。格林堡，《鸦片战争前中英通商史》，第 44 页。

一批鸦片。接下来，"圣塞瓦斯蒂安号"又向北航行抵达泉州，并在此处卖掉了价值8万元的鸦片。马地臣由此看到了新的机会，他认为："一百零六天辛苦的结果虽然很小，但是前途的展望，却足可鼓励我们再作一次冒险。"①果然秋季时，马地臣又派"圣塞瓦斯蒂安号"前往福建，此行净赚13.2万银圆。由于航行途中遭遇暴风雨，"圣塞瓦斯蒂安号"曾在离泉州48公里处的港湾暂时碇泊。多年之后，这个港湾竟然发展成为东南沿海主要的鸦片集散中心。

　　马地臣曾派遣"墨罗佩号"前往厦门，但船长帕金斯因为曾经在加尔各答签署过不在广州以外其他中国口岸贸易的甘结而犹豫不决。马地臣批评了帕金斯拘泥于甘结而不知变通的做法，并对他产生了芥蒂。马地臣认为帕金斯"迟迟不听吩咐，使他已不如以往那样对我们有用和合意了"②。最终"墨罗佩号"在马地臣的一再敦促下，不得不启程驶往福建沿海。1824年5月1日英国东印度公司广州特选委员会记载了马地臣派遣"墨罗佩号"前往中国东海岸开辟鸦片市场的情形："用作在中国海岸从事鸦片贸易的散商船'尤金尼娅号'从东海岸到来。另一艘长驻伶仃附近达三年的散商船'墨罗佩号'，现在亦从事'尤金尼娅号'同样的航程。近十二个月来，已有一些更小的船只在帝国东海岸进行运销鸦片。与土著进行交易的困难，据说是随着所从事的船只数目的比例而增加，官员用各种方法阻止中国船艇与从事这种运销的船只之间的来往。对他们的船只碇泊所附近乡镇的个别船只每天起货则没有任何阻碍，提供伙食很方便，据说对那些从事过任何这种来往的中国人，则受到非常的注

---

　　① 英国剑桥大学图书馆藏怡和洋行档案，"发出函件稿簿"，"伊里萨里行"，1823年9月24日。格林堡，《鸦片战争前中英通商史》，第125页。

　　② 格林堡，《鸦片战争前中英通商史》，第125页。

意。据说这艘船已售出鸦片 160 箱，而大部分的支付是用纹银 [①] 的。该船雇佣看银师或货币经纪。" [②] 开拓东部沿海市场的行动还有一个风险，就是外国鸦片商贩们都没有清晰准确的东南沿海航海图，对这片水域的水深航道等情况极为陌生。3 月 4 日 "墨罗佩号" 就曾撞到福建沿海的一块暗礁。

马地臣扩大厦门、泉州等地鸦片走私的尝试刚有成效，各国鸦片贩子就争相效尤。颠地等人也紧随其后，纷纷派遣鸦片船前往福建沿海，都想尽早尽快尽可能地在这个 "新辟蓝海市场" 分一杯羹。马地臣意识到同行的竞争，将使刚有希望的福建沿海鸦片贸易陷入困境，他说："最为遗憾的是，我们对东部的希望，除了葡萄牙双桅帆船 '康司提图秀号'（Constitucio）而外，又由于 '尤金尼娅' 的罗伯逊先生和 '詹姆西纳号' 的颠地行的布莱特（Blight）先生也来到这一市场而黯淡起来了。我们感到遗憾的理由是，枉为沿海贸易办法的创始人，而我们同行的竞争，竟不许我们多享受一点它的利益。" [③]

福建沿海鸦片走私的兴起，逐渐引发了福建地方当局的关注和

---

① 纹银：全称为 "户部库平十足纹"，是清朝法定银两标准成色，用于折算各种成色金属银的一种记账货币单位，并非实际流通的银两。

② 马士，《东印度公司对华贸易编年史》（第 4 卷），第 98 页。

③ 英国剑桥大学图书馆藏怡和洋行档案，"伊里萨里行"，1824 年 2 月 12 日。格林堡，《鸦片战争前中英通商史》，第 126 页。

根据上述怡和洋行档案，1824 年 "詹姆西纳号" 属颠地行所有。但龚缨晏《鸦片的传播与对华鸦片贸易》第 161 页记载："詹姆西纳号" 原是英国皇家海军战舰，配有 18 门火炮，1823 年马地臣购得。马士《东印度公司对华贸易编年史》（第 4 卷）第 204 页记载："（1829 年伶仃洋面 47 艘英国散商船只中，）有一艘 393 吨三桅帆船 '詹姆西纳号'，是马格尼亚克洋行所有及受托的。" 1824 年 "詹姆西纳号" 究竟归属哪家洋行，存疑待考。

打击。马地臣派往福建沿海的鸦片商船经常无功而返。到了9月1日，马地臣认为必须暂停福建沿海的鸦片贸易。他写道："我是打开中国沿海贸易机会的第一人。以往的惯例是在澳门商订沿海交货的办法，但我们的办法却是派船去寻求售货机会的先例。前两三次颇为成功，我很想把贸易扩大到鸦片以外的其他商品方面。但是此间和澳门的中国官员大为忌妒，致使我们常去销货的沿海一带常常发生很严重的干扰，嗣后我们就不得不虚费航行的开销。……我仍然认为总还可以作一些小规模的经营，但是时机不利，所以我们目前已经停止这种生意。"① 经过短暂的试探性贸易，谨慎的马地臣果断撤出了福建沿海的鸦片走私市场，继续专注于伶仃洋的鸦片走私。1827年2月底，英国东印度公司广州特选委员会记载："鸦片贸易继续在伶仃的船上进行，没有受到中国政府的重大干涉或阻碍。近来（鸦片商贩）曾竭力将鸦片发交东部海面更远的一些岛屿中的中国船艇，但这种企图迄未获得成功。"② 当然，福建沿海的鸦片走私并未因为马地臣的缺席而彻底销声匿迹。个别鸦片商贩仍然在这片水域与地方当局玩着"藏猫猫"的游戏。1827年美国商人福士也指挥"奈尔号"帆船前往厦门走私鸦片。

数年以后由于伶仃洋鸦片供应过多，导致广州口岸的售价低于发货成本，一度无利可图，因此马地臣急于扩大中国沿海市场。一方面受到巨大利润的吸引，另一方面认为时机已经成熟，马地臣便卷土重来，再次开展福建沿海鸦片走私贸易。马地臣还乘坐"尤金尼娅号"沿着广东海岸向东航行至福建泉州，寻找和开辟新的走私

---

① 英国剑桥大学图书馆藏怡和洋行档案，"伊里萨里行"，1824年9月1日。格林堡，《鸦片战争前中英通商史》，第126页。

② 马士，《东印度公司对华贸易编年史》（第4卷），第142页。

路线。[①]1831 年马地臣仿照伶仃洋面的走私模式，率先在泉州港外设立鸦片趸船，并联合颠地企图通过每年送给泉州巡察水师 2 万银圆以垄断泉州地区的鸦片走私。

怡和洋行成立后，马地臣为了加快走私速度，率先在印度加尔各答和中国伶仃洋之间使用"飞剪船"开辟了一条快速航线。"飞剪船"航速平均每天达 250 海里，十分适宜用作快速长途远航，可以在一个贸易季内将三批鸦片从加尔各答运到内伶仃岛，单程最快航行时间只需要 17 天半。飞剪船载重一般在 90—450 吨左右，大型飞剪船载重可达 1000 吨以上且通常配有火炮。飞剪船速度极快，还可以逆着季候风航行，往往令清政府缉私船艇望尘莫及。所以飞剪船一经问世，立刻就被鸦片商贩用于广东沿海的鸦片走私。一般来说，载重 250—300 吨的飞剪船主要航行加尔各答至广州的远程航线。150—200 吨的飞剪船主要航行中国沿海伶仃洋到泉州、福州等地的短程航线。[②] 怡和洋行的"红色流浪者号"（255 吨）[③]、"隼号"（Falcon）（170 吨）和宝顺洋行的"水巫号"（Water Witch）（369

---

① 　B.Lubbock, *The Opium Clippers*, pp.60-61. 聂宝璋编：《中国近代航运史资料》（第一辑 1840—1895 上册），上海人民出版社 1983 年版，第 22—23 页。

② 　亨特《广州番鬼录·旧中国杂记》第 72 页记载："这些船从伶仃出发，把货送到上述碇泊的地点，然后在回程时收集货款。"

③ 　"红色流浪者号"（Red Rover）飞剪船是三桅帆船，全长 30 米。该船设计模仿 19 世纪 10 年代的著名私掠船"诺夏特王子号"（Prince de Neufchatel）。"红色流浪者号"于 1829 年 12 月 12 日正式下水，可以逆季候风航行，能在 86 天内完成澳门至印度孟加拉的往返航程，多次创造从加尔各答抵达伶仃洋的最快纪录。"红色流浪者号"原为英国东印度公司所有，宝顺洋行代理。1833 年怡和洋行买下"红色流浪者号"一半股份。1836 年怡和洋行彻底买下"红色流浪者号"。1853 年 7 月"红色流浪者号"从加尔各答出发前往广州，在孟加拉湾遭遇风暴沉没。

吨），是当时在中国沿海走私鸦片的最著名的几艘飞剪船。^①巴斯商人巴那治（Banajee）和卡马（Kama）家族名下的飞剪船，也与怡和洋行合作经营。怡和洋行长期使用的著名飞剪船"气仙号"（Sylph）（304吨）在名义上仍属于巴那治家族。^②

　　除了广东、福建沿海，马地臣还想开辟新的更大的鸦片市场。于是他向渣甸提出一个拓展鸦片航线的大胆计划，试图将鸦片走私路线沿着中国海岸线继续向北进行更大范围的渗透，并通过培养更多的吸毒者，把卖毒品的利润提高到前所未有的高度。渣甸极为赞赏这个计划，亲自部署实施。1832年10月起，怡和洋行派出多艘船只从伶仃洋出发沿着中国东南海岸向北方行驶，"阳以求市为名，实则图贩鸦片"^③。

　　"詹姆西纳号"和"约翰·比加尔号"（John Biggar）在泉州、福州等地以每箱高于广州售价100元的价格售出了鸦片，并载回数十万银圆。由于获利颇丰，怡和行还给船员们提供了更好的生活保障。"詹姆西纳号"随船押送鸦片的詹姆士·因义士^④在航海日志中写道："我有……各种兼顾审慎和财富的方略。我一直认为，真正做大事的人要懂得提供下属生活上的舒适，使其各安其位、各尽其职。我从前不曾以自私的角度实践这项原则……如果马地臣先生看到五十多位衣衫褴褛的水手，现在都有衣可穿（而且穿得暖），他一定

---

　　①　1834年2月11日《广州纪录报》登载一张统计报表，记载1832年来到中国的38条港脚鸦片船停泊在内伶仃岛。这些港脚船包括"詹姆西纳号""隼号""红色流浪者号""水巫号""气仙号"等飞剪船。《广州纪录报》还记载一些趸船如"壮士号"等长年停泊内伶仃岛。

　　②　郭德焱：《巴斯商人与鸦片贸易》，《学术研究》2001年第5期。

　　③　《香山明清档案辑录》第227页，"闽浙总督程祖洛奏报察究夷船游奕并查办两省洋盗情形片"［道光十四年二月二十一日（1834年3月30日）］。

　　④　詹姆士·因义士：James Innes，又译作詹姆士·茵斯，英籍鸦片商贩。

会感到原先购置衣服的麻烦是值得的。连我们四名英籍水手也穿上了根西毛衫。"① 不仅船员个人生活条件有所改善，船舱内的住宿设施也有所改进。因义士记载："我发觉我舱房的温度，因马地臣先生建议悬挂吊灯后，大有改善。吊灯在窗扉紧闭的室内点了一个小时后，就有了寒冷和舒适之别。"②

马地臣和渣甸受到巨大利润的鼓舞，认为应该持续扩大沿海走私，便购置了"壮士号"（Heroules）、"马叶斯夫人号"（Lady Mayes）、"杨格上校号"（Colonel Young）等船只，组建成为一支由飞剪船、趸船、沿岸贸易船（Coaster）和供应船组成的走私船队。为了鼓励飞剪船船长加快运送鸦片，马地臣和渣甸还给予船长一部分股权。1832 年起，从黄埔、伶仃洋等地陆续启航北上的著名"飞剪船"还有英国船"阿美士德勋爵号"（Lord Amhest）、"气仙号"、"詹姆西纳号"，丹麦船"丹内斯堡号"（Danesbery）、"克朗斯堡号"（Kronsbery）和荷兰船"卡洛塔号"（Carlotta）。这些船只将鸦片从伶仃洋运往福建泉州、浙江舟山③，甚至载运至上海、天津等地，最远运抵渤海辽东湾。1839 年春，陕西道监察御史杜彦士在福建省亲时曾看到漳泉沿海各地均有鸦片商船，而且这些商船停泊无忌、屡禁不止。此后，他在奏折中写道："鸦片之流毒，最甚广东，次之莫如福建。夷船停泊在广东则借口通商，在福建则无辞可解。今当广

---

① 布雷克，《怡和洋行》，第 50 页。根西毛衫即格恩西毛衫（Guernsey），是一种织造组织紧实的针织产品。该毛衫最早出产于 15 世纪英吉利海峡上的格恩西岛（英属），最初是为渔夫和水手设计的，具有良好的抗寒防风性能，后成为时尚单品。

② 布雷克，《怡和洋行》，第 52 页。

③ 《香山明清档案辑录》第 227 页"闽浙总督程祖洛奏报察究夷船游奕并查办两省洋盗情形片"[道光十四年二月二十一日（1834 年 3 月 30 日）]："计自十二年四月，英咭唎夷船从闽安洋面开行以后，是年五、六、七、十、十一、十二等月，及十三年正、三、五、七、十二等月，夷船之阑入闽洋者凡十一次。"

怡和行"壮士号"鸦片船

东查办吃紧之日，若福建不能一体办理，致夷船任意寄泊，是为渊驱鱼、为丛驱爵；凡广东所不容者，将转趋于福建，则鸦片仍不能断绝、纹银仍不能不出洋。"①

　　1838年5月马地臣狂傲地写道："沿海贸易如愿兴盛起来，新近我们已将它扩展到了舟山。"②同月15日，吏科给事中陶士霖向道光皇帝奏报："广东澳门各口岸，岁销烟土银约三四千万两，福建厦门、江苏上海、直隶天津各口岸，岁销烟土银约共四五千万两。"③数年之内，中国沿海鸦片贸易增长之快、走私渗透范围之广，令人瞠目结舌。

---

　　① 《道光朝筹办夷务始末》卷九。
　　② 刘诗平，《洋行之王：怡和与它的商业帝国》，第64页。
　　③ 《香山明清档案辑录》第261页"吏科给事中陶士霖奏请敕将囤贩吸食鸦片之犯议加重典以除积弊而保民生折"［道光十八年四月二十二日（1838年5月15日）］。

究其渊薮，一方面正如 1837 年英国传教士麦都思所言："非法航行的不安全本质是不适合于普通货物的交易的，这种交易可以在广州进行。因此除贩卖鸦片外，极少有商人考虑派船只到中国沿海去。"[1] 也就是说，外国商贩冒着极大风险前往中国东部沿海，可供优先选择的商品必然是利润最大的鸦片。另一方面也在于马地臣、渣甸等商贩通过贿赂沿海水师和地方官吏，得以不断开拓沿海市场。在林则徐抵达广州之前的 5 年时间里，怡和洋行走私鸦片的主要区域是在东南沿海一带，其走私数量远远超过那些在黄埔或伶仃洋一带进行鸦片走私的竞争者。[2] 怡和洋行逐渐成为中国沿海规模最大的鸦片走私集团。然而，"跌进米坛的耗子——好景不长"，到了 30 年代中后期，随着清政府禁烟政策缩紧，鸦片贩子的日子越来越不好过。

五、对抗地方当局

1834 年英国东印度公司专营权被废除，英国散商可以自由开展对华贸易。同时印度鸦片产量提升、中国境内消费急剧增加、鸦片运输效率提高，都促使中国沿海鸦片走私进入新的高潮。马克思说："1834 年也像 1800 年、1816 年和 1824 年一样，在鸦片贸易史

---

[1]　Walter H. Medhursl, *China, Its State and Prospects*，p.375. 吴义雄：《在宗教与世俗之间——基督教新教传教士在华南沿海的早期活动研究》，广东教育出版社 2000 年版，第 230 页。

[2]　〔英〕勒费窝著，陈曾年、乐嘉书译：《怡和洋行——1842—1895 年在华活动概述》，上海社会科学院出版社 1986 年版，第 6 页。

上标志着一个时代。"①19 世纪 30 年代初，每年进入中国的鸦片为 2 万箱。到了 1838 年，进入中国的鸦片高达 4 万箱。

《爱丁堡评论》称："自从东印度公司特许状撤销以来，印度鸦片输入中国肆无忌惮地猛增、膨胀……我们提到此事，不无遗憾。因为执意进行鸦片走私，自然会增加中国政府对从事此种贸易的外国人的反感。"② 果不其然，以马地臣为首的鸦片贩子进行的声势浩大的鸦片走私活动，逐渐引起中国朝野的关注。尤其是白银大量外流③，国内"银贵钱贱"现象日趋严重，再加上鸦片走私逐渐从广州口岸沿着海岸线向北蔓延，这些都迫使清政府重新审视鸦片政策。1836 年初，清政府对鸦片弛禁还是严禁进行了大规模的讨论，各方意见分歧较大。奇怪的是，广东地方当局竟然听信小道消息和传闻，臆测道光皇帝倾向于弛禁鸦片；而且不等道光皇帝正式表态，广东当局就急不可待地于 8 月 6 日谕令伍绍荣、卢继光、潘绍光等行商向外商通报：广东当局正在议请弛禁鸦片，将来会把鸦片列在税收则例的药材项下，准予纳税进口；鸦片将采取易货贸易的方式，外商不得携带银两出口；伶仃洋上的鸦片趸船应在鸦片奉旨弛禁后三

---

① 马克思、恩格斯，《马克思恩格斯全集》第 12 卷。

② 拉欣伯格："1835、1836、1837 年间环球航行记暨出使阿曼苏丹及暹罗国王记"，载《爱丁堡评论》（68：73），1838—1839 年。张馨保，《林钦差与鸦片战争》，第 33 页。

③ 1804 年以后，英国东印度公司向中国输入现银明显减少。相反，中国输出的白银日益增加。白银逐渐出现大规模外流现象。1818 年至 1833 年，英国东印度公司从中国输出的现金银占到中国出口货物价值的五分之一。因为清政府禁止白银外流，所以东印度公司和英印散商将白银运出中国实际上是走私行为。虽然清政府多次重申禁令，但收效甚微。据"广州英商商会"统计，1837 至 1838 贸易年度广州出口的白银达 8,974,774 元。[英国伦敦档案馆（Public Record Office）藏英国外交部档案，F.O.17/36，"拉本德、史密斯、克劳复致巴麦尊"。中国科学院历史研究所第三所编辑：《近代史资料》，科学出版社 1958 年 8 月版第 4 期第 47 页，严中平辑译"英国鸦片贩子策划鸦片战争的幕后活动"。]

个月内全部启帆归国，否则予以驱逐。①

就在广东当局、行商和外商普遍认为道光皇帝很快就颁发弛禁诏书时，马地臣保持了清醒的头脑和深谋远虑的态度。说到底，马地臣是靠走私鸦片起家的，长期游离于清政府监管之外，早已拥有一套完整成熟、运转畅顺的走私体系，并在鸦片市场上多年雄踞龙头老大的地位。鸦片一旦成为合法商品，一方面价格更为透明，经营者大增，利润率下降，都将会影响到怡和洋行的市场地位；另一方面势必会像其他货物一样被行商垄断经营并被各级官吏层层勒索以觊其利，这都不是马地臣所乐见的。

10月16日两广总督邓廷桢接到道光皇帝重申严禁鸦片的谕旨，不得不迅速转变立场，立即放弃弛禁念头，采取较为严厉的禁烟措施，严拿密查"贩卖之奸民、说合之行商、包买之窑口、护送之蟹艇、贿纵之兵役"②。之前广东当局"妄测圣意"，差点让邓廷桢乌纱难保，所以他这次下定决心尽可能地将功补过。1837年1月《中国丛报》③评论说："（邓廷桢）曾尽最大努力以遏止鸦片输入以至其他因苛税而走私流出国外的货物。"④经过邓廷桢一年时间的严厉打击，到了10月，中外鸦片商贩都已放弃了鸦片贸易合法化的期望。马地臣写道："这种贸易的合法化已不在考虑之列，政府显然正努力彻

---

① F. O. 233/180，第18号。英译件见 *Opium*，*Letter from the Hong Merchants*，The Canton Register，August 9，1836。

② 许球，《洋夷牟利愈奸内地财源日耗敬陈管见折》。

③ 《中国丛报》：*The Chinese Repository*，也译作"中国文库"，旧时译作"澳门月报"。它是美部会传教士裨治文在清末中国创办的一份英文期刊，发行时间1832年5月至1851年2月，主要发行地点是广州。

④ 《中国丛报》第5卷第9期，1837年1月，广东省文史研究馆译《鸦片战争史料选译》，中华书局1983年版，第100页。

马地臣（James Matheson，1837 年绘）

底禁绝它。当然，他们根本办不到。"① 但邓廷桢严厉的禁烟政策，也确实沉重打击了广东沿海的鸦片贸易。邓廷桢通过着力查处开设鸦片窑口的烟贩和截堵那些为外洋趸船提供生活用品的小艇，使得伶仃洋面的鸦片趸船陷入难以为继的境地，此举获得了道光皇帝的赞赏。马地臣对鸦片贸易的前景不禁深感忧虑。1838 年 1 月 9 日马地臣沮丧地写道："在过去十二个月之内，我们的洋药市场已经经历了一个全盘的'革命'。现在没有一艘走私船之类的东西在活动了……目前此间有限的一点交易完全是在铺着舱板的欧洲帆船内进行的，这些帆船把洋药运送到沿海各处，甚至上驶到广州江面，使行商大为惊惶。甚至听说有些印籍港脚商人还在他们的商馆中零售。这一切所以被容忍，只是由于总督恐怕侵犯外国人的财产的关系。显然这种办法是不能持久的。变化必定会发生，但究竟是怎样性质的变化，却无法预卜。"②

不过，19 世纪 30 年代后期，广东沿海的鸦片走私已形成积重难返的态势。1838 年广东当局的禁烟措施时紧时松，广州口岸鸦片贸易出现短暂的兴盛局面，甚至黄埔水域的鸦片走私也死灰复燃。外

---

① 怡和档案，"发给私人的函件稿簿"，詹姆士·马地臣。韦尔什，《香港史》，第 100 页。

② 怡和档案，1838 年 1 月 9 日，"发给私人的函件稿簿"，詹姆士·马地臣。格林堡，《鸦片战争前中英通商史》，第 183 页。

国商船常常夹带鸦片进入黄埔，并在武装快艇的掩护下，没日没夜地运抵十三行商馆区。英国驻华商务监督义律估计该年至少有 300 名武装的不法之徒，在黄埔到商馆之间贩运鸦片。[①]《中国丛报》报道："差不多沿河各处都成为这种（鸦片）贸易的舞台了。"[②] 马地臣不无得意地致信英属锡兰总督斯图尔特·麦肯齐 [③]，声称鸦片季节又开始了，"札谕之类的装模作样的禁令，只不过被当作是一大堆废纸"[④]。然而马地臣没

义律

能高兴多久，到了 9 月广东地方当局又加强了查缉力度。道光皇帝还特意暂缓邓廷桢赴京陛见，勉励他"一切认真办理，吸食与贩鸦片者尤当勇敢惩治，暂缓前来下属奏请"[⑤]。行商也向马地臣、渣甸和

---

① 参见杰克·比钦《中国的两次鸦片战争》，福建省历史学会福州分会编：《外国学者论鸦片战争与林则徐》（下册），福建人民出版社 1991 年版，第 28 页。

② 《中国丛报》，1838 年 3 月号。亨特《广州番鬼录·旧中国杂记》第 77 页记载："这种买卖（按：鸦片贸易）确是在广州的外国人最易做的，也最惬意做的。他卖出是愉快的，收款是平和的。这项交易似乎也具有了这种麻醉品的特性，一切都是愉快舒适的；卖出的手续费是 3%，盈利的手续费是 1%，没有坏账！代理商每箱可赚 20 镑，年年如此。"

③ 斯图尔特·麦肯齐：马地臣的通家好友，是苏格兰罗斯郡最大的地主。马地臣曾就贩运中国苦力前往锡兰（今斯里兰卡）一事与麦肯齐进行了通信探讨。

④ 格林堡，《鸦片战争前中英通商史》，第 183 页。布雷克《怡和洋行》第 85 页记载："马地臣写道：圣旨形同废纸。"

⑤ 《香山明清档案辑录》第 266 页，"两广总督邓廷桢奏为筹调师船备事宜折"[道光十八年十一月十六日（1839 年 1 月 1 日）]。

英国驻华商务监督义律等人施加压力，声称如果不取缔内河鸦片走私，就无法开展合法进出口贸易。

12 月 17 日义律在广东地方当局停止贸易的威胁和各方压力下召集广州全体外商开会，通知他们在 3 天内撤走在广州内河从事非法贸易的英国船只。12 月 18 日义律又发布公告："我，商务监督，兹特再次通知并警告全体英国臣民，凡在虎门内从事非法鸦片买卖之帆船、小汽船或其他类型小船的船主，如遭中国政府扣押和没收，女王政府一律不予过问。"① 义律所谓的"不予过问"，言下之意就是英国政府对于英商从事的鸦片贸易将撇清关系、不闻不问、出事不管。但大多数英商坚持认为鸦片贸易是由英国政府长期默许②、印度政府公开支持、东印度公司直接操纵的，是英国政府重要财政来源③。塞缪尔·华伦律师在《鸦片问题》一书中极力否认鸦片贸易是走私行为，他公开宣称鸦片贸易"是在光天化日之下进行贸易的，而且是在国家旗帜保护下进行的"④。该书从法律角度提出英国政府应对鸦片贸易负责的观点获得了英商的广泛欢迎。因而该书极为畅销，

---

① 张馨保，《林钦差与鸦片战争》，第 113 页。

② 小斯当东曾称："我深信鸦片贸易再怎么被谴责也不过分，但是鸦片贸易的经营，英国政府是知晓并准许的。"（［英］斯当东：《小斯当东回忆录》，上海人民出版社 2015 年版，第 79 页。）

③ 1839 年 5 月 23 日在华英商向外交大臣巴麦尊请愿称："鸦片贸易之特殊意义，已在一八三〇年众议院特别委员会的报告中，及一八三二年再次报告中，清楚地承认。委员会的意见是：'鸦片贸易是收入的重要来源，放弃东印度公司对孟加拉的鸦片垄断，似非得计。'我们想，英国人民从事此种贸易，是得到他们的政府公开或非公开许可的；并且同时，对英属印度财政收入，近年获得一百万到一百五十万英镑的利益。"《中国丛报》第 8 卷第 1 期，1839 年 5 月，广东省文史研究馆译，《鸦片战争史料选译》，中华书局 1983 年版，第 160 页，

④ 《中国丛报》第 9 卷第 3 期，1840 年 7 月，广东省文史研究馆译，《鸦片战争史料选译》，中华书局 1983 年版，第 199 页。

到 1840 年 1 月时已经再版三次。事实上，根据英国外交部档案，1837 年 7 月 1 日至 1838 年 6 月 30 日，英商输入广州口岸的货物总值为 5，637，052 英镑，其中鸦片货值为 3，376，157 英镑[①]，占比高达 60%。大多数英商期望英国政府能够高度重视这项规模庞大的贸易，并采取果断措施保障这一贸易的持续进行。

起初马地臣等商贩拒绝遵从广东当局和义律关于鸦片船撤离内河的指令。他们一边迁延观望，"翼俟烟禁稍弛之时，复还故业"[②]；一边我行我素继续在黄埔走私鸦片。但 12 月初由于因义士贩卖鸦片事件，邓廷桢暂停了广州一切进出口贸易。马地臣、因义士等商贩只好将走私快艇撤离广州内河并将鸦片趸船从香港岛转移到大屿山南部。黄埔水域的鸦片走私再次潜形匿迹。邓廷桢还与广东巡抚怡良、水师提督关天培、粤海关监督豫堃等人"筹议轮派水师将备按月驻洋守堵之法，调集舟师在于趸船抛泊之伶仃各洋面联帮堵截查捕"[③]。虽然外洋仍有 20 余艘趸船碇泊，但内地鸦片船已经很难接近趸船。1839 年 1 月 21 日马地臣无可奈何地喟叹道：鸦片船到过沿海的每一个地带，但是没有任何值得一提的成就。[④]

1838 年 12 月 31 日林则徐被道光皇帝任命为钦差大臣，派往广东禁烟。林则徐出身于福建侯官（今福州）的一个世代耕读之家，其父林宾日秀才出身，以教书为生。林则徐学识渊博，清廉且有才干，坚决支持禁绝鸦片但又不走极端。他主张"呈缴者姑许自新，

---

① 数据来源：F.O.17/36，"拉本德、史密斯、克劳复致巴麦尊"。

② 连心豪：《近代中国的走私与海关缉私》，厦门大学出版社 2011 年版，第 26 页。

③ 《香山明清档案辑录》第 268 页，"两广总督邓廷桢奏为堵逐鸦片船只事折"〔道光十九年正月十二日（1839 年 2 月 25 日）〕。

④ 怡和档案，1839 年 1 月 21 日，"发给私人的函件稿簿"，詹姆士·马地臣。格林堡，《鸦片战争前中英通商史》，第 184 页。

隐匿者力加搜捕，不追既往，严儆将来"，希望采取宽猛兼施的措施，既能使用严刑峻法起到立竿见影的禁烟效果，又可以通过德教宣化达到净化风气的长期功效。

林则徐在赴任广州的途中就派人对马地臣、渣甸和颠地等商贩做过密查，到广州之后更是对马地臣的走私行为进行严密监视。马地臣也对林则徐的来历进行了刺探。马地臣向渣甸介绍说：林则徐的钦差职务是道光皇帝亲自授予的，权力等同于皇帝；而且自清朝开国以来，钦差职位在林则徐之前只选授过 4 次，可见林则徐深得道光皇帝信任。[1] 实际上，明清以来，由于不设宰相，皇权高度集中，皇帝常会派遣钦差大臣赴全国各地临时办理专项或紧急事宜。在林则徐之前，清朝一些重臣曾多次充任钦差大臣。这说明马地臣打探的消息不完全正确。不过，林则徐在湖广总督任上被授予钦差大臣关防，奉旨赴粤禁烟并节制广东水师，这一任命被后人认为"此国初以来未有之旷典，文忠（按：林则徐）破格得之，枢相（按：穆彰阿）亦为之动色"[2]，确实也反映了道光皇帝对林则徐的倚重。马地臣还称林则徐掌握一些外语词汇，有时会在谈话时随口说出英语或葡萄牙语词句，令对话者大为吃惊。[3] 为了提前应对即将到来的禁烟风暴，马地臣安排亚历山大·马地臣于 1839 年 3 月 2 日离开广州前往澳门，以便在情况危急时将伶仃洋的鸦片趸船移往别处。

3 月 18 日林则徐在广州召见十三行总商伍绍荣等人，斥责他们包庇鸦片走私。林则徐要求行商通知外商，在 3 日内缴出所有运到

---

① 怡和档案，1839 年 5 月 1 日，"发给私人的函件稿簿"，詹姆士·马地臣。格林堡，《鸦片战争前中英通商史》，第 185 页。

② 雷瑨：《蓉城闲话》，见《鸦片战争》I，中国近代史资料丛刊，第 336 页。

③ 怡和档案，1839 年 5 月 1 日，"发给私人的函件稿簿"，詹姆士·马地臣。韦尔什，《香港史》，第 104 页。

中国的鸦片并具结保证永远不再输入鸦片，如有违犯则货物没收、人即正法。3月19日林则徐派兵丁在十三行商馆周围监视鸦片商贩，同时粤海关监督豫堃暂停广州外商请牌前往澳门，实际上是将外商羁留在广州。

林则徐认为合法贸易就足以使外商获利致富，况且已经明刑弼教，他不理解为什么外商要不顾中国禁令和天道伦理进行罪恶的鸦片走私。实际上，中国看似广袤的市场对外国商品有着天然的免疫力。尽管人口高达4亿多，但对除了鸦片以外的外国消费品的需求却微乎其微。如果外商不向中国倾销鸦片，就没法获得足够数量的白银用于购买茶叶、大黄、丝绸等合法货物。

此时渣甸已经返回英国，广州烟贩中就属宝顺洋行的颠地资历最深、走私额度最大，因此颠地就成为广东地方当局认定的鸦片贩子的"夷目"。由于他的阻挠，各国鸦片商贩包括马地臣等人都在迟疑观望，拒不缴出所有鸦片。三日期限过后，3月22日林则徐下令暂停黄埔的对外贸易。满载货物准备起航的5艘美国船、2艘英国船被扣留在黄埔港。同日林则徐下令传讯鸦片头目颠地："（颠地）递年逗留省城，凡纹银出洋，烟土入口，多半经其过付。该夷民常与汉人往来，传习夷字，学习讼词，购阅邸抄，探听官事。又请汉人教习中国文字，种种诡秘，不可枚举……颠地，本系著名贩卖鸦片之奸夷，本大臣到省后，即欲委员前赴夷馆查拿究办，因该府县等面禀，夷馆中各国夷人畏法者尚多，非尽如颠地之奸猾，请先分别良莠，再行查拿"；但"闻得米利坚国夷人多愿缴烟，被港脚夷人颠地阻挠，因颠地所带烟土最多，意图免缴……是该夷颠地诚为首恶，断难姑容，合亟札饬、拿究"。①

---

① （清）林则徐：《信及录》，"饬拿贩烟夷犯颠地稿"，己亥二月初八日。

　　林则徐此时传讯颠地，是想达到"歼厥渠魁，胁从罔治"的效果。这引起了外商的普遍担忧，他们担心林则徐会扣押颠地作为人质，并以此要挟外商上缴鸦片。他们还担心颠地的生命安全不能获得保障。因此颠地坚决拒绝离开商馆进入广州城。但按照马地臣的记载，情况完全相反。马地臣写道：当时颠地自认为与中国人保持友善，如果跟浩官和茂官前去面见林则徐，应该没有生命危险，其他一些外商也这么认为；而马地臣却出面进行了阻止，他认为这"完全是个圈套……眼看着浩官和较年轻的茂官扛着枷锁，想装出事态很严重的样子，这真是一件乐事。不过，枷锁并不妨碍他们时不时与碰巧遇到的朋友谈论业务和新闻"[①]。马地臣宣称"自然不费吹灰之力"就说服了颠地。但两个月后，马地臣又称当时外商们探听到：林则徐为了监押颠地，专门雇用了一名买办和两名会做外国菜的厨师。[②]说明林则徐并没有想要置颠地于死地。马地臣此时耍起了两面派的小聪明。3 月 25 日马地臣一面声称："至于怡和洋行，我们毅然决定服从，缴出鸦片"；一面又秘密写信给客户，让他们将鸦片运给在澳门的亚历山大·马地臣，由亚历山大·马地臣想办法尽快售完。[③]

　　身在澳门的义律发现事态越发紧急，决定前往广州，以便采取"最为机敏的行动对付钦差大臣和省地方当局这种不正当的恐吓行动"，义律认为："坚决的言辞，坚决的态度，就会挫败省地方当局

---

　　① 怡和档案，1839 年 3 月 24 日，"发给私人的函件稿簿"，詹姆士·马地臣。韦尔什，《香港史》，第 106—107 页。

　　② 怡和档案，1839 年 5 月 1 日，"马地臣致渣甸"，广州 553。张馨保，《林钦差与鸦片战争》，第 271 页。

　　③ 怡和档案，1839 年 3 月 25 日，"发给私人的函件稿簿"，詹姆士·马地臣。韦尔什，《香港史》，第 108 页。

的鲁莽态度。"①3月23日义律离开澳门。3月24日下午4点义律到达黄埔后，广东水师曾试图劝说义律不要继续前往广州。下午6点时，两艘水师小艇试图接近并拦截义律乘坐的快艇，但此时义律已经设法登岸抵达十三行商馆了。②马地臣记录了当时混乱的情形："场景十分引人注目，下午6点钟左右，我们在屋顶平台上望见一只外国小船，上面坐着一个头戴三角帽的人。船越来越近，一大群中国船只在后面追赶。经证实是查理·义律在设法登岸，众多船只组成的屏障正在合围，想在中途把他拦截下来。小船上立即升起旗帜。"③

义律抵达商馆后，立即升起英国国旗，并把颠地从宝顺行接到英国商馆，置于自己的保护之下。义律还召集包括马地臣在内的所有外商到大厅集会。浩官、茂官也到英国商馆大厅旁听义律的讲话。义律像一个号令三军的统帅，狂妄地宣称："我将和你们在一起，直到最后一息。谢天谢地，在海外我有一只由英国军官指挥的英国战舰——尽管它小得很——我也注意到，两艘美国快艇④随时可到。同时，我满怀信心地确信在这种紧急情况下，会得到他们舰长的热情支持与合作。"⑤事实证明，义律的判断是错误的，美国战舰并没有参与到此时的中英纠纷之中。

林则徐认为义律前来广州的目的是协助颠地逃跑，于是命令将

① F.O.17/31，"义律致巴麦尊"。《近代史资料》第4期第13页。

② 怡和档案，1839年5月1日，"马地臣致渣甸"，广州553。张馨保，《林钦差与鸦片战争》，第272页。

③ 怡和档案，1839年3月24日，"发给私人的函件稿簿"，詹姆士·马地臣。韦尔什，《香港史》，第108页。

④ 即"哥伦比亚号""约翰·亚当斯号"美国战舰。

⑤ 张馨保，《林钦差与鸦片战争》，第275—276页。

355 名外国人 ① 全部圈禁在约 6.7 万平方米的广州十三行商馆区内，并撤走商馆内的中国籍买办和杂役，一度还暂停了食物和饮用水的供应。粤海关监督豫堃则暂停一切对外贸易。圈禁和撤走杂役，最初给外商生活带来了极大不便，但总体来说并不困窘。

马地臣早就料到林则徐会收紧讨价还价的余地，因此提前存储了大量腌肉、面粉、咖喱和各种红酒、啤酒。林则徐故意让商馆区保持外紧内松的环境，对行商偷偷将新鲜蔬菜等必需品运到商馆的行为不闻不问，还在商馆区内保留一口水井可以提供洗涤用水。除了大卫·渣甸在一次晚餐后跌下楼梯，弄伤了背部之外，其他人都过得很惬意。② 马地臣致信渣甸说："幸亏希尔基霍依 ③ 借给我们几名印度仆人，加上正好当时被困住的水手，我们不仅一直过得很舒服，还请商行的其他难友吃饭，其中包括施莱德和他的印刷工人。"④ 但 1839 年底，渣甸在英国国会辩论时，颠倒黑白信口开河，污蔑林

① 吴义雄《条约口岸体制的酝酿》第 9 页引 "Britannicus, 'To the Editor of the Canton Press', The Canton Press, January 4th, 1840"，记载："1839 年 3 月，林则徐为收缴鸦片下令包围广州商馆，当时商馆内共有 280 人，其中英商及其雇员 100 人，巴斯商人及其雇员 35 人，此外还有 50 名巴斯仆役和印度水手，以及 25 名英国水手。"

② 亨特《广州番鬼录·旧中国杂记》第 140 页记载："我们用下面的办法来克服伙食供应的困难。中国士兵和外国人根本难以相处，有发生'麻烦'的危险；因此，行商向地方当局申诉，并提出派他们自己的苦力来看守各商馆的大门。此事照准，因而获得木柴和伙食供应的双重好处，这是他们在夜里偷偷给我们送来的"；第 141 页记载："有人或者认为会引起不满、抱怨和焦躁。一点也不！住在瑞行的我们——和我们在一起的其他商馆，只有少数例外——都不以为意……至于'面包'，则由浩官的夫役晚上供应。他们还带来各种食品（放入提包里，装作'个人行李'或'防水毯'，逃过守卫者）"。

③ 希尔基霍依：印籍巴斯商人。

④ 张馨保，《林钦差与鸦片战争》，第 150 页。

则徐圈禁商馆的事件是"加尔各答黑洞事件"[1]的重演，导致英国民众群情激愤，舆论一片哗然。奇怪的是，到了 1840 年 5 月鸦片战争爆发前夕，渣甸在英国议会作证时又改口称，在林则徐包围商馆后至义律抵达商馆前，商馆的饮食供应一切照常；只是义律进入商馆后，林则徐才采取增加兵力、撤退仆役、暂停饮食供应等较为严厉的措施。而且渣甸相信，广东当局不会派兵攻击外国人，一些"暴民"或兵勇可能会粗鲁对待外国人，但程度都会很轻微，而且一般是由外国人自己引发事端的，因此外国人的生命和财产将不会遭到危险。[2]渣甸揶揄地称："假如当初反抗得再坚决一点，就不会有如今这样的严厉举措了。"[3]这真是站着说话不腰疼啊！

　　林则徐之所以圈禁外商，是因为他认为颠地等鸦片贩子企图逃跑。而一旦烟贩逃跑，收缴鸦片就成为不可能的事情。以往的经验告诉林则徐，光凭广东水师是无法全部收缴伶仃洋趸船上的鸦片的。况且林则徐认为外商在中国境内犯法，理应根据中国法律治罪。他判断英国政府像清政府那样对鸦片贸易深恶痛绝，应该不会袒护鸦片贩子，因此圈禁烟贩，并不会引起中英军事冲突。

----

　　[1]　加尔各答黑洞事件：Black Hole of Calcutta，该事件是 18 世纪中叶印度半岛著名的历史事件之一。"加尔各答黑洞"是指一间位于加尔各答用来监禁英国俘虏的小牢房。这个牢房只有一扇小窗、空间狭小、潮湿阴暗，环境极为恶劣。1756 年受到法国支持的孟加拉国王道拉驱赶英国殖民者，攻占了加尔各答，并俘虏了一批英国人。第二天，即 6 月 20 日英军重新攻占加尔各答后，发现监禁于牢房的 146 名英国俘房中有 120 余人（人数有争议）因窒息身亡。消息传到英国后，引起了英国国内轩然大波并引发国际争论。为了报复"加尔各答黑洞事件"，1757 年 6 月 23 日英军在孟加拉西部发动了普拉西战役，击败并处死了孟加拉国王道拉。

　　[2]　*Evidence of William Jardine*，No.1359-1362, op. cit, p.105. 吴义雄，《条约口岸体制的酝酿》，第 539 页。

　　[3]　英国国会《关于中国的通讯》，下院特别委员会备忘录，1840 年 5 月 7 日。韦尔什，《香港史》，第 107 页。

　　林则徐在主观上并不希望发生战争，但也不惧怕战争。林则徐甚至与邓廷桢、广东巡抚怡良联名致函英国女王，要求英国政府联合禁绝鸦片。林则徐曾立誓要将鸦片走私拔本塞源，因此赴广州仅仅两个星期，就采取了前所未有的禁烟措施，比邓廷桢禁烟还要严厉的多。马地臣评论说：林则徐的做法已经将广州的鸦片市场环境"永远"破坏掉了。[①] 义律则称广州外商的"安全感整个儿粉碎无疑了"[②]。实际上，林则徐一直主张对外商区别对待，"奉法者来之，抗法者去之"。他鼓励正当合法的贸易，严惩的只是鸦片贸易和走私行为。

　　1839 年 3 月 27 日清晨 6 点，义律迫于形势，不得不发布公告要求所有在华英国公民在下午 6 点前缴出所有鸦片。同日上午，义律代表外商禀报林则徐，声称愿意缴出鸦片。3 月 28 日义律还没有仔细核实鸦片数量，就禀告称："愿意严格地负责，忠诚而迅速地呈缴英商所有的鸦片 20283 箱。"[③] 马地臣十分震惊于义律的"老实厚道"，他致信渣甸说："他（按：义律）干吗报这么多？不需要这么多，六七千箱就够了"[④]，毕竟林则徐对鸦片商贩运到中国的鸦片数量并不是十分清楚。值得留意的是，义律宣布要求英商缴纳鸦片的前一天，即 3 月 26 日下午，义律曾向英格利斯、颠地提前透露过这个具有历史影响的重大决定。英格利斯后来在英国议会作证时说义律在当天也咨询过马地臣和其他英商的意见，但亚历山大·马地臣则

---

　　① 怡和档案，1839 年 5 月 1 日，"发给私人的函件稿簿"，詹姆士·马地臣。格林堡，《鸦片战争前中英通商史》，第 185 页。

　　② F.O.17/31，"私人机密件"。《近代史资料》第 4 期，第 17 页。

　　③〔美〕马士著、张汇文等译：《中华帝国对外关系史》（第 1 卷），商务印书馆1963 年 6 月，第 208 页。

　　④ 布雷克，《怡和洋行》，第 96 页。

肯定地说当时马地臣没有被义律咨询过。[1]究竟马地臣有没有提前知晓义律的这一重大决策，他在义律决策过程中起到多大的作用，现在已经很难考证。事实最终证明，马地臣对义律的决策十分拥护和支持，怡和洋行踊跃缴纳鸦片，其数量约占外国商贩总缴纳数量的三分之一。马地臣甚至还将澳门一位鸦片商贩的鸦片列入呈缴清单，不过后来这个商贩拒绝缴出鸦片。

义律在给英国侨民的那份著名公告中称："现在，本首席监督在影响目前居住在广州的所有外国人生命安全和自由的崇高动机以及其他很重要理由的驱使下，特此以英国女王陛下政府的名义并代表英国女王陛下政府，命令并要求目前在广州的所有女王陛下臣民，为了英国女王陛下政府的利益，立即把属于他们所有的全部鸦片或在他们管理下的英国鸦片交给我，以便交付给中国政府；把从事鸦片贸易的英国船只置于我的直接指挥之下，并立即交给我一份关于他们各自拥有的属于英国人的全部鸦片的密封清单……同时，应特别有此了解：关于按照本公告交给我的英国财产的证明和所有英国鸦片的价值，将根据以后由女王陛下政府确定的原则和方式予以决定。"[2]义律自行保证外商所受损失，将由英国政府负责处理。此时义律并没有明确说明赔偿方式和赔偿金额，但到了1839年底，经过渣甸等说客长期危言耸听后，英国政府决定发动战争迫使清政府全额赔付烟款。

虽然义律的保证模棱两可，但有了这个保证，鸦片贩子正好可以将积压在手里的相当于印度全年产量一半的存货，以英国政府担保的价格全部脱手。《季度评论》称："（广州成为）一个全部即销的

---

①　*Evidence of Robert Inglis*，No.165-166，op. cit，p.30；*Evidence of Alexander Matheson*，No.2130，op. cit，p.151. 吴义雄，《条约口岸体制的酝酿》，第542页。

②　胡滨，《英国档案有关鸦片战争资料选译》，第382—383页。

市场——买主为女王陛下的监督——出纳员为财政大臣。"[1] 鸦片商贩认为上缴的鸦片一旦被销毁，以后生产的鸦片就有望卖得更高的价格。而且那些不得不缴的鸦片，如果可以由英国政府出面索赔（虽然义律没有明确表示英国政府将赔付鸦片），何乐而不为？正如亚历山大·马地臣后来在英国议会上所说："我们手中的鸦片本就是卖出的，英国政府肯出钱，跟其他人出钱买，有什么两样呢？"[2]

义律从保护英国在华利益的角度出发，在未经英国政府授权的情况下擅自对鸦片商贩做出承诺，将林则徐禁烟运动转变成中英两国政府之间的外交纠纷，为鸦片战争的爆发提供了口实。义律曾自鸣得意地跟妻子说：向林则徐缴烟，就是"协助他进入了困境"[3]，因为英国政府必将为此武力报复中国并索取赔偿。马地臣对义律的决定大加赞赏："虽然当时及以后很长一段时间里，我始终怀疑义律上校的所作所为是否明智，现在我可以静观其变……（义律的声明是）一个宽大的、有政治家风度的措施，特别当中国人已经陷入使他们自己直接对英王负责的圈套中的时候。倘使他们拒绝接受（鸦片），却让我们在这种把贩卖鸦片的外国人处以死刑的新法律之下，背负起如此沉重的一宗存货的包袱，其结果就会极为不幸了。……所有新到达的鸦片寄售商都愿意把他们列入义律的呈缴名单中"，"义律上校期望他们尽可能全部打收条……唯一潜在的变数是赔偿比例问题"。[4]

---

① 张馨保，《林钦差与鸦片战争》，第 276 页。

② 麦天枢：《昨天——中英鸦片战争纪实》，人民文学出版社 1992 年版，第 153 页。

③ 吴义雄，《条约口岸体制的酝酿》，第 545、550—551 页。

④ 怡和档案，1839 年 5 月 3 日，"发给私人的函件稿簿"，马地臣致威廉·渣甸和约翰·阿拜·史密斯的信。格林堡，《鸦片战争前中英通商史》，第 186 页；韦尔什，《香港史》，第 109 页。

林则徐禁烟之初，马地臣曾考虑过遣散伶仃洋面碇泊的鸦片船，但由于"颠地先生一贯的拖沓"①，不愿意支付必要的保险费用，所以马地臣没有来得及实施遣散计划。当义律宣布英国政府将对上缴林则徐的鸦片负责后，马地臣就庆幸自己没有将鸦片趸船撤离中国沿海，否则就是"将财产置诸英国政府的保护范围之外了"②。为了完成上缴任务，一些英印鸦片商贩甚至将陆上及福建沿海鸦片一并上缴。有的鸦片商贩为了防止广东水师查缉，将鸦片转到英国驻华副商务监督参逊（A.R.Johnston）的名下进行上缴③；还有个别商贩使用碎烟假土充数。美国鸦片贩子也积极上缴鸦片，因为他们所代理的正是英印商人的鸦片。最终呈缴的鸦片中，马地臣的怡和洋行缴出7828箱，居第一位；英国商人颠地开设的宝顺洋行缴出1723箱；美国商人罗素的旗昌洋行缴出1435.75箱。④怡和洋行所缴鸦片中，仅有2000多箱是马地臣的个人财产，其余鸦片都是代理巴斯商人的。

林则徐在谕令外商缴纳鸦片时，还于4月4日拟定了甘结，要求英国驻华商务监督义律"居各国商人之首"代表外商签署并声明如有违反鸦片禁令，船货没官，"人即正法，情甘伏罪"。此后广东当局多次进行敦促，但义律坚持拒不具结。4月21日义律甚至当着行商的面将甘结样式撕毁，事后他说："我立刻把它撕碎了，并叫他们告诉他们的长官，要命现成，再拿具结的事情来纠缠我和他们自

---

①　怡和档案，1839年5月3日，"发给私人的函件稿簿"，马地臣。韦尔什，《香港史》，第106页。

②　怡和档案，1839年4月3日，"发给私人的函件稿簿"，马地臣。格林堡，《鸦片战争前中英通商史》，第186页。

③　怡和档案，1839年5月3日，"发给私人的函件稿簿"，马地臣致威廉·渣甸和约翰·阿拜·史密斯的信。格林堡，《鸦片战争前中英通商史》，第186页。

④　*Charles Elliot to Viscount Palmerston*，July 8th，1839，F.O.17/32.吴义雄，《条约口岸体制的酝酿》，第382—384页。

反映鸦片战争前中英交涉的外国漫画

己，实是徒然的。在我们的门口，已经有四个多星期，不分昼夜，站着手持白刃的人们，料想他们一定奉有命令，如果我们企图逃跑，就杀掉我们……那么，何必还需要我们具结同意在未来的时期去杀掉别人呢？"[1] 义律十分清楚自己之所以能够代表外商向林则徐缴纳鸦片，是由于形势危急各国商人没有提出异议而已，实际上他本人确实无权代表各国商人签订甘结，也不愿代表英商对广东当局提出的贸易规则做出承诺。

　　5 月 4 日随着缴烟的持续进行，广东当局撤销了对十三行外国商馆长达 47 天的封锁并允许开舱贸易，但指名要将马地臣、颠地、安德鲁·渣甸等十六名大鸦片商贩[2] 暂扣商馆，只允许其余人离开广州前往澳门。次日，林则徐向道光皇帝奏报渣甸已经返回英国、马地臣"代伊（按：渣甸）管账"，建议将马地臣等伙党一并驱逐归国。[3] 5 月 27 日道光皇帝准奏。

　　① 〔美〕马士著、张汇文等译：《中华帝国对外关系史》（第 1 卷），商务印书馆 1963 年版，第 210—211 页。

　　② 广东当局开列的"暂留夷馆"的十六名鸦片商贩名单中，亚历山大·马地臣此时身在澳门。

　　③ 《香山明清档案辑录》第 270 页"钦差两江总督林则徐奏报喳啶（按：渣甸）实已回国现在查明伙党一并驱逐片"〔道光十九年三月二十一日（1839 年 5 月 5 日）〕。参见《香山明清档案辑录》第 284 页"钦差两江总督林则徐等奏报英国趸船奸夷现已驱逐并饬取切结等情折"〔道光十九年九月二十八日（1839 年 11 月 3 日）〕。

5月10日林则徐未等道光皇帝圣旨到达，就下令驱逐马地臣等人。马地臣不能接受林则徐提出的要求外商签具甘结才允许在中国通商的条件，他认为"上项札谕可以视为与封禁本港对外贸易无异"①。自知在华时日无多的马地臣，已经给自己找好了退路。5月15日马地臣致信渣甸："我想我们大约五天后就要迁往澳门，如果未能获允入境，我们将暂居外海的一艘船上，以便随时提供建言或了解情况发展，我深信我们的各项业务，会如我们在场般，管理得井井有条。"②

5月19日早已获得自由但没有急于离开广州商馆的义律下令禁止英船具结前往黄埔贸易，并一再命令全体英商撤离广州。5月21日义律将承诺上缴林则徐的鸦片全部缴清，领取了广东当局提供的缴烟收据。5月22日义律发布措辞严厉的公告抨击广东当局的禁烟行动，要求在华英商向他提供针对缴纳鸦片的索赔清单，以便他以英国政府的名义提供收据。5月24日下午5时，在义律率领下马地臣等仍留在广州的所有英国人一起乘船前往澳门。在此之前，马地臣见无法蒙混过关，便在义律建议下，"为他本人及合伙人"向广东当局具结保证"永不再来"。实际上，马地臣没有返回英国，而是赖在澳门不走。5月27日马地臣向远在伦敦的渣甸报告平安，并告诉他："我们将可按照你的老章程办事了。"③不甘失败的马地臣准备在中国沿海长期蛰伏、暗中观察，以待时机成熟后卷土重来。

义律呈缴鸦片后，立刻致函英国外交部和英属印度政府、孟加

---

① 怡和档案，1839年5月11日，"发给私人的函件稿簿"，马地臣。格林堡，《鸦片战争前中英通商史》，第187页。

② 布雷克，《怡和洋行》，第96页。

③ 怡和档案，1839年5月27日，"发给私人的函件稿簿"，马地臣。格林堡，《鸦片战争前中英通商史》，第189页。

拉省政府，恳请他们声明同意承担全部鸦片价款。马地臣对此分析道："目的是，在于增进一般的信心，并防止对于商业信用的打击及其一切有害的后果，……引起普遍的惊惶对于商业的每个部门都会是有害的，一如 1837 年美国商家所发生的情形那样。"① 但不久，英国政府就给了义律和马地臣当头一棒。1839 年 9 月 11 日义律收到英国海军高级官员一份函件，重申英国政府对中国沿海一带非法鸦片交易不予保护。于是义律立刻发布命令，要求那些聚集在香港悬挂着英国国旗的鸦片商船驶离香港港口及其海岸。马地臣等鸦片商贩对此并不理会。9 月 24 日马地臣还在香港附近的"赫拉克勒斯号"鸦片走私船上致信伦敦约翰·阿拜·史密斯，为自己辩解称："从未见过一位当地人因为吸食鸦片而破产。"②

　　11 月林则徐曾下令摧毁一切"游弋"在香港海面上的鸦片趸船，却因广东水师武器装备落后而收效甚微。虽然英国政府数次表态不会庇护鸦片商贩，但一年后英国政府用发动鸦片战争证明了这个政府是深受鸦片商贩影响且愿意保护其利益的。不过，英国政府保护的对象也是有选择的。鸦片战争后，英国政府获得了赔偿，英籍散商和工业资本家获益甚多。但英国殖民地的部分巴斯商人由于没有得到英国政府的补偿而破产，甚至一些巴斯人不堪巨额债务而被迫自杀。

　　林则徐严禁鸦片，导致印度孟买和加尔各答等地鸦片大量积压，价格暴跌。而西班牙统治下的马尼拉政府对于转运出口的印度鸦片，

---

　　① 格林堡，《鸦片战争前中英通商史》，第 186 页。

　　② Matheson（aboard Hercules at Hong Kong）to John Abel Smith（London），24 September 1839, James Matheson-Private Letter Book, MS JM, C5/4. Richard J. Grace: *Opium and empire: the lives and careers of William Jardine and James Matheson*. Montreal: McGill-Queen's University Press, 2014, p302.

给予减半征收进口税甚至提供货栈的优惠政策。[①] 马地臣立即捕捉到了商机。1839 年 5 月 29 日马地臣致信加尔各答的代理人，称已派遣渣甸侄子安德鲁·渣甸前往马尼拉，与怡和洋行的代理行渥太打公司合作经营鸦片；6 月 10 日马地臣致信孟买代理人，称："我们已经偷偷摸摸地恢复了'海斯'号原先的用途"；同日，马地臣致信渣甸："沿海贸易可望畅通。礼士 [②] 和他的手下像以前一样在做事"[③]；6 月 25 日马地臣致印度代理人的信中说："我认为我有必要在马尼拉设一个支店经营鸦片业务，一直维持到局面好转的时候为止。"[④] 由于马尼拉当地对鸦片需求不大，马地臣实际是把马尼拉当作鸦片中转站，由安德鲁·渣甸用帆船或飞剪船运往中国沿海各地伺机销售。林则徐禁烟后，中国沿海的缉私一度放松，因此安德鲁·渣甸顺利从马尼拉转运来大量鸦片。如同伶仃洋趸船走私、东部沿海飞剪船走私等经营模式一样，马地臣在马尼拉转运鸦片的做法也引来了竞争对手的效仿。当得知颠地在马尼拉购房并准备在该地设立鸦片转运点后，马地臣唯恐被超越。他急忙致信渣甸提醒道："我们要注意别在这方面落于人后。"[⑤]

6 月 3 日至 25 日林则徐将收缴的 2 万多箱鸦片集中在东莞虎门镇口村销毁。此举极大震撼了鸦片商贩，振奋了民族精神，也让马地臣等持有怀疑态度的外商慑服于中国人民禁绝鸦片的决心。销烟

[①] 早在 1834 年，西班牙殖民政府已宣布马尼拉成为自由港。

[②] 礼士：John Rees，怡和洋行主管沿海船队的船长。

[③] 韦尔什，《香港史》，第 114 页。

[④] 怡和档案，1839 年 6 月 25 日，"发给私人的函件稿簿"，马地臣。格林堡，《鸦片战争前中英通商史》，第 189 页。

[⑤] 怡和档案，1839 年 8 月 24 日，"发给私人的函件稿簿"，马地臣。韦尔什，《香港史》，第 115 页。

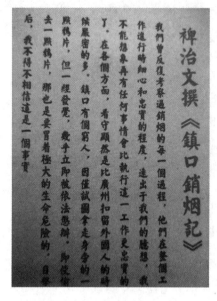

裨治文撰《镇口销烟记》

当天，林则徐还邀请美国传教士裨治文①等人前往现场观看。裨治文参观后撰写《镇口销烟记》并在英美报纸上发表文章，详细记述虎门销烟的过程，赞扬林则徐的禁烟举措。可悲的是，懦弱的清政府在第一次鸦片战争失败后支付了 2100 万银圆赔款，其中 600 万银圆（约合 150 万英镑）用于赔偿林则徐在虎门销毁的两万多箱鸦片。

林则徐虎门销烟后，中国沿海的鸦片价格暴涨，在孟买 200 银圆一箱的白皮土，运到中国沿海售价高达 800 至 1000 银圆，有时甚至可以卖到 1500 银圆②。马地臣便从新加坡、马来西亚和印度等地低价收购鸦片，大量运往中国沿海企图高价牟利。6 月 27 日马地臣致信渣甸，称："在我的整个经商经历中，从未像我们到澳门的这个月这样精疲力竭……您的朋友礼士、琼塞、贝利斯、斯特雷奇和霍尔（等诸位船长）现在又在干他们的老本行。"③ 虽然此时走私鸦片危险重重，但马地臣认为"在目前的情况下没有什么可惊慌的"。他运送 10 万银圆到新加坡投资购买新上市的鸦片，同时还投资 10 万银

① 裨治文：Elijah Coleman Bridgman，1801—1861 年，美国来华第一位传教士、第一位汉学家。

② 这一价格已经接近渣甸所称的中国鸦片商贩的正常零售价格 1500 至 1600 银圆／箱。

③ 韦尔什，《香港史》，第 114 页。

圆到加尔各答订购鸦片。[①] 对于客户委托代办的少量鸦片业务，马地臣采取的交易方式是：鸦片从马尼拉运出时起，按照估算售价，扣除"我们船只众多的小船队（的费用）、我们自己和我们的船长们所冒重大危险的合理津贴"，剩下的才是货主所得。[②]

　　林则徐遏制了鸦片走私，但并没有完全禁绝。中国沿海一带鸦片交易几乎完全停止的状况并没有持续多久，鸦片走私很快就转向了广东东部和福建沿海一带。1839年秋冬之际，鸦片走私逐渐故态复萌，"鸦片交易正在广州东约二百英里的几个地方极其活跃地进行"[③]。因此小弗雷德里克·韦克曼评价道："尽管采取了拘留、逮捕和查封等狂热的行动，林钦差铲除鸦片恶习的计划并未成功。"[④] 不过，马地臣等鸦片商贩再也不敢明目张胆地跟林则徐作对了。这一时期，马地臣写信不敢署名，而且启用暗语，比如用棉布等级代表鸦片等级。鸦片商船变更了船名，《广州纪录报》也不敢公开登载鸦片货运的报道了[⑤]。

　　林则徐对马地臣等人赖在澳门不走十分不满，坚持要将马地臣驱逐出境，但义律尽可能地拖延时间。10月5日义律呈文林则徐，

---

　　① 怡和档案，1839年8月24日，"发给私人的函件稿簿"，马地臣。韦尔什，《香港史》，第115页。

　　② 怡和档案，1839年11月24日，"发给私人的函件稿簿"，马地臣。格林堡，《鸦片战争前中英通商史》，第189—190页。

　　③ 来新夏：《林则徐年谱长编（上卷）》，上海交通大学出版社2011年版，第339页。

　　④ 费正清，《剑桥中国晚清史（1800—1911）》（上卷），第199页。

　　⑤ 《广州纪录报》从1827年创刊起到虎门销烟之前，几乎每期都刊载鸦片价格，并公布载运鸦片抵达广州的洋船名称和鸦片交易情况。

提出："现驱逐之十六人内有英人颠地、映嗵、映马地臣 ①、单耶厘 ②、英记利士 ③、衣庇厘 ④ 六名，早已去者；现有化林治、打打皮 ⑤、土丹佛、加土四名，就要开行；其余尚未去者，请俟数日，才可报明开行日期。唯有轩拿厘 ⑥、三孖地臣 ⑦ 二人，并未贩卖鸦片者，复请大宪姑念其情也。"

　　10 月 8 日林则徐等人在《会谕义律分别准驳事宜由》文中，对义律提出的宽免事项进行了驳斥，"奉逐奸夷十六名，除据报颠地、映嗵、映马地臣、单耶厘、英记利士、衣庇厘六名，业已回去外，其化林治、打打皮、土丹佛、咖吐四名，止称就要开行，并未声明何日。至吗文治 ⑧、孖地信、噫之皮 ⑨ 三名，则称请俟数日才可报明开行日期，更属延宕。查吗文治等三名，皆贩卖鸦片之尤著者，岂容再有观望？著即上紧速催即日回国，仍将开行日期确切禀报。又轩

----

　　① 映马地臣：即亚历山大·马地臣（Alexander Matheson），是詹姆士·马地臣的外甥。

　　② 单耶厘：A.S.Daniell，又译作但尼尔，英国籍。

　　③ 英记利士：Robert Inglis，又译作英格利斯、茵格斯，宝顺洋行合伙人。

　　④ 衣庇厘：Ilberry，又译作伊尔贝里，1826 年 11 月 20 日抵达广州，携有"汉诺威驻广州领事"证件。

　　⑤ 打打皮：Dadabhoy Rustomjee，打打皮·罗心治，印度祆教徒，巴斯商人。

　　⑥ 轩拿厘：George Chinnery，又译作钱纳利，1774—1852 年，爱尔兰画家。轩拿厘于 1825 年起侨居澳门，直至去世。他技艺精湛、享有盛誉，曾为马地臣、渣甸、马礼逊等洋商画过肖像。

　　⑦ 三孖地臣：即唐纳德·马地臣（Donald Matheson），是詹姆士·马地臣的侄子。1839 年 9 月 24 日，义律致信林则徐称："其商人十六名之中，有三孖地臣一人，现年纪轻，止有十数岁者"，没有贩卖鸦片，希望林则徐允许其留居广州（林则徐，《信及录》，第 133 页）。但林则徐称奉旨驱逐，不能姑息。

　　⑧ 吗文治：Merwanjee，又译为吗嗜治，印度巴斯商人。

　　⑨ 噫之皮：Jamasetjee Pestonjee，印度巴斯商人。

拿厘、三孖地臣二名，据称并未贩卖鸦片，复请大宪姑念其情等语。查三孖地臣乃查顿之甥①，奏明奉旨驱逐，岂能姑容？唯轩拿厘一名，既据该领事屡称并未贩卖鸦片，姑如所请，暂免驱逐，仍听随时查看可也"②。可见，除了轩拿厘一人被林则徐宽免不予驱逐外，包括马地臣在内的其他 15 名烟贩均被林则徐强令驱逐出境。10 月 12 日义律只得回复称，马地臣等人"俱要旬内去行"③。

怡和行对于马尼拉转运鸦片贸易方式的垄断只持续了 9 个多月就被迫终止了，主要原因是印度加尔各答鸦片价格上涨近 50% 以及众多效仿者的竞争，其他洋行的鸦片走私规模与怡和洋行不遑多让。1840 年 2 月 16 日印度总督奥克兰④从加尔各答致信英国政府印度事务大臣霍布豪斯⑤，欢呼道："我们的鸦片正在涨价，我们的若干商人正在中国东海岸卖烟赚大钱。"⑥3 月 30 日奥克兰又声称："我们手中的存货将卖得意外的高价，这将对我们的岁入有所增加。北方（按：印度北部）的报告说收成很好，良好的收入在望。"⑦

然而，随着广东、福建当局再次大力禁烟，尤其是战争的乌云已经笼罩在广东沿海上空，局部冲突开始此起彼伏，鸦片价格又开

---

① 查顿：即渣甸。三孖地臣是马地臣的侄子，并非渣甸外甥。
② 林则徐：《信及录》，中国历史研究资料丛刊，上海书店 1982 年版，第 128 页。
③ 林则徐，《信及录》，第 130 页。
④ 奥克兰：Lord Auckland。
⑤ 霍布豪斯：时任英国政府印度事务大臣，后被封为布劳顿男爵。
⑥ 英国不列颠博物院手稿部藏私人文件，"布劳顿勋爵通信文件"，ADD. MSS.36474，卷 19，1840 年 2 月 16 日加尔各答发，密件，1840 年 4 月 7 日收到。《近代史资料》第 4 期，第 84 页。
⑦ 英国不列颠博物院手稿部藏私人文件，"布劳顿勋爵通信文件"，ADD. MSS.36474，卷 19，1840 年 3 月 20 日加尔各答发，密件，收到日期不详。《近代史资料》第 4 期，第 87 页。

始大幅度下跌。1840 年 4 月马地臣失望地写道："贸易的黄金时代已成过去了"[1]，他只得将安德鲁·渣甸从马尼拉召回。

六、大发战争横财

1840 年 6 月第一次鸦片战争爆发后，马地臣千方百计进行着鸦片贸易。英军封锁广州珠江口后，鸦片趸船也停泊至黄埔水域，鸦片走私死灰复燃。《广州纪录报》也公然重新刊登鸦片行情和价格信息。7 月英国舰队攻克浙江定海。马地臣等鸦片商贩迅速跟进，试图将定海变为鸦片输入中国内地的中转站。

起初侵华英军总司令懿律[2]和英国驻华商务监督义律一样反对鸦片贸易，他禁止马地臣等鸦片商贩在舟山一带从事鸦片贸易。鸦片商贩为此十分苦恼和不安。但事情很快有了转机，由于战争开支较大，懿律不得不在浙江沿海各地发售英国债券以筹措军费。为了获得懿律的好感，马地臣等鸦片贩子纷纷购买英国债券，变相为英军提供军费。此举果然非常奏效。急于用钱的懿律便放纵鸦片商船随同军舰游弋中国沿海。随着清军节节败退，鸦片贸易在英军坚船利炮的庇护下迅速发展。侵华战争和鸦片贸易从此如影随形，侵华英军和鸦片商贩从此狼狈为奸。马地臣庆幸地写道："因为在这里销售

---

[1]　怡和档案，1840 年 4 月 26 日，"发给私人的函件稿簿"，马地臣。格林堡，《鸦片战争前中英通商史》，第 190 页。

[2]　乔治·懿律：George Elliot, 1784—1963 年，1837 年任好望角舰队总司令，1840 年任英国侵华全权代表和侵华英军总司令，1853 年晋升海军上将。乔治·懿律是查理·义律的堂兄。

鸦片成了他们为对华作战筹款的唯一财源，他们没有这种贸易是不行的，这使我们略为宽心。"[①] 鸦片销售市场随着英军的推进而不断扩大，马地臣及时将鸦片生意推进到舟山、吴淞及北方地区。

1841 年英军占领香港岛。马地臣对香港的战略地位和未来发展深信不疑。英军刚刚占领香港一个月，马地臣就在港岛北岸中间位置搭建了一座大型草棚仓库用于存放鸦片，并派一名经理住在"伍德将军号"（General Wood）趸船上就近管理。将趸船上价值数百万银圆的鸦片转移到香港仓库，可以节省大量的保险金和船舶滞留费用，也加快了鸦片流通速度。没过多久，马地臣又将草棚仓库改造为石砌货栈，成为香港岛第一栋坚固的建筑物。马地臣还买下香港东角的地皮，用于建设怡和洋行总部。此时，众多投机商纷纷重新涌入鸦片市场。除了怡和洋行之外，宝顺行和其他洋行也大肆进行鸦片贸易。香港逐渐取代伶仃洋，成为大规模鸦片贸易的基地。马地臣继续采用经营代理业务和降价销售的策略进行市场竞争。怡和行用"摩尔号"（Mor）和"安诺尼马号"（Anonyma）等新式飞剪快船更换掉"气仙号""红色流浪者号"等旧式飞剪船，保障了其在鸦片竞争中的优势地位。

1841 年 2 月英军再度占领虎门，但没有进入广州城。此后战事稍停，英商进驻广州商馆，中英贸易恢复了 3 个月。马地臣等鸦片商贩趁机倾销鸦片。义律担心鸦片贸易会影响茶叶等合法贸易的开展，要求英国海军查缉鸦片走私，但被海军军官拒绝。因为英国外交大臣巴麦尊的训令明确要求赴华作战的英国海军不得干涉合法贸易，而鸦片贸易在英国一直是合法的。

---

① 　怡和档案，1840 年 8 月 7 日，"发给私人的函件稿簿"，马地臣。格林堡，《鸦片战争前中英通商史》，第 195 页。

1841 年 2 月 23 日虎门海战（英国战舰"复仇女神号"炮击威远炮台和中国水师船）

　　鸦片战争前夕,1839 年 11 月拉本德①、约翰·阿拜·史密斯和威廉·克劳复②等人曾向外交大臣巴麦尊断言：鸦片贸易在中国是绝对不会合法化的，将来鸦片烟贩要想继续经营鸦片，只能靠冒着风险进行走私。③"遗憾"的是，清政府显然让他们失望了。虽然签订《南京条约》时，中方顾及"大清颜面"，拒绝了英方提出的鸦片贸易合法化的建议，《南京条约》对鸦片问题只字未提，《虎门条约》也没有将鸦片列入商品税则，但此后清政府对鸦片走私问题视若无睹，1858 年又将鸦片作为"洋药"堂而皇之地征税进口。因此，从 1842 年《南京条约》签订，到 1906 年清政府再次严禁鸦片贸易的 64 年

---

①　拉本德：G.G.de H.Larpent，属辉格党，曾任下院议员。

②　威廉·克劳复：William Crawford。

③　F.O.17/36，"拉本德、史密斯、克劳复致巴麦尊"。《近代史资料》第 4 期，第 47 页。

间，鸦片商贩在中国通商口岸运销鸦片根本不用冒多少危险，只需要考虑中国人更喜欢哪种成色和品质的鸦片。不过，在1858年鸦片贸易合法化之前，鸦片毕竟名义上仍是违禁品，鸦片贸易仍是走私行为。在公开场合，鸦片贸易是不受港英当局和中国政府保护的，而且英国议会也逐渐兴起了贬斥鸦片贸易的思潮。1843年4月21日已身处伦敦的马地臣致信史密斯："全权代表（璞鼎查①）针对走私发布了一份极为激烈的文告，但我深信就像中国人的谕令一般，不具任何意义，只是为了远在伦敦的圣人而已。璞鼎查爵士从无意执行其文告，而且无疑私下认为这是个不错的笑话。不管如何，他允许将洋药运上岸，在香港储存。"②

只要鸦片贸易没有被宣布合法，被查缉的风险就始终存在。因此怡和行的鸦片飞剪船一般只将鸦片运到沿海趸船上，而不直接运往通商口岸城市。4月22日马地臣致信香港的怡和船队指挥官麦克明尼（McMinnies），要求他保持小心谨慎："要尽力讨好清朝官吏，如果他们要求我们从一个停泊处开到另一个停泊处，我们就要照办，并且不要太靠近他们的城市。鸦片贸易现在在英国很不得人心，因此得保持沉默，尽量避人耳目，为此目的，不论怎样小心都不为过分。"③

马地臣急切地希望鸦片贸易能够尽快实现合法化，这样怡和行就能够避免查缉风险、降低运费。不过他也认识到，让曾经严厉禁烟的道光皇帝否定既往政策是十分困难的事。7月31日马地臣写道：

---

① 1843年4月5日璞鼎查正式就任英国驻香港总督。

② 布雷克，《怡和洋行》，第110页。

③ 怡和档案，于1843年4月22日，"马地臣致麦克明尼船长"，中国沿海书信集22/4/43；费正清，《剑桥中国晚清史（1800—1911）》（上卷），第245页。

小矮子打倒大个子（西方讽刺清政府的漫画）

"鸦片贸易持续繁荣兴盛，由于新关税即将实施①，所有悬挂英国旗帜的鸦片船都撤离黄埔，但它们在虎门外海并未受到干扰。只要在五个通商口岸未被迫引起璞鼎查爵士的注意，他就不会采取不利鸦片贸易的措施。……现在唯一的目标就是鸦片贸易合法化，此事在道光皇帝有生之年恐怕都毫无希望。"②马地臣甚至担心如果鸦片贸易合法化，任何人都可以从事该项营生，会极大损害既得利益集团的利益。他对当时的英国政治家、慈善家艾希利勋爵③改善贫苦大众工作条件的主张表示不安。他不希望穷苦大众参与到这项充满暴利的鸦片贸易中去，并期望香港总督璞鼎查出面阻止这种情况的发生。

---

① 1842年《南京条约》签订后，英方利用清朝政府对国际惯例和己方利益的无知，引诱清方就通商口岸的各项制度在南京和广东继续谈判。1843年7月双方达成海关税则，22日英方在香港首先公布了《五口通商章程：海关税则》。从马地臣信件可以看出，身在伦敦的马地臣消息十分灵通，对于当时的中英税则谈判极为关注。

② 布雷克，《怡和洋行》，第110页。

③ 艾希利勋爵：Anthony Ashley Cooper, 7th Earl of Shaftesbury，安东尼·艾希利·柯柏，第七代沙夫茨伯里伯爵（1851—1885年），1801—1885年，英国政治家、慈善家。艾希利勋爵被誉为"穷人的伯爵"，终生为改善贫苦民众尤其是女工和未成年人工作条件而进行议会斗争。1833年艾希利在议会下院首次提出"十小时工时法"。1842年艾希利推动下院通过"矿场法案"，禁止所有女性和10岁以下男孩在矿井中工作。1875年经过35年的努力，艾希利推动下院通过了"1875年烟囱清扫工法案"，终结了雇用男童从事烟囱清扫工作的"传统"。

马地臣继续写道："另一件期盼的事就是鸦片贸易应由体面的团体经营,而非沦入亡命之徒或海盗之手,若是艾希利勋爵和他的朋友所推动的政策成功的话,此一情况就会无可避免,没有人比璞鼎查爵士更明白这一点,他自然会与皮尔首相讨论他的感想。"①

---

① 布雷克,《怡和洋行》,第110页。

第三章　丹麦驻广州首任领事

一、东印度公司管理散商

早期西方国家商人漂洋过海，历尽千辛赴华经商，大多要随着中国南海的季候风往返，只有个别商人获准暂住澳门。每年春夏，南海盛行西南季风时，欧洲商船便满载洋货举帆驶往广州；每年秋冬，南海盛行东北季风时，欧洲商船便满载中国货物扬帆返航。从1770年起，英国东印度公司大班与具体商船业务脱离，不再每年随贸易商船返回伦敦，而是组成固定的管理委员会，长期驻留中国。为了避免外国人在广州惹是生非，清政府规定外国人在每年4月贸易季结束后必须离开广州十三行商馆，乘坐船艇从白鹅潭以南的珠江后航道①，经番禺、顺德、香山的内河航道前往澳门暂住；每年10月贸易季开始后才允许外国人从澳门沿原路返回广州商馆居住。

_____

① 位于海珠岛南侧的珠江被称为珠江后航道，该航道也被外国人称为"澳门水道"。珠江后航道从广州白鹅潭出发，经陈村水道，入紫坭，再经顺德大良，进入香山河，经磨刀洋，进入澳门内港，全程约120英里。

英国东印度公司为了避免清政府广东当局借口鸦片问题加大勒索，同时也是为了最大限度地维持商业垄断权，禁止英印散商在黄埔口岸进行鸦片走私，并要求散商在获得东印度公司广州管理委员会的批准后才能在中国进行贸易，而且必须遵守清政府的规定按期往返广州和澳门，不得长期滞留广州商馆。清政府要求外商中有一个主管事务的头目，这个头目负有约束本国人服从中国法律的责任。清政府认定这个主管外国人事务的"夷目"是英国东印度公司驻广州大班，但实际上，广州大班对管束散商行为确实无能为力。1764年英国散商乔治·史密斯（George Smith）获得东印度公司大班批准在中国留居两年，此后便不理会甚至蔑视东印度公司大班的训令。乔治·史密斯直到1780年仍滞留中国，还曾试图联合其他散商组成行会，以对抗广州管理委员会。[①] 东印度公司大班对此除了强烈谴责之外，毫无办法。

尽管如此，广东地方当局对于英印散商半海盗式的违法行为往往仍要东印度公司大班负责处理。比如1781年英荷战争期间，来自英属印度孟加拉省的散商船"达多洛伊号"（Dadloy）船长麦克拉里（John McClary）自恃拥有印度总督颁发的"准许俘获敌船"许可证及"战时报复"执照，公然抢劫一艘荷兰货船并企图强行将其带出虎门。广东巡抚李湖要求英国东印度公司大班强令麦克拉里物归原主，并保证不再发生同类事件。但东印度公司主任大班巴喇喳（James Bradshaw）禀称只对公司商船事务负责，无权去保持散商船只或私人贸易的秩序。李湖对此托词十分恼怒，他质问巴喇喳：英国国王既然派遣大班前来管理商船事务，其就应该身负管束港脚夷人之责，否则留住澳门有何用处？李湖还威胁称要将他们驱逐出境，

---

① 马士，《东印度公司对华贸易编年史》（第2卷），第334页。

不许英国人再来广州贸易。①

　　东印度公司驻广州大班对广东当局这样的恐吓早已习以为常，事后也证明李湖只是说说气话而已，并没有驱逐公司大班离境。不过，广州大班仍向伦敦董事会抱怨称："我们已经多次看到，官吏借口极小的事，便将公司贸易全部封舱；我们恐怕今后散商船船长的不法或愚蠢，会带来重大的损失。中国人从长期的经验中知道我们会忍受任何事情，以求避免贸易受阻。但散商船每日都有些不法行为，不遵守他们的法令和损害他们的尊严。他们对这些行为，有时知而不理，有时则以其为压榨行商的借口，但当事态扩大到不可收拾时，公司就要负责。不知这种做法，是他们的政策，或是真的不理解严格隶属的观念。他们不会相信，每个来此的英国人，不是由一个头目管理的；虽然日常的经验已向他们表明情况正好相反。"② 类似这样的抱怨最终获得了英国政府的重视。为了确保东印度公司对华贸易不受散商行为的影响，1785 年英国议会授予东印度公司董事会对于航行中国的领有执照的英印散商具有驱逐权，由派驻广州的管理委员会（后改为特选委员会）执行。广州委员会获得了法律授权，开始"有法可依"，可以命令违法违规的散商离开中国。

　　在获得驱逐权的两年前，1783 年英国东印度公司广州管理委员会发出严厉训令要求怡和行早期行号"考克斯·里德行"的创始人约翰·亨利·考克斯立即离境，但考克斯恳请延期一年。东印度公司管理委员会认为考克斯日常举止行为比较正当，对公司各项要求都能尊重服从，而且其在非贸易季时留在广州可以为公司大班们的

　　① 　许地山：《达衷集——鸦片战争前中英交涉史料》，商务印书馆 1928 年版，第 129—134 页 "粤抚谕英商巴喇喳书"。

　　② 　马士，《东印度公司对华贸易编年史》（第 2 卷），第 388 页。

私人贸易服务，于是同意他延期离开。[①]但由于考克斯既充当东印度公司大班的私人贸易代理人，又充当英印散商的广州代理人，因此在英印散商与东印度公司大班发生矛盾时，考克斯就首当其冲成为投诉和指责的对象。1787年印度总督康沃利斯致函英国东印度公司广州特选委员会，提及英印散商向他控诉东印度公司包庇代理人考克斯："这种贸易[②]的进行，不能由该处[③]的公司代理人与之竞争。……收到他们[④]在广州代理人关于在商业事务上遇到障碍的申诉。……有些大班从事私人贸易，他们有时以一位自由商人考克斯的名义从事，而很多时候则利用势力强迫私商按不利的条件买卖他们的鸦片及其他商品。"[⑤]

广州特选委员会收到函件后，就公开询问此事。但考克斯和碇泊广州口岸的散商船船长，都宣称公司大班们并没有阻挠港脚贸易，甚至提供过商业便利。尽管如此，东印度公司广州特选委员会为了息事宁人，还是命令考克斯在1788年春季前离开中国。对此马士分析道："看来申诉只不过是表明印度私商所受的束缚，他们企图不受限制及不受监督而进入中国市场。"[⑥]

---

① 马士，《东印度公司对华贸易编年史》（第2卷），第407页。
② 指港脚贸易。
③ 指广州。
④ 指英印散商。
⑤ 马士，《东印度公司对华贸易编年史》（第2卷），第461页。
⑥ 马士，《东印度公司对华贸易编年史》（第2卷），第461—462页。

二、英印散商兼任领事

早在 1779 年约翰·里德就找到了不受英国东印度公司管理委员会管辖的有效办法。在这一年，原先在英属印度孟加拉省海事处任职的约翰·里德，辞职后携带奥地利皇帝颁发的领事任命状和奥地利商馆主持人的委任状前来广州。由于伦敦董事会对此类具有其他国家外交官身份的英国人没有明确的管理训令，广州大班认为"给他任何干涉都是不适当的"[①]。直到 1787 年，奥地利广州商馆破产，约翰·里德才离开中国。约翰·里德这种受雇另一国家的策略，很快就被其他英印散商效仿。广东地方当局由于很难辨别西方人的国籍，只要没有违反清朝法规，广东地方当局对外国人持有何国证件并不认真核实。英印散商的广州代理人于是纷纷使用其他国家的证件，从而规避了广州特选委员会的监督管辖。

1787 年英国散商丹尼尔·比尔收到广州特选委员会要求他离开中国的命令。但比尔出示一份普鲁士路西伯爵（Count Lusi）颁发的委任状，"任命大不列颠国籍人为普鲁士国王陛下的特使"[②]。鉴于比尔拥有普鲁士驻广州领事的身份，广州特选委员会就没有强令比尔离开，只是向伦敦董事会进行了报告。1791 年 9 月考克斯以瑞典海军军官的身份将海豹皮贩运到黄埔，但东印度公司特选委员会不允许他登岸。考克斯就将普鲁士旗帜悬挂在帆船上，这也让东印度公司大班毫无办法。

"考克斯·里德行"最初是英国人开设的奥地利籍商行，1787 年

① 马士，《东印度公司对华贸易编年史》（第 2 卷），第 407 页。
② 马士，《东印度公司对华贸易编年史》（第 2 卷），第 468 页。

改为普鲁士籍"考克斯·比尔行"。此后虽然行号和合伙人频繁变更，但其普鲁士证件一直沿用到"渣甸·马地臣行"也就是"怡和洋行"成立为止，有效地保护了洋行业务免受英国东印度公司广州大班的阻挠和刁难。

虽然英国东印度公司认为那些持有外国委任状的英国人仍应受到英国政府的管辖，但为了避免外交上的纠纷，广州特选委员会只得对他们的行为尽量不予干涉。此举更加促使英印散商纷纷改变国籍或受雇于他国政府，以规避英国东印度公司的管辖，"几乎所有的英国港脚商不久就采取了这种方法"[①]。当然，也有个别商贩不愿采取这种方法，比如因义士就对英国商人以外国领事证件做掩护的行为十分不屑，不愿意谋取外国委任状。1828 年因义士试图在非贸易季节留居广州，东印度公司特选委员会询问他拥有何种授权，他回答道：早在 1825 年 12 月就从东印度公司董事部获得了自由商人证书。他宣称如果特选委员会要求非贸易季节英国商人必须离开广州，那么近 200 名巴斯人、40 名英国人（不管是否拥有外国领事证件）都应该服从命令，而不是仅仅他离开广州。

广州特选委员会认为如果严格限制因义士这类具有英国国籍的自由商人的活动，就会导致其他国家商人趁机扩大鸦片等贸易，所以东印度公司大班对英国商人侨居广州的行为并不过多干涉。特选委员会向伦敦董事会报告称："我们不能不表示这样的意见，就是我们深信，就公司的利益而言，高尚的人们——即英国臣民——居住中国，要比那些外国人好得多；对于外国人我们无法管制，如果禁止英国臣民在广州为贸易目的而设立商业机构，那么极其重要的鸦

---

① 格林堡，《鸦片战争前中英通商史》，第 22 页。英籍散商跨国任职的情况详见本书下部附录《散商跨国任职情况（1779—1839 年）》。

片贸易和印度商业的其他部门就一定要落到外国人手里。"① 可见，从经济利益最大化的角度出发，广州特选委员会并不愿意严格遵守清政府关于外国人在贸易季结束后一律前往澳门的规定，何况广东地方当局对此规定的执行情况并不总是十分关注。

相反，英国东印度公司伦敦董事会为了保证茶叶供给，要求驻广州大班敦促散商严守清政府的各项限令。1832 年 1 月 13 日《广州纪录报》刊登了一封伦敦董事会致广州特选委员会的信函。伦敦董事会称："我们不能同意你们给予广州外侨继续违背法律的行为的支持。英国同中国的商业是太有价值了，如果没有最迫切的和紧急的必要，不能孤注一掷。"② 可是马地臣等散商惯用走私和贿赂手段逃避较为严苛的章程，并不严格遵守清政府禁令和理会东印度公司大班的干涉。

三、丹麦驻广州领事

1815 年以后，由于"白皮土"鸦片价廉利重，而传统的优质"公班土"在"白皮土"竞争下价格一度暴跌，因此鸦片商贩纷纷向广州口岸大量输入"白皮土"。马地臣也计划前往印度西部海岸将"白皮土"走私运往中国。1819 年 12 月 23 日，马地臣搭乘"胡格利号"商船从广州运送中国杂货离境。此时"胡格利号"悬挂丹麦旗

---

① 格林堡，《鸦片战争前中英通商史》，第 30 页。
② 格林堡，《鸦片战争前中英通商史》，第 66 页。

帜，名义上是前往丹麦在印度的殖民地特兰奎巴①，实际上是去往麻洼"白皮土"的主要出口地——葡萄牙在印度的殖民地达曼和果阿。

　　孰料达曼和果阿两地的殖民当局接受了葡萄牙鸦片商人的贿赂，只允许葡籍商人经营"白皮土"，所以两地葡萄牙当局都禁止"胡格利号"在其港口装运鸦片。马地臣与两地葡萄牙当局发生了争执，便索性采取法律措施，将两地政府首脑上诉至位于巴西里约热内卢的葡萄牙高等法院。可是，马地臣聘请的第一位律师遭遇压力改变立场，不给马地臣辩护，反替对方说好话。马地臣聘请的第二位律师竟然被法官认定为蔑视法庭而被判入狱。马地臣起诉无门，只好自认倒霉。但他又不愿意忍气吞声。1820 年 5 月 31 日，马地臣满怀愤恨地从果阿致信加尔各答代理人拉鲁利太：

　　　　"我奉告你，反对我们的那些人中，第一个就是孟买的罗杰尔·德·法里亚爵士②（他为那项不公正的裁决曾送一万六千六百卢比给达曼的省长和参议会），第二位就是达曼省长罗兰柯·德·纳佛拉先生（Don Lorrenco de Navorrha）。另一方面，达曼的法官（前澳门法官）文辛特·萨瓦多·罗札里欧先生（Senhor Vincente Salvador Rozario）则是站在我们这一边而同参议会所有其余的人对抗的。[果阿的]总督康德·德·里欧·品多（Conde de Rio Pindo）对于这些事情非常激动，可是罗兰柯先生已经由[葡萄牙]国王任命为省长，代替康德以前所作的

---

　　① 特兰奎巴：Tranquebar，1620—1845 年间丹麦在印度的殖民地，也是丹麦东印度公司在亚洲的根据地。

　　② 罗杰尔·德·法里亚爵士：Sir Roger de Feria，他受广州"查尔斯·马格尼亚克行"委托，设法活动马地臣的上诉案件。

一项任命。……高级副官约阿金·德·希瓦尔先生（Don Joaquim de Silvare）对我们殷勤地很，但据说是法里亚的朋友。我担心他会被对方买过去。前澳门总管帕纳多·阿莱尔（Bernardo Aleire），已经答应照顾我们的利益，只要我替他偿还贝本的一笔旧债作为报酬，倘使事情弄不成功，那么略作点缀也行——这是一种老实的纳贿方法。我提出这些名字是想不论哪一方面的人，其中或许有你能够去请托照应的。"[1]

"胡格利号"前往达曼和果阿装运"白皮土"失败后，马地臣对葡萄牙当局有了很深的芥蒂，认为葡印当局司法腐败严重。此时，英国东印度公司又禁止持有公司特许证的港脚商人从孟买装运"白皮土"，马地臣便开始有强烈的愿望，期望能够在别国政府比如丹麦政府的庇护下从事港脚贸易尤其是鸦片走私。他在给拉鲁利太的信函中透漏："我们的目标是特兰奎巴，以便运动丹麦政府支持我们并维持他们的国旗的荣誉。通过他们，也许会控诉到巴西的皇家政府那里。"[2]

作为大航海时代的海运大国，丹麦很早就开始了对华贸易。1674 年丹麦东印度公司派出"福尔图那号"商船从哥本哈根前往中国。此时中国正处于康熙盛世，"福尔图那号"商船还携带了一封丹麦国王克里斯钦五世[3]致中国康熙皇帝的信函。克里斯钦五世称鉴于两国之间的地理距离，建议通过通航和通商的方式，建立中丹友好

---

① 格林堡，《鸦片战争前中英通商史》，第 114 页。
② 格林堡，《鸦片战争前中英通商史》，第 114 页。
③ 克里斯钦五世：Christian V，丹麦国王，1670—1699 年在位。

关系。"福尔图那号"于 1676 年到达福建福州，贸易完毕后于 1677 年 10 月离开中国。"福尔图那号"成为首只抵达中国的丹麦船只，此后丹麦贸易商船陆续前往中国进行贸易。尽管对华交往历史悠久，但丹麦政府从未在中国设置领事。1820 年 6 月，"胡格利号"船长达姆·约翰森致信特兰奎巴丹麦当局，抱怨由于丹麦在广州没有领事，丹麦商船不能得到广东地方当局的友好礼遇。马地臣正是因为搭乘"胡格利号"商船，才得以获悉这个重要消息。

7 月，马地臣主动向特兰奎巴丹麦当局写信，申请担任丹麦驻广州领事。马地臣在信中着重声明：丹麦政府不需要为他的服务支付薪金。[1]9 月，特兰奎巴丹麦当局同意了马地臣的申请，等待丹麦国王弗雷德里克六世[2]的批准。随后，丹麦国王任命马地臣为丹麦驻广州领事。马地臣向弗雷德里克六世宣誓效忠后[3]，就任丹麦驻广州首任领事，并将领事馆设在

马地臣（James Matheson）

---

① 〔丹麦〕白幕申著、林桦译：《和平与友谊：丹麦与中国的官方关系（1674—2000）》，北欧亚洲研究所出版部 2000 年版，第 25 页。

② 弗雷德里克六世：Frederik VI, 1768—1839 年，丹麦国王（1808—1839 年）、挪威国王（1808—1814 年）。

③ 马地臣向丹麦国王弗雷德里克六世宣誓效忠的誓词抄件，现存于英国剑桥大学图书馆的怡和档案中。

广州十三行商馆区的丹麦商行。虽然马地臣获得了丹麦国王授予的驻广州领事职位，但丹麦商人并不愿意马地臣插手他们的对华贸易事务。比如 1822 年 9 月，丹麦亚洲公司"克里斯钦王储号"（Crown Princess）商船抵达黄埔。马地臣身为丹麦驻广州领事，理应要提供相关服务。但"克里斯钦王储号"船长和货督拜访马地臣时称，丹麦亚洲公司的买卖已交由十三行行商崇官（Chunqua）负责，无须马地臣过于操心。

受到丹麦商人排斥和猜忌，并不影响马地臣利用丹麦领事的身份作为保护。马地臣从此开始大展拳脚，不再被广州特选委员会的训令所束缚了。此后他对英国东印度公司的通告和禁令视若无睹，拒不服从英国商务大班的管理。马地臣往往还找出诸如清理业务、收取债款等理由，不理会清政府要求外国人在每年贸易季节结束后不得居住广州的禁令，以便长期驻留广州。不过，随着时间的推移，英国东印度公司广州特选委员会和广东当局对英商侨居广州逐渐放任不管①。1828 年马地臣卸任丹麦领事，由渣甸接任。此时马地臣留居广州已经不需要第三国的外交保护了。1839 年渣甸离开中国，马地臣继任丹麦领事。1840 年林则徐奉命永远禁止英国贸易后，马地臣再次利用丹麦国旗作为掩护暗地进行中英贸易。第一次鸦片战争时，马地臣还曾将瑞典或普鲁士国旗悬挂在怡和行的商船上。

1842 年 3 月马地臣离开中国后，怡和行经理担任丹麦领事的传统被长期坚持下来。1846 年丹麦政府选定马地臣的侄子唐纳德·马地臣作为驻广州领事，领事馆设在怡和洋行驻广州的商馆（老英国

---

① 亨特《广州番鬼录·旧中国杂记》第 87 页记载："其他外国商人在各种借口之下，整年留在广州。其借口之一是他们的进口货未卖出，因之他们运出的茶叶或其他货物的货款未付清。这种借口，即使不被认为是合理的，然而已产生使当局装作不知道他们留下的效力，逐渐地使'旧例'条款成为具文。"

商馆）。为了慎重起见，丹麦政府还征求了英国政府的意见。对于丹麦政府选择英国人唐纳德·马地臣担任丹麦领事，英国政府不持异议。此后直到 1877 年，历任丹麦驻广州领事都由怡和洋行经理兼任，怡和广州商馆也兼做丹麦驻广州领事馆。1856 年至 1893 年间，丹麦驻上海领事馆也设在怡和行驻上海的商馆，领事、副领事也由怡和行合伙人和高级管理人员兼任。1881 年至 1888 年，丹麦驻福州领事由怡和商人威廉·佩德逊兼任。1912 年至 1925 年，丹麦驻厦门领事也由怡和商人兼任。①

　　无独有偶，1849 年约瑟夫·渣甸②担任夏威夷王国驻香港总领事。此后，怡和行的经理都兼任夏威夷王国总领事，直到 1893 年夏威夷王国灭亡。

---

① 白幕申，《和平与友谊》，第 33、65、85 页。

② 约瑟夫·渣甸：Joseph Jardine，1822—1861 年，渣甸侄子，1845 年至 1860 年间怡和行合伙人。

第四章　狂热好战分子

一、积极鼓吹战争

第一次鸦片战争前夕，英国基本完成了自18世纪60年代开始的工业革命。工业革命以机器动力代替人力，使英国从小小的农业国一跃成为首屈一指的西方经济大国和军事强国，也促进了西方国家的商业兴盛和外贸扩张。而中国依然延续着几千年形成的"重农抑商"的传统，严格控制经济、文化的交往和人员的流动，以至马戛尔尼在乾隆年间就评价道："中国工业虽有数种，远出吾欧人之上，然以全体而论，化学上及医学上之知识，实处于极幼稚之地位。"①

封闭保守的东方农业文明和开拓扩张的西方工业文明在相遇过程中，必然会发生意识形态方面的碰撞和融合。战争正是解决两种文明冲突的最极端、最残酷但又最直接的方式。恩格斯曾经说过：

---

① 〔英〕马戛尔尼著、刘半农译：《乾隆英使觐见记》，百花文艺出版社2010年版，第197页。

"没有哪一次巨大的历史灾难不是以历史的进步为补偿的。"①战争在破坏原有秩序、造成巨大灾难的同时，也可以在一定程度上促进新秩序的建立和推动历史的发展。

英国东印度公司在100多年的对华贸易过程中，为了获得茶叶、瓷器等中国大宗商品，不得不忍气吞声、小心翼翼地服从清政府法令，尽量减少摩擦和纠纷。②但崇尚自由贸易的英印散商群体，尤其是以马地臣为代表的英国鸦

马地臣（James Matheson）

片商贩，不仅在经济上通过走私鸦片从中国攫取巨额财富，更是在政治上利用各种手段不断影响英国国会的决策。其中最主要的影响是鼓吹对华军事侵略，以打开中国门户谋求更大的经济利益。马克思在《对华贸易》一文中分析道："每当亚洲各国的什么地方对输入商品的实际需求与设想的需求——设想的需求大多是根据新市场的大小，那里人的多寡，以及某些重要的口岸外货销售情况等表面资料推算出来的——不相符时，急于扩大贸易地域的商人们就极易于把自己的失望归咎于野蛮政府所设置的人为障碍的作梗，因此可以用强力清除这些障碍。……这样一来，假想中对外贸易从中国当局方面遇到的人为障碍，事实上便构成了在商界人士眼中能为王朝帝

---

① 马克思、恩格斯：《马克思恩格斯全集》第39卷，恩格斯，《致尼·弗·丹尼尔逊（1893年10月17日）》，人民出版社1976年版，第149页。

② 亨特《广州番鬼录·旧中国杂记》第96页记载："公司必须维持伦敦市场整年的茶叶供应，这是公司的特许状规定的。"

国施加的一切暴力辩护的极好借口。"①

1830年10月"洋妇进城"事件发生后，广东当局重申外国妇女不得进入广州②、外国商人在广州不得乘轿的禁令。《广州纪录报》虽然在报道此事时考虑到外商的情绪已将禁令做了措辞上的修饰，但该禁令仍引发了外国团体和个人的普遍不满。马地臣、渣甸、因义士等26名英国散商认为清政府的各种禁令，是对英国人的侮辱，便向英国东印度公司广州特选委员会致函抗议："我们最近以愤怒的感情看到总督阁下张贴在公司商馆墙上的两份谕帖，一份言过其实地重复每年有关仆役人等的通告，另一份是禁止外国人乘轿，两者在词句上横加侮辱，并显然故意宣传，将外国人在中国人眼中贬低为一种低下卑鄙的阶层，必然使他们为下流社会所轻视，而最后危及他们的人身安全。我们从经验上坚决相信，由于驯服地忍受侮辱，以致外国人在这个国家的有关处境会日趋恶化和永难改善。在这种坚定信念之下，我们认为有必要在这次事件中向你们表达我们的观点，并请允许表示我们的希望，即你们必须与广大的团体进行合作，和他们一起向政府抗议。"③

广州特选委员会在散商的敦促下，向两广总督李鸿宾提出了抗议。但李鸿宾态度强硬，以禁令是久已存在的成例为由，要求外国人必须遵从。最终双方互以息事宁人的方式解决了纠纷，这让马地

① 马克思、恩格斯：《马克思恩格斯选集》第一卷，人民出版社1995年版，第755—756页。

② 1751年（乾隆十六年），清政府发布公告禁止外国妇女进入广州："嗣后夷船到澳（门），先行检查，如有妇女，即令就澳而居。否则，进口之后，夷人船货一并驱回。……而待之行商，亦予处罚。"（广东省档案馆：《广东澳门档案史料选编》，中国档案出版社1999年版，第14页。）

③ 马士，《东印度公司对华贸易编年史》（第4卷），第248—249页。

臣等散商十分不悦。1830年12月24日，马地臣、渣甸领衔签署了一份致英国下议院的请愿书。从请愿书的行文风格上看，很可能出自马地臣的手笔。请愿书申诉了英商在广州"长久以来沉默地承受中国政府的压迫和腐败统治"，一方面是广东地方当局的横征暴敛和敲诈勒索："从一艘外国船到达时起，它的业务就受到海关低级官吏们为了勒索非法征课而起的借故留难；进口货运的税课概由下流无品的人员以专断的方式征收，居然公开索贿；正是由于税额的不确定，再加上那些超过了帝国税则所规定的税率（规定得一般虽似适中，但实际并不被遵守）好多倍的地方征敛，所以除去少数的物品而外，很难举出确定的税课"；另一方面是清政府司法制度的重大弊端："（政府官员在处理华夷命案时）对误杀和谋杀不加区分"。

请愿书抱怨说："广州官员是个贪赃枉法的阶层，他们花钱将职位买到手，满脑子想着勒索和不讲道义地聚敛钱财"；"对于频繁前往这个帝国的英国臣民而言，贸易素来是唯一的目的"，"（可他们）备尝艰辛，所受待遇实为世上少见"；"就连神圣的家庭生活纽带也遭漠视，夫妻分居，母子分离。这种状况不可避免地是由于那些禁止外国妇女在广州居住的出尔反尔的禁令，因为似乎并没有明确的相关法律，除了以习俗为借口，根本就没有任何其他理由"。请愿书称在华英商"承认外国人应遵守所居住国家法律这项不容否定的原则，但认为对于中国这样的政府则不适用"，原因是清政府恣意妄为，不遵守国际法则。英国与其他国家的关系是"由国际条约来规范的，只有与中华帝国的关系是由广州地方当局专横控制的"；"暴力行为往往得到这个（中国）政府的友好对待，而对其专制法律的屈服与顺从只会招致严酷的镇压"。

请愿书认为："（对华贸易）到了这样的规模，可以烦请贵院将它放在一持久的、体面的基础上；两次遣使北京（按：1793年马戛尔尼^①使团和 1816 年阿美士德^②使团）的完全失败，大概贵院也不会不了解任何高尚的外交手段在中国是不会有什么收获的。"马地臣等英商请求英国政府："恳请在当前的时机，采取某些可以达到改善不列颠籍人，以及侨居中国的其他外国人共同的屈辱状态的措施——这种状态既损害国家的品格，也不利于不列颠商业的扩展。"所谓"某些措施"实际上就是军事侵略。

马地臣等人还要求建立"一部新的商业法典"，将对华贸易建立在"永久的和有尊严的基础上"，"申请人等相信，如有一位英王陛下的代表常驻北京，受命以保护侨民利益的适当精神行事，则必获致最有利的结果"；请愿书最后提出："如果上述建议难以实现，阁下的请愿者深切希望大不列颠政府，在立法机构的认可下，做出有利于国家的决定，并且通过获取一个靠近中国海岸的岛屿属地，使英国在世界这个遥远一隅的贸易免受来自暴政和压迫的影响。"^③在这份请愿书中，马地臣等散商已初步提出了武装侵略中国和割占沿海岛屿的主张。

12 月 28 日马地臣、渣甸等人将请愿书的抄本送交东印度公司广州特选委员会，并称："我们荣幸地将我们自己感到有向下议院申诉必要的呈文抄本附上，恳请在当前的时机，采取某些可以达到改善不列颠籍人，以及侨居中国的其他外国人共同的屈辱状态的措

---

① 马戛尔尼：Lord George Macartney。

② 阿美士德：Lord William Pitt Amherst。

③ *To the Honorable the Commons of the United Kingdom of Great Britain and Ireland in Parliament Assembled*"，*The Canton Register*，"January 17th，1831. 参见〔英〕莱特著、姚曾廙译：《中国关税沿革史》，商务印书馆 1963 年版，第 4 页；格林堡，《鸦片战争前中英通商史》，第 163—164 页；韦尔什，《香港史》，第 67 页；吴义雄，《条约口岸体制的酝酿》，第 80、85、440、441 页；吴义雄，《鸦片战争前在华西人与对华战争舆论的形成》(《近代史研究》2009 年第 2 期，第 25 页)。

施——这种状态既损害国家的品格，也不利于不列颠商业的扩展，这个大帝国可以提供如此广阔的一个扩展的园地，假如将它从广东地方当局的腐败治理下所产生的障碍中解救出来的话。"① 这份内容冗长的请愿书由 47 名英国在华散商共同签署。广州特选委员会认为："几乎侨居中国与商馆无关的每一个可敬的不列颠籍的人都签署了。"② 这说明，在 19 世纪 30 年代初期，通过战争解决中英冲突已经成为一部分英国商人的共识。

与散商激烈态度相反的是，当 1831 年 7 月 28 日请愿书被送达议会时，英国议会反应较为冷淡。这一时期，伦敦政界的主流看法是为了维护极为重要的中英贸易，应该尽可能地避免与广东当局发生冲突。马地臣、渣甸等在华散商对英国政府的"无动于衷"深表遗憾，却又无计可施，只能在《广州纪录报》中大造舆论，公开鼓吹对华武力威慑和军事远征。当 1831 年英国驻印度的一支海军队伍抵达广州进行访问时，渣甸致信伦敦代理人托马斯·威亭调侃道："我不知道舰队司令能够从什么机关奉到命令可以开始一场对中国的战争，除非他能够挑逗中国兵船对他开火，可是这种情形不大会有。时间必须决定，但是我不能让我自己来认真设想一场公开的决裂。"③ 可见，虽然渣甸等人急切地希望英国海军能够跟清朝水师发生武装冲突，但他们实际上并未做好中英彻底反目的心理准备。

不过，经过他们的不断鼓吹，英国东印度公司广州特选委员会有时也会对广东地方当局保持强硬姿态。1831 年 5 月 12 日早上，署

---

① 马士，《东印度公司对华贸易编年史》（第 4 卷），第 256 页。

② 马士，《东印度公司对华贸易编年史》（第 4 卷），第 256 页。宝顺洋行外商由于同马地臣、渣甸等人具有商业矛盾而未参与签署。

③ 怡和档案，1831 年 4 月 25 日，"发给私人的函件稿簿"，威廉·渣甸。格林堡，《鸦片战争前中英通商史》，第 179 页。

理两广总督印务广东巡抚朱桂祯与粤海关监督中祥率领兵丁前往英国东印度公司广州商馆，逮捕了通事阿谭①，理由是他听任英国人将商馆前的空地围起来并建造用于起卸货的石码头。朱桂祯又迁怒于行商伍受昌②，威吓要监禁伍受昌和阿谭并可能将他们处以斩首。伍受昌长跪一个小时，直到粤海关监督中祥为其求情才免于刑罚。朱桂祯限令十日内拆除围墙、码头和花园，使商馆前的空地恢复到三年前的状态。很快，命令得以执行。东印度公司广州特选委员会认为广东当局官兵擅闯英国商馆并在商馆内随意逮捕和处置行商、通事，会导致洋人的生命财产受到严重威胁，便于5月19日在澳门发布通告宣称，如果广东当局不能确保英国商馆免受侵入和厘剔英商所申诉的各种弊窦，就放弃十三行的英国商馆并于8月1日起停止中英贸易以示抗争。特选委员会还于5月26日致函威廉要塞当局寻求武装战舰的保护。该年年底，英国战舰果然赶到广东沿海耀武扬威，以示声援。

　　5月30日在渣甸的鼓动和参与下，马地臣召集因义士、特纳等共计21名英国散商在广州进行集会，通过一份决议并于次日送交特选委员会，以表达散商对此次事件和广东当局新颁布的八条章程③的看法。内容如下：

---

　　① 阿谭：Atam，或译作老谭，即通事蔡懋。外国人无法区分"谭Tam""董Tung""通Tong"的发音，统称为"汤姆"（Tom）。通事蔡懋又被称为"老汤姆"（Old Tom）。

　　② 伍受昌：伍秉鉴的第四子，1826年至1833年掌管怡和行。

　　③ 1831年5月12日两广总督李鸿宾颁布"防范外夷章程"，对外国人的行为做了八项规定，如严禁外商贷款给中国商人；严禁外国人在广州乘轿；严禁将外国妇女和枪炮带入广州等。此告示在外国人中引起了极大关注和对清政府地方当局的广泛抗议。7月5日《广州纪录报》将该章程修改后公开刊发。

"侨居广州的不列颠籍签名人，有鉴于中国人最近对贵东印度公司财产所进行的侵犯行为并签名作证，对于一位无辜行商①受到残酷的对待和被诬告与英国人叛逆勾结而处死，表示深切的痛惜；而总督和海关监督，现已将管理今后广东商务的一个新的和可憎的法案通知他们，他们全体一致决定：

第一，主席与特选委员会所发布的声明，据以决定他们停止贸易（假如中国当局对过去的侵犯不给予满意的解决并保证今后不再侵犯）的理由，列举这个国家不断向欧洲商业所加的烦扰的勒索，只不过是其中的一部分。

第二，最近提请皇帝批准的管理外国商业章程的新法案，不是趋向减轻，而显然是增加其专横与可憎的制度上的弊害，在这个制度下，与中国的商业往来，从来都是难以进行的。只是颁布这些章程的一个事实，不会在签名人的心理上产生多大印象，因为熟知中国当局颁发律例，他们永无意于执行，但当这个法案，现在交付给广州的全体商人，是加上下列事实的，强行进入公司的商馆，毁坏他们的财产，无故对英伦国王的画像加以侮辱，尤其是地方政府拒收贵公司工作人员的任何抗议或信函，这显然表示是有意压迫与贬抑不列颠臣民的一种计划。沉默的忍受，将证实他们甚至应该遭受到的侮辱。

第三，因此，他们觉得有责任对中国政府的成员提出抗议，以及向他们本国申诉，反对向那些已证实是反复无

---

① 指东裕行商谢有仁（鳌官）的叔父，该行司事谢治安。外国商人称其为"Wooyay"（五爷）。

常的地方当局屈服。因此为了商业的最后利益和安全，它甚至借助于抵抗的极端措施，强于屈从日益增加的勒索、国家的损害，致使贸易每年都更不安定而无结果，并且不断地与广东省当局发生小争执。

第四，地方当局拒绝收受主席与特选委员会的任何文件，这就妨碍了全部现存分歧的友好调整，使得适宜于采取最有决定性的步骤，假如大不列颠愿意保留对中国任何有利的商业来往，从这个帝国对外关系的整个历史来看，显而易见，自从威得尔船长于十七世纪中叶，以一艘商船占领虎门炮台以来，至最近马克斯韦尔爵士（Sir Murray Maxwell）从'奥尔斯特号'舷侧的一边排炮，使得同一炮台停火，这种坚定、抵抗，甚至暴烈的行动，会经常成功地产生一种和解的精神，而驯服的屈服，只有引起更进一步压迫的效果。

第五，因此，他们愿意表示他们明确赞同特选委员会最近采取的措施，认为可以增进不列颠人与这个国家的商业的普遍利益。"①

从上述决议可以看出，以马地臣、渣甸为首的散商团体十分赞同特选委员会在此事件中对广东当局采取的强硬和不屈服的态度，并认为沉默的忍受只能带来屈辱，只有武力才能彻底解决问题。"我们（按：英国东印度公司）在这个国家里的记录，载有一连串的证

① William Jardine & c., *Resolutions of the Undersigned British Subjects in Canton*, Canton, 30th May, 1831, The Canton Register, June 6th, 1831. 马士，《东印度公司对华贸易编年史》（第4卷），第321—322页。

据，即屈从的行为只能招致耻辱，但另一方面，暴力反而可以获得尊敬的待遇。"① 这就使得英国在华商人普遍认为只有使用强大的武力作为后盾，中英贸易才能建立在长久稳固的基础之上。但是，在随后的数年里，英国东印度公司广州特选委员会还将对反抗还是忍耐保持着飘忽不定的状态，伦敦董事会还将对数任试图对华强硬的广州特选委员会主席做免职处理。而将近十年后，英国政府才认定战争是解决长期矛盾的最有效手段。

鸦片战争爆发前，西方殖民者就对"中国地利人事，彼日夕探习者已数十年，无不知之"②。早在 1823 年，马地臣就派船向中国东南沿海进行 400 英里的长途侦察航行，主要目的是搜集中国沿海地理、经贸、驻防等情报，为鼓吹对华强硬政策做准备。1832 年 2 月 27 日，英国东印度公司租用怀特曼洋行的"阿美士德勋爵号"帆船装载棉布、棉纱、印度原棉等货物从澳门出发向中国北方做试探航行，表面是寻找贸易口岸，实际是刺探中国沿海港口水文和经济情报，"查明这个帝国可以渐次对不列颠商业开放最适宜的北方口岸有多远，以及土著和当地政府对此事的好感程度"③。胡夏米④ 和郭士立（化名甲立，担任医生和翻译）⑤ 随船北上，经广东海丰、厦门、福州、舟山、宁波、上海，抵达山东半岛的威海卫，并探访了琉球群

---

① 马士，《东印度公司对华贸易编年史》（第 4 卷），第 325 页。

② 〔清〕姚莹：《东溟文后集》卷八，同治六年重刊。

③ 马士，《东印度公司对华贸易编年史》（第 4 卷），第 344 页，1832 年 1 月 12 日东印度公司广州特选委员会主席马治平致林赛的秘密训令。

④ 胡夏米：英国东印度公司大班林赛（Hugh Hamilton Lindsay）的化名。

⑤ 郭士立：Charles Gutzlaff, Karl Friedrich August, 1803—1851 年，又译郭实腊，普鲁士人，德国基督教路德会牧师、传教士、外交家、翻译、医生、汉学家。第一次鸦片战争期间曾担任英军占领下的定海"知县"。1851 年郭士立逝世于香港。香港中环的吉士笠街（Gutzlaff Street），以其命名。

岛、朝鲜和日本沿海，同年 9 月 4 日才返抵澳门。[①] 胡夏米、郭士立等人对中国沿海河道、河湾进行了侦察，并绘制了航海地图。他们发现清政府海防十分脆弱，水师作战能力远远低于英国海军。他们还证实虽然清政府禁止英国人到其他口岸贸易，但实际上当地中国人很乐意与外国人做生意，因此他们在每个口岸都停留了相当长的时间，在地方当局的默许和礼遇下进行了贸易。1834 年 1 月 14 日郭士立在《广州纪录报》发表评论文章称："满洲人已经失去了他们的尚武精神。中国的陆海军从来都不令人生畏，他们现在只不过是个幻影……设若受到任何一个海上强国的攻击，他（按：指中国皇帝）很清楚地知道他决无反击的手段……他应该知道，他的整个大约由 1000 艘船只组成的海军，还无法与（西人的）一艘驱逐舰相匹敌。"[②]1835 年 7 月 24 日胡夏米向巴麦尊献策，根据多年侦察获得的情报，胡夏米将对华战争的步骤、兵力、船舰等作了详细分析。这些情报和军事侵华方案，都成为鸦片战争时英军制订作战计划的重要依据。

　　1834 年律劳卑担任英国首任驻华商务总监督。在马地臣、渣甸等人的建议下，律劳卑采取了较为强硬的措施，甚至不惜发动武装冲突，导致清政府一度封禁中英贸易。马地臣认为律劳卑的所作所为，虽然没有给英国商人争取到实质利益，但"他的处置非常允

---

　　① 马士《东印度公司对华贸易编年史》（第 4 卷）第 345 页记载，"林赛于 3 月初乘船出发，虽然训令规定返回不得迟于 6 月 1 日，但他直到 9 月 4 日才回来"。

　　② Charles Gutzlaff, *Constitution of the Chinese Empire*, The Canton Register, January 14, 1834. 吴义雄，《鸦片战争前在华西人与对华战争舆论的形成》，《近代史研究》2009 年第 2 期，第 26—27 页。

当……中国方面已经得到了一个永不会忘记的教训"①。10 月 11 日律
劳卑在澳门病逝。11 月 11 日马地臣陪同律劳卑家眷返回伦敦，一方
面经办律劳卑纪念碑事务，一方面企图通过律劳卑的遗孀搭线结识
英国外交部官员，以便鼓吹战争。马地臣认为英国政府有责任有义
务敦促清政府变革贸易制度，如该年 9 月 25 日马地臣称："不要行
商居间舞弊而同（中国）政府直接往来这一点，对于贸易的安全是
非常重要的，如果争取不到，英国政府就不能安枕无忧。"② 同时，马
地臣对英国政府贸易制度也有不满，他反对英国东印度公司在特许
权到期后继续从事中英贸易。该年 10 月 9 日马地臣以"广州英国商
会主席"名义领衔就此发表了声明。③

　　1835 年 3 月马地臣在伦敦拜会外交大臣威灵顿公爵④。然而让马
地臣失望的是：威灵顿虽然是著名的军事家，被英国人称为"世界
征服者的征服者"，却在政治上十分保守，属于典型的托利党人。威
灵顿严厉批评律劳卑无视清政府实际情况，试图将从未有过的同政
府当局联系的方式强加于广东当局的自以为是的做法。威灵顿认为
"商业利益应该用和平手段而非用武力去获取"⑤，律劳卑的失败是必

──────────

　　①　怡和档案，1834 年 10 月 10 日，"发给私人的函件稿簿"，詹姆士·马地臣。
格林堡，《鸦片战争前中英通商史》，第 176 页。
　　②　怡和档案，1834 年 9 月 25 日，"发给私人的函件稿簿"，詹姆士·马地臣。格
林堡，《鸦片战争前中英通商史》，第 177 页。
　　③　该声明签署人员依次为：马地臣、特纳、因义士、戈拉德斯通（J.Gladstone）、基
廷、沃森（J.Watson）、克罗克特、波义德、约翰斯顿、坦普勒顿（J.Templeton）。
　　④　威灵顿公爵：Duke of Wellington，1769—1852 年，英国人，反拿破仑战争中
的联盟军统帅之一，以指挥滑铁卢战役闻名于世。1834 年 11 月至 1835 年 4 月任皮尔
内阁外交大臣。威灵顿、拿破仑、浩官（伍秉鉴）都出生于 1769 年。
　　⑤　Glenn Melancon，*Britain's China Policy and the Opium Crisis*，p.43. 吴义雄，《鸦
片战争前在华西人与对华战争舆论的形成》，第 31 页。

然的，不能把律劳卑的个人遭遇等同于中国政府对英国的侮辱，因此无意立刻发动对华战争。所以威灵顿对马地臣的游说无动于衷，态度十分冷淡，甚至还相当蔑视马地臣这类靠走私鸦片发家的暴发户、冒险家。受到冷遇的马地臣愤然致信渣甸，将威灵顿斥为"一个冷血的家伙……一个恭顺和奴性的热烈倡导者"[①]，"竭力主张让步和屈从"[②]。若干年后，马地臣谈及此事时，仍愤恨不平地说："被这个愚蠢而傲慢的老家伙羞辱了。"

虽然威灵顿没有支持马地臣的意见，但他也希望驻华商务监督的尊严和英国政府的体面不受侵犯。威灵顿在一份文件里批示："我会建议，直到贸易恢复往常情况前，特别是考量最近来的情形，一艘坚固的驱逐舰和一艘较小的战舰，应该停泊在驻华商务监督可及的范围内。"[③]

1835年4月，巴麦尊第二次担任外交大臣。巴麦尊和马地臣同属于激进的辉格党，马地臣认为巴麦尊极有可能采纳他的意见和建议。12月21日马地臣致信巴麦尊，"请勋爵大人关注我们与那个帝国的商业关系缺乏保护的状态"，他认为此事刻不容缓，即使拖延一年，贸易状况也会持续遭到破坏而不能自行改善。马地臣一方面声称认同依据国际法的原则，应与中国维持和平友好的关系，不能动辄付诸战争。他写道："我们与中国贸易的规模已经很大，正在日益增长，在得到我国政府的保护后还会继续增长"；中国市场极为重要，"它是我国棉花和毛织品的最为广大的市场之一，亦是我们东印度领地的棉花和鸦片的最大市场；同时，在另一方面，它为我们提

---

① 格林堡，《鸦片战争前中英通商史》，第177页。
② 张馨保，《林钦差与鸦片战争》，第84页。
③ 布雷克，《怡和洋行》，第80页。

供了大量的生丝（缺乏生丝将会使我们的制造业的一个日益成长的分支陷入瘫痪）；更重要的是，我们依赖这个单一的市场提供一种不可或缺的消费品（按：指茶叶），而它又为大不列颠带来数以百万计的岁入”。① 另一方面，马地臣又叫嚣必须通过武力威胁，才能与中国建立“与其他国家一样的关系”。他建议：“我国的印度舰队……则可作为观察船，沿中国海岸游弋，不要老待在对海员健康不利的印度港口。”马地臣认为厦门是深水港，是英国船只的安全庇护所，建议英国军舰前往厦门水域。②

当时在伦敦的林赛也致信巴麦尊，鼓吹对华战争的论调，对马地臣表示支持。马地臣还通过律劳卑遗孀致信巴麦尊进行引荐，请求当面会谈。现在万事俱备，只等着面献“美芹”了。1836年初，马地臣终于获得巴麦尊的接见。但“遗憾”的是，虽然巴麦尊表现出愿意倾听马地臣陈述的姿态，但他比较老谋深算，不愿意改变威灵顿的既定政策，不轻易做出支持发动战争的表态，甚至也认为律劳卑的所作所为是“愚蠢的胡闹”。马地臣提醒巴麦尊可以从律劳卑1834年夏季寄往英国外交部的信件中了解到清政府的蛮横行径，但巴麦尊直言：“我此刻无法这样做，那些信件都在那张桌子下面的绿色箱子里，我们一直没有打开。”可见，英国政府对律劳卑的在华遭遇并不十分关切。巴麦尊还在马地臣指责清政府“不义”时，讥讽他说：“啊！你和其他人一样，不知道何为正义，你所想象的正义是

---

① James Matheson，*"To the Right Honorable Lord Palmerston，His Majesty's Principal Secretary of State for Foreign Affairs"*，The Canton Register，June 28，1836. 吴义雄，《鸦片战争前在华西人与对华战争舆论的形成》，第33页。

② 布雷克，《怡和洋行》，第84页。

按你自己的方式获取一切。"① 巴麦尊委婉地揭示了马地臣内心高度认同的强盗逻辑和霸权思维，这种逻辑思维就是：你必须与我交往，倘若你不愿意，我就武力强迫你按照我的意愿进行交往。这种违反平等、自主、尊重等交往原则的霸权观念，不仅在殖民主义扩张时期大行其道，直到现代国际社会中也暗地滋生。

会面结束后，失望至极的马地臣愤而致信渣甸，抨击英国政府只关心能否持续获得来自对华贸易的税收，并不关心英国商人的境遇。马地臣埋怨说：只要税收稳定，英国政府就不准备武力对抗清政府。他写道："渣甸，事实是人们在这个了不起的国家里显得如此安逸，所有的欲求皆得满足，因此只要内政，包括市场，没什么问题，他们不太可能想到人在海外的我们。因此除非贸易停止，或有什么危及商人或船东荷包的事情，否则在这儿得不到任何同情。在中国，不论牺牲多大或多么委曲求全，你越使事情平静无波，在这儿获得的同情就越少。巴麦尊爵士无意做任何事。"②

在英国政府高层屡屡碰壁之后，马地臣并不死心。他随后到曼彻斯特、利物浦、格拉斯哥等地的工商界继续活动，企图通过英国各地资产阶级名望人士对政府进行施压，促成战争决策。通过马地臣等人的鼓唇摇舌，英国工商界形成了应该对华采取强硬政策的共识，鼓吹对华战争的舆论甚嚣尘上。1836 年 2 月，英国"曼彻斯特商会"主席麦克维卡在马地臣、渣甸等人的鼓动和影响下，向首相墨尔本（Melbourne）和外交大臣巴麦尊提交陈情书③，声称极为重要的对华贸易正处于无保护状态，呈请英国政府直接与清政府最高层

---

① 巴麦尊与马地臣的谈话纪要，*The Canton Register*，May 24，1836。吴义雄，《鸦片战争前在华西人与对华战争舆论的形成》，第 32、33 页。

② 布雷克，《怡和洋行》，第 80 页。

③ 陈情书译文见本书附录《英国对华贸易现状和展望》。

接触以保护在华英侨和其财产。1836年马地臣撰写政论书籍——《英国对华贸易现状和展望》①，附和麦克维卡的论点，并公开诋毁中国，狂热鼓吹战争。这本小册子充满对中国人的敌意和蔑视，严厉抨击英国东印度公司的妥协政策，重点阐述工商界普遍期望英国政府采取对华激进政策，并呼吁武力占领中国一处岛屿。《英国对华贸易现状和展望》附录了1834年12月9日在华英商签署的致英王请愿书。1836年马地臣还致信巴麦尊对该请愿书中的英商主张进行了专门阐述。

对鸦片贸易持厌恶态度的驻华商务监督义律，也受到马地臣、渣甸等激进主战派的影响，积极建议和怂恿英国政府发动侵华战争。1837年义律在争取广东地方当局"平等待遇"的举措多次失败后，向巴麦尊宣称使用武力才可获得平等："由子爵阁下，秉承女王陛下的命令，致北京内阁一函，由一兵舰送往白河口，当可立即从皇帝处得到一项对于这点作让步的命令。"②义律认为：武力干涉，可以"将整个对华贸易从地方政府狭隘精神使它陷入的困难境地中挽救出来"③。巴麦尊的对华态度逐渐转向强硬。1837年9月20日巴麦尊将维多利亚女王④关于英国战舰应保护在华英商的指示转给海军大臣。英国海军于是开始试探性地在中国沿海巡弋。但他后来又明确表示，英国政府既不干涉，也不支持走私分子的活动。

随着英国政界开始注重倾听对华战争的舆论，著名的中国通小

---

① *The Present Position and Prospects of the British Trade with China.* 曾刊载在《广州纪录报》1836年11月1日版。本书全文翻译载于附录，此处不予赘述。

② 马士：《中华帝国对外关系史》（第1卷），商务印书馆1963年版，第152页。

③ 怡和档案，1839年1月21日，"发给私人的函件稿簿"，詹姆士·马地臣。格林堡，《鸦片战争前中英通商史》，第184页。

④ 维多利亚：Alexandrina Victoria，1819年5月24日—1901年1月22日，英国女王，在位时间1837—1901年。

斯当东在 1836 年出面公开抨击马地臣的观点。小斯当东后来在自传里写道："当林赛①先生、马地臣先生及其他人利用他们印刷的一些小册子，以在我看来完全站不住脚的理由和明显十分荒唐的手法，试图发动大众支持与中国交恶时，我想我有义务拿起笔来捍卫和平。"为此，他专门撰写了《英中关系评论暨改善方案》②的小册子与林赛、马地臣等人进行针锋相对的辩驳。这本小册子受到了当时读者的欢迎，以至小斯当东又趁热打铁出了第二版。小斯当东曾自诩道："虽然随着事态的发展，最终中英之战不可避免，但他'在某种程度上阻止了冲突在这一时刻的升级'"③。当然，小斯当东反对对华战争，并不是因为他对中国具有独特的好感，而是他后来自己承认的所谓基于党派原因。不管基于什么原因，19 世纪 30 年代中期，英国上下反对战争的声音仍然较多。马地臣英国之行没能达到目的，不得不于 1836 年抱憾折返亚洲。

　　1839 年 1 月渣甸替代马地臣，前往英国继续奔走鼓吹对华战争。由于暂时看不到英国政府立即采取军事行动的可能性，马地臣和渣甸甚至天真地寄希望于清政府严禁鸦片会引起民怨，导致民众叛乱。他们认为汉人从不屈服满人的压迫，一直想推翻清政府的统治。1839 年 1 月 21 日马地臣写道："除非公众不满的情绪能比以往更强硬地表示出来，我们就不能指望任何改善。叛变是我们所能想到的缓和局面的唯一的机会。"④

---

　　①　林赛：Hugh Hamilton Lindsay，原英国东印度公司大班。

　　②　*Remarks on the British Relations with China，and the proposed plans for improving them.* 本书全文翻译载于附录。

　　③　〔英〕乔治·托马斯·斯当东著、屈文生译：《小斯当东回忆录》，上海人民出版社 2015 年版，第 79 页。

　　④　格林堡，《鸦片战争前中英通商史》，第 186 页。

二、幕后献策谋划

1839 年 3 月 22 日义律从澳门致信巴麦尊，把林则徐于 3 月 17 日、18 日颁布的要求鸦片商贩呈缴鸦片的谕令转递给英国政府。信中，义律向巴麦尊汇报已向广东当局询问是否要对英国船只和人员作战，并声称："勋爵阁下大可放心，陛下海军小型巡洋舰拉茵号（Larne）正在这里；我可以向陛下政府保证，我将以最为机敏的行动对付钦差大臣和省地方当局这种不正当的恐吓行为。"[①]

4 月 3 日义律从广州商馆再次致信巴麦尊。此时，义律正因呈缴鸦片问题被林则徐拘禁在广州商馆。信中义律刻意歪曲事实，宣称外商生命、财产、自由、一切庞大的商务上财政上的利益和英国王室尊严都遭到清政府的任意摆布。义律赤裸裸地宣称和平协商或以武力为后盾的交涉都解决不了当前中英之间的全部问题，只有战争才能彻底解决问题。义律认为林则徐禁烟事件"是陛下政府对于过去所受一切损害取得补偿的最好理由，这是把我们将来和这个帝国的商务安放在稳固而广阔的基础之上的最有希望的机会"。义律狂妄地建议："立刻用武力占领舟山岛，严密封锁广州、宁波两港，以及从海口直到运河口的扬子江江面。……然后经过白河口向朝廷致送通牒。……应该使用足够的武力，并以西方国家对这个帝国所从来没有过的最强有力的方式进行武力行动的第一回合。迅速而沉重的打击，会使今后许多年内不再发生这类惨剧，必须教训中国政府要

---

① F.O.17/31，"义律致巴麦尊"。巴麦尊于当年 8 月 5 日收到该信。《近代史资料》1958 年第 4 期，第 13 页。

他懂得对外义务的时机已经来到了。"①

　　被林则徐圈禁多日的马地臣，目睹义律频繁向巴麦尊汇报当前局势后预言："我想（英国政府）下一个步骤就将是对华战争。"②5 月1 日马地臣写道："他们（按：广东当局）自 22 日起至今仍然拘留我们，恰好使我们可以要求更多的赔偿，也可以向我国政府证明中国人为达到他们宣布的目的是多么不肯通融。"马地臣甚至搞起了阴谋论，他认为义律有意激化中英冲突并刻意将责任转嫁给清政府，"因为巴麦尊子爵指责律劳卑勋爵挑起中国方面采取严厉措施，看来义律想事事迁就以避免受到这种指责，……如果认真地观察，义律的所作所为似乎都明显是为了使中国人坚定信心，最后导致冲突"③。林则徐一直试图采取有理有据有节的措施，通过使用非军事手段，迫使鸦片商贩缴出鸦片，并彻底铲除盘踞广东沿海多年的鸦片毒瘤。但义律等人利用林则徐"毕其功于一役"的急切心理，极力激化矛盾，引发武装冲突，其目的是为发动侵华战争提供借口，也"毕其功于一役"，彻底改变中国的外贸制度。

　　5 月 23 日马地臣、颠地等 40 多位在华英商联名向巴麦尊提交请愿书，抨击广东当局采取停止贸易、围禁外侨的手段强迫外商缴纳鸦片和签具切结，并强调清政府的禁烟给英国政府造成 100 万英镑的损失。他们请求英国政府"迅速干预，采取英明的措施，以改变

————————

　　① F.O.17/31，"义律致巴麦尊"。巴麦尊于当年 8 月 29 日收到该信。《近代史资料》1958 年第 4 期，第 16—18 页。

　　② 怡和档案，1839 年 4 月 3 日，"发给私人的函件稿簿"，詹姆士·马地臣。格林堡，《鸦片战争前中英通商史》，第 186 页。

　　③ 怡和档案，1839 年 5 月 1 日，"马地臣致渣甸"，广州 553。张馨保，《林钦差与鸦片战争》，第 154 页。

将来我们与大清帝国的关系，及防止更加横暴的事件再次发生"①。所谓"采取英明的措施"，就是使用武力。5月24日马地臣被林则徐从广州驱逐出去后，一直赖在中国沿海偷运偷售鸦片，同时马地臣不断与在伦敦游说的渣甸进行通信联系，告知有关中国沿海鸦片走私的情况，商讨如何向英国政府索赔烟款，并极力通过渣甸向英国外交大臣巴麦尊献策。

其他地区的鸦片商贩也纷纷通过各种途径向英国政府施加影响。6月1日孟买英籍商人向英国枢密院提交请愿书，声称以最为迫切的心情恳请英国政府就赔偿鸦片损失一事迅速决定解决办法。6月3日孟买英籍商会全体会议通过一份议案。议案认为英国东印度公司在港脚鸦片贸易中获取了购买茶叶所需的大量白银，因此英国政府不应该对鸦片商人遭遇的事件坐视不管。决议认为英国政府应该尽快宣布义律关于政府负责鸦片赔偿的保证是有效的，并希望各地商会或人士"运用强有力的势力""以最为活跃的行动"迫使政府尽早宣布意向，同时"以最强有力的方式要求政府，利用这次机会，采取适当的手段，一劳永逸地把我们对中国的商务关系安置在稳固而荣誉的基础之上"。②这份议案被秘密分发到加尔各答商会、马德拉斯商会，以及位于伦敦、利物浦、曼彻斯特、格拉斯哥、纽卡索和赫尔等地的"东印度与中国协会"，同时也抄送给与东方贸易有关的公众和私人公司，但议案没有公开发行。9月21日巴麦尊也看到了这份决议案。

7月4日加尔各答英籍商人向英国枢密院递交请愿书。这份请

---

① 《中国丛报》第8卷第1期，1839年5月，广东省文史研究馆译，《鸦片战争史料选译》，中华书局1983年版，第160—162页。

② F.O.17/35，"有关对华鸦片贸易当前情况的若干文件"。《近代史资料》1958年第4期，第24页。

愿书与孟买商人请愿书一样，极力将鸦片贸易与英国东印度公司茶叶贸易和英国关税收入相联系，目的也是希望英国政府迅速表态如何赔偿鸦片损失。同日，加尔各答英籍商会通过决议案，将鸦片英商请愿书分发伦敦"东印度与中国协会"和英国各地商会寻求支持。鸦片商贩的鼓动逐渐形成了一股舆论氛围，英国政府不得不予以高度重视。8月17日巴麦尊从伦敦致信义律，要求他利用各种机会获取中国沿海贸易场所和东印度群岛各个海岛的情报，重点在商业、工业、地理、博物等方面。

战争爆发的可能性越来越大，伶仃洋面的小规模冲突也时有发生。9月义律曾派遣英国军舰封锁珠江口，但很快就撤退了。9月3日林则徐和邓廷桢巡视澳门。在外国人看来，林则徐和邓廷桢所率兵丁大约二百名，不管是在行进中或在操演时，都极不整齐。虽然清朝士兵武装到了牙齿，但武器只有弓箭、长矛、剑戟和火绳枪等16世纪的东西。因此，特拉维斯·黑尼斯三世和弗兰克·萨奈罗在《鸦片战争：一个帝国的沉迷和另一个帝国的堕落》一书中评价道："这些古老的武器预示着博物馆藏品一般的中国武器与现代英国军队之间的冲突将会产生怎样的结果。那将是中世纪与工业革命时代的一次交战。林则徐访问澳门的时候，对这种不匹配视而不见；对那些为庆祝夷人被驱逐而装饰着鲜花和丝绸的庆典拱廊，他却感到非常鼓舞。"①

上述对清军武器装备的评价较为中肯，但对林则徐的评价却有些刻薄。实际上，林则徐对武备十分重视，在湖广总督任上就多次亲赴校场校阅营伍。抵达广东后，林则徐作为近代中国"开眼看世

---

① 〔美〕特拉维斯·黑尼斯三世和弗兰克·萨奈罗：《鸦片战争：一个帝国的沉迷和另一个帝国的堕落》，生活·读书·新知三联书店 2005 年版，第 72—73 页。

界"的第一人，对英国海军的实力已略有了解。因此广东禁烟过程中，林则徐尽量避免引发武装冲突，而且把军事战略定为以守为战、以逸待劳。林则徐巡视澳门前后，与邓廷桢、关天培等人积极整兵备武、操演水师。林则徐的失误在于：在英国各界人士紧锣密鼓地策划对华战争时，他虽然认识到要加强海防并做了军事部署，但对侵略者的真实意图一直无法洞察，主观地认为英国政府不会轻易发动大规模军事进攻，因此对即将到来的战争估计不足；而且广东沿海的"整个防御部署都建立在英军舰要闯关这一假设之上，而英军恰好采取了中国人意想不到的直接进攻炮台的战法，结果中方预设的防御长处其实成了短处"①。当然，这也不是林则徐一个人的错。那个时代，大清帝国上上下下都缺乏制海权思想，谁都没有想到小小的英国外夷竟敢不远万里跨海而来与天朝上国作战。长期的妄自尊大和腐败横行，使得清朝统治者不会意识到在行将到来的战争中，他们历来所奉行的国家军事战略和自以为固若金汤的海口防御体系实际是脆弱不堪的。其实，早在1717年颇有远见的康熙皇帝就提出："应当认识，在未来的千百年中，中国怕会有同西方国家发生冲突的危险。"②遗憾的是，当英国"在工业和政治上显然都在厉兵秣马，以期夺取和把握住亚洲的市场"③时，康熙大帝的子孙们却在泱泱帝国的盛世余音里故步自封，在河清海晏江山永祚的迷梦里沉睡不醒，在疾风暴雨前的尧天舜日里歌舞升平，早已忘记了先祖的遗训。

---

①　罗志田：《"天朝"怎样开始"崩溃"——鸦片战争的现代诠释》，《近代史研究》1999年第3期。参见茅海建《天朝的崩溃——鸦片战争再研究》，生活·读书·新知三联书店1995年版，第223页。

②　格林堡，《鸦片战争前中英通商史》，第41页。

③　〔美〕泰勒·丹涅特著、姚曾廙译：《美国人在东亚》，商务印书馆1959年版，第155页。

第一次鸦片战争前威远炮台防御图

　　正如义律所说："要让这个政府懂得对她的报复就近在眼前，却不是一件容易的事情。"[①] 况且整个大清朝都没有人会想到英国人发动战争首先是要封锁珠江海岸，接着要占领舟山群岛，最终目的是到北京商谈通商条约。当年乾隆皇帝规定广州一口对西方贸易，其中重要考量就是广州地处东南边陲，远离皇权中心，也远离中原和江南富庶之地，而且广州到北京相距 2000 多公里，战略纵深较广，易

---

　　① F.O.17/31，义律致巴克豪斯（J.Backhouse）私人函件，1839 年 5 月 30 日澳门发，同年 10 月 7 日收。《近代史资料》，1958 年第 4 期，第 32 页。

　　另：张馨保《林钦差与鸦片战争》第 184 页，译为"忍住不让中国政府知道它的报应时刻即将到来，是一件不容易的事"（〔美〕Hsin-pao Chang, *Commissioner Lin and the Opium War*，英文原文为："it has not been an easy task to refrain from letting this Government understand that its hour of reckoning was at hand"）。

于防守和军事调动。① 但是使用武力的最高境界就是一招制胜，西方侵略者怎么会乖乖地从广州沿着内陆省份一路北上穿越珠江、长江、黄河再打到北京呢？还不如直接走海路奔袭天津，整个北京就近在咫尺了。在这一点上，渣甸早就洞若观火。"渣甸计划"② 的重要一条就是建议英军逼近天津白河口，威胁北京，迫使清政府妥协。在鸦片战争前夕的 1840 年 2 月 20 日，巴麦尊对海军部下达的训令中也已言明："广州距离北京太远了，所以那儿的任何行动都没有决定性意义；有效的打击应该打到接近首都的地方去。"③ 可见，英国人从一开始就没有打算在广州攻城拔寨或沿陆路北上。舟山群岛作为广州、北京之间的中途战略要地，才是英军决意占据的主要地点。因此纵然林则徐将广州海防设计得坚如磐石，都阻挡不了英军沿着中国海岸北窜。

渣甸和马地臣等人俨然是战争总设计师，在频繁的来往信件中将鸦片战争的过程、前景都进行了详细而具体的设计。1839 年 9 月 16 日渣甸从伦敦致信马地臣，对马地臣在广州的"不幸"遭遇表示了关切并报告了英国各界的动向：

---

① 马克思指出："推动这个新的王朝实行这种政策的更主要的原因，是它害怕外国人会支持很多的中国人在中国被鞑靼人征服以后大约最初半个世纪里所怀抱的不满情绪。由于这种原因，外国人才被禁止同中国人有任何往来，要来往只有通过离北京和产茶区很远的一个城市广州。"（1853 年马克思《中国革命和欧洲革命》）

② 1839 年 10 月 26 日、27 日，渣甸连续给巴麦尊写了两封信。渣甸在信中详细记述了中国沿海形势、战争策略、作战所需军队和战舰补给，以及战后英方应提出五口通商、赔偿烟款、订立条约等要求，史称"渣甸计划"（Jardine Paper）。

③ F.O.17/37，巴麦尊致海军部，1840 年 2 月 20 日机密件，"巴麦尊致在华全权代表海军上将乔治·懿律（George Elliot）和义律第一号训令的第一号附件"。《近代史资料》1958 年第 4 期，第 70 页。

"陆路邮班下午六点就要停收邮件，我不能空空放过这趟邮班，不给你略写几行。要不是情况特别，我会详详细细地报告你很多事情的，如今许许多多的打扰使我没法细谈。等我比较空闲的时候，我要给你描写我们长征回国的旅途经过的。

我们在热那亚听到广州出了乱子的消息，随即兼程赶回国来，希望收到信件，获悉你们不幸遭遇的安况。（听到消息时）我的头一个思想，是抱憾我没有和你在一道共患难。……我以为在义律上校怯弱的屈辱政策之下，我辈中人没有哪个能有任何好办法。

多谢你给我信，并为私人的汇款操心。生丝可以获利五□□元。M.S. 公司 ① 正替我们的□□，茶叶大可赚得很高的利润。我希望你把你自己的汇款也买成丝茶运回来。茶叶每磅已涨起□，我以为必定还是要大涨的。

自从我到了此地，我们求见巴麦尊勋爵，可是我们没有成功。他不在外交部公干，却到温莎宫（Windsor）参加女王和比利时王的跳舞会去了（比利时王是来看望这个小妇人的）。不几天前史密斯（J.A.Smith）写信给他，要求接见。这位勋爵指定礼拜六下午在外交部召见。我们准时到达，发现许多人在那儿等着，却不见我们的巴麦尊勋爵。史密斯此刻（礼拜一下午三点）收到一个便条，今抄一份附来。（按：即9月14日巴麦尊致史密斯函）史密斯、格兰特、颠地还有几位别的人见到过他，然而，彼时他勋爵还没有机会和他的同僚商量过。他几乎也承认必须有所作

---

① M.S. 公司：Magniac Smith & Co.，即"马格尼亚克·史密斯行"。

为，不过又说，他们必须等待事情有进一步的发展。

现在和印度及中国有关的各方面，正变得很不耐烦，声称要到温莎宫去。有人谈到召集会议，起草一封上巴麦尊勋爵书，甚至于给女王陛下去信。不过尽管拖延不决很足令人冒火；可能的话，我们还是宁愿静悄悄地干。□□我想巴麦尊勋爵和其他大臣必定会把污辱和抢劫当作一回事儿去考虑的，□□□他们可能同时要求北部各口的通商自由。我注意到义律不许再有任何船只进口。当然他会允许你□现在在黄埔的船只□□出口的，我希望你能够派出□□□。尽你的能力从商人身上多挤出一些（现金）来，也是一个目标。我以为，假如有任何国籍的外国只准予进口的话，你能够用丹麦旗帜把我们的船只送进几只去，就教这几只替不许进口各船来回运货。其实我确信，在你认为需要，并实际情形也办得到的时候，你是会打主意进出货物的。

史密斯嘱我千万问候你，他非常忙碌，不能写信。□□□一旦广州□□我认为你自己应该驻到澳门去，或者驻到船上去。广州必有大量库存，那可以让亚力山大·马地臣（Alexander Matheson）和安株·渣甸（Andrew Jardine）① 留在那儿去看守。□□□我已看到律劳卑夫人（Lady Napier），今天并要和她那个出了嫁的女儿同进晚餐。她们殷殷垂询，对你非常关切。"②

---

① 安株·渣甸：即安德鲁·渣甸，是威廉·渣甸的侄子。
② 英国剑桥大学图书馆藏怡和洋行档案"伦敦通信""1836—1844年"盒，"威廉·渣甸致詹姆斯·马地臣"。《近代史资料》1958年第4期，第19—20页。

9月19日渣甸等人组成一个九人委员会，加紧向政府表达诉求。9月24日九人委员会推派一个三人核心小组，成员包括拉本德、约翰·阿拜·史密斯和威廉·克劳复。委员会授权核心小组随时与政府保持联络。

9月21日巴麦尊收到义律发来的报告，当即表示：对付中国，"就是先揍它一顿，然后再作解释"[①]。巴麦尊说出这句话的80年后，斯大林针对20世纪20年代苏联面对的严峻国际形势指出"落后就要挨打"，揭示了资本主义国家对待弱小国家历来惯用的伎俩。可惜19世纪三四十年代，沉溺于天朝上国迷梦的大清统治者们并没有认识到自己的"落后"，也没有意识到很快就要"挨打"，依然自我感觉优越，拒绝融入世界潮流；依然认定允许广州一口对外通商已是对蛮夷的恩赐，蛮夷理应感恩戴德、俯首听命。马克思在《鸦片贸易史》中对此评论道："一个人口占世界三分之一的幅员辽阔的帝国，不顾时势，仍然安于现状，由于被强力排斥在世界体系之外而孤立无依。因此，极力以天朝尽善尽美的幻想来欺骗自己，这样一个帝国，最终要在一场殊死搏斗中死去。"

9月23日巴麦尊根据鸦片商贩的诉求，向首相墨尔本提出当前要关注六个问题：一是政府是否应该承认义律用政府名义承担的两万箱鸦片的赔偿责任；二是如果否认上述责任，政府是否对商贩损失不闻不问；三是如果承认上述责任，政府是向国会提议支付赔款，还是向中国政府提出赔偿要求；四是英国政府向中国政府索要赔偿的同时，是否要进一步提出缔结通商条约；五是如果要缔结条约，该怎样使中国人俯首帖耳；六是已经搜集的建议就是用很少的军舰截断中国的沿海贸易并占领几个岛屿以促进通商条约的谈判。巴麦

---

① 丁名楠：《帝国主义侵华史》第一卷，人民出版社1992年版，第38页。

尊的意见说明英国政府被舆论裹挟，开始考虑是否需要启动打开中国国门的战争机器了。

但守口如瓶的巴麦尊显然不想过早向外界表露出自己的立场。面对社会各界的"汹汹民意"，巴麦尊对自己的态度和看法始终缄口不言。他对英国国内代表说："我的耳朵是开着的，然而我的嘴巴是封着的。"[①]9月25日渣甸从伦敦致信马地臣，向他抱怨难以从巴麦尊口中获得确切消息：

> "你听到这样消息会感觉奇怪的：大臣们的意向究竟如何，我们什么也听不到，我也没有看到巴麦尊勋爵。三天前，史密斯会到他，告诉他说我急于要离开伦敦到苏格兰去，短期内不想回来。我们勋爵说，他有许多问题要问我，一直渴望和我见面，随后又加上一句说，'我认为，他能够告诉我们应该怎样办'。……他要我在会面前不要离开。谈话中他向史密斯表示，就他个人的感觉而论，他确信这么大的污辱和抢劫行为是应该予以严重注意的，不过就是对他这位亲密的好友史密斯，他也不作进一步的表示。"[②]

9月27日渣甸、史密斯和格兰特谒见巴麦尊。渣甸将地图、航海图送给巴麦尊，希望他对中国有个明确的概念。同日渣甸从伦敦致信马地臣，将会见情况告诉他：

---

① 英国剑桥大学图书馆藏怡和洋行档案"私人通信""火奴鲁鲁－伦敦"盒，"威廉·渣甸致孟买杰姆塞特依·介依布浩依（詹姆塞特吉·吉吉博伊）"。《近代史资料》1958年第4期，第31页。

② 英国剑桥大学图书馆藏怡和洋行档案"伦敦通信""1836—1844年"盒，"威廉·渣甸致詹姆斯·马地臣"。《近代史资料》1958年第4期，第29页。

　　"等了两个钟头之久，巴麦尊勋爵终于接见我们了。史密斯、格兰特（就是那个我们从前船上的司令员）和你的贱仆——我，带了许多地图、表册之类去。一开头我们就把图表之类摊开，为的大臣老爷们要是决心要求赔偿的话，好让我们的巴麦尊勋爵对于对手国家有个清楚的观念。他对于天朝的力量，不，毋宁说是对于天朝的没有力量，决定地没有认识，他开头就指出海岸线太长，难以封锁许多港口等等。我们失败的可能性也谈到了。此外，舰艇的只数，陆军的人数，必要的运输船只等等，也全部讨论到的，只是没有在必要时就决定动用武力的直接而明白的表示。

　　会谈结束时，勋爵留下图表之类，说是他们要在下礼拜一举行内阁会议，并希望下礼拜再度和我们见面。这一切颇令人不满，不过我们必须耐心地等着。政府的真实见解如何，如今是难以捉摸的；可是要说他们全不动声色，忍受污辱，拿两百万镑（缴出的鸦片值两百万镑）去买得合法贸易的继续进行，那也更加难以令人相信。我们且慢慢瞧着罢。"①

　　10 月 1 日英国内阁召开会议讨论中国问题，巴麦尊详细阐述了林则徐禁烟的情况，并声称用 1 艘主力舰、2 艘巡洋舰、两三艘轮船和几艘小型武装船只就可以把中国海岸全部封锁起来。陆军殖民部部长麦考莱（Thomas Macaulay）也坚决主张发动对华战争。布劳顿勋爵（Lord Broughton）和墨尔本对能否封锁住中国漫长的海岸线持

---

　　①　英国剑桥大学图书馆藏怡和洋行档案"伦敦通信""1836—1844 年"盒，"威廉·渣甸致詹姆斯·马地臣"。《近代史资料》1958 年第 4 期，第 29 页。

有怀疑。但经过长时间的讨论后，最终决定派遣舰队前往中国。这次会上时任财政大臣的弗兰西斯·桐希尔·巴林①提出了应由谁来赔偿鸦片贩子损失的问题。墨尔本认为英国政府不该支付赔偿款，拉保契尔（Labouchere）认为应该由东印度公司支付。麦考莱和巴麦尊则认为应该由中国人赔付。

10月10日拉本德、克劳复和史密斯拜见了巴麦尊。巴麦尊虽然没有透露具体消息，但一再提醒与中国贸易相关的英商小心保护自己的生命财产。因此，他们预测英国政府已倾向于发动对华战争，英国海军极有可能在1840年四、五月西南季候风的时节到达中国，并认为目前"不应该有什么说话和行为去惊动中国人"②。

10月14日渣甸从伦敦朗伯德街③发信给马地臣，由"阿里尔号"（Ariel）邮递。马地臣于1840年2月23日收到该信。信中渣甸向马地臣透露国会已经决定采取军事行动，并提出要给巴麦尊具体的战争建议。渣甸还表达了对义律个人能力的质疑。

　　"送交阿里尔号转递的邮件今天下午就要发出，我借这个机会报告你，你所来的一切信件以及把鸦片移交义律上校后我们向政府要求赔偿的各项有关文件都收到了，致谢致谢！

　　文件清楚明了，而你所说关于鸦片价格问题的道理，

---

① 弗兰西斯·桐希尔·巴林爵士：Sir Francis Thornhill Baring，曾任墨尔本内阁财政大臣，也是巴林兄弟公司（Baring Brothers & Co.）的大老板。巴林兄弟公司通过承销英国国债发家，曾被称为"（伦敦城的）台柱""欧洲第一号商人""商人之王"。

② 英国剑桥大学图书馆藏怡和洋行档案"私人通信""火奴鲁鲁－伦敦"盒，"威廉·克劳复致罗伯特·克劳复"。《近代史资料》1958年第4期，第37页。

③ 朗伯德街：Lombard Street，英国伦敦的一条著名银行街，是伦敦的金融中心。

也是公平无可争辩的，凡是没有偏见的人，都会承认。至于政府的人对于这个问题怎样看法，我们还不知道。史密斯以为巴麦尊勋爵是倾向于偿付的，而两天前老欧文（John Irving）却告诉我说，霍布浩斯（Hobhouse）'尽管高谈阔论，好像他能把中华帝国一把就捏碎了似的，可是他却又觉得照付赔款的想法好笑'。大部分公众对于这个问题怎样看法，现在还难说，有些是对于我们有利的，有些却不，然而大多数人对于这回事情都所知有限，也不很关心，就是对于所受到的污辱，也毫无愤怒的表现就轻轻放过了。

不过巴麦尊勋爵告诉过我们，说是大臣们已经决心要采取决定性的行动，就污辱以及女王陛下在华人民生命财产所受的损害要求赔偿；此点你可从附来的备忘录（按：档案里未见该备忘录）上看出来，这是那上面所列各人在11号和巴麦尊勋爵的会谈记录。

我们打算明天早上给巴麦尊勋爵送一份暗示性的文件去（Paper of hints）。我还不能确定各有关方面意见如何，所以不能把它抄给你。我擅自建议严格封锁沿海各港口，从鞑靼城（按：Tartar Wall，是指长城起点山海关）一直封锁到电白。此外，我还要提议在沿海占领一个、两个或三个岛屿，为的到谈判条约时当作把柄，而不在永久地全部占有它。你说台湾、厦门小岛和舟山如何？占台湾可以附加厦门镇和厦门港。阿里尔号已经送出政府公文，如今慕尔号（Mor）又已整装待发，一两天内就要带着同一份公文的抄件出发的。……

我们在这儿会注意到你的一切愿望的：大家把财产交给义律以保全他的性命，我希望大臣们终会认识清楚，还

是赔了财产合适些。你所说义律政策的□□，以及说他有
政治家风度的看法，我不十分同意，因为大臣们好像并没
有任何表示足以教他相信：如果他对中国人铸了大错，政
府会用行动来替他收拾。如果大臣们不重视这回事件，他
的行动就必然造成最悲惨的后果了。

现在我相信大臣们会按照该做的办法做去的。巴麦尊
勋爵好像已经觉悟到必须好好处理，他似也觉悟到，要是
失败了，会有恶劣后果的。……"[①]

10 月 18 日巴麦尊秘密发布第 15 号训令通知义律，英国政府将
派遣海军和少量陆军前往中国，预计到达中国南海最佳时间是 1840
年 3 月，那时南海开始的西南季风便于海军航行。巴麦尊要求义律
确保 1839 年贸易季里合法贸易的完成，并在 1840 年 3 月贸易季结
束时通知英商连人带财产撤离中国。

10 月 19 日渣甸从伦敦致信马地臣，将他关于侵华海军力量的建
议告诉马地臣。信中渣甸提出用很少的兵力就可以全部封锁中国沿
海港口，并对马地臣关于占领台湾的主张进行了质疑：

"我的建议是派一支海军去封锁中国沿海，从鞑靼城
一直到电白，也就是说从北纬 40 度一直到 20 度。这一支
海军包括两条主力舰、两条巡洋舰、两只内河用的平底轮
船，外加足够的运输船只，装运六千至七千人；兵力进到
北京附近，直接向皇帝提出要求，要他对污辱我们的事道

---

① 英国剑桥大学图书馆藏怡和洋行档案"伦敦通信""1836—1844 年"盒，"威
廉·渣甸致詹姆斯·马地臣"。《近代史资料》1958 年第 4 期，第 33—34 页。

歉；……赔偿所缴鸦片价值，签订平等的通商条约，允许我们自由到北部各口通商，如厦门、福州、宁波、上海等地，如果做得到，应该加上胶州。

前两个要求很容易就会达到目的，第三、第四可能被拒绝。因此，我们就必须着手占领三四个岛屿，譬如说台湾、金门和厦门，或只占后两处，而截断通台湾的贸易。我们还应该占领大舟山岛，该岛接近北京，可以当作大大困扰皇帝的根据地。如果这些岛屿落到我们手里，中国人极可能以我们退出岛屿为条件答应我们一切要求。我注意到你是主张占领台湾的，可是该岛太大，除非那儿的居民对我们有好感才行。我们还没有把这个建议送交巴麦尊勋爵，更不知道他会接受到什么程度。"[1]

中国海疆辽阔，海岸线总长度为 3.2 万多公里。其中大陆海岸线北起今辽宁的鸭绿江口，南达广西的北仑河口，全长 1.8 万多公里；沿海海岛岸线 1.4 万多公里。渣甸认为派遣数量较少的海军力量即可封锁整个中国大陆海岸线，这反映了当时英国人对清朝军事力量的极度蔑视。早在乾隆年间，马戛尔尼就认为中国军队的战斗力实在不可恭维，"此辈宽衣大袖之兵队，既未受过军事教育，而所用军器又不过刀、枪、弓、矢之属。一旦不幸，洋兵长驱而来，此辈果能抵抗与否？尚属一不易置答之疑问也"[2]。曾在 1817 年至 1837 年间 16 次前往中国的翰德逊（A.Henderson）指出："所谓中国的国力，

① 英国剑桥大学图书馆藏怡和洋行档案"伦敦通信""1836—1844 年"盒，"威廉·渣甸致詹姆斯·马地臣"。《近代史资料》1958 年第 4 期，第 39 页。

② 马戛尔尼，《乾隆英使觐见记》，第 206 页。

不过虚妄之谈，现今这乃是世界上最为孱弱的力量，只靠妄自尊大的上谕说着成套的谎话，并把广大人民闷在无知之中去支持罢了。"① 鸦片战争的进程也证实，虽然涌现出众多英勇抗击侵略的民族英雄，但清军的防御能力确实很差，水师装备和性能都极端落后。英国方面不仅海军装备精良、训练有素、惯于海战，还有大量英印散商的船只武装齐全、配备良好、航速较快，可供临时征用服役。

鸦片战争时期全副武装的清兵

10 月 21 日渣甸从伦敦写了两封信给马地臣。第一封信由"阿里尔号"（Ariel）邮递，马地臣于 1840 年 4 月 3 日收到该信。第一封信节录如下：

"三天前我进城来的时候，顺路去外交部一趟，问问他们由慕尔号递送的公文是否已经预备好。回答说是'我们不知道慕尔号的事，也没有经慕尔号转递公文的指示'。我当即对这样的说法表示惊讶。

回到这儿的时候，我就要史密斯写封信给巴麦尊勋爵，告诉他说，船已启航，正在开向普里毛斯（Plymouth）来

① F.O.17/36，"拉本德、史密斯、克劳复致巴麦尊"，1839 年 11 月 2 日伦敦发。《近代史资料》1958 年第 4 期，第 53 页。

的路上，就要在那儿等候公文的。回信说是大臣们正在等候东印度协会（East India Association）委员会的一份文件，我们预料他们的文件在下礼拜三以前是预备不出来的，所以一直迟到这会儿最后的机会才给你和别的朋友们写信。

　　今天礼拜六，下午一点左右我回到这儿来的时候，正遇上外交部派来的人在这儿等着要史密斯·马克尼亚克公司给慕尔号船长下命令，要他接受政府的公文，并立刻开航。

　　史密斯先生在乡下，礼拜一以前是不会回到城里来的。不过我们还没有听到慕尔号船已到普里毛斯的消息，我们相信到礼拜一，总会预备好信件送出去的。无论如何，我们的信件不至耽搁慕尔号的航期到24小时以上。慕尔号此行带去这许多文件，关系极其重大。

　　本月14号经阿里尔号递送的那封信里，我告诉过你，巴麦尊勋爵已经表示过，大臣们有意于严重考虑林大臣（按：林则徐）的行动，他并曾要求我们供给他情报。因此，拉本特先生、史密斯先生，就向各方征求暗示性的意见，根据这些意见，他们就可以会同克劳复先生起草一份文件，提供政府考虑。这份文件将在礼拜一送去。"

渣甸在这封信中重申了10月19日信中关于海军力量和战争策略的建议，然后继续写道：

　　"昨天我们收到广州的消息，据说来的这条船在海面（或在巽他海峡附近）碰到一条美国船，那船长表示要去黄埔，而货主却不愿违抗义律上校阻止他进去的命令，截至6月4号为止，并没有什么重要的事故。应该放一条兵船到去防止这类的事情。我们必须耐心地等待更多的消息。
我对于杰姆塞特依（按：詹姆塞特吉·吉吉博伊）的棉花
比对什么都着急，因为这种东西占地位大，又是一种危险
货。……"①

马地臣于 1840 年 2 月 15 日收到第二封信，比渣甸在 1839 年 10
月 21 日写的第一封信要提前近两个月收到。渣甸在第二封信中表达
了对政府训令尚未发出的急迫心情并透露正在联系《泰晤士报》以
加大舆论攻势：

"上礼拜六写了第一封信以后，我就到外交部去，打听
打听他们是怎样发出公文的，我发现他们（按：大臣们）
还在温莎宫，部里已通知巴麦尊勋爵，公文将在礼拜一傍
晚预备好。

我努力打听政府发给义律上校的训令是怎么说的，可
是部里的老爷们一无所知。他们不知道训令是绥靖性的还
是带有战争气的。我在外交部打听到，政府并没有把公文
交最近开出的轮船送出去，所以，在阿里尔号送出的公文
打包以前，我们可能得到一些消息，他们打算在本月 26
日或下月 4 日送出。投耐尔公司（Turner & Co.）罗伯逊
（Robertson）先生昨天离开伦敦去马赛，想从那儿乘慕尔号
转阿里尔号去中国。

我在离开伦敦北行以前会再给你信的。关于我们缴出

① 英国剑桥大学图书馆藏怡和洋行档案"伦敦通信""1836—1844 年"盒，"威
廉·渣甸致詹姆斯·马地臣"。《近代史资料》1958 年第 4 期，第 40—41 页。

鸦片的赔偿问题，大臣们的意见如何，在收到缴烟收据以前，我们不能得到满意的答复。可能的话，我打算在周末离开伦敦，等 A.马地臣（按：亚历山大·马地臣 Alexander Matheson）回到伦敦，我再回来。

最近东方贸易问题引起许多人注意，远非通常情形可比。据说乔治·斯塘顿爵士（Sir George Staunton）已成为大臣们讨论中国问题时的顾问人物；有人说要委他做谈判代表，可是还不晓得以什么名义去，我看他年纪太大了，还是留在国内的妥当。……

兹附来莫发公司（Moffat & Co.）本月10号所出茶叶存底统计。从此你可以看到我们进口的数量终于比消费掉的为少了，自从东印度公司专利废止后，我们的存底没有这样少过。只要你们来货每年不超过四千万磅，那么用中常价格从中国买茶来，必然能赚厚利。因为你们在广州有麻烦，我们以为下年来货不会超过三千万磅，可能还要少些。买主跟上我们的价格时，我们就慢慢地卖出。……

詹斯顿（Johnston）和格兰特都在城里，史密斯在乡下，要到明天才进城来。马克尼亚克（Magniac）在乡下，我们打算在去苏格兰的时候，便道去拜访他。

我们已经雇妥佛拉西菲尔特（Freshfield）律师，请他研究我们对政府债权的性质，并和泰晤士报办妥交涉，教他给我们说好话，不过我还没有听到他已做得如何。"①

---

① 英国剑桥大学图书馆藏怡和洋行档案"伦敦通信""1836—1844年"盒，"威廉·渣甸致詹姆斯·马地臣"。《近代史资料》1958年第4期，第41—42页。

10 月 22 日渣甸从伦敦发信给马地臣，由"阿里尔号"邮递。马地臣于 1840 年 4 月 3 日收到该信。渣甸在信中建议马地臣如果遇到英军封锁广州港口，可以使用丹麦旗帜进行贸易。

> "慕尔号开出泰晤士河以后，我们在劳伊咖啡店（Lloyds Coffee）就没有听到过她的消息，不知她的航程如何。我写这信，希望能在普利茅斯赶上她。
>
> 政府由慕尔号发出去的训令，意向如何，一点消息也没有透露出来，不过我们希望一两天内打听出来，是否已发出封锁广州港口的命令，丹麦的旗帜是可以有用的。"[1]

10 月 26 日渣甸从伦敦发信给马地臣，由"阿里尔号"邮递。马地臣于 1840 年 4 月 3 日收到该信。渣甸在信中表达了对迟迟没有政府消息的急不可耐的心情，批评了东印度协会做事拖沓，声称自己要直接上书巴麦尊提出军事计划。实际上，对外发动战争，是一个国家在战前的最高机密。在战争筹备阶段，不可能随意对外公布。渣甸迫不及待一再探听机密，主要源于尽快挽回鸦片损失的本能驱动。渣甸还告诉马地臣，已通过《泰晤士报》宣传战争赔偿论调，积极引导舆论，当然反对战争的声音也一直存在。

> "今天是陆路邮班出发的日子，尽管委实没有什么重要的事情好说，我还是不愿沉默不谈。
>
> 由慕尔号递送的政府公文是怎样的性质，我们还是茫

---

① 英国剑桥大学图书馆藏怡和洋行档案"伦敦通信""1836—1844 年"盒，"威廉·渣甸致詹姆斯·马地臣"。《近代史资料》1958 年第 4 期，第 42—43 页。

无所知。外交部一点消息都没有透出来。我们中也没有人
能够会到巴麦尊勋爵。假如发出重要的训令，我乐于看到
他们严格保守秘密。

　　东印度协会的核心委员会（Condensed Committee）迟
钝到极点，他们还没有把关于需用兵力，要求条款等等建
议送给巴麦尊勋爵，在这种情况下，我已经决定给勋爵送
一封信去，说明我自己的意见，指出应该采取的路线，如
何做法，所需兵力等等。这以后，我就要到苏格兰去。等
亚历山大·马地臣回来，拿到义律所发缴烟收据后再到伦
敦来。

　　就赔偿我们的财产损失问题而论，泰晤士报正在为鼓
动我们的事儿铺路；然而有一班人，并且还是一班强有力
的人，却在那儿幻想中国人并没有做错，所以我们的政府
不独应该保持沉默不管，而且应该坚决地要公司停止种植
那种可恶的植物（按：罂粟）。……"①

11月4日渣甸从伦敦发信给马地臣，由"阿里尔号"邮递。马
地臣于1840年4月3日收到该信。信中渣甸得意地向马地臣透露虽
然政府没有公开声明，但社会上已经广为流传英国将发动对华战争
的消息了。

　　"东印度协会的核心委员会已经把他们关于商务的，
以及解决中国问题所需兵力的备忘录送进去了。还没有

---

①　英国剑桥大学图书馆藏怡和洋行档案"伦敦通信""1836—1844年"盒，"威
廉·渣甸致詹姆斯·马地臣"。《近代史资料》1958年第4期，第43页。

透露出一点消息来，不过使用武力的说法，在这儿已很流行了。"①

1840 年 1 月 16 日，年仅 21 岁的英国维多利亚女王在国会发表演说，宣称将对极大影响英国国民利益和其荣誉尊严的广东销烟事件予以高度关注。2 月 4 日渣甸从伦敦发信给马地臣，马地臣于 5 月 30 日收到该信。信中渣甸说已经在国会找了几个代言人，并声称无论如何都要取得鸦片赔偿。事实上，通过对华战争获得鸦片赔偿和打开鸦片销售通道，才是他们真正的目的。对于义律受辱、女王荣誉受损等事件，不过是他们冠冕堂皇的借口。渣甸在信中透露其给塞缪尔·华伦②出版《鸦片问题》小册子提供过帮助，还声称很多人怀疑义律上缴的鸦片是否真的会被林则徐全部销毁。

"1 号收到你 9 月 24 日的来信，非常感谢。

义律一天比一天憨蠢了，然而女王陛下的大臣们还是没有说要把他调回来，他们也不愿意说明他们究竟打算怎么办。巴麦尊勋爵完全了解这回事情。自从瓦伦（Warren）的小册子出版，并分送上下两院以来，议员们对于这个问题的认识也开始有点儿好转了；不过圣徒们（Saints）还在反对我们，而真正荒谬的是东印度公司的理事（East India Director）阿思台（J.H.Astell），是他诅咒贩卖鸦片，诽谤

---

① 英国剑桥大学图书馆藏怡和洋行档案 "伦敦通信" "1836—1844 年" 盒，"威廉·渣甸致詹姆斯·马地臣"。《近代史资料》1958 年第 4 期，第 60 页。

② 塞缪尔·华伦：Samuel Warren，律师，英国伦敦内殿法学协会（Inner Temple）会员。1839 年塞缪尔·华伦出版《鸦片问题》小册子，为渣甸等人游说国会营造了舆论氛围。

我们全是罪恶的走私贩子，他走到什么地方，什么地方的教友派的人（Quarters）就反对我们，不过我对这些倒也并不惊奇。威灵顿公爵（Duke of Wellington）、斯坦莱勋爵（Lord Stanley）、山登勋爵（Lord Sandon）、乔治·斯塘顿爵士（Sir George Staunton）、约瑟夫·休谟（Joseph Hume）以及其他许多人都是帮我们的。我打算明后天求见罗伯特·皮尔爵士（Sir Robert Peel）[①]，今天下午和巴麦尊勋爵有约会。

我们已经雇妥佛拉西菲尔特和另外一位律师，大约叫作奥斯力佛斯顿博士（Dr. Osliverston）之类。他们都是头等的角色。我们又雇妥考特奈（Courtney）先生在下议院里从事布置，希望能召集一个委员会来调查我们对政府的赔偿要求。本城议员克劳复（Crawford）先生起带头作用，不过史密斯才是我们最有号召力的台柱，他并希望带动他的两位堂兄弟议员和他一道干。卡尔斯·福布斯爵士（Sir Charles Forbes）反对惩膺中国人，只赞成付款子给我们。他并不在国会里。我想我们德文郡（Devonshire）的议员是不可靠的。我在苏格兰的时候，曾尽力向他们以及许多别人进行开导说服，相当成功。我希望瓦伦的小册子对我们有极大的帮助。我曾供给瓦伦资料，我本以为我在他身边，供他咨讯，可以把小册子写得更好些，如今是白想了。他可以把篇幅缩短很多，那样就大大地便于议员们阅读了。出版家麦莱（Murrey）是我们一边的人，要是我早点认识他，他可能答应出版瓦伦的《鸦片问题》这本书的，瓦伦

---

① 罗伯特·皮尔：时为英国反对党领袖。

自己和他接洽过，他没有答应。律劳卑夫人问了许多关于他的小册子的问题，并给我提了许多很好的意见。

我向你保证，就是我们要中国人赔偿缴给义律的鸦片的希望失败了，我们还要尽我们的能力想各种方法来取得赔偿的。缴出去的鸦片是全毁了的吗？这儿许多人都表示怀疑。"①

2月6日渣甸从伦敦发信给马地臣，马地臣于6月28日收到该信。马地臣收信当天，第一次鸦片战争正式爆发。渣甸在信中说2月4日他与巴麦尊会面时提出了商欠问题，而巴麦尊声称这个问题从未有人向他说起。实际上，在1839年11月4日巴麦尊致义律的第16号训令中，巴麦尊提出应该要求清政府偿还行商欠下英商的债务，理由是清政府强迫英国商人只能与行商交易，因此就应该对行商的债务负责。也就是说，巴麦尊在3个月前就已知晓行欠事宜，并向义律指示了解决方案。当然渣甸不会知道这些，巴麦尊也没有跟渣甸说实话。渣甸在信中写道：

"本月4号我已由陆路邮班给你写了一封长信。现在听说布朗特号（Blonde）巡洋舰要带一包邮件直放中国，中途只靠好望角一处，我借这个机会再给你写几句。……

本月4号我和巴麦尊勋爵有一次会谈，我提醒他注意外国商人被逐出广州以前，客行②所欠他们的债务问题。我

---

① 英国剑桥大学图书馆藏怡和洋行档案"伦敦通信""1836—1844年"盒，"威廉·渣甸致詹姆斯·马地臣"。《近代史资料》1958年第4期，第64—65页。

② 客行：即行商。

告诉他债务的了结办法，已有定案，那是我们所能获得的最好办法了，并且也是经过皇帝诏准的。头一年摊还的数额已经付清，剩下的部分以及自我离开中国以后所发生的其他债券，到谈判条约时，必须考虑到。我相信，到我们作战至若干时日以后，迟早是要谈判条约的。

勋爵说没有人向他提过这些问题，于是就问我债务是怎么发生的，至今为止，是用什么款项偿还的，要我把这些问题写一份备忘录给他，我答应立刻给他。他提到由许多在广州的商人以及少数其他商人签名而没有我名字的一封请愿书，是由茵格斯（Inglis）送来的，他指出这些人一面自己在进行协商解决，一面又向政府来请愿，在请愿的答复到达以前，他们已把问题解决了，他说这是荒唐的，我听了好乐。

义律在去年9月23日来信上说，关于在港口外做生意事，他希望下一次的发文就能有好消息报告，巴麦尊勋爵看到这消息很高兴。大臣们必然渴望弄得茶叶，不惜任何手段地去搞，要是再没有来货，十四个月后，税收就要受损失了。"①

2月20日巴麦尊将侵华全盘计划和对华条约草案通知海军少将乔治·懿律和义律。鸦片商贩的幕后策划正式成为侵华战争的行动纲领。资本主义的战争机器已经启动，箭在弦上，一触即发，而此时的大清国正暮气沉沉、昏昏欲睡。虽然年初美国人已经向清政府

---

① 英国剑桥大学图书馆藏怡和洋行档案"伦敦通信""1836—1844年"盒，"威廉·渣甸致詹姆斯·马地臣"。《近代史资料》1958年第4期，第65—66页。

提供了英军将要封锁珠江口的情报，但清政府对迫在眉睫的军事威胁重视不够。4月25日《泰晤士报》首先报道英国行将发动对华战争，并创造了"鸦片战争"这个至今仍有争议的词组。但直到6月，伶仃洋面出现英国海军舰队的封锁链，清政府才如梦方醒，意识到战争真的开始了。方兴未艾的西方资本主义强国对战垂垂老矣的东方封建专制帝国，胜负似乎从一开始就注定了。

三、支持割占香港

1553年葡萄牙人通过贿赂明朝广东海防官员，攫取了澳门居住权。此后几个世纪里，葡萄牙人在澳门实行殖民统治，并以澳门为基地开展中葡贸易。后来居上的英国殖民者对此十分羡慕，英国殖民者也希望能够像葡萄牙人一样在中国沿海拥有一块贸易基地。1635年英国科腾商团派遣海军上校约翰·威德尔（John Weddell）前往中国贸易。英国国王查理一世是这家商团的股东，曾指令："对于发现的各地，如认为对我们的利益和荣誉有利的，就可加以占领管辖。"[①] 因此约翰·威德尔在虎门进行武装侵略、强求贸易归国后，建议英国占领海南岛，作为不列颠属地。但由于英国很快发生了资产阶级革命，查理一世于1649年被处死，"占领海南岛"的提议便被搁置。此后英国殖民者又多次试图从葡萄牙人手中夺取澳门，均未能如愿。1787年英国政府派遣驻孟加拉省军队总军需官卡思卡特中校作为特使前往中国时，就指示他向乾隆皇帝请求"赐予一块比广

---

① 　马士，《东印度公司对华贸易编年史》（第1卷），第17页。

州的位置更方便的小地方或孤岛"作为居留地，期望能在易于推销
商品的澳门或靠近丝茶产地的厦门等地建立英国商站。[①]但卡思卡特
在来华途中航经邦加海峡[②]时逝世，未能完成出使中国的任务。

1793 年马戛尔尼使团和 1816 年阿美士德使团企图向清政府索
取浙江舟山或广东广州附近一处岛屿，作为英国统治下的中英贸易
基地，但两次使团的和平请愿都以失败告终。阿美士德使团副使小
斯当东[③]在途经香港时，曾对香港仔港口和全岛进行仔细勘察，认为
"香港是世界上无与伦比的良港"[④]。

1830 年 12 月 24 日马地臣、渣甸等 47 名英印散商向英国下议
院提交了一份请愿书。在这份请愿书中，马地臣等人提出使用武力
获取一个靠近中国海岸的岛屿属地，但请愿书并没有明确提出占领
沿海哪个岛屿的建议。1831 年 5 月 26 日英国东印度公司广州特选委
员会在向伦敦董事会报告英国散商致国会请愿书的情况时，曾指出
"这样的一个居留地绝不会自动让与，但假如认为可这样去做，使它
与英国的政策相符的话，我们主张占领岛屿……我们可以提及一个
海上居留地，它已于近年不顾中国的禁令在广州河口的几个岛屿上
建成"，即暗指占领伶仃洋面的岛屿，但特选委员会同时又对占领台
湾和琉球颇感兴趣，"对我们来说，没有什么比占领他们东面宝贵岛
屿特别是台湾和琉球，更易于使我们截断他们的整个亚洲贸易并给

---

① 马士，《东印度公司对华贸易编年史》(第 2 卷)，第 474 页。

② 邦加海峡：Selat Bangka，印度尼西亚西部海峡。位于苏门答腊岛和邦加岛
之间。

③ 小斯当东：George Thomas Staunton，1781—1859 年，英国著名的汉学家、商
人、国会议员、外交使节。

④ 〔英〕莱特：《二十世纪香港、上海及其他中国商埠印象记》，伦敦 1908 年版，
第 56 页。

邻近的北京本身带来恐慌"。①

　　1831 年 5 月针对广东当局擅闯英国商馆、监禁通事、强拆商馆围墙码头等建筑物的行为，东印度公司特选委员会和英印散商都主张采取较为强硬的抗议策略。5 月 29 日渣甸致信马地臣，嘲笑清政府的军事实力，声称如果英军使用武力，清政府根本无法守住从穿鼻洋到黄埔之间的炮台。他戏谑道："我们还可以娱乐般地占领一个小岛，以向他们展示欧洲人防卫一个地点的方法。"②10 月 26 日特选委员会致信威廉堡总司令威廉·本廷克③，表示他们"熟知在当前的局势下，英伦最高的利益是反对扩大领土占领这种政策"，但他们还是认为"不得不占领一个岛屿作为领地……用一支人数不多的海陆军，就可以夺取并保持下去"。④

　　1834 年英国驻华商务总监督律劳卑前往广州赴任前，英国外交大臣巴麦尊曾下达训令，要求他调查："如果在中国海域发生战争行动，舰船是否可以有任何地方并在什么地方找到必需的保护。"⑤8 月 21 日在马地臣、渣甸等人的煽动下，英国驻华商务监督律劳卑致信首相格雷伯爵，宣称："清政府在思想上极为愚蠢而且在道德上极为堕落，梦想他们自己是世界上唯一的民族，完全不了解国际法的原理和实践，所以该政府不能够由文明国家按照它们中间所公认的和实行的那些规则加以处理或对待"，律劳卑建议从印度派遣军舰前来

---

①　马士，《东印度公司对华贸易编年史》(第 4 卷)，第 319—320 页。

②　Herbert John Wood, *Prelude to War, The Anglo-Chinese Conflict 1800-1834*, pp.398-400, 415。吴义雄，《条约口岸体系的酝酿》，第 443 页。

③　威廉·本廷克：William Bentinck，1774—1839 年。1828 年至 1833 年担任英属印度孟加拉省督兼威廉堡司令官，1833 年至 1835 年担任英国驻印度总督。

④　马士，《东印度公司对华贸易编年史》(第 4 卷)，第 323 页。

⑤　胡滨，《英国档案有关鸦片战争资料选译》，第 3 页。

中国："准备一小支军队，随着西南季风的开始进入中国海域；它到达后应占领珠江东部入口的香港，该岛非常适合达到一切目的。"① 律劳卑可能是最早提议武力占领香港的英国官员，但他本人并没有造访过香港岛，因此他的主张显然是受到了渣甸等在华英商的影响。

1836 年马地臣在《英国对华贸易现状和展望》小册子中鼓吹以战争手段迫使清政府满足英国要求。马地臣称："如果中国人没有马上应允英国的要求，就应该获取他们一块领土。马地臣最初建议英国侵华时应占据台湾作为殖民地，但渣甸认为台湾太大，不易管理和控制，主张侵占舟山和香港。"1836 年《广州纪录报》公开叫嚣："如果（英国）狮子的脚爪准备攫取中国南方一块土地，那就选择香港吧。只要狮子宣布保证香港为自由港，它不出十年就会成为好望角以东最大的商业中心。"② 该年 12 月继任英国驻华商务监督的义律更看重舟山，他极力向英国政府各级官员鼓吹舟山有利的地理位置和经贸战略价值。义律认为如果英国占领舟山并将其辟为自由港，舟山不仅会成为英国面向中国和日本的贸易中心，还会成为亚洲乃至世界上最为重要的商业基地之一。③

1839 年 1 月 29 日返英途次的渣甸写道："一位特使（按：林则徐）已经上任，人们请愿他推行查禁法令，他拥有完全独立于两广总督的权力，后者听到这个消息时大为惊慌，竟然昏厥了一个小时……为了组织一场热烈的检阅，总督和巡抚刚刚发布了一道长篇

① 胡滨，《英国档案有关鸦片战争资料选译》，第 24 页。

② Time，Vol 120，No.41，Oct 1982. 引自刘存宽《试论英国发动第一次鸦片战争的双重动因》，《近代史研究》1998 年第 4 期。

③ 《义律致巴麦尊函》，1840 年 2 月 16 日，英国外交部档案 F.O.881/75A，第 17件附件 1。

通告。"① 渣甸建议避开林则徐锋芒，在伶仃洋走私基地受到广东当局严厉打击时，可以把香港岛作为鸦片存储地，从香港向沿海各地进行鸦片走私。事实上30年代初，香港水域就已经有英国鸦片趸船碇泊，到1838年中期香港水域已经成为鸦片船只的避难所。

1839年5月5日马地臣被林则徐监禁在广州商馆时称："战争似乎不能避免，希望它的结果会是，除去在中国各大商埠能够得到安全和无限制的贸易自由而外，我们还能得到我们自己的一个居留区，以便在英国国旗之下安家立业。"②

10月14日渣甸从伦敦致信给马地臣，告知已向巴麦尊提议在中国沿海占领一至三个岛屿，比如台湾、厦门或舟山等地。渣甸声明上述地方不需要永久地全部占有，而是用于战争后期谈判的筹码。

10月19日渣甸致信给马地臣，认为必须占领三四个岛屿，比如台湾、金门和厦门等地，或者只占据金、厦，以截断台湾与大陆之间的贸易。渣甸还认为应该占领大舟山岛，并以此作为英军根据地。渣甸对马地臣关于占领台湾的主张进行了分析，他声称台湾岛太大，并难以获得当地居民的友善对待。确实，台湾并不是一个小岛屿。台湾岛的面积相当于大不列颠岛面积的六分之一，管理不易。

10月21日渣甸致信马地臣，重申了10月19日信中关于占领岛屿的意见，并再次表示了对马地臣提出的"占领台湾"的不同意见。

10月26日、27日渣甸连续给巴麦尊写了两封信，提出了对华战争的详细建议。渣甸还建议战后英军占领香港岛而不占领台湾，渣甸认为香港拥有安全广阔的停泊港、给水充足、易于防守，而台

---

① 怡和档案，"发给私人的函件稿簿"，威廉·渣甸。韦尔什，《香港史》，第105页。

② 怡和档案，1839年5月5日，"发给私人的函件稿簿"，詹姆士·马地臣。格林堡，《鸦片战争前中英通商史》，第193页。

湾岛太大，其西部海岸缺乏优良港口。义律也赞同侵占香港，主要原因是义律在澳门办公时深受葡萄牙人威胁之苦，因而认为英国人必须拥有类似岛屿，而且 1839 年义律和英国侨民曾在香港岛对出海面的船上短暂居住，对香港岛周边环境和沿岸锚地有一定了解。

1840 年 7 月英军占领舟山后，即实行殖民统治，建立了行政和司法机构，要求当地居民接受英国法律管辖。但由于清政府强烈反对英军占领舟山，在舟山问题上没有讨价还价的余地，义律不得不对调整原先的作战意图。

1841 年 1 月 20 日义律在澳门单方面公布他与琦善达成的初步协议 ①——《穿鼻条约》草案，声称清政府将割让香港本岛及其港口给英国。巴麦尊对《穿鼻条约》草案极为不满，认为义律索取权益太少。巴麦尊还断定香港岛荒凉多山，不可能成为澳门那样的贸易中心。巴麦尊期望的是获取更多赔偿和占据地理位置更加优越的舟山岛。事实上，早在 1793 年马戛尔尼勋爵访华时，就曾向乾隆皇帝提出要求仿效澳门先例，在舟山附近划出一处不设防的小岛，供英国商人居住、存放货物、供应船舶，乾隆皇帝斥之为无理要求。可见，英国政府对舟山群岛垂涎已久，而对籍籍无名的香港岛兴趣不大。

相比繁华富庶的舟山群岛，1841 年的香港只是一个布满岩石、尚未大规模开发的贫瘠岛屿，只有 2000 名渔民在唯一适合居住的岛北沿岸捕鱼务农，勉强维持生活，还有 800 多名商人和 300 多名劳工分散在各处。但马地臣颇具远见地认识到香港的作用在于承接广州的贸易，广东地方当局对广州贸易限制越多，就越会促进香港贸

---

① 琦善仅表示将义律的要求代奏皇帝。

易的发展。① 马地臣逐渐接受了割占香港的主张，并计划在香港设立鸦片仓库。1 月 22 日马地臣致信渣甸："那些不熟悉情况的人对这项安排很不满意，但我们可十分高兴。我们认为取得香港对于中国人是项极好的牵制，我们过去在广州所遭受的侮辱和强征暴敛不会再发生……中国官吏也不能再干预或控制这岛，它将完全属于英国，而且过几天后就会被占领……香港将会非常独立，甚至一旦我们建好仓库，便可在那儿存放鸦片。"②

1 月 26 日英国侵华海陆军总司令伯麦③乘坐"高尔合号"（HMS Calliope）抵达香港。当天，伯麦在港岛北岸的登陆地点——"占领角"④举行升旗仪式。马地臣出席了仪式，并与伯麦一起乘坐"高尔合号"围绕香港岛航行一周。"高尔合号"在海面鸣炮示意，伯麦代表英国政府宣布正式占领香港。从此香港成为英国殖民地。2 月 1 日，伯麦与义律联合在香港贴出告示，重申香港岛已归英国政府所有，要求该岛居民服从英国的殖民统治。2 月 6 日义律在澳门与马地臣、颠地举行会谈。义律首先谈到他将征求英军总司令伯麦的意见，给香港划定一个主要市区。接着，义律向马地臣、颠地阐述了他所设想的香港土地分配方案，即"土地批租制度"的雏形：

"地点既经确定而且市区的大体样式被胜任此事的人们

---

① 怡和档案，1841 年 1 月 22 日，"发给私人的函件稿簿"，詹姆士·马地臣。格林堡，《鸦片战争前中英通商史》，第 194 页。

② 布雷克，《怡和洋行》，第 114 页。

③ 詹姆斯·约翰·戈登·伯麦：James John Gordon Bremer，1786—1850 年，又译庇林麦、卑林马，英国海军少将，第一次鸦片战争时两次担任英军总司令。

④ 占领角：Possession Point，即大笪地，位于今香港上环水坑口街西荷李活道公园一带。1852 年港英政府实施"文咸填海计划"，水坑口街一带由岸边成为内陆地区。

标示出来之后，下一个步骤将是把若干部分土地划分为面积适当的一些小块公地并绘制图式。但是，我有责任为女王陛下保留对土地的广泛控制权，以适应机构的直接发展，所以我打算限制对那些小块公地的出售，并适当考虑市场上可能有很多购买者，他们有意在一段适当的期限内开始进行交易。

现在，我将笼统说明我认为最安全而且对所有各方人士最公正的转让那些小块公地的条件。按照给英国君主每年付清一定数额的适当租金的条件拿去拍卖的各份土地，附有香港政府方面的一项保证，即购买土地的人们将享有不限定土地继承人身份的特权（如果女王陛下政府今后给予该土地的使用权），或享有在付清原来租金的基础上继续占有该土地的特权，如果他们更喜欢那项条件。"[1]

4月30日英国内阁会议否决了《穿鼻条约》草案，并决定召回义律，由璞鼎查接替。6月7日尚未接到卸任通知的义律发布公告，宣布香港为自由港。为了尽快开发香港，6月14日义律在澳门举办香港第一笔土地拍卖，共涉及50块地皮。宝顺洋行拍得了濒水临街的最佳地皮，怡和洋行原本中意的地皮被政府部门强行夺取。最终，马地臣代理人摩根船长（Morgan）代表怡和行用565英镑[2]购得港岛北岸中段、东角和柴湾三块地皮。

7月17日义律向马地臣、颠地等英商代表进一步阐释了香港土地政策："我在直接公开地宣布我的计划时会考虑商业机构的利益，

---

[1]　胡滨，《英国档案有关鸦片战争资料选译》，第912—913页。

[2]　1英镑=3两纹银，1两纹银≈1.388西班牙银圆。

女王陛下的政府将按照当前一两年租金的价格把土地转为不限定继承的产业，或在将来征收象征性的免役税。亲爱的先生们，请散发此函。"① 也就是说，义律希望通过较低的价格出售或长期出租香港土地。此后随着鸦片战争的持续进行，广州贸易停顿，香港成为货物中转站和英军的驻屯基地。美国商人因为香港地位未定，对投资香港保持畏葸观望，但英国商人却不相信"狮子会放过它的利爪已经攫住的猎物"②，迅速在香港岛开展基础设施建设。

8月9日璞鼎查抵达澳门，取代义律成为驻华商务监督。义律只得奉召返回英国。亚历山大·马地臣陪同璞鼎查从孟买抵达澳门。登岸当天，亚历山大·马地臣力邀璞鼎查前往马地臣的滨海豪宅中做客。马地臣举办了一场招待晚宴，奉上丰盛的珍馐美馔，并把璞鼎查介绍给英侨商界。英国侵华陆军总司令郭富将军③也参加了晚宴。事后马地臣致信渣甸称：广东英侨商界对璞鼎查的第一印象很好。此时马地臣没有料到，不到两年时间，璞鼎查与在华英商群体的关系就因香港土地租期等问题而闹僵了。

马地臣从璞鼎查口中得知巴麦尊虽然愿意保持对香港岛的占领，但更倾向于占领舟山或中国东海岸某个岛屿。此时，鸦片战争已经延续一年。马地臣被舟山人民坚壁清野、英勇顽强的抵抗精神深深震撼，况且英国士兵由于水土不服，在舟山大量患病。因此马地臣主张退而求其次，建议英国政府割占香港岛和与香港岛防卫攸关的九龙半岛。8月21日马地臣写道："（香港）目前毫无投资房地产的诱因。其实如果宣布的是一项正面消息，……城镇很快就会如雨后

---

① 韦尔什，《香港史》，第162页。

② 《广州纪录报》，1836年4月25日。韦尔什，《香港史》，第166页。

③ 郭富：Viscount Hugh Gough，又译作卧乌古，1779—1869年。1841年任英国远征军陆军总司令，1843年任英国陆军总司令。

19 世纪 40 年代香港岛

春笋般出现，相当数量的中国人也会涌入。"①正如马地臣所预言，第一次鸦片战争结束后，香港发展十分迅猛，城市畸形繁荣，人口急剧增加。仅仅数年之后，阿瑟·科宁厄姆上校就在书中惊讶香港的快速变化："每天都在以令人吃惊的方式扩展，很难说清楚它的界限。我初来时这里还不过是一片竹棚小屋，现在已经成为一座大城镇……这些建筑会吸引哪怕是最漫不经心的观察者。更为富丽堂皇的建筑……是两位远东商业巨子马地臣先生和渣甸先生的货栈。紧挨着货栈的两幢漂亮的别墅，或者说避暑公馆，同样属于这两位业主。"②

　　一开始马地臣十分担心"义律的不得人心会在某种程度上影响到他的宠儿（按：香港）"，使得占领香港的愿望落空，便于 8 月 25

---

① 布雷克，《怡和洋行》，第 116 页。

② 〔英〕科宁厄姆：《鸦片战争》。韦尔什，《香港史》，第 198 页。

日函请渣甸继续在国会活动："（即使）不图保留香港，至少也要保留下临近粤江的某处地方。因为只有在这一带，人们才熟悉英国人；也只有在这一带，才有许多本地人准备作我国的臣民和同我们贸易，不会像在舟山或别的地方那样给我们吓跑。"[1]

马地臣在信中还抱怨怡和行在香港只能从事鸦片贸易，无法像澳门那样经营合法贸易。他一度设想在澳门一侧的珠江口选择贸易港口，"……但我不知道我们在哪儿还能找到这么好的港口（按：香港），尤其是供大船停泊之用，如果我们能在英国政府公开、坚定的保护下，以应有的热忱解决此事（按：开展合法贸易），香港一定会发展成相当规模的商业中心。我们兴建一座广阔仓库等花费……加起来总共大约是两万元，所以我对主张保有香港并非毫无兴趣，许多人偏好九龙半岛，但我们应该两者兼得"[2]。

让马地臣感到欣慰的是，虽然巴麦尊和继任外交大臣阿伯丁[3]都不看好香港，但璞鼎查本人十分支持占领和开发香港。璞鼎查率军北上时，曾于8月21日造访香港，短暂停留了数个小时，对香港的战略地位进行了考察。

11月4日阿伯丁致函璞鼎查称香港和舟山只是谈判筹码和临时基地，英国政府不愿为占领这些领土而花费巨资，也不愿因此卷入中国内部事务。阿伯丁还称英国政府不谋求获得独占利益，希望平等地与其他国家分享在华权益。从表面上看，英国政府似乎宽厚仁

---

① 怡和档案，1841年8月25日，"发给私人的函件稿簿"，詹姆士·马地臣。格林堡，《鸦片战争前中英通商史》，第194页。

② 布雷克，《怡和洋行》，第117页。

③ 阿伯丁：Aberdeen, George Hamilton Gordon, 4th Earl of Aberdeen, 1784—1860年，英国政治家，两次出任外交大臣（1828—1830年，1841—1846年），一次出任首相（1852—1855年）。

慈，实际上此时英国是世界最大的贸易国，英国政府的如意算盘是既要能够获得最大的经济利益，又要显得绅士般风度翩翩，避免其他国家在道义上的指责。

1842 年 1 月阿伯丁命令除非基于临时用途，香港所有兴建"带有永久性质"的房舍工程立即停止，因为英国政府一旦与清政府和谈，就有可能把香港归还中国。但璞鼎查已于 2 月正式宣布将英国驻华商务监督公署从澳门迁到香港，因此在 4 月接获命令后置之不理，继续鼓励开发和建设香港。5 月 20 日璞鼎查致信英国外交部，声称香港已经取得长足发展，为了英国利益，不应再将其交还给中国皇帝统治。璞鼎查还故意向英国政府隐瞒了开发香港一事。直到《南京条约》签订当天，璞鼎查才据实上报。

由于香港宜居土地面积有限，璞鼎查充分认识到控制土地资源的重要性，决定参照英国土地所有制①管理香港土地，对义律的土地政策进行适当调整。1842 年 3 月 22 日璞鼎查要求对香港土地进行登记，并宣布香港土地所有权属于英国皇室，个人和机构只能通过参与政府土地拍卖才能获得一定期限的租用权。1843 年 1 月 4 日英国外交大臣阿伯丁明确指示璞鼎查："土地是财政收入的主要来源。如果外国人和英国臣民被该岛（按：香港）实施的公平的贸易规定所吸引，前来该岛定居，并使之在非常有限的范围内成为一个大贸易中心。女王陛下的政府认为完全有理由确保王室获得预期得自土地增值的全部利益。因此，女王陛下政府正式提醒你，不得将任何土地作永久的让渡，最好是由当事人以向王室租借的方式保有土地，租约的期限可以足够长，以使土地持有者在他们的小块土地上建造

---

① 自 1066 年以来，英国的土地在法律上都归英王或国家所有，个人、企业和各种机构团体仅拥有土地的使用权。

香港铜锣湾旧景（远处山中的建筑是怡和洋行的旧产）

房屋。"①香港的土地批租制度就此形成。

最初，璞鼎查将香港土地租期定为 75 年且不许续租，这引发了已于 1841 年拍得土地的马地臣等人的极力反对，马地臣等人认为已经在香港土地首次拍卖时缴清了土地的全部款项，所拍土地应该是超长时期租用或可以终身持有的不动产。英商纷纷抵制在香港置业，港英当局的土地政策面临严峻考验。再加上璞鼎查严格执行《南京条约》，不准英商在条约口岸以外的地方走私鸦片，这就更加触怒了怡和洋行、颠地洋行等鸦片商贩群体。

第一次鸦片战争结束后，在华英商为了自身安全，请求璞鼎查在广州保留部分军队和蒸汽军舰。璞鼎查语气刻薄地予以拒绝，并

① 韦尔什，《香港史》，第 175 页。

埋怨在华英商未曾全力支持港英政府。不仅在华英商反对璞鼎查的土地政策，驻港英军也排斥璞鼎查插手军务，这让璞鼎查备感孤立。璞鼎查自己也不愿意在事务纷杂的香港久留，便于 1844 年 5 月 7 日卸任香港总督，此时距离他担任首任香港总督仅 1 年。璞鼎查成为香港殖民史上的二十八任总督中任期最短的港督。

　　尽管璞鼎查指挥英军打赢了第一次鸦片战争，并代表英国政府与清政府签订了《南京条约》和《虎门条约》，可谓战功赫赫、劳苦功高，然而奇怪的是，璞鼎查爵士归国后并没有如愿晋升爵位，也没能进入英国下议院，最终于 1856 年在郁闷中客死马耳他。第二任英国驻香港总督德庇时因为征税问题与在华英商矛盾重重，便于 1847 年提出了辞职。璞鼎查、德庇时前后两任香港总督辞职后，一个抑郁不得志 12 年后客死他乡，一个从此赋闲 42 年，也许都是因为在香港得罪了英国商人群体。资本主义政客本质上是资本家群体的代言人，一旦没能维护资本家的利益，就会被无情抛弃。

　　1847 年 3 月英国下议院成立特别委员会，对港英政府和对华贸易情况进行专门调查。此时已是下议院议员的马地臣因为有在华经商的长期经历和对华贸易的丰富经验，也参加了这个特别委员会。亚历山大·马地臣作为香港商人代表在特别委员会提问时进行了充分细致的阐述。亚历山大·马地臣认为港英政府为了应付庞大开支而采取诸如滥征税款、短租期和高地租等措施，抑制了香港的良好发展势头。最终，在马地臣的影响下，特别委员会建议延长土地租期。第二年即 1848 年，香港土地租期由 75 年改为 999 年。不过，到了 1898 年，土地租期又改为 75 年并可续租且不另行收费。1997 年香港回归后，土地租期改为 50 年，与保持香港现状 50 年不变的承诺一致。

　　香港土地批租制度一直延续了下来，并在中国大陆改革开放不久后被勇于创新的深圳人所借鉴。1987 年 9 月 8 日深圳市以协商议标的方式有偿出让第一块国有土地使用权；9 月 11 日又以招标形式出让第二块国有土地使用权；12 月 1 日深圳敲响了国有土地公开拍卖第一槌，出让第三块国有土地使用权，这是中国首次以公开拍卖的方式有偿转让国有土地使用权。拍卖土地规划为住宅用地，使用年限 50 年。尽管当时国内对深圳市的举措存有争议，但是 1988 年 12 月 23 日第七届全国人大常委会第五次会议，对《土地管理法》进行修改，规定"国有土地和集体所有土地使用权可以依法转让；国家依法实行国有土地有偿使用制度"，为国有土地进入市场奠定了法律基础。此后，轰轰烈烈的土地财政运动开始兴起，土地要素逐渐市场化。经过多年实践，现在土地使用权交易、土地批租和城市土地储备等已经成为常态，不仅极大改善了人民的居住条件，也促进了城市化、工业化进程。当前中国，居住用地使用年限 70 年；工业和教育、科技、文化、卫生、体育用地使用期限均为 50 年；商业、旅游、娱乐用地使用期限为 40 年；综合或其他用地使用期限为 50 年。[1]

自 1842 年 8 月 29 日英国通过《南京条约》正式割占香港、到 1860 年英国通过《北京条约》割占九龙半岛南端，马地臣关于侵占永久居留地的主张获得了部分实现。1898 年中英签订《展拓香港界址专条》，九龙半岛其余部分划为"新界"租给英国 99 年，马地臣关于侵占香港岛和九龙半岛的主张基本全部实现。这个过程虽然历经了半个世纪，但结果正是马地臣所期望的。

需要说明的是，马地臣、渣甸等人虽然对清政府官僚体制极

---

[1] 《中华人民共和国城镇国有土地使用权出让和转让暂行条例》，1990 年 5 月 19 日国务院令第 55 号发布，自发布之日起施行。

端不满，但只是鼓吹战争以变革不合理的商业制度，而不是推翻清朝政权、直接殖民中国。这并不表明鸦片商贩们多么拥护清朝统治者，而是因为在一个遥远的国家建立面积较大的殖民地，不是一件简单的事情。[①]香港作为小小的殖民地，港英当局庞大的开支已经让英国政府焦头烂额，何况是对于中国这样历史悠久、幅员辽阔、人口众多的国家。马戛尔尼勋爵曾说过："想在中国大陆获取领地的期望……太多狂妄，不可能是严肃的。"[②]被马地臣等人奉为圭臬的亚当·斯密自由贸易学说也反对英国在全世界各地建立直接统治政权。

与在南亚次大陆设立印度殖民地政权不同，19世纪中期英国政府认为保留较为听话的清朝政府、积极发展对华贸易更符合英国的战略利益。正如阿礼国[③]所说："英国当今利益之所在，及我们政策的唯一目标，均无须多作解释，两者都是举世皆知。我们在暹罗、中国及日本……的唯一目标就是通商。"[④]到了19世纪末，各国纷纷划分势力范围，中国半殖民地半封建社会程度日益加深。为了保持各国势力均等、防止一国独享中国利益，帝国主义国家不得不达成

---

　　① 马士，《东印度公司对华贸易编年史》（第4卷），第323页，1831年10月25日《特选委员会致印度大总督公函的摘录》："在当前的局势下，英伦最高的利益是反对扩大领土占领这种政策，对导致不必要的占领，将予以严正的谴责"；第328页"取得领土上的统治权，是完全与英国的政策相背离的"；第334页，1831年10月28日《向总督呈请要求改革》："不列颠政府的观点和意图，常受到非常虚妄的传播。它没有征服的野心或在世界任何地方有进一步的领土要求，因为它的帝国已经如此广阔，以致它的政策是缩小而不是扩展"。

　　② 韦尔什，《香港史》，第128页。

　　③ 阿礼国：Rutherford Alcock，又译阿利国，1807—1897年。曾任英国驻上海领事，1865—1871年任英国驻华公使。

　　④ 布雷克，《怡和洋行》，第200页。

表面上维护中国领土统一的共识。从根本上说，在 19 世纪的中国，维持清政府统治、推动门户开放、发展自由贸易符合帝国主义者们的整体利益。

四、参与鸦片战争

第一次鸦片战争爆发之前，中英双方已经在伶仃洋面进行了零星的武装冲突。这些武装冲突可以视为鸦片战争的前奏，也可以视为大规模战争爆发的预警。马地臣将怡和行所有的"康沃利斯号"（Cornwallis）等鸦片船改造为武装飞剪船借给英国海军，参与了各种战事。鸦片战争爆发后，马地臣派遣商船船长担任英国海军领航员，并将曾供职于怡和洋行的郭士立、罗伯聃[1]、马儒翰[2]等人推荐给英国海军作为翻译人员。马地臣还积极提供海图、情报及住宿、食物和饮用水等后勤保障服务。马地臣在战争中大做鸦片生意，并用赚取的白银购买英军发行的债券，用于支付海陆军的庞大开支。可以说，马地臣从多方面参与了第一次鸦片战争。

1839 年 5 月 24 日，怡和洋行鸦片走私船"赫拉克勒斯号"（Hercules）在司令官爱德华·巴里（Edward Parry）的指挥下炮击清军水师船队，击中一艘水师船。巴里是义律在 3 月份任命的英国

---

① 罗伯聃：Robert Thom，1807—1846 年。1834 年到达中国。鸦片战争前夕被英国政府聘为在华译员。1843 年任英国驻宁波领事。1846 年编纂出版首部汉语口语教材《华英说部撮要》，后逝世于任上。

② 马儒翰：John Robert Morrison，1814—1843 年 8 月，英国传教士、英国驻华商务监督处中文秘书兼翻译官，传教士马礼逊长子。

官员，其职责是指挥伶仃洋面的鸦片走私船队，预备必要时对抗清军水师。义律向广东地方当局解释说"赫拉克勒斯号"是为了庆祝英国女王寿辰而在典礼上发的礼炮，况且当时有很多船只开了炮，未必确定就是"赫拉克勒斯号"击中水师船只。义律建议既然没有造成人员伤亡，此事就小事化了、不值一提了。义律还暗自庆幸自己已经离开广州，否则恐怕会因此事而被重新圈禁。这次事件说明在鸦片战争之前，英国人已经开始小规模的战争挑衅了。马地臣将这次挑衅事件的真实原因向已经离开中国的渣甸做了报告，声称："一个不幸的消息，巴里在女王诞辰那天大摆筵席，晚餐后他穷极无聊"，便想试一下船上大炮的射程，于是点燃一门大炮，结果击中一艘清朝官员乘坐的大帆船，造成了"巨大的骚动"。①

7月7日英国商船"卡拉提克号"（Carnatic）和"曼加罗尔号"（Mangalore）的一群水手在香港尖沙咀附近海滩与中国村民发生冲突，导致林维喜死亡。为了大事化小，义律支付了2000元用于摆平这件事。其中1500元作为抚恤金给死者家属，以让林家承认林维喜是死于意外，不再进一步追究；400元用于预防地方官吏勒索；100元分发给村民以平息民愤。②义律认为这笔费用应由"卡拉提克号"的代理商怡和洋行和"曼加罗尔号"的代理商宝顺洋行共同承担。但宝顺洋行和"曼加罗尔号"船长艾雷都拒绝偿还义律，只有怡和洋行爽快地进行了偿还。马地臣对于宝顺洋行拒绝承担赔偿义务十分气愤，8月2日他调侃义律道："亲爱的义律上校，人人都会因为得您私人掏腰包支付吹笛人而感到羞愧。"③

————————

① 怡和档案，1839年5月30日，"私人信函集"，威廉·渣甸。韦尔什，《香港史》，第73—74页。

② 胡滨，《英国档案有关鸦片战争资料选译》，第428页。

③ 韦尔什，《香港史》，第115页注2。

纸，终究包不住火。虽然义律试图掩盖此事，但林则徐还是获悉了"林维喜案件"。根据以命抵命的惯例，林则徐要求义律交出杀害林维喜的凶手抵罪。义律认为清政府法律制度不合理，不愿把英国人交给广东当局进行审讯。8月12日、13日义律在"威廉姆堡号"（Fort William）船上非法组成临时审判庭。马地臣、亚历山大·马地臣、阿斯特尔、W.贝尔·乔治、T.布雷恩等一批知名商人组成大陪审团①。义律也邀请广东当局派员参加陪审，但林则徐认为该审判没有法理依据，违背了国际惯例。结果临时审判庭对六名嫌疑人进行了轻判，其中一人不予起诉、两人被判骚乱罪、三人被判骚乱和斗殴罪。即便判决如此之轻，被判监禁的水手送回英国后也没有被收监，而是被立即释放。原因是英国政府没有授予义律刑事裁判权，义律自行设立的法庭没有法律效力，因此审判结果完全无效。

由于义律迟迟未能交出凶手，而且从广州撤至澳门的英国商人试图将澳门作为贸易基地，拒绝签订甘结后将商船驶往黄埔，义愤填膺的林则徐就派兵驻扎香山，切断对英国人的燃料和食品供应，谕令澳葡当局将英国人驱逐出澳门。②澳葡总督认为英国人的存在危及了澳门殖民地的安全，不得不声明：过了8月26日午后，他将不再保证在澳英国人的安全。8月24日义律将办公地点转移到"威廉姆堡号"军舰上，并任命阿斯特尔为负责澳门英国臣民安全事务的委员会头目。在此危急关头，偏又节外生枝。8月24日晚发生了"黑色玩笑号"（Black Joke）双桅帆船在大屿山被中国海盗抢劫杀人的

---

① 马士《中华帝国对外关系史》（第1卷）（商务印书馆1963年版）第219页记载大陪审团由23人组成。而中山大学吴义雄教授根据法庭记录材料和当时报刊消息，判定大陪审团只有17人。吴义雄，《条约口岸体制的酝酿》，第131页。

② 《香山明清档案辑录》第276页，"钦差两江总督林则徐等奏报已将义律等英夷驱逐出澳并严断接济等情折"〔道光十九年七月二十四日（1839年9月1日）〕。

恶性事件，当晚"简号"帆船也在大屿山附近被清朝官艇追击，这就进一步引发了滞留澳门的英国人的集体恐慌。8月25日马地臣在停泊于十字门锚地的"玛丽亚号"船上向义律写信报告当前的形势，并叙述了"黑色玩笑号"遭受袭击的惨状：

"我亲爱的义律海军上校：

如果您有任何进一步的信件要写，我们已说服'安'号船长在启程前驶往香港。该船的目的地是马尼拉和新加坡，但情况可能使它航行到马尼拉为止。

贾丁先生将告诉您今天下午收到清朝官员们的第二份文件，葡萄牙驻澳门总督因此宣布，明天中午以后他不能够保证英国臣民的安全；在那个时刻，所有的人都将当着总督和武装部队的面一起上船。他们甚至威胁今夜试图包围英国人住宅，但总督已宣布他决心抵制此事；如果他们真正有此打算，他们不大可能提出有关此事的通知。不过，我认为，今天夜间我们在澳门的本国同胞将没有人敢于睡觉。

贾丁先生将告诉您关于昨天夜间泊于大屿山这个地点附近的'黑色玩笑'号船只的全体船员，仅除了塞兰之外，都被杀害的可怕事件，塞兰跳入了水中，紧紧抓住了船舵。唯一的一名旅客莫斯先生残酷地受伤，他的耳朵被割去了一只，他被留下来等死。此后，他们试图纵火焚烧该船，但因'哈里特'号船只赶来而中止，'哈里特'号船只把'黑色玩笑'号拖走了。袭击者由七艘中国划艇组成，配备的人员和拥有的武器都很像是清朝官员们的船只，但我认为他们必定是海盗，他们相信目前的混乱状态将使他们不受惩罚。他们拿走了某些财产——贾斯特先生的一些钟表，但说来很奇怪，他们留下了一些银圆。莫斯先生因为古尔兹巴勒先生的债务诉讼，正逃避澳门法院的传票。他仍活着，而且很可能幸存下来，除非发生破伤风。我们已经为我们自己订购食物。由于英国人士的缘故，您是否有任何命令要发布？"①

迫于局势日趋严峻，阿斯特尔的安全事务委员会建议所有英国人和英国船队都从澳门撤离。8月26日包括马地臣在内的所有英国人，在葡萄牙军队的看护下登船离开澳门，碇泊香港附近。9月怡和行、颠地行等26家英国商行联合向巴麦尊呈交请愿书，声称在华英商生命财产受到威胁，澳门当局也无法保证他们的安全，只有"到了英国政府的力量能使中国当局信服时，那种暴行才不会继续下去"，而英国政府"那种有力的干涉是能够防止同样的或更残酷的暴行重演的"。②

撤离澳门后，马地臣把怡和洋行营业所设置在"壮士号"鸦片船上，他宣称：广州商馆被围时，所谓不再对华出售鸦片的保证是被胁迫做出的，"不管有什么事情发生，我们的行号都要努力在这邻近一带保持一个流动的位置"③。马地臣指示怡和行位于马尼拉的分行沃达杜行（Otadui & Co.），要求其持续提供补给："尽可能运来活的家禽、猪和饲料，把它们挤得太密可能造成无用的浪费……一些

---

① 胡滨，《英国档案有关鸦片战争资料选译》，第434—435页。

② 《中国丛报》第8卷第5期，1839年9月，广东省文史研究馆译，《鸦片战争史料选译》，中华书局1983年版，第181页。

③ 怡和档案，1839年8月24日，"发给私人的函件稿簿"，马地臣。格林堡，《鸦片战争前中英通商史》，第188页。

腌制的食品也不错——还有一些你们最好的啤酒——你上次送来的，抵达时有一半不是破就是漏——再送些不错的法国红酒和苏打水。我们不会吝惜……花五千元达到这封信的目的，但你亦无须毫无节制，陆续送抵会比一次送太多要来得好。"①

9月4日下午，义律率领大小兵船5艘前往九龙山向清军守军索取粮食，正在清军等待上级回复时，英国军舰率先开炮挑衅。此役被称为"九龙之战"，成为第一次鸦片战争的序幕战。11月3日英国军舰为了阻止"皇家萨克逊号"（Royal Saxon）英国商船具结入港，挑起"穿鼻海战"。这次海战被义律称为："（迄今为止，）在我们同这个国家的全部交往中，女王陛下军队和清帝国军队之间最严重的冲突。"②

1839年底，怡和行的"希腊号"（Hellas）鸦片船在南澳海面与清朝水师帆船激战了4个小时。最终杰恩赛船长和水手受伤，"希腊号"被烧毁。怡和行主管沿海船队的礼士船长鉴于中英武装冲突越发频繁，不愿再冒着生命危险从事鸦片走私，故而向马地臣提出辞职。③

1840年1月5日，林则徐根据道光皇帝旨意，宣布永远禁止英国对华贸易。6月28日英国军舰封锁珠江海口，第一次鸦片战争正式爆发。近现代有些西方学者认为鸦片战争的根本原因不在于鸦片贸易被中断，而在于英国政府认定有权获得清政府在外交和商务等方面给予的国与国之间的平等关系。将中英第一场大规模战争发生的原因简单归结为索取"平等待遇"的看法是片面的。毕竟在19

---

① 布雷克，《怡和洋行》，第104—105页。

② 张馨保，《林钦差与鸦片战争》，第199页。

③ 怡和档案，1839年12月10日，"发给私人的函件稿簿"，詹姆士·马地臣。格林堡，《鸦片战争前中英通商史》，第190页。

世纪国与国之间"平等待遇",本身就没有一个表意明确的客观标准。更何况,正如蒋廷黻所评论的:"中西关系是特别的,在鸦片战争以前,我们不肯给外国平等待遇;在以后,他们不肯给我们平等待遇。"[①]

从历史趋势上看,资本主义国家及其后的帝国主义国家,为了掠夺资源、倾销产品,不约而同地将发动对外战争作为最有效的手

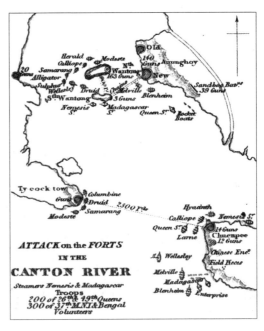

1841 年 2 月英国海军作战图

段。而清政府封闭自守的政策成了西方国家疯狂扩张的绊脚石。列宁指出:"资本主义如果不经常扩大其统治范围,如果不开发新的地区,并把非资本主义的古老国家卷入世界经济旋涡之中,它就不能存在与发展。"因此为了把封闭落后的中国纳入资本主义经济轨道,即使英国没有首先发动对华战争,也会有别的国家前来打开中国大门。[②] 英国只不过是凭借海上霸权,率先将西方资本主义国家扩张欲望用武力表达了出来。1839 年翰德逊在致拉本德的私函里宣称:"就不列颠的利益而言,中国政府的这次失当行为却是一件幸运的事情,因为这给了我们从事战争的正当理由,这把我们放到一个终必可以

---

① 蒋廷黻:《中国近代史》,湖南人民出版社 1987 年版,第 17 页。

② 费正清在《中国:传统与变迁》一书中指出:"其实英国在要求外交平等及商业机会等方面代表了西方各国的愿望。如果不是英国,那么别的国家也会这么做。至于英国在华贸易的重点是鸦片而非茶叶或其他什么商品,这只是历史的巧合罢了。"

专断我们条件的地位上去，这样的机会是不可再得的。"① 因此，马地臣、渣甸等人对于战争的鼓吹，只是起到了催化和加速作用。毕竟在 19 世纪三四十年代，西方国家要想将自己的意志强加给中国，发动战争是唯一的选择。对华战争只是时间早晚问题，而不是能否避免的问题。

1840 年 7 月 5 日英军大举入侵浙江定海，第二天凌晨攻占定海县城。7 月 15 日时任英国远征军译员的罗伯聃向马地臣报告了战况："所有的房屋全都关上门……所有的街道一片死气沉沉！"② 此时，罗伯聃和郭士立等人已把县衙当作住处。随后英军在定海设立临时"政府"，郭士立被任命为"定海知县"，掌管该县民政大权，开展城市自治。怡和洋行的档案里记载了郭士立在定海担任知县时的一些闹剧。

第一次鸦片战争爆发后，义律一方面顾虑战事拖延越久会对贸易造成越大影响；另一方面又担心英军实力没有充分彰显，清政府不能满足英方诉求。所以虽然英军在军事上占有绝对优势，但始终只是在沿海一带侵扰。比如 1841 年 1 月英军以极小的代价攻占虎门炮台，原本可以乘胜而进，一鼓作气攻下广州城，但义律"满心懊悔、或许并非不近人情地"（马地臣语）③ 宣布停战。5 月 21 日夜清军偷袭英军失败，英军随即于 5 月 22 日炮轰广州城。很快"靖逆将

---

① F.O.17/36，"拉本德、史密斯、克劳复致巴麦尊"，1839 年 11 月 2 日伦敦发。《近代史资料》1958 年第 4 期，第 52—53 页。

② 怡和档案，"舟山 1"，1840 年 7 月 15 日，"罗伯聃致马地臣信"。张馨保，《林钦差与鸦片战争》，第 204 页。

③ 怡和档案，1841 年 1 月 13 日，"发给私人的函件稿簿"，詹姆士·马地臣。韦尔什，《香港史》，第 128 页。

军"奕山乞降并愿意缴纳 600 万银圆的赎城费①和赔偿英商 30 万银圆。义律认为如果继续攻入广州城，不仅会造成双方财产损失和人员伤亡，还会影响到未来中英贸易的发展，因此试图尽快签订协议以结束战争，而不是滥用武力来征服或控制清政府。于是义律在与奕山签订《广州条约》后，率领英军暂时撤离了广州。

马地臣虽然赞赏义律尽快通商的良好愿望和所谓"人道主义"的主张，但他反感义律的优柔寡断，

郭士立（1803—1851）

反对为一点点蝇头小利就放弃得来不易的远征。马地臣认为："这次战争的基本问题……（是确定）在中国进行对外贸易的未来方式。"②1841 年 8 月抵华接替义律的璞鼎查好勇斗狠，在遭遇清军顽强抵抗时，甚至会下令洗劫城镇，因此战争越发惨烈，清政府的抵抗意志也日趋削弱，这正符合马地臣的心意。

马地臣需要这场战争，需要强有力的军事行动使得清政府彻底妥协，英国政府也需要获得新的贸易秩序和更大的经济利益，"政客和推销员们……带着对利润的期盼，想象着中国皇帝身穿曼彻斯特衬衫，后妃们身着曼彻斯特棉布衣裙，大小朝臣手持谢菲尔德刀叉

---

① 清政府缴纳的赎城费中有部分是行商摊捐的，义律将行商伍浩官签名认付的部分期票存到了已迁往澳门的怡和洋行和宝顺洋行进行保管。参见亨特《广州番鬼录·旧中国杂记》第 54 页。

② 怡和档案，1841 年 1 月 4 日，"发给私人的函件稿簿"，詹姆士·马地臣。格林堡，《鸦片战争前中英通商史》，第 193 页。

的情景"①。马地臣预言："在一切问题中，关于英国臣民今后应在中国如何进行贸易和在什么地方进行贸易这一最大问题"没有获得完满解决之前，战争是不可能结束的。②而这一最大问题解决的最终目的，就是要打开中国广阔市场的大门，让英国商人和英国商品在中国大地上畅通无阻。

第一次鸦片战争后，英国人因广州入城问题多次与广东当局发生争执，曼彻斯特等地资本家又不断向英国政府提出建议，要求中国进一步开放。1850年9月29日时任英国外交大臣的巴麦尊写道："我清楚地认识到，我们不得不在中国实行另一次打击的时刻很快就要来临……这些半开化的政府，如中国、葡萄牙、西班牙和美国，需要每隔八到十年就训斥一顿，让他们服服帖帖。他们心智低下，难以接受长于这段时间的概念，而警告又没有多大用处。他们很少注意言辞，他们不但要看见棍棒，还要实际感觉到根棒打在他们的肩上，才会服从使之服膺的唯一理由：'诉诸武力'。"③可见，在1856年第二次鸦片战争爆发前，英国政府早就不满于从清政府那里攫取的既得利益，因此伺机寻找一个合适的开战理由。④

从1830年至1865年的30多年时间里，巴麦尊对英国对外政策一言九鼎、一手包办。他不仅作为墨尔本内阁外交大臣于1840年发

---

①　英国《笨拙》(Punch)杂志第三卷第238页。韦尔什，《香港史》，第150页。

②　怡和档案，1841年12月26日，"发给私人的函件稿簿"，詹姆士·马地臣。格林堡，《鸦片战争前中英通商史》，第193页。

③　（美）费正清：《贸易与外交》。韦尔什，《香港史》，第226页。

④　第一次鸦片战争结束不到一年，1843年4月小斯当东就在英国下议院提出反对鸦片贸易，其理由很可能再次引发战争，"不管以怎样的形式批准或赞同英国与中国开展这样的非法贸易，都同我们与该帝国签订的和平条约和建立的友好关系完全不符，因此，很有可能在不远的将来再次引发两国关系破裂"（斯当东，《小斯当东回忆录》，第87页）。

动了第一次鸦片战争，又作为英国首相于 1856 年发动了第二次鸦片战争。虽然 1857 年 3 月巴麦尊内阁因为批准发动第二次鸦片战争，被下议院通过不信任案，导致重新大选。但 4 月初，辉格党选举依然获胜。巴麦尊重新担任首相后，更加无所顾忌地推行军事扩张政策。1855 年马克思对巴麦尊疯狂的军事扩张进行了概括："再没有别的不列颠外交大臣（像巴麦尊这样）到地球的每个角落去这样行动

巴麦尊（1784—1865 年）

的了：封锁（荷兰的）斯刻尔特河（Schelt）、（西班牙的）退加斯河（Tagus）、（葡萄牙的）杜罗河（Douro）；封锁墨西哥和倍诺斯·爱勒（Buenos Aires）。远征那不勒斯，远征太平洋，远征波斯湾；为了建立'自由'而和西班牙作战，为了推销鸦片而和中国作战；北美边界之争，阿富汗之战，圣·若安（St. Jeand' Acre）的轰炸；为西非（奴隶船的）搜查权而争斗，甚至拼到太平洋上去；所有这一切，还要更伴以大堆的威吓性照会、成捆的议定书和许多外交抗议书，才算齐全。"① 在巴麦尊数十年的独裁统治和军事扩张过程中，马地臣不论是鸦片商贩还是国会议员，都始终坚定地支持着巴麦尊。

据说，民国时期上海滩的青帮头目杜月笙有句名言："不是政府

---

① 马克思、恩格斯：《论英国》（Karl Marx and Frederick Engels, *On Britain. Moscow*，1953）第 394 页，《近代史资料》1958 年第 4 期，第 5 页。

人士，永远不要去做政府的吹鼓手。因为吹鼓手在政府眼里永远只值一个夜壶铜钿。尿急了拿出来用一下，用完了将夜壶放到最角落地方。你吹得越起劲，不仅公众看不起你，政府更看不起你。所以吹鼓手都没有好下场。"马地臣似乎没有落入杜月笙"夜壶理论"的窠臼，他不仅当了巴麦尊政府的吹鼓手，还长期担任国会议员，与巴麦尊沆瀣一气。1843 年至 1868 年的 25 年时间里，马地臣一直是英国下议院议员，成为英国民主政治的"代表"。

耐人寻味的是，巴麦尊作为极力推行炮舰政策的资产阶级贵族官员，1851 年却对同样秉持武力外交的时任英国首相罗素私下说："中国人是地球上唯一最不好战争的民族。"[1] 尽管如此，跋扈恣睢的殖民者依然选择用暴力将自己的意志强加给热爱和平的中国人。1856 年 9 月 24 日英国内阁决定由英国外交部秘密致函法国外交部，建议共同出兵攻打中国。[2]

1856 年 10 月 8 日广州黄埔发生"亚罗号事件"。英国人控告广东水师在"亚罗号"（Arrow）拘捕走私犯时侮辱英国国旗。于是香港总督包令[3]、英国驻广州领事巴夏礼（Harry Parkes）在时任首相巴麦尊的支持下，发动第二次鸦片战争。法国借口"马神甫事件"也参加对华战争。马地臣持续利用其影响力为战争摇旗呐喊。

[1] "1851 年 10 月□日巴麦尊致罗素勋爵私人信件"，载古西编：《罗素勋爵后期函件集》（G.P.Gooch, *The Later Correspondence of Lord John Russell, 1840–1878*, London, 1928）卷 1，第 270 页。《近代史资料》1958 年第 4 期，第 6 页。

[2] 〔澳〕黄宇和：《英国对华"炮舰政策"剖析——写在"紫石英"号事件 50 周年之际》，《近代史研究》1999 年第 4 期。

[3] 包令：Sir John Bowring, 1792—1872 年。1854 年至 1859 年任英国驻香港第 4 任港督。

第五章　金融行业巨贾

一、存贷业务

　　怡和洋行的早期行号"比尔·马格尼亚克行"在 19 世纪初就已经开展存贷业务。该行通常以年利率 10% 向外国商人吸收存款，再将钱款以 15% 左右的年利率贷给十三行行商。虽然清政府明令禁止行商向外国人借款，但行商有时资金周转困难，不得不请求英国东印度公司垫付税款，或将债务转到散商名下并支付高额利息。个别年份比如 1803 年行商需要承担的贷款年利率甚至高达 40%。高利率使得散商乐于暗中将钱款贷给行商。"比尔·马格尼亚克行"的账册显示利息项下获得的利润远高于交易佣金下的利润。"马格尼亚克行"曾向茂官提供有息贷款，以帮助其度过资金危机。宝顺洋行、旗昌洋行也纷纷开展存贷业务。甚至到了 1837 年，孟买商人詹姆塞特吉·吉吉博伊[①] 还请怡和行帮忙把 10 万元贷给行商以收取利息。

---

　　① 詹姆塞特吉·吉吉博伊：Jemsetjee Jeejeebhoy，1783 年 7 月 15 日至 1859 年 4 月 14 日，巴斯商人，是第一个印籍祆教徒从男爵。早年出身卑微，后经商（接下页）

　　不过，谨小慎微的马地臣通常不愿冒险放贷给经营状况较差的行商。他历来首要关注的是资金安全而不是收益。马地臣清醒地认识到：当你盯着别人的利息时，要小心别人盯着你的本金。1821年6月14日马地臣致函加尔各答拉鲁利太公司："中国这时候货币很缺乏，可是良好的担保品也缺乏。虽然直到最近还握有你号的大量资金，可是我从未得到一块钱的利息，因为我宁愿绝对的安全，而不得到这类的利息。"[①]但马地臣等散商和英国东印度公司也都不希望资金匮乏的行商破产。因为一旦有行商破产，十三行行商的数量就会减少，公行垄断程度就会加深。而且行商破产留下的债务，会由公行从行用中无息分期摊还，偿还时间往往长达数年。因此，有时候马地臣会奉劝债权人不要急于向资金暂时周转不灵的行商进行追债。

　　1835年马地臣成为英国"马格尼亚克·史密斯行"（Magniac Smith & Co.）的重要股东之一。该行由霍林沃思·马格尼亚克于1832年在伦敦朗伯德街3号创办。合伙人有：约翰·阿拜·史密斯、奥斯瓦尔德·史密斯[②]、托马斯·史密斯（Thomas Smith）三兄弟和霍林沃思·马格尼亚克。"马格尼亚克·史密斯行"代理怡和行在伦

（接上页）致富，创办"詹姆塞特吉·吉吉博伊父子公司"（Jemsetjee Jeejeebhoy Sons & Co.）。马地臣曾称其公司是"好望角这一边经营得最好的企业"（格林堡，《鸦片战争前中英通商史》，第150页），亨特吹捧詹姆塞特吉·吉吉博伊为"著名的东方巨商和慈善家"（《广州番鬼录·旧中国杂记》第134页）。怡和行与"詹姆塞特吉·吉吉博伊父子公司"保持了长期合作关系。19世纪30年代时，两家公司每年有100万英镑以上的业务往来。

　　① 怡和档案，1821年6月14日，罗伯特·泰勒和詹姆士·马地臣函。格林堡，《鸦片战争前中英通商史》，第141页。

　　② 奥斯瓦尔德·史密斯：Oswold Smith，英籍银行家，出生于著名的银行家族。

敦的业务。1841 年渣甸将"马格尼亚克·史密斯行"改为"马格尼亚克·渣甸行"。

1842 年 3 月马地臣从怡和行退休离开中国。1843 年渣甸侄子安德鲁·渣甸也退休返英。两人成为"马格尼亚克·渣甸行"的合伙人。同年，加律治[①]从苏格兰莫契斯东中学（Merchiston Castle School）毕业后进入该行，并于 1849 年前往中国加入怡和行。

渣甸侄子加律治（罗伯特·渣甸）

1846 年亚历山大·马地臣由于早年丧妻，自身又多病缠身，便从怡和洋行退休。第二年亚历山大·马地臣抵达英国，此后再也没有返回中国[②]，只保持怡和行资深合伙人身份直到 1851 年 6 月。亚历山大·马地臣抵达英国时，正值欧洲各国因为过度投资铁路、小麦和房地产导致自 1847 年秋延续到 1848 年春的金融危机。亚历山大·马地臣审查了"马格尼亚克·渣甸行"的财务状况，认为如果继续坚持史密斯时期的投资政策，会让该行有破产之虞；而且"马格尼亚克·渣甸行"资金链出现严重困难，必须及时注资。于是，马地臣、亚历山大·马地臣、安德鲁·渣甸三人向"马格尼亚

---

① 加律治：Sir Robert Jardine，即"罗伯特·渣甸"，1825—1905 年。1843 年加律治加入伦敦的"马格尼亚克·史密斯行"，1849 年前往中国，1852 年成为怡和行合伙人，1856 年担任怡和行经理，1860 年从怡和行退休返回英国。由于加律治的三位哥哥均未婚，因此他们在怡和行的全部股权和苏格兰东南部的产业均由加律治继承。

② 布雷克，《怡和洋行》，第 123 页。

克·渣甸行"追加投资，使该行顺利度过了金融危机。①

1848 年 1 月 1 日，时年 27 岁的休·马地臣 ② 将"马格尼亚克·渣甸行"改名为"马地臣行"（Matheson & Co.），马地臣、亚历山大·马地臣、安德鲁·渣甸、休·马地臣均是"马地臣行"的合伙人，史密斯家族和霍林沃思家族彻底退出了公司管理层。此时马地臣一边担任英国下议院议员，一边领导"马地臣行"和怡和行在英国的代理商。据称，马地臣还一度担任英格兰银行行长。③

1860 年加律治返英，也成为"马地臣行"合伙人。1889 年安德鲁·渣甸去世后，加律治成为"马地臣行"的负责人。耆紫薇 ④ 从莫契斯东中学毕业后也曾短暂加入"马地臣行"，后于 1855 年前往中国加入怡和行。1885 年耆紫薇返回英国后，成为"马地臣行"合伙人。

1859 年耆紫薇前往日本横滨开拓市场。1863 年耆紫薇秘密协助伊藤博文、井上馨等 5 名年轻人违反日本国禁令，从横滨搭乘怡和洋行的轮船前往上海，再搭乘飞剪船转往伦敦。其间伊藤博文、井上馨 2 人被当作学徒水手在船上做苦工，抵达伦敦时已经羸弱不堪。

---

①　Richard J. Grace：*Opium and empire*，pp.303–304.

②　休·马地臣：Hugh Matheson，即 Hugh Mackay Matheson（休·麦凯·马地臣）。1821 年 4 月 23 日至 1898 年 2 月 8 日，邓肯·马地臣之子，苏格兰实业家、商人、牧师，曾担任英国长老会召集人长达半个世纪。

③　"詹姆士·马地臣当上了议员，在下议院任职 25 年之久。他后来还当了英格兰银行行长、庞大的 P & O 航运公司的总裁，是英国第二大土地所有者，所有这一切都来自于他的银行从中国鸦片贸易中赚到的利润。"——〔美〕威廉·恩道尔著，顾秀林、陈建明译：《金融海啸：一场新鸦片战争》，知识产权出版社 2009 年版，第 7—8 页。

④　耆紫薇：William Keswick，即"威廉·凯瑟克"，1834—1912 年，威廉·渣甸外甥女玛格丽特·约翰斯顿的长子。第一任妻子艾米利亚·杜博（Amelia Dubeux，？—1883 年），第二任妻子艾丽丝·巴林顿（Alice Barrington）。耆紫薇与杜博的儿子亨利·凯瑟克（Henry Keswick，1870—1928 年）于 1910 年至 1911 年间任怡和行经理。

休·马地臣对 5 名日本青年进行了精心照料，并帮助他们注册为大学旁听生（Non-Matriculated Students），使他们获得了丰富的西方知识。回到日本后，这 5 名学生先驱，在日本经济发展过程中起着主导作用。他们或经商或从政，均成为英国工业产品的拥趸。历经明治维新，井上馨最终成为日本外务和财政大臣，伊藤博文更是 4 次出任首相。

1864 年 7 月托玛斯·萨瑟兰德[①] 在香港发起设立汇丰银行[②]，目的是为在华外国企业（以英资为主）提供金融服务。最初的发起委员会成员包括：宝顺洋行（委员会主席）、琼记洋行（Augustion Heard & Co.）、沙逊洋行（Sassoon & Co.）、大英轮船公司[③] 等十间洋行。筹办之初，托玛斯·萨瑟兰德邀请怡和洋行、旗昌洋行一同入股。但由于宝顺行经理约翰·颠地（John Dent）曾争强好胜，投入一万元港币的巨款购买良马，试图在赛马时从怡和行合伙人加律治手中夺回"香港杯"。更有甚者，约翰·颠地竟然还勾引大卫·渣甸的华裔情妇。[④] 旧怨未泯，新仇又结，怡和行当然不愿意与宝顺行进行合作。

关键是怡和、宝顺、旗昌洋行从第一次鸦片战争前就已经以鸦片贸易获得的大量现金为基础开展汇兑和存贷业务。第一次鸦片战争后，香港和上海的国际汇兑业务大部分被怡和等洋行垄断经营，甚至英国政府的汇款也经由怡和洋行办理。各国领事从上海汇到香港的公款，直到 1855 年都使用怡和行的汇票。1863 年怡和行还创

---

① 托玛斯·萨瑟兰德：Thomas Sutherland，又译"苏石兰"，苏格兰人，香港上海汇丰银行创办人，时为大英轮船公司在香港的代理人。

② 汇丰银行：The Hong Kong and Shanghai Banking Corporation Limited，简称 HSBC。

③ 大英轮船公司：Peninsular and Oriental Steam Navigation Company。

④ 布雷克，《怡和洋行》，第 151 页。

办了"怡和钱庄",向中国商人放贷。汇丰银行总部拟设于香港,势必会对总部同在香港的怡和行的金融业务造成极大威胁。卧榻之侧,岂容他人鼾睡。怡和行自然不会主动加入新成立的汇丰银行,从而将丰厚的利润拱手让予他人。旗昌行由于在航运方面与琼记洋行竞争激烈,同时基于自身业务的考虑,拒绝加入汇丰银行。

汇丰银行的设立必须经过港英当局特许,并获得英国政府批准。在这个过程中,香港的怡和行、伦敦的"马地臣行"联合起来进行阻挠,极力抵制汇丰银行的成立。所以,汇丰银行第一次发起人会议召开于1864年8月6日,正式营业于1865年3月3日,但直到1866年8月14日才取得英国政府颁发的营业执照,而宝顺洋行于第二年即1867年已宣告破产。

"马地臣行"和怡和洋行的联合抵制让汇丰成立之路略显波折,但汇丰还是成功说服港英政府和英国财政部同意其注册,并可以在香港发行钞票和接受政府存款。随着汇丰业务的发展,1866年12月旗昌洋行入股汇丰银行,1877年怡和洋行开始与汇丰合作。

从马地臣成为"马格尼亚克·史密斯行"的合伙人起,"马格尼亚克·史密斯行"及以后的"马格尼亚克·渣甸行""马地臣行"始终与怡和行合作紧密。尤其是"马地臣行"与怡和行联号经营,承担怡和行进出口货物代理业务,负责从英国采运煤、铁、机器设备和饮料等商品运给香港怡和,并负责销售怡和行从中国运来的茶叶、丝绸等商品。"马地臣行"与怡和行资金相互调剂、以丰补歉、荣枯与共。为了支持怡和行在中国、日本等地扩展业务,"马地臣行"经常为怡和行在伦敦募集资金,尤其对19世纪末怡和行在中国的铁路投资、矿产开采提供巨额资金支持。"马地臣行"还为怡和行在英国招聘英籍员工。

"马地臣行"在马地臣、休·马地臣、安德鲁·渣甸、加律治、

19 世纪 30 年代伦敦金融中心朗伯德街与康希尔街（Cornhill）

耆紫薇等人的经营管理下，成为英国最重要的汇兑交易和存贷服务行号之一。1900 年以后，马地臣家族成员不再担任"马地臣行"合伙人。1908 年"马地臣行"改组成为股份有限公司。时至今日，该行仍在创办地英国伦敦朗伯德街 3 号运营。

二、保险业务

早期西方国家开展对华贸易，虽然往往能够获得巨大收益，但也伴随着极大的风险。通常来说，预期收益越高，现实的风险也就越大。尤其是通过远洋帆船将货币、鸦片及其他货物运往中国，其潜在风险既包括台风、巨浪等自然灾害，又包括海盗、火灾等意外事件，还包括清政府地方当局的查缉勒索、封港禁止贸易以及战争威胁等。外商迫切需要专业机构提供保险服务以分散和降低贸易风险。于是，在西方通行数个世纪的现代保险业开始进入中国[①]。

保险进入中国之初，被称为"燕梳"（insurance 的音译），中国现代商业保险意识率先在广州萌发。1805 年时任英国东印度公司鸦片部经理的戴维森在广州发起成立"广州保险社"[②]。该社提供保单签发和理赔支付等保险业务，给外商的经营、航运提供保障，是外商在中国最早开设的保险公司，也是在中国成立的第一家保险机构。广州由此成为中国近代保险业的发源地，也成为第一次鸦片战争之前中国保险业的中心。

广州保险社最初由戴维森和"比尔·马格尼亚克行"共同参与并交替担任经理。以后换由马地臣所在的怡和洋行和颠地所在的宝顺洋行轮流做庄，依次担任经理行进行经营管理。经理行每隔三年更换一次。在三年期限内，广州保险社的股份由广州经理行和加尔各答、孟买的合作行共同持有。三年期满后，广州保险社对所得进款进行结算并更换代理行。

马地臣十分看好保险行业的发展。到达广州的第二年，马地臣即开始代理麦金托什"希望保险公司"的保险业务。1829 年 2 月《广州纪录报》刊载了广州商行代理保险公司业务的情况，其中马地臣合伙的"马格尼亚克行"充当了至少六家保险公司的代理行，主要有：第八届广州保险社、孟加拉保险社、孟买保险社（Bombay

---

① 保险思想萌芽于中国的先秦时代。现代意义上的保险以概率论、统计学和大数法则等数理理论为基础，起源于 14 世纪的意大利。

② 广州保险社：Canton Insurance Society，又译作广州保险行、广东保险行、谏当保险行、谏当保安行、谏当水险行等。

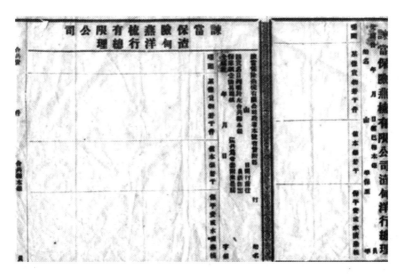

谏当保险燕梳有限公司票据（现藏于中国股票博物馆）

Insurance Society）、加尔各答保险社（Calcutta Insurance Society）、公平保险社、颠地的长生岛保险社；颠地所在的"宝顺洋行"充当了四家保险公司的代理行：孟买保险公司、加尔各答保险公司、环球保险事务所、印度保险事务所。

19世纪初，拥有广州保险社的股份，就意味着商行具有良好的信誉，因此很多行号争当该社的股东。1832年怡和行充任第十届广州保险社代理行后，马地臣便将保险社的一部分股份分配给新成立的"劳合·马地臣行"，以提升其信誉。1835年第十届广州保险社行将届满，轮到颠地的"宝顺洋行"充任第十一届广州保险社的代理行。但颠地不仅不愿再代理广州保险社的业务，还于该年新设"友宁保险公司"[①]与之竞争。于是，广州保险社结束了两家洋行轮流担任代理行的传统。

---

① 友宁保险公司：Union Insurance Society Of Canton LTD.，又称"于仁洋面水险保安行"，是外商在中国开设的第二家保险行。1839年5月迁至澳门，1842年移往香港。

　　1836 年怡和洋行收购广州保险社，将其改名为"广州保险公司"（Conton Insurance Company LTD）。随着中国外贸经济的发展，尤其是鸦片战争后，通商口岸日益增多，保险业务也蓬勃发展。广州保险公司获得了巨额利润，公司每年向股东提供完整的财务报告，并有较为可观的分红。外籍保险行的开办，促进了中国近代民族保险业的觉醒。1865 年 5 月 25 日与怡和洋行关系密切的德盛商号在上海创办中国第一家华商保险公司——义和公司保险行，打破了外商对中国保险业长达半个世纪的垄断。但义和公司保险行财力单薄、缺乏保险行业经验，在与外籍保险行的竞争中很快就败下阵来。

　　"中国近代买办第一人"唐廷枢[①] 在 1863 年到 1872 年就职于怡和洋行时曾入股广州保险公司，获得了经营保险业务的宝贵经验。1873 年在李鸿章力邀下，唐廷枢离开怡和洋行，开始主持轮船招商局工作。1875 年 12 月 28 日唐廷枢正式创办"保险招商局"。保险招商局是中国第一家由中国人自己开设的船舶保险公司，获得了华商的积极拥护。创立之初，华商即踊跃认股。保险招商局业务迅速开展，开创了民族保险业的崭新局面。

---

　　① 唐廷枢：字景星，1832—1892 年，广东珠海人。早年在香港担任翻译，后成为民族资本家。

第六章　社会活动

一、中国第一份英文报纸创办人

1827 年 11 月 8 日（道光七年九月二十日）马地臣和美国商人威廉·伍德[①]在广州创办《广州纪录报》（Canton Register，初名《广州纪录与行情报》）。威廉·伍德是第一任主编，兼任采访、编辑、排字等工作。伍德在创刊号上阐述了创办报纸的缘由："长期以来，我们发现存在一种涉及商业和中国有关信息的需求。"[②]这种需求正是来自日益增多的在华英印散商。港脚商人不仅需要一个媒介及时掌握商业动态和中国的政治、法令、风俗等情况，还需要一个载体表达自身政治诉求和对自由贸易、鸦片贸易的鼓吹及辩解。

《广州纪录报》是中国境内出版的第一份英文报纸。该报主要刊

---

① 威廉·伍德：William Wightman Wood，1804—1855 年，美国费城人，被誉为最早向菲律宾介绍摄像技术的人。伍德经商较不成功，终生单身。亨特评价他说："在其不寻常的人生中，他体现了巨大的个人价值，但却没有什么坚定的目标；至于就尘世间的成功而言，他的一生是很不成功的。"（《广州番鬼录·旧中国杂记》第 113 页）

② The Canton Register, "*To Subscribers*", November 8th, 1827.

登中国广东和远东地区的政治时事、新闻评论、货价行情和航运消息等，有时还刊登小道消息，是一份具有强烈政治色彩的商业报纸。该报最初为双周刊，1834 年改为周刊，每逢星期二出版。由亚历山大·马地臣使用马格尼亚克洋行内的一部小型手摇平板印刷机印制，"报纸的篇幅小于一张大页书写纸"①。该报发行量较大，影响力也较大，读者远及南洋、印度和英美一些主要商埠。

清朝报禁严苛，清政府历来严格管控中文书籍报刊等印刷品的出版发行。但《广州纪录报》不仅可以在广州长期出版，而且不时刊登评论地方事务、揭露中国弊端的文章。比如：1834 年 1 月《广州纪录报》重提 1784 年 1 月"休斯夫人号"鸣放礼炮致死中国人案，抨击清政府审判不公、草率处决一名英国炮手；1 月 7 日《广州纪录报》刊文批评粤海关监督，认为担任这一职务的官员大都甘当皇室犬马，贪婪成性，没有政治胸襟、历史知识、熟练才干和勇气魄力；4 月 8 日《广州纪录报》又抨击中国传统的朝贡制度毫无道理；《广州纪录报》还大量登载渣甸、因义士等鸦片巨商，以及来自英属印度的巴斯商人就关税问题对广东当局的申诉。② 英国首任驻华商务总监督律劳卑来华前夕，《广州纪录报》发表署名"德尔塔"（Delta）的文章《给即将到来的英国驻华商务监督提供线索》③，揭露粤海关税费混乱和各级官吏敲诈勒索问题。

广东地方当局对此没有给予足够关注，也没有过多加以干涉。也许是因为当时广州懂英文的中国人极少，《广州纪录报》主要由洋

---

① 亨特，《广州番鬼录·旧中国杂记》，第 109 页。

② The Canton Register, 3rd December, 1832; The Canton Register, 4th August, 1835; Supplement to The Canton Register, May 10th, 1836.

③ Delta, *Hints for the Approaching Superintendent of British Affairs in China*, The Canton Register, 4th February, 1834.

人订阅，所以清政府没有重视，以致该报在一段时期里是广州唯一
定期发行的英文报纸。当时，在印度的英国占领区内，出版报纸需
要英印政府进行审稿。因此，伍德在《广州纪录报》第二期就尖锐
抨击过英印政府的新闻审查制度。

伍德是坚定的自由贸易主义者，经常在《广州纪录报》上撰写
评论文章，猛烈抨击社会现象。1828 年 2 月，伍德因为与马地臣在
办报方针上存在分歧而离职，"他激烈的抨击没能在这个英国人主导
的外国人小社区赢得普遍支持"①。《广州纪录报》的编辑改由马地臣
和马礼逊②担任。发行第六期后，基廷③接任编辑。1831 年 7 月伍德
创办《中国信使报》④，内容上比《广州纪录报》增加了欧美新闻，成
为《广州纪录报》有力的竞争对手。但伍德时常尖锐批评英国政府
的对华贸易政策，引起英国东印度公司的严重不满。1833 年东印度
公司广州特选委员会退订《中国信使报》，造成该报巨大的经济压
力，一度难以继续出版。迫于压力，伍德不得不被迫辞职⑤。1834 年

---

① Paul Pickouicz, *William Wood In Canton*: *A Critique of The China Trade BeforeThe Opium War*. Essex Insitation Historical Collection, 1971.1, p.4. 转引自伍中梅：《中国第一份英文报纸〈广州纪录报〉研究》。

② 马礼逊：Robert Morrison, 1782—1834 年，苏格兰人，英国来华传教士、著名汉学家、商人、外交家、教育家，曾任英国驻华商务监督义律的翻译。马礼逊曾编著《汉语语法》《华英字典》《广东省土话字汇》等书，还将《圣经》翻译成汉语。小斯当东是马礼逊的赞助人。

③ 基廷：Arthur S. Keating。此人支持马地臣、渣甸等人的对华强硬主张，但反对鸦片贸易，是当时在华英商中仅有的公开批评鸦片贸易的人。

④ 《中国信使报》：*The Chinese Courier and Canton Gazette*，又称《华人差报与广州钞报》。1831 年 7 月创刊，1832 年更名为 *The Chinese Courier*（《中国快报》《中国差报》），1833 年停刊。威廉·伍德为该报编辑和发行人。

⑤ Johnson, Kendall（2012）. *Narratives of Free Trade*：*The Commercial Cultures of Early Us-China Relations.* Hong Kong University Press. p.86.

后,《广州纪录报》并购《中国信使报》, 以马礼逊、施莱德 [1] 为主要
撰稿人。

　　马礼逊是基督教新教来华传教第一人, 汉学造诣较深, 口译和
笔译水平都很高。1832 年 10 月 30 日因义士就曾专门致函马地臣,
请求再度聘用马礼逊, 并对其翻译才能进行了高度赞扬。[2] 马礼逊也
不负马地臣重托, 从第二期《广州纪录报》起就积极撰稿, 直到去
世为止。其所写文章主要取材于"京报"等抄报。作为回报, 马地
臣每年给马礼逊指定的慈善机构捐助 300 银圆善款。受马礼逊影响,
其子马儒翰从小就学习中文, 十六岁时已经在广州商馆为在华英商
翻译中文文件了。1832 年怡和洋行试图向北方售卖鸦片时, 需要翻
译人员随"气仙号"飞剪船北上, 马儒翰曾希望得到这份工作, 但
最终渣甸选择了另一个翻译人员郭士立。1833 年马儒翰出版《中国
贸易指南》[3] 一书, 书中吹捧《广州纪录报》是由"自由商人"为了
倡导所谓的"自由贸易"而创办并维持下去的。

　　1833 年《广州纪录报》开始发行增刊《广州行情周报》(*The
Canton General Price Current*)。1835 年《广州行情周报》首次获得一
位中国订户。1836 年第一期《广州纪录报》对此进行了大肆宣扬。
1836 年怡和行将丹麦馆的五间商馆转租给时任《广州纪录报》编辑

---

　　① 　约翰·施莱德: John Slade, 此人粗懂汉语, 1816 年随阿美士德使团抵达中国,
此后长期居住广州。

　　② 　怡和档案, "广州 357", 1832 年 10 月 30 日, "詹姆士·因义士致马地臣函"。
张馨保,《林钦差与鸦片战争》, 第 233 页。

　　③ 　《中国贸易指南》: *A Chinese Commercial Guide*: *consisting of a collection of details
and regulations respecting foreign trade in China*。

的约翰·施莱德，每年租金 2000 银圆。[1] 由于外国人对中国情形不太熟悉，因此《广州纪录报》个别内容存在失真，比如曾报道广州有座长 5940 尺、宽 104 尺的大桥；中国山与山之间往往有成千上万座桥；中国南方一古城竟然有 12,000 座桥，而另一份英文报刊《中国丛报》则较少出现这种现象。[2]

　　1839 年迫于林则徐禁烟形势，《广州纪录报》迁往澳门，改名为

《广州纪录报》（1827 年 11 月 8 日创刊号封面）（图片来源：伍中梅《中国第一份英文报纸〈广州纪录报〉研究》）

《广州纪录报》（1828 年 3 月 3 日首份增刊）（图片来源：伍中梅《中国第一份英文报纸〈广州纪录报〉研究》）

---

　　① 怡和档案，"广州 475"，1836 年 7 月 16 日，"亚力山大·马地臣致施莱德函"。张馨保，《林钦差与鸦片战争》，第 230 页。
　　② 仇华飞：《神治文与〈中国丛报〉》。参见《历史档案》2006 年第 3 期，《历史档案》杂志社。

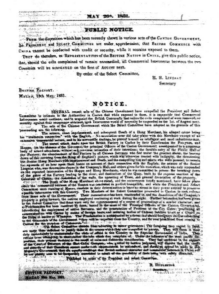

《广州纪录报》（1831 年 5 月 26 日首份号外）（图片来源：伍中梅《中国第一份英文报纸〈广州纪录报〉研究》）

1843 年 6 月 30 日，迁港更名后出版的第一期《香港（原广州）纪录报》（图片来源：伍中梅《中国第一份英文报纸〈广州纪录报〉研究》）

《澳门杂录》。1843 年《澳门杂录》迁往香港，改名为《香港纪录报》（*Hongkong Register*），对香港日常事务进行了详细报道，反映了香港生活的方方面面。1863 年该报停刊。

1839 年林则徐在广东禁烟时，认识到"欲制外夷者，必先悉夷情"①，于是组织编译有关西方国家政治、经济、军事等方面的英文资料，最终汇成《澳门新闻纸》。《澳门新闻纸》主要是从《广州纪录报》《广州周报》和《中国丛报》等报纸中摘编翻译而成。林则徐还曾将《澳门新闻纸》中的部分内容进呈给道光皇帝。

---

① （清）林则徐：《林则徐集》[奏稿（中）]，"东西各洋越窜外船严打惩办片"，中华书局 1965 年版，第 649 页。

二、"在华实用知识传播会"首届会长

马地臣在经商之余，一直对中西方文化交流抱有浓厚兴趣。他曾购买了一本马礼逊编著的《汉语语法》(*Grammar of the Chinese Language*)及其他三本中文字典。在华居住数十年的马地臣、渣甸等外商可以与使用"广州英语"的中国人进行沟通。但遗憾的是，正是由于"广州英语"这种简单交流方式的存在，阻碍了大多数在华外商对汉语和中国人对外语的深入学习，妨碍了双方之间深层次的语言交流，也遏制了中外文化的交流和理解。不辨门径，何窥堂奥？裨治文就曾指出："几乎没有哪个外国人肯花一小时时间学习中国人的语言，双方的交往如此有限，只会导致双方在仁慈、同情、尊重和友谊等方面完全隔绝。"①不仅外国人较少了解灿烂丰富的中华文化，马地臣在对华贸易过程中也发现，虽然中华文化博大精深，但中国人对外国知识尤其是西方先进科学技术和艺术等方面的了解相当匮乏。

1826 年英国教会和文化界人士在伦敦成立"英国实用知识传播会"(Society For the Diffusion of Useful Knowledge in England)，目的是向英国民众传播基督教和自然科学知识。经过薄利多销的超低价发行策略，"英国实用知识传播会"的出版物获得了巨大发行量和民众的广泛欢迎。"英国实用知识传播会"的影响力逐渐扩大。1833 年和 1834 年《中国丛报》均有文章提及该团体，并建议在广州建立类似组织。

---

① 《中国丛报》(*Chinese Repository*)第 4 卷，第 429 页。韦尔什，《香港史》，第 63—64 页。

1834年郭士立提议效仿"英国实用知识传播会"的组织形式，在广州成立"在华实用知识传播会"（Society for the Diffusion of Useful Knowledge in China）。11月29日以马地臣为首的英美商人和来华传教士在广州英国商馆举行会议，讨论郭士立的提议。会议由奥立芬①主持，约翰·施莱德为会议秘书。大会决定正式成立"在华实用知识传播会"，选举马地臣为首届会长，奥立芬任司库，因义士、滑摩②、福克思③任执行委员会委员，郭士立、裨治文任中文秘书，马儒翰任英文秘书，英国驻华商务监督德庇时和各国驻广州领事被推选为名誉会员。

12月3日"在华实用知识传播会"召开会议，制订了宗旨和章程。该会自我标榜主要宗旨是廉价出版中文书刊以传播除政治宗教以外的西方实用科学和艺术知识，打破中国人封闭自大的观念，启迪中国人民的智慧。该会宣称："我们现在做这个实验，是在把天朝带进与世界文明各国联盟的一切努力失败之后，她是否会在智力的炮弹前让步，给知识以胜利的棕榈枝。我们路途的终点是遥远的，壁垒是很高的，路途是崎岖的，通道是艰巨的。因此，我们的前进可能是缓慢的。"④强烈的文化优越感让马地臣等人对传播西方实用知识不遗余力，其目的当然不仅仅是为了传播文化，更重要的是获得

---

　　①　奥立芬：David W.C.Olyphant，美国商人，传教事业赞助人。1820年奥立芬来华经商，1827年在广州创办"Olyphant & Company"（同孚洋行）。1829年奥立芬资助裨治文来华传教。1832年《中国丛报》创刊，奥立芬提供开办费和印刷场所。1835年8月26日在奥立芬资助下，英国传教士麦都思和美国传教士司梯文思（Edwin Stevens）乘坐其公司"休伦号"（Huron）商船从黄埔港出发北上考察中国沿海地区，四处散发宗教书籍，造成巨大影响。1851年奥立芬在回美国途中病逝。

　　②　滑摩：W.S.Wetmore，美国商人。

　　③　福克思：Thomas Fox，英国商人。

　　④　顾长声：《传教士与近代中国》，上海人民出版社1981年版，第37页。

武力胁迫所难以获得的友好、稳定、安全的营商环境。拿破仑曾经说过：世上只有两种力量——利剑和思想；从长而论，利剑总是败在思想手下。马地臣在鼓吹对华战争的同时，也不忘使用思想作为武器，直接向古老中国"宣战"。

但显然马地臣有意无意地忽略了侵略者的虚伪性。1842 年 9 月 1 日《广州纪录报》(已改名为《澳门杂录》)报道英军兵临南京城下时，士兵们为了收集战争纪念品，纷纷从位于城郊的大报恩寺琉璃塔上撬取瓷片。为了营造良好的和谈环境，璞鼎查派出一支队伍前去保护这座塔，并赔偿了 4000 元。[①] 报道发表时，《南京条约》已于 8 月 29 日签订。《澳门杂录》对英军在周山、镇江等地滥杀无辜、洗劫城镇的暴行鲜有揭露，却报道英军主动保护中国古迹，以凸显英军是文明之师，不免矫饰做作、欲盖弥彰。如果说 1842 年 8 月英军主动保护南京大报恩寺塔，尚有一点点文明的意识，那么仅仅 18 年后，1860 年 10 月英法联军就火烧圆明园、洗劫北京城，所谓"文明之师"的做派究竟到哪里去了？

"在华实用知识传播会"存在的五年多时间里，印行了历书、英美各国历史、犹太史等中文书籍。[②] 1835 年"在华实用知识传播会"续办已休刊的《东西洋考每月统记传》[③]。《东西洋考每月统记传》是第一份在我国本土出版的中文报刊，也是出版时间最长的一份近代

---

① 韦尔什，《香港史》，第 148 页。

② 罗荣渠：《论美国与西方资产阶级新文化输入中国》，《近代史研究》1986 年第 2 期，第 55 页。

③ 《东西洋考每月统记传》于 1833 年 8 月 1 日由郭士立在广州创刊，其前身是《察世俗每月统记传》。1834 年出版第 10 期后休刊，1835 年 2 月复刊，出版 6 期后再度休刊。目前可见到的最后一期出版于 1838 年 7 月。《察世俗每月统记传》是 1815 年 8 月 5 日米怜在马六甲主编的免费宗教月刊，是世界上第一份中文报刊。

郭士立

裨治文

中文报刊。郭士立曾对该报刊开办目的做了说明："这个月刊是为了维护广州和澳门的外国公众的利益而开办的。它的出版意图，就是要使中国人认识我们的工艺、科学和道义，从而清除他们那种高傲与排外的观念。刊物不必谈论政治，也不要在任何方面使用粗鲁的语言去激怒他们。这里有一个较为巧妙的表明我们并非'蛮夷'的途径，这就是编者采用摆事实的方法，让中国人确信，他们需要向我们学习的东西还是很多的。"[①] 这也正是"在华实用知识传播会"的宗旨。"在华实用知识传播会"后来将以前出版的 12 期《东西洋考每月统记传》结集合成两卷，重印 1000 册，在新加坡出版。

　　虽然"在华实用知识传播会"出版的《东西洋考每月统记传》在广东受到冷遇，很少会有中国人出资订购，但通过外国人大量派发，客观上促进了西方科学知识在中国的首次传播，开拓了中国人的视

---

　　①　方汉奇：《中国新闻传播史》，中国人民大学出版社 2009 年版，第 49 页。

野，引发了中国知识分子对西学的关注和思考，并通过中国知识分子的研究和论著，在更大程度上扩大了西学的影响范围。据研究，魏源编纂的《海国图志》引用《东西洋考每月统记传》文字达 28 处，徐继畲《瀛环志略》、梁廷枏《海国四说》也参考了报刊相关内容。

"在华实用知识传播会"是广州外侨自发成立的各类社团中规模较大的一个，会员最多发展到 83 人，召开过 4 次年度大会。马地臣、渣甸、特纳、记连等人先后担任会长，马地臣还连任两任司库。会长和司库等职责主要是筹集经费，马地臣、渣甸等人也确实在经济上积极赞助该会。1838 年"在华实用知识传播会"活动趋于停顿，《东西洋考每月统记传》停刊。1839 年由于马地臣等部分会员积极参与侵华战争，"在华实用知识传播会"自行解散。

三、"广州英国商会"首届主席

第一次鸦片战争前，清政府规定西方国家的外商只能在广州口岸与十三行行商进行大宗货物贸易。[①]为了避免因竞相争揽外商生意，而导致行商整体利润降低，早在 1720 年广州十三行就成立了行会性质的组织——公行。虽然早期公行时散时复，但最终得到清政府许可，协助广东地方当局居中办理因对外贸易产生的涉外事务，如商品贸易、货税征收、贡使往来、航线划定、夷商监管等，有效

---

① 马士《东印度公司对华贸易编年史》（第 4 卷）第 327 页《特选委员会致印度大总督公函的摘录》称："在上谕规定对外贸易只限于广州的多年之后，我们的船只除到广州外，还常常驶往其他口岸，后来只是由于当地交易的苛刻，才没有这样做。"

维护了行商自身和十三行整体利益。为了与公行对等交涉，外商群体也一直酝酿着在广州成立行会组织。1833 年英商哥达德（James Goddard）在《中国丛报》上发表文章宣称只有成立行会组织，才能与广东地方当局进行有效沟通。①

1834 年英国驻华商务总监督律劳卑对广东地方当局采取较为强硬的措施，引发了中英关系紧张局面，造成中英贸易一度停滞。广东当局要求律劳卑在交涉中英贸易事务时只能通过十三行公行转达，但律劳卑根据英国外交部训令，谋求与广东地方当局进行直接对话和磋商，拒绝通过十三行商人与广东当局进行间接联系。正在双方僵持期间，8 月 5 日《广州纪录报》刊登一封读者来函，提议英国在华商界成立商会组织，使之成为商务监督与中国政府联系的桥梁，从而构建对等的外交渠道：英国驻华商务监督—英商行会组织—广州十三行公行—广东地方当局。虽然该外交渠道中商务监督没能与广东地方当局实现直接的官方联系，但通过商会，英国驻华商务监督的官方地位得以维护，这倒是一个较好的折中措施。况且，随着中英贸易停滞日久，在华英商逐渐分裂成强硬和温和两派势力，分歧严重。

受《广州纪事报》读者来函的启发，为了联合广州英商，8 月 16 日律劳卑组织在广州的"全体英国臣民"召开大会。律劳卑在会上提议成立"广州英国商会"（The British Chamber of Commercial of Canton），主要目的是将"意见分歧和相互之间有恶感"的广州英商组织起来，确保广州英商的一致行动，并通过商会打破中英贸易僵局。8 月 25 日广州英商在"英国商务监督处"（原东印度公司商馆）召开大会，讨论哥达德起草的商会章程。马地臣、颠地、特纳、波义德和打打皮等 5 人组成委员会进行审议。

---

① 《中国丛报》第 2 卷，第 359—360 页。

9月5日律劳卑致函筹备中的"广州英国商会"，声称其下令调遣快速战舰至黄埔，是为了"保护东印度公司的库存、广州的英国臣民和他们的财产"。但据9月29日东印度公司广州代理商丹尼尔·史密斯和杰克逊向伦敦董事会提交的报告，当时广州英商并不需要英国海军的特别保护，因为广东当局并没有进攻英国人的意图；而且快速战舰的到来，并没有起到恐吓广东当局的效果。9月8日筹备中的"广州英国商会"根据律劳卑的指示，发布公告，列举了二百年时间里英国商人与中国地方官员直接联系的例子，以此抨击两广总督卢坤种种不合理的谕令。公告对英国两艘战舰袭击虎门炮台进行了辩解，声称战舰将进入广州，为维护英商利益而战斗到底，一切后果由广东地方当局负责。

9月11日"广州英国商会"正式宣布成立，马地臣被推选为商会首届主席。商会随后制订了24条《章程》，宣称商会成立的目标一方面是协助商务监督与地方当局进行沟通；一方面是对英商之间的纠纷进行居间仲裁。商会还自称负有防止本地贸易恶化并为此索赔的责任。因此商会自筹备起就成为英国驻华商务总监督律劳卑与两广总督卢坤进行交往的居中渠道，具有明显的政治色彩。但是，由于宝顺行的颠地与怡和行的马地臣、渣甸在商业上长期竞争、相互交恶，在对华关系的看法上存在较大分歧，因此以颠地为首的一些英商不断抵制以马地臣为主席的"广州英国商会"。商会成立之前，颠地等人就建议推迟设立。只不过由于律劳卑强力推动和外商与广东地方当局进行沟通的客观需要，虽然颠地等人有不同意见，商会仍然按计划成立。

10月律劳卑因病在澳门逝世后，颠地等人旧调重提，拒绝承认"广州英国商会"的合法性并明确表示不参加商会。10月24日马地臣以"广州英国商会"主席的名义写了一封致商务监督德庇时、罗宾臣① 等人的信,11 月 3 日商务监督们对马地臣进行了回复。马地臣的信和商务监督们的复信在《广州纪录报》公开发表后,遭到了颠地、怀特曼、打打皮等人的质疑和反对。11 月 15 日他们致信德庇时、罗宾臣、阿斯特尔（J.H.Astell）三位商务监督,宣称不承认在广州成立过英国商会组织,马地臣等人的意见不能代表全体在华英商。对于这种言论,马地臣等人进行了"有理""有据""有节"的驳斥。商会秘书波义德以马地臣名义致信德庇时,指出商会是经过律劳卑批准后合法成立的,呼吁颠地等人遵守商会议事规程。1835 年 1 月13 日"广州英国商会"召开大会,对全体英商释放善意,决议鼓励所有在华英商积极加入商会,并表示出要联合、不要分裂且可以吸纳不同意见的姿态。上述决议多次在《广州纪录报》上刊登。②

　　尽管马地臣等人希望"广州英国商会"能够获得全体英商的承认和拥护,但以颠地为首的部分英商始终认为这个英国商会是迫于律劳卑引发的紧张政治形势而仓促设立的,与其说是在华英国商人的商会,不如说是"律劳卑的商会";不仅无法保持政治中立,更不能起到公正的仲裁作用,因此不能真正维护全体英商的商业利益。英国驻华商务监督们既不像颠地等人那样极力否认商会的合法性,也不像马地臣等人那样极力鼓吹商会的代表性。他们采取了保持现状、"和稀泥"的态度,甚至连用仲裁方式调解贸易纠纷的初衷也没有付诸实施。这让马地臣等人十分不满。

　　此后两年时间内,在颠地等人的抵制下,"广州英国商会"虽然一直存在,但所发挥的作用十分有限。1836 年"广州英国商会"被

---

　　① 罗宾臣：George Robinson，又译为"罗治臣"。

　　② *Supplement to the The Canton Register*，December 9th，1834. 吴义雄：《"广州外侨总商会"与鸦片战争前夕的中英关系》(《近代史研究》2004 年第 2 期)。

新成立的代表在华全体外商的行会组织"广州外侨总商会"所取代。

1839 年 8 月 3 日已随义律退居澳门数月的英国商人，在英国商务监督署召开会议，讨论重新成立英国商会。随后成立了由马地臣任主席、司格特任秘书的临时商会。10 月 22 日，临时商会在澳门的英国商务监督署内协助义律同林则徐派遣的行商进行谈判，达成了英国商船可以在虎门口外、穿鼻洋面进行贸易的相关协议并约定了交易方式和贸易细节。但此后广东局势急剧恶化，贸易协议未能得到实施，临时商会也解散了事。

四、"广州外侨总商会"首届主席

19 世纪 30 年代中期之后，随着清政府禁烟和打击走私的政策越来越严厉，外国商人与广东地方当局的摩擦越来越多。为了维护切身利益，各国外商纷纷"抱团取暖"，自行成立各种组织，比如"各国商人驻粤小理贸易事务""各国散商驻粤办理贸易事务""英吉利国驻粤散商等会议贸易事务会馆"等。但这些自创机构不具有权威性和号召力，影响力往往较小。于是，要求建立一个能够维护全体在华外商利益的非官方组织的呼声越来越高。鉴于"广州英国商会"难以发挥应有作用，颠地等人便大造舆论，利用《广州周报》等报刊提出设立外国商人广州总商会的构想。

1836 年 11 月 28 日具有广泛代表性的"广州外国居民全体会议"在广州召开。据 11 月 29 日《广州纪录报》报道，此次会议十分成功。颠地率先发言，马地臣紧随其后。两人致辞中互相致意，均表示愿意消除彼此分歧、握手言和。会议的第一项动议即讨论通过颠地提出的关于成立"广州外侨总商会"（General Chamber of Commerce of Canton）的建议。第二项动议是讨论通过马地臣提出将总商会限定于纯商业方面的建议。[①]会议决定成立由 13 人组成的委员会，承担商会日常事务。11 月 30 日"广州外侨总商会"选举出第一届委员会，马地臣为首届主席，滑摩任副主席。

　　1837 年 1 月"广州外侨总商会"公布章程，对该会宗旨、运作方式、各委员会职责进行了详细规定。马地臣等人最初提议"广州外侨总商会"的活动范围只限于商业领域，不要涉及政治性或外交性事务，但在当时的情况下，开展对华贸易就不可避免地会涉及外交事务。因此，随着商业贸易引发的中外交涉事务增多，数年前"广州英国商会"所致力打造的居间交往渠道，逐渐改为"英国驻华商务监督—广州外侨总商会—广州十三行公行—广东地方当局"的模式。

　　这其中，还有一段小插曲。虽然"广州外侨总商会"里英国商人占多数，但该商会毕竟是全体外国人的商会组织，因此英国驻华商务监督义律希望能够在商务监督和外侨总商会之间有一个仅由英国商人代表组成的委员会，作为与他联系的渠道。1 月 20 日渣甸主持召开广州英商大会，投票决定成立义律所提议的联系委员会。1 月 24 日经过广州英商选举，马地臣、颠地、吉布、特纳和布伦金五人组成"广州英侨与商务监督联系委员会"。该委员会做出决议，一方面未经英商全体会议同意，委员会不得联系中国官方或行商；但另一方面委员会可以就任何问题在任何时间召集英商全体会议征询意见。这项决议在一定程度上扩大了委员会的权力，与义律原先设想

---

① "*General Chamber of Commerce*"，*The Canton Register*，November 29th，1836. 吴义雄：《"广州外侨总商会"与鸦片战争前夕的中英关系》（《近代史研究》2004 年第 2 期）。

的联系渠道迥然不同。所以义律不认可该委员会，只委托渣甸用私人关系征求广州全体英商对个别事务的意见。1 月 30 日马地臣、因义士等部分英商召开会议，宣称由于广州英商选举出来的"广州英侨与商务监督联系委员会"没能获得商务监督的认可，而且商务监督反对委员会 1 月 24 日做出的决议。因此除非得到授权，委员会将不与义律产生联系。此后，"广州英侨与商务监督联系委员会"便鲜见于史籍，估计不久就无疾而终了。①

1837 年 2 月 11 日义律通知马地臣等人，外交大臣巴麦尊已于 1836 年 7 月 22 日批准驻华商务监督的中文秘书马儒翰派驻广州，为"广州外侨总商会"提供中文翻译服务。这体现了英国政府对该商会的认可。为了更好地发挥渠道作用，1837 年"广州外侨总商会"购买了原东印度公司商馆的一座建筑作为会所。虽然"广州外侨总商会"是外商自发成立的行会组织，其规则和章程在法律层面上没有强制约束力，但由于受到外商拥护，也被英国驻华商务监督所支持，因此在制订商业活动规则、调解仲裁商业纠纷、编制贸易统计报表、联络南洋等地商会、交涉广东地方当局、维护外商合法权益等方面发挥了重要作用。1838 年 3 月 21 日广州英国商人召开全体会议，要求"广州外侨总商会"通过位于伦敦的"印度与中国"协会，联合各地英国商会，向英国外交大臣巴麦尊上书请愿，促使其采取谈判或其他手段，使得中英商业关系处于安全和令人满意的状态。②1838 年 10 月广州十三行公行致函"广州外侨总商会"，称天宝行梁承禧欠债较多，提醒外商与其交易时不要借贷给他，务必要其现金支付

---

① 吴义雄，《条约口岸体制的酝酿》，第 53—55 页。
② 吴义雄，《条约口岸体制的酝酿》，第 294 页。

进口货款，否则天宝行一旦破产，其他行商将拒绝分摊其债务。[①]11月2日"广州外侨总商会"召开第二次全体大会，未满20岁的费伦被正式聘任为总商会受薪译员。[②]11月27日行商致函"广州外侨总商会"，提醒外商不要使用舢板船将鸦片偷运至十三行商馆，一经发现，便上报督宪将其驱逐出馆，并公之于众，永不与其贸易。[③]经过义律和"广州外侨总商会"反复交涉，广东当局允许外商具结保留7艘舢板船，作为交通艇来往澳门与广州商馆之间。这7艘舢板船，需领取粤海关核发的牌照，因此被称为"奉牌舢板"。12月20日、28日"广州外侨总商会"主席林赛两次致信行商，代表总商会承诺只将"奉牌舢板"用于合法范围内，决不从事任何非法运输。总商会还在报纸上刊登告示，要求外商严格遵守清政府禁令，不要走私鸦片。[④]"奉牌舢板"措施并未实施多久，就被新到的钦差大臣林则徐叫停。因为他认为外商并没有严格遵守承诺，"奉牌舢板"以合法的名义从事非法之事，"旧冬三板船七只，因该商等屡禀，甫经准行，乃漏货物者有之，带火药者有之"[⑤]。

　　1839年3月18日刚到广州8天的林则徐发布谕令，通过行商要求外商呈缴鸦片。3月19日"广州外侨总商会"派出前商会主席马

---

　　① "Kingqua's Hong, *Letter from the Hong merchants to the Committee of the Chamber of Commerce*", *The Canton Register*, October 23rd, 1838. 吴义雄，《条约口岸体制的酝酿》，第322页。

　　② 见《广州纪录报》，1838年11月6日。关诗珮：《翻译与调解冲突：第一次鸦片战争的英方翻译者费伦（Samuel T. Fearon，1819–1854）》，第56页。

　　③ "A Respectful Communication, *To the Honorable the Chamber of Commerce*", *The Canton Press*, December 1st, 1838. 吴义雄，《条约口岸体制的酝酿》，第421页。

　　④ 吴义雄：《邓廷桢与广东禁烟问题》，《近代史研究》2008年第5期。

　　⑤ （清）林则徐：《林则徐全集》第5册，"文录"，海峡文艺出版社2002年版，第115页。

地臣和颠地、单耶厘、打打皮、记连^①、滑摩等人，前往靖远街北部尽头对面的十三行公所^②与行商会面。行商将林则徐关于收缴鸦片并具结的谕令告知他们，并要求三天内答复。3月21日总商会召开会议，讨论如何答复林则徐。商会主席滑摩、副主席福克斯提议回复说伶仃洋上的鸦片都是印度委托人的财产；广州外商从事的是代理生意，无权上缴委托人的鸦片，但可以保证不将鸦片运到广州销售。颠地也极力反对缴烟，建议拖延时间，视事态发展再作回复。他还建议成立一个委员会专门研究当前形势。美国商人查尔斯·金则认为行商正在承受林则徐施加的巨大压力，随时有丧命之虞，外商不应该见死不救。滑摩和福克斯共同起草了一份供理事会表决的草案，由滑摩亲笔撰写。经过投票表决，颠地的意见获得了大多数外商的支持。总商会指定成立了两个委员会，用于商讨和报告应对策略。马地臣建议："在禀中（按：用于回复林则徐）应当提示，一个重要的事实是，最近五个月在广州没有卖出一箱鸦片。"^③

1839年3月广州外侨总商会为回复林则徐缴烟令而拟订的理事会表决草案原稿（商会主席滑摩亲笔撰写）

当天下午，行商面见林则徐，向其报告"广州外侨总商会"的意见。林则徐对

---

① 记连：John C.Green，美国商人。

② 亨特《广州番鬼录·旧中国杂记》第35页记载："公所是行商的公产，靠行商拨款来维持。任何与外国贸易有关的事都需要通过公所，例如订立新规，或重申旧规，或修改税则时，都请'大班'即外国商馆的负责人来这里与行商商议。"

③ 张馨保，《林钦差与鸦片战争》，第160页。

外商拖沓推诿的态度极为不满，要求行商通知外商在 3 月 22 日上午
之前缴出鸦片，否则就要问斩伍浩官和卢茂官。当晚十点，"广州外
侨总商会"紧急商议，并向伍浩官、卢茂官、吴爽官、潘海官、谢
鳌官等行商了解林则徐当天的会面情况。① 经过激烈讨论，总商会决
定改变上午的决议，象征性地缴出少量鸦片② 来敷衍林则徐并同意签
署不再从事鸦片贸易的甘结，企图蒙混过关。

　3 月 25 日，马地臣等部分鸦片商贩共同签署了一个甘结，保证
不再来中国贩卖鸦片。但对于林则徐提出的诸如缴纳所有鸦片和保
证所有来华外商均不夹带鸦片的要求，马地臣等人认为无法照办，
建议交由各国领事或代表处理。声明如下：

"驻粤各国商人通禀钦差大人，为恭敬禀覆事：

　兹维肃奉钧谕，业经由洋商等禀请宽限，另自禀覆。
窃远商等既奉大皇帝严申约禁，已知上谕剀切，断不敢将
鸦片一项稍行贩卖，永不敢以鸦片带来中国，缘此出结为
凭，此皆远商等重信之实情也。至钦差大臣谕内指及之情，
多涉紧要最重之事，在远商极难理论。是以禀恳大人，将
此各情示与远商各国之领事、总管等自行办理。望大人恩
准所求。为此谨禀赴钦差大人台前查察施行。"③

① 张馨保，《林钦差与鸦片战争》，第 270 页。
② 外商拟缴出 1037 箱、价值 72.5 万银圆的鸦片。其中，伍浩官以旗昌洋行名
义出资认缴 150 箱、价值 1.05 万元的鸦片。参见亨特《广州番鬼录·旧中国杂记》，第
138 页。
③ 林则徐，《信及录》，第 32—33 页。转引自郭德焱，《巴斯商人与鸦片贸易》，
《学术研究》2001 年第 5 期。注：外商签署日期为 3 月 25 日，林则徐收到日期为 3 月
27 日。

联署声明的外商包括马地臣、颠地、滑摩等共计 42 人，其中巴斯商人 20 人。这种不痛不痒的空头声明当然不能让林则徐满意，他愤而拒绝了"广州外侨总商会"关于缴纳少量鸦片的提议。不过，此后林则徐不再以判处绞刑来威胁行商。

4 月 5 日下午浩官、茂官将林则徐拟定的甘结提交给"广州外侨总商会"总委员会。此时，义律已与其他外商一起被圈禁在广州商馆。"广州外侨总商会"认为不应该继续承担外交事务。4 月 8 日总委员会在滑摩住处召开会议，经过狄拉（Delano）提议，会议通过一份决议并由滑摩转告行商。决议重申"广州外侨总商会"是纯粹商业性的民间团体，不应该卷入与广东当局有关的任何政治和个人事务中；而且既然在华外商均已被圈禁在商馆，对华贸易已经中断，总委员会就应该停止运作，"直至贸易、出境自由和水上交通恢复，使该商会能以合法的方式为公众服务时止"[1]。此后，林则徐不再将"广州外侨总商会"作为交涉对象，转而希望由"居各国商人之首"的英国驻华商务监督义律代表外商签署甘结、做出承诺。

鸦片战争期间，"广州外侨总商会"虽然名义上存在，但已经无法发挥多少作用。1841 年 8 月 10 日义律卸任驻华商务监督，乘坐"克莱德号"离开香港。马地臣受"广州外侨总商会"委托，送给义律一封感谢信："我们很高兴在您离开的时候能有机会吐露感情……我仍打算（在澳门）为您践行。"尽管马地臣对义律的政策褒贬不一，但义律毕竟是执行了英国政府对华战争的指令，并取得了一定效果。因此总体来说，马地臣很感激义律带来的一系列变化。此后，"广州外侨总商会"被无限期休会，实际就是自行解散。

---

① 〔美〕马士著、张汇文等译：《中华帝国对外关系史》（第 1 卷），商务印书馆 1963 年版，第 210 页。

五、"在华海员之友联合会"委员

随着海洋贸易的快速发展，人数众多的海员群体的生活、工作状况引起了越来越广泛的关注。为了提高海员福利，世界各地的一些慈善机构陆续建立。1839 年 1 月 3 日一批英美商人、传教士在广州美国商行召开会议，决定成立"在华海员之友联合会"（Seamen's Friend Association in China）。参会人员主要有：记连、滑摩、哈撒韦（F.S.Hathaway）、查尔斯·金、塔尔博特（W.R.Talbot）、豪兰（W.Howland）、布拉德福（C.F.Bradford）、布尔（J.M.Bull）、裨治文、伯驾、特纳、莱斯利、克拉克（Clarke）、李太郭、迪金森（Rev.J.T.Dickinson）、豪（J.How）、马儒翰，共计 17 人。此次会议成立了制订协会章程的委员会，选举马地臣、颠地、记连、特纳、查尔斯·金、克拉克、豪兰、马儒翰、克鲁瓦（St.Croix）等 9 人为委员会委员。①

1 月 7 日"在华海员之友联合会"召开全体大会，通过了协会章程，并选举马地臣、裨治文、滑摩、特纳、莱斯利、豪、查尔斯·金、洛（Low）和蒂德曼（Tiedeman）等 9 人为该年度的执行委员会委员。1 月 22 日《广州纪录报》刊载了该会章程。章程宣称成立该会的目的是提高抵达中国水域的所有外国海员的福祉。该会发扬慈善精神，鼓励对海员进行捐赠，所有有志于帮助海员的人均可成为会员。但该会成立不久，就被外国教会当作在华传教的媒介。在针对来华海员基本情况进行问卷调查时，"在华海员之友联合会"

---

① 参见张坤《鸦片战争前在华英美海员福利机构及其活动》，《暨南学报（哲学社会科学版）》2011 年第 1 期。

往往会连带调查海员拥有《圣经》等宗教书籍的数量和参加神职人员训导的情况。

"在华海员之友联合会"对外国来华船员福祉的提升起到多大的作用，目前难以考证。毕竟其持续时间较短、影响力较小，而且很快就随着中英冲突加剧和第一次鸦片战争的爆发，悄然湮没于历史洪流之中。

六、"刘易斯岛"岛主

1842 年马地臣返回英国。在中国从事 20 多年的鸦片贸易，马地臣攫取了数量惊人的财富。1844 年马地臣花费 19 万英镑买下刘易斯岛（Isle of Lewis），成为当时英国仅次于女王的大地主。该岛位于苏格兰西海岸外赫布里底（the Outer Hebrides）群岛，是群岛中最大的岛屿。其西海岸有一处十分壮观的卡拉尼什巨石阵（Callanish Stones），是英国除了英格兰埃姆斯伯里（Amesbury）巨石阵之外最大的巨石阵。该巨石阵建于公元前 2900—前 2600 年，由 13 块岩石构成直径 13 米的圆圈。考古学家认为，巨石阵有可能是青铜时代的祭祀场所。可见，很早就有人类在刘易斯岛上生产生活。

马地臣收购刘易斯岛时，预计每年可从农耕地中获得租金 9800 英镑。在此之前，爱丁堡的西弗斯信托公司（Seaforth Trustees）虽然已托管刘易斯岛 11 年，但业主和信托方均未对刘易斯岛进行良好的投资建设。[①] 马地臣购买之后，制订了宏伟的建设计划并投入巨资

---

① Richard J. Grace：*Opium and empire*，p310.

刘易斯岛西南海岸的卡拉尼什巨石阵

改善刘易斯岛的基础设施，包括修建排水沟渠、道路和港口等。从1845年到1850年，马地臣花费了 107,767 英镑用于刘易斯岛的开发。由于刘易斯岛上的土壤不符合园艺要求，马地臣便从苏格兰运来上千吨的泥土，改良刘易斯岛土质，以便于栽种花草树木。马地臣原计划改良近1000英亩的土地用于开垦耕地，但该计划于1850年饥荒时期被宣布中止。[①]

从1847年起，马地臣历时7年、耗资6万英镑在刘易斯岛上建造了一座仿都铎王朝时代风格的城堡——卢斯堡[②]。卢斯堡气势恢宏，具有锯齿状垛墙，由格拉斯哥（Glasgow）建筑师查尔斯·威尔逊（Charles Wilson）设计。马地臣对刘易斯岛的建设和发展付出了

---

① Richard J. Grace：*Opium and empire*，pp.311，313.

② 卢斯堡：Lews Castle，苏格兰盖尔语称为 "Caisteal Le ò dhais"。

卢斯堡（Lews Castle）

极大心血，被后世媒体认为创造了"该岛第一个繁荣的时代"[1]。1878年马地臣逝世时，刘易斯岛已建有 200 多英里路况良好的公路，他还留下 1500 英镑用于赞助尼斯港[2]的港口建设。

1917 年刘易斯岛地产包括卢斯堡被实业家莱弗汉姆勋爵（Lord Leverhulme）从马地臣家族手中购得。1923 年莱弗汉姆勋爵把卢斯堡交给当年设立的斯托诺韦信托基金管理。1939 年到 1945 年，第二次世界大战期间卢斯堡曾作为英国海军 700 航空中队飞行员和地勤人员的住所，以及海军医院。1948 年卢斯堡被出租给罗斯和克罗马蒂郡议会用于技术学院的学生住宿。1970 年卢斯堡被以 5000 英镑的价格售予郡议会，现已列入保护建筑名录。

①　Richard J. Grace：*Opium and empire*，pp.311，334.

②　尼斯港：Port of Ness，苏格兰盖尔语称为"Port Nis"。

射击队在卢斯堡外留影
（维多利亚时代英国上流社会兴起去高
地打猎垂钓的热潮）

邓肯·马地臣少校站在连接卢斯堡地面与湾
头（Bayhead）的石板路上（在地面修整完
毕之前，石板路构成通往前面 Ranol 村和
海湾的道路起点）

早期卢斯堡（堡有一个包含一个人工岛的大湖，后来在该岛建立了网球场和温室）

1880年7月马地臣的遗孀玛丽·简·马地臣①在卢斯堡的草地上为他竖立了一块纪念碑。纪念碑由法国芒通雕刻家 A. 维西（A.Vicyl）设计建造。纪念碑上详细记载了马地臣的生平事迹，还装饰天使、十字架和罂粟花等雕像以纪念马地臣从事鸦片贸易的"不凡"经历。2006年斯托诺韦社会福利基

刘易斯岛上的尼斯港

金和纪念馆业主方斯托诺韦信托基金对纪念碑进行了翻修。

纪念碑北侧铭文：

"詹姆士·尼古拉斯·萨瑟兰·马地臣，是唐纳德·马地臣上尉和妻子凯瑟琳·麦凯的第二个儿子，出生于莱尔格教区的锡内斯（Shiness）。

上述唐纳德·马地臣上尉，逝世于1810年，是几个世纪以来拥有锡内斯土地的数代人中的最后一代。上述詹姆士·N.S.马地臣曾在因弗内斯（Inverness）学院和爱丁堡高中接受教育。他在那里的同学有大卫·邓达斯爵士阁下、大卫·洛德·玛乔里－班克斯②（也是与其政见相左的

---

① 玛丽·简·马地臣：Mary Jane Matheson，原名 Mary Jane Perceval，玛丽·简·珀西瓦尔，1820—1896年。

② The Right Honourable Sir David Dundas：David Lord Marjory–Banks.

位于英国斯托诺韦城堡的马地臣纪念碑（建于 1880 年，2006 年重修）

马地臣纪念碑

马地臣纪念碑的罂粟花圈

班长）、罗伯特·克里斯蒂森从男爵、第二代布鲁厄姆和安东尼·阿德里恩·金托尔伯爵①。

17岁时，马地臣前往伦敦，在一家商行工作两年。19岁时，马地臣到达加尔各答，加入麦金托什会计行。在这个城市短暂逗留后，他来到中国，并在广州和澳门长期居住，成为著名的怡和洋行的创始人。

在他与渣甸合作时期，怡和洋行因恪守道义、诚实守信和允许所有人在东亚地区自由使用它的名义这一慷慨义举而赢得了很高的声誉。②除了1835—1836年短暂返回故土外，他一直待在中国直到1842年。

当他离去时，孟买的巴斯商人赠送给他一件价值15,000英镑的纪念盘，并在其上刻下了他们的感激之情和对他旺盛精力、坚定意志（仅凭这些就使他们能够脱离中英战争导致的商业困境）的敬佩之意。1840年在出生教区的阿哈尼（Achany）和格瑞德斯（Gruids），他通过购买房地产成为地主。

1842年他被选举为代表德文郡阿什伯顿市的议员之一，直到1847年离开此职位。随即，他被一致推选为代表罗斯和克罗马蒂联合郡（the combined counties of Ross and Cromartie）的国会议员。该选区包括刘易斯岛，这就使得马地臣可以在国会中保护自己的财产。他一直身居这个重要职位，直到1868年告老还乡。

---

① Sir Robert Christison, Bart: the Second Lord Brougham and Anthony Adrian, Earl of Kintore.

② 参见〔英〕蓝诗玲（Julia Lovell）著、刘悦斌译《鸦片战争》，北京新星出版社2015年版，第32—33页。

1843 年他娶了玛丽·简·珀西瓦尔，魁北克省斯宾塞木（Spencer Wood）迈克尔·亨利·珀西瓦尔（Michael Henry Perceval）先生之女。迈克尔·亨利·珀西瓦尔是下加拿大立法会议员 [1]；妻子安·玛丽（Ann Mary），是查尔斯·弗劳尔从男爵的长女。1844 年，马地臣增购刘易斯岛作为高原资产，并以此作为他的主要居住地。他奉献了漫长而有益的后半生用于改善该岛居民的生活条件。1850 年维多利亚女王陛下授予他大不列颠从男爵爵位以表彰他在 1845—1846 年大饥荒期间的卓越善举。

马地臣于 1866 年被任命为罗斯郡治安长官 [2]，而且是皇家学会院士、萨瑟兰郡太平绅士 [3]。1878 年 12 月 31 日，他逝世于法国芒通（Menton），享年 82 岁。"

纪念碑南侧铭文：

"悼念从男爵詹姆士·马地臣爵士。1796 年 10 月 17 日出生于锡内斯（Shiness）。1843 年 11 月 9 日在爱丁堡结婚。1878 年 12 月 31 日逝世于法国芒通。'干得好，你这又良善又忠心的仆人。'（马太福音，25：21）"

---

① 下加拿大：Lower Canada，1791 年至 1841 年间以圣劳伦斯河与圣劳伦斯湾两岸为管辖区域的英国殖民地。其管辖的范围包含现在加拿大的魁北克省南部、纽芬兰与拉布拉多的拉布拉多地区。

② 1866 年 6 月 27 日至 1878 年 12 月 31 日马地臣被授予"罗斯郡治安长官"（Lord Lieutenant of Ross-shire）荣誉称号。

③ J.P. and D.L.for native county Sutherlandshire.

纪念碑东侧铭文：

> "作为一个虔诚的基督徒，他所拥有那些乐善好施的特殊美德有口皆碑。他是上帝之子，毫无疑问生活在圣灵的影响之下。他本人是一个高大、英俊、相貌堂堂的男子，具有优雅、温和、仁慈的仪态和魅力十足、待人友善的可贵风度。"

纪念碑西侧铭文：

> "此碑附署玛丽·简·马地臣之名。在她丈夫的后半生里，她帮助丈夫从事造福刘易斯岛及其居民的慈善事业。在寡居的 18 年里，她努力践行了丈夫遗愿。3 月 19 日她逝世于伦敦。1896 年 3 月 26 日葬于莱尔格。'她做了力所能及的事。'（马可福音，14：8）"

1896 年玛丽·简·马地臣逝世后，葬于苏格兰莱尔格镇马地臣墓中。

从 1851 年到 1855 年，马地臣帮助 1771 人自愿移居刘易斯岛，也开启了斯托诺韦（Stornoway）地区工业发展的新时代。此后，经过数代人近 170 年的建设，刘易斯岛上建立起赫布里底群岛上的第一大城镇——斯托诺韦。现在，斯托诺韦已成为苏格兰高地第三大城市、重要的港口口岸和行政中心，以及著名的旅游城市。目前常住人口约 8000 人。

第 45 任美国总统特朗普的母亲玛丽·安妮·麦克劳德（Mary Anne MacLeod）于 1912 年出生在刘易斯岛一个名叫通（Tong）的

康特街角

---

　　① 以亨利·康特（Henry Caunter）先生的名字命名。他跟随詹姆士·马地臣从德文郡迁到斯托诺韦。他在刘易斯化工厂和相关产业的创立和发展过程中起到了关键作用。他也是研究化石的早期业余爱好者之一，于 1876 年被斯托诺韦码头和港口委员会（the Stornoway Pier and Harbour Commission）聘请起草了威廉·莫里森码头（William Morrison's Quay）和刘易斯酒店码头（the Lewis Hotel Quay）之间港口堤坝的延伸计划。1857 年他提议开辟连接斯托诺韦港和布罗德湾（Broadbay）的航道，原因是他正致力于在加拉博斯特（Garrabost）扩建黏土矿区以在那里采煤，当时媒体多有报道。他和他的小女儿居住在街角的屋舍里。这栋房屋被称为"米尔本小屋"（Millburn Cottage），现在称为"格伦住宅"（Glen House）。这张照片很可能是赶集日结束时拍摄的。右边的土地现在被卡波菲德酒店（The Caberfeidh Hotel）拥有，以前属于马诺尔农场（Manor Farm）。

斯托诺韦（Stornoway）

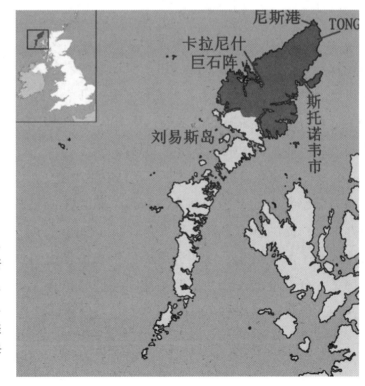

外赫布里底群岛、
刘易斯岛、尼斯
港、斯托诺韦市、
卡拉尼什巨石阵、
通村（第45任美
国总统特朗普的母
亲出生地）位置

村子里。这个村子距离斯托诺韦仅 3 英里的路程。玛丽的祖上世代为渔民和农夫，贫穷和寒冷曾长久地笼罩着她的家庭。"诟莫大于卑贱，而悲莫甚于穷困。"18 岁时，玛丽离开刘易斯岛漂洋过海前往美国。她肯定不会想到，从她踏上美国本土的那一刻起，她不仅改变了自己的命运，还将影响一个国家的历史。玛丽 24 岁时在美国嫁给了德裔地产大亨弗里德里克·特朗普（Frederick Trump），婚后生育了 5 个孩子。前美国总统唐纳德·特朗普（Donald Trump）是她第四个孩子。

七、英国从男爵

自 1845 年夏季起，马铃薯枯萎病病菌在爱尔兰[①]境内迅速传播，导致马铃薯产量急剧下降。由于英国政府救援不力并限制爱尔兰进口美洲粮食，爱尔兰高地出现了大面积饥荒。此次饥荒持续到 1852 年，爱尔兰人口锐减四分之一，约 100 万人因饥饿丧命，200 万人背井离乡，部分饥民涌入苏格兰刘易斯岛。

在"高地马铃薯饥荒时期"[②]，马地臣遭受了严重损失，但他仍然致力于慈善事业，一方面大力修建公路、建造码头、构筑堤防、开办学校，提供急需的就业和技能培训机会；一方面也慷慨赈济饥民。他购买了大量燕麦，以四分之一的市场价卖给租户。他进口马铃薯种子，分发给佃农，并把费用记在他们的租金账单上，允许他们用

---

① 此时爱尔兰为大不列颠和爱尔兰联合王国的一部分。
② 高地马铃薯饥荒期间：the Highland Potato Famine，又称为"the Hungry Forties"。

劳力或现金偿还。马地
臣还将自己的私人游艇
"玛丽·简号"免费提供
给 1847 年从赫布里底群
岛前往苏格兰南部劳动
力市场的季节性移民工
人使用。为帮助失业者
摆脱困境和缓解刘易斯
岛的人口压力，马地臣
甚至鼓励和资助 2000 多

1848 年马地臣夫妇捐建学校

名刘易斯岛居民移民加拿大。[1] 据学者统计：1846 年至 1851 年马地
臣在食物和种子上的花费，总计高达 3 万英镑；19 世纪四五十年代，
马地臣在各类项目和移民援助上总花费为 259，248 英镑。[2]1847 年
马地臣在下议院阐述自己对救济慈善的态度时称："我已经付出了很
大的努力，但我一直努力避免施舍。我所做的主要工作是向人民提
供工作，以避免无偿分配。"[3]

　　马地臣在饥荒年代的突出表现使他获得了广泛赞誉，其名望如
日中天。为表彰马地臣的善举，1850 年 12 月 31 日英国维多利亚女
王封他为"第一代刘易斯从男爵"[4]。从男爵是一项世袭荣誉，但却不
属于贵族爵位，因此马地臣在英国上议院并没有议席资格。

　　马地臣没有子嗣，其逝世后爵位断绝。

---

　　① Richard J. Grace：*Opium and empire*，p317.

　　② Richard J. Grace：*Opium and empire*，p313。

　　③ Testimony of James Matheson，Second Report of the Select Committee on Sites for
Churches（Scotland），House of Commons，1847，32.

　　④ 全称：Sir James Nicolas Sutherland Matheson，1st Baronet of Lewis。

八、"英国皇家学会"院士

17 世纪起，欧洲各国纷纷实行皇家科学院制度。这一制度对欧洲近代科技进步，具有重要推动作用。1660 年英国国王查理二世批准在伦敦设立"英国皇家学会"①。最初，学会的院士由选举产生，但大部分院士都不是专业科学家。因此，到了 18 世纪，英国皇家学会逐渐被权贵阶层所占据。

1803 年 4 月 28 日，年仅 22 岁的小斯当东在马戛尔尼勋爵、梅顿博士（Dr.Maton）等人的推荐和提携下，被推选为英国皇家学会院士，而此时小斯当东担任东印度公司文书才三年时间。这表明当时的皇家学会还不是真正意义上的科学家学会，一定程度上仍是会社性质。

1846 年 2 月 19 日默奇森（Rod I Murchison）、格莱内尔格（Glenelg）、小斯当东、劳伦斯（Wm Lawrence）、塞缪尔·华伦、塞缪尔·罗杰斯（Samuel Rogers）、罗斯（G. Rose）、克劳弗德（J. Crawfurd）、麦金农（W. A. MacKinnon）、阿诺特（N. Arnott）、霍兰（H. Holland）、参逊（Alex R. Johnston）、特威迪（A. Tweedie）、查斯·康尼格（Chas Konig）等人联名推选马地臣为"英国皇家学会"院士，推荐理由是表彰他"重视科学并急切地推动其发展"②。马地臣由此跻身英国一流科学家的行列，享有极高的社会荣誉。马地臣的候选资格证书显示，此时他正居住在伦敦克利夫兰街 13 号。

---

① 英国皇家学会：Royal Society，全称"伦敦皇家自然知识促进学会"，是世界上历史最长而又从未中断过的科学学会，在英国起着全国科学院的作用。

② Citation：attached to science & anxious to promote its progress. GB 117 The Royal Society，Ref No：EC/1846/09.

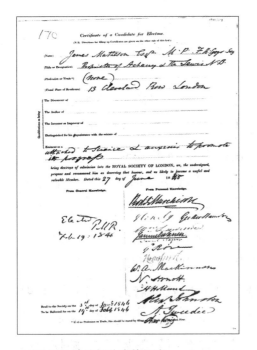

1846 年马地臣候选资格证书　　　　　　马地臣（英国皇家学会档案照片）

　　1847 年，"英国皇家学会"决定必须根据候选人的科学成就来决定是否获得院士提名，此后皇家学会才真正意义上成为科学家学会。1850 年英国政府开始资助皇家学会，以促进科研和添置器材。1853 年 3 月时任阿伯丁内阁内务大臣的巴麦尊勋爵也被推选为"英国皇家学会"院士。马地臣和巴麦尊，一个是商人，一个是政客，两人的入选不免让"英国皇家学会"院士的称号大打折扣。

　　马地臣还是"伦敦地理学会"会员。1830 年"伦敦地理学会"由 1788 年设立的"非洲内陆发现促进协会"和 1805 年设立的"巴勒斯坦协会"合并组成，其宗旨是通过地理研究、野外考察等促进地理学发展，后于 1859 年改称"皇家地理学会"①。

_____

　　① 皇家地理学会：Royal Geographical Society。

九、大英轮船公司董事会主席

19 世纪初，蒸汽轮船开始由试航进入实际航运。马地臣为了提高鸦片走私效率，十分关注蒸汽轮船的发展。1829 年 1 月印度"麦金托什行"订购的蒸汽动力拖轮"福布斯号"（Forbes）[①] 在加尔各答下水。此时马地臣正在加尔各答，他十分看好"福布斯号"拖轮的性能，便以 1000 元打赌"福布斯号"能够在一个月内把"詹姆西纳号"帆船从加尔各答的胡格利河[②]河口拖行至伶仃洋。但"福布斯号"首发失利，刚一出发就在胡格利河的浅滩上搁浅。

1830 年 3 月 14 日"福布斯号"轮船拖着"詹姆西纳号"帆船第二次出发。由于"福布斯号"最多只能装载 130 吨煤，因此"詹姆西纳号"除了装载 840 箱鸦片又替"福布斯号"装了 52 吨煤。即便如此，燃煤总量仍然不足。4 月 12 日两艘船进入中国南海东经 113.57°、北纬 14.5° 的位置时，燃煤只剩下 4 天的用量。"福布斯号"和"詹姆西纳号"只得分离，各自航行。"福布斯号"在燃煤烧尽的情况下依靠风帆于 4 月 19 日抵达伶仃洋。"詹姆西纳号"则于 4 月 21 日抵达伶仃洋。

马地臣虽然赌输了 1000 元，"福布斯号"没能在 1 个月内完成航行，但他租用的"福布斯号"蒸汽拖轮成为第一艘在中国海面出现的轮船，这一历史事件也成为西方轮船航运业向东发展的滥觞。《光绪香山县志》对此事也有记载："道光庚寅，夷人火轮船始至广

---

① "福布斯号"蒸汽拖船，排水量 302 吨，由两个 60 匹马力的引擎推进。

② 胡格利河（Hooghly River）位于印度西孟加拉邦，为恒河支流和加尔各答通海航道。

东。"① 同时，由于使用轮船拖运，提高了航运速度，"詹姆西纳号"成为当年第一艘装载印度鸦片新货到达伶仃洋的帆船。

1848 年怡和行和宝顺行合资在广州成立中国最早的外国专业轮船公司——"省港小轮公司"（Hongkong & Canton Steam Paket Co.）。但由于英美洋行在广州至香港客运航线上激烈竞争，"省港小轮公司"逐渐败下阵来，不得不于 1854 年宣告清理。1855 年怡和行又开展了上海至香港、印度加尔各答、美国纽约及欧洲等地的远洋航运业务。

就在马地臣和怡和行积极探索使用轮船进行远洋运输的同期，一家以邮运为主的百年轮船公司诞生了。早在 1815 年，维尔科特② 就在伦敦开办轮船买卖公司，从事海洋运输。1822 年，维尔科特与安德森③ 合资成立船运公司，主要从事英国与葡萄牙、西班牙的定期船运业务。1835 年，船长波恩④ 加入成为合伙人。由于葡萄牙、西班牙都在伊比利亚半岛⑤ 上，公司名称遂改为"半岛蒸汽船航海公司"（Peninsular Steam Navigation Company）。1837 年，该公司获得运输邮件到伊比利亚半岛的合同，正式进入实质运行阶段，百年航运史从此开端。1840 年，半岛蒸汽船航海公司获得运输邮件到埃及的亚历山大港口的合同。为了庆祝业务扩展到东方大陆，公司最终定名为"半岛东方蒸汽船航海公司"（Peninsular and Oriental Steam

---

① （清）田明曜：《光绪香山县志》卷 22，《续修四库全书》影印，上海古籍出版社 1995 年版，第 501 页。

② 维尔科特：Brodie McGhie Willcox。

③ 安德森：Arthur Anderson。

④ 波恩：Richard Bourne。

⑤ 伊比利亚半岛：Ibérian Peninsula，位于欧洲西南角，东部、东南部临地中海，西边是大西洋，北临比斯开湾。

Navigation Company，简称 P&O 轮船公司，或大英轮船公司）。

1845 年大英轮船公司派遣职员约翰·柯拜① 常驻广州黄埔，负责公司船只的监修工作。柯拜到了黄埔后，率先租用泥船坞用于船舶修理，后又改建为石船坞，后人称为 "柯拜船坞"。这是外国人在中国开设的第一个修船企业，也是中国近代造船工业的开端。但不幸的是，第二次鸦片战争期间，当地人民基于对外国侵略者的义愤，将 "柯拜船坞" 捣毁。柯拜也被掳走，从此下落不明。战争结束后，1860 年柯拜家属以此为借口向清政府勒索赔款 12 万元。1861 年柯拜的儿子约翰·卡杜·柯拜② 成立柯拜船坞公司，利用清政府赔款修复并扩建了在黄埔的船坞，当时号称 "中国最大的石船坞"。1863 年 "柯拜船坞公司" 被怡和行等洋行收购，后归属于香港黄埔船坞公司。"柯拜船坞" 培养了近代中国第一批产业工人。此后，外国人纷纷在中国开办企业、雇用工人，中国工人阶级从无到有，逐渐壮大。1864 年大英轮船公司开始运营日本横滨至中国上海、香港的三角航线，极大促进了东亚地区的人员流动、物资及邮件传输，也为日本的 "明治维新" 创造了良好的远洋航运条件。这一年，大英轮船公司还与宝顺行、沙逊行发起成立香港汇丰银行。

令人难以理解的是，从怡和行退休的创始人马地臣，却在返回英国后担任了大英轮船公司董事会主席。1847 年约翰·阿拜·史密斯向大英轮船公司管理层推荐马地臣担任董事会主席。此前，该公司董事会主席一职已空缺一年。马地臣丰富的商业经验和令人尊敬的议员身份让管理层信赖有加，马地臣也乐意为这家急剧扩张的年轻公司带去全新的管理理念和人脉资源。1848 年 12 月 5 日董事会批

---

① 约翰·柯拜：John Couper，苏格兰人。

② 约翰·卡杜·柯拜：John Cordew Couper，约翰·柯拜之子。

准了马地臣的任命。从 1849 年 4 月正式上任，到 1858 年 5 月底辞职，马地臣担任大英轮船公司董事会主席职务长达 9 年。[①] 在此期间，马地臣并未过多地干涉管理层的决策和运营，而是提供诸如如何使用蒸汽轮船向中国运输鸦片和开展亚洲航运的专业建议。可以说，马地臣虽然身为董事会主席，实际上充当的是顾问角色。毕竟大英轮船公司与正在进行多元化经营的怡和行在航运领域存在着业务竞争，马地臣必须平衡两家公司的利益关系。也许当初马地臣答应担任董事会主席，就是认为只有施加良性竞争压力，才能给怡和行带来持续发展的动力；或者诚如拿破仑所言："金钱没有祖国，金融家不知何为爱国和高尚，他们唯一的目的就是获利。"

不过，马地臣担任大英轮船公司董事会主席也并非完全是"挂名闲差"。根据董事会签名记录，他通常在每年上半年出席公司全体董事会议并做主持，但下半年一般不会出席会议。这可能与他每年在苏格兰和伦敦两地轮换居住有关。1858 年，时年 62 岁的马地臣希望把更多的个人时间留在刘易斯岛，再加上大英轮船公司三位总经理中有两位已在下议院占有席位，"功成名就"的马地臣便辞去了董事会主席职务。从马地臣上任到辞职，大英轮船公司的船只由 22 艘增加到 55 艘，净利润由 1849 年的 107,630 英镑增加到 1858 年的 241,080 英镑。[②] 可见，马地臣在任职期间的工作是卓有成效的。

---

① Richard J. Grace：Opium and empire，pp.304，425.

② Richard J. Grace：*Opium and empire*，p306.

十、捐资设立中文教授职位

1838 年英国著名汉学家小斯当东游历欧洲时，在法国拜会了茹理安教授 [①]。得知茹理安在巴黎建立了一所正规的中文学校后，小斯当东十分钦佩和羡慕。因为当时英国的大学缺乏中文教授的职位，英国人要想学习中文，只能就近前往法国巴黎或德国柏林。回到英国后，小斯当东积极为在伦敦设立中文教授职位进行募捐。他希望能够利用自身影响力，罗致中文教授，为英国青年学习中文创造便捷条件。

1846 年 6 月 12 日英国伦敦大学伦敦国王学院 [②] 召开理事会议，讨论小斯当东提交的"关于在伦敦国王学院设立中文教授职位的捐资提议"。小斯当东的倡议书从宗教、商业和科学角度出发，阐述了在伦敦开设中国语言及文学基本教育的重要性；阐明募集资金将用于在伦敦国王学院设立中国语言教授职位，支付教授薪水、购买中文书籍、设立奖学金等；还提供了捐款接收方式。理事会议一致通过了小斯当东的募捐提议，并决定在报刊上公告倡议书。

马地臣等 80 多名社会名流和各地教会主教积极响应小斯当东的倡议，纷纷解囊进行捐款，其中马地臣捐资 26 英镑 5 便士、颠地捐资 100 英镑、小斯当东捐资 105 英镑、璞鼎查捐资 5 英镑。马地臣的捐赠额与人均捐赠额相当。由此，伦敦国王学院获得了约 2000 英

---

① 茹理安：Stanislas Julien，1797—1873 年，原名斯塔尼斯拉斯·朱利安，法国籍犹太汉学家、法兰西学院院士。

② 伦敦国王学院：King's College，London。1829 年英王乔治四世和首相威灵顿公爵创建国王学院于伦敦市中心泰晤士河畔，同年授予皇家特许状。国王学院仅次于牛津、剑桥，是英格兰第三古老的高等教育机构。

镑的首期捐款，开始设立中文语言教授职位，成为当时英国国内唯一一所教授汉语的学院。[①]

1847 年经过小斯当东亲自邀请，曾在第一次鸦片战争前担任过"广州外侨总商会"译员的费伦成为伦敦国王学院首任中文教授。[②]

[①] 斯当东，《小斯当东回忆录》，第 173—177 页。

[②] 关诗珮:《翻译与调解冲突：第一次鸦片战争的英方翻译者费伦（Samuel T. Fearon，1819–1854）》，《中央研究院近代史研究所集刊》2012 年第 76 期，第 44 页。

第七章 英国国会议员

一、议会改革

自 1332 年起，英国贵族和平民开始分院议事。1342 年英国国会上下两院制正式形成。上议院俗称贵族院，议员由间接选举或国王指定的贵族担任。下议院俗称平民院，议员由各地区按人口比例选举产生。但直到 1832 年第一次议会改革前，贵族一直控制着议会，普通群众难以获得选举权。资本主义国家里，金钱就意味着身份、地位和话语权。马地臣等英国新兴资本家，在完成资本积累后，开始热衷于政治活动，试图改变社会地位，有所作为。早在 1813 年英国东印度公司特许状面临更新时，为了打破东印度公司的贸易垄断权，曼彻斯特、格拉斯哥等地的资本家持续进行议会斗争。最终英国国会废止了东印度公司对印度贸易的垄断权，但将其对中国贸易的特许权延期 20 年。

这一时期，英国政府不仅面对财政危机，还面临严重的宪政危机。英国各大城市纷纷爆发工人罢工和农民暴动，新兴的工业资产阶级与广大城市中产阶级、工人阶级纷纷要求议会改革，以夺取国家政策的支配权。此时，英国主要政党是辉格党①和托利党②。辉格党代表新兴的"工厂贵族"（马克思语）利益，深受苏格兰和英国北方资本家、制造商、工厂主的影响，信奉自由贸易，思想较为激进。马地臣、渣甸和义律同属于辉格党。托利党代表着土地贵族的利益，是地主乡绅的代表，受到英国东印度公司垄断经营的影响，希望保持现状，维持稳定。颠地属于托利党。1830 年代表保守势力的托利党政府首相威灵顿就曾公开宣布"毫不保留地反对一切议会改革"③。

辉格党的领袖人物巴麦尊，原本在 1807 年至 1828 年属于托利党。1829 年以后巴麦尊进入辉格党阵营，并先后三度担任外交大臣、两度担任英国首相④，成为英格兰第二帝国时期最著名的政治家。根据马克思分析，巴麦尊之所以官运亨通，一方面是因为他长期亲俄，支持俄国的东方政策，作为回报俄国人帮助他成为葛雷内阁的外交大臣。⑤另一方面是因为巴麦尊奉行对外扩张的实用主义策略。他的名言"没有永远的朋友，也没有永远的敌人，只有永远的利益"⑥，说出了新兴工业资本家的心声，获得了马地臣、渣甸等对外贸易商人的大力支持。马克思在《对华贸易》中指出："正是这种错觉（按：

---

①　辉格党：Whig Party。19 世纪中期，辉格党与其他资产阶级政党合并，改称自由党。

②　托利党：Torie Party。19 世纪中期，托利党发展成为保守党。

③　斯当东，《小斯当东回忆录》，第 104 页。

④　巴麦尊于 1830 年至 1834 年、1835 年至 1841 年、1846 年至 1851 年三度担任外交大臣，于 1855 年至 1858 年、1859 年至 1865 年两度担任英国首相。

⑤　《近代史资料》1958 年第 4 期，第 5 页。

⑥　1848 年 3 月 1 日巴麦尊在议会上发言称："We have no eternal allies, and we have no perpetual enemies. Our interests are eternal and perpetual, and those interests it is our duty to follow"（我们没有永恒的盟友，我们也没有永恒的敌人。我们的利益是永恒的，我们有义务获取那些利益）。

1794 年的查尔斯·格雷

使用武力打破贸易障碍），在我们这个时代里，使得英国商人拼命支持每一个许诺以海盗式的侵略强迫野蛮人缔结商约的大臣。"①

1831 年约翰·罗素提出选举改革法，以期使选举制度实现现代化。1832 年辉格党与托利党在议会改革问题上分歧严重，最终在时任英国首相的辉格党领袖查尔斯·格雷领导下，英国议会强行通过《议会改革法案》（Reform Act）。该法案放宽了获得选举权的资格条件，在原来金融贵族和土地贵族的基础上，扩大了新兴工业资本家的参政机会。工业资产阶级获许进入议会，促进了英国资产阶级民主政治的发展。英国国王威廉四世对较为激进的辉格党历来比较反感，最初极力反对《议会改革法案》，后又不得不批准了这一法案。《议会改革法案》虽被强行通过，但在随后的两年里，也造成了英国政坛的混乱纷争。

1835 年英国选举后，辉格党席位锐减，不过仍然超过托利党 100 席。1837 年选举后，辉格党席位再次锐减，仅比托利党多了 30 席。传统支持辉格党的英国北方人士和苏格兰籍人开始转向支持托利党。为了赢得选票和维护自身地位，时任外交大臣的巴麦尊开始

---

① 马克思、恩格斯：《马克思恩格斯选集》第一卷，人民出版社 1995 年版，第 755—756 页。

重视渣甸、马地臣等苏格兰籍散商和义律等人日趋强烈的呼声。这也正是《议会改革法案》的意义所在。1832 年之前由于选民人数较少，因此选民全权委托那些拥有较多资产的议员们替国家做出决策；1832 年《议会改革法案》通过之后，中产阶级选民大幅扩大，因此选民选出议员们来监督和牵制那些在做决策的人。1833 年 8 月 28 日选举法改革后的第一届议会就宣布按照 1813 年

1835 年左右的巴麦尊

决议彻底废除英国东印度公司对华贸易垄断权，自 1834 年 4 月 21 日起正式生效。

二、担任议员

1840 年 4 月初，渣甸从伦敦布伦兹维克旅社（Brunswick Hotel）发信给马地臣，马地臣于 6 月 28 日收到该信。这封信渣甸从 4 月 2 日陆续写到 3 日午夜，详细介绍了英国下议院在筹设专门研究鸦片赔偿要求是否正当的委员会时发生的人选之争：

"你已经知道女王陛下的大臣老爷们是勉强答应了，在下议院召集一个委员会来研究我们赔偿要求是否正当的问

题。史密斯把十五个人的名单送了进去，罗素勋爵①宣称，那是一个无可反对的公平的名单；可是，再经好好考虑一番以后，有的人就表示惊讶起来，要委员会再增加六个人，同时，把一批以为是帮助我们这一边的人物给调换了。这就引起我们这边的反对，因而事情就拖延下来，就在这争论不决的当口，詹姆斯·格兰翰爵士②就把原已通知要在2号提出动议的原意延期到7号，为的借此取得更多的情报，好把他的动议在文字上更做得有声有色，发挥破坏政府政策的最大的力量。直到今天为止，他拒绝向国会说明他发动攻击的性质，不过一般的了解，都以为他的目的是要获得多数票来谴责大臣们处理中国问题的一般错误，如果成功了，大家感觉内阁是必须辞职的。"

从信中可以看出议员们最关心的是投票席位和自身职位，鸦片商贩关心的是自己的代言人有没有入围和如何笼络更多的人，资产阶级民主的虚伪性暴露无疑。这也许是渣甸后来竞选国会议员的由来，也是马地臣从广州返回英国后担任国会议员的原因。目睹党派之争和基于维护自身利益的考量，渣甸、马地臣的政治野心被激发出来了，开始觊觎国会议员这一受人尊敬且能够有所作为的职位。

———————————

① 约翰·罗素伯爵：Earl of John Russell，1792—1878年，英国著名政治家。1846—1852年任英国首相，1852年任外交大臣，1854年任枢密大臣，1855年任殖民大臣，1859年任巴麦尊内阁外交大臣。约翰·罗素是义律女婿。马克思认为罗素"他的一切活动都是为着卑鄙的目的所作的一系列的小手段"，"整个地生活在虚伪的姿态里：议会改革的虚伪姿态、宗教自由的虚伪姿态、自由贸易的虚伪姿态"，"整个他这个人乃是一副虚伪的姿态，他的全部生命乃是一个弥天大谎"，"世界史上大约再不会出现别的像他这样渺小得伟大的人物了"（马克思《约翰·罗素勋爵》）。

② 詹姆斯·格兰翰：Sir James Graham，时为在野的英国托利党党员。

他们认识到即使再成功的商人也必须在政府中有代言人。渣甸继续写道：

"巴麦尊勋爵对我们的事儿一直是友好的，把史密斯当作他的机密顾问，在这种情况下，他承认他们陷入两难的境地了，除非他们能够团结他们所有的朋友、所有的支持者，他们深怕被格兰翰的动议所打倒，因而他要求史密斯提出适当的办法，庶几让史密斯和他切近的追随者会乐于尽他们最大的力量支持政府。史密斯承认他愿意按照大臣们自己的办法公平地忠实地支持政府，条件是政府要能让他和他的朋友们对他们的股东尽了责任。史密斯提出安排委员会的计划，委员会的组织要能得到这样的结论：建议国会允许财政部就以义律的收据为担保，发行一年公债，其数额相当于赔款总额的半数，譬如说 120 万金镑。巴麦尊和罗素两位勋爵热烈听从这个建议，就是墨尔本也表示愿意考虑这样问题。上月 31 号的傍晚，他们就是谈妥了这样条件以后分手的。昨天，史密斯来和我同佛拉西菲尔特两人商量，如果大臣们决计实行那个建议的话，是否就以同意那样办法为合适。经过最详尽的商讨以后，我们一致赞成。下午四点，史密斯就离开办公室到下议院去确定这个问题。"

"……

4 月 3 日下午一点 昨天过午不久，我在城里会见史密斯，据说他和大臣们经过很长的讨论以后，关于公债问题，他没有能够让大臣们按照他所建议的办法给他以书面的保证，就是坚决的口头保证也不给，不过他还以为，只要他们有力办到，他们还是渴望帮我们忙的，政府对于这回事的恐慌泄露出去了（按：着重符号均渣甸所加），这就妨碍他们给我们保证，这个，我们是不能怪他们的。

下午四点　下议院开会，委员会的名单提出宣读了，反对派埋怨有意把支持大臣们的人员列为委员。史密斯说名单是改变过的，而且是由政府党改换的，他不愿说明事实经过；只承认他对于这件事是无所谓的。今天会有小的变动的。

詹姆斯·格兰翰爵士昨天（按：应为今天）提出他的动议，这动议使大臣们松了一口气，因为他好像碰到了不小的难关，不知如何进行攻击。7 号问题就会解决了。"

"……

午夜　今天在城里看到史密斯，知道了不满意鸦片委员会的原来是辉格党的若干议员，二十一人中反对党只有三四个。极像是提议组织委员会的人和大臣之间有了谅解似的，这是很诡的手段。争论点今天已经解决了，不过今天晚上还没有提到下议院去。"①

通过史密斯、渣甸等人里应外合、奔走运作，最终委员会 21 名成员中，反对派只占极少部分，史密斯担任委员会主席。这个结果让渣甸十分满意。

4 月 7 日起，英国下议院围绕是否发动对华战争进行决议。外交大臣巴麦尊在会上宣读了渣甸从广州带来的在华英商请愿书，但没

---

① 英国剑桥大学图书馆藏怡和洋行档案"伦敦通信""1836—1844 年"盒，"威廉·渣甸致詹姆斯·马地臣"。《近代史资料》1958 年第 4 期，第 80—83 页。

有提及渣甸秘密提供的对华战争建议。经过三天的激烈争论，英国下议院以 271 票对 262 票的微弱多数，通过了对华用兵军费案和"英商在中国的损失须达到满足的决议"。5 月 10 日，上议院几乎未经讨论即通过了上述决议案。可见，当时英国国内虽有不同看法，但主流思想已经认定发动战争是解决对华贸易争端的最佳途径。小斯当东说："尽管令人遗憾，但我还是认为这场战争

1845 年的巴麦尊

是正义的，而且也是必要的"①；他认为，英国要想获得所要的结果，谈判和武力征服都是必要的。

　　在英国宪法体制里，首相和外交大臣对外交事务具有绝对话语权，而议会则几乎没有发言权。英国议会只不过是资产阶级民主政治的一块招牌，极易受到操纵和控制。因此英国发动侵华战争，很大程度上归因于巴麦尊在英国商人的鼓动下的个人决断。当下议院还在为是否发动战争进行"例行公事"般的辩论时，侵华作战命令早已下达，大英帝国的军舰已在赴华途中，马地臣等鸦片商贩已经在闻风相告，囤积商人也在清点手中的存货并满怀信心地期待着战时和战后大发横财了。

　　1841 年渣甸当选辉格党在阿什伯顿地区的下议院议员。6 月 4 日国会通过对政府不信任案票，辉格党内阁倒台。托利党领袖皮尔

---

　　① 〔法〕阿兰·佩雷菲特：《停滞的帝国——两个世界的碰撞》中译本，生活·读书·新知三联书店 1995 年版，引言。

在此后大选中获胜，并于 8 月 30 日组阁。阿伯丁取代巴麦尊担任外交大臣。皮尔为首相的托利党内阁并没有改变上一届辉格党内阁的对华战争政策，甚至还进一步增加了侵华兵力。

1843 年 2 月 27 日渣甸逝世，关于渣甸的传奇故事很快落幕。但年富力强、精力充沛的马地臣在英国不仅继续经商，还效仿渣甸走上了从政之路。3 月 1 日马地臣在阿什伯顿市宣布参选因渣甸去世而产生空缺的该市国会议员席位。马地臣在竞选宣言中称：

> "由于本市人数众多、深具影响力的选举人会议无异议通过，使本人有勇气宣布参选本届议员。……
>
> 我向各位毛遂自荐，我是已故前任议员渣甸先生的合伙人及朋友，我在政治方面的见解倾向推动务实积极的改革，我自认是公民、宗教及商业自由的热烈支持者。
>
> 我深信，以我在商务上的关系，将有助于我促进'贵市贸易的稳定和繁荣'……
>
> 我希望在选举日之前，向每位选民致上个人最诚挚的敬意，选举日订在本月七号礼拜二。"[1]

第一，阿什伯顿市主要生产对华出口的毛织品，这项贸易很容易受到广州商业环境的影响，因此该市选民十分支持扩大对华贸易。第二，阿什伯顿市实际是所谓的"口袋选区"[2]，议员选举被地主贵族

---

[1] 布雷克，《怡和洋行》，第 122 页。

[2] 口袋选区：pocket borough，也称为"封闭选区"（close borough）、腐败选区（Rotten borough 或 decayed borough），是指英国议会改革前，选民人数极少、容易被当地领主或地主贵族操控的选区。这些选区徒有选举之名，存在选举不公平现象。实际上，公开选区（open borough 或 popular constituency）也存在候选人用金钱获得下议院席位的现象。

操控，一般通过内定候选人，然后再由选民"选出"。第三，阿什伯顿市的选民也很少。1832 年的《议会改革法案》并没有授予所有英国人选举权，每 5 人中具有选举权的还不到 1 人。法案实施 14 年后的 1846 年，阿什伯顿市的选民才 262 名。用金钱铺路，收买当时数量仅为一两百名的选民，对马地臣来说易如反掌。因此马地臣轻松获得了该市选民的支持。1843 年 3 月 8 日马地臣当选为代表阿什伯顿市的下议院议员，填补了渣甸留下的国会席位，并保持着与渣甸相同的政治派别。

1847 年马地臣参选代表罗斯和克罗马蒂郡的国会议员。7 月 29 日选举当天，马地臣与夫人玛丽·简·马地臣被支持者簇拥着，协同一群吹笛手和一支乐队大张旗鼓地前往竞选点。由于竞争对手退出，马地臣毫无悬念地被选为该选区的国会议员。马地臣当选后，即刻发布胜利演说，宣布效忠苏格兰教会和支持自由教会[①]，并带领人群为女王欢呼三声。当晚，马地臣在丁沃尔（Dingwall）小镇的喀里多尼亚酒店（the Caledonian Hotel）举办了庆祝宴会。1852 年再次选举时，马地臣遭遇强劲的竞争对手。经过激烈竞选，最终他以微弱优势获胜。[②]此后，马地臣地位较为稳固，连续担任罗斯和克罗马蒂郡国会议员直至 1868 年 11 月 17 日。

[①] 苏格兰自由教会：Free Church of Scotland，成立于 1843 年。当时苏格兰的国教会（the "established" Church of Scotland）共有牧师 1203 名，其中 474 名脱离另成立自由教会。该事件沉重打击了刘易斯长老会。马地臣支持自由教会，在刘易斯岛出资建造了新的教堂建筑，供牧师居住和培养神职人员所用。1847 年马地臣在下议院特别委员会作证时说："当我拥有了人口众多的刘易斯岛时，我发现除了自由教会之外，没有办法给予他们宗教或世俗的教导……因此我改变既往观念，立即下定决心提供场所。"参见 Testimony of James Matheson, MP.Second Report of the Select Committee on Sites for Churches（Scotland）, House of Commons（1847）。

[②] Richard J. Grace：*Opium and empire*，p308.

1851 年下议院议事厅

　　马地臣和渣甸这种通过经商大发横财，进而担任公职或议员的"商而优则仕"从政之路被兄弟侄甥及后代们纷纷效仿。马地臣的兄弟托马斯·马地臣（Thomas Matheson，？—1873 年）从 1847 年至 1852 年接替马地臣担任代表阿什伯顿的国会议员。亚历山大·马地臣于 1847 年至 1868 年担任苏格兰最北部城市因弗内斯市（Inverness Borough）议员。1868 年亚历山大·马地臣在大选中获胜，接任马地臣在罗斯和克罗马蒂郡的国会议员席位，直到 1884 年。大卫·渣甸、耆紫薇曾任香港立法局议员。唐纳德·马地臣曾任丹麦驻广州领事。葛司会 ① 曾任上海租借工部局总董。加律治从 1865 年起至 1892 年担任英国国会议员长达 27 年。耆紫薇还担任过苏格兰东南部萨里郡（Surrey）行政司法长官和 1899 年至 1912 年埃普索

---

① 葛司会：James Johnstone Keswick，耆紫薇的幼弟。

姆镇（Epsom）的国会议员，其子亨利·凯瑟克在耆紫薇逝世后获选接任为该选区的国会议员。亨利·凯瑟克的儿子约翰·凯瑟克^①曾写道："怡和站在商业活动的最前线，在公共事务领域，怡和的人也一直扮演领导角色。我的祖父、叔祖、父亲及兄长全都担任过上海工部局总董，怡和在香港的负责人也常被要求出任行政局和立法局议员。"^②约翰·凯瑟克在中国抗日战争时期，一边为怡和拓展战时生意，一边担任东南亚军事指挥部的对华事务政治参谋兼联络官，深受路易斯·蒙巴顿^③将军的信任。几乎每个重要历史节点，怡和人均以自己的方式积极参与其中，并发挥着重要影响力。

---

① 约翰·凯瑟克：John Keswick，1929 年抵达上海，加入怡和。

② 布雷克，《怡和洋行》，第 233 页。

③ 路易斯·蒙巴顿：Lord Louis Mountbatten，1900—1979 年。英国维多利亚女王的曾外孙，1943 年任东南亚盟军总司令，1956 年晋升英国海军元帅。

第八章　经商之道

马地臣的一生正如当代著名收藏家马未都所言，历经三重境界：趋利、趋名、趋静。他早年趋利，在中国东南沿海贩卖鸦片；中年趋名，长期担任英国国会议员并兼任多种社会职务；晚年趋静，垦荒刘易斯岛并在芒通安享时光。北岛在《城门开》中感叹："当一个小人物冲向大时代，有多少伤害埋伏左右。"马地臣当初就是个小人物，面对大航海带来的贸易大时代，他不仅凭借敏锐的商业嗅觉和顽强的冒险精神，在对华贸易中脱颖而出，还为了实现个人理想和政治抱负，拉帮结伙、朋比为奸，最后"商而优则仕"，在英国政商两界中名利双收。本章暂且不从道德角度批判马地臣，仅从纯商业角度分析他为什么会成为当时英国最富有的商人之一。

总体来说，马地臣不仅在经商生涯中能够快速适应当时的社会环境，及时调整经营策略，还拥有了成功者通常具备的几个要素，即高人指点、贵人相助、对手竞争和个人奋斗。

罗伯特·泰勒是马地臣遇到的第一位"高人"，为其指明了日后经商的方向。正是由于泰勒的指点，马地臣才在1818年打消了原本要从加尔各答返回英国的念头，前往广州进行商业冒险，并与泰勒一起进行鸦片走私。虽然马地臣和泰勒经历了鸦片价格暴跌的挫折，但 1820 年泰勒去世时其债务不需要马地臣偿还，相反马地臣利用囤积的鸦片在随后鸦片价格暴涨时绝地逢生，迅速淘到了第一桶金。

德·伊里萨里是马地臣的"贵人"，帮其扩大了合作领域。1821年马地臣与其合伙时，获得了伊里萨里经商多年积累的客户渠道，尤其是与加尔各答拉罗瑞等大商家合作，促进了经营规模的快速扩张。1826 年伊里萨里病逝后，马地臣又占有了与伊里萨里合伙赚得的绝大部分收益，奠定了日后财富迅速膨胀的基础。

马地臣在广州口岸经商过程中，与兰斯洛特·颠地保持着长期竞争关系。双方不仅在商业领域相互较量，还在新闻舆论、政党派别、宗教信仰、民族习惯等方面利用旗下报纸和各自影响力进行长期纷争和互相攻讦，势同水火。正是由于"对手竞争"的威胁存在，使得马地臣能够防微杜渐，始终保持清醒头脑，不断开拓创新商业模式，以求快人一步、抢占先机。

当然，马地臣商业成功的最主要因素，是内因——"个人奋斗"。马地臣的经营理念主要有：

一、合伙经营行号，广泛开展合作

（一）合伙经营可以信誉共增、信息共享、风险共摊、优势共补

马地臣认为单干的行号一旦发生创始人亡故极易导致行号关闭，而合伙行号就不存在这样的风险。而且合伙组织的信誉相对更高，更有利于生意扩张。因此，马地臣先后与泰勒、伊里萨里、马格尼

亚克、渣甸合伙，逐渐完成了资本的原始积累。尤其是马地臣和渣甸两人虽然性格特征差别较大，但是优势互补、配合默契，成为当时广州口岸最佳生意搭档和完美合伙人。从某种程度上讲，马地臣和渣甸"三观相合"，互为彼此的贵人。

虽然马地臣和渣甸都不是贵族出身，但两人社会地位和家庭环境仍然相差较大。马地臣来自苏格兰北部高地的世家望族，门第显赫，受过良好的家庭教养和高等教育。马地臣博闻强记、腹笥丰盈，还爱好艺术，拥有一台据说是当时亚洲唯一的钢琴并能够熟练演奏。渣甸来自苏格兰南部平原的普通农庄，出身卑微，幼年丧父，家境贫寒，在医学院读书时需要兄弟资助才得以完成学业。渣甸所受教育不多，写字笔迹拙劣，有时甚至连"希腊号"帆船的名称都拼写错误。渣甸读书之后开始从医，而当时医生的社会地位并不高。渣甸还十分节俭，有一次给伦敦"裁缝斯卡奇特先生"的订单只有"一件蓝色大衣，一件黑色大衣和一件黑色开司米毛衣"。①

马地臣家族与英国东印度公司关系密切，其本人矮胖活泼、口才较好、举止得体、交友广泛，是广州散商中唯一可以与东印度公司广州特选委员会大班们平起平坐的人。亨特称赞他"是一位态度温和而仁慈的绅士"②。渣甸却瘦高严肃、不苟言笑、严谨细致、专横高傲，有时会严厉地批评同行或代理人。为了避免访客无休止地闲谈，渣甸甚至在广州商馆的办公室里不安排座椅。渣甸尤其看不起英国东印度公司的大班，认为这些大班胆小怕事，只知道对广东地方当局卑躬屈膝。当然英国东印度公司对渣甸的印象也不好，德庇

---

① 怡和档案，"私人信函集"（*Private letter Book*），威廉·渣甸。韦尔什，《香港史》，第 70 页。

② 亨特，《广州番鬼录·旧中国杂记》，第 135 页。

时就曾认为渣甸不像兰斯洛特·颠地与威尔金森·颠地两兄弟那样是个"非常体面"的英国侨民。渣甸对生意伙伴要求十分严格，哪怕是长期亲密合作的詹姆塞特吉·吉吉博伊在生意上出了差错，渣甸也会严肃批评。1833 年 1 月渣甸从广州致信在孟买的吉吉博伊，对他账目上的事情提出批评。渣甸写道："关于你账目的事，我们在先前的信中已谈了很多。我重提此事，态度并没有改变，对于你发给公司的第二十七号函，我们仍十分恼怒；再加上你对本季汇兑所做的专断指示，让我们根本毫无选择的余地。不管你怎么看待这事……我们在整个过程中，一直优先考虑你的利益，也相信你如放开心胸，当可明白我们的苦心。"①

马地臣商业启蒙于伦敦和加尔各答的"账房"，熟悉商业运作模式，负责掌管公司文件和财务账本；渣甸起家于东印度公司商船的贸易"货舱"，具有精明的商业头脑，负责制订公司计划和发展战略，是出色的策划者和强硬的谈判高手。渣甸注重细节，善于处理危机。1822 年他视察广州一间代理商行时，发现那里存在严重的人事危机。管理层和雇员矛盾重重、势不两立，业务陷入瘫痪。渣甸只用了几天时间就解决了问题，恢复了业务运转。因此，唐宁在《中国番鬼录》中称赞道："渣甸先生用睿智和判断力来指导庞大的商业买卖，他是个个性很强、极为慷慨的绅士。"②

马地臣从商受到了家族的影响和帮助，渣甸则是主动选择通过经商来改变自己和家族的命运。富兰克林③曾经说过：两个口袋空的人腰挺不直。正是为了口袋充盈腰板直，渣甸才成为工作狂，经

---

① 布雷克，《怡和洋行》，第 36 页。

② 唐宁：《中国番鬼录》（C.T.Downing, The Fan-Qui in China），第 135 页。韦尔什，《香港史》，第 70 页。

③ 富兰克林：Benjamin Franklin, 1706—1790 年，美国政治家、物理学家。

常工作到深夜，而且性格坚韧倔强。一次他在黄埔洋员俱乐部被围观的中国人用石头袭击。打中头部后，渣甸面不改色，保持着克制冷静，只是耸耸肩表示对伤口毫不在意。还有一次他在城门口投递"禀"帖，被人从后背用竹棒敲头，但他并不回头。由于渣甸又是一个为人奸猾、无孔不入的鸦片走私贩，因此广州本地人就冠其以"铁头老鼠"的绰号。就连马地臣，也称渣甸"好像是一位真正的铁铸的人"[1]。

马地臣和渣甸两人都没有子女，都对个人和财务方面十分谨慎。两人在获得暴利之余，也都会帮助陷入经济困境的人。马地臣曾亲自过问一位已故客户遗留在澳门的华人情妇的生活状况。当得知这位"靠抚恤金生活的妇人"无人供养时，马地臣致信约翰·怀特，告诉他："（应当）继续向她提供津贴，匮乏会使她生活悲惨，这将令亡者的朋友感到极大的痛苦，她是一名上流社会的妇女，受过教育，并在澳门成为基督徒，当然，她被自己的同胞抛弃。"[2]怡和行还形成了一个传统，就是负责身故雇员的财产信托，并为其非婚生育的子女提供"年金"作为抚恤。

马地臣和渣甸对慈善行为又都保持理性克制态度。马地臣曾开除一位拒绝在安息日装卸鸦片箱的船长，理由是："我们每个人都遵守严格的宗教原则，但我们担心太正直的人不适合毒品贸易。"为此，1837年"广州外侨总商会"专门出台"关于船主有权在星期日拒绝装运或卸载货物的规定"，要求马地臣等洋商尊重船长的宗教信仰，不得随意开除船长。[3]马地臣出生不久就已经接受过洗礼成为基

---

①　刘诗平，《洋行之王：怡和与它的商业帝国》，第 122 页。

②　怡和档案，1832 年 3 月 11 日，"私人信函集"，威廉·渣甸。韦尔什，《香港史》，第 73 页。

③　吴义雄，《条约口岸体制的酝酿》，第 41 页。

督教徒，他也认识到自己从事鸦片贸易有违宗教戒规，但为了追求超额利润，他选择了利益高于信仰。

马地臣和渣甸都不是"今朝有酒今朝醉，明日愁来明日愁"的得过且过之人。1828年两人在各自失去合作伙伴之后，合伙结盟，通过严格财务管理、灵活调整策略、追求效率效益等方式，在对华贸易中迅速攫取了巨大的商业利益。

（二）广泛合作不仅带来了源源不断的商机，还有资金、经营管理上的相互扶助

为了打破英国东印度公司对"公班土"的垄断，早在1820年11月马格尼亚克洋行、颠地洋行就与戴维森及印度孟买代理商组成资本主义垄断组织辛迪加，从印度达曼大量走私输出"白皮土"。经过港脚商人数次交锋和抗衡，英国东印度公司不得不于1831年允许港脚商人在孟买缴纳通行税后输出"白皮土"。1832年怡和洋行成立之初，就与孟买和加尔各答的近百家行号加强联系合作。英国东印度公司开放"白皮土"贸易后，怡和行与孟买的雷敏顿·克劳福公司、詹姆塞特吉·吉吉博伊父子公司组成辛迪加，集中资金统一采购和销售"白皮土"，通过按年分红谋取垄断暴利，基本控制了广州口岸的"白皮土"市场。

1832年霍林沃思·马格尼亚克创办的"马格尼亚克·史密斯行"是伦敦对外贸易和金融业最为显赫的巨头之一。该行与怡和行出身同源、互为代理、业务紧密、利益攸关。马地臣和渣甸都十分认可这家公司合伙人的身份、地位和财富，因此将这家公司作为怡和洋行在伦敦的主要代理行。该行曾经给予怡和洋行强大的资金支持，促进了怡和行业务持续增长。1837年英美金融危机中，怡和行损失

超过 11 万英镑。"马格尼亚克·史密斯行"及时投入资金，帮助怡和行渡过难关。马地臣在致信亚历山大·格兰特船长 ① 时庆幸地说："对于你这样熟悉我们的业务的人，用不着我讲，这次（按：1837 年金融危机）对于我们的影响是很轻微的。马格尼亚克·史密斯行很有交情地保护了我们的签字（按：信用）。"②

19 世纪 30 年代，怡和行位于马尼拉的代理行渥太打公司出现经营问题。主要原因是该公司合伙人之一塞拉贝③试图放弃经营米和糖的传统生意，转而冒险从事在马尼拉政府特许下的烟草专卖、建设一个灯塔、创办一家马尼拉银行等。怡和行就派遣一名职员加入渥太打公司管理部，以帮助该行合伙人塞拉贝和渥太打④解决经营困境。

当然，马地臣开展广泛合作也不是无原则的。1825 年由于伦敦的里卡兹·麦金托什行公开支持伊里萨里·马地臣行的商业对手颠地行，马地臣就拒绝与里卡兹·麦金托什行继续进行商业合作。马地臣还认为在交通不便的情况下，各机构应该独立运营。"伦敦和加尔各答的行家合并成一个企业是不会有什么好处的，因为这一家必须等待那一家的消息才知道应该做什么，而且这一家会受到那一家不良交易的拖累。"⑤

---

① 格兰特船长：Capt.Grant，曾是怡和行鸦片船队的队长，此时已经退休。

② 怡和档案，1837 年 10 月 20 日，"发给私人的函件稿簿"，詹姆士·马地臣。格林堡，《鸦片战争前中英通商史》，第 155 页。

③ 塞拉贝：B.Shillabar，美国商人。

④ 渥太打：E.de Itadui，西班牙商人。

⑤ 格林堡，《鸦片战争前中英通商史》，第 138 页。

二、充分评估风险，维护商业信誉

（一）减少投机冒险，稳步增长业务

马地臣的商业触觉十分敏锐，对风险高的行业十分警惕。1820年鸦片暴跌造成濒临破产的可怕经历，让马地臣终身引以为鉴。此后他做生意总是稳扎稳打、步步为营，充分评估风险，尽可能避免商业冒险。比如 20 年代末由于靛蓝市场过度投机，其价格已经虚高，马地臣敏锐地觉察到靛蓝是"最靠不住的货物"，便不再经营靛蓝业务。果然，可以作为靛蓝替代品的普鲁士蓝出现后，靛蓝价格暴跌，引发了 1829 年至 1834 年加尔各答代理行和位于伦敦的部分东印度商行大规模倒闭风潮。索罗斯[①]说："世界经济史是一部基于假象和谎言的连续剧。要获得财富，做法就是认清其假象，投入其中，然后在假象被公众认识之前退出游戏！"马地臣在经商生涯中似乎总能够抢占先机较早进入一个投资领域，并在大家蜂拥而入时迅速抽身、全身而退，极少成为击鼓传花的最后一棒。

马地臣认为经营新行号时，可以首先从事风险较小的中介业务，只接受不需要垫款和没有损失风险的订货或委托业务。他认为做代理中介，只收取代购、代销的佣金，是一条"不必打听，收入就能源源而来的安闲的道路"[②]。做中介代理还有个好处，就是不受行商经营状况的影响。英国的比尔行（Beale & Co.）曾宣称："在广州的代

---

① 乔治·索罗斯：George Soros，1930 年—，匈牙利出生的美国籍犹太裔金融投资商。

② 怡和档案，1832 年 5 月 9 日，"发给私人的函件稿簿"，詹姆士·马地臣。格林堡，《鸦片战争前中英通商史》，第 137 页。

理行替他们的往来户将货物售予行商，但对于这些行商的倒歇不负责任，因为百分之三的佣金不能认为包含有收取呆账的佣金。"① 马地臣经商伊始就给港脚船充任船大班和常驻广州的代理人。广州的英美洋行除了奥立芬行经营自己的生意以外，绝大多数洋行都是代理商行，主要收入来源就是代理费或佣金。②

1825 年 3 月 1 日在广州从事代理业务的商行共同确定了 20 种交易的佣金费率，1831 年 11 月起正式实施。在此基础上，1838 年 3 月"广州外侨总商会"制订了 34 种贸易代理费率。其中，大多数代理业务的佣金约为 0.5%—5%。因此马地臣认为中介代理是"收入尚可的行当"③，是最省心最安全的经营方式。

英国东印度公司对华贸易垄断权解除前夕，自由商人普遍期望能够以此为契机，迅速扩大英国制造品的销售。马地臣没有盲目乐观，他预见到英国东印度公司的垄断一旦消失，必然会导致自由商人的激烈竞争。1833 年 11 月马地臣致信利斯港④的一个商户说："我以为英国制造品贸易会因一时的起劲而在这里超过正常状态到如此的程度，使我认为一个普通商人不值得从事于这项贸易，去和别人竞争这种只能维持生意不致赔本的最起码的利润。"⑤ 正如马地臣所料，随着广州新洋行的大量增加⑥，出口商品价格上涨、进口商品价

---

① 格林堡，《鸦片战争前中英通商史》，第 137 页。

② 亨特《广州番鬼录·旧中国杂记》第 132 页记载："1835 年和 1836 年……（按：旗昌）洋行业务大有发展（纯属代理业务）。"

③ 韦尔什，《香港史》，第 70 页。

④ 利斯：Leith，英国苏格兰首府爱丁堡商港，位于苏格兰福恩湾南岸利斯河口。

⑤ 怡和档案，1833 年 11 月 15 日，"发给私人的函件稿簿"，詹姆士·马地臣。格林堡，《鸦片战争前中英通商史》，第 164 页。

⑥ 1833 年广州英国商行有 66 家，1837 年广州英国商行增加到 156 家（格林堡，《鸦片战争前中英通商史》，第 170 页）。

格下跌，导致商业利润下滑、部分行号倒闭。"强者愈强、弱者愈弱"的马太效应凸显。怡和洋行的代理业务迅速发展，获得了巨额的佣金收益。1834 年怡和洋行承接了英国对华贸易代理业务的近三分之一。该年一个季度内，就有超过 75 艘船的货物委托怡和行寄售。

1834 年英国东印度公司对华贸易垄断权解除后，茶叶可以由英国散商经营，广州茶叶市场价格迅速飙升。马地臣在 12 月 7 日记载：通常售价 28 两 / 担的茶叶，已经涨到了 35.5 两 / 担。怡和洋行作为当时中国茶叶的最大买主，大部分茶叶为代购，少部分为自购。鉴于茶叶价格虚高过多，马地臣果断停止自购茶叶，从而避免了 1835 年英国进口茶叶价格下跌造成的亏损。

当然，纯粹做代理也有隐患。到了 19 世纪 60 年代，鸦片成为合法商品，可以纳税进入中国。由于怡和行长期做鸦片代理，其自主经营的鸦片数量极少[①]，因此与印度鸦片生产者脱节，导致经营费用过高。相比之下，新洋行沙逊行直接从印度产区获得鸦片，甚至预定尚未收割的麻洼罂粟，成本较易控制。再加上中国土产鸦片的低价竞争，怡和行被迫于 1872 年退出鸦片市场。此后，怡和行迅速完成了转型，不断拓展经营范围，提高了抵抗经济危机的能力，平安度过了 19 世纪 60 年代奥弗伦·格尼银行（Overend & Gurney Bank）破产危机和 90 年代巴林银行[②]财政危机。这两次危机分别导致 1867 年宝顺洋行茶叶投机失败而倒闭和 1892 年旗昌洋行糖投机失败而倒闭。

[①]　1840 年渣甸在英国议会作证时说，怡和行主要从事代理业务，每年用自己账户购买鸦片仅 200 或 300 箱。*Evidence of William Jardine*，No.1354，op. cit，p.104.

[②]　巴林银行：Barings Bank，创建于 1763 年，创始人是弗朗西斯·巴林爵士。1995 年 2 月 27 日巴林银行因经营失误而倒闭。

（二）联合多个商行，降低承兑风险

英国东印度公司垄断东方贸易的时候，通过控制汇率，成为外汇交易的主宰。但随着中英、中美贸易的不断扩大，英国东印度公司的汇兑业务不能满足需求，马地臣开始从事金融业务，并迅速获得英印散商的欢迎。1832 年 4 月 25 日马地臣在一封致"劳合·马地臣行"合伙人的信中，阐述了当前怡和行的财务方针：

"在加尔各答信用情况恢复稳定以前，我们将不用许多伦敦汇票来麻烦你们。除非是受到我们的委托户的请求，我们很少送出带有我们的背书的汇票，近来这种汇票的需要很大，特别是在孟买。……大概这个季度中广州所有的汇兑业务的四分之三都是由我们经手。这里印籍港脚商人对于我们自己开出的汇票所给的价钱要比我们背书的汇票低一个或半个便士；但是我们认为这是由于他们的财务情况，或是由于他们所受孟买指示的关系，……他们要有出票人的保证还加上我们的保证，可是商业上所有的保证都只是相对的。在一切人事上都会碰到风险，只有使危险由我们购进他们的汇票的许多良好行号分担，而不只依靠一个行号（不论它是多么强大），危险才会减少。

"我们所背书的汇票，总是属于巴林兄弟公司自己或是他们的纽约代理人华德先生（Mr. F. W. Ward）担负责任的汇票。……别的汇票或是由一个地产几乎等于一个君主领地的、出名的纽约资本家阿斯特开给格累德斯东·德莱斯戴尔公司承兑并仍旧由他们负责的美国汇票，或是用货物的提单作抵押的汇票。他们是出名有产业的行号。我们

向其开出汇票的威亭（T. Weeding）先生是一个至少拥有
'十万'英镑的商人。威特（T. Wyatt）虽然只是一个油商，
却是一个更大的资本家。此外还有斯波德（Spode）和柯普
兰（Copeland）先生，他们是殷富的瓷器商人。总而言之，
我们觉得我们是将我们自己托付给殷实的大户，而不是交
给那些所开汇票要在加尔各答被来回转让的人。即或晦气
落到我们头上，由于我们的危险可以由各个方面分担，当
然这就比较不大紧要了。"①

怡和行业务范围和业务量都较大，而且是很多伦敦汇票、美国
汇票的持有人或背书人，这就迫使马地臣想方设法降低可能存在的
承兑风险。因为巴林是美国汇票的主要担保人，所以巴林的信用问
题就成为马地臣头等关心的大事。马地臣委托其信任的代理人麦克
维卡，时刻留意巴林的信用情况，一有情况就立刻报告。

对于联合多个承兑行的原因，马地臣在1832年11月24日解
释说：

"由我们开出或背书的很大数目的汇票在国内货币市场
上的流通，是我们的营业范围扩大的不可避免的结果。我
们发觉对于我们的汇票的需要大于我们所能供给的数量。
为了使我们的代理行号不致因承兑数目太大而引起不便，
我们近来打算尽可能将我们自己的汇票加以限制，别家的
汇票只要可靠，就用我们背书使它们流通。这绝不是说对

① 怡和档案，1832年4月25日，"发往印度函件稿簿"。格林堡，《鸦片战争前
中英通商史》，第149—150页。

于我们坚持使用一个以上代理行的办法是不相适宜的,虽然我知道伦敦行号不喜欢这种办法。"①

马地臣的目的是确保怡和洋行的汇票在英国随时能够承兑,他表示:"从我们同国内的联系来说,我们所着眼的主要利益是使我们的汇票确实能被承受到这样一种程度,使我们在任何贸易季节中需要开发汇票时,无须顾虑到立刻可以用来支付它们的资产。"②这一思路确保了怡和行的良好信誉。

1833年11月位于伦敦的弗利公司倒闭,对该公司所有汇票停止付款,怡和洋行的汇票有一夕归零的危险。在早期合伙人霍林沃思·马格尼亚克的帮助下,怡和行的汇票"立刻被那有力量的资本家提默锡·维金先生所承受。我们的朋友通知我们说,我们在交易所中的名声不但没有受到损失,而且比以前更响亮了"③。

(三) 完善汇款流程,确保资金安全

19世纪30年代,英美两国的一些金融商行开展了"信用汇票"承兑业务,也就是对未提供发票或提单作为担保的汇票进行承兑,这本身就有极大的风险隐患。1837年金融商行倒闭潮开始爆发。位于伦敦的威尔逊银行、怀尔兹银行和维金银行(三个银行被合称为

① 怡和档案,1832年11月24日,"发给私人的函件稿簿",詹姆士·马地臣。格林堡,《鸦片战争前中英通商史》,第153页。

② 怡和档案,1826年12月3日,"发给私人的函件稿簿",詹姆士·马地臣。格林堡,《鸦片战争前中英通商史》,第154页。

③ 怡和档案,1834年5月26日,"发给私人的函件稿簿",詹姆士·马地臣。格林堡,《鸦片战争前中英通商史》,第153页。

"3W 银行"），在短时期内相继倒闭。旗昌洋行在检查签发票据登记簿时，就发现有合计 20 万英镑未收到三个银行的付款或承兑通知，"它们全部是签署'无条件信用书'，没有'附属担保'（当时还未流行）"①。

怡和洋行也遭遇兑付危机。1837 年 9 月马地臣致信位于马尼拉的代理人称："巴林行似乎力量不行了，已经依靠他们以前的合伙人即现在的阿希伯顿勋爵（Lord Ashburton）借银行②的帮助，用财力来支援。莫理逊公司的负债并不太多，也似乎是用来自苏格兰皇家银行的一笔贷款来保全他们自己。威尔德公司（Geo. Wildes & Co.）在宣告清理的条件之下，由英格兰银行来担保他们所有的债务。但是由于一种我们不能懂得的理由，他们似乎并不认为根据信用证开出的，事前没有经过承兑的汇票为债务。威尔逊公司和维金在一再接受银行的帮助之后，仍旧在同他们的困难奋斗着。他们现在拒绝兑付还未到来的汇票（信用汇票），将使我们遇到一些麻烦和不便，但是这要同他们全部停付可能引起的麻烦相比较，简直不算什么。……我们的业务很广泛，这可能使我们受到一些损失。我应该认为我们的朋友，马格尼亚克·史密斯公司，在任何情形之下一定是天字第一号的行号。"③

经过这次金融危机，马地臣决定改变怡和行的汇款流程。此后，所有信用汇票必须有船货提单进行担保，才能交给马格尼亚克·史密斯行进行承兑。马地臣说："这样就成为一种制度。假如我们对于我们的代理行能像我们现在那样始终寄以无限的信任的话，这种制

---

① 亨特，《广州番鬼录·旧中国杂记》，第 132 页。

② 指英格兰银行。

③ 怡和档案，1837 年 9 月 9 日，"发给私人的函件稿簿"，詹姆士·马地臣。格林堡，《鸦片战争前中英通商史》，第 155 页。

度就没有什么必要了。但是它一经建立起来以后，由于我们同马格尼亚克·史密斯公司的联系已经形成，不可能将它来一次突然的改变。然而，这次发生的变动，使我们能够着手计划，要根据大大改进了的安全原则来进行我们的业务。"①

三、掌握贸易规则，及时调整策略

（一）与"小商铺"进行大宗货物贸易

清政府规定大宗货物比如丝绸、茶叶、土布、药材等必须由行商经营，一些零星小商品可以由十三行商馆区"中国街"上的"小商铺"经营。开办小商铺的商人被称为行外商人，也被称为店商，以区别于行商。店商虽然被禁止从事某些特定货物的经营，但他们往往偷偷借用一些资本较少的行商的执照同外商贸易。由于店商不需要承担行商那些极重赋税，因此可以低价经营。马地臣、渣甸等英印散商和美国商人便与店商广泛开展贸易，购买原棉、瓷器、大黄、肉桂、樟脑和少量茶叶等货物出口。散商在店商那里购买的货物有时比在行商那里还要多，这就引起了行商和英国东印度公司的妒忌，以及广东地方当局的打击和取缔。

1820 年马地臣致信加尔各答代理人泰乐尔："从印度来的散商贸易受了一个严重的打击，因为行商方面已经决定拒绝照往常一样许可

---

①　怡和档案，1837 年 12 月 9 日，"发给私人的函件稿簿"，詹姆士·马地臣。格林堡，《鸦片战争前中英通商史》，第 156 页。

行外商人货物出口，行外商人在制造品贸易上，特别是港脚商人运来的制造品贸易上，占有主要地位已经有很长的时期了。结果有三条孟买船只滞留了三个月。但是已经取得妥协……今后这些人（店商）只可以经营行商们认为对他们不大重要的那种生意。"① 如同鸦片贸易时禁时松一样，散商与店商之间大宗货物的贸易并没有被彻底取缔，美国人甚至输入英国制造品与店商交换茶叶。1822 年渣甸在日记里称：他在对华贸易中，向小商铺买的货要比向行商买得多。

关于广州口岸这种明里一套暗里一套的市场环境，马地臣在1821 年 7 月 2 日致信新加坡朋友摩根（J.Morgan），深有感触地评价道："对于一个在许多方面都和别处不同的特别市场，最详细地写出的记叙文字很少能够满意地供给你任何明确的概念。"② 这个市场不乏严厉的法规律令和执法者的大棒镣铐，但更多的是冠冕堂皇的虚文滥调和心知肚明的潜行规则。马地臣在这样的市场环境里如鱼得水、游刃有余。

1828 年 8 月 2 日《广州纪录报》全文译刊广东地方当局颁布的"小商铺经营贸易告示"。事情起因是以马地臣为首的外国散商经常违规从没有经营特许权的"小商铺"手中低价购买茶叶、生丝、土布等大宗货物，英国东印度公司向两广总督和海关监督申诉这种违法贸易损害了公司利益。美国商人塔尔博特等人③ 申辩称行商没有足

① 怡和档案，1820 年 11 月 14 日，"发出函件稿簿"，罗伯特·泰勒和詹姆士·马地臣。格林堡，《鸦片战争前中英通商史》，第 50 页。

② 怡和档案，1821 年 7 月 2 日，马地臣致信新加坡摩根函。格林堡，《鸦片战争前中英通商史》，第 68 页。

③ 申诉人包括塔尔博特（Talbot）、奥立芬（Daniel W.C.Olyphant）、罗素（Russell）、邓恩、拉蒂默、刘易斯（Lewis）、杨·布莱特（Young Blight）、阿博恩（Aborn）和基廷（Keating）等。申诉时间为 1828 年 4 月 24 日。美国商人的禀帖原稿现存于英国剑桥大学怡和洋行档案中。

够资本而且数量太少，不仅希望继续从"小商铺"手中购买大宗货物，还请求成立一家由"小商铺"联合组成的新行号专做美国人的生意。

广东地方当局当然不会答应美国人的请求。但为了调和外商矛盾，广东地方当局采取了折中方案。1828 年 7 月 19 日[①]两广总督李鸿宾、粤海关监督延隆会衔颁布了"小商铺经营贸易告示"。该告示规定 24 种出口货物包括茶叶、生丝、大黄、南京土布等，53 种进口货物包括八类毛织品、六类外洋五金、人参、毛皮、檀香木等只能由行商经营；其他货物，比如丝绸出口[②]、白（棉）布进口均可由"小商铺"经营；"小商铺"的买卖必须在保商名义下进行。虽然"小商铺"的经营仍然需要行商的协助才能顺利进行，但这毕竟是外国散商打破行商垄断的一次成功尝试。

（二）取道新加坡开展中英贸易

1819 年 1 月 29 日，英国东印度公司的斯坦福·莱佛士[③]在马来半岛南端的弹丸之地建立了一个自由贸易港，即今日的新加坡。虽然一开始新加坡没有显现出连接欧亚大陆海上交通的重要作用，但

---

① 张馨保《林钦差与鸦片战争》第 51 页记载，"1828 年 7 月 14 日，驻广州的总督李、粤海关监督怡会衔发布了一件'小商铺经营贸易告示'，它修改了现行的法律"。根据梁廷枏《粤海关志》第 146 页记载，1828 年粤海关监督是延隆。"怡"应为延隆音译。马士《东印度公司对华贸易编年史》（第 4 卷）第 183 页记载"（1828 年）7 月 19 日，总督发下谕令宣布……"。"小商铺经营贸易告示"发布日期，存疑待考。

② 丝绸出口，限定每船不得超过 8000 斤（即 80 担）。

③ 托马斯·斯坦福·莱佛士爵士：Sir Thomas Stamford Bingley Raffles，1781—1826 年，英国政治家。

马地臣从新加坡开埠之初，就预料到扼守太平洋和印度洋咽喉的新加坡将会迅速发展成为东西方贸易的一大转运贸易中心。马地臣乐观地表示：

> "两三次的观察和访问，使我能够说，我对于新加坡作为一个贸易场所是有极高估价的。它的重要的大宗货物现在是锡，有一个属于乔豪尔苏丹（Sultan of Johore）的熔锡场。它可以用每担十五元的价钱买到。然后因为现在所进行的贸易范围还很小，因而还没有商人做这种生意；但是这种不利条件很快就会消失，这里并没有关税或口岸的征课。我的意见是，派一个人在这里住上几个月，带着几千块钱作为流通手段（他们很需要流通手段），对于生意会有很大的好处，……居留地的情况是很可爱的，它离开到中国去的直接航道不足四英里；法卡少校的温和统治从各个村庄招徕了居民，原来二百户人家，现在发展到二千户以上；乔豪尔苏丹受了英国政府保护的吸引，打算在那里建造他的寓所。……新加坡的确是须要保持的，爪哇政府也已经不再干预我们的占领。"[①]

做出上述判断的时候，马地臣年仅 23 岁。此时他正乘坐"哈斯丁侯爵号"向广州作第二次鸦片走私。果然，1823 年以后，新加坡逐渐取代荷兰殖民地巴达维亚成为马来群岛最大的货物中转中心。鉴于新加坡战略地位日趋重要，英国政府于 1824 年正式将新加坡纳

---

　　①　怡和档案，1819 年 5 月 24 日，"罗伯特·泰勒和詹姆士·马地臣"。格林堡，《鸦片战争前中英通商史》，第 84 页。

托马斯·斯坦福·莱佛士

入英国殖民地版图。

1825年英国政府降低生丝进口税率。马地臣发现商机，立即着手将中国生丝运销英国。马地臣先将中国生丝运到新加坡并起卸上岸，再由新加坡的英国商人珀维斯（J.Purvis）给伦敦收货人格里孙·梅尔维尔·耐脱公司开具新的提单，最后货物装回原船运往英国。从表面看，马地臣经营的是新加坡和英国之间的贸易，因此并不违反英国政府关于英印散商不得经营中英直接贸易的禁令。不过，向英国运送生丝，违背了马地臣与伊里萨里关于不在广州以外地方从事冒险生意的最初约定。但由于有利可图，伊里萨里就毫无异议、积极参与了。其他散商洋行如宝顺行等也很快如法炮制，通过新加坡转运除茶叶以外的中国货物。"自由商船"得以"曲线"经营中英乃至中欧之间的转运贸易。据统计，1831年每季度有4艘英国散商船在广州与伦敦之间通过新加坡转运货物[1]。这种做法虽然严重损害了英国东印度公司的垄断特权，但该公司对此无可奈何。马士指出："（1830年）新加坡，在它创立的十年内，实际上立刻成为一个便利的地方，是公司在广州旁边的一个经常烦恼的因素。"[2]

---

① 聂德宁：《中国与新加坡的早期贸易往来》，《近代史研究》1997年第1期。

② 马士，《东印度公司对华贸易编年史》（第4卷），第242页。

1829 年 11 月 16 日，正值英国东印度公司"延不进口"事件胶着期间，马地臣所在的"马格尼亚克行"派出"玛丽安号"（Marianne）从广州取道新加坡驶往伦敦。起初，"马格尼亚克行"合伙人提议英国东印度公司广州特选委员会如果需要随船携带公文，就给"玛丽安号"颁发可以从广州直驶伦敦的执照，但特选委员会认为不能因此违反英国政府对散商贸易的航运限制，所以拒绝了这个提议。最终"玛丽安号"只得载有舱货并携带特选委员会的公文按原定路线从广州取道新加坡前往伦敦。

（三）开辟中国至澳大利亚航线

1770 年，詹姆斯·库克①率领"奋进号"绕过新西兰的北角向东航行时，发现了澳大利亚大陆。库克船长继续沿澳大利亚东海岸向北航行，4 月 29 日抵达一个海湾，这就是杰克逊港②的植物湾（Botany Bay）。此后，英国人将库克船长登陆地区命名为新南威尔士，并在此建立了英国殖民地。

1819 年，刚到广州的马地臣就展示出敏锐的商业头脑。当时马地臣是鸦片船"哈斯丁侯爵号"（Marquis of Hastings）的大班。"哈斯丁侯爵号"从加尔各答驶到黄埔，完成鸦片走私交易后，却找不到值得运回印度的回程货物。马地臣发现新南威尔士的茶叶销售市场广阔，便在广州迅速采购茶叶，装满"哈斯丁侯爵号"船舱，并

---

① 詹姆斯·库克：James Cook，18 世纪中叶英国探险家、航海家和制图学家。

② 杰克逊港：Port Jackson，又称悉尼港（Syndey Harbour），位于澳大利亚新南威尔士州首府悉尼。（清）魏源《海国图志》（岳麓书社 1998 年版第 593 页）引用《万国地理全图集》将杰克逊港称为"广海门"："在广海门，系属大地之港口，通商不少。"

将该船派往杰克逊港。

　　由此，马地臣开辟了中国至大洋洲的第一条商业航线。该航线连接广州黄埔和澳大利悉尼、霍巴特^①等港口城市。此后，中国茶叶和生丝通过黄埔—杰克逊港航线源源不断地运往澳大利亚^②。1830 年马地臣所在的"马格尼亚克行"已在杰克逊港和霍巴特港设有固定代理人。马地臣在每个贸易季节都会派出几艘商船前往那里。但由于澳大利亚缺乏适当的回程货物，这条航线的贸易发展受到一定程度的制约。^③

　　1830 年约翰·贝尔（John Bell）从霍巴特向广州运送 15 包羊毛做试探性回程贸易。但"马格尼亚克行"于 1831 年宣告该贸易试验失败，因为当时的中国人普遍不知道如何纺织羊毛，甚至不知道如何清理羊毛。15 包羊毛除了少部分被丝织工人织成了毛呢，其余大部分被工匠用于填充床榻。

（四）避免掮客操纵茶叶市场

　　中国茶叶运到英国伦敦后，首先由茶叶鉴定人对茶叶品质进行评价，买卖双方再根据鉴定品级磋商价格。由于鉴定存在一定主观性，导致一些伦敦茶叶掮客屡屡操纵市场。他们故意把茶叶品级评为次等，从而压低茶叶价格。

---

　　① 霍巴特：Hobart，澳大利亚塔斯马尼亚州的首府和港口，位于塔斯马尼亚岛东南部德温特河河口。霍巴特始建于 1803 年，是澳大利亚仅次于悉尼的第二个古老的城市。

　　② 魏源《海国图志》第 593 页引《万国地理全图集》称："（澳大利亚）其船只现赴到广州府贸易矣"。

　　③ 格林堡，《鸦片战争前中英通商史》，第 87 页。

最初，马地臣没有意识到货主投诉茶叶劣质往往是由于茶叶捎客们故意压价导致的。1837 年 12 月 9 日马地臣还称："这种最精选的茶叶在英国市场上会受到怎样的评价真是完全要碰运气。"① 但很快，马地臣发现对于同样等级的茶叶，竟然估价相差 40%。1838年 1 月 6 日马地臣称："照我们看来，好像有钱有势的利益集团联合起来有意造成贸易神秘不测的局面，捎客们似乎也正中下怀，默然同意了。"②

1838 年 8 月 1 日马地臣指示伦敦的约翰·阿拜·史密斯，要求他想尽办法避免茶叶"因捎客的过分挑剔和反复无常而被牺牲，那些捎客在市场存货过多的时候，便肆意把实际上是销路呆滞的结果归罪于品质低劣"③。此后，怡和洋行与"莫法特行"（T.R.Moffat）和"华金斯·史密斯·侯普行"（Watkins Smith & Hope）达成协议，对茶叶评定提供一个标准，避免捎客随意压低茶价、操纵茶叶市场。

在广州，马地臣遇到了同类问题。1834 年以后，中国茶叶出口价格屡次提升。1836 年行商向马地臣等外商声称茶叶价格还需上涨，并声明虽然茶叶是事先预定的，但行商没有支付现款，所以茶商就拒绝按原价交货。行商对茶商的涨价行为竟然无力阻止，这让马地臣、渣甸等人难以理解。因为根据清政府规定，茶商只有通过行商才能出口茶叶。从理论上讲，行商会比茶商更有可能操纵茶叶价格。

---

① 怡和档案，1837 年 12 月 9 日，"发给私人的函件稿簿"，詹姆士·马地臣。格林堡，《鸦片战争前中英通商史》，第 173 页。

② 怡和档案，1838 年 1 月 6 日，"发给私人的函件稿簿"，詹姆士·马地臣。格林堡，《鸦片战争前中英通商史》，第 173 页。

③ 怡和档案，1838 年 8 月 1 日，"发给私人的函件稿簿"，詹姆士·马地臣。格林堡，《鸦片战争前中英通商史》，第 173 页。

为了避免行商操纵价格，保证英国市场的茶叶供应，马地臣果断避开中间环节，与茶商进行直接合作。

马地臣善于根据实际情况及时调整经营策略，深深影响了怡和行的企业文化。在漫长的发展过程中，怡和行和普通企业一样经历过金融危机、资金困难、投资失利等挫折，但怡和行具有较强的调适能力，总能及时调整、化解风险、转危为安，从来没有因为积弊难返而陷入不得不破产的境地。

四、推崇自由贸易，善用最新技术

马地臣受过正规的高等教育，喜欢学习研究科学、法律和经济，尤其对政治经济学感兴趣。他曾在《广州纪录报》上刊登一份悬赏启示，征求有关"政治经济学"的文章。他在给文具商史密斯·艾尔德公司的信中，曾订购亚当·斯密[①]、大卫·李嘉图[②]、麦克库洛赫[③]等人的著作。正如苏格兰同乡亚当·斯密在《国富论》中假设的"理性经济人"一样，马地臣在他的经商生涯中，所有行为动机都是基于对自身利益的考虑，似乎追求利益最大化就是他的本性。受到古典经济学的影响，马地臣推崇个人自由竞争，极力抨击政府对自由贸易的干涉。早在 1821 年，马地臣就对英国东印度公司"那种已

---

① 亚当·斯密：Adam Smith，1723—1790 年，苏格兰人，18 世纪英国著名的经济学家和伦理学家。

② 大卫·李嘉图：David Ricardo，1772—1823 年，英国古典经济学家和投资家。

③ 约翰·雷姆赛·麦克库洛赫：John Ramsay McCulloch，1789—1864 年，英国苏格兰保守主义经济学家、作家、编辑。

经存在了这样久的破坏性的垄断权"① 表示出极大愤慨。

然而英国东印度公司特许状废止后，英国对华贸易并没有像自由商人期望的那样迅速发展，却经历了一段低迷和困难时期。大量自由商人参与到对华贸易中，导致了一系列无序和恶性竞争。于是1837年3月8日马地臣向美国一家商行抱怨说："我们几乎盼望公司垄断权的恢复，觉得这比自由贸易的麻烦和毫无止境的混乱还要好一些。"② 实际上，马地臣虽然偶有抱怨，但他始终坚定地支持自由贸易政策。

马地臣十分注重新技术、新工具在商业贸易中的应用。19世纪初，为了逃避广东地方当局的缉查，马地臣等英印散商大量雇用快蟹船。这种船原本是珠三角海盗用船，船身狭长，两舷各置桨数十支，摆动时如蟹脚伸张，故名"快蟹船"。快蟹船速度奇快且装有枪炮。鸦片商贩被官兵追缉时，能逃则逃，逃不掉便开炮拒捕，往往让广东当局十分头痛。

19世纪30年代黄埔水域鸦片走私受到严厉打击，马地臣开始将走私基地设在伶仃洋，并在中国沿海大规模使用飞剪船。飞剪船最早由美国人发明，是一种高速帆船。船舶稳定性好，几乎贴着水面航行，在海面高速航行时阻力较小。马地臣看中了飞剪船快速航运能力，1832年率先在印度加尔各答和中国伶仃洋之间使用"飞剪船"开辟快速航线。怡和行购买和建造飞剪船时，着重考虑如何最大限度地增加船速、提升效能，而不是每次考虑装载更多的货物。这些飞剪快船"从印度加尔各答到广州只需40多天，比一

---

① 怡和档案，"罗布特·泰勒和詹姆士·马地臣"，1821年6月2日。格林堡，《鸦片战争前中英通商史》，第162页。

② 怡和档案，"发给私人的函件稿簿"，詹姆士·马地臣，1837年3月8日。格林堡，《鸦片战争前中英通商史》，第175页。

般船的行期要少 50 多天，而且不受印度洋季风的影响，可逆季风航行"①，在贸易季节中可以两到三次来往伶仃洋和印度加尔各答之间运输鸦片。

马地臣以伶仃洋为基地，向中国沿海各地派出大量鸦片飞剪船，寻找新的鸦片市场。"渣甸号"（Jardine）、"哈里特号"（Harriet）被派驻南澳；"奥斯汀号"（Austin）被派驻泉州以北；"杨格上校号"被派驻泉州；"芬德利总督号"（Governor Findlay）远航至宁波；"马叶斯夫人号""克朗斯堡号""隼号""红色流浪者号"从加尔各答、孟买运来鸦片到达内伶仃岛，再从内伶仃岛将鸦片分送东部海岸。②鸦片商船的频繁快速往来，使得马地臣迅速抢占了中国东南沿海的鸦片走私的"商机"，扩大了走私规模，谋取了巨大利益。

马地臣积极传播科学技术，不仅通过"在华实用知识传播会"向中国介绍西方最新的科学技术，还最早向中国派出蒸汽拖轮，揭开了西方轮船航运业向东发展的序幕。不可否认，马地臣在追求商业利益的同时，也为 19 世纪初"西学东渐"做出了一定贡献，为古老垂暮的封建帝国展现了近代西方工业文明的熹微晨光。

---

① 聂宝璋：《中国近代航运史资料（1840—1895）》（第 1 辑上册），上海人民出版社 1983 年版，第 17 页。

② 怡和档案，1835 年 3 月 19 日广州 450，"渣甸致礼士函"；1835 年 7 月 16 日广州 456，"渣甸致礼士函"；1835 年 7 月 30 日广州 457，"渣甸致礼士函"；1837 年 4 月 5 日广州 497，"渣甸致礼士函"；1833 年 2 月 10 日海岸 29，"裨治文致怡和洋行函"。张馨保，《林钦差与鸦片战争》，第 28 页。

五、注重亲情乡情，强化利益纽带

　　马地臣来自苏格兰。这一地区的人们十分重视平民教育，崇尚自由冒险和积极进取，往往以家族或宗族关系为纽带，结伴前往东方开拓市场。18 世纪末、19 世纪初前往亚洲经商的英国人大多数是苏格兰人。比如与马地臣紧密合作的孟买"伯恩斯·麦克维卡行"、加尔各答"詹姆士·斯科特行""麦金泰尔行"等印度商行合伙人大多来自苏格兰。渣甸、律劳卑、戴维森和义律也都是苏格兰人，都十分重视同乡情谊。怡和洋行的一些水手同样来自苏格兰。

　　在东方商业的成功与否，与家族在苏格兰当地的荣耀息息相关。共同的价值观念、文化传统和饮食习惯，加深了常年漂泊在外的苏格兰籍商人之间的认同感。这种亲缘和地缘关系，使得商人常常自发结成乡情同盟，扶危济困、休戚与共。1823 年马地臣得知在巴达维亚的商人中有一位是苏格兰老乡，就竭力规劝他加入广州的生意。

　　曾担任马地臣和渣甸中文翻译的罗伯聘也是苏格兰人。1807 年罗伯聘出生在一个煤炭商人家庭，14 岁就开始在商店里做学徒，后赴南美经商。1834 年 2 月罗伯聘抵达广州，被马地臣聘任为怡和洋行高级职员。罗伯聘对文字具有浓厚兴趣，从不放过任何可以与中国人交谈的机会，因此在广州很快学会了中文，是当时少数几个认识汉字的外国人之一。卫三畏 [1] 曾说："为了避免被加上帮助我们学习中文的罪名，我记得经常有一些中国人明明听懂了我对他们说的

---

　　[1]　卫三畏：Samuel Wells Williams，1812—1884 年，美国第一位汉学教授，是最早来华的美国新教传教士之一。1833 年 10 月 26 日抵达广州，1876 年返美，在华居住长达 43 年。

中文，却坚持用英文来回答我，罗伯聃与所有来怡和洋行的中国人自由交谈的做法对于消除这种恐惧起到了一定的作用。"[1] 第一次鸦片战争前，马地臣推荐罗伯聃担任英国政府在华译员。1843 年 1 月璞鼎查委派罗伯聃前往广州处理税则谈判前的准备工作。《抚远纪略》记载："（罗伯聃）本英国巨商渣甸之司事，久在粤东，兼通汉文华语，谙悉商税事宜，濮使依为谋主者也。"[2] 罗伯聃提出了税则草案并参与了中英税则谈判。由于罗伯聃具有出色的谈判能力和较高的汉语水平，1843 年英国政府任命他为驻宁波第一任领事。罗伯聃的苏格兰同乡之谊，为鸦片战争后怡和洋行在浙江、上海等地的发展创造了便利条件。

马地臣和渣甸创办的怡和洋行一直具有通过家族力量和血缘纽带维系商业合作关系的传统。1839 年渣甸离开广州后，大卫·渣甸继续帮助马地臣经营怡和洋行。1842 年怡和行修订合伙契约时，规定企业经营权应该保留在马地臣和渣甸的近亲手中。马地臣和外甥亚历山大·马地臣分别从怡和洋行退休后，大卫·渣甸于 1851 年担任经理。1856 年渣甸侄子加律治担任经理，此人是渣甸家族中布坎南支脉的先祖。1874 年到 1886 年渣甸甥孙耆紫薇担任怡和洋行经理，此人是渣甸家族中凯瑟克支脉的先祖。1912 年怡和洋行和凯瑟克家族买下了马地臣家族手中的公司股份，马地臣家族彻底脱离怡和洋行，但怡和洋行的中英文名称均保持不变。

从 1832 年怡和行创立，到 1989 年共计 32 位经理中，有 20 多位与马地臣、渣甸有直系或旁系血亲关系。在 100 多年的发展进程

---

① 〔日〕内田庆市：《近代东西语言文化接触研究》，关西大学文学部 2001 年版，第 20 页。

② 《抚远纪略》，粤东复市第四。叶松年：《中国近代海关税则史》，上海三联书店 1991 年版，第 15 页。

中，怡和行的家族产业不断扩大、经久不衰，实属罕见。至今威廉·渣甸的家族后代仍然控制着董事会，一些家族成员仍担任怡和洋行的重要职位。

在马地臣的悉心指导和言传身教下，休·马地臣迅速掌握商业技巧，成为马地臣家族的继承人，承担起延续马地臣家族荣耀的重担。虽然休·马地臣因为不愿意从事鸦片贸易而于 1843 年拒绝了马地臣让他加入香港怡和行的建议，但他积极经营伦

休·马地臣
（Hugh Mackay Matheson）

敦"马地臣行"，并没有辜负马地臣的期盼。1873 年 2 月休·马地臣从西班牙政府手中购得位于韦尔瓦（Huelva）的里奥廷托矿山（Rio Tinto mines）后，成立名为"Rio Tinto"的矿业公司。该公司最终发展成为当今全球最大的资源开采和矿产品供应商之一——"力拓集团"。

六、积极参与政治，稳做"红顶商人"

早在 1832 年，马地臣就认为：作为散商，同一个身为主权者的对手（英国东印度公司）进行竞争是不公平的。[①] 激烈的商业竞争让

---

① 怡和档案，1832 年 12 月 23 日，"发给私人的函件稿簿"，詹姆士·马地臣。格林堡，《鸦片战争前中英通商史》，第 172 页。

马地臣认识到商业与政治不可能完全脱节，政治氛围有时候决定了商业环境，也决定了马地臣长期积累的巨额财富的安全与否。赫南多·德·索托① 在《资本的秘密》一书中指出："穷人创造的财富，因为得不到法律的承认，所以不能变成资本。这是他们注定要贫困的根本原因。"马地臣不同，虽然早年从事的鸦片走私在短期内无法得到清政府的法律承认，但他积极参与政治，从早年担任丹麦驻广州领事，到后来担任英国国会议员，马地臣借势、谋势、造势，积极建言献策，支持对华强硬政策，不仅实现了他自己的个人理想，改变了当时中国的商业环境，也将走私所得洗白为合法财产，成为英国首屈一指的大富豪。19 世纪中叶，身为国会议员的马地臣，甚至不遗余力地打击苏格兰刘易斯岛上的威士忌走私，从而维护良好的个人口碑。

---

① 　赫南多·德·索托：Hernando de Soto，1941 年—　　，秘鲁著名经济学家。

第九章 从政之路

马克思曾经这样揭露资本家："迫使一切民族——如果它们不想灭亡的话——采用资产阶级的生产方式"，"他要按照自己的面貌为自己创造出一个世界"。[①] 这句话用于马地臣，完全合适。在攫取巨额财富后，马地臣开始走上从政之路，以期实现自己的政治抱负，按照自己的意愿来改造这个世界。

一、创办报刊，宣传主张

1827 年马地臣创办了中国第一份英文报纸《广州纪录报》。这份报纸从创刊之日起就成为马地臣宣传政治主张的利器，也成为怡和洋行的喉舌和舆论阵地。《广州纪录报》大肆批判清政府吏治腐败、官员无能、贿赂盛行和广州商业制度落后。由于教会基于道德角度

---

① 马克思、恩格斯：《马克思恩格斯选集》第一卷，人民出版社 1972 年版，第 255 页。

通常反对鸦片贸易，《广州纪录报》也不时抨击教会的传教活动。

1834 年律劳卑对华采取强硬态度，《广州纪录报》全面详细地报道了律劳卑的所作所为，并为其摇旗呐喊。律劳卑病逝后，曾经担任英国东印度公司大班的德庇时继任。德庇时一贯主张对华采取忍让妥协的态度，这让马地臣等人十分不满。《广州纪录报》发表评论称："（德庇时）个人道德品格高尚，一贯稳重，举止温和。……但（德庇时对自由商人具有）记录在案的、在下议院作证时的……不友善的感情。……因此，过去在享受垄断贸易权的公司中培养出来的人是不宜于充任自由贸易者的代表和管理人的……自由贸易者珍视他们崇高的权利和特权，并把自己视为英国商业真正原则的保护者。"《广州纪录报》甚至警告德庇时，必须严格遵从律劳卑关于"同中国当局直接来往而不是通过行商"的主张，否则他就出卖了英国的商业利益。[①] 在《广州纪录报》掀起的舆论压力下，德庇时自知大部分在华英商反对其保守主张，觉得无法继续共事，便在担任 3 个月 10 天的英国驻华商务总监督后，于 1835 年 1 月辞职返英。

1835 年 1 月罗宾臣继任商务总监督后，奉行"鸵鸟策略"，进行无为而治，比德庇时还要保守软弱。甚至为了避免同广东当局接触，11 月 25 日罗宾臣在未获得英国政府批准的情况下，就将办公场所由澳门搬到了停泊在内伶仃岛附近的"路易莎号"（Louisa）单桅帆船上。此后直到卸任，罗宾臣一直在伶仃洋面的船上办公。12 月初，由于"仙女号"（Fairy）帆船的英商非法雇用中国快船，一名英国军官被广州官吏扣押罚款后才被释放。马地臣等英商希望罗宾臣能够向广东当局提出抗议，罗宾臣则愿意忍气吞声了结此事。《广州纪录

---

① 《广州纪录报》（7.43：170），1834 年 10 月 28 日。张馨保，《林钦差与鸦片战争》，第 64—65 页。

报》报道了这一事件，并增加了附刊评论。评论称："虽然按港口海关当局所说，雇用快船不合法，至少是违禁的。但是，扣留外国人、罚款，同样是违法的。我们积极反映以揭露和谴责这种无耻的、公开的、赤裸裸的可鄙的压迫行为。因为我们认为我们有充分的理由提出抗议，我们要求赔偿的权利无可置疑。我们取得这种赔偿的能力不可摧毁。我们是在代表所有外国人发言，我们认真请他们记住和维护自己的尊严，去想一想：他们巨大的财富，他们汇合一起的天智才赋，他们高度的可敬可信，意志、勇气，他们的民族的决心和坚毅，他们个人的性格和影响，将多么有力，足以对付那些无知和胆怯的行商，对付那些贪婪懦怯的政府官员。欧洲和美国光荣的旗子还要屈从于中国那面破彩色旗到几时？……一句话，世界各国还要匍匐于满洲皇帝脚下多久？"[①] 这篇评论吐露了长期压抑在英商内心的不满和愤怒，就像是一篇声讨清政府的战斗檄文，预示着战争的阴云越积越厚。

　　马地臣等人借助报刊引发的渴望战争的舆论氛围如此浓厚，以至 1835 年罗宾臣在致巴麦尊的信中，专门提醒英国当局要尽量避免受到马地臣、渣甸等好战分子的影响。罗宾臣说："没有任何国家、任何情况像在中国这样，分裂有害而和衷共济、善良意愿则有利于公共福利。……但是令人悲哀的是，我常看到情况与之相反的恶果。……（政府官员）应尽可能地少受他们的影响，少为这个所左右。"[②] 但实际情况是，长期依托《广州纪录报》等宣传阵地，马地臣等人不断制造舆论，最终促使英国国会通过了对华战争的议案。鸦

---

　　① 《广州纪录报》（增刊），1835 年 12 月 11 日。张馨保，《林钦差与鸦片战争》第 251—252 页。

　　② 张馨保，《林钦差与鸦片战争》，第 82 页。

片战争时期，《广州纪录报》还竭力为鸦片战争辩护，主张英国政府继续对华采取强硬政策。

二、寻求共识，结成同盟

马地臣深知获得工商业同行的支持，对推动英国对华政策的调整大有裨益。早在 1832 年 11 月 14 日，马地臣就致信怡和洋行驻曼彻斯特的代理人麦克维卡："我希望你得暇注意一下英国人在中国所受的委屈，竭力争取你的工业界朋友们的同情。"马地臣还好奇地询问麦克维卡："你怎样逃掉下议院委员会审讯的？我倒是很想看到你被召到他们的面前。"[①]马地臣希望麦克维卡能够利用各种机会将英国对华贸易真实状况反映给英国各界人士。1835 年麦克维卡所在的曼彻斯特商会将一份备忘录呈递给英国政府贸易部，这份备忘录揭发了英国东印度公司广州财务委员会强行要求自由商人汇兑票据的恶行。据称这份备忘录是麦克维卡在渣甸的指示下起草的。

在马地臣、渣甸等人的持续鼓动和影响下，英国本土工商业人士和广州绝大多数英商对中国都抱有激进的敌视态度。当然，也有少量英商主张对华采取温和态度。1836 年 1 月 28 日义律在致英国外交部伦诺克斯·科宁厄姆的信中，指出广州英商分为两派，分别是激进派和温和派。"（罗宾臣的和解迁就政策）并不普遍受到赞同。……明摆着的真相是我们这里有'上下两院'。两派之间互相如

此愤怒攻讦以致在每个问题的看法上都有浓厚的宗派色彩。有一派先生们对整个中国政府和人民是义愤填膺，因为他们不满于另一派据他们认为是愿意取悦于中国人、继续悄悄地走私的先生们。我很希望能告诉你温和派人多势众，但情况根本不是这样。那些激进愤慨的先生们在人数上占绝对优势。"[1]

1839年3月林则徐圈禁在华外商，要求烟贩上缴鸦片。义律为了摆脱困境，擅自承诺上缴的烟土将由英国政府设法赔偿。4月底，为了促成英国政府同意赔偿，正在圈禁中的外国烟贩议定派出代表团返英游说。代表团由亚历山大·马地臣、胡夏米、英格利斯和"马格尼亚克·史密斯行"、颠地行各一名成员组成。10月代表团抵达伦敦，与渣甸会合。为了游说成功，在华外国烟贩还进行了集资。每缴给广东当局1箱鸦片，在华外国商贩就拿出1银圆作为捐款。最终外商群体一共集资2万银圆[2]，寄给身在伦敦的渣甸管理和使用，作为他争取英国政府承诺赔偿烟款的活动经费。

5月1日马地臣致信渣甸："你的开销将不限于这一笔款项。因为目标的艰巨，只要是必要或需要的开支，不管多大的数目，都担当起来。所以甚至考虑到，你也许会认为，用高价聘请几家主要报纸来为这件事做辩护会更便当些。当然一开始就要聘请最好的法律顾问把我们情况的要点陈述得淋漓尽致；我们还听说有些文人通常被雇用来草拟所需要的文笔最为简明清楚的请愿书。"[3]渣甸在伦敦按

---

① 张馨保，《林钦差与鸦片战争》，第70页。

② 根据1792年美国铸币法案，1美元折合371.25格令（24.057克）纯银或24.75格令（1.6038克）纯金。从1792年至1873年，1美元价值为24.057克纹银，大约相等于一枚西班牙银圆。

③ 怡和档案，1839年5月1日，"马地臣致渣甸"，广州553。张馨保，《林钦差与鸦片战争》，第185页。

照马地臣的指示，开展了广泛联络。10 月 21 日渣甸回复马地臣称已经雇请佛拉西菲尔特律师协助活动。10 月 26 日渣甸致信马地臣，称已请《泰晤士报》加大宣传在华英商的诉求。

三、参与社团，扩大影响

作为广州外侨的领袖人物，马地臣积极参与社会活动，是"在华实用知识传播会"首届会长、"广州英国商会"首届主席、"广州外侨总商会"首届主席、"在华海员之友联合会"委员会委员。马地臣的最佳生意搭档——渣甸也热衷于加入商会和其他社团组织，是"在华实用知识传播会"第二任会长、"广州英国商会"第二任主席、"马礼逊教育会"司库、"中华医药传教会"副会长、"海员医院筹备会"主席。两人在追求商业利益的同时，也为实现个人政治野心打下了坚实基础。

古斯塔夫·勒庞[1]在《乌合之众》指出："人一到群体中，智商就严重降低，为了获得认同，个体愿意抛弃是非，用智商去换取那份让人备感安全的归属感。"马地臣和渣甸之所以宁愿收敛一部分个性，暂时放下一些商业恩怨，也要加入在华外商的社团组织，是因为在群体中，马地臣、渣甸等人互为奥援，让他们感到在对广东地方当局的交涉中不再居于劣势，让他们的个人话语能够通过散商群体的力量不断扩大。比如 1838 年马地臣等人就通过"广州外侨总商会"向孟买

---

[1]　古斯塔夫·勒庞：Gustave Le Boin，1841—1931 年，法国著名社会心理学家、群体心理学创始人。

商会反映运至伶仃洋的麻洼鸦片存在质次量缺问题；也通过"广州外侨总商会"向广东地方当局交涉破产行商的债务问题。①

同时，正如勒庞所说："个人一旦成为群体的一员，他所作所为就不会再承担责任，这时每个人都会暴露出自己不受到的约束的一面。群体追求和相信的从来不是什么真相和理性，而是盲从、残忍、偏执和狂热，只知道简单而极端的感情。"由于在华英商群体的极力宣传和推动，对华采取强硬政策逐渐成为英国国会议员的主流思潮，最终上升为英国政府的国策。

学者罗伯·布雷克②研究认为怡和洋行和其他任何在华英商只是单打独斗，并没有获得英国政府的政策支持。布雷克称：19世纪中后期，英国政府对华政策的出台完全处于政治上的考量，主要目的是反制其他国家在中国的经济侵略，巩固英国在华势力范围。布雷克还引用经济史学家普拉特（D.G.M.Plant）的说法进行佐证："个别英国洋行热衷向中国政府争取筑路、采矿等权利，与中英外交关系可说毫无关联。……并不是英国资本家要求政府协助取得权利，牟取利润，而是英国政府基于帝国政治利益及英国对华贸易整体权益，向中国争取权利，要求通常不太乐意的伦敦金融界予以配合。"③

事实上，经济基础决定上层建筑，政治是用来为经济服务的。英国政府的对华政策不仅是要维护国家整体利益，也要兼顾在华英

---

① "Second Annual Report of the Committee of the Canton General Chamber of Commerce", *The Canton Register*，November 6th，1838. 参见吴义雄：《"广州外侨总商会"与鸦片战争前夕的中英关系》（《近代史研究》2004年第2期）。

② 罗伯·布雷克：Robert Blake，曾任英国牛津大学副校长（1971—1987年），著有 *Jardine Matheson, Traders of the Far East*（《怡和洋行》）、《狄斯累利（Disraeli）传记》《英国保守党史》等。

③ 布雷克，《怡和洋行》，第224页。

商群体的利益。在华洋行经营规模扩大，与英国本土及各殖民地的资金、货物往来频繁，英国政府可从税收、汇兑等方面获得收益；英国政府扩大在华势力范围，洋行在承接大型工程项目、给清政府放贷等方面会更有优势。在华英商和英国驻华商务监督及以后的英国驻华领事、公使的基本目标是一致的，就是牟取利益最大化。虽然英国政府和商人的看法并不常常一致，但从资本角度看，两者本质上是一元关系，而非二元对立。正如罗伯·布雷克自己所言："经济与政治紧密攸关，没有安定的政治，经济就难以繁荣；经济不繁荣，政治则易陷入斗争。"[①]

1842 年马地臣返回英国后，积极参加国会议员的选举，并长期担任国会议员。马地臣拥有议会席位，不仅使他有机会促成有助于所代表地区发展的立法，还为该地区人口日趋过剩而寻求救济拨款提供了便利条件。[②]

---

① 布雷克，《怡和洋行》，第 241 页。

② Richard J. Grace：*Opium and empire*，p.309.

第十章 最后岁月

那些我所拥有的，我并不想失去；然而，

那个我所在之地，我并不想停留；然而，

那些我所深爱的，我并不想遗弃；然而，

那些我所熟悉的，我并不想看见；然而，

那个我将死之地，我并不想前去。

我只想停留在，那个我未曾到达之境。①

1842 年 3 月，在广州、澳门等地居住近 30 年的马地臣从怡和洋行退休。似乎是基于危邦不入、乱邦不居的人生信条，正当第一次鸦片战争激烈进行的时候，马地臣就急着离开中国返回英国。《中国丛报》在报道马地臣离开澳门时称："他的离去，使外国侨民失去了一位极有事业心、才能而又慷慨的成员。"②4 月，马地臣在华主要商业竞争对手——颠地也离华回英。《广州纪事报》报道了颠地离华的消息，并称赞颠地将会"因他的仁慈，他的善行，他的慷慨和他的

---

① 德籍犹太诗人 Thomas Brasch 诗一首。

② 亨特，《广州番鬼录·旧中国杂记》，第 135 页。

真挚言行"，而被在中国的人们"长久地记住，并为他的离去感到遗憾"。《广州纪事报》还特别称赞颠地在 1839 年初"勇敢而成功地抵抗了"林则徐的命令。① 马地臣的怡和洋行与颠地的宝顺洋行都是英商洋行，在华竞争十多年，彼此多有芥蒂。此时主要合伙人相继离开中国，两个洋行在报刊上的友好姿态颇有一种"度尽劫波兄弟在，相逢一笑泯恩仇"的意味。

　　与渣甸离华时一样，马地臣途经孟买时拜访了商业挚友詹姆塞特吉·吉吉博伊。6 月 13 日，孟买的巴斯商人聚集在吉吉博伊的豪宅中，为马地臣举办盛大的欢送仪式。虽然马地臣称留在澳门的亚历山大·马地臣只是临时代表他，将来他有可能还会返回中国，但是巴斯商人仍然表现出依依不舍之情。他们对马地臣深情告别，称赞他是"商业巨擘"（Merchant Prince），将其视为危机时刻的捍卫者和战争时期的庇护者，并赠给他一套价值 1500 英镑的银质餐具作为纪念。②

　　马地臣离华后，怡和洋行由马地臣和渣甸两个家族的下一代人执掌。亚历山大·马地臣负责澳门事务并掌控怡和行全局，唐纳德·马地臣负责香港事务，大卫·渣甸负责广州事务。唐纳德·马地臣的父亲邓肯·马地臣③和弟弟休·马地臣都是虔诚的福音派基督徒。受他们影响，唐纳德·马地臣逐渐质疑和反思鸦片贸易的道德性。1848 年唐纳德·马地臣决定不再担任怡和洋行合伙人，这让马地臣十分恼怒但又无可奈何。1849 年唐纳德·马地臣辞职退出怡和行。

---

　　① 吴义雄，《条约口岸体制的酝酿》，第 21 页。吴义雄教授指出："这种评价，可以看作在共同经历了鸦片危机后，两个集团作出的一种和解的姿态。"

　　② Richard J. Grace: *Opium and empire*, p.288.

　　③ 邓肯·马地臣：Duncan Matheson，詹姆士·马地臣的兄弟，律师，曾担任爱丁堡利斯港副警长。

1843 年 11 月 9 日 47 岁的马地臣在爱丁堡圣约翰大教堂迎娶 23 岁的玛丽·简·珀西瓦尔。玛丽·简·珀西瓦尔出生于富裕的政治世家。祖父斯宾塞·珀西瓦尔[1]是英国政治家，于 1809 年至 1812 年出任英国首相，是历史上唯一一位被刺杀身亡的英国首相。父亲迈克尔·亨利·珀西瓦尔[2]曾担任魁北克港务局

马地臣夫妇

长和下加拿大[3]的立法会议员。玛丽·简·珀西瓦尔 9 岁时，父亲迈克尔·亨利·珀西瓦尔就已逝世。母亲安·玛丽·弗劳尔·珀西瓦尔[4]，是查尔斯·弗劳尔[5]从男爵的长女，精通英语、法语、意大利语和拉丁语，仅比马地臣年长六岁，晚年与马地臣夫妇一起生活在斯托诺韦的卢斯堡。

玛丽·简·珀西瓦尔终生酷爱摄影。自 1856 年苏格兰摄影协会成立到 1873 年解散，马地臣夫人一直是其会员。阿尔伯特亲王[6]

---

① 斯宾塞·珀西瓦尔：Spencer Perceval, 1762 年 11 月 1 日至 1812 年 5 月 11 日。

② 迈克尔·亨利·珀西瓦尔：Michael Henry Perceval, 1779—1829 年，斯宾塞·珀西瓦尔的私生子。

③ 下加拿大：Lower Canada, 1791 年至 1841 年间以圣劳伦斯河与圣劳伦斯湾两岸为管辖区域的英国殖民地。

④ 安·玛丽·弗劳尔·珀西瓦尔：Ann Mary Flower Perceval, 1789—1876 年。

⑤ 查尔斯·弗劳尔：Charles Flower, 1809 年曾担任伦敦市长。

⑥ 阿尔伯特亲王：Prince Albert, 1819 年 8 月 26 日至 1861 年 12 月 14 日，维多利亚女王的表弟和丈夫。

19 世纪 70 年代，马地臣一家在刘易斯岛上野餐

是该协会的赞助人。其他会员还有苏格兰著名摄影师乔治·华盛顿·威尔逊[①]。马地臣夫人的部分作品被巴黎奥赛博物馆收藏。从马地臣夫人拍摄的旧照片中，可以看到马地臣晚年居住在刘易斯岛时生活优渥，喜欢在野外举行家庭聚餐。马地臣夫妻感情甚笃，两人共同生活了 35 年。马地臣晚年身体欠佳时，一直由马地臣夫人悉心照料。

　　1844 年亚历山大·马地臣致信唐纳德·马地臣，抱怨时任香港总督兼驻华商务监督德庇时滥用职权，使用德庇时朋友的名字为香港维多利亚湾的街道命名，而这些人有些根本没有到过香港，甚至连英国都未曾离开。亚历山大·马地臣认为马地臣、渣甸、颠地等英国商人对香港发展做出过重要贡献，理应获得港英政府和民众的长期纪念。他写道："虽然英商创建了香港，但没有一条街是以商人来命名的，只要想到'雪利街'是某个混蛋的名字，'渣甸街''颠地街''吉布街'（Gibb）等，听起来不是自然多了吗？不，要不是

_____

① 乔治·华盛顿·威尔逊：George Washington Wilson，1823—1893 年。

为了有利的投资，别想要我在香港投入一毛钱。"[1] 此后，随着香港的发展，很多街道纷纷烙上殖民印记。时至今日，香港街道至少有9条是以怡和洋行职员的名字命名，比如渣甸街、勿地臣街[2]、敬诚街[3]、伊荣街[4]、波斯富街[5]、兰杜街[6]，晏顿街[7]、机利臣街[8]、百德新街[9]等。值得注意的是，香港没有一条街是以怡和行竞争对手宝顺洋行命名的。可见，在长期的竞争过程中，颠地的宝顺洋行最终完败于马地臣的怡和洋行。

怡和洋行在百年发展过程中，一直对创始人马地臣和渣甸尊崇备至，总是强调其企业价值观来源于创始人坚定执着的意志品质、稳健审慎的财务管理、敏锐卓绝的商业触觉和适度超前的战略眼光，从而在历次金融危机和历史转折时期都能克服困难和挑战，始终立于不败之地。但怡和洋行对创始人通过鸦片走私完成原始积累的这段经历讳莫如深，在其宣传资料中或语焉不详，或一笔带过。事实

---

① 布雷克，《怡和洋行》，第 123 页。

② 勿地臣街：Matheson Street，以怡和洋行创办人詹姆士·马地臣爵士（Sir James Nicolas Sutherland Matheson，1st Baronet）命名，与渣甸街均在香港铜锣湾。

③ 敬诚街：Keswick Street，以怡和洋行大班及香港置地创办人占士·庄士顿·凯瑟克（James Johnstone Keswick）命名。敬诚街原名奇士域街，位于香港铜锣湾。

④ 伊荣街：Irving Street，以怡和洋行职员 Irving 命名，位于香港铜锣湾。

⑤ 波斯富街：Percival Street，以怡和洋行大班 Alexander Perceval Jardine 命名，位于香港铜锣湾。

⑥ 兰杜街：Landale Street，以怡和洋行大班 David Landale 命名，位于香港湾仔。

⑦ 晏顿街：Anton Street，以怡和洋行职员 Charles Edward Anton 命名，位于香港湾仔。

⑧ 机利臣街：Gresson Street，以怡和洋行大班 William Jardine Gresson 命名，位于香港湾仔。

⑨ 百德新街：Paterson Street，以怡和洋行大班 Sir John Valentine Jardine Paterson 命名，位于香港铜锣湾。

上，马地臣庞大资本帝国的原始积累是罪恶、肮脏和不道德的。其所从事的鸦片走私，罪孽比贩卖奴隶有过之而无不及。英国商人蒙哥马利·马丁曾评论说："同鸦片贸易比较起来，奴隶贸易是仁慈的；我们没有摧残非洲人的肉体，因为我们的直接利益要求保持他们的生命；我们没有败坏他们的品格，没有腐蚀他们的思想，没有扼杀他们的灵魂。可是鸦片贩子在腐蚀、败坏和毁灭了不幸的罪人的精神世界以后，还折磨他们的肉体……"[①] 既得利益集团的原罪不应该被湮没于历史叙事之中。因为遗忘过去，就等于背叛未来。选择性遗忘，无异于篡改历史。

1877年7月年老体衰的马地臣离开卢斯堡前往出生地莱尔格，此后再未返回刘易斯岛。为躲避英国冬季的寒冷和潮湿，1878年深秋马地臣携夫人渡过英吉利海峡，前往法国芒通。芒通位于法国东南部，濒临地中海，是著名的温泉疗养胜地。那里有蔚蓝的天空、洁白的沙滩、深邃的大海和温暖的日光。宁静闲适的海滨小镇丝毫没有马地臣当年在中国沿海贩卖鸦片时的重重危机。不知道在生命的最后时光里，芒通的异域风光是否会让马地臣想起数万里之遥的广州、黄埔、澳门、香港这些中外交往史上赫赫有名的地区？是否会让马地臣想起那些在远东海面劈波斩浪的亡命岁月？是否会让马地臣想起碇泊黄埔的印度船上那道名为"港脚船长"的常见菜肴？[②] 马地臣在广州口岸苦心经营的20多年，是他一生中最重要的时光之一。"试问岭南应不好，却道，此心安处是吾乡"，但如果有人向马地臣问起岭南的那些旧日时光，想必他不会把广州称作"吾乡"。因

---

① 马克思：《鸦片贸易史》，马克思、恩格斯：《马克思恩格斯选集》第二卷，人民出版社1972年版，第23—24页。

② 亨特，《广州番鬼录·旧中国杂记》，第44页。

为他在当年此地虽然大发横财,可是他的内心并不安定祥和。生命匆匆,平生往事涌心头,不容细想……

1878 年 12 月 31 日下午 2 时马地臣在法国芒通逝世,享年 82 岁。此后,马地臣夫人将丈夫遗体带回苏格兰,葬于莱尔格镇的马地臣家族墓地。马地臣去世时,财产虽然不像刚回英国时那样巨大,但他仍在英国、澳大利亚留有众多产业。这些遗产最终由唐纳德·马地臣继承。颇具讽刺意味的是,19 世纪早期马地臣为扩大鸦片走私而殚精竭虑、苦心经营,甚至死后连墓碑上的纹饰也被雕刻成妖冶的罂粟花图案,而 19 世纪末期马地臣庞大家业的继承人唐纳德·马地臣却为取缔鸦片贸易而奔走呼吁、广造声势,1892 年还担任"废止鸦片贸易执行委员会"[1]主席。历史总是在这种离奇相悖的事件中,留下耐人寻味的空间。更为吊诡巧合的是,马地臣逝世之日的整整 40 年前,正是道光皇帝任命林则徐为钦差大臣并颁布《钦定严禁鸦片烟条例》的日子[2]。

稻盛和夫说:"人不论多么富有,多么有权势,当生命结束之时,所有的一切都只能留在世界上,唯有灵魂跟着你走下一段旅程。人生不是一场物质的盛宴,而是一次灵魂的修炼,使它在谢幕之时比开幕之初更为高尚!"1878 年马地臣临终时,鸦片已经作为合法货物在中国大地上肆虐了 20 年。马地臣逝世后,再过 28 年,1906 年光绪皇帝才又宣布严禁鸦片。但是鸦片继续流毒中华,让无数人家破人亡。当生命谢幕之时,马地臣是否会忏悔给中国人民带来的

---

[1] 废止鸦片贸易执行委员会:Executive Committee for the Suppression of the Opium Trade。

[2] 中国第一历史档案馆编:《鸦片战争档案史料》第一册,上海人民出版社 1987 年版,第 424 页,1838 年 12 月 31 日 "著颁给林则徐钦差大臣关防驰赴广东查办海口事件事上谕"。

位于苏格兰莱尔格镇的马地臣家族墓地（James S.G. Macdonald 摄于 2007 年 4 月 15 日）

巨大灾难？他前半生走私鸦片的罪孽是否因为后半生的慷慨善举而消弭？作为基督徒和对华鸦片走私数百年来最大的毒枭之一，他的灵魂是否会被上帝宽恕？现在已经没有答案。西班牙著名航海家、殖民主义者哥伦布在临死时说："上帝！我将灵魂交到您手中。"马地臣或许也有同样的心愿。

有道是：

硝烟散尽，传说仍在。岁月嬗递，前事终归落寞。

斯人既古，荒冢残碑。千秋功罪，后人自有评说。

附录

一、马地臣生平

1796 年 10 月 17 日出生于英国苏格兰北部的萨瑟兰郡莱尔格镇的一个富裕家庭。

1811 年毕业于爱丁堡大学。

1811 年至 1812 年在伦敦一家代理行工作两年。

1813 年到达印度加尔各答,在叔父开设的"里卡兹·麦金托什行"当学徒并担任会计。

1815 年借助家族影响力,与英国东印度公司签订自由商契约,获得自由商人执照。

1818 年前往广州,与罗伯特·泰勒合伙做生意,主要从事鸦片走私。

1819 年将装满茶叶的"哈斯丁侯爵号"商船派往澳大利亚杰克逊港,开辟中国至大洋洲的第一条航线。

1820 年担任丹麦驻广州首任领事。同年 5 月与渣甸在印度孟买首次相遇。

1821 年在澳门购买了一栋房屋。该年 7 月至 1826 年，与德·伊里萨里合伙经营"伊里萨里·马地臣行"。该年首创伶仃洋走私模式。

1823 年开辟中国东部沿海鸦片贸易市场。

1827 年 11 月 8 日创办中国境内第一份英文报纸——《广州纪录报》。

1828 年成为"马格尼亚克行"合伙人，并卸任丹麦领事。

1830 年 4 月 19 日从印度加尔各答租用"福布斯号"蒸汽拖轮抵达伶仃洋。轮船首次出现在中国海面。

1832 年 7 月 1 日与渣甸创建"渣甸·马地臣行"，该行是怡和洋行前身。该年率先在印度加尔各答和中国伶仃洋之间使用"飞剪船"开辟快速航线。

1834 年 9 月 11 日当选"广州英国商会"首届主席。

1834 年 11 月 29 日当选"在华实用知识传播会"首任会长。

1835 年返回英国鼓吹战争，并成为伦敦"马格尼亚克·史密斯行"的重要股东。

1836 年 11 月 28 日当选"广州外侨总商会"首届主席。

1839 年再次担任丹麦驻广州领事。

1841 年在香港岛建造草棚仓库用于储存鸦片。不久仓库改为石造，成为香港第一间坚固的建筑物。该年怡和行代理人摩根船长以 565 英镑购得香港首幅出售的地皮。

1842 年 3 月从怡和洋行退休，离华归国。

1843 年 3 月 8 日至 1847 年 7 月 29 日任阿什伯顿市国会议员。

1843 年 11 月 9 日迎娶玛丽·简·珀西瓦尔。

1844 年花费 19 万英镑购得刘易斯岛 ①。

---

① 刘易斯岛：Isle of Lewis，英国苏格兰外赫布里底群岛北部的岛屿。

1846 年被推选为"英国皇家学会"院士。

1847 年 7 月 29 日至 1868 年 11 月 17 日任罗斯和克罗马蒂郡国会议员。

1849 年 4 月至 1858 年 5 月担任大英轮船公司董事会主席。

1850 年被英国维多利亚女王封为"第一代刘易斯从男爵"。

1866 年 6 月 27 日至 1878 年 12 月 31 日被授予"罗斯郡治安长官"荣誉称号。

1878 年 12 月 31 日在法国芒通逝世,享年 82 岁。由于没有子女,其爵位因无人继承而断绝。香港铜锣湾勿地臣街即以马地臣的名字命名。

二、马地臣研究刍议

(一)马地臣研究述评

当前中外学术领域对马地臣研究尚未充分重视。虽然个别专家学者早已认识到以马地臣为代表的外国散商是中外早期交往史上极为重要的一个群体,但是关于这个群体的研究被长期忽略。①

---

① 近代史研究专家吴义雄在《条约口岸体制的酝酿——19 世纪 30 年代中英关系研究》(中华书局 2009 年版)序言中指出:"笔者在研读相关文献的过程中发现,导致中西关系巨变这一历史过程的主角之一——英国在华散商群体,在以往的研究中未得到足够的重视……在英国学者格林堡的杰出作品《鸦片战争前中英通商史》出版后的半个世纪中,以笔者之孤陋,鲜见以英国散商——所谓'自由商人'为中心研讨鸦片战争前中西关系演变的有分量的著作。"

1. 国外研究情况

〔美〕马士《1635—1834 年东印度公司对华贸易编年史》①《中华帝国对外关系史》② 是研究中英早期贸易史的奠基性著作。马士主要参考英国东印度公司贸易统计资料和早期殖民主义者的著作，系统考察和梳理了东印度公司对华贸易情况，并记载了散商对华贸易活动，其中就包括对马地臣的零星记载。

〔英〕格林堡（Michael Greenberg）《鸦片战争前中英通商史》一书，突破以往中英关系史研究学者只重视官方档案资料的传统，对收藏于剑桥大学图书馆的怡和洋行档案进行了挖掘和利用。格林堡通过研究马地臣、渣甸等人的私人信函，揭示了散商群体在中外关系史上的重要作用，为后世学者开创了新的研究领域和方向，在中外贸易研究史上做出了里程碑式的学术贡献。但无可讳言，该书在摘录"怡和档案·私函稿"时，往往有断章取义之举，且未能参阅中文文献作为研究补充。该书至今只有 1961 年康成翻译的中文版本，该版文笔繁絮、晦涩难懂、可读性不强。该书原名为《不列颠的贸易和中国的开放，1800—1834》③，十分准确地突出了写作主题和断代时限，但现译名《鸦片战争前中英通商史》却模糊了主题、扩大了范畴。

〔美〕张馨保④《林钦差与鸦片战争》一书，资料翔实，立论严谨。尤其是结尾处对于林则徐的评价，客观公正、引人共鸣、启迪

---

① 《1635—1834 年东印度公司对华贸易编年史》: *Chronicles of the East India Company Trading to China 1635–1834*

② 《中华帝国对外关系史》: *The International Relations of the Chinese Empire*。

③ 《不列颠的贸易和中国的开放，1800—1834》: *British Trade and the Opening of China，1800–1834*。

④ 张馨保: Hsin-Pao Chang，美籍华人学者。

深思。但该书仅转载了马地臣部分信件内容。

〔美〕费正清[①]主编的《剑桥中国晚清史》个别章节涉及了马地臣的点滴事迹。

〔英〕韦尔什（Frank Welsh）《香港史》内容庞大，涉猎较广，但只涉及马地臣些微事迹，且部分重要史实存在谬记。

〔丹麦〕白慕申[②]《和平与友谊：丹麦与中国的官方关系 1674—2000》简述了马地臣担任丹麦首任驻华领事的情况。

〔英〕布雷克（Robert Blake）《怡和洋行》简要记载了马地臣和渣甸在华经商的过程。遗憾的是该书更侧重于研究渣甸事迹，对马地臣却惜墨如金，而且该书一些观点是基于西方人的视角，让笔者难以认同。

〔法〕李比雄（Alain Le Pichon）2006 年出版的《中国贸易与帝国：怡和行及英国统治香港起源，1827—1843（社会与经济的历史记录）》[③]和〔美〕格雷斯（Richard J.Grace）2014 年出版的《鸦片与帝国：威廉·渣甸与詹姆士·马地臣的生活和事业》[④]是马地臣、渣甸研究的最新成果，内容丰富、史料翔实。但都是着重研究了马地臣和渣甸在中国沿海从事鸦片走私和商业贸易的相关事迹，对马地臣生平事迹的研究并不完整。

[①]　费正清：即约翰·金·费尔班克，John King Fairbank，1907—1991 年，美国著名的中国近代史研究专家。

[②]　白慕申：Christopher Bo Bramsen，1995—2001 年任丹麦驻华大使。

[③]　《中国贸易与帝国：怡和行及英国统治香港的起源，1827—1843（社会与经济的历史记录）》：*China Trade and Empire：Jardine，Matheson & Co. and the Origins of British Rule in Hong Kong，1827–1843（Records of Social and Economic History）*。

[④]　《鸦片与帝国：威廉·渣甸与詹姆斯·马地臣的生活和事业》：*Opium and Empire：The Lives and Careers of William Jardine and James Matheson*，McGill-Queen's University Press。

2. 国内研究情况

姚薇元的《鸦片战争史实考》①被学术界公认为研究鸦片战争史的重要著作之一。姚薇元参考了中西史料，对鸦片战争前的重要历史事件进行了详细考证，但对马地臣等英印散商的记载不足百字。

《近代史资料》②1958 年第 4 期载有严中平辑译的《英国鸦片贩子策划鸦片战争的幕后活动》，包括渣甸致马地臣的部分信件，以及英国伦敦档案馆外交部档案（F.O.17/31）资料。黎东方《细说清朝》、齐思和《鸦片战争》、吴义雄《条约口岸体制的酝酿——19 世纪 30 年代中英关系研究》、刘诗平《洋行之王》等著作部分章节涉及了鸦片战争和马地臣、渣甸等外国散商少量事迹。

总体来说，除格林堡、格雷斯等个别学者外，国内外学界对散商研究长期忽视，一般仅限于在庞大历史叙事体系中引用怡和档案的部分材料简要说明散商在 19 世纪初的对华贸易状况，对马地臣生平事迹的专门研究较为匮乏，几近阙如。对马地臣这样一个颇受争议、对近代中英两国都产生过一定影响的人物的研究，并没有获得学者们的充分关注和足够重视。

（二）马地臣研究意义

1. 填补重要历史人物及事件研究空白

虽然马地臣主要活跃于鸦片战争前中国对外贸易舞台，但研究

---

① 《鸦片战争史实考》：姚薇元著。1942 年贵阳文通书局初版时定名为《道光洋艘征抚记考订》，1955 年上海新知识出版社再版时定为今名。

② 中国社会科学院近代史研究所编。

中英近代关系史，马地臣是不能回避的人物。可以毫不夸张地说，马地臣是近代中英关系史中最具代表性的人物之一，他在经济、政治、文化、社会等各个方面的多重角色[①]，让他的人生经历具有典型的时代特征和可研究性。

冯唐说："一本好历史，没有好人和坏人，有的只是成事的人和不成事的人，有的只是出发点的不同和利益的平衡。"马地臣一生正处于英国"自由资本主义"的黄金时代，又身处1840年前后"三千年未有之大变局"的中国，他的一生参与和见证了中英贸易、鸦片走私、鸦片战争、英国国会改革等许多重大事件，亲身经历了中英关系从相安无事到剑拔弩张的演变过程。马地臣早年凭借与生俱来的冒险精神和精明的商业头脑，迅速攫取了巨额财富。此后他又狂热参与政治，纵横捭阖于鸦片战争前后中英关系大舞台，19世纪初期中英之间各类重要历史事件里都能或多或少找到他的身影。研究马地臣，可以从一个细微角度透视那些恢宏庞大的历史事件，也可以洞悉19世纪初以马地臣为代表的英印散商是如何影响中英关系的。

2. 拓展海上丝绸之路研究领域

19世纪初，以马地臣为代表的散商群体逐渐拥有了雄厚的经济实力和日益增长的政治影响力。他们秉承自由贸易主张，在英国东印度公司和广州十三行的官方垄断中寻求贸易机会，并不断向中英两国政府以不同方式表达诉求。首先通过议会斗争于1834年终结了东印度公司持续两百多年的对好望角到麦哲伦海峡之间广袤市场的

---

① 马地臣的一生充满了各种角色变换：怡和洋行的创始人、鸦片走私巨魁、丹麦驻广州首任领事、中国第一份英文报纸创办人、"在华实用知识传播会"首任会长、广州至大洋洲航线开辟者、"广州外侨总商会"首任主席、狂热好战分子、英国国会议员、仅次于女王的英国第二大地主、第一代刘易斯从男爵、"英国皇家学会"院士等。

专营特权。此后的中英贸易，实际就是英印散商的对华贸易。由于散商与"行外商人"贸易范围和数额迅速扩大，导致行商地位更加衰落。随着自由贸易的呼声越来越大，行商垄断的终结已经无可避免，最终在英国散商的鼓噪下，鸦片战争终结了十三行延续100多年的贸易独揽。但令人遗憾的是，由于学界对散商研究的忽视，导致"商人的活动没有得到说明，反而被掩盖起来了"①。

长期以来，对于马地臣、渣甸等散商群体的评价，要么一无所知，要么非黑即白。实际上，对于马地臣等散商，简单的肯定或否定都是不准确的。马克思唯物主义历史观指出，任何历史人物，不管伟大正确或是反动透顶，归根结底都是时代的产物。历史人物的评价必须根植于当时的历史时空。马地臣等散商是时代的产物，他们不可能脱离那个时代的道德准则和商业模式，也不具备超越时代的远见和卓识；他们既无法开历史的倒车，也不能仅凭一己之力就推动社会前进。

所谓经济基础决定上层建筑，意识形态来源于社会实践，正是由于"乘时以徼利"的商人本能，马地臣、渣甸等人煞费苦心，甘当英国殖民扩张和经济侵略的马前卒、急先锋，将商人利益跟西方国家利益捆绑，从而用商人意志影响政府决策，不断为侵华战争多辞谬说、摇唇鼓舌、擅生是非，目的是让战争机器为自己服务，最终是为了获得超额回报。加强对散商即"自由商人"群体，包括英、美、西班牙等国商人群体以及印度巴斯商人的研究，将有助于拓展海上丝绸之路的研究领域，有助于以更广阔的视野、更全面的视角，深入研究中外交往史。

---

① 〔英〕格林堡著、康成译：《鸦片战争前中英通商史》，商务印书馆1961年版，"序言"。

（三）马地臣研究主要方向

1. 生平事迹和综合评价

马地臣很难用正面或反面人物来界定。他就是个历史人物，一个生活在 19 世纪初的由商从政的富有冒险精神的苏格兰人。他不是一个安安静静的旁观者，而是积极主动的参与者，集多种首任头衔于一身。他的影响力有限，但就是若干个像他这样具有有限影响力的商人和政客，一定程度上左右着英国对华政策的酝酿和制定。

马地臣身上藏着半部近代中英关系史，不仅是经济方面，还有政治、文化、社会等方面的交往史。他具有资本家的普遍共性，对财富无限贪婪、对政治狂热参与，同时他也是个毁誉参半的政客。马地臣的一生充满了矛盾：他本人和其创办的"怡和洋行"深刻影响了近代中国的内政外交，推动了中国融入世界潮流的进程，既给中国带来了发展机会，又带来了沉重灾难；他是英国人，却被丹麦国王任命为丹麦驻广州首任领事；他是个大慈善家，却罔顾中国人民健康，疯狂在黄埔、伶仃洋等地走私鸦片，贻害无穷；他是个爱好文艺的绅士，却又狂热鼓吹对华鸦片战争；他创办了怡和洋行，但却又在十几年后担任大英轮船公司董事会主席，在航运领域与怡和行开展竞争。

马地臣从事过众多具有独创性的工作，让以下问题成为可供研究的课题：（1）马地臣多面人生是如何形成的，是时代迫使他不断调整策略，还是他不满足于现状，主动选择了转变？（2）马地臣和其创办的怡和洋行对中英早期交往史有什么重大影响？（3）马地臣担任 20 年国会议员对英国内外政策有过怎样的影响？

2. 马地臣"自由贸易"思想和经营理念

（1）美国军事家巴顿将军曾经说过："衡量一个人成功的标志，

不是看他登到顶峰的高度，而是看他跌到低谷的反弹力。"从这个意义上讲，马地臣从最初的濒临破产，到最后富甲一方，他的人生堪称成功。如果不从道德角度来批判马地臣，仅从商业角度来分析为什么马地臣会成为当时最为成功的商人之一，可以初步挖掘出马地臣六大经营理念：一是合伙经营行号，广泛开展合作；二是充分评估风险，维护商业信誉；三是熟悉贸易规则，及时调整策略；四是推崇自由贸易，善用最新技术；五是注重亲情乡情，强化利益纽带；六是积极参与政治，稳做"红顶商人"。

（2）如果对马地臣早年鸦片走私进行剖析和批判，可以挖掘其深刻的社会背景和历史原因：一是散商在夹缝中生存，受到英国东印度公司垄断影响，不能从事最有利可图的茶叶贸易；二是受中国市场影响，1819 年起原棉危机延续十多年，且"海峡产品"市场长期低迷；三是中国禁烟活动名存实亡，清朝官吏纵容放纵走私；四是马地臣与生俱来的冒险精神、逐利本性和商业头脑；五是马地臣对弱小和落后民族具有歧视，恃强凌弱，是商业资产阶级的典型代表；六是英国政府在 19 世纪没有将鸦片列入违禁品，甚至长期鼓励生产和销售鸦片，直到 1914 年才正式禁止贩卖。

3. 马地臣合作伙伴威廉·渣甸等散商也可作为研究重点

以马地臣、渣甸为代表的散商，在战前极力鼓吹和游说战争，一定程度上影响了英国政府的决策。这种影响的范围和力度，可以是史学研究的对象。由于英国是当时西方资本主义国家主要代表，还可以考察英印散商是如何影响整个中西关系的。

研究马地臣、渣甸等人，当然不是为了给他们歌功颂德，更不是为其贩卖鸦片、鼓吹战争正名，只是如实记录下这些曾经在中英交往史上有过一定影响（既有恶劣影响也有积极方面）的历史人物的事迹，其功过是非应该受到今人和后人评判，而不是湮没于历史的长河里，被人遗忘。

三、任职粤海关黄埔分关之谜

《〈广州海关志〉资料长篇》援引中国第二历史档案馆"总税务司署"档案六七九宗第 422 页记载"贵领事官现已延请吉印罗福为正税务司又请赫德为副税务司又请马察尔亦为副税务司驻扎黄埔均从咸丰九年九月二十五日起分别到关办事……"；援引莱特《中国关税沿革史》记载"马地臣（Matheson）为驻黄埔副税务司"。可见，1859 年 10 月 20 日（咸丰九年九月二十五日）有位马副税务司曾被派驻黄埔[①]。

---

①　有关马地臣任职粤海关驻黄埔分关副税务司的记载：

一、《广州市志》（广州市地方志编纂委员会编，广州出版社 2000 年 1 版）卷十第 1129 页记载："咸丰九年两广总督劳崇光、粤海关监督恒祺邀聘费士莱（C.H.Fitzray，英国人）担任粤海关税务司，赫德（Robert Hart，英国人）担任粤海关驻大关副税务司，马察尔（Mathesen，英国人）担任粤海关驻黄埔副税务司。费士莱迄未到职，由吉罗福（G.B.Glover，美国人）代理"，但该书未注明资料出处。

二、莱特《中国关税沿革史》第 142 页记载"在十月十三日，李国泰（按：即李泰国）已在打消'河伯'的顾虑方面获得成功，……已经派'费子洛（Fitzroy）为税务司，在他未到任之前，以吉罗福（Glover）为代理税务司，赫德为副税务司，孖地信（Matheson）为驻黄埔副税务司'"。遗憾的是，该书未写孖地信（Matheson）的全称，也没有详细记载孖地信的事迹。

三、赫德日记，*Entering China's Service：Robert Hart's Journals*，*1854–1863*，Vol.1，p.235，edited and with narratives by Katherine Frost Bruner、John King Fairbank、Richard Joseph Smith，Published by the Council on East Asian Studies，Harvard University and distributed by the Harvard University Press，Cambridge（Massachusetts）and London 1986，"Mr.Hart as Assistant Commissioner，and Mr. Matheson as Assistant Commissioner at Whampoa." 有关 Matheson 的内容是编著者综述时所写，并非赫德本人日记中的原文。

　　这位马副税务司是谁呢?《黄埔海关志》给出了这样的答案:该书(序)第1页记载"1860年外籍税务司制的粤海洋关设立了黄埔分关,任命鸦片走私巨商英国人马地臣为黄埔分关第一任副税务司";(概述)第7页记载"1860年1月设立黄埔分关,任命鸦片走私巨商、怡和洋行创始人马地臣为副税务司";(正文)第6页记载"J. S. Matheson 马地臣　英　副税务司　1861.1.11–1861.12.10"。虽然该书概述与正文中的马地臣到任时间自相矛盾并与"总税务司署"档案均有不同,而且将詹姆士·马地臣的英文姓名拼写为J.S.Matheson,但这是目前可见的关于怡和洋行创始人詹姆士·马地臣曾任职粤海关黄埔分关的最早记载。

　　为了考证《黄埔海关志》记载是否正确,笔者咨询了当年参与《黄埔海关志》编纂的部分工作人员。据工作人员回忆,编纂委员会曾经编过《〈黄埔海关志〉资料长篇》(一至四册),当时的资料有档案影印件和从中国第二历史档案馆摘录回来的原始资料卡。该《资料长篇》在第一章或大事记里注明《黄埔海关志》中关于詹姆士·马地臣担任粤海关副税务司这一说法依据的是中国第二历史档案馆近代中国海关史料。该《资料长篇》原藏于黄埔海关旧关史室,后搬迁新大楼、重建关史室时移交给了新档案室,但笔者多方查找没能在新档案室里找到《〈黄埔海关志〉资料长篇》。而且中国第二历史档案馆从2013年起对近代中国海关档案进行数字化改造,目前暂不开放给公众查阅,开放时间未定。虽然数字化改造有利于档案资料的长期收藏和保管,但对近代史学者的学术研究和近代史研究进程而言不啻为一种严重损失。档案的生命在于挖掘和利用,而非深藏和密封。历史研究秉承"孤证不证",就目前学界掌握的情况,关于詹姆士·马地臣曾担任粤海关副税务司的说法,《黄埔海关志》只是孤证,其准确性有待进一步考证。

　　那么，詹姆士·马地臣是否有可能会在已经离开中国十多年，并且在担任英国国会议员期间，重返中国担任黄埔分关（洋关）第一任最高领导人呢？

　　对于上述疑问，中山大学历史系黄超博士专门撰文进行考辨。他认为：一、《黄埔海关志》编纂人员忽视了"J.S.Matheson"中的"S"（根据英美人的姓名习惯，这是中间名的缩写）而误认为是"J.Matheson"，即詹姆斯·马地臣。二、"根据《赫德日记》记载，1859 年 10 月 13 日，中国海关总税务司李泰国（Horatio Nelson Lay）宣布将于 10 月 24 日依照上海海关的模式在广州和黄埔开设海关，为此在税务司费士来（George H.Fitzroy）提任之前，暂时任命吉罗福（Geo.B.Glover）为署理税务司，马地臣先生（Mr.Matheson）为黄埔海关副税务司，但费士来始终未到广州就任。事实上，詹姆斯·马地臣在 1860 年时已离开了中国，1852 年（按：应为 1847 年）他被选为苏格兰罗斯和克罗马蒂郡的国会议员，直到 1868 年才结束议员的工作。因此，理应不会在期间返回黄埔分关担任近 1 年的副税务司，这进一步说明任职于广州海关的副税务司马地臣，应该不是指代詹姆斯·马地臣。"因此，黄超博士认为"此马地臣非彼马地臣"，曾担任粤海关副税务司不是詹姆士·马地臣。[①]

　　关于詹姆士·马地臣（James Matheson）英文名是否可以拼写成"J.S.Matheson"的问题。笔者留意到，詹姆士·马地臣于 1850 年被授予"第一代刘易斯从男爵"，全称为"Sir James Nicolas Sutherland Matheson, 1st Baronet of Lewis"。1880 年 7 月马地臣的遗孀玛丽·简·马地臣为马地臣竖立了一块纪念碑。该纪念碑的铭文上称马地臣为詹姆士·尼古拉斯·萨瑟兰·马地臣（James N.S.Matheson），可见詹姆

---

① 黄超：《近代黄埔海关副税务司马地臣考辨》，《人文岭南》2016 年第 66 期。

士·马地臣的英文名中可以存在中间名的缩写。但遗憾的是，马地臣的碑文概述了其一生事迹，却没有提及 1860 年前后是否曾担任过粤海关副税务司。不过，碑文也没提及马地臣在广州开办报纸、积极参与社会活动等事迹。

关于詹姆士·马地臣是否有可能在担任议员期间，返回黄埔分关担任近 1 年的副税务司的问题。笔者发现当时英国议员游离于议会之外并不罕见。比如小斯当东在 1826 年至 1830 年担任下议院议员期间，经常脱离议会到欧洲各国旅游，最长时间是 1826 年 9 月 20 日至 1827 年 5 月 9 日的欧洲之旅。詹姆士·马地臣在 1843 年至 1868 年的 25 年议员生涯中，也曾短暂游离议会之外。据美国学者格雷斯《鸦片与帝国：威廉·渣甸与詹姆士·马地臣的生活和事业》一书记载："从那时起（按：1843 年），商业冒险家就变为高地地主，每年有四分之三的时间在苏格兰北部和赫布里底群岛度过。"[1] 但短暂游离议会之外，并不意味着马地臣就一定返回过中国。格雷斯在书中记载：1842 年 6 月 13 日，孟买巴斯商人为马地臣举办欢送仪式时，马地臣暗示他有可能还会返回中国，"然而，他再也没有返回中国，也没有任何迹象表明，回到英国后他曾认真考虑过重返中国。如果他有这样的想法，发生在 1843 年的人生大事[2] 也坚定了他留在英国的决心"[3]。

如果詹姆士·马地臣确实未曾返回中国担任粤海关副税务司，那么那位马副税务司究竟是谁呢？黄超博士查阅了 1875 年中国海关《贸易报告》中的附录"帝国海关人员名录"，发现有位马地臣，全

---

① Richard J. Grace：*Opium and empire*，p.299.

② 1843 年詹姆士·马地臣经历了合伙人渣甸去世、当选国会议员、结婚等人生大事。

③ Richard J. Grace：*Opium and empire*，p.297.

名是"Colin Shan Matheson"，其曾于 1859 年 6 月至 1861 年 4 月担任过副税务司，但任职海关地点不详。他认为："在《黄埔海关志》中提及的'J.S.Matheson'实际上是'C.S.Matheson'，即科林·马地臣。这可能是由于当时编者将手写体的'C'误认成了'J'。类似的问题也同样出现在了其他黄埔分关工作人员人名的拼写上……该书所提到的黄埔分关相关职员的内容，都是在 20 世纪 90 年代参与编著《黄埔海关志》的工作人员在南京中国第二历史档案馆抄录回来的信息，对于'J.S.Matheson'应该是编著人员的疏忽所致。"由于暂时无法看到中国第二历史档案馆原档，因此无法判断《黄埔海关志》编纂人员是否真的因为疏忽而将"C"误认成了"J"。但是对于 1875 年"帝国海关人员名录"中提到科林·马地臣曾于 1859 年 6 月至 1861 年 4 月担任过副税务司一事，值得推敲。

根据《黄埔海关考》记载：两广总督劳崇光和粤海关监督恒祺征得两江总督兼五口通商大臣何桂清的同意[1]后，聘请李泰国携带上海章程赴粤，于 1859 年 10 月 24 日（咸丰九年九月二十九日）在广州帮办粤海关税务。1860 年 1 月 11 日粤海关（洋关）黄埔分关成立，10 月 1 日粤海关税务司署（俗称洋关、新关）正式设立。[2] 可见，倘若科林·马地臣担任副税务司职务是在粤海关，那么 1875 年"帝国海关人员名录"中记载的 1859 年 6 月任职初始时间就有可能是错误的。

至于科林·马地臣是否有可能先在 1859 年 6 月担任江海关副税务司，再于 1860 年 1 月 11 日粤海关黄埔分关成立后改任粤海关驻黄埔分关的副税务司，目前暂无史料可以佐证。关于科林·马

---

① 中国近代史资料丛刊：《第二次鸦片战争》（4），上海人民出版社 1978 年版，第 268 页。

② 袁峰：《黄埔海关考》，中央编译出版社 2016 年版，第 36—37 页。

地臣事迹的文献记载较为稀少①。根据黄超博士考证，"外文史料
中最早出现科林·马地臣的信息应该是在 1845 年《英华通书》第
109 页，其中记录了'C.S.Matheson'当时居住在上海，是渣甸洋
行的一名职员，另外在第 121 页渣甸洋行的职员名单汇总中，亦有
'C.Matheson, sh'的字样，指代的应该是同一个人，说明此人有时
候也省略中间名出现"；另外，加拿大学者葛松著作《李泰国与中英
关系》中提到：广州海关曾雇用另一名职员是"C.S. 马西森"，据说
他与该行（按：怡和洋行）的成员有关。②

　　之所以要不断寻找更多的原始档案，查明马地臣的任职情况，
不仅仅是为了推动粤海关黄埔分关的机构研究，也是为了推动中国
近代史研究。③这些研究方向包括：怡和洋行反对清政府设立洋关，
但马地臣却任职粤海关黄埔分关第一任副税务司。这个过程体现了
资本主义国家瓜分在华利益的怎样考量？马地臣担任副税务司时与
赫德平级，并共事近一年时间。能够与赫德一起被任命为副税务司，
应该不会是一位名不见经传的小人物，至少应该具备一定的社会影
响力或如赫德一样担任着英国驻华某个职位。此时的马地臣对 25 岁
的年轻赫德产生过怎样的影响？马地臣如何开展粤海关黄埔分关的

---

① 黄超《近代黄埔海关副税务司马地臣考辨》一文指出："此人的相关资料相当
缺乏，中文文献中也从未出现过他的相关信息……因此，仅能从目前已有外文文献资料
入手，找寻此人的零散信息。"

② 〔加〕葛松著、中国海关史研究中心译、邝兆江校：《李泰国与中英关系》，厦
门大学出版社 1991 年版，第 309 页。

③ 《黄埔海关志》记载：马地臣在粤海关副税务司任上，加强了外籍洋员、华员
差吏的管理；协助两广总督劳崇光对黄埔水域的"苦力"走私进行了打击；还协助粤海
关税务司吉罗福，会商粤海关监督毓清和英、美、法等国领事，共同勘定了黄埔锚地泊
船和管辖界线。马地臣在清朝末年洋关初设时，为粤海关、黄埔分关做了一些开拓性工
作，这是粤海关发展史上的重要内容。马地臣与赫德的交往情况也值得进一步研究，这
将对洋关机制建设和近代中国海关史研究大有裨益。

筹建工作？马地臣在海关任职期间，如何在扩大英商利益和征收海关关税之间保持平衡？等等。

可惜詹姆士·马地臣和科林·马地臣似乎都没有写日记和回忆录的兴趣[①]，使得研究变得困难。非常遗憾，虽然赫德有长期写日记的良好习惯，但他却把 1858 年 12 月 7 日至 1863 年 5 月 8 日之间的日记销毁了，让我们难以看到他与马地臣在粤海关任上的合作情况。这不仅是马地臣研究的损失，也是粤海关研究的损失，更是近代史研究的损失。赫德这个删除日记的举动，造成了后世研究学者的巨大困难。这也是蝴蝶效应的典型实例。个人的不愿作为，最终成为学界一大憾事。当然，这也不能强求。

综上，由于缺乏直接的史料证据，关于詹姆士·马地臣是否曾任职粤海关黄埔分关，所作研究均存在一定程度的推测立论的问题。这一公案的结果也许要等到中国第二历史档案馆开放近代海关档案查阅或更多原始档案被发现之日才能揭晓。

四、《英国对华贸易现状和展望》

马地臣[②] 现状

上帝慷慨地赋予中国人：一个以不可思议的愚蠢、贪婪、自负

---

① 詹姆士·马地臣的妻子玛丽·简·马地臣以及马地臣的密友们也没有写日记和回忆录的习惯。

② 按：1836 年马地臣在伦敦出版《英国对华贸易现状和展望》，为鼓吹对华战争做舆论宣传。兹根据剑桥大学出版社 2012 年版进行全文和注释的翻译。

和固执为特征的民族，拥有大片辽阔富庶的土地和约占世界三分之一的人口。这群离奇的人们为了垄断他们的资源，制定了自我封闭、独享一切和难以费解的政策，从而表现出一种最大程度的排他性。因此，不管是出于自负或者自私，抑或意识到古老而脆弱的政体已经难以承受现代社会冲击的观念而言，他们都不会主动探究那些好奇心重且雄心勃勃的其他国家。事实就是此时的中国仍然保持"对未知领域的无限好奇和模糊猜测"。"这是他们主要原则之一，"奥贝尔先生[①] 研究指出，"他们相信这个原则对政府有利：除了藐视其他国家外，还不容许外国人在帝国内定居。他们认为外国人都是蛮夷。他们相信不同的人群有着不同的风俗习惯，渐渐地，又会分化组合成不同群体，进而产生叛乱，这将严重影响帝国的稳定。"[②]

这些观念风靡到骇人听闻的程度。他们要求欧洲人只能从事贸易，禁止与当地人直接交往，并且限定他们居住在边远地方，同时受到帝国严密管控。"政府并不支持对外贸易。由于对外贸易与闭关锁国的政策截然相反，因此政府难以容忍。"[③]毫无商量的余地，他们不允许"蛮夷"脱离广州限制，这个地方几乎是在帝国的最南端，距离首都 1500 英里。外国人在广州从事商业贸易，还总要遭受极其可耻的监视和管控。

僵化的思维导致了刻板的印象，阻碍了理解中国民族性的所有尝试。可以断定：如果那个遥远国度能够激发对中国的好奇心，深

---

① 译者注：奥贝尔：Peter Auber。1834 年出版《中国政府、法律及政策大纲》（ China：An Outline of its Government，Laws，and Pollcy：And of the British and Foreign Embassies to，and Intercourse with，that Empire. London：Parbury，Allen & Co. ）。

② 奥贝尔，《中国政府、法律及政策大纲》，第 56 页。

③ 《百科全书·大城市》第 13 部分。又见《特选委员会致英国下议院关于英国东印度公司事务的报告三》附录 2，第 527 页。

入了解中国的地理、风俗、人口和历史沿革，就不会有"中国人是天外来客"的猜测，对中国的那种轻蔑和冷漠的情感最终就会消失。当然，那些"世间巨擘"——商人——一定能够克服这种冷漠而矛盾的情绪。他们具有高贵坚韧的进取精神，敢于面对一切危险，藐视各种困难。他们很快就注意到即使在最令人沮丧的情况下，中国也提供了如此广阔的商业领域。而且经过多年的不懈努力，他们成功地打开了欧洲和中国之间的联系，引发了每年数以百万计资金的商业往来。近两个世纪以来英国和中国交往的历史，堪称是前所未有的历史。它预示着未来发展的方向，而现在正是将它变成财富的大好时机。

　　尽管令人悲哀，但并不奇怪的是这个国家对于我们与中国的商业往来流行一些无知和误解。上述提及的原因，可以在某种程度上解释这个现象。此外，还要考虑一些因素诸如学习汉语知识的极端困难；中国遥远的距离；我们交往中独有的商业规则（这历来是毫无生趣和令人沮丧的话题），也即至今仍授予东印度公司的某些特权；利德贺街[①]从没有向公众揭开其神秘面纱，但相反，却又默许和鼓励那些探寻未知领域的奇思妙想。可以肯定地说，我们五分之四的同胞所知道或希望知道的关于我们和中国的关系情况，不过是那个令人愉悦的"好喝不醉"的饮料[②]和每年都会从那个神秘而遥远地域运来的华丽服饰、奇妙陶器[③]等货物。他们不愿深究或者考察那些勤于进取的同胞在运输这些货物时所遭遇的巨大焦虑、痛苦和危险。他们很少被告知或者根本没有兴趣知道：一些最受人尊敬的同胞即

---

　　① 译者注：利德贺街（Leadenhall Street）是伦敦市内一条主要街道。历史上曾经是英国东印度公司的所在地。

　　② 译者注：茶叶。

　　③ 译者注：应为瓷器。

使不断为高尚且负有使命的事业进行申诉，也会经常被迫忍受伤害和侮辱，而且不仅仅是备受折磨，简直可以说是遭遇极其恐怖的情形 ①；大不列颠和中国之间广阔而利润丰厚的贸易，无论在国内和国际都具有广泛依赖性，容易被，而且已经频繁地被，反复无常、肆无忌惮的广东地方当局用自编的各种最轻率、荒谬的借口暂停；中国官方敕令用最粗俗的字眼持续而公开地对英国国民和主权进行蔑视和侮辱；我们那位无辜的商务代表，律劳卑，应中国政府邀请前往中国，刚到达珠江，便遭遇了侮辱和伤害并迅速地摧毁了他的健康，同时整个贸易被遽然和毁灭性地暂停 1 个月以上；简言之，我们的君主及其臣民以一种从未经历或忍受过的方式被蔑视和伤害。

由于通讯联络具有不稳定性和偶发性，上述事件只能引发数天关注，然后就从日常报道中消失了，而现在似乎已经完全被遗忘了。——似乎如果他们不追究，有关商业利益，甚至国家尊严等最重要的问题就不会受到影响！废除东印度公司特许执照——一项伟大的政策——引发议会激烈的辩论，孕育着巨大影响；面对当事公司享有的如此不公平的垄断特权，民族精神似乎瞬间就被激发。然而很快又消失了——公众获得了满意结果，其注意力和精力立刻转向了新鲜事务。至于如何打破旧有的并引入新的能为中国接受的通商体系（如何运转？无论任何和进一步的改变都将是必要的），这个问题似乎已经默许和公认是留给少数对此感兴趣的人。这一伟大而果断的措施，对于旨在促进我们与中国的商业往来非常有益，尽管遭遇了波折，其中包括一些可能并非完全不能预见的反对压力以及始料不及的事件，比如迫切呼吁政府立即干预，——在重构我国与中国的通商体系方面进行强有力的监督。从事实上看，此时的政府，

---

① 见两广总督和粤海关监督颁布的恶毒的"严禁行商纵容和教唆洋人公告"。

确实并不重视英中贸易能否持续下去，也不关注我们的商人能否长期维护他们自己和国家的安全和荣誉。在对华贸易中，自由商人代替垄断公司是明智的想法。当然，这个想法在诞生时就被呼吁要保护和培育新体系，以补偿有关"居处和命名"方面的忍让——当地有影响力和有能力的人（但不完全是）迄今为止一直庇佑和维护我们的在华利益，——已经证实，那个国家的人们确信我们自由商人与东印度公司一样受到英国政府的鼓励和支持。

以下这个极为重要的话题可以很容易同时又是很透彻地获得理解，那就是提供一个简洁而清晰的英中事务现状和展望的概况被认为是明智的。概况内容包括现有危害的缘由、可供改进的措施，以及置于稳固和优势地位的贸易（从任一角度来看都对这个国家非常重要）等。

显而易见，英国东印度公司长期管理对华贸易事务，虽然在某些方面被认为是高明和卓有成效的，实际上已经呈现出一个目光短浅、有害无益的角色的诸多特征。如果不去深入剖析他们的政策，任何外人纵然不会出现原则错误，但想要仔细洞察他们行事的真实意图是不可能的；当前他们许多措施的不良后果依然存在，并阻碍后来者在突破巨大障碍方面有所进展。即使从纯商业角度来看，多年以来东印度公司为了极力保护他们的商业利益，是否曾经牺牲过大英帝国的国家荣誉和长远利益，是值得探究的。令人悲愤且羞愧的是，这一切表明当前中国人把我们看得低人一等并强加给我们的横征暴敛，事实上，也是我们咎由自取的；正如——

　　"我们播种希望，却收获荆棘；
　　它刺得我们遍体鳞伤，血流不止！"

　　如果不探究他们整体管理模式，可能会认为他们许多重要措施是基于对中国人真实性格的完全无知，——根据这么多年的亲身经历，几乎可以断定不存在这种可能性。例如，1751 年董事会发现贸易遭受频繁管控，为了免受勒索，便授权大班贿赂地方当局。[①] 对于他们自身权益，还会有比这更具破坏性的措施吗？难道他们不是年复一年地忍受着中国人的唯利是图和贪得无厌？——那么，后果是什么？哪怕见识再短浅，又会有谁预料不到呢？六年后，我们发现广东当局用受贿所得再行贿北京朝廷，从而确保垄断全部对外贸易！直接导致我们被其他口岸驱逐，而在此之前我们已经习惯于前往那些口岸开展贸易。由此可见，我们抛弃了曾经有效阻止广东当局将我们从其他口岸排斥出来的唯一手段——军事威胁，也即，武力恐吓！有个事件足以表明我们已经失去了基本权利。1721 年，"令人尊敬"的东印度公司商船的一名高级船员卡多根（Cadogan）被广东当局的一名官员逮捕，原因是他在粤海关监督意外死亡期间随意游走于广州街头。"大班向粤海关提出了强烈抗议。他们宣称除非当局立即采取补救措施，否则他们将建议东印度公司将商业贸易从广州转移到其他口岸。大班的声明和地方当局对失去贸易的担心，产生了良好的效果。广东当局将一名高级官员革职，并弹劾此人，奏请永不录用。"[②] 从采取这个错误方式的那一刻起，一段令人难以忍受的充斥着压迫和侮辱的漫长时期开始了。对那些愚蠢措施所带来的显著后果的无知，——在广州，毫无信誉可言的地方当局拥有着各种不负责任的权力，不可能用他们狡黠矫饰且空洞乏味的汉字将此事上奏或呈送北京朝廷；——从某种意义上可以说是我们自缚手脚地

---

　　① 　奥贝尔书，第 167 页。

　　② 　奥贝尔书，第 155—156 页。

把自己交给他们掌控。从那时到现在，尽管压迫和欺凌出现了新的和更令人恼怒的情况，我们还是一直徒劳地重申着我们的抱怨。我们既被虚假承诺所玩弄，又被讥笑嘲讽所打击，还被愈益加剧的伤害所威胁。面对我们懦弱的抱怨，他们摇着头，冷漠地说——"如果外国人不喜欢并难以忍受我们的商业规则[1]，他们完全可以选择不再费心劳力的远道而来！"还有一次，1831 年粤海关监督称：[2]"近来，英国商人提交了一份请愿书，申诉整个贸易规则不符合公正的要求——从而抱怨、吵闹和抵触，而且还请求奏闻圣上，禁止贸易规则付诸实施。这是极端蛮横无理和有违律令的。如果上述自由商人真的为他们的财产考虑，他们应该如常贸易。但是如果他们不愿意受到政府谕令的约束，并认为这些谕令不利于自己的私人事务，他们完全可以退出贸易，而不要再费劲心力跨过千山万水，穿越不同语言国度前来这里了。"——这些最新谕令的精神基调，值得特别注意。

东印度公司运营过程中另一个毁灭性、根本性的显著错误，是一成不变的——对中国采取小心翼翼的和平和顺从的政策。由于极其希望维持贸易，他们时常对个人和国家荣誉做出最屈辱和有害的让步，容忍中国方面自命不凡、恣意妄为。其结果必然是，他们把自己置于中国人眼中卑微和低贱的地位，也就招致了更多的侮辱和勒索。当董事会接到东印度公司驻广州代表们的汇报（广州代表们发回的信函反复记述着遭受最严重侮辱和欺骗的痛苦经历，还包括对董事会固执地坚守一条迁就和顺从的政策路线的强烈抗议；同时根据许多采取积极果断措施才取得完全成功的事例进行据理力争），

---

① 奥贝尔书，第 332 页。

② 奥贝尔书，第 356—357 页。

董事会是如何受理并答复的呢？曾经有段时间是通过一个不容置喙的命令将积极进取的特选委员会成员免职回国；还有就是谴责他们不能容忍侮辱和伤害；——千篇一律的要求是"温顺和平的措施、态度和行为"，所有这些都建立在保护我们极为重要的贸易的借口之上。他们被郑重提醒："我们与中国的交往完全是商业性质的"，——并且，实际上我们不应该恚怼与国家荣誉不符的待遇问题。例如，1832 年 1 月董事会致信特选委员会，批评他们在许多重大事务上抗议的结果极大影响了这个国家的荣誉和利益——

"大不列颠和中国之间的贸易极为重要，除非是在紧要关头和迫切时刻，绝不能使其陷入危险之中，而且不能受到个人情感所影响。从国家和东印度公司角度来看，无论是印度还是国内收入，以及对英国民众日常消费品的正常供应，英中贸易都十分重要。我们最初追求的贸易，其带来的益处促使我们竭尽全力确保它的持续性。① 至于维护国家荣誉，应由陛下政府负责；如果国家荣誉受到侮辱，国王的大臣们必会自行承担决定采取严厉措施以维护荣誉的责任。这些措施，一旦诉诸实施，将极大影响当前的宝贵利益，而这些利益有赖于我们与中国的和平交往。"从这份训令的意图和基调上，还不清楚吗？还有很多也是类似这样，——为了"商业目的"，强令"忍耐"直至"紧急和迫切达到必要程度"，——这相当于不管以何种理由，都事实上禁止抗议或抵抗？面对这样的训令，特选委员会还有谁敢冒险承担那些董事们"自行承担"的巨大责任呢？毫无疑问，无论从哪个角度看，训令的结论部分都是可鄙的！其意味着"国王陛下政府"的职责模糊不清和无可作为，——甚至他们介入对国家荣誉的维护，也被当作"严重影响宝贵的商业利益"！如果不这么

---

① 奥贝尔书，第 358—359、281—282 页。

做，是否还有另外一种更为巧妙或有效的方式，来表达他们的真实意愿呢？——即，无论如何都应该顺从中国人的为所欲为。在把狭隘自私的名声送给东印度公司董事会之前，人们不禁要抱有怀疑：这样的政策是出于维持中国人对公司的青睐，使中国人不愿通过任何其他媒介与大不列颠进行贸易，而只愿意通过如此服帖、如此顺从、如此"安分守己"的东印度公司。①

这个飞扬跋扈、贪慕虚荣的民族很乐意把地球上所有其他民族都看作是（正如前述已提及的那样）在文明程度、政治制度或者道德修养方面极其低下的"蛮夷"。他们不允许自己与"蛮夷"同流合污——除非通过某种的程度和方式，比如以最厚颜无耻的敲诈勒索手段，为他们创造获得巨额财富的机会。

"如果一个欧洲人触犯法律，他不是被带到法官面前去为他的行为负责，而是遭到来自低级胥吏的虐待，或者他的中国仆人被带走收监，同时他的食物供应被停止，直到他屈服于任人宰割；如果他拒绝'破财消灾'，就榨取最有可能与他贸易的行商；这个行商就会被囚禁拘押、停止生意，直到满足了敲诈勒索的条件，——这个欧洲人根本不会有什么审讯或者为自己辩护的机会！

"同样地，这个欧洲人无法通过法官或政府公务人员去为其遭受的暴行，——如滥用职权、停止贸易，或者其他委屈——而索要赔偿。欧洲人只能通过行商进行申诉，但行商通常也是其所受屈辱的'始作俑者'，他会向官吏陈述自己认定的事实，而不是转述欧洲人的索赔要求。行商，简言之，数量为 10 或 12 个，除了拥有垄断所有欧洲对华贸易的权力外，还被赋予管理来华欧洲人的特权。行商

---

① 奥贝尔引自"对华贸易报告"（议会文件 & c.）"带着胜利的神情，东印度公司已经能够'不失礼节的与中国人协商一致'！"——第 398 页。

（用政府法令来说）'必须禁止外夷随意进出寓所，以免他们与当地刁民进行买卖和私下交易'。商船启程归国后，外夷不能再以考察物价、购买货物、收取款项等为由继续留居广州。"

他们被允许在边境口岸进行通商的唯一前提，是绝对认同以下一连串的看法：中国皇帝是"伟大英明、仁厚爱民"的；英国国王是"恭敬顺从的朝贡者"，而他的国民是"野蛮和行为不端的"。一些试图摆脱这种屈辱可耻看法的行为，即使很少，也都被证明是无效的。在绝大多数情况下，轻率地选择做出恭敬顺从的表现，最终结果也相应是不幸的。在漫长而黑暗的顺从和屈服的岁月中，一时的激愤和自尊能有什么用？中国人最终会认为这不过是忍无可忍之下的应激反应——可以作为他们压迫我们真实程度的直观反映。听听两广总督是如何评论公司大班的："仁义道德和天朝律令对他们没有作用；我被迫中断贸易以触及他们的利益。一旦这样做，他们就会屈服。他们是一群唯利是图、诡计多端和不择手段的冒险家。唯一能够影响他们的，是对生意亏本的担忧。"[①]

"这是显而易见的"，奥贝尔先生甚至在谈及 1791 年时说："从已知情况来看，自英国人首次进入广州贸易，由于商业价值不断增长，中国人没有放松过对他们行为的管控。英国与中国的整体交往，只是在贸易方面增加了额外税收，——正如大班们宣称的——好像他们'知道我们持续屈服于任何侮辱的重要性'。"[②]

如果说在 1791 年我们仅是被中国人用轻蔑言辞进行接洽和称呼的话，——我们某些人一连串胆怯屈从的行为导致的"合理"结

[①] 墨里森博士关于中国的启示，绪论，第 6—7 页。拿破仑·波拿巴也称我们是店小二民族（拿破仑对英国人的蔑称）！

[②] 奥贝尔书，第 192 页。

果——而现在我们必须认识到那些观念正在被强化！在长期交往过程中，我们遭遇了多少侮辱，不仅要乖乖忍受，而且——更为糟糕的是——抵制是无力和徒劳的！在同样荒谬的借口下，发生了多少次不明智的妥协，对个人和国家造成了多么大的屈辱，我们商业利益遭受了多么大的伤害！中国人在谈论对外贸易时会采用大言不惭的口吻，——反复强调说这是完全可以忽略不计的，——"天朝并不认为与外夷通商会比一条纤维或一粒尘埃更为重要"[①]。东印度公司无动于衷地听着、记录着。在利德贺街的所有磋商会议中，这一直就是个难题，促使他们压制所有来自广州代表们的愤怒抗议，并严厉责成代表们认清"服从于商业利益"的必要性——以免"公司贸易利益受到损害"！这完全是徒劳、短视和毁灭性的政策！他们根本没有意识到引发未来祸患的可怕缘由，实际上不过是自己前任造成的影响以及不当行为和错误政策的延续！他们是否公正地尊重了那些具有当地实践经验的人才有资格对此事做出的正确判断？！在很久以前，他们就被告知："忍辱负重已足以向中国人表明贸易是多么宝贵。因此在很多情况下他们采取行动中断和扰乱贸易，原因或许是源于贸易是无关紧要的错误观念。"[②]此外，我们获知，粤海关监督中祥在1830年10月28日回复委员会的信中使用了责备和轻蔑的言辞，这就为长期忍受中国暴行的后果提供了可悲证据。委员会每年都会坚持反对他们的代理行商并要求将其裁撤，曾强烈抗议（一种最让人厌恶的方式）一份暗藏玄机的公告：

　　"在请愿书中，他们说，这份侮辱性的公告不再反对被外商很不

---

　　① 总督谕令。1830年1月25日——奥贝尔书，第326页。

　　② 摘录，中国咨讯，1830年10月7日，下议院特别委员会附件二至报告三，第457页。

情愿地忍受多年的公行……而原本它已坚决反对公行超过 30 年。并非现在如此。正如他们所说，公告使用的言辞是相当可鄙的，——‘为什么以前夷商没有早早提出不满，或者心灰意冷，不再前来叩求通商市场呢？为什么他们要跨越浩瀚海洋，经历无数危险，每年都会到来呢？’”[①]

“中国的对外交往，”霍尔曼（Holman）说，“可以认为，是基于各种弊端比如他们对自身资源的狂妄骄傲和虚荣自负的基础上进行的。不过他们会对激烈反对他们排外措施的行为进行让步，这显示出他们性格上的弱点，也为低首俯心于他们‘防夷律令’的恶劣后果提供一个强有力的证据。外国人，他们称之为‘夷人’，总是被视为低人一等；最底层的人们被地方官的言行所煽动，行事傲慢，甚至暴虐。”[②]——在这里，人们不禁会注意到：相比之下，英国国民一贯表现出的行为是多么的高贵！布莱克斯通（Blackstone）说，“孟德斯鸠（Montesquieu）曾赞赏道：英国人在保护国民自由权力的条款里为外商提供了保护；《大宪章》（Magna Charta）规定，所有外国商人非经政府事先禁止，均可随商品一起安全地离开、进入、暂留和通行英格兰——没有任何不合理的关税，除非在战争时期”[③]。——

---

① 附件二至报告三，第 427 页。

② 霍尔曼，《航海和旅行》，第 245 页。

③ 在伦敦设立的汉莎同盟城市的商人，享有各种特权和豁免权；他们可以用自己的法律法规自行管理；一个城市（盖特）的大门由他们看管；考虑到他们的利益，各类进口商品的关税显著降低；1474 年，国王授予他们位于泰晤士街（现在称为钢铁堆场）的一大块土地和地面建筑的绝对所有权。进一步约定，他们不受英国海事法庭管辖；同时他们在所有英国港口城市被授予的特权必须公开，他们通常认为这是正确的。直到 1597 年之前，这些特权并没有被完全废除。——麦·卡洛克商业词典，第 623 页。

在土耳其和其他一些文明程度不高的国家，外国商人享有豁免权，虽然当时在英国已经盛行，但即使到今天中国依然没有实施。中国人似乎喜欢作为垄断者，拥有迫害和虐待外国商人的无可置疑的权力。

不过，话又说回来——

上述反复提及的双方共同事业，产生了最为不幸的结果：现在，——当不列颠贸易被置于一个新的基础上时，——我们的商人发现不仅他们的商业利益，甚至他们的人身安全都处于最危险和无助的境地，——这在中国已获证实。中国人确实从长期实践中获益——他们成功利用了我们的屈从和愚笨；他们获得的益处如此稳固，以致难以轻易分割开来。他们有足够的理由进行预测：我们的忍耐将会持续。他们会让我们感觉到，在各个方面，——每项事务、交往和商业上——我们极度倚赖于他们至高无上的旨意和恩赐。1780 年，我们的境况令人堪忧，——于是，当时公司大班致信董事会："外国人在这里不能获得中国法律的保护，也不能享有中国国民相同的权利。他们只能受到以长官意志作为临时法规的行政管辖；之所以很少因为违规行为而产生不便，原因是政府官吏在这种情况下，宁愿选择向保商、买办等人勒索钱财，而不是采取严厉措施致使一无所获。因此，官吏们的腐败是外国人的安全保障。"还有一次，1815 年 2 月 23 日，广州特选委员会主席致信董事会主席：——"事实上没有受到任何性质（不管是背叛朝廷，还是违反帝国的法律法规）的控告，章官不可能出面指控任何一名委员会成员；对于同一件事，如果通过鞭笞或酷刑手段，任何数量的证人都会出来证明指控成立。"[1] 在该年的另一份书信中，特选委员会"进一步提供了可悲的证据，证明中国法庭全面彻底地缺乏真实、公正或仁爱：一旦通过金钱施加影响，不幸的被告人就会丧失所有公平审判的机会"[2]。

如果 1780 年和 1815 年都是上述情况，那么东印度公司在漫长的

---

① 附件二至报告三，第 502 页。

② 保密部门公开信件，1815 年 1 月 16 日——附件二，第 528 页。

广州岁月里何时有过强大的影响力呢？当大不列颠在当地影响力已经衰退了的时候，我们现在还无法预料会发生什么吗？让那些喜欢草率回答问题的人们，深刻反思"律劳卑使命"的灾难性后果吧！

在东印度公司的经营管理下，我们与中国保持着相对良好的交往状态，这完全归功于公司常驻代表们不时表现出来的判断力和意志力：但真正痛苦的是遵守董事会的训令，他们行为的机智程度总会受到利德贺街的影响。① 对中国风土人情的熟悉和长期经验使得他们最有资格正确处理对华关系、有效服务我们的利益，但他们被发现总是孜孜不倦地使用坚定不移的语气提出建议，同时还会因为抵制了中国方面的恃强凌弱行为而忍受这个国家的非议。无论他们在透彻了解中国人性格和行为之前具有怎样的倾向和成见，我们发现他们一旦有机会获得真实看法，就立即规劝那些不断灌输屈服和顺从理念的国内权威机构。从大量记录在案的事例中选取一些进行阐述，就可以探明这种情况。

1814 年 2 月 22 日，特选委员会评论道：

> "开展大规模贸易，不仅没有受到法律保护，还要受制于非常含混模糊的谕令的影响，而腐败专制的政府允许官员任意干涉或阐释谕令，这就足以激发政府官员的贪欲，——我们防止这些侵害反复出现的唯一希望是进行坚决顽强的抵抗。"②

---

① 详见广州特选委员会对董事会的强烈抱怨，1816 年 11 月 18 日，附录二，第531—535 页。

② 附件二 . & c. 第 487 页。

同年 12 月 4 日：

"从我们掌握的有关中国政府的经验和知识中，我们确信让他们明白不公之举将不会被顺从，是让类似图谋落空的唯一保证。"①

1815 年 2 月 6 日：

"毫无疑问，尊敬的委员会能够感知我们与这个政府的分歧和抗争所遭遇的困难和焦虑。但我们认为这是不可避免的；因为要想坚决抵制他们不公平的倾向，我们唯一能够做的就是让这些意图彻底断绝。"②

1823 年：

"除非对华交往的基础发生某种改变，否则可以预料我们当前的困难将会频繁复发。政府官员盛气凌人，滋生和助长对外国人的蔑视；治安规章严重缺乏；难以接触地方长官而使我们处于无助状态。以上种种，都让我们遭受各种类型的攻击：如果连在杀人案件里自卫都不允许作为抗辩理由，没人可以有哪怕是片刻的安全感。"③

---

① 附件二，第 524 页。
② 附件二。
③ 奥贝尔书，第 297 页。

1828 年 11 月 18 日：

　　"在对前面所述的冤屈进行深刻反思后，我们做出决定，为了制止进一步的侵凌，我们有责任强烈劝诫：实践证明，不能指望通过妥协就可以从中国人那里获得什么；这只能成为企图进一步使用侵犯特权的诱因。"①

1830 年 10 月 23 日：

　　"上述两个成功恐吓的实例，无疑激发了中国当局的得寸进尺：一旦我们表现出最轻微的屈服意图，他们毫无疑问就会有恃无恐地实施新的侵犯行为。"——"因此我们下定决心，坚定而审慎地抵抗当局遵循的行事路线，为避免一系列的侮辱冒犯和建立起对贸易发展极为重要的人身安全保障提供唯一希望。"②

同年 12 月 15 日：

　　"我们不得不指出，去年的事件似乎已经引起了巨大影响；必须承认，正如我们与这个国家交往历史中反复证明的那样，坚决抵制政府当局的频繁侵扰，在解决分歧后，能够产生一个对我们有利的趋势。"③

---

① 附件二，& c.第 576 页。
② 附件二，& c.第 442 页。
③ 附件二，第 444—445 页。

1831 年：

> "这个国家的民意代表中存在一个有权势和影响力的团
> 体。他们反对在对外贸易持续发展的情况下，只关注压迫
> 和耻辱。我们相信，他们并没有找到一个最佳方案，既能
> 符合大不列颠的意志或战略，反过来又与可以很容易证明
> 政府软弱的训令的精神相一致。"①

事实上，正如 1830 年 1 月 28 日特选委员会在信中所述：——
"相关利益越是重要、越是有价值，就越需要坚决保护。只有如此，
我们对将来的利益安全问题才能树立信心！"②唉！不管怎么样，向
利德贺街的董事会报告的所有这些抗议和抱怨都没有什么用！

总之，这就是导致在华英商长期遭遇严重侵扰和不公正待遇，
以及在这个危急关头还处于如此巨大劣势的两个重要原因，除非他
们对其祖国政府的合理期望能够获得实现。他们寻求合理的、与他
们国家利益和荣誉相一致的、对华平等的关系，而不是蓄意破坏那
个国家和大不列颠的和平关系。事实上，谁会比那些利益攸关者遭
受相反政策的影响更大呢？而这利益，正如他们自己所描述的，关
乎"其命运和生计"，完全有赖于我们对华商业的持续往来。

这个国家只有（或者无论如何，应该只有）一个愿望，那就是
在公平和诚信的基础上发展对华贸易。唯一可能产生的意见分歧，
在于采取何种运作模式。有一类人声称唯一正确的做法，就是为了
购买中国茶叶，可以接受任何条件，不论这个条件如何屈辱、如何

---

① 奥贝尔书，第 336 页。
② 附件二，& c. 第 580 页。

荒谬、如何无理、如何残暴，——并且还要心存感恩！基于下列理由：中国人是一个卓越、强大、独特的种族，可以随意延续或断绝与我们的交往，因为他们过去没有，现在和将来也都不会受到任何条约的约束；在没有任何条约的情况下，国家间的行为准则不允许我们把我们的所谓要求强加给中国人；况且，从某种程度上讲，中国从来没有加入过国际社会，理所当然地可以拒绝承认国际法；他们拥有独特的品性，以至于会尝试做出残暴和无法理解的举措；总之，中国皇帝与其在外国势力威胁下减少哪怕是一点点的虚荣和做派，都不如像奥贝尔先生疯狂而怪诞的建议那样，"遵循某位前任的所谓范例，当棉花种植在他的王国里成为骚乱诱因，就下令销毁棉花，同样的方式也可以用于处理茶叶！"[①]

前面内容可以认为如实陈述了东印度公司制定政策所依据的一般性原则。该原则也是与前公司利益相同的人现在所持的观点，这些人蔑视那些在新体系下继续贸易的人。此后段落将会简要证明所有这些做法的谬误，——与此同时，呼吁部分民众从愚昧和偏见转向自由和聪慧，以防他们受到那些盲从和利己主义的虚假宣传的误导。

"至于中国，"奥贝尔先生说，"我们面对的是这样一个国家，在那里我们没有一寸土地，而且被限制在一个口岸，难以预测是否可以长期居留……那里的习惯、礼节和风俗都与我们迥异。他们的法律也经常被那些（正式任命的）管理者和捍卫者所违反；他们对待外国人的态度是出了名的傲慢；而且在处理商业事务方面，如果情况有利的话，他们就会横征暴敛。这就是我们想要维系交往的人

---

① 奥贝尔书，第402页。——"茶叶的生长主要限于不适于玉米生长的丘陵地带。"—M'Culloch.

然而，作者假装熟悉这方面的话题，郑重声明他的忧虑：唯恐中国人被我们的顽固性所诱导，而把他们的茶园改变为稻田！

们……中国已经拒绝了我们和其他几乎所有欧洲国家根据国际经贸关系原则而与之贸易所做的一切努力。"①

前东印度公司秘书也说过同样的话。除了最后一点，也是唯一的一点外，奥贝尔先生的言论毫无疑问是正确的。虽然他的主张比较抽象，但很容易被辨别，那就是无论他们多么不公平和不诚信，都不要妄图在他们的领土内使用武力来解决问题。②然而，中国人在长期获取商业利益过程中，他们自己通过默许甚至是被诱导而一致认可的作茧自缚到多大程度，确实已经成为一个极为重要的问题。正如目前那些待人友善并愿意同我们贸易的行商所表现的那样，在他们的保证下，我们被鼓励参与大量投机生意和构建一个费用高昂、一成不变的贸易体系，目的是向我国提供国民必需品和政府不可或缺的税收来源；事关成千上万人（一个伟大而独立国家的臣民）的财富，乃至生计：不管从哪方面来看，都不意味着中国人会自愿在公平原则基础上与我们进行贸易；简言之，上述看法如果被推翻，将使我们无比折服地遵守诚信规则；这种"除了默示协议以外均心照不宣的习惯法，虽然简单方便，但确实不在所有国家中普遍盛行，也没有因为卓越效力而成为通用的意志法③的一部分；只是某些国家之间能够达成一些约定俗成的契约，并从中获得互惠地位"④。

但是，据说中国皇帝拥有至高无上的权力可以允许或者拒绝我

---

①　奥贝尔书，第38—39页。

②　译者注：奥贝尔认为，每个国家都有权按照其认为合适的方式进行统治，其他国家无权干涉。

③　译者注：意志法：17世纪荷兰思想家格老秀认为，世界上存在着两种法，即意志法和自然法。意志法分为两种：一是人类的法，来自人类的意志，它使人类有自主权即公民权；一是神的法，来自神的意志。法律是根据意志法制订的。意志法适用于全人类，但不是永恒不变的，必须符合自然法。（参见李水海《世界伦理道德辞典》）

④　瓦泰尔，Prelim. 注 7.

们与他的臣民交往；可以附加他认为恰当的条件；而且在没有条约存在的情况下，没有什么可以阻止他随时收回、限制，或改变这些决策。[①] 这些言论纯属臆想，完全偏离了现在正在争论的真正问题：那就是，哪些不是中国作为一个独立国家而拥有的原权利[②]——在第一个案例中她所能做的，或者能够拒绝做的是什么；另一方面，现在中国的权利是什么；以公正为原则的《国际法》授予了她某些义务，使她承担某些责任——并禁止她逃避责任和义务，她自己的行为是否没有束缚和限制那些权利的行使。

有必要针对这些问题进行理论研究。下面引述的短文，来自一位著名作家（瓦泰尔，Vattel），其中包含了一个有关国际经贸关系原则的引人注目的陈述。"所有人都应该在地球上找到他们所需要的东西。在原始社会的公有制下，如果没有人在此前将物品留做自用，他们会把物品送回它们原来的地方。支配权和所有权的出现，也不能剥夺人们的基本权力；因此，如果他们不进行物质交换（一般来说，是指获取有用或必需物品的某些方法），就什么都不会发生。这就意味着贸易；通过贸易，每个人都可以满足自己的需求。——由于物品变成了财产，没有经过拥有者的同意，就不能获得它们；它们通常也不能被免费获得；但它们可以被购买或与其他物品进行等价交换。所以，人们如果不想违背自然观（the views of nature）[③]，就有义务持续进行商业往来。这种义务也延伸到整个民族或国家。人类使用的一切必需品不会只在大自然一个地方出产。一个国家盛产

[①] 奥贝尔书，第 39、394—395 页。

[②] 译者注：原权利：法律用语，原权是原生的权利，属于基础权利。原权利是指，民事法律所规定的当事人所享有的客观权利。

[③] 译者注：自然观：哲学术语，是指人们对自然界认知的总和，大致包括人们关于自然界的本源、演化规律、结构以及人与自然的关系等方面的根本看法。

玉米，另一个国家盛产牧草和牛，第三个国家盛产木材和金属，等等。如果所有这些国家进行贸易（这是符合人类本性的），所有人都能获得有用和必需的物品；并且自然观，我们共同的原始观念，将会发挥作用。更进一步讲，——一个国家会比另一个国家更适合出产某类物品；例如，更适合生长葡萄树，而不是耕种农作物。如果通过贸易和交换能够获得所需货物，每个国家就会以最有利的方式开发其土地和产业，人类将因此获得发展。相互发展贸易，就是国家之间义不容辞的义务。"①

中国通过闭关锁国使得世界上其他国家无法从地球上最令人向往的超级国度中获益（尽管中国参与国际贸易，也会获得同样益处）后，是否还有必要公正地对待那些"友好国家"（fellow-nations），这个问题从未被研究过，——有人可能会争辩说，中国早已放弃这种权利，而不再有权执行它们，尽管这对英国不利；在过去的一两个世纪里，她的行为相当于不仅仅是简单地允许我们同她进行贸易，而是赋予我们完整权利（perfect rights），比如附加了强制履行相应义务的权利。"但是，"在瓦泰尔的言论里，对此是持反对意见的，"一个关于国家之间从事贸易的简单许可，并不能提供贸易所需的完整权利；因为，如果我只是简单地允许你去做某件事情，尽管我允许了，但我并没有授予你以后继续做这件事的权利。——你可以尽可能持久地享用我的恩赐；但是没有什么可以阻止我改变我的意志。"②瓦泰尔的这个见解，前后矛盾、回避要害问题，只能在一定条件下

---

① 瓦泰尔，Book II.Chap.ii.Sect.21。译者注：马地臣引用国际法学家瓦泰尔的《国际法》一书来证明自己提出的观点：根据国际法原则，中国无权拒绝与其他国家进行商业交往。但瓦泰尔在书中也明确表示除非得到中国批准，才能进入中国，而且外国人在中国境内要受到中国法律约束。参见吴义雄，《条约口岸体制的酝酿》，第83—84页。

② 瓦泰尔，Book I.Chap.8.Sect.94。

才可以接受。如果 A 国家通过长期商业交往获取了巨大收益，引发了 B 国家形成合理推论，那就是她将在公平基础上继续进行这种交往，基于此，B 国家投入巨额资金，并在构建长久商业体系方面遭遇重大风险，——A 国家当然不能为所欲为，在这种情况下，绝不能认为"仅仅是简单许可"，就可以随意"改变其意志"。

我们国内法中有一条合理且有益的规则，就是一方应当受到中间人的约束，尤其是当他们已经引起第三者行为改变的时候；[①] 而强势的中间人可能只是含蓄地表现出默许的姿态，虽然有时会做出某些与旁观者权利有关的行为，比如发出最明确的宣言和承诺。[②] 这是建立在常识、正义、放之四海而皆准基础上的原则；人与人之间所遵守的这些原则，是被我们国内法极力主张的，因此毋庸置疑，没有理由不把这些原则同样有效地适应于国与国之间；正如所有法学家均承认的那样，"有道德的人，具有自己特有的理解力和意志力，勇于承担责任"[③]。现在，让我们把这些原则应用于处理大不列颠和中国的事务吧。

无论出于什么动机，早在 1678 年两广总督就"邀请英国人入驻

---

① 赫恩诉罗杰斯，9 B.& C.577。

② 英文原文：See the cases of Jarralt V. Leonard, 2 Maule & Selwyn's Rep.265. Morris V. Burdett, I Campbell's Rep.218；and Starkie's Evidence, Vol.ii.37.—— 因此，一直允许赊账的贸易人员，不能向他的客户说，"我坚持要用现款支付"。我们的法院，在这种情况下，将会判决，顾客有权基于惯例条款进行交易，再者，根据英国法律的通用规则，一个公司的成员，如果他愿意，可以通过退出立即解散合伙关系；但是如果有长期租约，而且公司在办公场所方面已经花费了巨大的开支，这个规则就改变了，——法律推定，默契中存在一种约束力，只要是在租约存续的特定时期里，这种合伙关系应该继续。——见史密斯《商法》，第 9 页。

③ 瓦泰尔，Prelim.Seet.1。

商馆区"^①；我们发现 1806 年中国皇帝如此致信他的"恭敬顺从的附庸国"大不列颠国王：——"尔邦远界海域，恪守藩维；遥申向日之忱……至尔邦民人前来贸易，历有岁年。天朝一视同仁，无不曲加体恤，亦无需尔邦出力之处。"^②——在我们交往的历史中可以发现，许多迹象表明中国皇帝与英国商人具有相似的意愿（但没有必要列举它们）。充足的证据表明，基于经世济民的动机，皇帝已经允许我们与他们进行了近几个世纪的贸易；而且，在我们的积极配合下，皇帝已经组建了一套大规模、高成本和富有成效的机构来运作它。两国之间因此有无数的人在进行着物资交换；英国资本大量投入海运交通；我们心甘情愿从事着贸易，即使有巨大的不利因素，——例如，我们不得不冒着巨大风险航行一万英里往返中国。我们是在中国政府知情和许可下从事着这一切的，现在我们却突然轻率地否认了他们的权力——要么直截了当地使用暴力把我们从中国驱逐出境；要么通过施行横征暴敛和羞辱欺凌，使我们为了个人或国家的荣誉而放弃延续与中国的交往，同样有效地实现将我们驱逐出境的目标。

　　法律规定不能做而去做的，不管是直接还是间接，都是违法行为。这是一个健全的法律原则，同样适用于国家和个人。因此，如

---

　　① 米尔本，vo1.ii.P.408，lst ed。

　　② 奥贝尔书，第217—218页。译者注：此诏书见《清实录·嘉庆朝》嘉庆十年十月。嘉庆十年十月十七日（1805 年 12 月 7 日）由军机处拟定进呈，附军机处奏片内。马士《东印度公司对华贸易编年史》（第 3 卷）（区宗华译）第 47 页根据英文将该段诏书译为"尔国国王，远处海外，但能尽忠职守，并能遵奉惯例。以远方仰慕帝国之光荣，并敬颂我朝政治之清明……至于尔国王子民，彼辈长期以来，已在本帝国从事贸易多年，此处必须向尔提出者，天朝政府对所有人等及国家皆一视同仁，无分彼此；而且于尔之臣民，经予以最宽仁之对待，是故对彼等，无须尔国政府有所挂虑"。本书采用诏书原文，区宗华译文供参考。

果中国试图采取后者做法，她就触犯了法律。^① 基于收益共享原则，中国人应该自由地与我们进行持续贸易，这种贸易虽然长期处于岌岌可危的地位，但始终维持着；——我们的商船满载贵重货物，经过六个月的航行后，可能会被突然禁止进入珠江；当即将运茶返航时，在已经支付所有非法巨额勒索后，可能会被地方当局肆意以最荒谬和恶毒的理由禁止离开，难道这是情有可原的？——那些理由包括：一个喝醉酒的中国人与一名外国水手之间的一次毫无意义的斗殴；不经意地违反一些琐碎的、令人恼恨的中国习俗的一个行为；总督与行商之间的一次纠纷，比如关于纳税金额的认定；——整个贸易都会停止——"即将起航时，整个舰队被扣留了！"^② "贸易在实施过程中，很容易会因为某个人的肆意妄为而中断；而且，总督可能碰巧会比他的前任更加愚昧，同时，性情更加残暴，贸易的彻底中断必然会随之而来。"^③

　　当然，上述行为等同于严重违反了两国之间的默认契约^④；——一个基于（正如我们所见）"国家之间彼此遵循的默契或惯例"^⑤。国内法权威人士认为，与市政法规（the regulations of municipal law）类似，必须在某个时间点有一个适当的通告，以表明不受习惯法

---

① 见《查普曼先生论述中包含的一个惊人的建议》，致上议院代表，附录，第264页。

② 奥贝尔书，第296页。

③ 附录二，& c. 第505页。

④ 译者注：默认契约：implied contract，也称为"默认合同"，是指建立在长期交往、相互信任基础上的未经特别约定或详细载明的合约、契约。

⑤ *See authorities cited in the case of Benest* v. Pipon; Knapp's Rep., 67, and *Martin's Law of Nations*, 356. Fennings v. Lord Grenville, 1 Taunt., 248.

（customary law）的约束。^①"任何国家在宣告不再沿袭一个特定惯例（particular custom）后，可以将其搁置不理，只要她选择公告的时间内相关情况不可能发生，或者习惯做法不会被继续考虑。"^②

所以，我们有充分证据表明中国已经约定（已经自我约束）在公平合理的条件下，有义务继续允许我们与她进行交易，除非我们放弃国家之间现有的关于责任义务的正确推断和合理确立的所有原则。"但是没有条约，"据说，"——在没有条约的情况下，就不存在所谓的任何义务。"两个国家之间，确实没有正式条约和明确协议；皇帝现在选择拒绝所有签订协议的尝试。当然，无论如何，我们是有理由争辩的，我们市政法规有一个类似原则（即公认的合理性和实用性原则之一），——例如对他人土地享有的通行权，经过若干年的使用之后，法规赋予对通行权享有不可剥夺的权利，并通过授予符合原始契约精神的地役权（easement）进行支持；——中国皇帝所容忍的贸易已经运行了近几个世纪，可以合理地推定贸易起源时存在约定——甚至会是最明确、最正式的类型。让我们永远铭记于心：贸易的益处并不是单方面的，而是相互的——而且中国已经承认如此。以她从未屈尊承认过国际法为由，来解释她现在肆意蔑视国际法，纯属儿戏。长久以来，她已经用行动对我国做出了承诺。我们可以看到 1678 年她就邀请我们入驻广州商馆；皇帝亲自（并多次通过他的总督）批准我们的交往，甚至制订交往规则。1715 年，

---

① *See authorities cited in the case of Benest* v. Pipon; Knapp's Rep., 67, and *Martin's Law of Nations*, 356. Fennings v. Lord Grenville, 1 Taunt., 248.

② See 1 Chit.Commerc.Law, p.29.

中国当局审慎而正式地批准了由大班制订的八条条款（或条件）^①，遵守这些约定就可以与中国进行贸易。^②通过许多其他实例，最终我们会发现中国当局对我们的贸易完全认可：由于考虑到东印度公司特许执照被废除，中国政府向我国提出要求，呼吁我们立即向中国派遣广东当局承认和与之贸易的"夷目"^③，——正如我们很快看到的那样，这个人于是被派遣了。面对这一切，我们被告知，不管受到中国人怎样的伤害或侮辱，我们都没有任何应对措施——"因为，一旦无法取悦他们，他们就没有明确义务保持交往！"认为他们可以随心所欲地玩弄我们，这难道不是对常识和诚信的一种侮辱吗？他们已经充分"考虑"在订立契约、征收税款时参照英国法律条款，今后将对我们的贸易随时征税——由此他们的义务就完成了。他们还不时沉溺于自吹自擂，假装鄙视贸易收益呢！实践充分证明他们像我们一样明智，——而且，如果需要，他们甚至准备做出重大让步来确保贸易延续。如果强制断绝我们的贸易，中国接下来将几乎立即出现极大的混乱：因为人们有可能会心甘情愿地失去利润丰厚的职业和生计来源吗？"我们恳请尊敬的董事会予以关注，"特选委员会

---

① 译者注：马士《中华帝国对外关系史》（第1卷）（商务印书馆1963年版）第65—66页记载：1715年英国东印度公司决定正式参加对华贸易；可是一方面虽然有一批官吏和商人们很想鼓励他们参加，另一方面却又知道过去曾有种种妨害贸易的困难和勒索，于是大班就和粤海关部在下述的条件上成立了一种约定：〔奥贝尔，《中国政府、法律及政策大纲》，第153页；马尔丁，《中国的政治、商业和社会》，第二卷，第10页〕……这些条件都被欣然应允，虽然没有任何证据证明它们曾经实行；唯独对于所提条款的第九项，粤海关监督声称他是不能同意的。那是："废除4%的征收，并且粤海关所作的一切要求或索求应和船钞同时提出并加以规定。"

② 然而，几乎所有的，——只要是对我们有利的条款，——此后均被废止。

③ 即主管

称（1814 年 9 月 24 日），"广东当局急于召回乔治·斯当东爵士[1] 的各种表现，相当于提供一个证明，那就是不管中国政府在告示中如何宣布对外贸易对中华帝国没有任何好处，只是出于仁慈才允许贸易；然而一旦（按：英国商人）受到他们不公正行径的威胁，进行了坚决有力的抵抗，就会发现他们完全清楚贸易获利的互惠性，极为渴望维持贸易往来。"[2] 无论如何，都不必提及中国皇帝的隆重恩赐了，——必须认识到为了延续我们与其臣民在公平原则基础上的商业交往，他在道义和政治方面负有责任。无论是谁赋予他人何种特权，都意味着其具有完全享有该特权所必需的一切手段：如果中国皇帝明确具有容许我们贸易持续的责任，他还必须向我们保证使用必要手段以促进贸易安全——当然，还要受制于帝国那些并不明显与正义和诚信相抵触的法律和习惯。但事实究竟如何呢？我们已经看到 1815 年特选委员会主席向董事会控诉在广东地方当局权力控制下外国人的财产、人身自由甚至生命所遭遇的凄惨状况，——广东当局用专横鲁莽的态度行使着不负责任的权力；从那时至今，中国人的行为一贯如此。越来越繁重的苛捐杂税把贸易压垮了；人身自由总是被限制在狭小的范围内。[3] 特选委员会的控告中最令人厌恶和糟糕透顶的情形（正如我们已经看到的）是广东当局在正式的公告和法令里公开诋毁我们无辜的同胞，目的是使得中国底层老百

---

① 译者注：1814 年乔治·托马斯·斯当东爵士在英国东印度公司广州特选委员会任职时，被迫撤出广州，后应广东当局要求返回广州。

② 附件二，& c. 第 527 页。

③ 绅士们有时以到河对岸散步为乐；但在这种情况下他们冒着被侮辱，甚至会被粗鄙谩骂着的当地人袭击的风险，当地人对他们抱有敌意，经常会朝他们扔石头。只要他们离开船只，他们就很少能逃离伤害，而且甚至在河面上，通过时，粗鲁而嚣张的当地人有时会向外国人扔石头和杂物。——霍尔曼，《航海和旅行》四卷，第 74 页。

姓对他们十分厌恶。

霍尔曼先生说："几乎不可能通过完整转载这些带有侮辱性质的告示，来向读者传递准确的概念：但是告示中用粗鄙语言提及的那些不当行径，应该受到谴责。其中一个公告用最卑劣和恶毒的言辞指责英国商人——并以此为幌子找借口剥夺外国人雇佣本地仆役的权力（公告坚决禁止地方当局允许外国人雇佣）。"[①]

"中国人要么攻击大船，要么突袭他们的小艇"——1823年，特选委员会说——"当他们返回时，需要大笔钱用于疗伤！——即使他们的生命安全需要他们自己防护，我们还是小心翼翼地抵制近期关于外国人承担死刑责任的圣谕。敲诈勒索的时常奏效，会诱使暴行一再重复。中国所有阶层人士都很清楚我们在这方面的情况，这些情况通过横征暴敛导致生活状态极为低下而非常清晰地表现出来；而且无须顾及任何后果，他们时常能够成功敛财是不断尝试去做的足够诱因，——引起的后果最不利于商业往来，甚至会影响外国人的生命财产安全。"[②]

同样，在同一年，我们发现特选委员会继续他们的抱怨：

"因此看看我们的处境，我们显然要为两到三千人的个人行为负责。这些人每天接触中国最底层民众，经常遭受如此肆意妄为、十分野蛮地袭击，以及如此广泛地抢劫，以至于为了对抗他们的袭击者必须进行正当防卫，包括时常发生致死行为。（按：一旦发生致死行为，）那个伟大而重要的商业贸易就会立即中止——有时整个舰队被扣留——我们自己遭遇查封——恢复条件是交付一个因为自卫而触犯律法的人去被处死。我们要么服从命令，要么自行找个最令人

---

①　霍尔曼，《航海和旅行》，第107—108页。

②　附件二，& c. 第567页。

憎恶的谎言以支持一份捏造的声明来挽回中国政府官员们的信任。尊敬的公司是否希望他们的雇员和贸易继续保持在这种堕落危险的境地呢？"① 唉！列举这些抱怨是一件很容易的事。这些内容在英中事务相关文件的每一页上都历历在目；很有可能立刻使人义愤填膺，惊讶于不列颠政府的消极懈怠，愤慨于中国人的行事鲁莽和缺乏原则。目前在北京皇室成员口中正流传着有关外国人的仁慈且善意的言论，而在广州，那些无辜的值得信赖的外国人正遭受最司空见惯的压迫！他们的人身和财产永远都处于危险境地；他们的品格被无法忍受和难以想象的言辞予以诋毁；一系列小规模的个人挑衅和烦扰持续不断；自然法则（the laws of nature）受到践踏——原因是他们妻子与丈夫分离②，被迫居住在80英里以外的澳门——一种匪夷所思的侮辱；中国法律被禁止申诉；贸易规则被人为设计成确保最大程度地增加税收；整个贸易会以最反复无常和不公正的方式中断；因此，在所有这些情况下，一个英国商人除了放弃他的人身安全和自尊以外，还怎么能够在广州持续进行他的商业活动呢？哪里可以找到这样的法则，无论是自然界的或是国际间的，可以为这种情形做出解释呢？正如曼斯菲尔德勋爵（Lord Mansfield）所说，文字并不具备魔力，——我们必须记住"国际法"不过是"自然法则在国际事务和行为上的合理应用"③——并且"自然法则"中最基本的准则是"履行承诺是国家间的义务，无论该承诺是明白表示的还是心照不宣的"。④ 中国人是人类大家庭中一个庞大而幸运的分支，——

① 奥贝尔书，第293—294页。
② 在这方面，在华英商甚至比我们在西印度群岛的奴隶还悲惨，奴隶们受到议会法案保护免于遭受类似将夫妻强制分离的这种变相迫害。
③ 瓦泰尔，Preface—prope initium。
④ 瓦泰尔，Preface，p. xvi。

但她并不因此免除义务而不用遵守上帝亲自为受造物制定的规则。大片雪花难道会比其下降过程中可能分离开来的微小粒子，更少受到引力定律的影响吗？中国人企图更长时间地保持自私自利、自命不凡和自我免责，纯属枉费心机；地球上会有一些人将不再容忍她的狂妄或奸诈；他们会反抗和憎恶那些我们已经卑贱地容忍了数个世纪的凌辱。[①]

既然如此，对华贸易将会在与英国国家荣誉相一致的条件下继续吗？如果大不列颠的舆论以肯定方式回答这个问题，那么一个基调不同、风格迥异的政策就应该立即实施，以取代迄今为止一直采用的可悲策略。尽管我们为了确保这一宝贵贸易做出了巨大让步，尽管我们要长期运营它，尽管我们因此承担了十分重要的关系和责任，我们还是要——彻底放弃我们在国际社会中的声望（国际社会注视着我们在这个问题上的一举一动），——基于卑不足道的理由，我们现在屈服于中国人，——被他们荒谬的狂妄自大和胁迫的样子吓得胆战心惊，放弃我们的正义以及来之不易的权利和特权。目前，这些观点正以不同寻常的力量向我们施加压力。最近可以看到有项措施适于改变我们与中国的商业交往体系，——这项措施在被采纳之前必须经过深思熟虑——如果我们精心制订的措施，直接导致我们被中国完全拒之门外，或者使我们的交往比以往任何时候更加处于岌岌可危、令人苦恼和屈辱的地位，我们将成为世界的笑柄，——如果我们现在还没有充分认识到向中国提出诉求的性质，并准备以

---

① 中国人，在许多情况下，充分认识到国际法的义务。沙鲁克·米尔扎（Shahrokh Mirza）的使臣给皇帝带来一匹骏马作为礼物。很不幸，狩猎时这匹马将皇帝摔了下来。那位伟大而正直的人士命令将使臣锁上镣铐。他们原本必死无疑，但皇帝听从了大臣们的恳求而赦免了他们。大臣们向皇帝奏称为了一名使臣而违反国际法，是很丢脸的。——见奥贝尔书，第72页。

决心和魄力来维护它们，结果将依然如故。有人怀疑这些观点的公正性吗？那就让他仔细思考最近一个事例的真相，——律劳卑悲惨的、最屈辱的待遇与灾难！那个贵族的死亡，——侮辱了（通过其臣民）大不列颠国王，——至今尚未雪耻！也没能唤起来自英国政府一个音节的抗议或愤慨！当然，这种骇人听闻的事件在这个国家里是无法广为人知和正确对待的。

在中国政府的明确要求下，律劳卑被派往中国。[①]

1831 年，两广总督根据他所理解的英国贸易运行模式中可能发生的变化颁布谕令：——

> "饬令行商，转谕大班，及早寄信回国，若果道光十三年后，公司期满散局，仍应酌派晓事大班来粤，管理商业事宜，务使裨益贸易，勿致散漫无稽。"[②]

勋爵大人被我国政府下令居住在广州港的限定范围内，而不是其他地方。当他抵达广州时，总督拒绝接受他宣告使命的信函，除非这封信通过行商转交，——律劳卑有充足的理由拒绝采取这个步骤。他未经许可就前往广州的权力是存在争议的，尽管多年来没有必要的证件，欧洲船只也一直被允许这样做。针对这个争议进行了三至四周的谈判后，从 8 月 16 日至 9 月 27 日所有英国贸易被停止，给那些在港口有贵重货物的英商造成了严重损害，船舶只能在

---

①　国会训令（1833 年 12 月 9 日）针对当前形势，指出："对中国政府这种合理要求给予适当回应是有利的。"原本应该如此。这将可能被视为一种正式宣告，从此以后，这个国家只会默许中国的"合理"要求！

②　奥贝尔书，第 335 页。按：译文参考中国近代史资料丛刊：《鸦片战争》第一册，上海人民出版社 1957 年版，第 119 页。

珠江口等待，直到获准进入港口为止。在这期间，中国甚至禁止律劳卑所有的食物供应，切断他与战舰之间的通讯。他的健康，在这种纷扰的环境下，开始糟糕到必须离开广州的程度，——唯一的方法是通过当局提供的中国小船，而这艘小船在通常仅需二三天航程的广州至澳门水道中耽搁了垂死的律劳卑5天时间，同时，当局对他施加其他侮辱和虐待；在各种因素的共同作用下，他病入膏肓并在抵达澳门不久后逝世……① 在目前重要时刻，此事成为指引中国人如何看待英国商人的一个风向标——后者处于身份低微和无安全感的境地！从此以后，中国人认识到自己能够虐待英商而又不受惩罚，还有什么样的侮辱或伤害无法做出？他们如何看待确实"恭敬顺从"的大不列颠人的性格，以至于如此胆大妄为？不管怎么样，暂且放下有关尊严的所有考虑——为了国家荣誉而采取的谦恭和顺从的政策，让我们探讨一下它对贸易地位和利益有着怎样的直接影响。鉴于广州当局无礼对待陛下代表的行为被容忍发生，甚至没有被丝毫抗议，因此不可能预测他们的残暴和欺压将被激发到什么样的程度：其后果，极有可能，很快就发展为时弊的全面恶化，从而导致持续冲突和贸易中断。如果这些中断发生在东印度公司垄断时期，他们的联合影响力和资本使得他们有时能够对抗中国人，并能够承受抗争过程中的重大商业损失。然而，在当前形势下，情况会大有不同；具体来讲，如果自由商人们各自为政且没有被中国人认

① "这可能对中国当局的傲慢和虚张声势提供一个有用的例证，"霍尔曼先生说，"补充来说，诏书是皇帝颁发的，当他收到两广总督的奏报（里面关于律劳卑事件的一切情况都以最扭曲的方式、虚假和夸张的风格详细记述），下令对于两广总督及其官吏因为之前玩忽职守而被褫夺的部分荣誉，现在鉴于他们采取的措施，应予恢复；但是额外要求他们驱逐夷目（律劳卑）和其他人离开港口！"——霍尔曼，《航海和旅行》卷四，第176页。

可的共同头目，就一定会成为诡计多端的中国人的受害者。这并非耸人听闻，确实存在发生的可能性，除非英国政府在这方面及早振作起来。毋庸置疑，如果中国人利用当前我们商业关系所处的关键时机迫害我们的商人，那么其贪婪蛮横的行为将促使我国政府在此危难之际承担起相应职责，坚决果断地保护我们在广州受压迫的同胞。当然应该为此自豪，因为这是一个开明政府必须具备的维护并扩大其子民殚精竭虑所获商业优势的责任和义务。"君主，"英国著名的法律评论员说："在任何时候，任何地点，始终如一地保护其本国臣民"①；尤其是当他们从事像对华贸易那样如此巨额的跨国经营，而且是在他们政府特别指定的规则和机制下进行的。轻率、怯懦或姑息的政策现在被用于应付像中国人那样的人（他们最近对我们采取了蔑视和不公的行径），不仅会对贸易产生最具破坏性的后果，而且会对国格（national character）造成强烈的耻辱，——诱发更多的侵犯。即使是爱好和平、顺从温和的东印度公司董事们也不止一次地壮着胆子指出他们有权对中国人的侵害行为感到愤怒。"如果中国政府"，1816年董事会说："处于完全不友好、有敌意的风气下，通过不公正行为强迫断绝持续已久的和平交往，而且这个国家已投入如此巨大的资本，很难不会对这样一个恶劣和有害的行为感到愤怒。"② 两年后，我们发现他们被一些最新的牢骚抱怨从昏沉沉的状态中惊醒了一会儿，宣称："他们从未想要屈服或放弃我们商馆迄今拥有的豁免权和特权，而且诏令已经认可我们的正当要求！"③

---

① 1 Blackst. Conm. Book I.C.10，p.370.
② 奥贝尔书，第257页。
③ 奥贝尔书，第280页。

那么为什么英国政府没有坚决维护岌岌可危的利益，甚至，如有必要，郑重其事地向我们声明有权反对这种非法侵害呢？"因为，"——东印度公司用他们自己的思维方式说，——"这会让皇帝大发雷霆，导致我们迅速和不可避免地被排斥于他们的商业之外。"这样的回答，也就意味着，首先是最毫无道理地承认我们至今没有获得反对中国的任何权力，这直接违背了上文所引的 1816 年和 1818 年董事会自己在训令中所做的声明；——其次是我们如此重视茶叶贸易，以致我们心甘情愿在任何不利和耻辱条件下维系它；抑或，最后是基于道义和国际法的原则中有一个正当权力，我们没有能力或勇气去维护这个权力。这些谬论的第一、二点已经被抛弃了（但愿如此）。作为一个国家，如果我们不敢大胆坚定地正视我们所处的或者有权去占据的真正地位——那么我们确实不值得保留优势地位的占有权。如果为了放弃或者限制我们的权力，我们特意荒谬且怯懦地寻找一些牵强附会的理由，而无视国内法中极其支持那些权力的伟大而通用的原则，——我们最好立即遵照我们的原则行事，并从我们目前在国际范围内所占的地位上坠落下来！

假设我们拥有合法而有力的对抗中国人的权力，——假设这些权力十分重要，因为在国家观念中，主张这些权力对我们来说是至关重要的问题，——假设我们有办法维护这些权力，并且倾向于采取这些办法，——那么，会有什么样的障碍？从军事角度来看，中国人是如此强大，如此目标明确、团结一致、善于谈判，以致不适宜采取必要措施，然而这就称心遂意了吗？

每一个理智客观，又有切身经历，能够拿出实际证据的人，都会让我们相信中国人更倾向于在正式封锁时无论如何都要采用辞藻华丽的语言费尽口舌，而不是采取严厉的、真正具有威胁性的措施来维护他们的权利。确实如此，他们，总是——喋喋不休，"大拇指汤姆"① 开始了！让我们听听（1830 年 10 月 27 日）两广总督答复我们委员会而使用的奇妙语言：

"天朝柔远绥怀，秉公匡正，且陂湖禀量。岂能为夷馆区区之众，② 而派兵弹压！！！［原文］"但是委员会主席和其他人没能理解这个意旨（在行商的威胁下）；他们愚蠢地听从了背信弃义者的教唆，不再克制，立即冒失地调动枪炮武器，并将其部署在他们的商馆门口。这就是更加疯狂和错误的。只要想一下——如果上述外国人中确实存在非常严重的违法行为——"我，总督，定当驰报皇帝，官军必将云涌而至，杀得彼等片甲不留！！！彼等所携枪炮焉能抵挡天朝军队？"这就是英国人闻之丧胆的那种严词谴责吗？

中国人会在某一时刻虚张声势、出言恐吓。③ "在有关我们对华交往和政策方面，我一直抱有唯一观念，"睿智而公正的评论员霍尔曼先生说，"我们对他们太宽容了；他们的性格中具有夸夸其谈和胆小怯懦的全部特征。如果我们坚决地表示出军事意图，我们将会迅速从他们手中获取我们想要的一切。少量英国战舰就可以摧毁武器落后但装备数量与我军差不多的中国军队，在广州城郊他们甚至人数较少、防御较弱并受到那些声名狼藉之人的掌控。"④ 再者——"他们对所有落入其魔掌的人都骄横跋扈，但对那些决意抵抗他们的人则阿谀诌媚。"⑤

实际上，中国皇帝如果看到我们准备激烈反抗，他既不愿意也没能力采取敌对措施来破坏我们的贸易或者把我们驱逐出境。他十

---

① 译者注：大拇指汤姆是《格林童话》中一则童话故事《大拇指汤姆》的主人翁。

② "是不可能，"翻译说，"用外国语言表达出这句话精神实质的。"

③ 附件二，& C. 第 457 页。

④ 霍尔曼，《航海和旅行》卷四，第 109 页。

⑤ Id.ib.68.

分清楚彼弱我强之间的显著差距，——尽管地方当局通过采取堵塞、拦截和篡改我们所有试图交流的信息等刁滑奸诈的手段蒙蔽了他对这个国家真实状况的了解。为了进一步达到这种险恶目的，他们禁止我们学习他们的语言，拒绝我们接触更高级别的官员乃至最高当局。他的帝国里贪腐横行 ①、官员低能 ②（百姓普遍贫困），——北京宫廷里的这些现象尤为显著，以致无法认识到其采取极端制裁措施违背了与像英国那样强大国家的约定。他们尽其所能用豪言壮语掩盖"情况糟透了"③。一或两艘我们的战舰进驻中国东北海岸，会让整个帝国引发一阵惊恐不安，会比数个世纪的"见风使舵"和忍辱负

---

① "中国人，对其他事情都十分顽固，唯独对贿赂不会如此。他们是世界上最腐败的人。我确信如果有足够多的厚礼，中国人将会百分百地被收买。"——霍尔曼，《航海和旅行》卷四，第 63 页。

② 以下由霍尔曼先生陈述的事实，将会揭示这一评论的真相。每个人都知道中国政府在防止鸦片进口方面做出的巨大努力：看到他们必须将他们的决定付诸实施的力量！"星期五，1830 年 10 月 15 日。——今天我的一些从黄埔回来的朋友，看到了河上两艘官艇与一艘走私船之间的一场非常滑稽的战斗。前者中的一艘官艇朝走私船开了一枪，走私船立即返回，虽然它正在逃跑而且只要划动五十支桨，在帆的辅助下，很快就把追缉者远远地甩在后面。但是，当与三艘接应船只相遇后，走私船加入了其中。它们排成一排，给了官艇一次正规的战斗！走私船的意图有点奇怪。此时正在涨潮，他们在河面上游对官艇形成防线；然后他们移动炮械到船尾，弄湿船网防止着火，（一切准备就绪），而且，他们向官艇展示船尾这个位置，这足以使得官艇仓惶撤退。因此，在光天化日之下距离广州城仅数英里远的地方，四艘走私船反抗了该国政府而没有受到惩罚，"——而这一切，就发生在"圣旨已经颁布，谕令地方当局全力阻止罂粟的生长和进口"之后——"凛而遵之！"可怜的皇帝说。——霍尔曼，《航海和旅行》卷四，第 89—92 页。

中国政府极易出现大量这种可怜愚蠢的实例。再举一例就够了："尽管有严格禁止中国图书卖给外国人的禁令，纽曼教授发现采购所有他希望获得的书籍均没有困难；同时为了防止图书在带上船时被搜查到，每次他都要支付了一笔规费给官吏。官吏如此公开地背叛政府的信任，以致他竟然派人到教授住所包装图书！"——同上，第 46 页，（n）.

③ 按：The rottenness in the state of Denmark：引自莎士比亚名言 "Something is rotten in the state of denmark"，意即情况很糟，事情有点不对头。

重更能引导中国人听取理性和正义的呼声。到了这个时候，实践就会告诉我们：试图通过表现出一种，正如不断被东印度公司三令五申的那样……真正可恶的是——或者应该是——从单纯的贸易和利润出发就遏制或放弃上述看法的观念。① "自由而高贵的欧洲国家，"冷静乐观的马尔特·布兰（Malte Brun）说，"绝不允许残暴监管的摆布、幼稚礼节的烦扰，以及筑起'长城'阻碍人类心灵的沟通。"关注这些琐事的时代已经过去了，尽管东印度公司及其当地代表曾

---

①　这提供了一个关于东印度公司代表们性格方面的有趣范例，东印度公司要求他们代表在所有事情上的行为和诉求均要遵纪守法：——不久前在金星门发生了一次聚众斗殴，一个外国人被三或四个当地人在斗殴中击败并蓄意杀害；为了掩盖罪证，他们不是掩埋尸体，而是碎尸后运上出海渔船，并丢进大海。这个说法是从他们自己供认状中得知的；那个外国人没有被找到任何残留。另一方面，一个当地人臀部受到枪伤，加上受到惊吓，二三十天内就死了。地方当局抓住了杀害外国人的当地人，还要求找到那个开枪打伤当地人致死的外国人，并移交给他们。这个命令是难以遵守的。一周接着一周，他们反复重申关于交出所谓"外国凶手"的命令。最后，服从无望，政府便纵容一个行商，责任主体的带头人，用400或500银圆，买通澳门附近一个具有一半洋人血统的愚昧外国人冒充外国凶手，从他口中复述一遍上述的供认状，目的是保全生命，在审判闹剧和奏明皇帝完成后被驱逐出中国。这就是中国人赞赏的具有独创性的供认的目的。——"在金星门被杀害的外国人是我的哥哥。当我看到当地人在杀害他时，我跑过去，挺身而出想去救他，在这时，我系在背上的猎枪走火了，射中了一个当地人，他后来死掉了。我们两兄弟是老母亲仅有的儿子，现在没人照顾她了。我乞求宽恕，以便回家为母亲养老送终。"

"这些事件本来打算隐瞒外国人，但坊间传言和一些蛛丝马迹泄露了它们。外国人抗议两广总督只因他自己的无知和愚蠢就如此牵连一名无辜之人。两广总督一再否认犯人是无辜的，只是说犯人有自首情节，而且坦承事实，这将挽救他的生命。事件的发生纯属意外，——因此他不需要赔上自己的性命。两广总督、判官、广州知府和其他有关官吏，以及外国和本地民众，都知道所有这些纯属捏造：但是，他们依然滥用法条，并且将上述内容奏报北京，连同那个被关押的人，现在都在等待皇帝的谕旨。此人最后被无罪释放。"——霍尔曼，《航海和旅行》卷四，第164—166页。

译者注：此案发生于1833年。见马士《东印度公司对华贸易编年史》（第4卷），第374—379页。

有过太多的提心吊胆。回想一下关于一个英国妇女偶然出现在广州——那名女士是我们首批常驻商务大班盼师先生（Mr.Baynes）的夫人，——以及一个英国病人冒险雇用轿子（轿子是中国富贵之人常用的代步工具），——上述每件事都引发了最令人忧虑和旷日持久的争执、具有侮辱性的"谕令"和"圣旨"、暂停全部英商贸易的恐吓和那些漫长而备受折磨的谈判和协商，这些不都是违反常识和共同人性（common humanity）的吗？然而，事实就是如此！[1] 从今往后，更为严峻的形势必须不断地引起那些开展对华贸易的人的重视，并在维护理性和正义的主张时不断彰显出坚定的意志。如果我们不幸地发现中国人充耳不闻我们所有的抗议，并执意继续全力实施那套他们长期从中获得丰富回报的令人恼怒的压迫和凌辱体系；尤为重要的是，如果他们胆敢使我们遭受像禁止我们贸易那样大的危害（这是最不可能的事）：那么就到了我们君主履行职责的时刻——他受到对其臣民应尽义务的约束，并为国际法所授权——维护臣民利益并使其免受那种严重的伤害。他将在第一时间颁发缉拿敌船许可证和报复性拘捕证，"这是国际法授权的行为，前提是一个国家的臣民受到另一个国家的压迫和伤害，并且压迫者所属国家拒绝公正处理"[2]。

中国皇帝允许地方当局粗暴地对待律劳卑，因此他对此事件负有责任；这个事件已经"成为公众关注的焦点，受害方认为政府才是施暴的真正元凶，而其臣民只是工具"[3]。我们确实能够证明，在暴行发生之前，我们已经"徒劳地请求过公正待遇，或者我们完全有

---

① 见奥贝尔：附录二，Paper A，第 407—408、446 页。

② 1 Bla.Com.bk.i.c.7.p.258.

③ 瓦泰尔，Book ii.C.6.§74。

理由相信我们的期望是徒劳的"①。瓦泰尔说："审判被以多种方式拒绝了：首先，通过所谓的合理性来违反公正性，——或者通过拒绝听取你们的抱怨或那些诉求，或者任由他们在庭审之前行使他们的权力。"② 如果是后者，以一名博古通今的作家基于国际法的观念来看，授予缉拿敌船许可证和报复性拘捕证本身就具有充分理由，——对于采取类似措施还可以找出大量原因，中国人已经给大不列颠臣民施加了太多不义行为，而且不断威胁还要继续增加！如果中国选择延续那种施加在律劳卑身上而给我们带来的侮辱，不惜通过突然把我们从对华贸易中排除，——通过背弃已经存在超过一个世纪的约束她自己行为（也是我们的）的协议的手段，我们当然可以采用董事会在 1816 年所说的言论："我们不可能不对这种恶劣和不公平的做法感到愤怒。"③ 我们听说④：一艘战列舰，连同两艘护卫舰和三四艘单桅帆船，就足以"遏制中华帝国大部分的国际国内贸易——拦截其运往首都的税饷，夺取该国所有的武装船只"。霍尔曼先生说，还有另外一种方式可以促使中国人幡然醒悟：

"如果大不列颠占领澳门，派孟加拉雇佣军进行驻扎，并宣布其为自由港，它将成为东方最繁华的地方之一。"然而，从此观点可以看出这个睿智的旅行者被误导了，因为澳门对大不列颠来说将是毫无用处的，这都归因于在那里要永久遭受中国人的欺凌，而且那里除了可供小艇停靠以外缺乏一个能够停靠任何船舶的合适锚地。东印度公司商馆前主席，詹姆士·厄姆斯顿爵士（Sir James Urmston）

---

① 瓦泰尔，Book ii.C.18. § 343；Grotius, De J.Belli ac Pace, Book ii.C.2.§§4-5。

② 瓦泰尔，Book ii.C.18. § 350。

③ Ante, p.19.

④ See "Petition of the British subjects at Canton to the King in council."

建议：如果占据某个岛屿，势必要在中国中部，——例如舟山。那里
可能是我们确实有希望看到其成为东方最繁华的地方之一；"因为，"
霍尔曼先生继续说，"中国人如此喜欢走私，以至于如果他们能够确
信受到保护，他们会毫不犹豫地与外国人进行贸易；而且毫无疑问，
他们会使用所有手段贿赂自己的同胞，这将必然促进他们自己目标
的实现，这对品性模棱两可的中国人来说是无法抗拒的。因此，通
过这些手段，理所当然可以与中国建立一个非常广泛和卓有成效的
贸易体系，英国将稳定地获得巨大收益。当这些事情已经实现时。"
作者高兴地补充道："就会令人惊奇的发现，并不需要采取某些措施
来保护商业和阻止商人遭受现在经常抱怨的侮辱和侵扰，以及削弱
目前中国人认为在商业交往中适宜使用的恐吓和专横语气的语调。"①

　　然而，在广州贸易的英国商人却不愿考虑，也不建议采取这种
极端措施，除非我们不得不接受更多温顺手段的失败。他们的志向
和利益，使他们成为爱好和平之人。他们确信他们的利益（即，国
家利益）可以因此确保无虞②，而且我们与中国的商业往来可以在体
面安全的基础上方便、快捷和友好地进行。大不列颠需要向中国人
彰显实力，不是为了恐吓，而是表明一种坚决的态度，目的是实现
一个大愿望——与北京朝廷直接联系；在那里可以向皇帝做出很有
说服力的陈述，——揭示出他的王国正处于羸弱与困窘的状况，他
可以让步于我们一些合理要求以获得可靠稳定的收益，倘若坚持用
顽固和傲慢的态度忽视它们将引发严重后果；如此一来，在所有可
以想到的办法中，这将导致最完美的结果。皇帝将会明白他的兄弟

---

　　①　霍尔曼，《航海和旅行》卷四，第 50 页。

　　②　译者注：英文为 "They are satisfied that their interests may be effectually secured
without it"（Cambridge University Press, 14 November 2015, p.70），"without" 疑为 "with"
之误。

大不列颠君主——一个伟大而独立国家的国王——对此事高度重视，终于对其臣民在广州长期遭遇暴虐和不公正待遇表示出不满，决定为通过他的代表律劳卑给他造成的奇耻大辱而索要赔偿；——中国整个历史表明，皇帝不会花费很长时间来决定采取何种措施，否则就是为必要的让步寻找一个冠冕堂皇的借口。我们希望他永远放弃他自己和其大臣们在谈及英国国王和国民时长期使用的傲慢无礼的语言；对给予律劳卑的致命侮辱和因射击英国国旗冒犯国家荣誉而进行赔偿，——以及赔偿那次贸易中断期间扣留我们船只所造成的损失；让我们的同胞在广州享有中国法律的充分保护；禁止地方当局继续施行我们商人长期遭受的无以复加的侮辱和压迫；并加入合理、互惠的商业体系。这是我们政府应该向中国政府提出的所有诉求的简要概括。国家的荣誉和利益同样需要这些诉求。开口闭口都是"对待中国人的空话大话应该嗤之以鼻"，这是愚昧无知的。不可否认，正如在华英商在他们致国王枢密院（the King in Council）的"请愿书"中所说，"我们商业现在遭受的损害和限制，可以归因于长期默许中华皇帝自己和其臣民所声称的凌驾于其他国家君主和人民之上的傲慢主张；"——并且"他们被迫得出结论：如果谈判时不坚决抵制和驳斥这种妄自尊大的想法，就不可能产生任何实质性的有利结果。"……"他们甚至深切忧虑，在目前情况下，这方面的丝毫让步或动摇，定会让我们像以往那样遭受那些我们现在不得不控诉的伤害。"在我们早期对华交往中，默许他们的主张——迁就他们虚荣和夸张的措辞，或者权当滑稽的谬论，应该被视为明智的。那时我们只有一个立脚点，在那里不能提出诉求，只许待在他们的边境或沿海地方；在那里我们只是"不受欢迎的租客（tenants by sufferance）"——除此之外，不可能想到这种顺从会在他们对待我们时产生什么样的实质影响。然而，现在，情况确实发生了变化。通过两个世纪的悲惨经历，我们明白了上述问题的真相，而且千真万确，中国人只要发现我们容许他们视我们的国王为"一个虔诚恭顺的进贡者"，视其子民为"蛮夷"，——他们就会这样对待我们。因此，绝对有必要要求终止这样的言论——甚至如果在此条件下遭遇贸易下降也是符合大不列颠的尊严和荣誉的。

早在1815年，我们发现广州特选委员会主席——益花臣先生（Mr.Elphinstone），——为了消除我们现在甚至有更大理由进行抱怨的弊病，向董事会建议采取最明智的措施：——

"在我看来，没有什么方法比两国政府之间建立直接而频繁的沟通渠道，更有可能避免这些有害的后果（即，"对华贸易全部停止"）。一个比以前更大规模的使团将被证明是绝对有效的。不要期望中国政府有任何恩惠或让步的行为或表现。有益的影响将是中国方面把不列颠国家置于更加体面的地位；然后，他们频繁交往，使团将立刻拥有不受干扰的巨大优势——英语通译人员——可以向地方当局证明抗议能够转达到北京。"[1] 参照这个建议，而且借鉴后续经验——同时审慎考虑当前危机中各类事件的特殊性，（按：我）认为陛下政府将会明智地采纳目前广州商人的建议：他们，在"痛惜随机应变的谈判权和避免受侮的武装力量并没有授予陛下的监督们"之后——表达出他们的"信心，毫无疑问，如果律劳卑拥有由足够军事力量做后盾的必要权力"，他们现在就不会"哀叹他们的地位沦落到如此卑微和毫无保障的境地了。由于我们君主的代表没有权力向最高朝廷提出任何抗议，或者对于地方当局滥施其身的侮辱进行示威以立即取得赔偿，结果只能是被迫撤出广州，"——谦卑地祈求——

---

① 附件二，& c. 第503—504页。

"陛下欣然将具有适当官阶、为人谨慎和富有外交经验的人授为全权公使，同样地，以陛下之圣明，一定会认为赋予以下权力是恰当和必须的：命令他偕同一艘陛下的战列舰和足够的海军力量，前往中国东部海岸一个尽可能接近该国首都的合适地点——这是他们的建议——只需包括 2 艘以内的护卫舰、3 或 4 艘轻型武装帆船和 1 艘蒸汽船，所有战舰均要满载士兵；"——并且，他可能就此待在那里索要上述提及的赔偿和特许权。如果这就是这样事情（按：军事威胁）的目标，那么采取这种计策，这个国家（按：英国）几乎不需要负担任何额外费用；原因是广州当局驱赶而使我们在澳门维持的（很难发挥任何作用）费用高昂的机构——可以大量减少；我们现役的印度分遣舰队，可以转为侦察舰队沿着中国海岸巡航，而不是停泊在印度的一些港口（这对他们的船员来说通常是非常有害的）。如果最初没有迹象表明需要常驻一个专门的全权代表，就可由海军上将代表我们政府将一封信函转交给皇帝。信函可以探讨律劳卑被接洽和对待的方式，将此作为希望与皇帝陛下交换意见的一个理由，目的是在这个痛苦话题上和贸易遭受的委屈方面达成谅解。①

应该避免在广州重新谈判的任何企图；因为，除了会有贸易暂停的可能后果外——正如律劳卑事件所发生的那样——根据该省地方官员没有获得他们自己政府授权来处理涉外事务的事实就可以证明，这是毫无用处的；同时，他们也是那些我们特别期望申诉的恶行的当事方。行商的设立绝对是（按：清政府）所创造的最巧妙、最有效的压迫和勒索的手段之一。他们是外国人与中华帝国进行贸

---

① 厦门港，位于福建，它的水深、配套设施和隐蔽位置，非常适合提供一个可供即使最大尺寸的陛下船舰停泊的安全锚地。

易的唯一媒介；并且他们具有在上级官员和外国商人之间瞅准时机就挑拨离间的明显动机；比如他们对外商十分嫉妒，进而尤其害怕外商会变得过于强大和富有并最终取代自己。"行商，"特选委员会声称（1831年1月1日），"令人遗憾，总是嫉妒那些提升外侨地位的特许权利。他们还奉行这样的原则：外国人受到抑制的程度越大，他们受牵连的责任就会越少。"[①] 行商的巨额债务，在某种程度上，也使得他们绝对有必要不断加强对外国商人的压榨。从一个实例可以看出：陛下舰队通过虎门（Bogue）[②] 后，为了阻止其进一步向广州进发，广东当局开展了大量备战工作，所产生的全部费用即强令行商分摊；但由于他们很少有人真正具备偿付能力，唯一能够满足摊派要求的方法就是——联手征收进出口贸易关税！

　　如果最终，陛下认为应该采纳上述建议，还有一个意见（已经提到过）需要最恭敬地敦请部长们注意；——如果有必要，我们的全权代表应该具有足够的实力去郑重宣布我们的权利。所有谈判中都有一个公认准则，即最有效预防战争的方法是当战争迫在眉睫时，我们要态度鲜明地表现出既有实力又有充分准备去面对它。目前我们的谈判代表让我们感觉到那些训令阻碍了他采取行动去保护我们商人的权利或者维护公务行为的尊严，他不得不相信他所有的争辩将被证明是徒劳的，而且往往只能暴露自己的弱点；同时，可以肯定的是中国从一开始就施行的严苛政策，将会迫使他总是遵照训令行事；还可以从中看出他的忍耐极限和在受到侮辱或伤害时的反击力度。这一点很快就会通过那些呆板和可耻的既定方针显现出来，

---

① 附件二，& c. 第445页。

② 译者注：原文为 Bogne，乃印度一地名，似与上下文意不符，应为 Bogue 之误。Bogue，是英国人对珠江主要出海口的称谓，中文译为：虎门或老虎门。珠江口虎门岛，西班牙人称为"Boca Tigris"（老虎嘴），英国人简称为"Bogue"。

尽管那些方针也会强令他展示实力（假设他有实力，或者愿意展示）以勉强应对一系列对抗和妥协的交替，但是最后，他还是只能以失败告终。

总之，这就是我们对华贸易的现状。是我们当前不满的主要原因；是我们的前景和机会；（简言之）是在粤英商的诉求；是英国政府的职责。时机已到，必须迈出决定性的一步。我们必须马上做出决定，要么永远放弃我们宝贵的对华商业往来，要么采取有效措施确保其延续性，而且置于一个安全、有利、体面和永久的基础之上。我们必须下定决心维护我们受到冒犯的国家荣誉，保护我们受到损害的商业利益——否则就是，在全欧洲面前，——"用尽所有工具和手段"——完全意识到巨大利益正岌岌可危，却又很容易受到保护和维持——然而却妄自菲薄，屈辱地跪在地球上最专横跋扈、最见利忘义、最懦弱无能之人的脚下。

中国贸易史重要事件概述

［以下资料将用于，（期望如此）即刻证明和强化前面篇章所包含的比较重要的陈述和结论。］

我们与东方交往的早期记录明确地证明了一个最重要的事实，那就是拓展对华贸易遭遇的困难与其说是部分当地人对外国人极端仇视的结果，不如说是欧洲竞争对手嫉妒的结果。①

---

① 以下"关于欧洲对华交往的中文统计文献的摘录"是中国对外贸易思想的例证。"时西洋佛郎机（Franks）来华，啖我以利，邀求封贡。后侵扰晋江、泉州一带地区（the district of Ting-quan，译者注：据上海海关学院董强分析，泉州早期的韦氏注音为 Chinchu，晋江为 Tsinkiang，所以 Ting-quan 可能是指晋江与泉州一带），礮声殷地。一位御史（译者注：疑为何鳌）上奏朝廷，建议禁止所有外国船只。"（接下页）

为了支持这一论断，对一些主要事件进行简要回顾是有益的。

自公元 1517 年起，葡萄牙人享有了近一个世纪的与天朝交往优先权；而且，没有任何其他欧洲国家竞争，可以在不同港口贸易，只有偶尔的争端，那个时代暴力和不公正之风的后果，——或许对双方均不利。1555 年他们似乎自行聚集于澳门，并在那里建立城镇。我们听说在 1578 年他们的船只频繁进出广州港，而且沿着中国海岸线进行贸易；但在 1631 年，由于同当地人发生了一些冲突，他们被限制在自己的居住地澳门。

1634 年新的情况出现了。由于葡萄牙人自己的船只被荷兰人缉捕，所以不得不从（按：英国东印度）公司位于苏拉特①的商馆租赁一艘英国伦敦的船只，从果阿②航行至澳门；然后，一个协议被制

（接上页）随后针对外贸禁令，巡抚（Fooyuen）林富（Sen-foo）上奏陛下：

"粤中公私诸费多资商税，番舶不至，则公私皆窘。今许佛郎机互市有四利。祖宗时诸番常贡外，原有抽分之法，稍取其余，足供御用，利一。两粤比岁用兵，库藏耗竭，籍以充军饷，备不虞，利二。粤西素仰给粤东，小有徵发，即措办不前，若番舶流通，则上下交济，利三。小民以懋迁为生，持一钱之货，即得辗转贩易，衣食其中，利四。助国裕民，两有所赖，此因民之利而利之，非开利孔为民梯祸也。

"前时（1520 年）外贸之所迁至电白（Tien-pih），距广州约 100 英里。经数年（1534 年）黄琼（Kwang-king，黄庆，译者注：明朝香山县前山都指挥使）纳贿，请于上官，移电白互市于濠镜，岁输课二万金。佛郎机遂得混入。高栋飞甍，栉比相望，闽（Foo-kien）、粤商人趋之若鹜。久之，其来益众。诸国人畏而避之，遂专为所据。"

译者注：译文依据《明史》卷三二五《外国》六《佛郎机》、《明熹宗实录》卷十一和英文原文。另据南开大学南炳文《明中期葡萄牙人入居澳门时间补考——试解〈明史〉、〈明熹宗实录〉误载之缘由》一文，葡萄牙人入居澳门时间为嘉靖三十六年（1557年），接受葡人贿赂并为之请于上官的当事官员为王绰。明史文献《明熹宗实录》和清官修《明史》记载的嘉靖十四年（1535）年、黄琼（《明熹宗实录》及本译文）、黄庆（《明史》），以及道光《电白县志》（卷一三《前事纪》）记载的王度均为谬误。

① 译者注：Surat：苏拉特，印度西部港市。

② 译者注：Goa：果阿，印度地名。

定，英国人可以在葡萄牙人所有亚洲定居点进行自由贸易。

基于这个协议的理念，约 1635 年韦德尔船长（Caption Weddell）被一家名为"葛廷联合会"①的公司（查理②是该公司第一个股东）派遣，从伦敦率领 3 艘船只，首次尝试建立英国对华贸易。他随身携带了英国国书（国王查理一世的一封信），给直接违反协议、断然拒绝英国船只驻泊的葡萄牙驻澳门总督。同时，韦德尔船长还发现，总督的抵制行为并非到此为止，为了请求中国人给予"和我们欧洲前辈一样同他们进行自由贸易的待遇"，狡诈的葡萄牙人还曾派使者到广州去挑拨中国人对英国人的偏见。③ 澳葡总督通过贿赂和污蔑我们民族性格的双重运作，在这方面取得完美成效，以致当地人最初向韦德尔船长表现出来的友善态度，也改变为严重敌意，并促使中国人开始做战争准备，然后当韦德尔船长靠岸取水时，中国人竟然向他的驳船开了几枪。

被这无端攻击所激怒，"英国舰队（由三艘小商船和一艘小艇组成）升起他们的红色旗帜④，在炮台前面占据一个位置（中国人在英国舰队能够集中一点火力进行反击之前从这个炮台中向他们发射了很多炮弹）。经过两个小时的战斗，韦德尔船长觉察到中国人的战斗意志衰退了，便派出约有 100 人在中国人的眼皮底下登陆。陷入混

---

① 译者注：Courteen's Association：葛廷联合会。译名参考马士，《东印度公司对华贸易编年史》（第 1 卷），第 16 页。

② 译者注：Charles：英国国王查理一世。

③ 值得注意的是，在此之前的 20 年，中国盛行一种对英国人的强烈偏见，原因是荷兰人在中国沿海的帆船上悬挂英国旗帜实施掠夺。"但是公司在日本的代理人通过将真实情况告知中国，从而揭露了这种骗局，结果英国人的良好报道（公司的记录报告）比以往任何时候都高。"见上议院关于对外贸易的报告，1821 年，第 284 页。

④ 译者注：红色旗帜，即所谓"血旗"，最早在罗马军队中被广泛使用。升起红旗，就是战斗的信号，预示要发动攻击，准备出现流血事件。

乱的中国人一看到他们，就弃守炮台。英国人进入后，在墙上竖起了英国旗帜，并把所有能找到的武器都搬到了船上"。

韦德尔船长的战绩使他获得了自由贸易特权，并可以在河岸任何地方构筑防御工事。然而，这个十分宝贵的特权却因为东印度公司反对"葛廷联合会"（因此受到压制）而导致无效①。

1644 年，中华帝国被当今的鞑靼王朝所征服。然而，南方省份很长时间没有屈服，在此期间无政府状态盛行；无法无天的本地帆船在海岸游荡，掠夺那些不足以自我保护的一切事物。为了切断这些掠夺者的供给来源，鞑靼政府诉诸独特的权宜之计，迫使南方沿海居民向内陆后撤 30 华里并放弃与大海的一切往来。葡萄牙人被豁免，无须迁往内陆，但被禁止航行船舶或从事对外贸易。结果商业完全停滞，澳门陷入极大困境。

政局回到更加稳定的状态后，鞑靼政府希望恢复对外贸易，因此，在 1678 年，两广总督邀请英国人在广州设立商馆。然而不幸的是，英国公司害怕得罪汉族首领国姓爷（KOXINGA）②，更确切地说是怕得罪其继任者，他们曾在厦门和福尔摩沙（Formosa）③进行贸易，（那时被他裹挟着对抗鞑靼政府）没有利用这个很有价值的提议，这是更令人遗憾的事，因为郑氏政权不久就灭亡了。在这种情况下，英国人把他们的注意力转向广州，但是发现自己已被宿敌葡

---

①　"葛廷联合会"是由国王查理一世建立的，目的是与东印度公司共同参与印度贸易，原因是（正如他们许可证的序言所称）"东印度公司忽视了建立坚固的工厂或贸易栈点以确保国王臣民的安全，只关心他们自己的利益，不考虑国王的收益，因此总体而言，已经违反了授予他们的许可证和独有特权的条款"。

②　译者注：KOXINGA：国姓爷，指邓成功。邓成功：1624—1662 年，原名郑森，字明俨，号大木。福建泉州南安人，汉族，明末清初军事家、抗清名将、民族英雄。弘光时监生，后由南明唐王隆武帝赐国姓朱，名成功，故又称"国姓爷"。

③　译者注：Formosa：福尔摩沙，是葡萄牙殖民者对台湾的称呼。

萄牙人抢先了一步。葡萄牙人在 1682 年，用每年 24，000 两的贿金（约 ￡8000 英镑）——从两广总督那里获得了一项法令，禁止该地区的商人"与陌生人贸易"①。于是，那个时期一些抵达海岸的英国船只，被"警告""来自鞑靼水师将军的谕令，宣称葡萄牙人已请求他把所有陌生人都驱逐出去"，以及"皇帝和葡萄牙人负有一个共同的义务，不允许与其他任何欧洲国家进行贸易"。

1685 年，康熙（KANG HE）皇帝颁发了他的著名诏书，宣布帝国的港口向所有国家开放。然而，这个诏书对广州并没有产生任何政策变化。这可能是由于两广总督受到每年收受葡萄牙人 ￡8000 贿金的影响，因此阳奉阴违。②

东印度公司公开记录中首次提及英国船只造访广州一事是在苏拉特代理商写给董事会的通讯里出现的，其记载 1694 年一艘 500 吨的船已在广州进行贸易；不过，遭遇了许多烦扰和勒索。从那以后的 20 年间，似乎没有我们交往的详细资料；但据东印度公司秘书奥贝尔先生所说，在 1715 年，"与广州的交往已经具有某种常规贸易的（性质）"。

---

①　见东印度公司记录，1821 年提交上议院。

②　中国对外贸易的阻碍，与其说是由于部分当地人不愿意贸易，不如说是由于欧洲人的竞争。关于这一点，进一步的例证是：在荷兰人占领福尔摩沙的 38 年间（从 1624 年到 1662 年），没有英国与福尔摩沙的贸易记录；而驱逐了荷兰人的汉族首领国姓爷，邀请外国人前往贸易；因此在他统治期间，1670 年，一个英国商馆建立了。国姓爷的继任者在 1681 年被鞑靼人征服。

同样，当荷兰人试图开展对华贸易时，他们不仅在广州受到葡萄牙人的反对，而且在北京的耶稣会传教士通过进言"他们只拥有一个国家的一小部分，他们由于叛乱而被迫逃离故土，于是沦为海盗，劫掠他们所遇到的一切，以支持他们在陆地上的权力"，从而使皇帝对荷兰人抱有偏见。

粤海关部①，或外贸主管，通过其通事（Linguist）一直把我们的大班当作他们约定要遵守的一系列条款的见证者，这些条款主要有：

1. 有同任何中国人作不受限制的贸易的自由。

2. 有任意雇佣或解雇中国仆役的自由。英国仆人犯下任何罪行均由大班惩罚，而不经由中国人。

3. 有为他们的商馆和船舶购买食品和其他必需品的自由。

4. 对于转口的未售货物和商馆备用品如葡萄酒、啤酒等免税。

5. 有为修理桶、帆等在岸边设立帐篷的自由。

6. 悬有旗号的英国船驶过关口不受检查，海员的衣袋亦不得搜查。

7. 写字台（Escrutoires）和箱柜得以自由通过，免于检查。

8. 粤海关部应该保护英国人免受平民和官吏们的欺侮及勒索。②

---

① 译者注：Hoppo，粤海关部，译名参考马士《东印度公司对华贸易编年史》（第1卷）第78页"章注：Hoppo音译'河伯'，河伯所是明清两代征收渔税的机构，这里引申来称粤海关监督（又称关部），或音译为'户部'，不确"；第79页"原注：海关监督（Hoppo）是皇室派的官员，官阶仅次于总督，通常为满洲人，是广东省海关的首领"。另参考马士《中华帝国对外关系史》（第1卷），商务印书馆1963年版，第65—66页。

② 译者注：译文参考：马士，《中华帝国对外关系史》（第1卷），第65—66页。条款制订时间为1715年。

　　然而，（如前所述，）非但这些合理权益（除了一两个最不重要的除外）都被中国人废除了，而且欧洲商人遭受了最耻辱的限制和约束。

　　狡诈的中国人很快就发现吸引很多欧洲人到他们海岸进行贸易的好处，他们鼓动欧洲人开展激烈竞争，以此拓宽巨额贿赂（他们已经习惯于从葡萄牙人手里收受）的来源渠道。因此，这就使他们费尽心思确保丰厚收益的延续，并且鉴于欧洲人为了打压商业竞争对手而大打价格战，他们当然会从外国人相互竞争的自发冲动中，看出管制和滞碍体系是获得那些收益并减少流失的最大源泉。

　　因此，用乔治·斯当东爵士（Sir George Staunton）的话说，这成为"中国对外政策体系的一部分，该体系尽其所能地限制和约束他们；但是不会把他们逼到绝境，从而破坏对中华帝国相当重要且对其一个省份的繁荣绝对必需的贸易"①。

　　中国政府从上到下的所有部门，作为市场主体，主管们认为他们自己采取一切可能的敲诈手段从购货资金中获得最大回报是合理的；广州与京城的距离，使地方当局放纵自己的贪婪到了一种北京朝廷从未想过或允许的程度。为了实现他们的腐败意图，这些封疆大吏禁止中国人教授欧洲人语言，"理由是，这可能导致他们的投诉送达和滋扰朝廷"，他们由此规避了对其舞弊行为的所有监督；还可

---

　　①　中国对外贸易的重要性从一份写于1832年3月的两广总督、广东巡抚、粤海关监督的奏折上可以看出：——

　　"但是这个繁荣的王朝向外国人显示了温柔和仁慈，百年来一直允许他们开展大规模贸易，其间他们彼此和睦，没有事端。那么，怎么能突然把障碍置于他们面前，突然切断贸易呢？此外，在广东，有数十万贫困失业人员迄今依赖外国商品贸易获得生计。如果有一天，他们失去了获得生计的手段，其后果将是不堪设想的。"

以随意向皇帝做出他们极其尊重欧洲人的虚假陈述，而且没有被反驳的任何可能，他们已经逐渐获得了皇帝对压榨和欺凌体系诸多方面的批准，这是可以想到的最巧妙算计其勒索对象的方法。①

起初，公司大班表现出抵制中国人压迫的鲜明态度。他们通常把船只碇泊在河口，直到他们迫使广东当局承诺公正待遇。倘若未取得这样的保证，他们就选择在厦门进行贸易；这样的威胁，不止一次，达到了让官老爷理智行事的效果。也曾出现过大班派哨兵守卫他们的商馆的情形；完善的防御措施（像很多其他措施一样），早已中断。

公司很早期的记录，提供了中国人性格的一个鲜明例证。

---

① "中国政府官员不断地从一个省到另一个省变换其岗位。可令官员满意的一年金额数量将被发现对继任者来说是不够的。在专制政府下，很容易找到要求募捐的借口和谎言，他们也难以逃避。"[摘自益花臣先生的文章，1821 年提交上议院。]

"各地方政府主要官员的选拔，受到了腐败的影响；北京皇帝倚重的官老爷，大多数情况下，通过区分哪些中国人能够提供最多的金钱来对利益和权力进行分配。因此，理所当然，在新总督或者新海关监督的任命中，一些不合规范的、不合法的或者未经授权的做法据说被发现并受到惩罚威胁。那些被指控的涉案人员通过行贿使得这些惩罚不了了之；同样的，对外贸易最有能力承担这些苛捐杂税，它是两广总督和粤海关监督通常首要关注的作为偿还他们购买各自职位所用资金的手段，而且，能使他们在被允许承担那些职务的几年内（一般不超过四到五年），积累尽可能多的财富。由于官员不断更替，所有他们的属员都同样受到影响，于是每个分支机构的贪赃枉法一直沿袭。这个惯例对外贸而言尤为有害，因为在每一个总督和粤海关监督权力延续的有限时期内，那些官员没有充分机会熟谙外贸的全部细节，于是他们必然不得不更多地依赖于行商的意见和观点，而这些人，出于自身目的，无论遇到什么，只用他们认为最好的方式去解释当前突发情况，并用这些观点欺骗他们的上司；而且，当一些公行成员通过前任和他们自己在同一行号进行共同积累而拥有巨额财富时，他们会对当地政府产生相应影响，从而诱导其在任何时候，都乐于倾听他们对帝国对外贸易有关问题的各种看法。"[摘自董事会文件，1821 年提交上议院。]

"（1716 年）一艘来自马德拉斯的英国私人船只［'安'号（the Ann）］，捕获了一艘厦门帆船，作为在那个港口所受损失的补偿。皇帝获知此事后，派遣一名特使前来调查；而且，在圣旨里谕令严厉处罚那些本应为马德拉斯商人伸张正义的官员们。"

"1718—1719 年，1 月 16 日。——捕获厦门帆船事件使得中国人比以前更为优待英国人。皇帝迫使官员赔偿英国商船，并没收了他们的剩余财产。

"1719 年，7 月 29 日。——去年对华贸易如此良好，以致马德拉斯今年派出 2 艘船。对厦门帆船的捕获使得英国人受到前所未有的良好待遇。"

——上议院的报告，1821 年，第 279 页。

然而，皇帝秉承正义的显著实例摆在他们面前，并且他们长期感受到地方当局作恶多端之风，但东印度公司董事会，在 1751 年，仍采取了荒谬可笑的政策"授权大班花费一笔他们认为合适的金钱以竭力使贸易免遭勒索！"[1]

在我们早期的交往历史中经常发现，违反 1715 年授予的权利，企图把对外贸易限定给少数执业中国人的情事，但是一般通过采取果断措施"延不进口"直到限制被解除从而缓解了事态。

然而，1754—1755 年，在董事会授权准予行贿的三年之后，以下重要警示出现在公司记录上：——

---

[1]　奥贝尔书，第 167 页。见关于这个惊人事件的评论，ante，第 9 页。

> "[商馆]试图摆脱英国人寻找保商的惯例；结果，有
> 信誉的商人不再与他们交易，因此，他们比在港口贸易的
> 其他国家商人的处境更为糟糕。"①

1759 年，广州获得贸易垄断地位的两年后，当局不再担心外国人会去别处贸易，我们与少数执业中国人交易的限制规则成为既定贸易制度的一部分，并且指定为保商或行商的那些人，经常以"公行"名义联合起来，欧洲人只被允许与"公行"贸易；所有与其他中国人（除了小商铺店主）的贸易，甚至被宣布为非法。

1771 年，大班庆幸他们自己以 100，000 两（约 £30，000 至 £35，000）的代价，这是他们实际花费金额，使得这个令人讨厌的公行解散。② 然而，1779—1780 年，同样的公行再次出现并全面运作，并被利用成为征收以"公所基金（Consoo Fund）"（公行的起源与之相关）为名的外贸附加税的工具，就像它一直持续至今的那样。中国人欠英国臣民的债务总额达 3,808,075 西班牙银圆，后者无法收回；根据他们向马德拉斯政府陈述的情况，皇家舰船"海马号"（Sea-horse）潘顿船长（Captain Panton），被派往中国催促偿还，而且根据海军上将爱德华·弗农爵士（Sir Edward Vernon）和爱德华·休斯爵士（Sir Edward Hughes）的指令，坚持要求面见总督。这次会面，经过一段时间耽搁后，被获准了。当潘顿船长的申请获得了一个公平且满意的答复时，英国指挥官方面并没有使用

---

① 见上议院报告，1821 年，第 293 页。

② 奥贝尔书，第 178 页。

威胁手段。^①但是，结果并非如此；最终的"满意答复"是准予免息支付一半的债务，等额分期付款，且以十年为限；这个迟付的款项，并非来自中国人的口袋，而是来自征收欧洲贸易的新税。这就是前面所说的公所基金。不过，这一切的发生，是在潘顿船长离开之后。

在向上议院提交的证词中^②，东印度公司董事会承认由于他们的制度"向无力还债和反复无常的中国政府妥协"；作为"商业主体的雇员，可以忍受很多事情，但国王官员鉴于他君主的荣誉，不能对此屈服"。因此，他们反对任命国王驻广州领事，"因为忍受侮辱不应成为他的职责，而商业主体的雇员们却可以不顾颜面地容忍这些耻辱"。

这样的言论不能不令人反感，公司历年来许多具有责任感的在

---

① "这项措施在广州已经引起非常严重的恐慌。欠债的中国商人违反了他们本国商法，在某种程度上，否认讨债的正义性，害怕这个情况被传到北京去；而且那个皇帝，具有公正而严格的君主性格，可能惩罚他们使其不是失去生命，就是失去财富。另一方面，特选委员会，其提出索赔是由于马德拉斯总督的强烈敦劝，非常担心，唯恐自己在广州卷入与中国政府的纠纷；而且，这意味着，也许会带来公司在华事务上无法弥补的伤害。因为我进一步获悉，官老爷随时准备着抓住机会，哪怕是最微不足道的理由，停止他们的贸易；他们不花费一定费用，想要脱离这种限制往往是非常困难的。这种压迫与日俱增；事实上，在所有欧洲商馆里，我发现有一个普遍观点，那就是他们想要尽快减少压迫，要么退出该国商贸，要么忍受荷兰人在日本遭受的同样屈辱。"——皇家舰队（H.M.S）金船长（Captain King）的航行。Discovery，公元 1780 年。

② 见证词，上议院报告，1821 年，第 116—178 页。

粤雇员的看法和感受也是如此。①一方面，其被强制服从雇主的指令；另一方面，他们自己更好的主张和经验所形成的做法被摇摆不定、前后抵牾的政策路线所违背。在这种情况下，他们对于中国人不公正行为所能做出的最大抵抗，其效果往往是十分微弱的，而且，一旦不成功，往往弊大于利，因为它向中国人表明他们自己的消极顽固可以多么轻松地挫败反抗。

乔治·斯当东爵士极为敏锐地意识到董事们观念上的失误，他试图通过研究来确定其性质："很难想象他们的意图是建议进行不光彩或可耻的屈服；这样也许可以暂时讨好我们交往的那些人的虚荣

---

① 在一封商馆主席西奥菲勒斯·梅特卡夫爵士（Sir Theophilus Metcalfe）致董事会主席的私人信件（已公开发表）里，关于 1816 年默里·麦斯威尔爵士（Sir Murray Maxwell）攻占虎门炮台（Bogue fort）、进入内河的事件，有一个很有说服力的论述：——

"相信我，先生，"他说，"如果不进行适当抵抗，总督的行为将会持续专横霸道和不讲信用。贸易唯一需要的是制止他的行为和广东其他官老爷的勒索，而且我相信此次麦斯威尔船长谨慎、明智和坚定的行动将使公司贸易置于一个稳定的基础之上，并获得公使和董事会的支持，同时使中国人信服安森勋爵（Lord Anson，译者注：George Anson，乔治·安森，1697 年至 1762 年，英国近代海军改革者，海军上将）的血依然流淌在英国人的血管中。我可能会被告知，作为商馆主席，这些都不是我应该宣扬的观点。作为答复，我坚称，它们是过去 20 年间访问过中国的每个人私下里所持的观点；唯一遗憾的是少数大班获得持续的胜利并没有形成说服力使得这些观念更为可信。我意识到它们不应该在公开信中陈述；但是我一生中没有掩饰过自己的观点，我觉得有责任以某种方式将它们表达出来。"

再者，西奥菲勒斯爵士补充说："如果他（麦斯威尔船长）秉承大使的期望和自己的主张，坚持决定进入虎门，我便指出谈判的误区，并且'在中国必须先斩后奏'。任何正式申请被拒绝，并非依据中国法律，而是由于怀有敌意的总督的恣意妄为；任何违背他意愿和旨趣的行为都将被证明是非常严重的。是否这些观点会被认为过于激进，我只请求能够根据我的公众行为来进行判断。在我目前谈论的行为方面，我谴责自己的忍耐，与此同时我根据指令行事，并且只能选择尽力说服董事会'绝对服从是不必要的'！"等等。（签名）"西奥菲勒斯·J.梅特卡夫"

心，然而，不能永久实现他们的美好夙愿；他们通常会被发现招致
压迫，而且总是难免被轻视。欧洲对华交往的早期历史已经充分证
明，如此顺从的实际后果是加重了他们旨在纠正的弊端。"

1784 年发生的悲剧事件，在中国人眼中完成了英国人品行的滑
坡，为了获得贸易重启，大班听任"休斯夫人号"（Lady Hughes）船
上的无辜炮手被中国人绞死，从而该炮手为其在鸣礼炮时意外致死
的一名当地人偿命。1823 年大班评论此事说："对有关各方造成了不
可磨灭的耻辱。"①

《库克的旅行》（Cook's voyages）中记载了一件轶事（详见注
释）②，虽然事件本身并不重要，但强有力地表明唯命是从的风气已在
英侨群体中盛行。

公司记录中的类似事例摘录如下：

1781 年麦克拉里船长（Captain M'Lary）的私人船只
"达多洛伊号"（Dadaloy）抵达黄埔。麦克拉里船长听说英
国和荷兰之间已经爆发了战争，便冒险以不正当手段捕获
一艘悬挂荷兰国旗的船只，作为合法战利品，并且当中国
人下令要求释放时，予以拒绝。"大班被命令强迫麦克拉里

---

① 奥贝尔书，第 295 页。

② 金船长（Capt.King），在广州停留期间（1780 年）"陪同一位英国绅士拜访过
当地一位最负盛名的人；船长已经事先被告知礼貌要点，包括尽可能长时间的保持站
立，随时遵守这里的礼仪；之后他和他的朋友被用茶和一些蜜饯来接待。他们的款待者
十分肥胖，面色严肃、举止稳重。他已经学会说一点蹩脚的英语和葡萄牙语。在他的两
位客人享用过茶点后，他引导他们参观他的房子和花园。当他向他们展示完他所做的所
有装潢后，他们就告辞了"。——库克的旅行，卷四，第 243 页，1793 年版。[任何一
个熟悉中国的人一定会，立即，意识到所提及的那个最负盛名的人不是一名官员，而只
是一名商人。]

船长服从，并受到罚款和监禁的威胁，这导致他长时间疲于应对。此事后来通过麦克拉里船长与中国人分享战利品而折中处理，然后中国人对船长关心和青睐有加，但继续羞辱和伤害大班，对比如此强烈，以致让人怀疑他们是否不需被迫返回他们自己的船上。"[①]

在早期，中国人似乎不会处理一个外国人对另一个外国人犯下的罪行，而把他们留待牵涉其中的各自国家更为公平的司法处置。然而，1754年一些英国和法国水手之间发生了聚众斗殴，其中一名英国水手被杀害。法国人宣称，中国人受到英国人的教唆在该案中首次行使司法管辖权；如果是真的，这将是十分严重的指控，尤其是，中国人为了治罪而逮捕和处决了一名无辜的法国人。关于此事的报道已经发表。"现在只有我们知道，"法国人向英国人说，"促使你们为了那个受害者如此坚定向中国政府要求公正处置的动机。我们只能认为你们除了损害我们的商业以外就没有其他意图了；但是，先生们，你们对我们，以及子孙后代和所有在这里的外国侨民做了一件错误的事。"

"可以肯定的是，中国人一旦开始受理欧洲人之间的事务，将不再可能维持所有国家迄今享有的自由，而且借此机会，他们将会有效地利用它强行介入我们的隐私以搜寻具有轻微罪行的人。"——自从这个事件发生后，中国人在类似事件上根据当时的随意性或便利性，偶尔行使他们的司法管辖权，然后在其他时候放弃该权力。

东印度公司的垄断现在已经结束，前述未被记载的内容在探讨

---

① 公司记录，上议院的报告，1821年，第294页。译者注：事件详情可参考马士，《东印度公司对华贸易编年史》（第2卷），第386—387页。

我们未来对华关系时完整考察那个帝国中我们目前不幸处境的过往情形和根源方面虽然并不重要，但实际上，确实不可或缺。如果从延续迄今的错误体制中判断出我们所需面对的各种滞碍在将来不会出现，作者就大错特错了。①

　　人们通常把中国人对欧洲人的限制归咎于傲慢和恐惧的双重驱动；但作者认为，他已经证明了他们的贪得无厌是一个比其他因素更为有力的动机；合理的结论是：只要我们保持怯懦和屈辱，他们的横征暴敛就会永续存在。

对华成功谈判实例

　　第 13 页② 间接提到了当遭遇中国人的压迫时，东印度公司大班们屡次通过抗议和抵制两种方式所做的英勇努力。这也大致表明，尽管遭遇过压迫和限制之类行为的所有耻辱，但他们在一定程度上成功地为只要适度强硬就足以从中国人那里获得最重要的让步提供了确凿证据。为了公正地评价这些大班，同时也为那些渴望更加清晰地洞察这个问题实际细节的人提供信息，特选取以下实例。

　　最引人注目的是发生在 1829 年的事件③。当时由于苛捐杂税增

---

　　①　作者很遗憾地得出了这个结论，这与他在对前页详述的主要事实进行简要考察之前所持有的观点不一致。

　　②　译者注：指上文"当董事会接到东印度公司驻广州代表们的汇报——广州代表们发回的信函反复记述着遭受最严重侮辱和欺骗的痛苦经历，还包括对董事会固执地坚守一条迁就和顺从的政策路线的强烈抗议；同时根据许多采取积极果断措施才取得完全成功的事例进行据理力争……"等内容。

　　③　译者注：指 1829 年 7 月至 1830 年 2 月英商"延不进口"事件。参见马士，《东印度公司对华贸易编年史》（第 4 卷），第八十七章。

多，贸易处于窘困状态，十家或十二家行商（对外贸易专营者）大多数濒临破产，导致大班暂停了公司贸易达数月之久。结果皇上准许在广州贸易的每艘船舶的港口费用（按：指规费）减少大约£170；而且以前让申请人畏惧的在委任新行商方面的勒索，被责令终止，因为数人加入使得行商数量相应发生了变化，——从而避免贸易受到两或三个人垄断所造成的阻碍影响。男女之间的强制隔离被取消，外国人被允许在广州享有包含他们妻子和家庭的社会生活，以及在采购过程中的其他小优惠。

　　1830 年底，一些反对者再次试图取缔外国妇女在广州的居住权。总督尝试一下恐吓效果，谕令行商去威胁盼师夫人（Mrs.Baynes）[①]，高级大班的妻子，如果她不悄悄地离开广州，就会被逮捕和带走了。大班为了此事，非常迅速和坚决地命令 150 名武装水手，携带两门大炮，保护他们的商馆，——护卫队在广州驻留了大约十天，直到行商给出关于女士们将不会受到滋扰的书面保证为止，——这段时间贸易一直保持着平稳和按部就班，好像没有发生纠纷一样。最不幸的是，几天后，来自于董事会的训令到达了，那些勇于推行改革的大班们——盼师、米利特（Charles Millett）和班纳曼（James Bannerman）被停职。中国人也因此效法董事会：在该贸易季，女士们必须离开广州！确实，事情通常会出现倒退；但幸运的是，约£170 港口费用的重要削减仍然延续。

　　1825 年以前，外国人不支付每船约£50 的乱收费，就不能合法通行于广州澳门之间；积怨甚深，以致外国人决心尽力获准取缔这笔费用。因此，通过经由行商的正常途径进行各种没有效果的请愿之后，37 名不同国籍的外国人（包括作者），决定冲入城内，以期会

---

　　① 译者注：即 Julia Smith。

晤总督。可是，由于不清楚总督大人的官邸地址，他们就进入了沿途遇到的第一间衙门，这恰巧是一名掌管治安的广州协台（Kwang-Hee）的官邸。在这里，待了一段时间后，他们受到行商的接见，行商使用各种说服手段诱使他们撤离，同时官员们调集军队包围和恐吓他们。然而，一切都是徒劳的！最后当黄昏来临时，中国人发现没有其他方式可以把闯入者赶出去，便给了一个承诺（此后一直严格遵守），令人讨厌的费用将被停征；广州城的闯入者毫发无损地走回住所！翌日谕令颁布，宣称这些外国人每个人都被捆绑在一名士兵的背上，就这样被带出城外，置于行商的羁押之下，在那里等待着由于如此卑劣罪行而受到惩罚。在这次事件中，主持会议的官员曾把手放在作者的脖子上，提醒到如果胆敢再次如此行事，就会掉脑袋。

1807年、1821年官方谈判和贸易中断的发生，是中国人为了抵偿与英国水手斗殴时当地人的生命损失而要求英国人交出凶手以处以死刑的结果。在这两次事件中，与"休斯夫人号"炮手丧命（他于1784年被残忍绞死）的恶劣前例相反，强硬的大班说服中国人放弃了他们的要求。詹姆士·厄姆斯顿先生（Sir James Urmston），1821年商馆主席，因其睿智的谈判而获得了骑士爵位的荣誉。

但是，一个比其他任何实例更加不同寻常的事件（已经记录在本书[①]中）发生在1833年。当中国人无法获得一名英国倒霉者的自首时，竟然雇用一名外国人冒充涉嫌有罪的人，并在保证其生命无虞的情况下进行了一场审判的闹剧！

---

① 原注：See note, p.64. 译者注：见前文注释"下面是一个关于中国人愚蠢和恶毒的非常显著的例子……"等内容。参见马士《东印度公司对华贸易编年史》（第4卷），第374—379页，1833年案件。

圣旨[①]

道光皇帝在律劳卑事件后发布谕旨斥责行商勒索。

　　"谕军机大臣等：有人奏粤商近增私税，拖欠夷钱，请明定章程，杜绝弊端等语。外夷与内地通商，本系天朝体恤，所有应纳税课，果能按额征取，该夷商等自必乐为输纳，日久相安。若如所奏，近年来粤商颇多疲乏，官税之外，往往多增私税；奸人又于其中关说牟利，层层朘削。甚有官商拖欠夷钱，盈千累万，以致酿成衅端。是粤商等假托税课名目，任意勒索，甚至拖欠累累，该夷商等不堪其扰，无怪激生事变。即如本年英咭唎夷目律唠啤等，不遵法度，将兵船阑入内河。夷情狡狯，唯利是图。未必不因粤商等多方婪索，心有不甘，遂尔狡焉思逞。若不明定章程，严加饬禁，何以服夷众而杜弊端。

　　"著卢坤等确切查明。傥有前项情弊，立即从严惩办，毋稍徇隐。并著悉心筹议，将如何稽核之处，妥立章程，据实具奏。总期夷情悦服，而奸商不敢恣其朘削，方为不负委任。将此谕知卢坤、祁𬨎、并传谕彭年知之。钦此。"

---

　　① 译者注：1834年道光皇帝就粤海关关税问题的谕旨。马地臣原著中为英文，兹按《清道光朝实录》原文照录。中国第一历史档案馆编：《鸦片战争档案史料》第1册，天津古籍出版社1992年版，第171—172页。

关于在广州随意征收的对外贸易税费

［部分内容摘自东印度公司商馆文件］

"无法从当局那里获知任何固定的关税税率，是多年来广州商业制度的一大痼疾；这是当局、行商和通事等各方的策略，以保持外国人对外贸征税方式和税率的一无所知，这在很大程度上可以解释这种情况，那就是任何两个人尽力去获取这些信息，几乎都不能得到相同结果。"《粤海关则例》(*An official Custom House book for the province of Canton*) 已被朝廷授权印制了 5 册，然而，却很少被外国人获得，除非克服相当大的困难和付出巨额花费。则例包含了本该规范缴纳的关税税率；除法定税率外，它还指令在税额之上加收 11.6%；但取而代之的是，粤海关擅自增加近五分之一而加收 30%；同时，每担货物收取称重费 0.15 两纹银，取代只有 0.038 两的法定税率。不过，这些与普遍抽取 3% 的税率相比，都是微不足道的。这个 3% 的税率是行商未经批准擅自对除了毛织品、长布、棉纱和铁以外所有货物征收的，作为给予所谓"公所基金"的捐款，该基金最初设立的目的是清偿破产行商所欠的外债；[①] 但从来没有如实拨付用于那个方面。而且公行最近通过了一项新规章否认他们对这种债务的共同责任，却对这种违规征收的延续没有提供合法理由；这个不应该再予顺从。因此，"公所基金"已经偏离其初衷，现在被行商占有，只用于行贿和支付官吏的各种勒索（当地人称为"摊派"）。仅凭行商意愿，而且完全处于他们不负责任的掌控之下，每年榨取外

---

① 原注：See ante, page 96. 译者注：指前文"1779—1780 年，同样的公行再次出现并全面运作，并被利用成为征收以'公所基金'（公行的起源与之相关）为名的外贸附加税的工具……"等内容。

国商人的金额是巨大的。以下据说是它被拨付的某些用途：——

　　　每年进贡皇帝·······················　£18,000

　　　修理黄河堤防·······················　10,000

　　　在京代理人费用·······················7,000

　　　皇帝生日贺礼·······················　43,000

　　　粤海关监督或税务专员生日贺礼·················7,000

　　　粤海关监督或税务专员的母亲或妻子的礼品··········7,000

　　　各级官员的礼品·······················　13,000

　　　皇帝谕令行商采购鞑靼人参①的费用 ·············　47,000

　　　总计·······················　£152,000②

　　然而，对外贸易需要承担的商业或贸易规则中，还有另外一类费用，名叫"私了"（sze le），其金额并不固定。"这完全由作为中间人的行商和购买各种货物的本地商人之间进行约定而成；并根据商品价格和赚取利润者的期望值的不同而有所不同。对于一些货物，特别是棉花和棉捻，涉及各种各样费用，金额相当大，比如补贴利息损失（allowance for loss of interest）、不同的支付方式（different modes of payment）、仓储租金（warehouse rent）、在黄埔称重的费用（expenses of weighing at Whampoa）等，——所有这些都用不同的，

---

　　①　译者注：鞑靼人参：Tartarian ginseng，疑指产于朝鲜半岛的高丽参（Panax ginseng）。

　　②　译者注：1835年2月25日《广州纪录报》记载了1834年广东十三行"行用"（即公所基金）支出情况。这一年"行用"支出高达45.66万两纹银，其中进贡皇帝5.5万两、捐款整修黄河3万两、公行驻京代表经费2.16万两、致皇上寿礼13万两、致粤海关监督寿礼2万两、致粤海关监督母亲或夫人礼品2万两、致其他官员礼品4万两、派购人参款项14万两（《广州纪录报》8.8：31，1835年2月25日。张馨保《林钦差与鸦片战争》第15页）。按1英镑合3两纹银计算，马地臣《英国对华贸易现状和展望》记载的公所基金支出情况采用的是1834年数据。

（使用粗俗言辞的）俚语来表达，只有那些非常熟悉所谓'贸易潜规则'（particular trade）的中国人可以清楚理解。比如棉花，如果售价为 10 两，只会被支付 9.7 两，另外 1 银圆估价兑换为 0.707 两纹银，而不是 0.718 两[①]。在这个自欺欺人的规则下，很难说清商品的名义价格[②]是什么；但它确实在一定程度上具有使交易神秘化的现象，以便让外国人弄不明白。"

举例来说，前述棉花货物所涉及的各项费用附录如下——

中国关税标准		行商勒索	
棉花	精确到小数		精确到小数
官方关税，	0.1500 两	官方关税，	0.1500 两
法定附加税，$11\frac{3}{5}$ %	0.0174	行商索取，30%	0.045
法定称重费	0.0380	行商索取称重费	0.150
法定关税	0.2054 两	行商共计索取	0.345
		公所基金附加，3%	0.240
		私了，或交易费用	0.915

外国人在其棉花售价中总计要扣费 1.500 两 / 担。

---

① 译者注：19 世纪初，1 西班牙银圆约合 0.72 两纹银；1 两纹银约合 1.39 西班牙银圆。

② 译者注：名义价格：nominal price，是指以某些货币表示的，未经过通货膨胀的调整的价格。也即为现实的价格，在成交日期时讲明，但不是在成交日期时一次性付清。名义价格与实际价格（real prices）相对。

关于在国王庇护下，议会法案对英国臣民
在华刑事和海事审判管辖权的授予

很多人谴责这种不合理的司法管辖权，因为中国人视他们为野蛮的藩属国，不可能容忍他们作为一个独立国家。然而，事实远非如此；而且司法管辖权问题并不是中国拒绝接见律劳卑（已故）的理由之一。"近年来，"马礼逊博士（Dr. Morrison）说，"中国人在杀人案件中采用的策略，就是要求嫌疑犯的同胞们找到罪犯，并移交给中国人惩处。这实际上是设立了他们的刑事法庭。如果一个人因为传唤而被交出，他将被当局视为已被宣告有罪。痛苦的经验告诉我们，他一定会遭受刑罚。那么，既然中国人如此乐意把外国人当作其侨胞的审判员，为什么外国政府不愿意设立刑事法庭呢？"[①]

可以列举当局反复颁布的告示来支持这些观点。举一即可反三——颁布于1821年美国人杀人案发之际——

"盖因官吏不习夷文，惯例由该国夷目寻出凶手，详加讯问，查明实情，并交送有司定罪；之后传唤通事，翻译供状，记录在卷，该讼结案。"

基督教列强在土耳其的代理人长期行使一种准司法管辖权。"多年来，"麦·法兰（M'Farlane）的《君士坦丁堡》（*Constantinople*）中记载，"用土耳其法律处决佛郎机人这样的事，不可能在黎凡特（Levant）见到。在黎凡特，罪犯被交给他们各自的领事，如果罪行轻微，领事就会考虑自行处罚；如果罪行严重，就遣送回国由他们国家的法律进行审判。"

---

　　① 摘自马礼逊博士（已故）的论文，在其子《商业指南》（Commercial Guide）一书中，第61页。

关于在华凶杀案的评论

作者：牧师马礼逊博士（已故）

　　"外国人从目睹的过失杀人罪的案例，已经推断出中国政府的行动是出于复仇精神，而不是依照法律。从援引《大清律例》第三十四部分的正式条文来看，情况确实如此。乾隆（Keёnlung）十三年十一月间，公元1749年，时任两广总督的硕色（Yĕseun），奏报皇帝他已经审讯了造成两名中国人死亡的阿鲁（Aooloo）和其他澳门夷人①；并已判处他们杖刑和流放，别需奏请的是，根据夷国法律，他们将被送往葡属狄莫恩（Demaun）。对此，皇帝批复说，总督的措置是非常错误的；他应该要求'以命抵命'。——'如果，'皇帝紧接着说，'你援引我们本国法律，只对他们罪行处以杖刑和流放，那么桀骜不驯的外国人将会无所畏忌。'因此皇帝宣布（其圣谕被每个新版法律所转载），当外国人造成当地人死亡时，本国法律不能单独作为当地政府的指引。——以命抵命，天经地义②——'杀人偿命是理所当然的，'——目的是震慑和压制外夷。

　　"皇帝对于总督流放犯人至狄莫恩的判决十分震怒；并敕令，如果犯人还没有被遣送，判决应该改为死刑。如果犯人已经离开，就要向外国人剀切晓谕，告知他们今后的惩处方式会有所不同，外国人应该心怀畏葸而凛遵。对于将犯人流放狄莫恩，皇帝说道，中国人将不确定他们是否受到惩罚。两名当地人失去的生命将因此被视作贱如草芥。

　　"从这个角度看，外国人显然不享有中国法律的保护。对他们来

---

①　欧洲人的说法是，两名士兵杀害了两名中国人，并被虚假地陈述为精神病人。

②　译者注：英文原文是"Tsze ying yih ming yih te"。

说，在所有情况下只有一条规则——以命偿命。相反，对于中国人，却有以下三种区别：

"1. 故意杀人，——判处死刑。

"2. 过失杀人，——课处罚金。

"3. 合法自卫杀人，——免于处罚。

"第一条，——故意杀人，——确实比西方更加广泛，包括通过斗殴或危险活动等不管何种情况所引起的一切死亡；——因此如果一个人在激愤或行乐时针对其他人的伤害造成一名旁观者死亡，虽然形式有所不同，但也会被认定为故意杀人，通常要被判处死刑。纯属意外的过失杀人是事态超出杀人者的控制而引起的，比如扔出一块石头、一把斧头等，碰巧落下而杀死一名路人。自卫杀人的规定比我们更加严格。"

陈情书

致陛下政府

恳请保护英国在华贸易

来自曼彻斯特、利物浦、格拉斯哥和广州的商人

致墨尔本子爵阁下兼国王陛下第一财政大臣等和巴麦尊子爵阁下兼下议院议员、国王陛下外交大臣等：

曼彻斯特商业及制造业协会主席、副主席和董事的陈情，

谨呈，

陈情者恳请您俯察对华贸易的极端重要性；俯察大不列颠的商业、制造业和航运业的利益；俯察我们在华商业和侨居中国通过其中介进行贸易的同胞不受保护的处境。

在陈情者看来，对华贸易具有广泛扩展和增加收益的潜力。它当前的重要性有望带来您的拨冗赐鉴。

对华贸易为英国航运业提供了近十万吨的业务量。

中国为英国制造业提供一个销量庞大而又快速增长的市场；同时又为我们的印度产品提供销路，据信其每年高达三百万英镑，而这又促使我们的印度臣民可以大量消费我们的制造品。

没有其他国家能够向我们展示出比中国更为合法和互利的贸易基础；因为那个国家的产品，非常适合我们期望和需求，正如我们的产品对他们那样。为了换取来自大不列颠和印度的大量进口货物，中国向我们输出的主要是茶和生丝。每年来自中国的生丝价值超过一百万英镑，如果没有生丝，将会导致一门极为重要且迅速增长的制造业完全瘫痪。

陈情者难以置信，这个最重要的贸易正处于不确定和不受保护的状态（特别是自从已故律劳卑的使命失败之后），但却没有引发最必要的忧虑。

目前这个庞大而有价值的贸易，没有获得足够的保护，遭受行商（一个群体，我们只被允许与他们进行贸易，他们几乎都处于困窘状态，许多人无力偿还债务）和腐败的广州地方官员的任意勒索。据信，他们的横征暴敛，是与帝国法律和朝廷期望相违背的。

反复无常的行商和地方当局随时可能中断贸易，以便他们频繁地进行超出法律授权的敲诈勒索。

不列颠的财产每天都处于危险状态之中：我们的同胞每天都遭受侮辱；我们的国王已经在他所派的代表已故律劳卑身上受到侮辱；我们的产业可能被瘫痪；我们的税收可能每年遭受四百万至五百万英镑的损失。针对这种危害的积累，陈情者以最恭敬的心情进行最诚挚地呈请，呼吁不列颠政府施展保护（英商的）威力，（我们认为）如果直接与中国最高政府接触，将会比通过那些广州低级官吏的腐败而冷漠的媒介更为有效得多。[①]

因此，陈情者谦卑地祈祷，阁下将尽快且认真地考虑我们与中国政治关系的性质，而且阁下将采取以您卓越智慧认可的最为有效的措施，从而保护在华居住的英国臣民和委托给他们照管的财产。

职司所在，敬祈赐覆。[②]

曼彻斯特，1836 年 2 月。

致墨尔本子爵阁下兼国王陛下第一财政大臣：

利物浦东印度协会的陈情，

谨呈，

陈情者惴惴不安地发现我国和中国之间的广泛贸易正处于无保护状态，特别是自从已故律劳卑的任务失败之后。

这种贸易运行在两大弊端之下：一是广州地方官员未经授权、恣意勒收的税款，远超过法定关税；二是贸易限定给十或十二个以行商名义的中国人，他们中的大多数人处于经济困窘状态。其他种种不满，都是由这两种弊端派生出来的。所有进口货物必须转交给这些行商出售，完全脱离货主的保管和控制。行商借此垄断不列颠臣民贸易的同时，又被授予反复无常的权力来管理他们（根据欧洲人是蛮夷之辈、不宜置于中国法律范围内的观念，所以欧洲人不被

---

① 译者注：译文根据英文并部分参考以下文献：翦伯赞：《中国通史参考资料》修订本（上），中华书局 1985 年版，第 50 页；《曼彻斯特商会会报》第 2 卷，1836 年 2 月 10 日；严中平：《英国资产阶级纺织利益集团与两次鸦片战争的史料》（下），《经济研究》1955 年第 2 期，第 109—110 页。

② 译者注：英文原文为 "And as in duty bound they will ever pray"。

允许诉诸法庭和直接联系地方当局）。因此伴随着无数不公平和迫害事件，正义被彻底否定，这极大地阻碍了贸易的自由发展。每当他们想要强制外国人服从非法行径，他们随时有权完全中止贸易。正如阁下所知，最近他们在与已故律劳卑仅就勋爵在广州居住问题的谈判过程中，凭借他们自己的权力，甚至连政府命令的形式都没有，即通过停止商业往来行使这种权力；这是一个重要现象，有别于皇家舰队在黄埔与商船会合并反击中国炮台炮火之后的那些更为严重的事件。

施予陛下代表的侮辱，会随着勋爵逝世而终结。那段时期发生的贸易中断造成了严重的损失，引发英国商人和船主向陛下政府方面开展了没有成效的进谏。陈情者认识到不仅现有危害进一步加重，而且贸易不断摩擦和中断的可能性增大，这对英国商人和从中抽取巨大税收的陛下国库都同样有害。

皇帝的诏令文书中一贯显示出对外国人的善意姿态，并且在极少数向最高当局提出申诉的实例中获得补偿，原先是可行的。陈情者深表赞同的是这种观念，即贸易遭受屈辱，与其说是由于帝国朝廷方面存在任何不良看法，不如说是由于广州地方官吏的腐败行径。

陈情者最后再补充声明，他们以此方式请求保护的贸易，牵涉了约六百万英镑的英国资本和九万吨航运，另外仅茶叶一项商品每年就产生四百万至五百万英镑的税收；而且大量订购的生丝货物，现已成为英国制造业一个新兴、重要分支的必需原料。

因此，陈情者诚挚地祈祷，阁下愿意采取相应措施以使英国在华商业和侨民获得与陛下政府在其他国家给予他们的同等程度的保护。

利物浦，1836 年 2 月。

致墨尔本子爵阁下兼国王陛下第一财政大臣等：

格拉斯哥东印度协会的陈情，

谨呈，

虽然陈情者深刻认识到议会重大举措的价值，通过这个措施中国海将向英国企业开放，但他们自己感到有责任向阁下指出将对华贸易置于一个比它目前所享有的更为安全的基础上的重要性。

陈情者痛惜已故律劳卑访华使命的不幸结果，大不列颠与该国的地位没有获得改善。现在，和以前一样，人身自由没有保障，而且英国商人对其财产的出售或变现没有任何控制权。英国商人的货物必须全部从货主手中转交行商销售，货主丝毫没有监督权力。贸易承受着沉重的苛捐杂税、随意变更的税率和征收方式，并且支付相当多的由行商收取的被中国政府认可的费用，致使英国臣民和其他人的全部财产置于危险之中，原因是这些行商由于政府（摊派）而背负债务，他们中的大多数人声名狼藉、欠债多年且濒临破产状态。

这些和其他不满将阻止大不列颠对华自由贸易快速扩展至中国所提供的巨大范围。英国议会最近授予的贸易自由权利，或将无法实现。

陈情者因此向阁下建议，积极设法缔结一个可以消除目前贸易中不利因素（如果可能的话，还包括恢复以前享有的在中国东部海岸厦门和其他港口的交易特权）的友好通商条约，这将给这个国家和我们的印度领地带来不可估量的好处。

虽然陈情者不推荐任何特定方案以达到彻底解决那些非常棘手问题的目的，但他们不能不向阁下陈述，在他们看来，直接接洽北京朝廷，远比通过与中国政府低级官员进行交涉更有成功的可能。

陈情者还想进一步建议阁下，如果未能与中国政府达成令人满意的协议，那么陛下政府在中国沿海获取一个或多个岛屿，作为贸易基地，借以避免中国政府的勒索、掌控或烦扰，这必将对英国的对华贸易大有益处。相信这个重要问题将会获得阁下的适当考虑，陈情者亦职司所在，敬祈赐覆。

格拉斯哥市东印度协会代表签署

（签名）柯克曼·芬利，主席

1835年6月2日。

致国王陛下最尊贵的枢密院：

在广州的下列英国臣民的请愿书，[①]

依余等拙见，

鉴于我们与中国政府之间的关系处于特殊状态，因此我们恳请陛下枢密院（your Majesty in council）采取必要措施，既为了维护我们国家的荣誉[②]，又能够保障我们安全和持续的对华贸易所给大不列颠财政收入以及手工业、制造业等重要产业带来的收益。

我们恳求陛下允许我们陈述：截至目前，陛下任命的监督英国臣民在广州贸易事务的几位委员们并没有被中国当局承认，也没有被允许居住在其委任状严格限制他们具有管辖权的那个范围内；同时其训令禁止他们向北京朝廷控诉，使他们对施加于已故商务总监

---

① 译者注：译文参考马士：《中华帝国对外关系史》（第1卷），商务印书馆1963年版，第142—144页；胡滨，《英国档案有关鸦片战争资料选译》，第57—61页；《中国丛报》第3卷第8期，1834年12月，广东省文史研究馆译：《鸦片战争史料选译》，中华书局1983年版，第32—36页；吴义雄，《鸦片战争前在华西人与对华战争舆论的形成》，第30页。1834年12月30日《广州纪录报》将请愿书内容公开发表。1835年4月18日英国外交部收到该请愿书。

② 我们与中国关系的特殊状况促使我们向陛下请愿。

督^①的侮辱行为无可奈何，也无法对近期由于无端停止贸易而对陛下臣民造成的损害索取赔偿。^②

请愿者相信，陛下之所以要限制监督们的权力，显而易见是为了尽可能避免与中国当局发生任何冲突；但我们希望通过与当局主要官员保持直接交往，而不通过行商进行间接沟通，能够开辟一条可靠途径，以改善外商在这个国家目前所处的不良地位和确保抵制在当前商业背景下他们被迫遭受的众多不公平和烦扰。

不过，请愿者恳请向陛下枢密院呈递他们坚定的信念：根据中国对外交往整个历史以及其国内动乱时的政策所确立的一成不变的基调，直到现在，与中国政府和其任何官员打交道的最危险方式，就是甘受屈辱和对于轻蔑及不公平待遇采取逆来顺受的态度。因为这样不仅会有损国家尊严，还会导致对我国威力的质疑。^③所以我们深感痛惜：随机应变的谈判权和避免受侮的武装力量并没有授予陛下的监督们。我们深信，毫无疑问，如果陛下已故首席商务监督（可悲的律劳卑）拥有由足够军事力量做后盾的必要权力，我们现在就不会悲叹我们的地位沦落到如此卑微和毫无保障的境地了。^④由于我们君主的代表没有权力向最高朝廷提出任何抗议，或者对于地方当局滥施其身的侮辱进行示威以立即取得赔偿，结果只能是被迫撤出广州。

因此，请愿者谦卑地祈求陛下欣然将具有适当官阶、为人谨慎和富有外交经验的人授为全权公使，同样地，以陛下之圣明，一定

---

① 译者注：律劳卑。

② 陛下的监督们被中国人禁止行使其职能；而且没有被陛下授权向北京控诉。

③ 对华交往的全部历史证明，所有对待其政府的做法中最危险的是屈服于歧视和不公平。

④ 如果律劳卑勋爵具有武装力量和权力去抵制侮辱，我们确信，毫无疑问，他的使命就可以完成。

会认为赋予以下权力是恰当和必须的。请愿者建议：命令他偕同一艘陛下的战列舰和足够的海军力量，前往中国东部海岸一个尽可能接近该国首都的合适地点；我们认为这支海军只需包括 2 艘以内的护卫舰、3 或 4 艘轻型武装帆船和 1 艘蒸汽船，所有战舰均要满载士兵。①在全权公使登陆之前，他可以以陛下的名义索要足够的赔偿，首先针对律劳卑抵达广州之际两广总督颁布公告对其横加羞辱和随后施予勋爵的致其疾病加重乃至逝世的侮辱行为；其次针对地方当局发布的谕令中对陛下和我们国家所使用的那种傲慢和贬损语言，其中陛下被称为中华帝国"恭顺"的朝贡者，而陛下的臣民被称为蛮夷，这些语言应该被中国官吏撤回并绝不再加以使用；他也可以为虎门（Bogue）炮台之战中皇家战舰上悬挂的陛下旗帜被焚烧的耻辱而索要赔偿，并且陛下臣民在贸易中断期间船只被扣押所遭受的损失也应获得补偿。②这些初步条件被答应后（正如请愿者确信必会实现），届时，请愿者谦恭地建议，权宜之计是陛下全权公使提议由中国政府方面任命官员在陆地上与他商定那些可能被认为是最有效的措施，以防止未来出现抱怨和误解的可能以及广泛促进和扩展符合两国共同利益的贸易。③请愿者相信，如果这些事项被公正处理，以便消除所有可能存在的反对意见，并且获得中国官员的理解和赞同，我们就能发现最高朝廷方面不会有丝毫不同意见，我们的预期目标也能够实现。

请愿者谦卑地恳求陛下对这些建议予以支持，并相信依照这些

---

① 我们恳求陛下授权一位外交经验丰富的官员担任全权公使，偕同一艘战列舰、两艘护卫舰、几艘单桅战舰和一艘蒸汽轮前往中国。

② 为以下事项索要赔偿：律劳卑遭受侮辱和不公以至于死亡；向皇家战舰开火；无礼公告将陛下称为"恭敬顺从"的进贡者，将陛下臣民称为蛮夷；因贸易停顿而产生的损失。

③ 其后提出互惠约定；对无法预料的困难妥善应对。

建议行事，不仅具有一切胜利前景，而且不会对现有商业交往产生任何危险①。只要陛下全权公使掌控一定军力（即使不超过我们所提议的数量），就可以易如反掌地采取强制行动断绝中华帝国大部分对内对外贸易；——拦截运往京城途中的税款，和俘获该国所有武装船只。② 这些举措不仅能够充分展示大不列颠的军事力量和雪耻勇气，而且还能让陛下全权公使在第一时间为国王陛下臣民的人身和财产所遭受的损失索取赔偿，并会迅速促使中国政府同意我们所提出的公正合理的条件。同时，我们深信，有效采取这些措施，不但不可能导致更为严重的战争，反而我们的利益和意愿都让我们认为这是能够避免发生这种冲突危险的最稳妥办法。③

请愿者斗胆断言，只要恢复我们曾经享有过的前往厦门、宁波和舟山（Chusan）进行贸易的自由，将会产生最为有利的结果，不仅能为贸易事业开辟更广阔的领域，而且像以前这些港口当局官员所激起的相互竞争那样，将吸引外国商人前往，从而增大他们自身从贸易中获取报酬的机会。④

然而，有关口岸开放和其他任何有利于商业利益的谈判议题，请愿者谦卑地建议，应指令陛下驻华公使与广州商人进行磋商。⑤ 堪当此任的广州商人必能通过自己的阅历和洞察力恰当指出，在规范的通商体系中可以获益的哪些方面由于受到当前贸易限制的影响而被限制或丧失，以及哪些是通过极少数可以与外商做生意的特定商人随意征

---

① 也没有中断广州贸易的风险。

② 所建议的军力将使全权公使能够采取以下必要措施确保为不公而索赔：报复中国贸易和拦截运送途中的帝国税款。

③ 我们急切地希望避免大规模战争。

④ 重新进入厦门等原先开放港口，有利于促进竞争。

⑤ 针对商业申诉的所有问题，全权公使向广州英商咨询，这将会是可行的。

收的直接或间接地（不因为间接而轻微）的苛捐杂税。作为后者的一个示例，请愿者可以陈述这样的事实，即最近当局为防止陛下护卫舰通过虎门后继续前往广州而做出大量防御工作的全部花费，是向行商勒索的；由于他们中只有少数人真正具备支付能力，所以他们除了针对进出口贸易进行征税，没有其他办法来满足这种索求。

我们进一步谦卑而迫切地提出，我们商业现在遭受的损害和限制，只能归因于长期默许中华皇帝自己和其臣民所声称的凌驾于其他国家君主和人民之上的狂妄观念，我们被迫得出结论：如果谈判时不坚决抵制和驳斥这种妄自尊大的想法，就不可能产生任何实质性的有利结果。① 事实上，我们深刻认识到，在目前情况下，这方面的丝毫让步或动摇，一定会让我们像以往那样遭受那些我们现在必须控诉的伤害。

因此，我们谦卑地恳求陛下不要因为对那些到遥远帝国贸易的臣民抱有慈父般的怜爱，而像对阿美士德勋爵使节那次的情形一样，听由将来陛下的任何代表随意在最小限度上脱离出那条沉着冷静但坚决保持陛下帝国真正国际地位的正经路线。② 我们深信，如果不吸取以往教训，对于这条路线的任何偏离都将导致更为严重的后果，我们今后将不得不各自尽其所能与中国官员们进行交涉。

请愿者敬祈赐覆。

广州，1834 年 12 月 9 日。

［组成英国贸易侨民团体的大约 45 人中的 35 人；贸易开放后重返广州的东印度公司船只的所有指挥官；其他一些指挥官和商

---

① 默许中国对其他国家的霸权，导致我们遭受现有损害；如果这种情况持续下去，就不可能使损害减轻。

② 我们祈求陛下不在这方面让步，建议（正如我们所做的）陛下应该让我们自己施展才智，而不是忍受清政府的压迫。

人；——共 88 人签署。]①

① 译者注：胡滨《英国档案有关鸦片战争资料选译》第 61 页注记载："原件列有除渣甸、马地臣之外的六十二人姓名。"

马士《中华帝国对外关系史》（第 1 卷），商务印书馆 1963 年版，第 142 页记载："呈文未经任何港脚商人签署"（按：一些港脚商人签署了请愿书，故此处记载有误）；第 144 页记载："呈文是由 64 个，或许是大多数广州英侨签名的，但是有一个并非不重要的关系方面拒绝签字。[1830 年有 88 名'英'侨、1837 年有 158 名，所以 64 名或许就是 1834 年 12 月中侨居那里的英国人的多数，也许还是一个大多数。签字中有 4 个是查顿洋行或马地臣洋行的人名，这或许可说明为什么其中没有颠地洋行的任何人名；当著者在 1874 年到中国去的时候，那里还有从旧中国时代留下来的一种传统，就是两个主要英国公司也不肯在公文上签署第二名，始终都是各树一帜的]"。

吴义雄《条约口岸体制的酝酿》第 24 页注记载：《广州纪事报》曾刊载文章对这次上书的签名问题进行具体辨析，见 The Canton Register，October 20th，1835。当时在这份申诉书上签名的共有 85 人。马地臣在 1836 年致巴麦尊的信中承认，其中 60 人是临时出现在广州的，包括船长、大副、医生、管账和乘客等，因此属于英商群体的只有 25 人，其中 8 人是查顿–马地臣行的合伙人、职员。"第 25 页注释记载："在 1834 年上英王书上签名的有 85 人。"

吴义雄《鸦片战争前在华西人与对华战争舆论的形成》第 30 页记载："1834 年 12 月 9 日，不愿理睬'沉默政策'的查顿—马地臣集团撇开英国驻华商务监督，就对华政策问题直接上书英国国王。这次上书由查顿和马地臣发起，共有 84 名英国商人和商船船长签名。"吴义雄教授还认为该请愿书实际上是马地臣起草的（《鸦片战争前在华西人与对华战争舆论的形成》第 36 页）。

张馨保《林钦差与鸦片战争》第 65 页记载，"1834 年底，八十五名英国商人，包括查顿和马地臣，向英国女王呈递请愿书"（按：1834 年 11 月 11 日马地臣陪同律劳卑家眷返回伦敦，应没有参与 12 月 9 日的签名活动，故此处记载有误）；第 253 页记载"后面这几个人并不属于向国王呈递请愿书，要求对中国采取较强硬政策的八十六人"。

综上，请愿书签名人数有 64、84、85、86、88 人等多种说法。姑存疑阙。

另外，马地臣在 1836 年致巴麦尊的信中宣称：在华英商中只有颠地行和怀特曼行两家商行拒绝在请愿书上签名（《广州纪录报》1836 年 7 月 12 日）。但颠地行资助的《广州周报》于 1836 年 7 月 16 日对此进行了否认，声称 1834 年底大多数英商拒绝在请愿书上签名，因此这次请愿不能代表广州英商的意见。1835 年 1 月 19 日德庇时致信巴麦尊，称"广州的一部分英国商人向英王陛下呈递的那份粗糙的、整理不好的请愿书（因为一些最体面的商号拒绝在请愿书上签名），是一位临时来自印度的访问者起草的，他完全不了解这个国家的情况"（胡滨，《英国档案有关鸦片战争资料选译》，第 67 页）。从请愿书的签名人中只有部分在华英商来看，马地臣确有夸大其词之嫌。

1833 年 4 月 1 日至 1834 年 3 月 31 日英国在广州贸易报表

进口 — 东印度公司账目

项目	数量	数量	两	西班牙银圆
宽幅绒布	6,652 包	687,914 码	704,743	
粗斜纹呢	7,525 包	150,186 件	765,799	
羽纱	450 包	4500 件	61,176	
英国棉织品	1,220 包	30,500 件	127,260	
英国棉捻	1,000 包	1,800 担	66,090	
英国货,缎纹棉呢和印花棉布(试销)			4806	
英国铁	1202 吨	20,202 担	23,273	
铅	1110 吨	18,655 担	57,830	
			1,810,977	
棉花(孟加拉产)	23,824 包	53,719 担	628,507	
棉花(孟买产)	21,978 包	62,528 担	697,972	
黑鸦	823 根	141 担	1,326,479	54
			3,137,510	4,357,653

出口 — 东印度公司账目

项目	数量	两	西班牙银圆
武夷茶	62,488 担	989,526	
工夫茶	109,177 担	2,814,810	
小种红茶	3370 担	127,462	
白毫红茶	237 担	11,595	
屯溪茶	29,781 担	812,474	
熙春茶	6739 担	343,904	
次等熙春茶	.812 担	.22,243	
		5,122,014	
投资北美(包括佣金)		366,356	
开普敦和圣赫勒拿贮存		20,345	
孟加拉、马德拉斯和孟买采购贮存		12,328	
		399,029	
金条(包括装运费用)	155,030 西班牙银圆	111,622	
24 艘船的港口费		89,920	
		191,532	
卸货费、广州商馆费用等		101,612	
即——卸货费		11,209	
商馆费用		65,055	
广州欧洲人机构		5776	
帆船维修		2996	
印刷机构		989	
商品费用		12,215	
额外费用		3372	
		101,612	
		5,824,197	8,089,163

进口

私人账目

项目	两		
棉花（孟加拉产）43,751 担，平均单价 11.7 两/担	511,887		
棉花（马德拉斯产）4229 担，平均单价 12.7 两/担	53,708		
棉花（孟买产）278,413 担，平均单价 10.6 两/担	2,951,178	3,516,773	4,884,407
		西班牙银圆	
公班土和刺班土 7,511 箱，平均单价 639 元/箱	4,799,529		
白皮土 10,102.5 箱，平均单价 675 元/箱	6,819,187		
17,613.5 箱		西班牙银圆 11,618,716	
檀香木 3,680 担，平均单价 11.25 元/担	41,400		
胡椒 23,122 担，平均单价 8.25 元/担	190,757		
藤 13,052 担，平均单价 3 元/担	39,156		
槟榔 57,025 担，平均单价 2.5 元/担	142,562		
马兜铃 2,105 担，平均单价 13.5 元/担	28,417		
乳香 4,444 担，平均单价 4 元/担	17,776		
黑檀 2,634 担，平均单价 3 元/担	7902		
宽幅绒布 9,574 匹，平均单价 28 元/匹	268,072		
粗斜纹呢 9,600 匹，平均单价 10.5 元/匹	100,800		
羊毛织品① 639 匹，平均单价 12 元/匹	7668		

出口

私人账目

项目	两		
工夫茶和 Caper Congo 9089 担，平均单价 21 两/担	190,869		
小种红茶和包种茶 1468 担，平均单价 22 两/担	32,296		
白毫红茶和橙黄白毫 3149 担，平均单价 29 两/担	92,321		
熙春茶 124 担，平均单价 47 两/担	5828		
小珠绿茶和皇茶 253 担，平均单价 55 两/担	13,915		
红茶 3739 担	92,184	335,229	
绿茶 11,209 担	324,689		
29,031 担		416,873	
		752,102	
		西班牙银圆	
南京生丝 8061 担，平均单价 332 元/担	2,676,252		
广州生丝 1418 担，平均单价 276 元/担	391,368		
广州生丝（第五号）441 担，平均单价 67 元/担	29,547	西班牙银圆	
		3,097,167	
南京布 30,600 匹，平均单价 74 元/100 匹	22,644		
丝织品	332,844		
冰糖 10,734 担，平均单价 11 元/担	118,074		
绵白糖 17,705 担，平均单价 8.25 元/担	146,066		
桂皮 17,607 担，平均单价 8.25 元/担	145,258		
		1,044,586	

---

① 译者注：原文 Worleys，疑为 wollens 的古英语。

进口 私人账目（项目）	数量、平均单价	值	西班牙银圆	出口 私人账目（项目）	数量、平均单价	值	西班牙银圆
羽纱	571匹，平均单价23.5元/匹	13,418		玳瑁和残片		7822	
棉布	45,422匹，平均单价4.75元/匹	215,754		珍珠母贝	2,049担，平均单价16.75元/担	34,321	
印花棉布		82,443				3,904,196	9,133,749
棉毯	1344担，平均单价40元/担	53,760	西班牙银圆	朱砂	3576盒，平均单价34元/盒	121,584	西班牙银圆
洋红	42担，平均单价340元/担	14,280		樟脑	2430担，平均单价22元/担	53,460	
铅	3893担，平均单价4元/担	15,572		明矾	10,213担，平均单价2元/担	20,426	
钢	1486担，平均单价4.75元/担	7058		大黄	434担，平均单价58元/担	25,172	
		12,865,511	9,242,060	八角茴香油	20担，平均单价165元/担	3300	
西班牙银圆				麝香		33,457	
铁	9735担，平均单价2.70元/担	26,285		地板和餐桌垫		13,055	
锡	5762担，平均单价16元/担	92,192		竹子黄藤	28,691担	14,389	
大青（颜料）	325担，平均单价77元/担	25,025		珍珠、仿珍珠和玻璃珠		26,291	
手表、钟表价值50,713元；玻璃器皿价值12,508元		63,221		瓷器		13,525	
珊瑚珠价值18,480元，琥珀价值5000元		23,480		油纸伞、漆器、烟花		106,543	
皮货	18,069件	17,306		铜箔	81盒，平均单价46元/盒	3726	
珍珠和钻石		252,437		棉织品	1250匹，平均单价6元/匹	7500	
玛瑙		36,850		棉线	201担，平均单价42元/担	8442	
象牙和象齿	84担，平均单价74元/担	6216		洋红	202担，平均单价218元/担	44,036	
鱼胶	1472担，平均单价56元/担	82,432		南美铜	10,907担，平均单价20元/担	218,140	
鱼翅	5348担，平均单价25元/担	133,700		杂货，即金、银、象牙、玳瑁制品、糖果、图画等		115,694	
燕窝	630斤，平均单价21元/斤	13,230		白银（银锭、南美银和西班牙银圆）		6,062,790	
牛黄	400斤，平均单价22元/斤	8800		黄金		513,795	
樟脑、冰片	426斤，平均单价24元/斤	10,224					11,309,521

进口 私人账目

项目		西班牙银圆
丁香	610 担，平均单价 25 元/担	15,250
肉豆蔻	19 担，平均单价 84 元/担	1,596
硝石	6044 担，平均单价 9 元/担	54,396
大米	258,822 担，平均单价 2.60 元/担	412,937
杂货		73,145
银圆		20,500
		14,234,733
		23,476,793

孟加拉政府的公司账单	3,174,110 银圆
指挥官的稻花债券	960,955 银圆
	4,135,065 银圆

出口 私人账目

项目		西班牙银圆
20 艘定期航船支出，	12,000 银圆/艘；	530,000
4 艘特许船只，	4000 银圆/艘；	
20 艘我国船舶，	8000 银圆/艘；	
在黄埔的 16 艘米船，	3000 银圆/艘；	
在徐门的 44 艘船，	1,500 银圆/艘	
结平		2,503,523
		23,476,793

茶，运往英国	公司贸易	私人贸易	银圆
红茶	23,369,600 磅	1,827,467 磅	1,929,931
绿茶	4,977,600 磅	50,267 磅	3,854,280
	28,347,200 磅	1,877,734 磅	

| | | | | 155,730 |

澳门，1834 年 3 月 31 日

金银出口

至		银圆			银圆
英国：	西班牙和巴西银圆 128,739	墨西哥银条	=26,941		155,730
加尔各答：	西班牙和巴西银圆 104,704	银锭	=1,825,227		1,929,931
孟买：	西班牙和巴西银圆 671,633	银锭	=3,182,647		3,854,280
其他地区：	西班牙和巴西银圆 143,295	银锭	=111,430	美洲银 23,154	277,879
公司总出口金银	6,217,820				

注：银锭溢价 2%，价值为：718 两 =1000 银圆。

1834 年 4 月 1 日至 1835 年 3 月 31 日英国在广州贸易报表 ①

进口					出口				
货名	数量	平均单价（西班牙银圆）	单位	货值（西班牙银圆）	货名	数量	平均单价（西班牙银圆）	单位	货值（西班牙银圆）
宽幅绒布	22028	31.54	匹	694829	红茶	287287	29.15	担	8374435
棉纱	3850	40.44	担	145609	绿茶	70841	39.17	担	2775239
玛瑙	541	77.43	担	41890	南京生丝	4756	349.94	担	1664326
棉花（孟加拉产）	136415	16.70	担	2278992	广州生丝	2579	241.70	担	623355
棉花（孟买产）	291770	16.40	担	4789355	冰糖	17569	10.73	担	188645
棉花（马德拉斯产）	16889	16.33	担	275900	绵白糖	31870	6.00	担	191220
檀香木	3025	14.85	担	44926	桂皮	12864	9.17	担	117986
胡椒	1972	7.34	担	14476	龟甲	35	57.14	担	2000
藤	18508	2.55	担	46434	珍珠母贝	715	16.00	担	11440
大米	288580	2.19	担	623135	樟脑	124	28.88	担	36052
槟榔	11601	2.92	担	33963	明矾	15995	2.20	担	35312
马兜铃	3224	8.27	担	26666	大黄	449	46.32	担	20799

① 此表原载于 1835 年 11 月 3 日《广州周报》（8.44：176）。张馨保《林钦差与鸦片战争》，第 220—223 页。

进口					出口				
货名	数量	平均单价（西班牙银圆）	单位	货值（西班牙银圆）	货名	数量	平均单价（西班牙银圆）	单位	货值（西班牙银圆）
乳香	2593	3.11	担	7985	龙血竭	319	87.00	担	27753
象牙和象齿	132	52.65	担	6950	八角茴香	65	11.76	担	765
硝石	3095	7.74	担	23971	各种色纸	339	16.71	担	5667
油	30	6.00	担	180	洋红	209	224.79	担	46983
海参	156	12.69	担	1981	水银	98	65.40	担	6410
铅	3713	4.68	担	17379	砷	150	17.00	担	2550
铁	4473	1.95	担	28346	铜	3753	18.29	担	68560
锡	2715	11.79	担	32031	铁	500	1.95	担	975
钢铁	390	3.84	担	1500	锡	112	16.00	担	1792
锌锭	725	4.00	担	2900	荜澄茄	212	22.00	担	4664
大青（颜料）	296	58.00	担	17168	靛蓝	60	40.00	担	2400
铜	171	2.11	担	5472	玻璃念珠	672	25.50	担	17140
水银	1107	67.27	担	74470	各类南京棉布	48003	1.36	匹	65331
燧石	5431	1.18	担	8436	朱砂	1300	50.00	盒	65000
玳瑁	74	60.00	担	4440	铜箔	290	48.53	盒	14095

	进口					出口				
货名	数量	平均单价（西班牙银圆）	单位	货值（西班牙银圆）	货名	数量	平均单价（西班牙银圆）	单位	货值（西班牙银圆）
洋红	18	277.77	担	5000	烟草	300	17.66	包	5300
槟榔膏	97	3.00	担	291	丝织品				197684
珊瑚	150	40.00	担	6000	金银珠宝				3858
鱼胶	2482	49.88	担	123833	珍珠				11700
鱼翅	3280	0.74	担	68037	麝香				10784
珍珠母贝	635	2.16	担	7924	瓷器				13165
棉织品	11000	8.95	匹	98460	漆器				60704
粗斜纹呢	66180	9.19	匹	608250	银圆				1036923
羽纱	103	30.82	匹	3175	银锭				2368511
印花棉布	2631	5.60	匹	14748	杂货				158150
牛黄	327	23.00	斤	7521	大理石	4335	317.18	1000	1375
琥珀	6	11.00	斤	66	竹子黄藜	1560380	9.40	1000	14575
各类毛织品	—	—	—	12238	金子（一两）				554019
珍珠和玛瑙	—	—	—	297707					18808577
钟表	—	—	—	11660	在黄埔 75 艘船的支出，每只船 8000 元				600000

	进口					出口				
货名	数量	平均单价（西班牙银圆）	单位	货值（西班牙银圆）	货名	数量	平均单价（西班牙银圆）	单位	货值（西班牙银圆）	
玻璃器皿	—	—	—	515	在黄埔 26 艘米船的支出，			每只船 1500 元	39000	
银圆	—	—	—	60000	在伶仃 46 艘船的支出，			每只船 1500 元	69000	
杂货	—	—	—	157917	结平				19516577	
公班土	6245	576.75	箱	3602045					3103076	
剌班土	1522	545.20	箱	829800	红茶为 287,287.00 担（计 38,304,933 磅）					
白皮土	8749	596.99	箱	5223125	绿茶为 70,841.01 担（计 9,445,467 磅）					
				20387822	合计 358,128.01 担（计 47,750,400 磅）					
东印度公司预付汇款率：1 银圆 =4 先令 7 便士				2231831						
			西班牙银圆	22,619,653				西班牙银圆	22,619,653	

奉英国驻华商务监督之命，代理秘书兼司库爱德华·埃姆斯利编制

材料来源：《广州周报》

五、《英中关系评论暨改善方案》

乔治·托马斯·斯当东 [1]

我很不情愿地拿起笔参与到这个颇受争议问题的讨论；但是根据与中国人早期交往，到随后外交和商业往来等方面来看，我对维护我们与他们的和平关系怀有浓厚兴趣；而且，也对我们与那个国家的贸易体系发生巨大变化抱有急切希望，期望这种变化能让大英帝国整个商业和制造业利益集团激发出最大优势。我责无旁贷要向公众阐述我深思熟虑的观点，我认为当前关于这一重要议题存在着不负责任和危险的倾向。

1834 年 1 月《评论季刊》登载一篇极有水平和十分有趣的文章，针对不当措施用于我们对华商贸关系所产生的可能结果提出了两个非常重要的预言。这些预言中第一个，已经通过律劳卑使命的悲惨失败而几乎丝毫不差地应验了。[2] 评论员的第二个预言（迄今为止仍未能准确实现），是有关以下内容："通过向中国派遣军舰，不是为了保护而是为了侵略，那么任何迫使我们与中国进行贸易、结盟和交往的企图，都将被证明是徒劳无益的；"并且，在屈服于外国人发号施令之前，"中国人，为了拯救帝国，为了断绝让外国人趋之若鹜的诱因（不仅是在贸易方面，而且是在能通过貌似有理的借口引诱人民远离效忠等方面），如果认定确有必要，将会毫不犹豫地铲除帝国里的每一棵茶树。"（No.c.p. 445–7）。于是，为了劝阻这样的武

---

① 按：1836 年小斯当东出版《英中关系评论暨改善方案》（*Remarks on the British Relations with China, and the proposed plans for improving them*），反对林赛、马地臣等人鼓吹的对华战争。兹全文翻译。

② 见 *Quarterly Review*（评论季刊），No. c. pp.458，9。

力尝试；而且，如果可能的话，避免后一个预言的实现（据其而言所谓的"铲除茶树"的举措既徒劳无益又残暴恶劣，我完全认同该说法的合理性），就是出版这本小册子的目的。

第一个预言实现后随之而来的危害已经相对有限了，并在很大程度上已经修复。我们极为悲痛地看到，律劳卑身为一个勇敢无畏的官员和一个古老世家贵族的代表，被诱入错误的境地，几乎不可能凭借尊荣或声誉使自己解脱出来；他生命的牺牲，连同广州那些对我们民族性格的蔑视（譬如必会出现的无法忍受的恫吓姿态），成为可悲的结果。但是英国贸易，在经过短暂停顿之后，已经得到了恢复；虽然英国在华机构未能恢复律劳卑被迫放弃的广州驻点，而且，像林赛先生所说，"持续每年花费超过￡20，000，在澳门常设没有任何明确职责的机构"，英国在广州的商贸事务似乎并没有因为他们的缺席而遭遇实质性的不便。

但是评论员第二个预言实现（也即国家对华采取敌对侵略方针将会失败）的后果，对我们而言将更加致命，至少在一定程度上，是无法弥补的。这不仅会给我们在华商贸带来致命打击，而且即使不是彻底摧毁，也将大大削弱我们的道德影响力（迄今为止我们所从事的令人尊敬且有利可图的职业使我们的名声和品德传遍东方）；我们将不得不使用武力，来防止我们庞大的印度帝国比形成时更为迅速地垮掉。

在我更详细地研究这个问题之前，我迫切希望永远避免（虽然我希望自己没有必要这样做）被指责为用尽各种方式极力建议要么妥协于中国的不公正和压迫，要么不顾一切地牺牲不列颠荣誉和利益（事实上，这两者是密不可分的）。在此问题上，我无法比评论员对华总论那样更加清晰或更为简洁地表达我的观点：

"我们的行动原则，"他说，"应该是这样的：——既不妥协让

步，也不苛求他们；既不放弃我们自己的独立性，也不侵犯他们的自主权。"（第467页）

　　我不会在这里探讨那些有关我们对华关系的各种来路不明观点的优劣（因为这些观点可能具有当地见闻的佐证，也可能不具有）；我把我的意见集中在一本小册子里表达出来，这本小册子最近被冠以《关于英中关系致巴麦尊勋爵的一封信》而面世；其中，以林赛先生名义阐述的一些观点基本符合其本意。这位绅士作为一个非常有趣报告《"阿美士德号"航行中国东北海岸》的作者而广为人知；而且他在其中表现出对中国人风俗习惯和语言的了如指掌，让我们必须高度重视他的看法和意见。

　　于是，我不得不深感遗憾地发现这份报告的直接目的就是建议陛下政府将这个国家卷入到直接和广泛的对华敌对状态中去；他甚至用令人尊敬的名誉来声援这个疯狂和铤而走险的尝试，而且在没有任何新的理由或借口下，"通过'直接的武装干涉'（用他自己的话说）来威胁拥有无数居民的中华帝国"（第12页）。

　　不过，林赛先生补充说，在向陛下外交大臣提出这个非同寻常的建议时，他给出了最为明确的真实证据；[但是这个证据让我十分惊讶其对这种观点的痴迷（丝毫没有对他不敬的意思，我只是想说出我的看法）]，在其报告的开头，他声明实际上即将以自由商人身份返回中国，于是"他当然希望在确保和平和安宁的可靠基础上办理事务，这是建立商业信心的必要条件"（第1页）。

　　林赛先生的计划（第12页）提出要向中国派遣"一艘战列舰，两艘大型护卫舰，六艘轻型巡洋舰，和三或四艘武装汽船，载有约六百名陆战队员和主力火炮，目的是保护任何可能需要的登陆作战：——舰队于2月份在马六甲海峡会合（第17页），以便乘第一场季风前往中国海；他们便可以在4月中旬开始行动"。军事行动

（第 14 页）"只不过［！］是封锁沿海一带，［超过一千英里长的海岸线，］在广州、厦门、上海（Shang-hay）和天津（Te-ensin）四个主要港口入口附近各驻扎一支小中队"。——"这些行动的结果，"据林赛先生所说（第 16 页），"将会在极短时间内，歼灭沿中国海岸的所有水师和控制数千艘当地商船。"林赛先生叙述到，毫无疑问，这些行动如果能够完全付诸实施，将会让中国人极度忧虑；而且他补充道，"英国人通常很少意识到沿海贸易对中国人有多么重要；以及中国部分地区的生活必需品如何完全的依赖于此"（第 15 页）。

不管我们考虑军事行动是沿着北纬 20 到 40 度之间的海岸线范围进行；或者捕获和扣押数以千计的当地商船（中国部分地区的生活必需品依赖其运送），直到北京朝廷批准了我们的条件，都不需要设想一个更为庞大的国家作战方案。但可以推测，正如它所提议的那样（第 12 页）英国应该同时派出大使以开启谈判，中国政府很可能会被这些稍显实力的军事威胁顺利吓倒；其结果可能是没有必要发动实际攻击。然而，林赛先生非常坦率地承认无论如何也不能依赖这种期望。他说（第 7 页）："我们已经多次使用威胁手段然后又收回，使我确信中国人会拒绝对单纯谈判进行任何让步，从而使诉诸武力成为必要。"根据他提出的方案，真正且公开地诉诸武力被认为不可避免。这个装备有 12 艘船和 600 名战士（第 13 页）的军事力量，是与中华帝国军事力量和其无数人口所相匹敌的！这或许是一厢情愿，但毋庸置疑中国人极端的怯懦和无能，让任何人都可能郑重其事地提出"威胁"这个军事力量如此不值一提的庞大帝国。不过，林赛先生确实承认，我们决不能过分相信他们的懦弱和无能：他说（第 14 页），"中国人像懦夫一样，然而，如果激起反抗我们的民族精神，他们可能会比我们想象的更为强大：因此，我们的政策应该是避免激怒人民；而且在任何场合都避免对他们怀有敌意"。最后一段所包含的建议无疑是很好的；但我担心，它所提出的措施将被证明纯属空想：当我们在海上通过查封和扣押船只而使数千名华商破产，并且通过劫掠那些船只原本运送的生活必需品而使陆地上成千上万人忍饥挨饿时，就需要很认真地考虑到他们应该被安抚而且只需通过发行一些"公开发表、广为流传的公告"，就能减轻军事行动必然激发的所有愤怒和敌意（第14页）！

这里要充分注意，这些公告的目的包括强烈呼吁人们反对政府：显而易见这不是新的战争计谋或策略；而是一种（我认为），被每支侵略部队在接近或即将进入敌方领土时都会实施的某些手段或方式：然而在某种情况下，它将被证明并不比无情的嘲弄和侮辱更为有益。作为宣传的一种形式，这种呼吁几乎毫无作用，只是激发人们用某种方式强迫他们的统治者满足英国人的条件；但着手此事的不幸之人将不得不完全自行承担风险：既没有援助给予他们，也没有分担他们反叛的风险（公告称，"连你们海岸线上最小的岛屿，我们都不会占据"）。这确实可以作为我们公正无私的证据；但是显而易见，激发人们反对他们的统治者，同时不给予他们任何援助或保护以防止那些统治者的报复，这样既不太公正也不太人道。

林赛先生支持这些针对中国人的战争措施，他提出的最后一个观点是这样描述的：——"我们也不必担心来自其他国家的任何妒忌。我确信法国人和美国人将乐见我们对中国人采取这样的行动；原因很简单，他们将平等地与我们分享从那里获得的一切好处。"（第18页）我认为法国人和美国人可能不会乐于看到我们采取这样的军事行动；原因也很简单，但与林赛先生提出的简单原因不同。林赛先生认为，三个半月足以实现我们的目标；但要做好"七个月动荡期"的应急准备。在爆发战争和由此中断与广州港贸易联系的这段时间（无论是更长或更短时间）里，法国人和美国人当然会非常乐意占据我们自行放弃的商业体系的一席之地。他们这样做所能获得的收益，即使在我们的计划最终获得圆满成功的情况下，也可能是相当可观的；但是万一我们失败而且英国国旗被永久地禁止入境（正如目前俄罗斯的情形），他们的获利显然将是巨大的。

因此我认为，根据林赛先生本人提供的论据，这个计划的前景不太乐观。现在让我们看看，迫使我们对友邦（我们与这个国家开展了上百年时间的最有利可图的商贸往来）采取军事行动的那些无法忍受的压迫和势在必行的客观需要的本质是什么；林赛先生自己也称，即使在所有现存的不利条件下，（那个国家）"也是与世界上任何其他国家同样的或者更加重要"（第19页）。

林赛先生指出（第2页）："如果公司垄断继续维持，我倾向于相信，没有必要改变我们与中国的政治关系。"如果当前开展对华军事行动的主张被理解为取消东印度公司对华贸易垄断权的必然结果，那么一个重要的事实无疑会让人感到遗憾，那就是评判决策科学性的主要因素并没有在议会辩论中予以考虑。我并不是说它的重要性会超过所有基于一般原则的论据和民心所向（那时盛行赞成对华自由贸易）的强大影响力；但我认为，如果对华实际战争时可能出现的情况（例如与对华贸易体系变化有关的）已经在议会中以某种方式进行了充分考虑，那么就必须认同采取预防措施和实施善后处置的观点，如果措施合理的话，将会避免那些令人烦恼和有害的结果出现。

接下来的评论是，"律劳卑使团未能达到目的，多么令人惋惜；"而中国人对待勋爵大人的行为"成为（或许是）他们之所以愤懑的最强有力的理由"（第3页）。如果冷静而客观地思考这个问题，就会发现这种愤懑的最强有力的理由（实际上）根本不存在；只因为（从国家角度来看）我们在那次事件整个过程中的所作所为是完全错误的，不必详细描述我们肇启挑衅的情形，也不必深入研究为对抗那些小侮辱而诉诸战争的恰当性问题，事实上，这些小侮辱（不管怎样难以忍受，不管我们多希望杜绝它们）并没有阻碍我们与中国进行（正如我们已经看到的那样）最有价值和最赚钱的商业贸易。

不过，在这里，不妨简略关注一下林赛先生提及的七个方面的屈辱（第11页）。

1. "无礼的蔑称"。很明显，这些完全不值得作为正式凭证而提出，除非它们已被用于官方文件；而且我想在下文中证明，那些文件中侮辱性语言的最典型实例，要么是由于大肆渲染，要么是由于完全错误的翻译所引起的。

2、3、4、5. "税则不明确"；"禁止租用货栈，或只能与行商贸易"；"高昂的港口费用"；"禁止在除广州以外其他地方贸易"。毫无疑问，这些都是我们对华贸易体制中需要大为改善的重点内容；只要还有他们主动改善的一线希望，对我们来说，通过友好磋商争取从中国政府那里获取更多的特权和收益，就是非常自然和合理的。但是把这些当作"屈辱"，用于对使用"武装干涉"予以"补偿"进行辩护，在我看来完全是错误的言论，而且根本不符合我所熟知的国际法的任何阐释。

6. "有关凶杀案的强迫制度"。我完全认同，这些是一种屈辱——一种非常严重的屈辱。中国法律将外国人犯下的凶杀案作为特案处理，并竭力予以执行，不仅是不公平的，而且是绝对不能容忍的。在所有案件中不考虑实际情况是故意的还是正当的，均要求血债血偿，无疑是一种令人难以忍受的屈辱。但公平合理地纠正这个问题是否很容易？案情分析是否只顾及我方屈辱，而没有考虑对方同样严重的不满呢？对于一个主权独立的国家来说，外国人频繁地践踏该国关于凶杀犯罪的所有法律；而且按照（只要该国政府能够认可）外国人可以随时谋杀当地人而不受惩罚的原则行事，这难道不是一种屈辱吗？广

州英商在 1830 年提交议会的请愿书中（第二年罗伯特·皮尔爵士[①]
公布了请愿书，随即该请愿书被印刷出来供议员参考）已经明确承认
和悲叹了这种两难的困境。在公正地陈述不可能把罪犯移送到中国刑
事法庭官员的手中后，他们得出这样的结论："为了确保无辜者的安
全，就必须容许罪犯逃脱制裁，这是一种令人深感悲哀的弊端，因此
（按：陈情者）大声呼吁令人尊敬的议会予以干预。"

　　长期以来，这类案件的困难为人们所感受和承认。德庇时先生
（公司最后一位大班，继律劳卑之后做了国王陛下的商务监督）、已
故马礼逊博士（真正值得尊敬和学习的，具有丰富学识和经验的绅
士）以及我自己，都提出过消除这些制度[②]的建议方案。虽然这些方
案没有一个被全盘接受；但是这个问题并没有被政府完全忽视；已
故律劳卑已被授权，在中国当局同意下，在广州建立一个类似刑事
管辖法院之类的机构，正如所期望的，该机构要成为公认的可以判
决所有此类不幸案件的公平公正的法庭。无论何时对中国法律关于
凶杀规定进行实事求是的抱怨，事实上都会引发英国人的情感共鸣
（在过去的 52 年里，由于没有英国人在那段时期因为凶杀犯罪而被
中国人执行死刑，因此没有获得高度重视）；既然中国政府应该被提
供一个公平方案来纠正广州这种反常的司法状况，而她却予以拒绝
了；那么，而且只能是，我认为我们有理由考虑林赛先生提出的清
除这些制度的暴力措施。

　　无论如何，我不会擅自歪曲林赛先生的观点，关于对抗中国人
的正当理由，我认为在这个问题上引用他第七段的全部内容是合理
的；只不过前提是，虽然我同意他提出的基本原则，但我不赞同他

---

　　①　译者注：罗伯特·皮尔爵士：Sir Robert Peel。
　　②　译者注：指"有关凶杀案的强迫制度"。

的限定条件。在我看来，我们对待独立国家的原则在本质上是完全一致的，无论她们从最低级的野蛮状态，到最高级的文明、优雅社会的所有不同阶段中的实际情况必然存在着何种不同。在任何情况下，我们的国家荣誉都必须得到捍卫和维护，而且在任何情况下都必须使用各种正当手段来抵抗歧视和压迫。但我并不认为，任何对待中国的行动原则都是站得住脚的，除非该原则在欧洲最文明国家的类似情况下，同样是合乎情理的。

7. "在倡议抵抗那些我不得不提及的中国人对外国人采取的歧视和暴虐制度时，我绝不准备质疑下述一般原则，即如果一个陌生人到国外居住，那么他必须要服从当地的法律，遵守当地的规章制度；但是另一方面，这个原则总是预先假定你是在与一个文明国家进行交往；你所必须遵守的法律法规是清晰和明确的；她们对生命和财产给予合理的保护。现在，在中国，不存在这种情况，特别是他们竭力执行有关凶杀案的野蛮规定；这同样不符合中国的律法、道德和伦理。"（第 7 页）

但是回到律劳卑事件——这个事件的基本事实是什么？那就是除了严格限定的商人外，中国政府不允许其他任何类型的外国人在广州居住，这对所有参与对华贸易的人来说完全是沿袭已久的事实（律劳卑不可能不知道这个事实，因为有一群最具当地经验和知识的人加入了他的委员会）；而且，就算是经常以商人身份居住在广州的那些人，在被允许从澳门前往那个城市时，也必须预先获得一个许可证或牌照。这些规定经常被置之不理，中国当局偶尔也会纵容一些违规行为（在政府看来，并不会出现这些行为），这本来没有什么大不了的。然而，这就是众所周知的法律；在一位公职人员前来索取重要权力和特权的这个如此公开和重要的情况下，（按：中国政府）纵容任何违法行为显然是不可能的。那么，我斗胆问一下，什么样的权力或理由让律劳卑通过违反已知和公认的国家法规的方式在中国首次亮相？①

　　毫无疑问，有充足的公开信息证明我们政府任命了一名商务监督以官方身份驻居广州；如果任命的照会已经事先正式提交给有关当局，并且请求他们的批准（就像首次派遣商务监督或领事到欧洲任何一个港口时，毫无疑问要去做的那样），要么就会获得这方面的批准，要么至少会有一个合理的投诉理由。但是律劳卑不仅没有申请预先批准，而且甚至没有出示任何来自英国政府的官方公文②就致信中国当局，以此方式自证身份和解释其任命的性质。中国当局除了他自己亲口所述之外完全没有见到他的凭证，——一个人在中国

---

　　①　译者注：美国人亨特认为"虽然律劳卑勋爵阁下不答应以行商来做与总督往来的媒介，而这却是当时中外关系中唯一可以行得通的方式。总督不能置未废除的制度于不顾，也不能与任何外国代表作私人的接触。如果要这样做，必须由帝国政府特别授权。因此，全部的麻烦都是由于女王陛下（按："女王陛下"应改为"国王陛下"，此时英国国王是威廉四世，在位时间是 1830—1837 年，维多利亚女王在位时间是 1837—1901 年）的代表坚持要求总督做他所不能答应的事而引起的"（《广州番鬼录·旧中国杂记》第 130—131 页）。

　　②　译者注：马士：《中华帝国对外关系史》（第 1 卷），商务印书馆 1963 年版，第 153 页记载，"他（按：律劳卑）并且将他被任命为英国商务总监督的任命状交给他们（按：广州知府、潮州知府和广东协台）审阅"。从此处可见，律劳卑有正式任命状。但该书第 1 卷第 156 页记载两广总督指责律劳卑不遵守中国规章，"而且此次英国政府关于律劳卑的任命既无正式通知，律劳卑也没有任何凭证，他竟不予总督以请旨的时日，冒然惹起了这样一些完全新的问题"；第 160 页记载，"英政府也没有发给律劳卑一件凭证，以便呈递中国君主或其他的官吏；甚而连任命律劳卑一事都没有通知北京政府或广东当局，尽管律劳卑男爵在离开英国以前曾要求政府作到这一点"。另外，黎东方《细说清朝》第 71 章记载"英国政府并不曾将任命律劳卑的事正式通知中国政府，律劳卑也不曾携有证件"。萧致治、杨卫东《鸦片战争前中西关系纪事》，湖北人民出版社 1986 年版，第 146 页记载"这些商务监督们没有真正的权力"，"律劳卑来华没有得到本国政府的正式委任状，也没有由官方正式通知清朝政府。即使对英国臣民，他们有多大的管辖权也很难测定"。

领土内仅凭口述凭证就率先开展行动是违反法律的！林赛承认（第3页）"律劳卑在某些方面的行动可能是不理智的"；但实际上，比他自己更大的过失责任应该由子爵大人的指令来承担。他似乎只是奉命出发直接前往广州，并且立即在那里承担他的官方职责（与一名继任者被任命到欧洲任何一个空缺的领事职位上的方式相同），并没有预测到哪怕最小的困难或争议。

我希望可以在此重申我于1833年6月在下议院促成的对华贸易系列提案（提案已被印发并预先置于议员手上超过1个月），在提案里我明确地提醒陛下政府，他们这种尝试成功的可能性不大，并表示"鉴于我们与中国关系的现状，如果没有中国政府的预先批准，那么任何在广州为保护贸易而任命国家官员的企图都将不仅证明是徒劳无益的，而且还要承担损害国王荣誉和尊严的重要责任"。

因此，显而易见必须获得中国政府对任命广州商务监督（在接下来1833年12月9日议会决议中，他们的权力被宣布和限定）的预先批准，如果不是必须以某种形式的话，中国当局和公司大班之间可以通过既定的通信方式事先提及这些任命；而这被假定为不仅承担了对上述任命的说明，而且在同一时间已被当局正式地具有约束力地提出了；随后发生的事件已经证明所作所为都是完全错误的。

"鉴于中国政府派驻广州或周边地区的中华帝国官员，已经向东印度公司在广州的大班们表达了政府的期望，那么为了保障陛下臣民在广州居住的良好秩序，法律应该做出行之有效的规定；而且为了维护和平和维持他们之间的从属关系，对所谓中国政府的合理要求应该采取有效措施予以满足，等等。"

很难说清来自中国当局的所谓邀请是出于哪份具体文件或通告；但是以此为由极力要求中国当局接受律劳卑自称的身份，一看就是完全无效的；而且我不记得他在哪里辩护过。我也不相信其身份曾在国内被真正认可过。事实上，我猜想刻意选用"商务监督"这个新奇头衔，而不是通常和习惯性的"领事"头衔，就是来自于对后果的某些担忧。看来陛下政府，虽然他们授予律劳卑领事权力，而且任命他去履行领事职责，但是似乎觉得没有得到两国之间的预先批准（他们知道这对任命的生效至关重要），他们也不能正式授予他即使是公职人员被派往外国的最低级别，即领事头衔。

因为这确实是一个重要的问题，而且事实上，从国家角度来看是整个问题的转折点，所以我认为理应参阅皮阿会斯（Beawes，曾任英国驻塞尔维亚领事）的《商人习惯法》（lex mercatoria），我相信这无疑是与领事任命有关所有问题的最高权威。在由莫蒂默（Mortimer，英国驻奥斯坦德副领事）扩写和改版的这部著作的第五版里，明确规定了以下基本原则：——

"准许一位领事在外国领土的某个区域居住和履行职责，要视情况而定。大不列颠王国和其他国家之间可以互派领事，这种派驻领事到对方领土的权力在商事条约里是明文规定的，他们可以反对被任命的人，并且通过他们的大使要求任命其他人，只需要给出拒绝前一个人的恰当理由；但是他们不能拒绝国王的委任；然而那些与我们没有商事条约的君主，在考虑领事任命时，不仅可以拒绝接受任命的人，而且可以拒绝任命本身，这不会妨碍所拒绝的当局和这个国家之间的和平友好相处；原因是国际法不涉及这种任命；不过，这种任命通常会予以批准。但是肯定有所区别；因为领事的派驻是基于条约的，可以比那个仅被批准的人更好地履行职责；派驻地的行政长官嫉妒那些被批准的人所拥有的管辖权，很显然会在各个方面与其发生争执；而行政长官必然被他们的君主和大臣们所支持。"（第 296 页）

皮阿会斯先生在此明确规定了缔约领事（Consuls under treaty）和仅获批准的领事（Consuls only by permission）的职责和相对地

位；但他似乎并没有考虑到像律劳卑的这种情况；那就是自称有权行使领事权力的人，既不是缔约领事也不是仅获授权领事！

中国当局在此次事件中采取的行动，在我看来，与任何其他国家在类似情况下所做的一样。他们命令他返回澳门；指示他以例行方式申请从那里前往广州的许可证。如果他们让那些违法行为不仅逍遥法外，还能收获各种胜利果实，那么中国人才会是（我们总认为他们是）世界上最可鄙的民族！

律劳卑选择对抗——宣称他不会退出广州，除非在武力胁迫之下——而且命令（或者可以说是请求）两艘陛下护卫舰的船长率领舰船沿河而上，目的是为他提供援助和保护；——另一个非法行径，就是炮击中国炮台和小规模交战；在这个过程中，双方都有几个人伤亡。所有这些都是在对于他们的援助或保护没有任何实际需要的情况下进行的。律劳卑是绝对安全的——他本人没有受到威胁——他只需离开，回到他来的地方。因此，这个要求既不是也不可能是帮助他违抗当局命令的某个借口。

让我们暂且换位思考：我们假设两艘法国护卫舰强行闯入泰晤士河，摧毁了蒂尔伯里要塞（Tilbury Fort），目的是支持和帮助法国大使在波特兰大街（Portland-place）的谈判；那么我们就会与虎门炮台被攻打时的中国人感同身受！或者让我们假设一位英国领事甚至连护照都没有，就登陆法国某个从未被允许派驻领事的港口；然后，在合法当局下令离开时置之不理并宣布他不会离开除非被武力胁迫。那么，他被迅速投入公共监狱中的一个舒适的收容所，难道不是必然结果吗？

然而，时至今日，并没有任何个人暴行施加于律劳卑。当事态发展到危急关头，他自己意识到必须投降，他不得不抱怨的全部暴行是，在极度挑衅的情况下（我必须抗议），他既已同意坐船离开，却被羁押在一艘中国小艇上（显然是作为人质），直到接到战舰已退出河道的确切消息。一般情况下发生这种行为，就会被视为一种侮辱。林赛先生称之为"背信弃义"，只要羁押律劳卑作为人质的意图没有被事先声明，就无疑是这样的；但很难认定是"违反了通行安全的庄严承诺"。在一个气候反常的季节里，这次羁押很可能加重了他以前的疾病和精神上的焦虑，以至于，正如林赛先生指出的那样，它"被理所当然地认为即使不是他死亡的原因，也会是加速他死亡的因素"（第3页）。

没人比我对律劳卑所作所为怀有更高的个人尊重，或对他使命的悲哀和不幸结果更为深感痛惜；但是，当我们仅从政府角度和其提出的政策措施等方面看问题，我们就不能被个人情感冲昏头脑，或者被那些情感自然引发的假象所误导，尤其是在当下。我没有发现任何他所实际遭受的侵扰，而这种侵扰是指值得任何人付出健康代价的，或者是如果他幸运地康复了，他自己就会考虑正式投诉的事项。

我认为可以确信律劳卑事件并不是站得住脚的反对中国的理由；并且，考虑到我们的赔偿要求极易获得满足，而他们迄今为了炮台被拆、他们抵抗时士兵被杀以及各种各样对他们法律和领土的小规模侵犯所提出的赔偿要求更为强烈，我们最明智的做法（即使另一方面会卷入与中国的谈判）是彻底忽略掉我们对华交往的这段历史。

值得重视的是：在没有认清自己当前处境时，我们容易狂妄自大。律劳卑宣称（第6页）已被"派做我们君主的代表"。他根本不是国王的代表。严格来说，除了特命大使（Ambassadors-extraordinary）以外，没人被授予那个角色，虽然它常常是大臣和使节们的通俗叫法。但是没有人曾想过授予一位领事或者具有领事职责而略低一级的贸易主管那样的角色。无论如何，对中国人而言，事实就是他根本不具有官方身份。正如我们所看到的，派往其他国家的公职人员在被承认之前，没人可以获取到其任命的权利和特权。身为英国海军上尉（虽然没有任何指挥权）和英国贵族，只要他遵守中国的法律法规，毫无疑问他有权得到相应的尊重和礼遇；但他确实没有官方身份或政府特权。

接下来让我们考察一下律劳卑使命失败的情况。毫无疑问，乍看之下，这是一次相当严重的挑衅事件；而且对于任何侮辱国家荣誉的行为进行报复，一直是一个貌似合理的（有时又是正义的）战争理由。但是，为律劳卑所犯错误进行索赔似乎不是林赛先生所提议的军事远征的主要目的或真正目标之一。他看起来有充分理由将某些更为可靠和实质的东西作为军事行动的战利品（无论如何，这个军事行动将需要国家在装备和行动方面花费相当大的成本）。因此，假如他提议的强硬手段被采纳并证明是成功的，他继续说，"然而依照我的愿望，鉴于我们更为强大，没有什么是比我们应该逼迫他们更为重要的了。我们的全部要求无非是给予我们在两个或两个以上北方港口贸易自由的一个平等通商条约，"——（第7页）。这些无疑都是非常值得获取的目标；并且它们将有助于英国对华商贸的扩张和安全。当以其他理由发动和实施的战争胜利结束时，它们也将是友好谈判的目标，甚至可以凭此创造和平环境。但是对于诉诸战争，——为了获得这样目标而进行军事行动，——通过我们的封锁和禁运给人民带来恐惧和苦难，依靠武力强迫一个独立国家，在我看来，这在现代文明的战争史上是十分可耻和前所未有的。

如前所述，对侮辱我国官员或国旗的行为进行索赔（在被拒绝时予以军事威胁），至少算是一个合理的行动理由；但是带有强迫中国政府准许我们扩张贸易场所这一明确目标的军事远征，我深信，只会玷污我们的国旗和名誉，使得中国政府和人民与我们为敌。我们在宣言中否认一切领土扩张的目的将是徒劳无用的。我们承诺不会"掠夺我们所扣押的商船"（第14页）也是无用的。每一个不幸落入我们手中的中国人（或者以任何方式成为我国"武装干涉"结果的受害者）可以说，并且有充分权利去说，"你们并不比窃贼和海盗好多少；你们阻碍了我们的合法营生；你们给那些从未伤害或冒犯你们的人造成了严重的和可能无法弥补的损害；而且你们做这一切是为了自己私利——根本目的是为你们自己和你们国家赚取不义之财！"

那么，假设我们对律劳卑之死的愤懑，以及扩展和改善我们的贸易，都不能为诉诸所荐措施提供充分的理由；林赛先生的问题（第3页）——"现在该怎么办？"仍有待深思熟虑。

林赛先生问："还会有另一个具有良好秉性与天赋的英国绅士被派往中国，并被要求在他被中国人认可之前，容忍中国人劣根性的一切侮辱？我无法想象有这种可能性。我们是否要继续每年花费超过£20,000来维持在澳门的没有任何确定职责的机构？这似乎同样是不可能的。"这些言论完全是正确的。律劳卑的任命，正如其所发生的那样，无疑是一个错误的决策；再重复一遍就是愚蠢至极了。同样荒谬的是继续维持在中国的昂贵机构，而没有任何希望能够使其目标得到有效实现。因此，我完全赞同林赛先生的第二个明智建议（他稍作了修改）；万一他的第一个建议"武装干涉"被认为不可接受，他就提供这个方案作为替代。他说，（第4页）"我建议立即撤回陛下的所有委员，然后派出一个没有任何权力的人作为海关代表，他唯一的职责是登记船舶证件和副签货单。"他补充说，"这种运作模式会让中国当局非常难堪，他们最渴望在广州看到一些外国头目，目的是（正如他们所说的）'管理和掌控英国侨民的一切事务'；于是，在遇到麻烦或争端的第一时间内，他们就会急切地询问为什么没有这样的头目存在。然后，我们的回答是自然而然的：'这是你们自己的过错；因为，当我们派一个头目给你们的时候，你们对他蛮横无理^①；国王代表^②遭受这样的侮辱，这就冒犯了英国的尊严；因此，没有头目会被派去，除非你们保证给他适当的接待和礼遇。'"

于是，根据林赛先生对中国人性格的认知和经验，我们现在有了一个简单易行、合情合理的计划，即使不能完全满足我们的要求，至少会实现该国政府在任命律劳卑为驻华商务监督时所预期的所有目标。事实上，这不会引起中国人的恐慌；但是以我们对他们性格的了解，可以预计将会产生同样效果——对他们自身利益的合理诉求。（根据林赛先生的说法，）军事行动的负面影响不过是把他们置于一个不确定我们是否会趁着贸易禁运和封锁而敲诈他们的异常难堪的困境中，他们很快就会急于提出他们自己的和解协议。这种情况是不是有点类似于寓言中遭受太阳和风交替影响的农夫与其外套的故事？^③前者可以用温暖的阳光轻而易举地使农夫脱下外套，后者再怎么猛烈的狂风大作都是徒劳无功的！

我不相信我们政府会有丝毫可能去听从林赛先生的第一个建议；但是我确实希望他们会采纳他第二个建议以示对其知识和经验的尊重。

毫无疑问，没有什么会比林赛先生提出的格言在政策上更为明智，或在道义上更加公正，（第4页）"我们不应该与一个拒绝承认的国家建立政治关系，以免受辱"。马戛尔尼勋爵和亚美士德勋爵使团只要严格遵守这一格言的根本原则，即使无助于我们所希望或预想的在华商业利益，至少可以避免背道而驰对利益造成严重的永久

---

① 就等于拒绝了他。

② 相当于一名官员。

③ 译者注：见《伊索寓言》"风与太阳"。

性损害。他们确实没有对谕令措辞或者船旗题字求全责备，但他们坚决反对所有试图使国家荣誉受辱的要求，而这种要求在某种程度上涉及双方是否是对等关系——我们知道，如果他们同意了这种要求，不仅不会促进他们原定目标的实现，而且会进一步恶化广州地方当局侵扰和压迫的风气，从而像玷辱我们国家荣誉一样侵害我们的贸易。

坦白地说，我认为在没有详细训令的情况下，如果派遣第三个使团前往中国，他们很有可能会以灵活的手段，避开那些阻挠前面两个使团致使所有谈判无望的困难；并且会在维护国家荣誉的同时，促进我们的国家利益；但是我确实非常不推荐去做这样的尝试。倘若第三个使团被指派，那就不仅仅需要一个非常娴熟的领导者，而且他还必须获得广州英侨商团的充分信赖和协助，并为其利益进行抗争。暂且不考虑命名为大使的风险，他除了具备独特才能之外，还需具有各种优秀品质以胜任他非常特殊的公职——他有可能通过缓慢而稳步的普通谈判推动和平进程，然而在广州的大多数英侨团体，都支持林赛先生的好战观点；正如我所相信的那样，他们会迫不及待地期望他使用武力解决外交方面的棘手问题！

林赛先生的小册子中还有一两个观点值得关注。虽然他是一个大规模海战的鼓吹者，但需要特别指出的是"他绝对不主张占领沿海哪怕是最小的岛屿"（第3页）。除非作为最后手段，否则没人会提倡这样的措施；不过当我们考察沿海有多少岛屿未被中国政府行使任何管辖权，而且在原住民一致允许和友好亲善下很容易被占领时，如果确实有这样的岛屿（我们还记得葡萄牙人最初占领澳门岛时也是这番情形，而不是像传说的那样历届中国当局均正式割让了澳门），尤其是考虑到要在众多岛屿中建造仓库（还必须预见类似于被捕获船只的船员可能会登陆的情形）（第10页），就确实要极度谨慎而又言辞含糊地否认任何这样的企图。林赛先生反对占领岛屿，因为"这样的措施会对纯粹贸易往来的扩展（这将对两国均有利）产生相当不利的影响，也可能会导致无法预知的后果"（第8页），这是极有可能的；但这也正是该建议（为了禁运和封锁，舰上要有一定数量的海军陆战队员）被反对的原因。仅仅为了避免直接的军事冲突（即使作为最后手段），在英国商业已经完全受到中国大陆影响的情况下，我冒昧地建议（详见我在下议院提出的议案），我们应该努力将贸易建立在"沿岸某个不在中国管辖范围内的远离侵扰和压迫行为的海岛上"，而不是试图通过武力强行在大陆建立我们的据点。从这个主张获得广泛认可来看，我认为我没有理由动摇。

林赛先生与《评论季刊》评论员公开辩论的问题中，涉及某些中文词汇的真实含义；这些词汇用于指代外国人，被翻译为"蛮夷"（Barbarians）和"番鬼"（Devils）。我必须声明，我同意评论员的意见，无论如何，这首先是一个错误的翻译。由于"番鬼"这个中文词汇，从未出现在官方文件中，因此当中国人使用这个词时，究竟在多大程度上他们真的把我们当作某种恶魔之类的东西，这是毋庸讨论的。[1] 至于"夷"[2] 这个术语，被翻译为"蛮夷"，我完全不能确保这是用于指代外国人的最为体面的称谓；我认为可以把它当作中国对我们存有善意一个象征，无论何时它被放弃使用，就一定会

---

① 译者注：陈胜粦在《广州番鬼录》中译本序言中指出："'番鬼'是当时广州人对侨居广州的外国人的贬称。它起源于16世纪初期，刚刚到达中国的葡萄牙殖民者，在广州沿海的掠夺和暴行，引起人民的痛恨，因而被称为'番鬼'。本书也提到，外国人被看成一些'难以驾驭的番鬼——好斗、野蛮、吵闹的人'。可见这一称呼主要是西方殖民者在广州人民心目中的形象造成的，不能单纯以排外或时代偏见作解释。广州人民反对的是西方资本主义的侵略，对一般西方人士是友好的，书中不乏这样的事例。"（亨特，《广州番鬼录·旧中国杂记》，第3页）

② 译者注：原文音译为"E"。

有一个更为体面的称谓来替代。我只不过认为，直接赋予它具有辱骂含义是错误的；同时，这种赋予这些词汇以最傲慢无礼的感情色彩的做法，自然会扩大我们和中国人之间的隔阂，我觉得越早放弃越好。

林赛先生抱怨说，《评论季刊》评论员曲解了他的观点；但是他只是引用自己的话，来证明他认为"不管我们是否有充分理由反对这个词汇，一些令人尊敬的汉学家已经开始怀疑他们的看法了"。在这些杰出的汉学家中，绝对不能忽略已故马礼逊博士本人，虽然评论员错误地认为他的观念与其相反：关于"夷"这个字，在已故马礼逊博士的字典里是这样解释的：——"在东方的外国人；——外国人的统称；'夷'字符由大（ta，意为巨大）和弓（kong，意为弓箭）组成，引喻外国人在东方使用的一种大弓。夷人金（E jin），一个外国人；夷船（E chuen），一艘外国船。"（卷1，第131页）字典里还随附了其他各种含义；但是没有一个具有哪怕一丁点"野蛮的"或"野蛮人"的含义。

林赛先生说他可以引用孔子（Confucius）的许多言论来诠释"夷"字具有后面这种含义。虽然中国人并不是一个善变的民族，但是使用一位活跃于两千多年前的作家曾用过的含义来阐释一个词在现代语境中的意思，就必须对汉语的一成不变充满巨大的信心。不过，根据林赛先生所述，孔子究竟说了什么？——"夷"这个术语"指的是化外之人，通常带有贬义"（第9页）。因此，根据孔子的说法，我甚至可以声称"外国人"是更好的词汇。"蛮夷"从未被我们用于指代"帝国之外的那些人"；而且并非只是大多数情况如此，而是一直用于贬义。

林赛先生还引述了中国文学家苏东坡（Soo-tung-po）的言论（第10页），在我看来无非就是说明了苏东坡对待外国人的态度是鄙夷的；并且在其认知中，他是正义凛然的。他说："夷狄不可以中国之治治也。譬若禽兽然，求其大治，必至于大乱。先王知其然，是故以不治治之。治之以不治者，乃所以深治之也。"① 我不得不说，即使在这个国家和当前时代，有些人也像苏东坡一样，往往担心"政府的开明治理"可能会以"大乱"告终。

在这里，我同样必须对"夷目"这个荒谬的词语提出异议。这个翻译为"眼睛"的汉语名词，在马礼逊博士的词典中是这样解释的：——"目（Moo 或 muh），眼睛；代指——领头或负责的人。"现在，当这个侮辱性绰号被两次三番地用于称呼律劳卑时，其主观意图是很明显的；所以，事实上，他的头衔被译为"洋人监督"（Foreign Superintendent）是相当合理的。除了出现在公文中以突出厌恶和鄙视之意外，"夷目"这个词语已经广受嘲讽和谴责，因此很难找到使用这个称谓的充分理由。无论如何，我都不会将那种厌恶和鄙视之意归咎于译者，而只是做纯粹的分析，那就是如果仅限于用在那些只会让人嘲笑中国人无知或荒谬的场合，那么这个带有"滑稽讽刺"意味的译词就可能是无伤大雅的；但是当它在我们商人和地方当局之间产生或增加了敌意，并用臆想的受辱激发了商人们心中的愤怒（这愤怒只能用战争和武力才能平息）的时候，再怎么严厉的谴责都不过分。不幸的是，中国人在谈及外国人时经常使用无礼和侮辱性的言辞；我不主张在事实发生时掩饰它：但是在我看来，"夷目"这个称谓对于原词本义而言被完全曲解了。

在结束对林赛先生作品的评论时，我相信没有必要专门声明，我无意以任何方式去歪曲他的观点或者比他自己更加强化他的任何陈述或意见。我在每一个例子中都引述了他的言辞：同时我意识到

---

① 译者注：见苏轼《王者不治夷狄论》。

只言片语（引述时不可避免地与它们被写的顺序不同，而且没有对它们所涉事件予以解释），未必总能完整准确地表达出原作者的观点；因此，我希望读者在心中判断我们之间争论的问题时，要体谅我的学术水平。

　　由于写作上述内容，我看过一本小册子，名为《英国对华贸易现状和展望》，作者是马地臣先生，一位与贸易紧密联系的非常体面的绅士。对于武装干涉中国的问题，该书似乎持以强硬立场，与林赛先生的那些观点在本质上十分相似，只不过是用了更大篇幅进行探讨。然而，迄今为止，正如我快速浏览该书后断定，我从中没有找到任何东西可以促使我修改或变更前面所写的评论。

　　马地臣先生大费笔墨描述了中国国民性格的缺陷，以及他们政治和商业制度的弊端。我当然也不会与其辩驳。在人生中相当长的一段时间里，我有大量时机目睹这些祸害，同时我在中国期间为了维护职责范围内的国家权力和利益而竭力对抗他们；而且（我希望）并非完全没有作用。对于这些祸害，（正如马地臣先生令我荣幸地引用了我的话）我总是乐于承认并谴责。尽管如此，我认为在我本人自 1800 年至 1817 年旅居中国期间，那里的英国贸易和英国商人，享受着（偶尔曾有例外）与那些我们已签订条约和其他给予我们更高权利的国家进行贸易的同样多的切实安全和客观繁荣。我相信大多数与我同期在华的人，当他们平和、冷静地思考这个问题，将会同意我的观点。偶发的例外事件主要是在政治性谈判时贸易暂停，总的来说，17 年内不超过几个月的时间；而且，必须承认，部分原因来自我们自己的不当行为。当我们回想起对中国人的严重挑衅时，比如 1808 年武力侵占澳门和随后一些皇家舰队在中国海域的违规行为，甚至在 1814 年企图驱逐在中国当局保护下碇泊黄埔的美国商船，也许可以发现，英中之间为申冤而各自进行索赔，我方索赔数量并不太大。

我们的"牢骚不满"（正如它们被称作的那样），除了在我居留该国期间的一次外，从未招致中国人真正极端的做法。那次我们确实降下了曾长期飘扬在商馆上空的英国国旗和认真考虑最终放弃我们在中国大陆地位的必要性；但这是我们"最后的手段"。我相信在那个时期没人会（哪怕是在中国或者在印度的最激进或最好战的英国侨民也不会）在任何情况下考虑诉诸武力，除非为了自卫。以下手段并不需要：英国在华大班和委员会在那时拥有配备大约3000人的20艘全副武装的船只，并在其自由管控下；而且如果他们想要进行一次被称为"权宜之计"的军事威胁，他们肯定能找到相应手段去执行他们指令。很难说会对企图在那时恐吓他们的中国人造成什么影响。那是特别有利的一次，而且类似情况很可能永远不会再有；原因是那时在中国海岸，除了我们英国旗帜以外没有其他国家的旗帜存在，或者能够公开存在：欧洲尚未恢复和平，我们和美国之间的战争刚刚爆发。恫吓方案从未被采用，甚至没有被考虑过，——只因为它们本来就是完全不公正和不合情理的。

如果英侨团体像他们在1814年那样，再次被迫撤出广州；而且他们的谈判代表没有被中国当局要求返回并恢复其职能（正像我那时一样，马地臣先生在第44页也有谈及），毫无疑问，在这种情况下，他们将被迫考虑选择另外一个地点的必要性。如果新加坡被当作转口贸易港而被认为太过遥远，那么有无数个具备航行和商务一切便利条件（不仅没有竞争，而且在实际运作时不会遭到任何权力的侵扰）的中间岛屿可供被占领；我赞同马地臣先生所引评论的公正性（第69页），"如果中国人确信受到保护，他们会毫不犹豫地与外国人进行贸易"；而且，这样的一个中间站"在这种情况下，将会成为东方最繁华的地方之一"。

　　我发现马地臣先生的著作（第 52 页）中提到，来自中国当局的邀请（披露了地方官的要求中包括任命商务监督），是一份两广总督致行商的谕令，要求"仍酌派晓事大班来粤，总理贸易"。这份公文如果证明了什么，则实际情况恰恰与之相反；原因是它证明了中国人并没有预料到国王会任命一名主张新的权力和特权的官员；但是中国人的期望和要求是，尽管东印度公司贸易和特权被废除，对政府（中国当局）而言，广州贸易事务仍需"如常"进行。

乔治·托马斯·斯当东

德文郡街，1836 年 3 月 28 日

六、翻译感言

　　1836 年，谁也没有想到改变中国乃至世界格局的第一次鸦片战争将在四年后遽然爆发。这一年，詹姆士·马地臣出版《英国对华贸易现状和展望》一书，从在华英商角度详细分析 19 世纪初英国对华贸易状况，尖锐批判清政府的广州贸易体系，严厉抨击英国东印度公司长期采取的妥协政策，重点阐述英国工商界普遍期望政府采取对华激进政策，并毫不掩饰地鼓吹战争；而号称"中国通"的乔治·托马斯·斯当东为了驳斥马地臣等人的观点，出版《英中关系评论暨改善方案》一书，重新解读英国对华贸易状况，认为战争不是解决问题的最佳方案。这两本意见相左的小册子代表了当时英国主流社会的两种思潮，对社会舆论走向起到了巨大的推动作用，也从不同侧面揭示出 19 世纪初期中英关系的复杂形势。然而这两本总

计不足 6 万字的小册子，却在长达 180 多年的历史时光里，始终没有被翻译成中文。究其原因，一方面是由于马地臣、小斯当东所处的 19 世纪初期，英语词汇没有现代英语丰富，文中含有部分中古英语，与现代英语语义差别较大、语言习惯也有所不同，所以翻译难度较大（2012 年剑桥大学出版社纽约分社重新出版马地臣小册子时声明："原著内容和语言反映了那个时代的观念、做法和术语，出版社没有进行更新"）；另一方面是由于国内外对马地臣等人关注度不高，对在华散商的研究长期匮乏，导致这两本小册子一直无人问津，几乎湮没于史海。

为了深入挖掘这两本小册子的史料价值，2016 年 7 月我开始着手翻译，2017 年 3 月完成初译。2017 年 12 月由于自感译稿言辞晦涩、条理不清，为避免贻笑大方，便重新翻译，至 2018 年 5 月完成重译。虽然日常工作繁重导致翻译时断时续，但我从未放弃，其间遇到生僻之词或广询专家学者，或穷究双语词典；对于语义难解之处，则反复推敲、再三斟酌。前后累计历时 15 个月、翻译两遍，译文终于得以完整呈现。

我深知此版译义仍然不甚理想，对于翻译的三重境界"信、达、雅"而言，也许只是初步符合"信"的标准。因此真诚期待方家读者指正，以待将来再行修订。

袁峰

2018 年 5 月 13 日

从鸦片到议会

——马地臣和渣甸（下）

袁　峰◎著

线装书局

下部　『铁头老鼠』——渣甸

第一章　外科医生

1784 年 2 月 24 日，威廉·渣甸出生于英国苏格兰南部的一个叫博德霍姆[①]的农庄。这个农庄位于丹弗里斯郡洛赫梅本镇[②]附近。渣甸的父亲是安德鲁·渣甸[③]。安德鲁·渣甸共有 7 个子女。渣甸是安德鲁·渣甸的次子，排行第四。

1793 年安德鲁·渣甸去世。此时渣甸年仅 9 岁，不得不依靠兄长大卫·渣甸资助读书。1800

渣甸（William Jardine）

年至 1801 年间，渣甸就读于爱丁堡医学院，学习解剖学、临床和产科课程。

---

① 博德霍姆：Broadholm。

② 丹弗里斯郡：Dumfries shire；洛赫梅本：Lochmaben。

③ 安德鲁·渣甸：Andrew Jardine，1740—1793 年。

一、第一次前往中国（1802 年）^①

1802 年 3 月 2 日渣甸取得爱丁堡皇家外科学院（Royal College of Surgeons of Edinburgh）的医学毕业文凭。随即，年仅 18 岁的渣甸前往伦敦，通过关系找到托马斯·纽特（Thomas Newte），请他帮忙推荐工作。此时纽特是英国东印度公司几艘商船的船东，正巧其名下的"布伦兹维克号"（Brunswick）商船缺少一名船医助理^②。

3 月 15 日渣甸正式成为"布伦兹维克号"的助理外科医生，获得了英国东印度公司预支的双月薪水 5 英镑。这是他平生第一份工资，虽然与他日后的财富比起来，每月 2.5 英镑的薪水并不丰厚，但对出身卑微的渣甸来说，这已经足以让他欣喜一段时间了，何况还有随船"优待吨位"可供从事私人贸易以增加收入。

英国东印度公司为了鼓励职员参与远洋航行，将货舱吨位划分为公司吨位和私人吨位。公司吨位只能装载东印度公司货物。私人吨位则作为"优待吨位"提供给随船人员。船长、船员、船医都可以利用"优待吨位"随船携带私人货物，在不影响公司基本利益的前提下从事个人贸易。这样的公私兼顾，激发了职员的责任心、进取心和紧迫感，有利于远洋船只快速、安全地抵达目的地。英国东印度公司规定船长出航时"优待吨位"为 56 吨，返航时为 38 吨；船医往返程的"优待吨位"均为 3 吨；船医助理往返程的"优待吨

---

① 本章主要参考文献：罗伯·布雷克著，张青译：《怡和洋行》，中国台北时报文化出版企业服务有限公司 2001 年版，"第三章 渣甸与马地臣"，第 29—35 页。

② "布伦兹维克号"商船载重 1200 吨，从 1793 年起就承担英国东印度公司的中英远洋运输。一般来说，英国东印度公司来华商船需配备两名医生，而英印散商船和美国商船却很少配备随船医生。

位"均为 2 吨。配额虽少，但对渣甸来说，这是积累商业经验的好途径。而且以渣甸的机敏和灵巧，完全可以将那些对做生意不感兴趣的船员的"优待吨位"借为己用。

3 月 27 日英法签订《亚眠合约》(Treaty of Amiens)，双方暂时休兵，大西洋海面战争停歇。3 月 30 日"布伦兹维克号"与东印度公司"格拉顿号"(Glatton) 商船，连同另外一艘船结伴起航，前往中国。渣甸的冒险生涯开始了，这是一次蕴含机遇和充满未知的人生首航，也是渣甸日后飞黄腾达的起点。

中途时，"布伦兹维克号"一个船舵发生故障，暂停在巴西的一个港口进行维修。8 月 7 日"布伦兹维克号"抵达爪哇岛与苏门答腊岛之间的巽他海峡。休整 4 天补充新鲜食物和饮用水后，"布伦兹维克号"扬帆起航，顺着西南季风不久就进入中国南海。9 月 4 日"布伦兹维克号"抵达澳门。9 月 7 日"布伦兹维克号"碇泊在距离广州城 20 公里处的指定停泊处——广州外港黄埔港。经过 6 个月的远洋颠簸后，渣甸第一次到达广州。多年以后，在这个帆樯林立的东方港口城市，渣甸最终找到了能够让他"扬名立万"的人生舞台。

随后，"布伦兹维克号"卸下货物到驳船，转运广州内港。船长、船医也都转乘小艇前往英国东印度公司驻广州商馆。渣甸则在大部分时间里驻留在黄埔船上，照顾船员的健康。渣甸十分珍惜难得的前往广州商馆的机会。在少数几次前往广州委托销售"优待吨位"的私人货物时，渣甸结识了对他后来经商十分重要的两个人："格拉顿号"商船的资深船医托马斯·威亭(Thomas Weeding) 和"里德·比尔行"的合伙人查尔斯·马格尼亚克。渣甸与托马斯·威亭、查尔斯·马格尼亚克通过此行开展了初次生意往来，为以后长期深度合作奠定了基础。

1802 年 11 月 29 日"布伦兹维克号"在黄埔碇泊了六个星期后，

满载茶叶启程离开广州，并在伶仃洋与其他商船汇合，趁着东北季风，扬帆穿越南海。12月19日"布伦兹维克号"驶过巽他海峡。

1803年2月1日"布伦兹维克号"商船绕经好望角。这一时期，由于英法双方均没有完全遵守《亚眠合约》，不履行合约规定的义务，大西洋海面重新笼罩着战争阴云，战事一触即发。为了安全起见，2月15日"布伦兹维克号"停泊在圣赫勒拿岛[①]。随后在英国皇家海军"罗德尼号"主力舰护送下继续航行。4月25日"布伦兹维克号"抵达英国格林海斯[②]并在长堤（Long Reach）处碇泊，渣甸有惊无险地结束了第一次远洋航程。这次远洋航行长达13个月11天，接下来渣甸享受了十个月的陆上假期。

二、第二次前往中国（1804年）

1803年秋天，"布伦兹维克号"船医退休，渣甸由船医助理提升为正式船医。

1804年2月26日"布伦兹维克号"作为运输舰，与另外2艘运输舰、5艘东印度公司商船，在英国皇家海军护送下起航。"布伦兹维克号"负责载运英国皇家第六十六军团前往锡兰[③]。此时渣甸已是正式船医，因此"享有一间帆布舱房及一名仆役，同时有权在后甲

---

① 圣赫勒拿岛：Saint Helena，南大西洋中的一个火山岛，隶属于英国，1815—1821年拿破仑在该岛流放直到去世。

② 格林海斯：Greenhithe，英格兰肯特郡（Kent）的一个小镇，靠近格雷夫森德港（Port of Gravesend）。

③ 锡兰：即今斯里兰卡，位于印度洋上的岛国。

板的顶风面走动"①。而且渣甸每医治一名生病士兵，就可获得十先令的报酬。

7月17日"布伦兹维克号"抵达锡兰亭可马里港②，英国皇家第六十六军团在此离船登岸。随后"布伦兹维克号"前往马德拉斯③装载印度产的棉花，并在海军舰队护送下驶往中国。但在途经南海时，"布伦兹维克号"遭遇台风猛烈袭击，所幸没有船货损失。

10月13日"布伦兹维克号"在珠江水域一度搁浅，随后很快脱险。此后在黄埔碇泊的2个月时间里，"布伦兹维克号"卸下印度棉花，装上新购的中国茶叶。

1805年1月8日"布伦兹维克号"与7艘前往英国的东印度公司商船、7艘前往印度的港脚船，在英国皇家海军的护送下离开中国。

启航不久，"布伦兹维克号"的船舱开始灌入海水。原来1804年10月搁浅珠江时，"布伦兹维克号"船体曾受到损坏，只是当时没有检查出来。"布伦兹维克号"船长卢多维克·格兰特（James Ludovic Grant）只好改变航运计划，指挥"布伦兹维克号"前往印度孟买进行维修。在孟买，格兰特船长一边安排维修"布伦兹维克号"，一边全部卸下所载茶叶，改由另外一艘东印度公司商船运往英国。渣甸也将私人货物交由该船转运。同时，格兰特船长还购入大量印度棉花，计划在修复商船后，抢在中国市场上印度棉花大量进口、价格下跌之前赶到中国牟利。

1805年7月1日"布伦兹维克号"未等船队集结完毕，就在没有英国海军护航的情况下独自起航前往广州。这趟行程中，渣甸认

---

① 布雷克，《怡和洋行》，第31页。

② 亭可马里：Trincomalee，位于锡兰（今斯里兰卡）东北部，坐落在苏伊士运河至马六甲海峡的黄金航线上，是世界第五大天然良港。

③ 马德拉斯：Madras，即今金奈（泰米尔语称为"Chennai"），位于印度东南部。

詹姆塞特吉·吉吉博伊
（Jemsetjee Jeejeebhoy）

詹姆塞特吉·吉吉博伊和
他的中文秘书（钱纳利绘制）

识了随行的一位印度商人詹姆塞特吉·吉吉博伊。日后渣甸成为自由散商，与常驻孟买的吉吉博伊结成紧密合作关系，并成为终生挚友。

7月11日"布伦兹维克号"在锡兰加勒①遭遇两艘法国战舰，格兰特船长才明白仓促起航的决定是错误的，于是弃船逃跑。法国舰队李诺瓦上将俘虏了渣甸、詹姆塞特吉·吉吉博伊和其他船员。大部分船员被转移到法军主力舰"马伦戈号"（Marengo），渣甸被留在"布伦兹维克号"上。"马伦戈号"押送"布伦兹维克号"驶往好望角。

8月29日"马伦戈号"和"布伦兹维克号"抵达西蒙湾②。此时正是南非隆冬时节，暴风雨将"布伦兹维克号"的锚链扯断。"布伦

---

① 加勒：Galle，位于锡兰（今斯里兰卡）西南部，处于印度洋腹地。

② 西蒙湾：Simon Bay，位于南非开普半岛（Cape Peninsula）东部。

兹维克号"最终撞岸沉没，所幸渣甸和其他船员及时获救。渣甸等人被送往开普敦后，李诺瓦上将释放了他们，并允许渣甸等人乘坐中立国美国的商船返回英国。

渣甸等人途经圣赫勒拿岛时，正好遇到英国海军"豪尔号"战舰。此时"豪尔号"正搭载着已于 7 月 30 日卸任的前英国驻印度总督理查德·韦尔斯利 [①]。渣甸等人便搭乘"豪尔号"战舰一同返回英国。

1806 年 1 月下旬，"豪尔号"抵达泰晤士河。此次航程，往返近两年时间，渣甸经历了惊涛骇浪、台风肆虐、帆船搁浅、法军俘虏、船只沉没、获救获释、搭乘美舰、巧遇印督等一系列惊心动魄的冒险旅程和意外事件。这段危险而又漫长的航程，让渣甸经受了生死考验。这些挫折和磨炼，让渣甸的性格更加坚韧、意志更加顽强。屠格涅夫说："一个人的个性应该像岩石一样坚固，因为所有的东西都建筑在它上面。"渣甸的性格十分坚毅和强硬，这让他在以后的经商生涯中克服了无数难以想象的困难。

但现实问题是，这趟航程使他损失了 40 英镑的薪水。原因是英国东印度公司认为船员的薪水来源于航运利润，如果航运没有利润，船员就没有薪水。只要是船只沉没，不管天灾还是人祸，所有船员的薪水一律没收。所幸东印度公司对已经预支的薪水不予追回，还会提供一定的慰问金；再加上去程时看护士兵所得报酬，渣甸此行共获得 175 英镑的收入。

---

① 理查德·韦尔斯利：Richard Wellesley，英国人，第二代莫宁顿伯爵（The Earl of Mornington），曾任英国驻印度总督（1798 年 5 月 18 日至 1805 年 7 月 30 日），是著名军事家阿瑟·韦尔斯利（威灵顿公爵）的兄长。

三、数次前往中国（1806—1817 年）

1806—1817 年，渣甸又进行了 5 次前往广州的远洋航行。其中有 4 次是处于英法战争期间。为确保安全，每次渣甸随英国东印度公司"格拉顿号"商船出航，都会有英国皇家海军护送。

1806 年考虑到法国海军实力弱于英国海军，拿破仑决定放弃登陆英国，而采用封锁手段对付英国，试图从经济上拖垮英国、从政治上孤立英国。11 月 21 日拿破仑签署《柏林敕令》，宣布实施对英国大陆封锁制度，以阻止英国对外贸易的发展。《柏林敕令》宣布封锁不列颠诸岛；法国及所有盟国，不得与英国发生贸易关系，而且要断绝一般来往；在法国统治下的欧洲各国居住的英国侨民，一律被宣布为战俘；所有英国的货物和商船，全部没收。拿破仑又于 1807 年 1 月颁布《华沙敕令》、1807 年 11 月和 12 月两次颁布《米兰敕令》、1810 年 10 月颁布《枫丹白露敕令》。这一系列敕令加强了对英国的封锁，而且对法国、意大利、瑞士、荷兰和莱茵邦联都具有约束力。

由于法兰西联合舰队在 1805 年特拉法尔加（Trafalgar）海战中精锐尽失，从此一蹶不振，英国的海上霸主地位得以巩固。所以虽然拿破仑采取了大陆封锁制度，一度给英国造成了严重困难，但英国采取了相应的反封锁措施，并进行大规模的走私活动，最终使得拿破仑的大陆封锁体系瓦解。1815 年 6 月拿破仑二次退位后，法兰西第一帝国告终，欧洲恢复和平。这十年间，在英国强大的海军力量保护下，渣甸的航程总体来说有惊无险。

最为危险的一次是 1809 年。当时伶仃洋面海盗势力强大，2000 多艘海盗帆船一度逼近珠江口。在澳门的渣甸等欧洲商人无法在贸易季节里前往广州，只得到英国东印度公司武装商船上寻求保护。

1816 年渣甸随英国东印度公司"温德海号"（Windham）商船前往广州。这是渣甸作为船医的最后一次远航，此时渣甸往返程的"优待吨位"已经达到 7 吨。同年 2 月 8 日英国政府派出阿美士德使团访华，试图商讨扩大中英贸易、开放中国门户事宜。7 月初阿美士德使团抵达广州，由于担心受到广东当局的阻拦，便没有停留，继续通过海路前往天津。访华任务失败后，阿美士德使团经大运河南返广州。1817 年 1 月 28 日阿美士德使团在澳门登船返回英国。

阿美士德使团南返广州逗留期间，渣甸正在广州。常理上讲，渣甸应该在英国东印度公司广州商馆见到了阿美士德勋爵。即使没能见上一面，也必然听说了阿美士德访华这一重大事件的基本情况。英国人在与清政府长期交往过程中得出结论：屈服只会导致耻辱，要想与地方当局对等谈判无异于天方夜谭。遭受屈辱的阿美士德等人必然无法掩饰武力对抗中国的决心。可以设想，年轻的渣甸在听闻阿美士德在北京的遭遇后，思想开始认同英国扩大对华通商只能采取武力手段，而非外交谈判。这为 20 多年后渣甸向英国政府鼓动对华战争提供了最亲身的体验和最真实的范例。

渣甸乘坐"温德海号"返航英国时，途经南大西洋中的一个火山岛——圣赫勒拿岛。该岛距离非洲西岸 1950 公里，距离南美洲东岸 3400 公里，孤悬海中，属于英国东印度公司管辖。在 1869 年埃及苏伊士运河通航之前，圣赫勒拿岛是欧亚之间尤其是欧洲到黄埔口岸远洋航线的重要中继站。1815 年拿破仑在滑铁卢战败后，被流放到该岛。英国东印度公司从黄埔口岸出口茶叶、瓷器等货物返回英国途中，会路过圣赫勒拿岛，为囚禁中的拿破仑提供中国产品。英国东印度公司还曾从黄埔口岸偷运数百名广府"苦力"到圣赫勒拿岛充当建筑工人、花匠并供拿破仑役使。拿破仑对来自黄埔口岸

渣甸（William Jardin）

的劳工一直赞不绝口。

　　此前渣甸曾多次途经圣赫勒拿岛，但此次不同，因为此时拿破仑正被监禁在岛上。暂无史料证实渣甸曾有幸拜会过拿破仑，毕竟此时渣甸只是一名地位低下的船医，谨慎刻板的圣赫勒拿岛总督哈德逊·洛夫未必会让渣甸登岛。即使渣甸登岛，拿破仑也未必会屈尊接见。虽然目前暂不清楚渣甸此行细节，但历史却明确记载了另一个重要事件：1817年7月1日在圣赫勒拿岛朗伍德别墅的客厅里，拿破仑接受了访华失败后从黄埔港返国途中的英国使节阿美士德的慕名来访。拿破仑认为阿美士德应该入乡随俗，尊重中国的觐见礼节，并说出了也许是他一生中最后的名言："中国是一头睡狮，当它醒来时，全世界将为之震动。感谢上帝让它继续睡着吧！"

　　1817年5月25日渣甸回到英国。为了追求更多的财富，33岁的渣甸决定彻底放弃医生职业，不再从事船医工作。从1802年至1817年，渣甸作为船医往来中英之际，正是广东地区天花肆虐的时期，也是西方牛痘技术向中国传播的初始时期，但目前没有史料显示渣甸曾向中国积极传授过种痘等西方医疗技术。渣甸弃医从商后，英国少了一名外科医生，国际上少了一名中西医学交流的先驱，中国沿海却多了一名鸦片贩子和战争吹鼓手。"天使"与"恶魔"的界

限，似乎就在一念之间。德国哲学家康德^①曾经说过：世界上只有两
样东西让我敬畏，一个是我头顶的灿烂星空，一个是我心中永恒的
道德法则。但对于日后被广州当地人称为"铁头老鼠"的渣甸而言，
经过 15 年的船医生涯，星斗阑干的夜空、惊涛骇浪的大海早已稀松
平常，无法让他敬畏；而在金钱的诱惑下，现在连遥远帝国的严刑
苛律和心中的道德法则，也不再让他敬畏了。

---

　　① 康德：Immanuel Kant，伊曼纽尔·康德，1724—1804 年，德国哲学家、天文学
家，星云说的创立者之一，德国古典哲学的创始人，德国古典美学的奠定者。

第二章　港脚贸易

你熟悉这片土地吗，
满地是南京布和茶箱，
又充斥着肉桂、大黄和樟脑？
苦力散发着臭气的脚常在行里践踏，
他们包装武夷茶的方法会使人大为吃惊？

你熟悉这片土地吗，
你只是做徒劳的努力，
出售你美丽的长袍或交换你的棉纱？
当你心烦意乱，到你如此清醒，
发觉你的利润全都变成了"沙"① ？

你熟悉这片土地吗，
麻醉品交易畅旺，
棉花和槟榔流行无比？

---

① 按：规礼，外国人译作 Cumsha，也可译作金沙。

巴特那和马尔瓦①是每一个故事的主题，
生活中的每件轶事，是庄严或是放荡？

你熟悉这片土地吗，
美女得不到命运之神的保护，
只有凋残？
妇女是奴隶，受到暴君的抛弃，
她们悲叹唯一的光洁宝物，并非已有？

在这里，
本来用于表达夫妇间的温情
或对爱人的挑逗的嘴唇；
是否不用于倾诉她们的柔情爱意，
而全用于发泄吸烟的刺激？

这是我们居住的土地——它勇敢、创造和宝贵
将使普天之下感到羞耻；
她的历史由于她的圣人和名将②的名字
而辉煌灿烂，傲视大地；

这里的茶叶是一服饮啜的良剂，
连帝王也屈尊降贵；（他们如此，谁不效尤？）
他们亲视炉火煎煮，

---

① 按：巴特那旧译八达拿，马尔瓦旧译麻洼，均为印度鸦片产地。
② 按：原注为孔子和孔明（公元 3 世纪的名将）。

写下了"瓦壶之傲"的散文颂歌。

最美的花地①到处是花圃，
万花芬芳，随风摇曳，
清香与彩色，荫满楼台，
或缠绕着老树的藤蔓；

那些充满鲜花和芬芳的土地，
虽已全都离开我们。
是否需要这种韵律，
使我们回忆对那里所产生的深情厚谊？

再见了，茶箱；
迎风扬帆，并责备我们的耽延；
现在到了离别时，低声说"请，请"，
可怜的"番鬼"，全都舍不得离开！②

　　　　　　　　　　　　——威廉·伍德

　　1802 年到 1817 年，渣甸通过随船"优待吨位"从事私人贸易获得了可观的财富，也为将来跌宕起伏的商业生涯积累了丰富经验。1802 年首次到达广州的渣甸就开始与"格拉顿号"船医托马斯·威亭进行业务合作。1805 年威亭放弃船医职业，在伦敦转行做了商人，

---

　　① 　按：原注：广州附近有名的花园，外国人常往游玩。
　　② 　威廉·伍德写于广州十三行商馆。转引自《广州番鬼录·旧中国杂记》第110—112 页。

此后还创立了"老南海行"（Old South Sea House）。渣甸曾短期顶替过威亭的船医工作。在以后的合作中，威亭常驻伦敦，为渣甸销售随船携带的私人货物，也为渣甸提供欧洲市场资讯。威亭弃医从商的行为在一定程度上影响了渣甸的人生道路。

1818年8月威亭致信英国东印度公司，希望公司同意他派渣甸前往印度，作为"老南海行"的印度代理人。东印度公司一开始拒绝了他的请求。原因是虽然英国政府已于1813年向散商即自由商人全面放开印度贸易，东印度公司与英印散商之间不再维持特许关系，但渣甸要真正成为散商，还必须有东印度公司董事的提名。后来幸好有一个新进董事约翰·桑希尔（John Thornhill）愿意提名渣甸为自由商人，渣甸才正式成为一名散商。

1818年11月渣甸和威亭决定与孟买的巴斯商人化林治·加华治（Framjee Cowasjee）合伙，建造一艘名叫"莎拉号"（Sarah）的飞剪船。1818年12月渣甸离开伦敦，1819年初抵达孟买。这是渣甸第二次到达孟买。此后直到1822年，渣甸一直常驻孟买，成为"老南海行"及其他几间小商行的代理商和小股东，并与伦敦的威亭、孟买的加华治合作贩卖鸦片。加华治在孟买负责收购鸦片；渣甸使用"莎拉号"在中国沿海从事鸦片走私销售；威亭则在伦敦办理渣甸的欧洲生意。

1819年秋，渣甸在孟买再次遇到詹姆塞特吉·吉吉博伊。詹姆塞特吉·吉吉博伊是巴斯人，热衷于经商。他在此后的经商生涯中通过与渣甸等人紧密合作贩卖鸦片成为富甲一方的大富豪。由于他十分慷慨，又成为远近闻名的大慈善家。1820年5月，渣甸与马地臣在印度孟买首次相遇，但没有开展合作。1821年渣甸花费大量白银贿赂英国东印度公司特选委员会成员一起走私鸦片，这种行为在1822年遭到了伦敦董事会的申斥。

1822 年渣甸在广州设立了代理商行，并决定在每年 10 月至 3 月的贸易季里常驻广州商馆，非贸易季就在澳门居住。渣甸除了走私"公班土""白皮土"，还曾经营过少量来自土耳其的"金花土"鸦片。这一年渣甸卖出 649 箱麻洼"白皮土"，赚了 81.3 万银圆。同年，广州十三行附近一家饼店失火，波及商馆区。大火连续烧了两日，多间商馆和大量货物财产被烧毁，据说四千万两白银化为乌有，史载"洋银熔入水沟，长至一二里"。但目前史料中难以找到渣甸和马地臣在此次火灾中遭受重大损失的记载。

此时，渣甸遇到人生中一次极为重要的机遇。1824 年"查尔斯·马格尼亚克行"的查尔斯·马格尼亚克因病要离开广州归国。而该行合伙人霍林沃思·马格尼亚克身在伦敦，另一个合伙人丹尼尔·马格尼亚克因为要同他的印度女友结婚，对公司事务不闻不问。于是查尔斯·马格尼亚克委托渣甸代管行务和生意，直到霍林沃思·马格尼亚克赶回广州为止。委托妥当后，查尔斯·马格尼亚克立即返回英国，但很快不幸病逝。

1825 年霍林沃思·马格尼亚克将"查尔斯·马格尼亚克行"改名为"马格尼亚克行"。7 月渣甸成为"马格尼亚克行"的合伙人，为了收尾孟买商行有关事务，渣甸还专程去了孟买一趟。8 月 12 日渣甸返回广州，继续在广州、澳门等地走私鸦片。霍林沃思·马格尼亚克不愿过问具体业务，把一切经营权力都交给渣甸。他对渣甸极为放心，曾称赞道："（渣甸是）一个最认真谨慎、最正直可敬、最心地善良的人，极其大方，是此间生意场上的佼佼者，他对鸦片贸易以及大部分出口商品的经验与知识是极为有用的。"[①]1826 年一心想回伦敦的霍林沃思·马格尼亚克终于离开中国，于次年返抵英国。

---

① 刘诗平，《洋行之王：怡和与它的商业帝国》，第 48 页。

1827 年 3 月初，马地臣前往印度加尔各答处理相关事务时，委托渣甸处理"伊里萨里·马地臣行"的一般业务。1828 年初，马地臣加入"马格尼亚克行"成为合伙人。渣甸与马地臣的合作关系正式开始。1829 年渣甸开设"渣甸及友人号"保险行，拥有该行 36 股份中的 20 股。这个保险行虽然没有公开营业，但渣甸也获利颇丰，截至 1836 年渣甸在保险行赚了 2 万英镑的纯利润。

渣甸曾向伦敦的霍林沃思·马格尼亚克报告说：1829 年至 1830 年的贸易季，"马格尼亚克行"在广州代理销售了 5000 多箱鸦片，价值约 450 万元，约占该贸易季里中国输入鸦片总数的三分之一。1830 年渣甸致信英国埃塞克斯[①]的朋友，夸耀地说："据我所知，这是最安全和最有绅士气派的投机生意。"[②]他怂恿朋友从事这项异常简单又极易赚钱的贸易，"在你签发提货单之前，你已拿到了现钱。此后，在将鸦片运上岸时，不管发生多少麻烦，都与你无关。当你的管账告诉你说有多少现钱已经放进你的账房后，你就向购货人签发一张相当于这些价钱的鸦片提货单，至此你就没事了，余下的都是购货人的事了"[③]。如此简单易行，以至鸦片贩子戴维森也曾得意扬扬地说过：再也没有比偷运鸦片到中国来更简单的事情了。[④]

1830 年马地臣以"马格尼亚克行"的名义，租用"福布斯号"蒸汽轮船拖带"詹姆西纳号"帆船从印度加尔各答前往中国。渣甸为此支付了 1 万元的租费。渣甸又委托"福布斯号"轮船的亨德森

---

① 埃塞克斯：位于英国英格兰东南部的郡。东滨北海，南界泰晤士河口。

② 怡和档案，"发给私人的函件稿簿"，威廉·渣甸从广州致信英国埃塞克斯的朋友，1830 年 4 月 3 日。格林堡，《鸦片战争前中英通商史》，第 96 页。

③ 刘诗平，《洋行之王：怡和与它的商业帝国》，第 45 页。

④ 英国《下议院审查委员会报告》，1830 年，戴维森（2536）。格林堡，《鸦片战争前中英通商史》，第 101 页。

克立夫顿船长

船长（Captain Henderson）携带一箱汇票返回加尔各答。如果"福布斯号"能在一个月内抵达加尔各答，亨德森船长就能获得票面总值的 0.5% 作为运费。最终亨德森船长克服了广州燃煤品质较差、煤炭存放受潮等因素，完成了委托，赚取了 5000 元运费。

此时轮船相比飞剪船的优势并不明显。一方面轮船燃煤费用较高，但速度并不比飞剪船快多少；另一方面飞剪船如"红色流浪者号"帆船等可以像轮船一样逆季候风行驶，一个贸易季内可以三趟往返加尔各答和伶仃洋。因此，"福布斯号"船长亨德森对"红色流浪者号"船长克立夫顿（William Clifton）颇有微词，觉得技术落后的"红色流浪者号"反倒抢了风头。亨德森曾致信渣

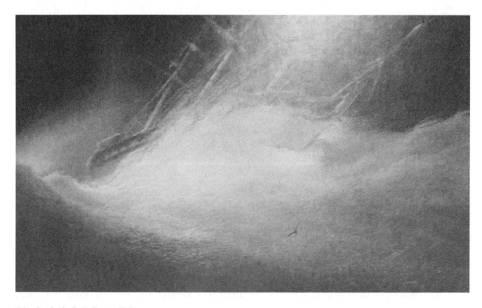

"红色流浪者号"飞剪船

甸，称："（克立夫顿是）一个说大话的小人，从不放过任何作秀的机会。"①

1831 年英国散商开始使用非英国籍的商船向欧洲汉堡、波尔多、里斯本等地运送茶叶，此举打破了英国东印度公司对茶叶贸易的垄断。渣甸也通过各种渠道向英国输送茶叶，不到两年时间，"渣甸混合茶"就在英国成为著名商品。渣甸担心英国东印度公司垄断权消失之后，更多自由商人的涌入会引发广州市场的激烈竞争。该年 1 月 16 日渣甸写道："我们宁愿照我们比较安静的惯常办法去继续经营，但是公司的垄断权一旦取消，则中英贸易必会和中印贸易纠缠在一起，使我们不能不参加进去而同时还能保持我们目前的处境。"②3 月 10 日渣甸又写道："我们的想法是，东印度公司的特许状到期后，很可能有各式各样的投机者加入贸易，这些人只是为了汇兑而不考虑收益。除非是大规模的经营，而且必须抢先对手一步知道消息，否则不值得我们继续下去。"③基于现实紧迫感，渣甸决定购置新的快速飞剪船"气仙号"和"仙女号"，以加大鸦片走私力度。

"仙女号"帆船是怡和洋行订造的首艘飞剪船。渣甸对"仙女号"的建造十分重视，提出了很多意见。他要求"仙女号"载重吨位在 125 吨—140 吨之间，并且：

> "以铜皮包覆两套帆和一个时髦的桅……如果行得通的话，我们希望能有绞盘或其他机械控制的长柄大桨，这样

---

① 布雷克，《怡和洋行》，第 57 页。

② 怡和档案，"发给私人的函件稿簿"，威廉·渣甸，1831 年 1 月 16 日。格林堡，《鸦片战争前中英通商史》，第 164 页。

③ 怡和档案，"发给私人的函件稿簿"，威廉·渣甸，1831 年 3 月 10 日。布雷克，《怡和洋行》，第 55 页。

对航行麻六甲海峡应该很方便。船舱在不妨碍其他功能的情况下，应该尽量改建得舒适，特别是在通风和凉爽的部分，需加以注意。船上应备有新式的冲水厕所，淋浴设备也不该忽视，不过没有亦无大碍。不需有昂贵的配件，船员方面还需要二名稳定的苏格兰籍大副和二副、一名木匠和五名无不良嗜好的好水手，他们必须关系紧密，并且同意未来在船上服务一定年限。"①

"仙女号"于 1833 年在利物浦完成建造，载重 161 吨，长 23.5 米。6 月 20 日"仙女号"从利物浦满载正头货开始首航。11 月 27 日抵达伶仃洋。渣甸大姐的儿子安德鲁·约翰斯顿②随船来到中国广东。旋即，12 月 15 日渣甸派"仙女号"驶往中国东部口岸销售货物。"仙女号"性能优良、速度极快，在各种比赛中往往拔得头筹。1835 年初，美国沃士船长指挥"约翰·吉尔平号"（John Gilpin）和怡和洋行麦凯船长指挥的"仙女号"在伶仃洋面进行了两次竞速比赛。据马地臣记载："它们进行了两次比赛，每一次都是仙女号以大约 1.5 英里的优势领先吉尔平号率先达到终点。比赛一开始的时候每次都是仙女号领先吉尔平号大约 50 码的距离。之后双方同时向右转舵去抢有利的上风向位置，但仙女号更快地抢到了这一有利位置。接着在左舷抢风的过程中，仙女号的速度比向右转舵时的速度更快。但吉尔平号在这一过程中的速度明显比仙女号要快得多……两次比赛的过程和结果都基本一致，仙女号证明了她的王座是实至名

① 布雷克，《怡和洋行》，第 58—59 页。
② 安德鲁·约翰斯顿：Andrew Johnstone，1798—1857 年，威廉·渣甸的外甥。

归的。"①

1831 年英国东印度公司允许散商将麻洼"白皮土"直接从孟买港运往中国,"白皮土"的销量由此大增。没过几年,渣甸在中国就几乎垄断经营了"白皮土"。1832 年 7 月 1 日渣甸和马地臣创立怡和洋行,从此开启了百年洋行的传奇之路。在日后的合作中,严谨细致的渣甸与善于交际的马地臣组成最佳搭档,在波谲云诡的港脚贸易中开始了商业冒险。

渣甸外甥安德鲁·约翰斯顿

通过贿赂当地官吏,渣甸、马地臣等英印散商几乎公开进行鸦片走私。1832 年英印散商输入广州的货物总价值为 1825 万元,其中鸦片价值达到 1218.5 万元,占输入货物总价值的三分之二。而这一年,英国东印度公司输入广州的货物价值仅为 403.9 万元,其中没有鸦片。②此时中国沿海鸦片贸易规模已经是"世界上任何一个地方的任何一项消费品都不能与它相比"③。

不久,怡和洋行就遇到一个现实问题,那就是如何才能将大量

---

① *The Canton Register*,Vol.8,3rd February,1835. NO.5. 引自冷东、阮宏:《19 世纪 30 年代广州西方船赛与英美散商的崛起》,《广州大学学报(社会科学版)》2015 年第 14 卷第 2 期,第 19 页。

② 马士,《东印度公司对华贸易编年史》(第 4 卷),第 351 页。

③ 〔英〕Phipps John:*A Practical Treatise on t he China and Eastern Trade*,Calcutta:Baptist Mission Press,1835,"introduction"。

白银从中国以"很快地低价运往英国"。1832 年 7 月 23 日渣甸致函马地臣，声称他想出了一个好计划：先将白银运往南大西洋的圣赫勒拿岛，然后转运英国。一位名叫罗宾逊的人愿意以 0.5% 的运费（该费用仅是怡和洋行前一次雇人运银费用的一半），通过"斯巴达号"将怡和洋行的钱财运往该岛。①

　　1833 年 2 月 13 日怡和洋行的"气仙号"鸦片飞剪船的来华经商执照到期。在"气仙号"重新申请执照时，发生了该船船主开除五名水手并不依法提供返回英国条件的事件。东印度公司广州特选委员会为此介入，并通知英属印度殖民当局驻新加坡办事处不要核发该船的执照。为了掌控核发执照的权力、更好地管束散商船主，特选委员会还致函威廉要塞最高政府，并在《新加坡公报》（*Singapore Gazette*）上刊登广告，称航行中国海面的散商船只在执照届满时应向广州特选委员会申请核发。特选委员会要求散商船只提供如下材料：货物进口时提交进口货单、执照等；出口时提交出口货单和船只注册吨位说明书。渣甸等散商对上述要求十分抵触，经常拖延不办，或经过再三催促才勉强办理。

　　6 月 19 日怡和洋行"壮士号"船长亚历山大·格兰特在澳门马克威克的酒店擅自拆看远洋邮包，而不是依照规程先将邮包送往英国东印度公司广州特选委员会主席家中或公司商馆。虽然格兰特船长声称只是拿走了自己的信件和包裹，而且有因义士和马克威克现场作证，但特选委员会认为格兰特等散商无视立法机关授予特选委员会管理在华英商和英籍商船的权威，"对照现在考虑中的问题，如现在碇泊口岸的某些散商船的指挥不听从命令的行为……船长格兰

---

　　① 怡和档案，1832 年 7 月 23，"渣甸致马地臣函"，广州 352。张馨保，《林钦差与鸦片战争》，第 245 页。

特在许多方面都是与其直接的雇主有密切关系，不可能不认为是一种有系统的专事反对公司权力的联合"[1]。特选委员会甚至认为，怡和洋行渣甸、格兰特等人有劝诱广州其他散商共同反对特选委员会的意图。

为了迫使散商服从管理，特选委员会于7月9日要求行商即日起除非获得授权，否则不再承保驶入黄埔的英籍散商船只。行商表示予以配合，而渣甸公开鼓动行商对该指令置之不理。7月17日怡和行的"安号"抵达广州时，渣甸想让所有行商不管是个别还是全体都承保'安号'，但行商称没有收到特选委员会的核准授权，因此全部拒绝承保。

7月11日特选委员会致函格兰特船长并在商馆门前张贴公告，宣布取消"壮士号"商船来华经商执照。7月18日渣甸等人致函特选委员会，质问"壮士号"犯了什么错误，导致其要被吊销执照并置巨额财产于危险之中。渣甸等人还威胁要对行商拒绝承保一事向粤海关监督申诉。特选委员会这才回函告知渣甸等人关于格兰特船长擅拆邮包一事。同时，特选委员会还致函与渣甸有隙的伍浩官询问渣甸的行动消息。

7月31日渣甸复函称，特选委员会因为格兰特船长个人行为而取消"壮士号"执照的决定是错误的，因为执照是颁发给货主或船主的，而非船长的。"我们严正抗议撤销上述我们财产的船只'壮士号'的执照，你们要负担由于这种不公正的撤销执照行为，所引起的我们已经遭受或今后会遭受的全部损失的责任。"[2]特选委员会被此函彻底触怒了，于是不再答复。怡和洋行的船长们依旧尽可能地

---

① 马士，《东印度公司对华贸易编年史》（第4卷），第371页。

② 马士，《东印度公司对华贸易编年史》（第4卷），第373页。

拖延提交执照等资料的时间。虽然渣甸与特选委员会时有龃龉，但他们为了维护共同的商业利益，并不会彻底撕破脸。所以"壮士号"的执照于 9 月 4 日到期后，威廉要塞政府还是为该船颁发了新执照。

此时，距离英国东印度公司贸易垄断权被取消仅剩半年时间。由于散商对华贸易额早已占到整个英国对华贸易额一半以上，东印度公司在对华贸易额度和国会影响力上都不可与早年同日而语。因此渣甸称："他们在这个时期里做了许多别的蠢事，为此他们被大家讥笑，也被许多人瞧不起。特选委员会的绝望的挣扎只是如此而已。"①

1834 年英国东印度公司对华贸易垄断权取消后，中英贸易并没有像自由商人设想的那样爆发式增长，反而一度较难打开局面。原因正如马克思所说："对华进口贸易迅速扩大的主要障碍，乃是那个依靠着小农业家庭工业结合的中国社会经济结构"②，中国的小农经济天然地阻碍了英国商品的大量倾销。而此时，英国东印度公司不愿意失去中国市场，仍然在广州设有财务委员会（Financial Committee），理由是需要通过对华贸易向英国汇拨来自印度殖民地的收入款项。财务委员会还发出通告说，它受权向打算从中国往伦敦运货的自由商人收兑 60 万英镑以内的英国票据。渣甸对此深感不满，8 月 21 日他愤怒地致信伦敦代理人托马斯·威亭说："我们这里对于你们在国内的商人和代理人这样安安静静地屈从于公司的广州财务委员会，都觉得非常诧异。我们认为它和国会的法令（按：废止特许状）是直接冲突的，而最恶劣的是它似乎会干出卑鄙的假公

① 怡和档案，1833 年 10 月 2 日，"发给私人的函件稿簿"，威廉·渣甸。格林堡，《鸦片战争前中英通商史》，第 30 页。
② 《马克思恩格斯选集》第 2 卷，第 28 页。

济私的勾当。外港（按：即地方上）的商人们有理由抱怨他们不能分润此间所提供的垫款。制造商更有理由表示不满，因为（行）商们在能够得到他们茶价的三分之二的定钱以及英国市场上的机会和这个钦准公司作为他们的代理的时候，他们不肯用茶叶交换销不出去的布匹。这些预付款项还会发生一种有害作用，即可以使茶叶销商及行商用贩运和预收定洋的办法将任何一种规格的茶价抬高。但是最坏的是，公司因预付出足够的现款，可以承办中国方面的一切代理业务。此外它还能使没有资本的冒险家利用公款去和正当商人进行破坏性的竞争。"①

同月，渣甸致信曼彻斯特商会主席约翰·麦克维卡，再次抱怨伦敦商人屈服于东印度公司的财务运作模式。渣甸写道："我们这里对于东印度公司的财务运作着实惊讶万分，实在不明白你们这些散商和代理商何以保持缄默。看来这很可能变成一件讨人厌的差事。"②尽管渣甸对英国东印度公司广州财务委员会极为反感，也试图游说驻华商务监督和英国国会解散这一组织，但广州财务委员会一直控制着广州的汇兑，助长着对华贸易的狂热投机。1836年马地臣面见巴麦尊时，就指出广州财务委员会不断吸纳资金并贷款给外商，激发了商人的冒险欲望，导致茶叶市场异常波动。该年广州市场的茶叶出口价格上涨20%，而英国市场的茶叶进口价格却趋于下降。1837年1月3日渣甸写道："事实是对华贸易做得过多了：公司的垫付款项为疯狂的投机行为提供了太多的便利。"③1838年11月"广州

---

① 怡和档案，1834年8月21日，"发给私人的函件稿簿"，威廉·渣甸。格林堡，《鸦片战争前中英通商史》，第172页。

② 布雷克，《怡和洋行》，第73页。

③ 怡和档案，1837年1月3日，"发给私人的函件稿簿"，威廉·渣甸。格林堡，《鸦片战争前中英通商史》，第175页。

外侨总商会"发布第二次年度报告，也提及东印度公司广州财务委员会对自由贸易的影响。虽然饱受争议，但直到鸦片战争爆发前夕，广州财务委员会才自行结束业务。

渣甸在伶仃洋除了走私鸦片以外，对于一切有利可图的货物都会纳入走私范畴。1834 年万源行商人李应桂向两广总督卢坤告密："（渣甸等人除了囤积鸦片外，）即一切货物，亦半贮趸船，翼可走私偷税。故每有夷船寄泊外洋，而不即进口也。"①1835 年因为英国棉纱在中国销路很好，渣甸便大量走私进口。11 月 3 日渣甸兴奋地说："（按：中国）凡是纺织业地区现在都普遍使用，而且非常为工人所喜爱。"②18 世纪 90 年代起，中国主要铜产区云南铜矿的产量急剧下降，但流通中的铜钱数量却大量增加，主要原因是：官铸铜钱和私人非法铸币降低了铸币成色，所铸新币的重量越来越轻于法定 1 钱重量。随着新币大量生产，中国市场上充斥着铸造工艺差、成色较低、尺寸较小、重量较轻的铜钱，甚至假铜钱。日本、安南的铜钱也流入中国。1836 年 6 月 30 日渣甸致信在中国东部沿海贩卖鸦片的礼士船长，委托他如果能在沿海附近以 1∶1000 或更高的兑换率获得铜钱，就捎回价值 5000 银圆的铜钱。渣甸还专门叮嘱礼士："小铜钱是日本铜钱。"③

1836 年 6 月 10 日太常寺少卿许乃济冒天下之大不韪，上奏道光皇帝提议弛禁鸦片。6 月 12 日道光皇帝将奏折转给两广总督邓廷

---

　　①〔日〕佐佐木正哉编：《鸦片战争前中英交涉文书》，台北文海出版社 1984 年版，第 36 页。

　　② 怡和档案，1835 年 11 月 3 日，"发给私人的函件稿簿"，威廉·渣甸。格林堡，《鸦片战争前中英通商史》，第 170 页。

　　③ 怡和档案，1836 年 6 月 30 日，"渣甸致礼士函"，广州 474。张馨保，《林钦差与鸦片战争》，第 246 页。

桢，要求他与广东巡抚祁墥、粤海关监督文祥议复。7月2日奏折送抵广州。7月12日《广州纪录报》全文刊登了许乃济奏折的英译版，并推测道光皇帝是赞同弛禁的，因此称弛禁鸦片将是这个世纪以来令皇帝重视的、最重要措施，是"打破中国立法混沌和黑暗的点点微光"①。在华外商获悉这个消息后，连忙奔走相告。大多数人都感到十分高兴，他们认为这是道光皇帝有意解禁鸦片贸易的信号。一些广州官绅甚至认为许乃济的奏折是皇帝授意的。但渣甸却有点忧心忡忡，他担心鸦片解禁后，怡和行掌控沿海鸦片走私的大好局面不复存在，鸦片走私的巨额垄断利润也化为乌有。7月26日渣甸称："我们最近看到皇帝发来的文书，命令这里的当局把鸦片作为药材予以进口，征以小额的关税。这里一般人都赞成即将做出的措施——不出二三个月吧。就我们这洋行的利益而言，我不大赞成这个计划。不过它已经使烟价上涨。"②

许乃济的奏折刺激了印度的鸦片生产，并掀起了一阵从新加坡转运鸦片的热潮。鸦片商贩们热切盼望弛禁政策尽快实施，以便他们能够光明正大地向中国大规模输入鸦片。为了慎重起见，邓廷桢通过北京同僚对道光皇帝的意图进行了探查，最终判断道光帝倾向于赞同弛禁鸦片。邓廷桢一方面回复道光皇帝，表态支持许乃济的弛禁主张；一方面谕令行商告知渣甸等洋商，称已向皇帝奏请取消禁烟令，新规行将颁布。洋商应在新规颁布后的3个月内撤走广东沿海所有鸦片趸船。渣甸专门安排一艘小轮船，一旦获知鸦片贸易

---

① 《广州纪录报》(9.28：112)，1836年7月12日。张馨保，《林钦差与鸦片战争》，第87页。

② 怡和档案，1836年7月26日，"渣甸致礼士函"，广州476。张馨保，《林钦差与鸦片战争》，第86—87页。

合法化，就迅速将消息传递给沿海各地和印度口岸。①

　　正当大多数鸦片商贩热盼鸦片贸易合法化的圣旨早日颁布的时候，反对弛禁的消息陆续传来广东。内阁学士兼礼部侍郎朱嶟、兵科给事中许球等人上奏道光皇帝，反对许乃济弛禁鸦片的主张。1836年底《广州纪录报》刊登了朱嶟《申严例禁以彰国法而除民害折》和许球《洋夷牟利愈奸内地财源日耗敬陈管见折》的英译版。许球在奏折中提醒道光皇帝，英国商船频繁窜入闽、浙、苏、鲁、冀、奉天等各省海口，必须严备海口以防不测。许球还点名指出必须逮捕9名大鸦片商贩，直到驱离他们的鸦片趸船才予以释放，"其坐地夷人，分住洋行。住义（怡）和者，一名喳吨，即混名铁头老鼠，一名哗尔吐；住保顺行者，一名嚹地，一名化林治，一名吗喡治②；住丰太行者，一名打打嘤；住广源行者，名葛唔；住孖鹰行者，名吃文；住吕宋行者，名啤嘮"③。朱嶟、许球等人的奏折对道光皇帝产生了明显影响，使得一些人的弛禁期望成为泡影。

　　9月19日道光皇帝谕令邓廷桢严查鸦片走私。接奉圣旨后，邓廷桢和广东巡抚、粤海关监督于10月28日谕令行商查实9名大鸦片商贩的情况，"他们是属于哪个国家？他们采取什么方式继续驻在此地，贮存和销售他们的鸦片？他们从哪一年起开始从事鸦片交易？

---

①　怡和档案，1837年2月17日，"渣甸致礼士函"，广州495。张馨保，《林钦差与鸦片战争》，第87页。

②　即吗文治（Merwanjee）。

③　田汝康、李华兴：《禁烟运动的思想前驱——评介新发现的朱嶟、许球奏折》，《复旦学报（社会科学版）》1978年第1期，第99—107页。许球《洋夷牟利愈奸内地财源日耗敬陈管见折》提及的9名鸦片商贩分别是：住小溪馆（the Creek factory）的渣甸、因义士；住宝顺馆（the Paoushun factory）的颠地，化林治（Framjee）、吗文治；住丰泰馆（the Fungtae）的打打皮（Dadabhoy）；住美国馆的戈登（G.J.Gordon）；住帝国馆（the Imperial factory）的怀特曼；住西班牙馆的特纳。

他们每年贮存和销售多少数量的鸦片？他们通常是否坚持以纹银支付鸦片的价格？"[1]广东当局对这9名长期居住在广州的鸦片商贩毫不知情，这真是咄咄怪事。虽然现有史料没有证据显示邓廷桢担任两广总督期间具有贪赃枉法、贿纵走私的行为[2]，但邓廷桢似乎对公务的兴趣远少于学术研究。邓廷桢科甲出身、善作诗文，尤其精于音韵，却在平生众多著述中几乎未提"鸦片"二字。从这个角度来看，邓廷桢似乎有懒政怠政、畏难苟安之嫌。而且邓廷桢重新启用的广东水师巡船竟然长期庇护鸦片走私，副将韩肇庆还因查缉走私有功被擢升为总兵[3]。可见，邓廷桢有用人失察、玩忽职守之误。美国学者张馨保评论说："邓对禁烟的种种措施都主要出之于职责所在和讨好皇帝，并非出于义愤或基于崇高原则。"[4]这样的评价也许过于苛责，但也一定程度上揭示出邓廷桢本人在禁烟问题上的应付态度。

11月23日广东当局命令渣甸、怀特曼、因义士、颠地、特纳、打打皮、戈登、化林治、吗文治等9名鸦片商贩在两周内离开广州，

---

① 胡滨，《英国档案有关鸦片战争资料选译》，第24页。

② 英国人宾汉在《英军在华作战记》中记载"他（按：指邓廷桢）竭力禁止，'扒龙船'及其他种本地快艇进行鸦片走私。但他自己有四只水师船，专为用来运输鸦片走私之用……用这种方法，邓廷桢垄断了大部鸦片贸易，有许多英国人所有的双桅轻艇和无棚小艇，都被他雇用转运鸦片"；宾汉还指出"他们（按：指邓廷桢、祁埧、文祥）都是多多少少与鸦片走私有关的"（中国近代史资料丛刊，《鸦片战争》第5册，第11—12页）。

③ 清政府统治末期，吏治腐败沉疴已久。鸦片走私日益猖獗，与清政府各级官员执法不严、中饱私囊有很大关系。最具讽刺意味的是，水师副将韩肇庆因为缉烟有功，被擢升为总兵，赏戴孔雀翎，实际上却"专以护私渔利，与洋船约，每万箱许送数百箱与水师报功，甚或以师船代运进口"（魏源《道光洋艘征抚记》）。直到1839年韩肇庆才被林则徐和邓廷桢共同查办，"籍其家，累巨万，官民大服"[（清）缪荃孙编，《续碑传集》，卷二四]。

④ 张馨保，《林钦差与鸦片战争》，第98页。

并不许长期逗留澳门；如果违抗谕令，就关闭他们所住商馆、查办相关人员。渣甸等人纷纷禀称时值贸易季节，商船正大批赶到，请求延期到处理完贸易事务。经过行商的一再催促，吗文治暂时离开了广州，但怀特曼、因义士请求到 1837 年 1 月离开，化林治、打打皮请求到 2 月离开，戈登、颠地和特纳请求到 4 月离开，渣甸请求到 5 月离开。渣甸称："委托我销售货物的许多船只仍然停泊在黄埔；而且还必须购买丝、茶和其他货物出口。今年茶叶到达广州迟于往年。我请求允许我留住到我已购买所需要的全部货物而且船只都已离港为止；然后，我将于明年四月份前往澳门居住。"[①]12 月 13 日广东当局延长了期限，批准 5 名鸦片商贩自订的离开日期，但命令渣甸、颠地和特纳 3 人必须在 1837 年 3 月离开广州。[②] 实际上，这些商贩除个别人短暂离开广州又返回外，基本上都继续留在广州，广东当局也没有采取有效措施驱逐他们离开。《广州纪录报》公然嘲笑清政府的无能："他们为什么一个星期又一个星期地连续颁布最严厉，并（据称）是不可更改的命令？这些清朝官吏装得极为瞧不起的外国人，事实上对这些命令表示了最最彻底完全的蔑视。"[③]

不过，邓廷桢的禁烟行动还是取得了一定效果。广东按察司王

<hr>

① 胡滨，《英国档案有关鸦片战争资料选译》，第 180 页。

② 《香山明清档案辑录》第 255 页 "两广总督邓廷桢等奏报遵旨查明住澳夷人并无毁坟抗殴等情片"［道光十六年十二月二十日（1837 年 1 月 26 日）］"兹除径请归国之怀特曼（按：原文为文言文异体字，现按英文名重译，下同）、化林治、戈登三商应均如禀准于本年底及明年正月、三月分别依期回帆，并请下澳暂居之因义士、打打皮二商，亦准于本年底及明年正月即行外，所有渣甸、颠地、特纳三商多年住省，断难再任迁延，臣等已勒限明年二月俱令赴澳暂居，赶紧料理返国，不许稍涉逾违，并取具该夷商等限状及洋商等如敢容留，逾限情甘知罪切结缴案"。

③ 《广州纪录报》（9.48：196，197），1836 年 11 月 29 日。张馨保，《林钦差与鸦片战争》，第 97 页。

青莲也经常上街暗访，查封了很多烟馆。1837 年 1 月 27 日渣甸告诉礼士："此间（按：广州）的洋药已完全陷于停顿；但是城里的（零售货价）已经涨得极高，以致不惜冒一切风险走私的诱惑力极大。货价是囤户抬高的，然而伶仃船上的交货由于完全没有需要，仍是寥寥无几。"[①]他注意到一些洋商开始从澳门和香山走私鸦片进入广州。但在广东当局严厉打击和惩处下，广州烟馆纷纷被取缔，鸦片价格开始持续下跌。2 月 4 日渣甸仍然声称：相信鸦片会被弛禁，"这种货物迟早会准许输入，一旦获准进口，消费自会增加，而关于纹银出口的政府命令将无人遵守；但是除非欧洲人当心不赊账给行商，否则他们一定会债台高筑，许多人要破产。禁止以现银支付鸦片价款的政令决计无法实行。……没有纹银或黄金作为往印度的汇款，我们绝对干不下去；我认为如果规定的限制真要严厉执行，那么鸦片就决不会运进了"[②]。

随着禁烟行动的持续，4 月 26 日渣甸终于承认："目前让鸦片纳税后进口的全部希望都已落空：我们的货物因而非常呆滞，尤其是公班烟最为滞销。"[③]鸦片贸易的停滞让渣甸心急如焚。更让渣甸烦恼的是，中国的鸦片船主纷纷焚毁船只，伶仃洋和黄埔水域的快蟹走私船消失殆尽。烟贩只好将鸦片夹藏在进出口货物里由外国商船偷运至广州，使得内河水域在 1837 年至 1838 年出现了一个鸦片走私高潮，同时也增加了船货被没收和武装冲突的危险。1837 年 6 月 15

---

① 怡和档案，1837 年 1 月 27 日，"发给私人的函件稿簿"，威廉·渣甸。格林堡，《鸦片战争前中英通商史》，第 182 页。

② 怡和档案，1837 年 2 月 4 日，"发给私人的函件稿簿"，威廉·渣甸。格林堡，《鸦片战争前中英通商史》，第 181 页。

③ 怡和档案，1837 年 4 月 26 日，"渣甸致礼士函"，广州 498。张馨保，《林钦差与鸦片战争》，第 238 页。

日粤海关总巡口家人王升奉粤海关监督文祥命令，巡查十三行和海珠石附近河道，发现停泊有英籍大小舢板船共七艘。经粤海关行后口通事蔡懋指认，其中就有渣甸所在怡和洋行（广东当局蔑称其为"义和鬼行"）的大舢板船一艘。两广总督邓廷桢和粤海关监督文祥均认为英籍舢板船停泊内河有违定制，要求行商出面进行驱逐。[①] 此后，面对日益猖獗的内河鸦片走私，广东当局又多次要行商传谕外商，三令五申禁止舢板船进入内河。1838 年 1 月 2 日，11 名行商联名致信渣甸称广东当局要求行商提供在黄埔走私鸦片和未夹带鸦片的洋船名单，由于他们无法判定在黄埔贸易的洋船哪些夹带了鸦片，因此决定由承保行商收取洋船未带鸦片的甘结，并要求渣甸首先提供抵达黄埔的四艘洋船未夹带鸦片的甘结，否则就上报总督处置。[②] 可见广东当局和行商已经关注到以渣甸为首的鸦片商贩将伶仃洋上的鸦片走私延伸到了黄埔水域。

　　广州口岸由于受到严禁鸦片的影响，合法对外贸易也不尽如人意。1837 年 10 月 18 日渣甸写道：外商纷纷前往广东东部南澳一带走私鸦片，"我从来没有见到广州如此萧条，一无生气。没有一只船装货去英国，没有为欧洲或英国市场买一磅茶叶。美国也买得极少"[③]。11 月 10 日渣甸再次哀叹道："由于当局防范极严，洋药市场正一天不如一天""哪个行业都异常萧条。没有一艘船装货去英国；

---

① 佐佐木正哉，《鸦片战争前中英交涉文书》，第 107—108 页。

② "*Letter from the Hong-Merchants*", *The Canton Register*, January 2nd, 1838. 吴义雄，《条约口岸体制的酝酿》，第 417 页。

③ 怡和档案，1837 年 10 月 18 日，"渣甸致礼士函"，广州 504。张馨保，《林钦差与鸦片战争》，第 103 页。

只有两艘船去美国"。① 到了 1838 年底,渣甸估计,广州城内已经有 2000 多名鸦片商贩、窑主和烟民被关押,每天都有数名烟贩被处死。沿海地区到处风声鹤唳,鸦片走私受到了各地水师的频繁查缉。尽管如此,道光皇帝对邓廷桢的禁烟效果仍不满意,下旨斥责他对鸦片犯过于宽大。接到圣旨后,邓廷桢进一步加大了打击鸦片走私力度,派出兵丁进行逐户搜查。为了"杀鸡儆猴",邓廷桢有时还将处决烟贩的刑场设在十三行商馆前的广场。这引发了渣甸等洋商的强烈不满和抗议,也造成了数次洋人与民人的冲突事件。外国商人甚至一度认为这些冲突会导致广州附近出现一场叛乱。

渣甸经常抱怨广州民众太胆小了,他认为如果换做是东南沿海地区的民众,清政府如此严厉的禁烟,早就发生了叛乱。1838 年 12 月 16 日他致信礼士说:"(邓总督)一直在毫不留情地逮捕、审判和绞死可怜的人们。牢房里挤得满满的,每天有三四人死于囚禁和恶劣的待遇。我们希望这种雷厉风行不久会有所缓和,但看来一无所望。我想,要是在你们那里,这种镇压措施会引起公开反叛——他们这里(按:广州)的人都很胆小;在压迫人的统治者手下忍受着一切。我们从来没有见过如此严厉的迫害,或如此广泛、普遍的迫害。"②

据渣甸记载:1838 年 3 月 31 日一箱"剌班土"在内伶仃岛售价 395 元,运到黄埔可以卖到 490 元,运到荷兰馆或者十三行商馆

---

① 怡和档案,1837 年 11 月 10 日,"渣甸致礼士函",广州 505。张馨保,《林钦差与鸦片战争》,第 259 页;格林堡,《鸦片战争前中英通商史》,第 182 页。

② 怡和档案,1838 年 12 月 16 日,"渣甸致礼士函",广州 546。张馨保,《林钦差与鸦片战争》,第 109 页;格林堡,《鸦片战争前中英通商史》,第 184 页。另,布雷克《怡和洋行》,第 85 页"十二月十六日,渣甸写道:'见不着一根烟管……洋药乏人问津。'"

旁边就可以卖到 520 元。各种鸦片在黄埔和内伶仃岛之间的平均差价高达每箱 71 元。巨额的利润吸引着洋商铤而走险，纷纷通过夹藏偷运鸦片。随着洋船夹藏增多，黄埔和内伶仃岛之间的烟土差价也略有下降。8 月 14 日渣甸记载：黄埔与内伶仃岛之间的差价降到每箱 30 至 50 元。[①] 就在邓廷桢大力禁烟的同时，渣甸、马地臣等鸦片商贩一边埋怨广东当局执法严厉，一边大肆走私鸦片入粤。《香山县志》记载："戊戌年（按：1838 年）鸦片入口竟有八万箱，计耗银三千五百余万，而窑口最大者则住省英夷之'铁头老鼠'。"[②]

12 月 3 日粤海关官吏在怡和广州商馆"小溪馆"前当场查获两名中国苦力刘亚英、陈亚喜正在利用舢板船偷卸鸦片。严刑拷打之下，刘陈二人招供他们原本在"小溪馆"内管店，因义士要他俩从碇泊黄埔的"记厘佛号"（Ki-le-wun）洋船搬回 12 箱鸦片。广东地方当局调查发现广州江面上并没有叫"记厘佛号"的洋船，但这个发音与"托玛斯·帕金斯号"（Thomas Perkins）船主美国人克里夫兰（Cleveland）的名字读音相似，而委托"托玛斯·帕金斯号"运货的是美国人塔尔博特（C.N.Talbot）。于是广东当局推定"托玛斯·帕金斯号"就是"记厘佛号"，鸦片是塔尔博特售予因义士的。邓廷桢谕令行商将因义士、塔尔博特以及"托玛斯·帕金斯号"洋船一并驱逐出境，还将该船保商潘启官拘捕枷号以示惩戒。但实际上，塔尔博特是奥立芬洋行的合伙人，该行是广州洋行中坚决不参与鸦片贸易的极少数商行之一。所以滑摩、记连、福士以及塔尔博特等一批美国商人纷纷上书广东当局澄清事实。

---

① 怡和档案，1838 年 3 月 31 日，"渣甸致礼士函"，广州 513；1838 年 8 月 14 日，"渣甸致礼士函"，广州 525。张馨保，《林钦差与鸦片战争》，第 259 页。

② 《香山县志》，卷二十二·纪事，同治年间编修。

狡猾的因义士企图顺水推舟，嫁祸给"托玛斯·帕金斯号"船主克里夫兰，把自己的责任推得一干二净。他写了几份函件，通过渣甸转请罗伯聃翻译成中文，以便交给广东当局。罗伯聃冒着被怡和洋行解雇的风险，愤然拒绝了渣甸的转托。他致信渣甸解释道：

"不论出于感情或良心，我都无法担任这个工作……在我面前并没有发一笔财，然后告老归国的希望。我留在这里，只有一个小小的目的——竭尽全力促进这个国家与我国之间的好感；其办法是，只要有机会，我就要在中国人心目中留下对我国良好的印象。不管是通过文字翻译还是在理智和正义支配下行事，以给他们一个欧洲人讲道德的崇高概念。为此目的，我愿尽绵薄，愿尽我的财力和生命。

亲爱的渣甸先生，怀有这样的想法和观点，你就不会为我拒绝翻译这些信而惊讶的。我认为这种函件在以后的世世代代里，只会令我们的国家蒙受耻辱。譬如说，我死后又将怎样经得起这样的痛骂？两个中国苦力只是由于把鸦片从一地卸到另一处就遭受酷刑，四肢在刑台上压伤受折磨。无辜的行商为了别人的罪过也要戴枷游街示众。而同样无辜的一个美国商人也由于别人的罪过而被迫中断贸易，而其他的行商、同样无辜的行商，却遭到罚款、处分等一个专制政府所能加予人民的惩罚。而那个犯了法的外国人（按：因义士）乘虚而入，为了赚那么五万或五万多元，自己犯了法却迫使人家为他担受罪过。而你这个混蛋的外国人（指我自己），你竟然如此滥用你懂中文的知识去翻译一篇让祖国日后世世代代蒙辱的文件！

渣甸先生，我承认，这样的痛骂将刺痛我的心灵。尤其是如果我把这份东西译成中文，我就真该受到痛骂了。为了这件事彻夜不能成眠，久久思索这一问题。即使我生命受到危险，我也还是这样看待这一问题。[①]

若以另一角度说明，我会为我的国人给予我高尚及适当的翻译工作而感到高兴，而不是那些野心勃勃的人……如果能让我进言，若因义士先生坚持要翻译该文件，我想费伦是最适合的人选。费伦常常宣传翻译每页文件价钱多少——甚至他翻译每行可能收费多少——我忖度以这种情形挤进他手中的翻译文章，并不能如实反映文章应有的深度。"[②]

从罗伯聘致渣甸的信中可以看出，罗伯聘不信任"广州外侨总商会"译员费伦的道德品质和语言能力[③]。实际上费伦的汉语口语讲得颇为流利，是当时极为稀缺的口译人才。1840 年 11 月经过义律极力推荐，英国外交部还任命费伦为侵华英军翻译组临时助理。[④]

在邓廷桢的命令下，行商将因义士走私鸦片一事公之于众，并宣布不再与因义士进行贸易，不允许因义士租住十三行商馆。行商还通过"广州外侨总商会"，要求因义士离开广州，否则就拆掉因义士住的怡和商馆"小溪馆"。这就引发了渣甸等在华外商的集体"公

①　怡和档案，1838 年 12 月 8 日，"罗伯聘致威廉·渣甸函"，广州 544。张馨保，《林钦差与鸦片战争》，第 260—261 页。

②　*Jardine Matheson Archive*，MS. JM/B *Robert Thom to Jardine*，Dec 8，1838，544. 关诗珮，《翻译与调解冲突：第一次鸦片战争的英方翻译者费伦（Samuel T. Fearon，1819-1854）》，第 61 页。

③　新加坡学者关诗珮在《翻译与调解冲突：第一次鸦片战争的英方翻译者费伦（Samuel T. Fearon，1819-1854）》一文中对费伦的人格及中文水平进行了辩护，通过各类文献记载来证明费伦为人忠诚可靠、中文水平较高。

④　张馨保，《林钦差与鸦片战争》，第 12 页。

愤"，他们决定不惜一切代价来对抗这种"不合理"的威胁。邓廷桢便宣布暂时封舱、停止贸易。后来邓廷桢将驱逐期限延展十天。因义士只得同意于 12 月 16 日请牌前往澳门。

因义士最后离开之前，申明鸦片是他个人的，两名苦工并不知道搬运的是什么，而美国船"托玛斯·帕金斯号"更是因为发音问题而蒙受冤枉。12 月 18 日粤海关监督豫堃发布谕令，声称已查明"记厘佛号"（Crawford）并非美国船"托玛斯·帕金斯号"，而是一艘从香港贩运鸦片至黄埔的舢板船。贸易中断数天后，英国驻华商务监督义律和"广州外侨总商会"只得屈服，表示愿意与广东当局合作，保证走私舢板船退出黄埔并承诺采取措施防止走私再次发生。12 月 31 日邓廷桢命令开舱恢复贸易。

邓廷桢严厉禁烟的做法引起了渣甸的强烈不满。1839 年 1 月 11 日渣甸在致礼士的信中，指责邓廷桢采取了"对鸦片商、抽烟者等人严峻的、很多情况下是不公正的迫害"，广州"看不见一支烟枪，一个鸦片零售商了……没有一个人打听鸦片，查禁一天比一天普遍"。①

---

① 怡和档案，1839 年 1 月 11 日，"渣甸致礼士函"，广州 547。张馨保，《林钦差与鸦片战争》，第 110 页；格林堡，《鸦片战争前中英通商史》，第 183 页。

第三章　沿海走私

地狱空荡荡，

恶魔在人间。

——莎士比亚《暴风雨》

怡和洋行成立后，在马地臣的建议下，渣甸派出多艘鸦片船沿中国海岸北上寻找新的鸦片贸易口岸。渣甸还通过舢板船在伶仃岛、广州商馆与北上的鸦片船之间随时保持邮件往来，以此遥控中国沿海的大规模鸦片走私。

1832 年 10 月 20 日渣甸派出"气仙号"三桅飞剪船[①]，从广州向中国北方航行。该船船长是威廉·麦凯（William Mckay）。为了方便与中国人交流，渣甸聘请郭士立担任随船翻译。郭士立通晓闽南语和其他数种中国方言，之前已经进行过两次沿着中国海岸线北上的航行。第一次是 1831 年自行搭乘"顺利号"商船从暹罗驶抵天津。第二次是 1832 年受英国东印度公司指派，乘坐"阿美士德勋爵号"

---

①　该年 8 月 15 日至 9 月 1 日，"气仙号"创造了 18 天从印度孟加拉抵达伶仃洋的航速纪录。

商船北上进行沿海考察。郭士立通过两次航行，不仅获得了对中国沿海港口地理、水文、社会的直接了解，还引发了渣甸对开展中国北方港口鸦片贸易的浓厚兴趣。渣甸让郭士立一方面担任鸦片贩子的翻译，一方面充当沿途向导。[①]但郭士立是基督教传教士，渣甸担心他会对鸦片贸易有所抵触，便专门致信劝导：

"我们可以毫不迟疑地公开告诉你，我们以鸦片营生。许多人视此为不道德的交易，但我们殷切盼望，你不要因小而失大。任何船只想要打平开支，就得要靠这类交易。我们深信，你不会反对在需要你的场合代为翻译。……你一定很清楚，在我们和中国沿海贸易的过程里，其他船货所获利润都不足以吸引散商从事如此昂贵的探险。就我们所知，鸦片似乎是唯一有希望能使我们有余力满足沿海官吏贪得无厌的货品。收获让劳苦显得甜美，我们还可以说，收获使参与其事的人不再感到那么危险。

说了这么多，我们只想再说，对于你此行以船医及传译身份所提供的服务，我们愿意付给你应得的报酬。而此行获利愈丰，我们所能付给你的报酬就愈多，这笔钱对于进一步实现你心中伟大的目标，或许能派上用场。我们对于你的志业深感兴趣，并期盼你成功。"[②]

渣甸将翻译赚钱和传道事业联系起来，使得郭士立无法拒绝渣甸的聘请。同时渣甸还许诺给郭士立行将创办的《东西洋考每月统

---

① 吴义雄，《在宗教与世俗之间》，第95页。
② 布雷克，《怡和洋行》，第46—47页。

郭士立画像

纪传》刊物捐赠六个月的经费支持，这对郭士立十分具有吸引力。为了传播上帝的福音，郭士立"经过自己心灵的冲突"①选择了恶中寻善，协助渣甸向中国北方推销鸦片。但郭士立显然对鸦片走私心存芥蒂，他在随后半年的航程日志中，记载了从广东沿海到山东半岛、辽东半岛等地的艰难航程，记录了北方雪虐风饕的气候和沿途搜集的各种情报，但却有意无意地忽略掉"气仙号"这次航行的目的，只字未提"鸦片"或"洋药"贸易，也从未记载过他自己通过推销鸦片获得了多少报酬。郭士立后来才透露出他对此行任务的看法："这个新的尝试在某些方面非常令人不快，但我还是上了船，并充当了一个伟大的商行的医生和翻译。"②

　　1832 年 11 月 8 日渣甸派遣"詹姆西纳号"（Jamesina）帆船前往福建沿海贩卖鸦片。因义士负责押送和销售鸦片。"詹姆西纳号"此行鸦片销售情况出奇地好，在泉州每箱"剌班土"销售价格为 870 元，比伶仃洋公定价格平均高出 70 至 100 银圆。渣甸又派出"约翰·比加尔号"（John Biggar）。该船在厦门及附近地区顺利销售了价值 57，000 银圆的鸦片，于 1833 年初返回伶仃洋。

　　1832 年 11 月底，广州鸦片市场经历低潮后再度繁荣。渣甸改变

---

　　① Charles Gutzlaff, *Journals of Three voyages along the Coast of China in 1831，1832& 1833*. 吴义雄，《在宗教与世俗之间》，第 235 页。

　　② *An Appeal to Christians in Behalf of China*，1833，Canton，p. 7. 吴义雄，《在宗教与世俗之间》，第 95 页。

主意，想将已航行一个月有余的"气仙号"所载鸦片直接在广州销售。渣甸预计"气仙号"已航行到宁波附近，而此时因义士正乘坐"詹姆西纳号"在泉州兜售鸦片。渣甸便致函因义士，委托他赶往宁波追回"气仙号"，但因义士没能追上。[①]

12月5日"詹姆西纳号"在泉州销售鸦片时，福建水师的舢板船围绕着"詹姆西纳号"转了一两次，但并没有查缉和干涉其鸦片走私。1833年1月26日"詹姆西纳号"抵达福州。因义士在福州销售鸦片也十分顺利。所有鸦片卖完后，"詹姆西纳号"于2月5日载运33万银圆驶离福州，2月11日抵达伶仃洋。

而"气仙号"则一直遵照渣甸原定计划向北航行至天津、牛庄（今营口）等地，遭遇了狂风暴雪、严寒冰冻、迷路搁浅等考验，最终安全返回；回程时，还在舟山群岛和福建沿岸销售了一些鸦片。1833年4月29日"气仙号"抵达伶仃洋。"气仙号"此行获利有限，只卖出价值25万多银圆的鸦片。

怡和洋行在19世纪30年代初期能够迅速开拓沿海鸦片市场，主要得益于渣甸的认真谋划和悉心安排。渣甸和马地臣一样，既胆大心细，又善于抓大放小。他在给各船供给了充足的鸦片和向各船长制定了航行路线后，就放手让船长进行鸦片销售。渣甸还经常致信怡和洋行的船长们，对他们进行鼓励和鞭策，并要求他们多向因义士、郭士立等人请教。1833年初，渣甸派遣丹麦籍"克朗斯堡号"（Kronsbery）双桅飞剪船沿中国海岸北上售卖鸦片。4月24日渣甸从广州致信该船船长礼士，对他的航行和销售情况进行了表扬。渣

---

① 怡和档案，1832年11月24日于广州，"怡和洋行致因义士函"；1833年1月5日于泉州，"因义士致怡和洋行函"。张馨保，《林钦差与鸦片战争》，第25页。

甸说："你事情办得很好，我们很为满意。"①

7月10日渣甸派出"约翰·比加尔号"鸦片船北上。威廉·麦凯船长与郭士立继续合作，郭士立仍然担任随行翻译和船医。7月15日"约翰·比加尔号"抵达泉州湾。此后两个月，船长麦凯白天在海面上躲避水师巡查，晚上溜进港内销售鸦片，同时还及时把鸦片销售情况向渣甸、马地臣做了较为详细的书面报告。这次泉州之行，麦凯船长共计带回价值53,000英镑的白银。8月6日麦凯在向渣甸汇报泉州鸦片贸易情况时称："我得到郭士立医生的大力协助……泉州湾的贸易现在可以说已经获得了稳固的基础。"②

从麦凯的函件中还可以管窥沿海鸦片贸易情况和清政府地方官员执行禁烟令的态度：

"（按：7月）17日，三只小船靠拢我们的船，经过许久的讨价还价后，他们中的一只船买走了9箱上年的贝拿勒斯烟和2箱上年的巴特拿烟土，每箱810元……在这以后不久，这个口岸的全部走私船只都遭扣押。

20日，有个烟商写信告诉我们这个情况。他发现官方查缉甚严，并说他们处境不妙，要我们降低烟价……不过，走私船还是下落不明，命运未卜。据说，查缉官员正在利用走私船阻止烟商同我们走私。商人在夜晚乘小船来到我们船上，他们把银洋拿出来，经看银师鉴定后，第二天交

---

① 怡和档案，1833年4月24日，广州365。张馨保，《林钦差与鸦片战争》，第237页。

② Jack Reeching, *The Chinese Opium War*, pp.61-62. 怡和档案，1833年8月6日，"麦凯船长致怡和洋行函"，泉州2。吴义雄，《在宗教与世俗之间》，第235—236页；刘诗平，《洋行之王：怡和与它的商业帝国》，第60页。

货。到第二天晚上，他们才上岸……

海关官员不大敢找我们的麻烦。但是在港湾和岸上，他们查缉很严。我们来此不久，就有一队六只船的船队停泊在我们附近。郭士立医生（在这种场合，他从来是穿上最考究的衣服，以长气派）由两只小船护送，登上水师船拜访，他要求水师船队即刻驶离，并恫吓他们说，如果以后水师船再敢尾随靠近我们停泊，就消灭之。水师船队就即刻开走了，并说，这是误会，他们夜间看不清才抛锚停在这里的。以后，我们再也没见到这些水师船。"①

"一名中国商人前来，买了四十箱鸦片，付了成交价，货品则在十五天内提清。……我们帮他把廿二箱鸦片运上岸，并一路护送到这位老先生家门口，他家距离岸边还有段距离。"②

此时的郭士立，对鸦片贸易已经不再心存抵触了，而是彻底地沦为鸦片贩子的有力帮凶。因义士也对郭士立吹捧有加。1833 年 1 月底，因义士乘坐"詹姆西纳号"在福州贩卖鸦片时，苦于缺乏懂得福建话的翻译，曾写道："我们现在需要一位翻译，除了我身旁的小厮，别无他人，而他不会说福建话。我愿意付郭士立三天一千元的报酬来做此事。"③

9 月渣甸派礼士率领"杨格上校号"（Colonel Young）鸦片船前往泉州接替麦凯。此后到鸦片战争爆发前夕，礼士在渣甸的指示下，

① 怡和档案，1833 年 8 月 6 日，"麦凯船长致怡和洋行函"，泉州 2。张馨保，《林钦差与鸦片战争》，第 237 页。

② 布雷克，《怡和洋行》，第 54 页。

③ 张馨保，《林钦差与鸦片战争》，第 279 页。

一直以碇泊泉州湾外的"杨格上校号"鸦片船为"供销点"和驻点，从事鸦片走私并负责监护渣甸派往沿海各地的商船。郭士立负责随船押货、翻译和船医工作。12 月 14 日渣甸致信礼士称：不能规定固定的售烟做法，"你应该随机应变，并同因义士和郭士立先生商量，征求他们的意见——要记住，在中国春节前几天，钱是有用的"①。1834 年 7 月 3 日渣甸致信礼士，称："你可能会高兴地在一切有关改变目的地的事情上征求郭士立的意见，并在制订计划时利用他广博的汉语知识以及对中国人心理的理解。你们两位合作者对我们洋行的热情，我是知情也领情的。"②渣甸在信中还要求礼士调查将鸦片贩卖到台湾的可能性。

1833 年 11 月 27 日"仙女号"双桅飞剪船从利物浦抵达伶仃洋。此后，渣甸派遣麦凯担任"仙女号"船长，负责在内伶仃岛和东部沿海泉州等驻点之间进行鸦片转运、运回银锭及通信联络。因义士曾负责过随船押运鸦片。郭士立也不负厚望，在泉州积极协助船长麦凯、礼士等人推销鸦片。1834 年 1 月 2 日郭士立致信渣甸，鼓励渣甸加大力度开拓鸦片市场，同时也提醒渣甸中国沿海居民具有排外情绪："我为这样一种贸易③日益增长的普遍前景而由衷地欢欣鼓舞，但也同样为一个村庄居民（的行为）而感到痛心。这些村民我们以前没有接触过，当我们的船靠岸（准备取淡水）时，他们表现出很深的敌意。这使我们对这帮群氓没有好感。我们实际上是与一些衣着褴褛的人打交道，他们是这个国家的渣滓，本质上是些卑鄙

---

① 怡和档案，1833 年 12 月 14 日，渣甸亲笔信，广州 390。张馨保，《林钦差与鸦片战争》，第 28 页。

② 怡和档案，1834 年 7 月 3 日，"渣甸致礼士函"，广州 417。张馨保，《林钦差与鸦片战争》，第 29 页。

③ 指鸦片贸易。

可耻的恶棍。"①这样的话出自一名致力于将"上帝的福音"传入中国的传教士口中，实在令人匪夷所思，让人不免怀疑他鼓吹"爱人如己"等基督教思想时是否是在自欺欺人。

令人怀疑郭士立身为牧师是否称职的另一个现象是：郭士立虽然深得渣甸赞许和信任，得以担任"仙女号"随船翻译和医生，但自己又兼做投机生意。船长麦凯就曾向渣甸抱怨，他奉命每打手绢卖 2.5 元，而郭士立却以每十块手绢 1 元钱的低价出售手绢，他根本竞争不过郭士立。②郭士立还在 1834 年出版了一本简述中国历史的书籍——《中国简史》(*A Sketch of Chinese History*)。在这本书的附表里，郭士立收录了马地臣长期收集的数十年来中外贸易的详细数据，表明郭士立高度关注对华贸易状况。③

怡和洋行开拓泉州等沿海地区走私贸易的成功，吸引了其他洋行的效仿。1834 年末，颠地行就派出"奥里莉亚号"(Aurelia)飞剪船前往中国东南沿海进行鸦片走私。同时随着广州禁烟日趋严厉，其他洋行也需要谋求新的贸易口岸。1835 年 3 月 19 日渣甸告诉礼士，广州鸦片贸易彻底中断，"不管以什么价格，一箱也卖不出去"④。渣甸担心越来越多的竞争者向东南沿海发展，从而影响怡和洋行的垄断地位。他一方面要求礼士等船长充分认识"在这些买卖上事事保

---

① *Trade and Diplomacy on the China Coast*：*The Opening of the Treaty Ports, 1842–1854*, by John King Fairbank，Cambridge：Harvard University，1969，p.70. 吴义雄，《在宗教与世俗之间》，第 235 页。

② 怡和档案，1834 年 7 月 26 日，"麦凯致怡和洋行函"，海岸 64。张馨保，《林钦差与鸦片战争》，第 238 页。

③ Charles Gutzlaff, *A Sketch of Chinese History*，Vo12，Appendixes，No. V–No. XI，New York，John P. Haven，1834.

④ 怡和档案，1835 年 3 月 19 日，"渣甸致礼士函"，广州 450。张馨保，《林钦差与鸦片战争》，第 239 页。

密的好处"①；一方面要求他们设法贿赂清政府地方官员，以诱使他们查缉除了怡和船只以外的其他洋行商船。

1835年3月9日渣甸致信礼士，称："如果你能设法使中国攻击除你自己这一些人以外的每一个人，那就最好不过了；我最怕的是，有太多商行加入此贸易，会引起中国政府的不悦，从而迁怒于交易商与船夫。另一方面，各商行之间的恶性竞争也会使价格大跌。……郭士立先生已同意随戈登先生去武夷山。不日就乘'奥斯汀'号启程，你在同中国人打交道时，可取得他的协助。"②12月9日渣甸告知礼士，通过渣甸、马地臣等人在广州的活动，"有一个低级官员已离广州去厦门或泉州湾去跟水师提督商量，为了便于沿海贸易的进行，他建议排除其他各家船只，以让我们这家商行独占市场。但这个看来难望做到。不过，要是舢板水师指挥向你提出这种建议时，你还是该予鼓励"。渣甸认为：适当宣示武力是保护自己的行之有效的办法。他在信中向礼士进一步透露：伶仃洋碇泊地的亚历山大·格兰特船长正在"为沿海船只挑选可靠结实的欧洲水手"③。但最终渣甸这招"借刀杀人"没有获得成功，因为清政府既然不会认真查缉怡和洋行的鸦片商船，同样也不会认真查缉其他洋行的鸦片船。

一计不成，再生一计。渣甸还要求礼士等人通过价格战的方式赶走竞争者。1835年3月9日的信中，渣甸要求礼士："（利用）你熟悉沿海的情况和供你支配的船只多的优势，薄利多销，资金周转

① 怡和档案，1834年12月1日，"渣甸致礼士函"，广州428。张馨保，《林钦差与鸦片战争》，第238页。

② 怡和档案，1835年3月9日，"渣甸致礼士函"，广州448。张馨保，《林钦差与鸦片战争》，第29—30页；布雷克，《怡和洋行》，第61页。

③ 怡和档案，1835年12月9日，"渣甸致礼士函"，广州461。张馨保，《林钦差与鸦片战争》，第30、32页。

得快就可以低价倾销鸦片，压倒竞争者。"①怡和洋行的竞争对手——宝顺洋行，也派遣"阿美士德勋爵号"前往泉州贩卖鸦片，这引起了渣甸的忌恨。1836年4月1日渣甸向礼士建议如何挤垮"阿美士德勋爵号"："你拥有的船只比对手多，要是你派一只船停泊在'阿美士德勋爵号'边上，把烟价减到跟对方一样低，如何？你可以在较远处的港湾再高价出售。"②

4月12日渣甸再次致信礼士，抱怨"阿美士德勋爵号"船长使用卑鄙伎俩，"竟想额外多卖出几箱鸦片"；渣甸要求礼士尽量降低价格，甚至以比竞争对手最低价格还要低的价格销售鸦片，不要让"他们（新来者）私下玩什么花招，偷偷低价倾销烟土"；渣甸还向礼士询问："要是能派一只船去舟山群岛，在那里待上三四甚至六个月，可行吗？在那一带，烟价很高；只要有股韧劲和处理得法，不忘向官员行贿给钱，我想，我们会很成功的。"③但礼士却与"阿美士德勋爵号"船长达成协议，避免了恶性竞争带来的两败俱伤。渣甸对礼士协议所能达到的效力有所怀疑，因为他认为只有双方共同遵守信用才能履行这份协议。

6月4日渣甸埋怨礼士没能击败竞争对手，却使更多竞争对手得以向东南沿海拓展鸦片贸易："你的精力和坚忍不拔已使得各家船只常去的港湾贸易走上正规：如今那些不善经营的广州商人，正在利用你为他们开辟的市场大做鸦片生意"，渣甸继续敦促礼士派出船只

---

① 怡和档案，1835年3月9日，"渣甸致礼士函"，广州448。张馨保，《林钦差与鸦片战争》，第30页。

② 怡和档案，1836年4月1日，"渣甸致礼士函"，广州471。张馨保，《林钦差与鸦片战争》，第30页。

③ 怡和档案，1836年4月12日，"渣甸致礼士函"，广州472。张馨保，《林钦差与鸦片战争》，第30页。

向舟山群岛航行。[①]礼士便派遣麦凯船长率领"仙女号"向北航行。

7月26日渣甸致信礼士，期望"（'仙女号'）向北的贸易航行将赚钱发财"[②]。但不幸的是，"仙女号"携带7万银圆返航时，在海上遭遇抢劫。船长麦凯惨遭杀害，船只被劫掠失踪。渣甸高度关注这个案件，在与礼士的往来通信中，多次提及案件查办的最新进展。案件最终查明是"仙女号"六名马尼拉水手谋杀了船长、大副、二副，然后在昌宋岛附近将"仙女号"凿沉。这些水手利令智昏，企图在马尼拉售卖从"仙女号"上劫掠的金条，结果被怡和洋行的代理商发现，最终被判谋杀罪。

1837年弛禁鸦片的前景已不复存在，"举朝无继言者"[③]。1月27日渣甸在致礼士的信中一再抱怨鸦片代理商都逃离了广州，而怡和商行里还囤积着大量"白皮土"。渣甸要求礼士想尽一切办法抛售手中的烟土，即使在竞争对手没有到达的港湾也可大幅降价，以便迅速抛售鸦片。此时渣甸已经认可了礼士与"阿美士德勋爵号"船长达成的协议，并要求礼士严格遵守协议。渣甸还不忘提醒礼士与"阿美士德勋爵号"船长就降价问题达成谅解。[④]由此，礼士与"阿美士德勋爵号"船长形成了经营同盟。为了抵制其他烟贩，1837年初他们甚至联合起来企图向泉州官员每年行贿2万银圆以共同垄断鸦片经营。渣甸同意了这个做法，但随着禁烟运动的开展，禁烟力

---

①　怡和档案，1836年6月4日，"渣甸致礼士函"，广州473。张馨保，《林钦差与鸦片战争》，第31页。

②　怡和档案，1836年7月26日，"渣甸致礼士函"，广州476。张馨保，《林钦差与鸦片战争》，第239页。

③　梁廷枏：《夷氛闻记》。

④　怡和档案，1837年1月27日，"渣甸致礼士函"，广州492。张馨保，《林钦差与鸦片战争》，第238页。

度越来越大，礼士的行贿计划没能成功。

　　广东当局对伶仃洋和黄埔水域鸦片走私的持续关注，导致鸦片商贩纷纷向广东东部、福建沿海以及中国东部口岸转移。1837 年 9 月 3 日渣甸写道：由于广州洋药市场停顿，没有一艘鸦片走私船能够往来行驶，"我们正用尽一切办法用欧洲船只将货物运往沿海岛屿间去销售"①。渣甸还试图试探台湾等地的新市场，不过他又担心"但是沿海船只数目一多，迟早会惹起北京当局的注意，并迫使他们采取新办法"②。1838 年 1 月渣甸派琼西船长率领"芬德利总督号"前往长江口，为一位中国商人运去麻洼鸦片。渣甸要求琼西船长利用这次机会，争取在舟山群岛寻找机会"以出售该药物"，同时在返程时运回生丝。③

　　为了增强沿海贸易驻点的相互联络，并提升中国东部沿海鸦片走私力度，1838 年怡和洋行陆续购置了"欧米伽号"（Omega）、"珊瑚号"（Coral）、"玛丽亚号"（Maria）、"希腊号"商船④。此时怡和洋

---

　　①　怡和档案，1837 年 9 月 3 日，"发给私人的函件稿簿"，威廉·渣甸。格林堡，《鸦片战争前中英通商史》，第 182 页。

　　②　怡和档案，1837 年 10 月 13 日，"发给私人的函件稿簿"，威廉·渣甸。格林堡，《鸦片战争前中英通商史》，第 182 页。

　　③　怡和档案，1838 年 1 月 24 日，"渣甸致礼士函"，广州 508。张馨保，《林钦差与鸦片战争》，第 31 页。

　　④　"欧米伽号"建造于爪哇，怡和行于 1838 年初购置。"珊瑚号""玛丽亚号""希腊号"购置于 1838 年夏。见怡和档案，1838 年 2 月 13 日，"渣甸致礼士函"，广州 509；1838 年 6 月 5 日，"渣甸致礼士函"，广州 517；1838 年 7 月 13 日，"渣甸致礼士函"，广州 521；1838 年 9 月 5 日，"渣甸致礼士函"，广州 527。张馨保，《林钦差与鸦片战争》，第 31 页。

　　另：亨特《广州番鬼录·旧中国杂记》第 73 页尾注 3，"原注'奥米加号'属于宝顺洋行"。根据 1838 年 2 月 13 日渣甸致礼士的函件，"欧米伽号"应属于怡和洋行。

行的船队规模达到 12 艘[1]，一举奠定了怡和行在中国沿海贸易的统治地位。1840 年渣甸在英国议会作证时称，1835 年至 1838 年间，每年从印度孟买运往中国的鸦片数量高达 20，000 多箱；1838 年虽然运往广州的鸦片数量较少，但在沿海交易的数量则较为可观，尤其是在南澳海峡至少有 16 至 18 艘船在走私鸦片。[2]

　　1838 年中英海上摩擦日渐增多。渣甸和马地臣一样，都是狂热而坚定的好战分子。礼士在鸦片走私时不免会跟巡查水师发生冲突，渣甸赞同适当动用武力。5 月 3 日渣甸专门致信礼士，对他提出表扬："最近你在沿海贸易中多次动了武，不过看来你都顺利地摆脱了困境。"[3]8 月 14 日渣甸兴奋地告诉礼士，英国驻印度海军司令托马斯·马他仑（Thomas Maitland）少将率领舰队抵达虎门以外的铜鼓湾，"使中国人大为震惊"[4]。实际上，马他仑少将遵照英国政府特别训令，严格遵守中国政府关于外国战船的相关规定，充分表达了友善和平之意。但渣甸希望马他仑的海军示威能够有助于鸦片贸易恢复原状。10 月 18 日渣甸致信礼士，向他透露两广总督邓廷桢将前往广西视察，"中国人都满怀希望邓不在时，鸦片买卖会好转"[5]。由于

---

　　① 分别是："壮士号""杨格上校号""奥斯汀号""哈里特号""芬德利总督号""马叶斯夫人号""红色流浪者号""希腊号""欧米伽号""渣甸号""玛丽亚号""珊瑚号"。

　　② *Evidence of William Jardine*，NO.1489，1546，Report from the Select Committee on the Trade with China，in British Parliamentary Paper，China，vol.30，Shannon，Irish University Press，1971，pp.113，117. 吴义雄，《条约口岸体制的酝酿》，第 349、361 页。

　　③ 怡和档案，1838 年 5 月 3 日，"渣甸致礼士函"，广州 514。张馨保，《林钦差与鸦片战争》，第 32—33 页。

　　④ 怡和档案，1838 年 8 月 14 日，"渣甸致礼士函"，广州 525。张馨保，《林钦差与鸦片战争》，第 109 页。

　　⑤ 怡和档案，1838 年 10 月 18 日，"渣甸致礼士函"，广州 532。张馨保，《林钦差与鸦片战争》，第 100 页。

在 20 多年的鸦片走私生涯中，渣甸从没有遇到过如此严厉的禁烟运动，因此直到 1838 年 12 月渣甸还是认为邓廷桢刮起的这轮广东禁烟风暴只是短期的、临时的。

1839 年 1 月 1 日渣甸终于认识到低估了清政府此轮禁烟的决心。在致孟买合作商詹姆塞特吉·吉吉博伊的信中，渣甸承认难以评估这次严禁鸦片的后果，他起初认为这次查禁跟以往历次一样都是走走形式，但这次查禁却遍及中国各省，这是"前所未闻的一种情形"。如果继续查禁一年，鸦片消费就会减少六七成。渣甸相信："在动乱较多的省份中……激起不满的情绪。"渣甸认为义律将鸦片贸易分为"内洋""外洋"两个部分是"无谓的辩论"，并不会减轻清政府对沿海一带查缉鸦片的力度，因为江面上的"内洋"贸易并不是"最近严厉办法"的诱因。渣甸还告诫詹姆塞特吉·吉吉博伊不要采购鸦片，他认为"在目前阶段上，鸦片放在公司（指英印政府）手里比放在商家或私人手里要好些"[1]。

鉴于广东当局的禁烟措施越发严厉、禁烟手段越发强硬，鸦片巨商纷纷避开锋芒逃离广州，渣甸也于 1839 年 1 月结束在华经商生涯，一走了之，从此一去不复返。渣甸离开中国，并不意味着他对怡和洋行的鸦片走私贸易不再关心。相反，直到鸦片战争爆发前的 1840 年 4 月初，渣甸还满怀忧虑地致信马地臣表达了他对沿海贸易的担心："如今我必须告诉你，我是如何地为沿海贸易焦心。詹姆斯·茵斯（James Innes）[2]描写他乘'杨上校'号（Colonel Young）在沿海做生意的情形，是一幅最惊人的景象。我们船只在这种时候

---

① 怡和档案，1839 年 1 月 1 日，"发给私人的函件稿簿"，威廉·渣甸致杰姆塞特依·介依布浩依（詹姆塞特吉·吉吉博伊）函。格林堡，《鸦片战争前中英通商史》，第 184 页。

② 即因义士。

从事这种任务，有许多是嫌其太小不能胜任的；要是这些船只都安全出险，我就高兴了。茵斯描写生意统统靠普通人民在夜间来进行，有人带十块钱，有人十五块，有的一百、二百，一个人最高额只到二千五百元。各人都要求按钱数买烟，自行运走。在这种情况下，我深怕中国当局会出诡计，派士兵或军官化装而来，把小船抢走。茵斯说，就是像现在那样做法，我们的船只还是'成对地被追捕'。"①

---

　　① 英国剑桥大学图书馆藏怡和洋行档案"伦敦通信""1836—1844 年"盒，"威廉·渣甸致詹姆斯·马地臣"。《近代史资料》第 4 期，第 80—83 页。

第四章　交往行商

一、十三行商

　　1686 年，粤海关设立的第二年，广东巡抚李士桢会同两广总督吴兴祚、粤海关监督宜尔格图发布《分别住行货税文告》："今公议设立金丝行、洋货行两项货店。如来广省本地兴贩货物一切落地货物，分为住税报单，皆投金丝行，赴税课司纳税。其外洋贩来货物及出海贸易货物，分为行税报单，皆投洋货行，侯出海时洋商自赴关部纳税。"① 洋货行，又被称为洋行、外洋行、十三行等。十三行并不是专指十三个行商，而是领有清政府颁发对外贸易牌照的行商统称。行商数量并无定数，1757 年有 26 个，1781 年仅有 4 个；1813 年、1837 年行商数量恰好为 13 个。② 根据上述文告，广东省内的国内贸易缴纳住税，由金丝行承办，税课司征收；对外贸易缴纳行税，由洋货行即十三行承办，海关征收。由此，清代广东洋行制度正式建立。

---

　　① （清）李士桢《抚粤政略》卷六，文告，"分别住行货税"。

　　② 袁峰：《黄埔海关考》，中央编译出版社 2016 年版，第 98 页。

此后直到第一次鸦片战争结束，十三行一直垄断着中西贸易，负责代理报关手续并担保外商遵守清政府相关规定。"凡外洋夷船到粤海关，进口货物应纳税银，督令受货洋行商人于夷船回帆时输纳。至外洋夷船出口货物应纳税银，洋行保商为夷商代置货物时，随货扣清，先行完纳"，"夷人到粤，宜令寓居行商，管束稽查"。[①] 清政府不允许外商与国内普通商人及百姓直接进行贸易，也不允许外商直接致信官员陈事，外商一切事务只能通过广州十三行行商居间办理。费正清指出："他们（按：行商）制订价格、出售商品、担保缴税、约束洋人、与外商谈判、控制走私、出租房子；行商也充当翻译、资助民团武装和文化教育，并为大小官员呈送礼物和捐赠。"[②]

渣甸长期在广州经商，与行商卢文锦、关成发、严启祥等接触较多，合作紧密。但由于"世界巨富"浩官伍秉鉴主要与怡和行的竞争对手"宝顺行""旗昌行"等洋行合作[③]，因此渣甸和马地臣都不愿意与浩官合作。马地臣的外甥亚历山大·马地臣曾在 1840 年英国下议院审查委员会上指出虽然怡和洋行与每一位行商都做生意，但马地臣和渣甸私底下都十分厌恶浩官。双方在有关行商连带赔偿制度的存废方面进行过激烈争执。

行商相互作保并承担连带赔偿责任从乾隆年间起就已经形成定制。虽然清政府禁止行商向外商举债，但行商与外商之间通过预付、

---

①　梁廷枏《粤海关志》，"卷二十五　行商"，第 491 页；"卷二十八　夷商三"，第 546 页。

②　费正清：《中国沿海贸易与外交：1842—1854 年通商口岸之开放》第 1 卷，第 51 页。

③　亨特《广州番鬼录·旧中国杂记》第 56 页记载："自可尊敬的东印度公司从广州退出以后，他（按：伍浩官）也退出了和外国侨民的一般贸易，专和旗昌洋行一家合作，他的对外贸易全由旗昌洋行一家代理。"

广州商馆区（1789—1822 年间绘制的玻璃画）

代垫或赊欠等方式而形成的债务关系长期存在。1782 年开征的"行用"，其主要用途之一就是偿还破产行商的债务。但 19 世纪 20 年代，行商破产事件频发，使得未破产行商债务负担大增，经营日趋困难，甚至引发新的破产事件。1829 年面对东生行巨额商欠问题，英国东印度公司广州特选委员会主席部楼顿和两广总督李鸿宾都认识到让所有未破产行商承担破产行商的债务会导致十分严重的后果，因此双方都期望改变行商连带赔偿制度。李鸿宾的意见是由于行用还在继续征收，所以新立行商仍需承担以往破产行商的债务，但以后再有行商破产，只需联保行商承担其债务，其他未作保的行商不需承担债务。

　　1830 年 3 月 20 日伍浩官等老行商致信广州马格尼亚克等洋行，把两广总督和粤海关监督于 3 月 18 日颁布的关于商欠问题的谕令告知渣甸、马地臣等英国散商，宣布旧债务赔付完毕后，非联保行商

对新债务将不再实行连带赔偿制度。渣甸、马地臣等英国散商对此
极为不满，立即提出三方面的反对意见：1.广东当局 3 月 18 日的谕
令并未奏请皇帝批准，不能用于行商规避赔偿责任的借口；2.广州
行商长期垄断对外贸易，理应承担其成员的债务；3.如果取消连带
赔偿责任，就应该取消行用征收。4 月 27 日伍浩官等七位老行商向
英国散商重申广东当局的谕令，要求他们以 3 月 18 日为界，会同行
商清理账目，限时上报债务情况；并警告他们以后不得再向行商大
举放贷。渣甸、马地臣等人将谕令置之不理，但对于新政策实施却
无可奈何。① 况且英国东印度公司广州特选委员会明确支持广东当局
关于商欠问题的新政策。1831 年 11 月 24 日特选委员会秘书林赛致
信渣甸，称已就东生行破产债务问题，与行商达成了"最终的和明
确的协议"②。这个协议实质就是同意将 1830 年 3 月 18 日作为行商连
带赔偿责任的终止日。不过渣甸也无须对此协议过多担心，因为这
个协议最终也没有发挥多大作用。1837 年兴泰行破产时，公行依然
承担了清偿债务的连带责任。

　　渣甸长期接触十三行行商，对他们的情况颇为谙熟。1830 年 3
月 29 日渣甸在致伦敦格莱斯坦的信中，对十三行行商进行了点评：

　　　　"浩官衰老而慎重，要他将很大资本完全投入远方的投
　　机之中顾虑是太多了。茂官有巨大的地产，但是如果不从
　　欧洲人那里借钱，他就没有充分的现金来经营公司③分配
　　给他的生意。庭官经营潘启官行（同孚行），要他从事不可

---

① 吴义雄，《条约口岸体制的酝酿》，第 296—304 页。

② *H.H.Lindsay to William Jardine*, Canton, November 24th, 1831, *The Canton Register*, December 1st, 1831. 吴义雄，《条约口岸体制的酝酿》，第 305 页。

③ 按：指英国东印度公司。

靠的投机是太胆小了；自从他主持这个行之后，他自己就一直差不多完全限于做公司的生意。中官是既不殷实也不至倒闭的行家。今天上午我还被他的债主们请去起草一件控告这个行的老板的禀帖或状子。总督从去年十一月以后，就答应叫回这个行的老板'梅尔维尔勋爵'[①]，但是到现在还没有这样做。老经官还是穷，而且欠了债，虽然他的信用是好的。发官既没有钱又没有身份。嘉官有钱，但是除了给公司供应茶叶之外什么也不知道，公司一般总是同他现钱交易，尽量少给他进口货物的负担。……老行就是这样不再讲了。我们现在说四五个新行，一个是由茶商经营的，有一两个是从澳门来的，有一点钱也有一点身份，但是做过鸦片交易——其中有一位还免费旅行过冰天雪地[②]。其余都是既没有钱又没有身份——或者顶多是极其平常的身份——的冒险家们、倒歇了的鸦片掮客、被斥退的河伯的税吏等等。这种稀奇古怪的胡闹，我不知道会有什么结果。"[③]

渣甸认为行商经常处于困境的原因之一在于广东当局永无止境的敲诈勒索。1829年渣甸、因义士、颠地等英国散商在致两广总督的禀帖中一针见血地指出，之所以没人愿意充任行商，是"因为要成为行商，须拿出四五万两银子。而成为行商之后，海关监督之经承与其他人员，年复一年，日复一日地对其进行榨取。如果行商略有小错，即使他承认其过，他们也不予同情，而是不断加码对其勒

---

① 按：渣甸对章官的戏称。
② 按：指曾充军伊犁。
③ 格林堡，《鸦片战争前中英通商史》，第59—60页。

索……当行商老病，无法经理生意，或其子无能经商，行商欲行告退，他也不被允许退休。故无富庶良善之人敢充行商"①。行商处境如此恶劣，曾让潘启官愤懑地表示："宁为一只狗，不为行商首。"

行商经常处于困境的原因还在于其经营不善。一般而言，广州十三行行商经营英国疋头货物基本上是亏本生意。但在"易货贸易"的模式下，行商又不得不接受英国纺织品，以此换取外商收购茶叶并获得现款。1829 年 11 月 18 日《广州纪录报》记载了行商经营棉花进口业务存在的风险。行商收购英印散商从孟买或苏拉特（Surat）运到广州的棉花，利润一般为每担 0.2657 两纹银，但实际上行商经常亏本。主要原因是行商在进货 3 个月内必须支付价款给英印散商，而如果当年国内棉花丰收，棉花市场价格和需求就会大跌，一旦棉花商人拒绝收购进口棉花，行商的存货就无法销售出去，资金周转就会存在困难。

行商之所以不惜血本，甘愿与散商做亏本买卖，甚至福隆行、兴泰行等行商在濒临破产时，也与怡和洋行大做英国棉纺织品生意，有时还从伶仃洋的趸船上私运鸦片以外的其他货物，目的就是使其表面看起来经营正常，尽可能地掩盖经营困境和破产迹象，由此可以持续获得英国东印度公司的茶叶订单，并避免广东当局的干涉。但这又不免导致恶性循环，使得部分行商迅速破产。

渣甸认为大部分行商是遵守信誉的。这一观点也被旗昌洋行合伙人亨特所认同，他指出："作为一个商人团体，我们觉得行商在所有交易中，是笃守信用、忠实可靠的，他们遵守合约，慷慨大方。"②

① "Petition", The Canton Register, November 18th, 1829. 吴义雄，《条约口岸体制的酝酿》，第 256 页。

② 亨特，《广州番鬼录·旧中国杂记》，第 49 页。

当然，也有个别行商不守信誉。比如 1827 年关成发濒临破产，就用欺骗手段把本属于马格尼亚克行的价值 6 万元的棉花抵付给中国的债主。渣甸十分气愤，直接向两广总督李鸿宾进行了申诉。孰料，李鸿宾不仅不予解决，还威胁渣甸不许再提此事。

根据清朝律例，破产行商一般会被严厉处罚，重者杀头，轻者也要抄家流放。但据渣甸记载，1829 年关成发被发配伊犁的时候，不仅带了两三房妻妾、一大群仆人，还带了九十到一百件装有金银和鸦片的行李。据亨特记载，关成发在临行前获得了行商和外商捐赠的 1 万银圆，而且在发配地"设法获得在伊犁所能得到的各种舒适享受"①。更令人匪夷所思的是，1830 年破产的章官，竟然在囚禁时娶了第四房姨太太，可见清政府法制吏治的腐败。

1832 年 2 月 29 日渣甸指出英国东印度公司垄断权的取消，并不会自动打开中国市场的门户。只要当前广州公行垄断制度依然存在，就对中英贸易形成很大的桎梏。只有和中国政府签订平等的商务条约，才能真正改善对华贸易的环境。渣甸称：

> "只要目前公行商人征收强索的方式不变，英国就不可能从对外贸易上取得任何重大利益。我们一定要在拓展目前仅有的商业活动之前，和这群天朝的野蛮人订下规章。我们住在这儿的人认为，我们有权要求平等商约，不过，我恐怕我们祖国的朋友并不做此想。"②

---

① 亨特，《广州番鬼录·旧中国杂记》，第 49 页。

② 怡和档案，1832 年 2 月 29 日，"发给私人的函件稿簿"，威廉·渣甸。布雷克，《怡和洋行》，第 64 页。

　　由于行商普遍经营困难，只能勉强维持生意，无法进一步扩大贸易，因此渣甸认为："（将来东印度公司垄断权被废止后，）如果要打开贸易，那仍旧要由欧洲人的，或毋宁说英国人的资本来干。"①

　　1833年初，因义士因为租住的商馆旁边堆放了大量木柴，而向房东伍浩官申诉，但浩官未予理会。后来因义士听说是粤海关监督的仆人在破坏他的居住环境，便邀请渣甸、布伦金（W.Blenkin）陪同，一起前往粤海关官邸。渣甸、因义士等人到达官邸时，正值粤海关监督在午睡，因此只得返回。在经过一条长廊旁边的黑暗厨房时，渣甸一行突然受到一名苦力的袭击，因义士的手臂被刀砍了三下。随后，渣甸等五位朋友立即陪同因义士前往浩官商行，要求浩官逮捕歹徒并按照中国法律予以审判。浩官认为这只是一件小事，并未在意。当晚8点，性情乖戾的因义士竟然燃放烟花爆竹火烧粤海关官邸作为报复。于是渣甸等人再次见证了只有采取暴力才能迫使广东地方当局屈服的现象：两广总督和粤海关监督高度重视此事，第二天歹徒即被戴枷游街，而因义士火烧粤海关官邸一事竟然不被追究。

　　1836年清政府对弛禁还是严禁鸦片进行了广泛辩论。渣甸高度重视这场辩论，不断从行商那里获取北京方面的消息。6月7日渣甸写道：有消息说两广总督邓廷桢奏请皇上准由行商输入鸦片，但不能使用现银购买，只能严格执行以货易货，这使鸦片贩子颇为振奋。②11月5日渣甸记载，某些御史竟然力请判处鸦片烟贩死刑，连

---

　　①　怡和档案，1830年3月29日，"发给私人的函件稿簿"，威廉·渣甸致伦敦格莱斯坦（J.H.Gledstane）。格林堡，《鸦片战争前中英通商史》，第59—60页。

　　②　怡和档案，1836年6月7日，"发给私人的函件稿簿"，威廉·渣甸。格林堡，《鸦片战争前中英通商史》，第181页。

外国人也不例外，这消息又使鸦片贩子感到惊惶。渣甸对于清政府争论不休造成的人心不稳和对鸦片市场造成伤害极为烦恼，他致信孟买代理商说："我们现在必须等待双方争辩的结果，真是烦人……在这期间，你那里的鸦片一定会跌价。所以请把我们所有款项都投放在白皮土上。"① 很快，邓廷桢就要求行商将夹藏鸦片的外国商船驱逐出广州。渣甸以还有20多船的合法货物尚未出售为由，拒不服从。11月27日渣甸说："我不能让行商替我买卖。这种办法是不合理的。"② 行商们担保说如果以后发现渣甸从事鸦片贸易，他们甘愿受罚。在如此高压形势下，行商们竟然还肯为渣甸辩护，这真是咄咄怪事。

1839年2月28日，已离开中国的渣甸在致友人的信件中承认之所以会对清政府禁烟形势发生误判，是因为听信了卢茂官关于鸦片贸易会被解禁的说法，因而心存侥幸；相反，与伍浩官关系较好的旗昌洋行，对时局判断十分谨慎和准确，丝毫没有掉以轻心。③3月18日林则徐将广州十三行行商召集到官邸，严厉斥责行商包庇鸦片商贩，甚至胆敢替渣甸、因义士等臭名昭著的大鸦片贩子担保。行商长期为怡和行商船具结担保，声称其不曾输入鸦片，但众所周知怡和洋行是当时第一大鸦片走私商行，由此林则徐认为行商的担保根本不值得信任。

---

① 怡和档案，1836年11月5日，"发给私人的函件稿簿"，威廉·渣甸。格林堡，《鸦片战争前中英通商史》，第181页。

② 怡和档案，1836年11月27日，"发给私人的函件稿簿"，威廉·渣甸。格林堡，《鸦片战争前中英通商史》，第181页。

③ 怡和档案，1839年2月28日，"发给私人的函件稿簿"，威廉·渣甸。格林堡，《鸦片战争前中英通商史》，第182页。

广州十三行街景

　　不过，当时也确实有个别洋商基于强烈的宗教观念，未从事鸦片贸易。被裨治文夫人誉为"美国对华传教之父"的奥立芬是虔诚的基督教徒，他不仅积极赞助传教事业，还坚决反对鸦片贸易。奥立芬开办的同孚洋行（Olyphant & Co.）是当时少数拒绝从事鸦片贸易的美国洋行之一。因此，奥立芬所住的十三行美国商馆，被渣甸等鸦片商贩讥讽为"锡安之角"（Zion's Corner）①。1840 年渣甸在英国议会作证时曾称，除奥立芬外，美国商人库星（Cushing）、英国商人罗伯逊（Robertson）和马地臣（Matheson）也不从事鸦片贸易。渣甸这里所讲的马地臣应该是当时尚处少年的三孖地臣（即詹姆士·马地臣的侄子唐纳德·马地臣）。

---

　　①　在犹太教的圣典里，锡安是耶和华居住之地，是耶和华立大卫为王的地方。

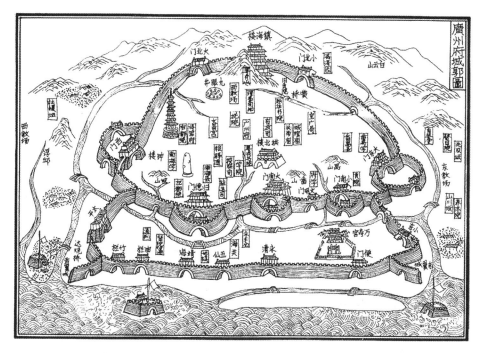

清代广州城郭图

二、租赁商馆

清政府规定，外商只能在贸易季时租赁十三行行商的房屋临时居住广州。但由于清政府法令松弛，外商经常在十三行商馆长年居住。"所谓商馆，原为'支店'之意，最初即在洋行 [①] 内租屋开设，迨以'夷商'加多，商务繁盛，投机者另行建造，专供'夷人'居住，地址与洋行相距不远，且有系洋行旧址，大都是行商伍、潘两家所有，以之出租给外人。非现充行商之人，不得建馆出租。" [②] 十三

---

① 按：指十三行。
② 《史料旬刊》，1930—1931 年印本，第 9 期，第 308 页。

行商馆区最初在靖海门^①（今靖海路）至鸡翼城西便门（今西濠口北面）一带，后发展到东起西濠（今人民南路）、西至联兴街（今康王路）、北到十三行路、南达珠江边。此地距离澳门约 130 公里，距离黄埔锚地约 16 公里。

道光年间，十三行商馆区商馆设置从东到西是：小溪馆（Creek Factory，又称义和行）、荷兰馆（Dutch Factory，又称集义行）、新英国馆（New English Factory，又称宝和行）、混合馆^②（Chow-Chow Factory，又称丰泰行）、旧英国馆（Old English Factory，又称隆顺行）、瑞典馆（Swedish Factory，又称瑞行）、奥地利帝国馆（Imperial Factory，又称孖鹰行）、宝顺馆（Paou-Shun Factory，宝顺行）、美国馆（American Factory，又称广源行）、中和馆（又称明官行^③）、法国馆（French Factory，又称高公行）、西班牙馆（Spanish Factory，又称大吕宋行）、丹麦馆（Danish Factory，又称黄旗行）。十三个商馆均是坐北朝南，面向珠江依次排列，正立面大致相同，建筑色彩一般为灰白色或浅黄色。商馆一般为三层，东西总长约 300 米，南北进深约 130 米，南面距珠江约 100 米，设有运动场、花园和小码头。商馆区还设有南北朝向的 3 条平行街市——同文街、靖远街、新豆栏街，鼎盛时期有钱庄、茶庄、钟表店、书店、理发店等各式商铺数千家。从建筑规模可以想见十三行当年的盛况，正所谓"番舶来时集贾胡，紫髯碧眼语喑呜。十三行畔搬洋货，如看波斯进宝图"（朱树轩《十三行》）。

---

① 靖海门：Tsinghai Gate。
② 又译作"炒炒馆"，该商馆住有巴斯人、摩尔人（Moormen，或作 Moors，近代欧洲人对非洲西北部地中海沿岸城市中的伊斯兰教徒的通称）或其他印度土著等。
③ 原为东生行商人刘德章的章官行（Chungua Hong），1830 年东生行破产后，改为潘文涛的中和馆（明官行）。

十三行同文街一景（设色石版画，拉维涅绘、比切博斯刻印，19 世纪，19.3 厘米×29.5 厘米）

　　有趣的是，1828 年广东鹤山人王泽邦（又名王阿吉）举家迁往广州后，在十三行靖远街开设了一间名叫"王老吉"的凉茶铺。由于降火去热疗效显著，而且价格低廉、饮用方便，很快就获得了十三行周围码头搬运工、黄包车夫以及来往客商的广泛赞誉。据说 1838 年林则徐初到广州时，不适应南方湿热天气，导致头痛身热、咽喉肿痛，就是喝"王老吉"凉茶治愈的。怡和洋行创始人渣甸、马地臣居住广州期间，很有可能也在酷热难耐的高温天气里喝过"王老吉"凉茶以降火除湿。经过近 200 年的砥砺奋进、数代人的精心经营，目前"王老吉"已成为中国著名老字号，而怡和洋行历经百年风雨也已成为著名的跨国集团。可以说，鸦片战争前在广州十三行商馆区先后设立的这两家百年老店，其发展史就是中国近现代商业史的缩影。

　　虽然马地臣自 1820 年至 1828 年、1839 年至 1842 年两度兼任丹麦驻广州领事，渣甸自 1828 年至 1839 年也兼任此职，而且丹麦领事馆就设在十三行商馆区最西边的丹麦馆，但马地臣和渣甸并没有将怡和洋行设在丹麦馆，只是自 1836 年起《广州纪录报》编辑约翰·施莱德租用丹麦馆的五间商馆，每年支付租金 2000 银圆。1832 年农历三月，渣甸向公行租用十三行最东边的义和馆作为办公场所，每年房租 6500 银圆，租期三年，期满另议。义和馆原为东生行所有，此时东生行已经破产，还欠渣甸 65，000 银圆。因此 1832 年渣甸和公行签订租约时，同时约定由公行代还东生行欠款，三年还清。商馆租约内容如下 [①]：

　　　　立批约洋行会馆，今有公受东生行义和馆壹间，深陆大进，租于港脚美士 [②] 渣典（按：渣甸）居住，每年租银陆千伍百元。言明递年拾贰月内交收清楚。租赁以叁年为期。期满另议，再换新批。因东生行原欠美士渣典银陆万伍千元。今公议分限三年，各行代为清还。自道光拾壹年拾贰月起，头期还银贰万叁千元，拾贰年拾贰月还银贰万壹千元，拾叁年拾贰月还银贰万壹千元。此馆递年即照还过银两数目交租，拾贰年拾贰月应交租银贰千叁百元，拾叁年拾贰月应交租银肆千肆百元，拾肆年拾贰月应全交租银陆千伍百元，毋得拖欠。倘期内拖欠租银，会馆即将此馆取

---

　　① 该租约原件现存于英国剑桥大学图书馆。杨联升：《剑桥大学所藏怡和洋行中文档案选注》，台湾《清华学报》新一卷第三期（1958 年 9 月），第 54—55 页。

　　② 美士：即 Mister 音译，又称未士、味哚。

回租与别人，不许占住。

如美士渣典不租，先壹个月通知会馆另租别人。馆内瓦面墙壁破烂，楼阁门扇被白蚁食烂，俱系会馆修整。馆内门扇，叁年油壹次亦系会馆支理。其墙壁上盖年年粉饰，俱系美士渣典自行支理，与会馆无涉。自租之后，不得携带夷妇在馆内居住又不得囤贮违禁货物，如违会馆立即取回毋得异言。今立批约底，各执一纸为据。

道光拾贰年叁月

同孚行　中和行

怡和行[1]　万源行

广利行　天宝行　会馆公立

东裕行　兴泰行

顺泰行

此后义和馆成为怡和洋行所在地。[2] 义和馆和丹麦馆分别位于十三行商馆区的东西两端，整个商馆区将马地臣、渣甸两人的商人身份与政治兼职划分得泾渭分明。义和馆的东边是一条沿着广州城西沟渠流出并汇入珠江的小溪，被称为"西濠"。这条小溪是十三行商馆区的东界，因此义和馆又称为"小溪馆"。义和馆"坐北朝南，呈长条状，由多间房屋组成，屋式和今天广州的竹筒相似。即正门入内，有走廊串联南北行列的房屋，各房屋间有空地、天井分开"[3]。

---

① 该怡和行，是伍浩官的行号。有研究者认为，渣甸·马地臣行初创时，被称为"渣甸行""渣甸洋行"，尚未使用"怡和"之名。第一次鸦片战争之后，渣甸·马地臣行才借用了已处于没落之际的怡和行的行号。

② 鸦片战争前一些中文史料将"渣甸·马地臣行"称为"义和夷行""义和鬼行"。

③ 曾昭璇等《广州十三行商馆区的历史地理——我国租界的萌芽》。

1825 年怡和洋行及西濠口众多舢板船（远处是鳌洲岛和红炮台）

渣甸租赁商馆时，义和馆的房屋数有 6 座，房屋内还有众多小隔间。义和馆具有宽广的长廊、精美的浮雕、冬天烤火用的壁炉以及金字形的屋顶，是典型的西式楼房建筑。一楼是存货的仓库（可容纳整船货物）、办公室、杂役住房和银库，二楼是餐厅、接待室和卧房。商馆银库通常存有 100 万元以上的银钱现款和各种贵重物品 ①。

　　十三行商馆里雇有通事、买办、勤杂人员等，服务周到、食物供应充足。通事蔡懋 ② 在商馆区北面的十三行街设有"宽和通事馆"，以便"照料日常事务，如侍候城中出来的官吏，检验出入口的货物，替这些税吏们填写税表，呈报海关监督衙门，以备登记，

---

　　① 参见亨特，《广州番鬼录·旧中国杂记》，第 61 页。
　　② 蔡懋，外国人称之为"老汤姆（Old Tom）"或译作老谭，为 1830 年前后十三行总通事。

以及后期征税等。他们的职责当然不轻。无论白天黑夜，他们随传随到，应付五花八门的事情，并且在任何时候都乐意为全体外国侨民提供方便"[1]。

三、兴泰商欠

1837年行商普遍经营困难，尤其是曾在广州对外贸易中占有较大份额的兴泰行，已在困境中挣扎数年。1834年之前，对于无法及时偿还欠款的行商，英国东印度公司广州特选委员会通常会提供一定资金帮助行商渡过难关。但此时广州特选委员会早已撤销，怡和行、宝顺行、旗昌行等英美洋行也不再施以援手。兴泰行不得不于该年破产。渣甸对于行商的经营困境，曾做过真实描述："我相信……近来没有一家行商不负债，除去浩官和潘启官之外，现在没有一家行商有两万元。如果我们挤倒一家，我们就可以挤倒全体；如果我们真把全体挤倒，海关监督就会很快地再增加六家或八家，并为这项特权向每家索取四万两银子。这些新设行号自然是一些既无财产又无品德的人，要不了几年就会倒歇的。这是一幅阴暗的图画，然而是真实的景象。"[2]

由于兴泰行欠款数额巨大，外商对兴泰行破产后的债务偿还问题十分关心。外商普遍担心如果按照1830年伍浩官等老行商所称

---

[1] 亨特，《广州番鬼录·旧中国杂记》，第58页。

[2] 怡和档案，1837年2月4日，"发给私人的函件稿簿"，威廉·渣甸。格林堡，《鸦片战争前中英通商史》，第174页。

的取消连带赔偿责任，则难以收回欠款，因此通过各种方式为索赔商欠做舆论准备。1837 年初，渣甸原计划返回英国，但他又觉得如果没有将行商欠款商定出解决办法并"将这口岸的贸易置于比目前情形较为健全和安稳的一个基础"之前就离开中国，是"不可思议的"。①4 月 19 日兴泰行严启祥写信给渣甸，解释自己破产的原因主要是由于经营不善、错估行情，导致贵买贱卖、多重亏蚀。尤其是1836 年广州茶商囤积居奇、哄抬物价，兴泰行由于与外商签订的是固定价格合同，因而损失惨重，无力支付到期债务。长期垄断对外贸易的行商对于茶商涨价的行为竟然无能为力，渣甸觉得有点难以理解。在致伦敦茶商的信中，渣甸写道："我们近来一直尽力劝说行商采取比较一致的行动，拒绝茶商的无理要求。茶商近两年来已经颇获厚利，而行商却没有从茶叶得到足够的赚头来维持他们行号的开销。当你们注意到双方的相对地位……茶商除非通过这十名行商之一就不能运出一箱茶叶时，这在你们看来一定像是不可能的。"② 渣甸希望行商能够团结一致抵制茶商对广州市场的破坏作用，他在另一封信中写道："行商能否作为一个公共团体而存在，决定于这一斗争的结果。"③ 但实际上，为了保证英国市场的茶叶供应，渣甸等英商有时甚至绕开行商，直接与茶商进行交易，这也导致行商经营日趋困难。

严启祥称时运不济和地方当局的长期勒索也是他破产的原因之

---

① 怡和档案，1837 年 1 月 16 日，"发给私人的函件稿簿"，威廉·渣甸。格林堡，《鸦片战争前中英通商史》，第 174—175 页。

② 怡和档案，1836 年 4 月 16 日，"发给私人的函件稿簿"，威廉·渣甸。格林堡，《鸦片战争前中英通商史》，第 174 页。

③ 怡和档案，1836 年 11 月 22 日，"发给私人的函件稿簿"，威廉·渣甸。格林堡，《鸦片战争前中英通商史》，第 180 页。

一。他向渣甸诉苦道："1830年，我以有限的资本开始营业；在开销了挂出招牌开张营业的费用和买进栈房和家具之后，我身上一文钱都没有了。那一年因为英国妇女到广州来的关系[①]，我被关进牢狱一个多月，并且花销了十万元钱。在第五年又发生了律劳卑的事件[②]。我又被拘囚在牢狱里几个月，只做了很少的生意。我在总督和粤海关衙门以及其他地方的花销也不下于十万元。"[③]

在清算兴泰行债务时，怡和洋行提出的索赔数额与兴泰行严启昌（严启祥之兄）提出的商欠数额相差较大。7月5日渣甸称兴泰行实际欠款总额为2,158,349.86元，但严启昌对此数额表示异议。邓廷桢便要求行商与外商联合清理兴泰行账目。7月25日行商代表伍绍荣、卢继光、潘绍光与外商代表颠地、阿切尔（Archer）、记连在十三行公所组成兴泰行账目清理委员会，颠地任委员会主席。最终该委员会确定兴泰行欠款总额为2,470,332.57元，其中欠怡和洋行1,880,207.70元。行商提议公行分15年无息代偿兴泰行所欠款项。此提议引起了正处于1837年经济危机中的渣甸、马地臣等人强烈不满，他们声称如果还款时间太长且不计利息，洋行就会遭受新的损失。12月15日渣甸等洋商致禀邓廷桢，提出"行用已经三年，未曾动支摊赔。则递年蓄积，有入无出，则不知存贮于凡几也"，暗示应将行用尽快用于偿还债务。12月17日邓廷桢回复渣甸等人，否认行商具有连带赔偿责任。他声称之所以"饬令洋行众商，筹项分年代还"，实际上是"仰体大皇帝怀柔圣德，不欲该夷商等亏其资本

---

① 指1830年10月英国东印度公司大班盼师夫人入城事件。

② 严启祥是律劳卑进入广州时所乘兵船"威廉要塞号"的保商。律劳卑擅自进入广州并与广东地方当局发生强烈冲突，严启祥首当其冲遭到了广东地方当局的处罚。

③ 怡和档案，1837年4月19日，兴泰行（或严某）致威廉·渣甸的信。格林堡，《鸦片战争前中英通商史》，第60—61页。

耳。法外施恩,可谓仁至义尽",并称渣甸等人催还欠款是"愚而不明"。[1] 此后,行商与洋商对还款时限进行了多次磋商。经过大半年的讨价还价,1838 年 6 月中英双方最终议定欠款从 1838 年 5 月 1 日起计算,分九年还清。第一次支付日期为 1839 年 4 月 30 日,以后每年 4 月 30 日支付一次,到 1846 年 11 月 1 日全部还清。[2] 虽然渣甸对还款时限较长颇有微词,但毕竟巨额商欠不受清政府律例保护[3],渣甸等洋商长期向兴泰行大举放贷本身就违反了清朝律例。倘若广东当局禁止行商摊还,欠款势必成为坏账,渣甸等洋商也只能自食苦果了。因此渣甸等人不敢强硬反对,只是在次年鼓动英国政府发动对华战争时一并提出商欠问题,期望能够尽快解决。英国政府对渣甸等人的诉求高度重视,鸦片战争后签订的《南京条约》里清政府的战争赔款就包括了偿还兴泰行等的欠款。1843 年,兴泰行的欠款被全部还清,比原定计划提前了整整三年。

---

① 佐佐木正哉,《鸦片战争前中英交涉文书》,第 136—137 页。

② 吴义雄,《条约口岸体制的酝酿》,第 241—245 页。

③ 梁廷枏《粤海关志》第 506 页"乾隆二十五年,议准内地行店有向夷人违禁借贷勾结者,照交结外国诓骗财物例问拟,所借之银查追入官"。吴义雄《条约口岸体制的酝酿》第 323 页"乾隆六十年七月十八日(1795 年 9 月 1 日),乾隆皇帝就商欠问题发下上谕,其中规定嗣后行商欠外商款项,'不得超过十万两,若其所欠超过此数,应命其即刻归还'"。

第五章　鼓吹强硬

一、支持律劳卑

　　1834 年 4 月 21 日英国东印度公司对华贸易垄断正式结束，从此英国商人可以自由从事中英贸易。在此之前，两广总督李鸿宾和继任总督卢坤听闻英国东印度公司行将解散，分别于 1832 年、1833 年要求英国政府派遣一名"晓事大班"来华总理贸易、管束外商。

　　1833 年 12 月 10 日律劳卑男爵被任命为"英国驻华商务总监督"。律劳卑出身贵族家庭，是"对数"发明人苏格兰数学家约翰·纳皮尔[①]的后裔。1803 年律劳卑加入英国皇家海军，1805 年参加了著名的英法特拉法尔加海战；退役后从事牧羊业，在苏格兰塞尔扣克郡（Selkirk）饲养绵羊。1823 年律劳卑承袭"律劳卑勋爵"头衔，但没有直接获得英国上议院永久席位，直到 1824 年 7 月 8 日当选为苏格兰贵族代表，才成为上议院议员。1832 年 12 月托利党人占多数的苏格兰贵族不再推选身为辉格党议员的律劳卑进入下一

---

　　① 约翰·纳皮尔：John Napier，1550—1617 年，对数发明人，著名数学家。

律劳卑

届上议院。由于律劳卑是英国外务大臣巴麦尊勋爵的好友，又是英国当时唯一具有海军服役经历的贵族，因此，当清政府要求英国政府派遣"晓事大班"来华总理贸易时，巴麦尊就选派了律劳卑。

巴麦尊给予律劳卑的训令主要是：1.到达广州后，以公函通知两广总督；2.治理和保护在华的英国臣民，协助英国臣民在华商业上的活动；3.调查把贸易扩展到中国其他口岸的可能性；4.非必要时不要寻求皇家海军的军事援助，不鼓励也不阻止英商的鸦片走私；5.争取能与北京建立直接联系，但要与中国人保持友善，不要冒犯中国官吏。巴麦尊告诫律劳卑："在这一点上，要特别小心谨慎，以免因一时鲁莽，反而引起中国政府的恐惧或偏见，损及目前已有的交往机会"①，"小心翼翼地避免使用所有不必要的恐吓性语言……以各种切实可行的方法，研究如何维持善意和友好的谅解，确保所有英国臣民认识到服从中华帝国法律和习俗的义务"②。可见，巴麦尊训令的基本精神是温和和谨慎

---

① 布雷克，《怡和洋行》，第 67 页。

② 英国国会 1840 年《蓝皮书》，《关于中国的通讯》（ *Blue Book 1840*，vol.xxxv，CRC）。韦尔什，《香港史》，第 81 页。

的，但训令又是自相矛盾的，尤其是要求律劳卑到广州后以公函形式通知两广总督，这就为律劳卑遭遇挫折埋下了伏笔。

从律劳卑的履历上看，他出身贵族，曾在海军服役，又对中国缺乏足够了解，因此必然不会对清政府示弱。这从律劳卑在致两广总督卢坤的两份"公函"中，刻意抬高身份，分别以"大英国军机大臣、水师船督、特命驻中华总管本国正监督、世袭侯爵纳陛"和"大英国正贵大

律劳卑（Lord Napier）

臣、水师船督、特命总管本国贸易人等正监督、世袭师古泰侯爵无比"[1]自称就可见一斑。生性狂妄傲慢兼具殖民者嚣张心态的律劳卑也不愿受到巴麦尊训令的限制，一心要做出显赫功绩。他公开宣称要"做一个名垂史册的人，打开中华帝国的广阔土地，让英国人的毅力和勤奋有用武之地"[2]。

1834 年渣甸一听说律劳卑就任驻华商务总监督，就从广州写信给伦敦的托马斯·威亭，让威亭转达他对律劳卑来华有关事务的预

---

①　佐佐木正哉，《鸦片战争前中英交涉文书》，第 2 页。

②　张馨保，《林钦差与鸦片战争》，第 59 页。

测："律劳卑男爵的任命……在此间和澳门造成了极大的轰动……这里的官府还未决定是否该接见商务监督。他们心里干着急，而后续发展多半取决于律劳卑的行动。他们一开始可能会先派行商去见他。我深信他在行商面前会表现得彬彬有礼，但绝不会让他们在公事上有任何置喙的余地。两广总督等人接下来会将此事报告给北京，如果事情真的这样发展，首席商务监督就可以下令他所搭乘的军舰，准备上行至黄海，在紫禁城对天子陈述我们的不平和怨气，要求补偿与改善。如果我们能够像个男子汉般处理这事儿，我愿肩负起收拾后果的责任。这么做只有好处，没有坏处……"①；渣甸还要威亭鼓动律劳卑对中国保持强硬姿态："我希望你尽力使他认清，在他和中国方面的交往上，尊严、坚定和独立的举止是必要的。他所要作的这桩事是异常艰难的。"②

　　律劳卑所做之事之所以"艰难"，是因为清政府和英国政府的认知不同。首先，关于商业的认知不同。清政府恪守重农轻商的封建社会传统理念，认为对外贸易是天朝皇帝怀柔远人、泽被四方的恩赏，对中华帝国来说可有可无；而英国人却遵循亚当·斯密的自由竞争理论，谋求经商致富，认为广阔的中国市场对英国经济发展十分重要。

　　其次，关于商务监督身份的认知不同。清政府本意是维持中英贸易的传统做法，通过广州十三行与英国新派的商务大班继续进行非官

---

　　①　怡和档案，1834 年 6 月 10 日，"发给私人的函件稿簿"，威廉·渣甸。布雷克，《怡和洋行》，第 72—73 页。

　　②　怡和档案，1834 年 6 月 10 日，"发给私人的函件稿簿"，威廉·渣甸。格林堡，《鸦片战争前中英通商史》，第 176 页。

方贸易往来 ①，因此认定律劳卑是"大班"或外商头目，不承认其官员身份，更不承认其外交身份；但英国政府误以为清政府迫切要求开展两国之间正式的官方交往，因此任命律劳卑作为隶属外交部的官员前来中国。小斯当东曾在英国下议院反对派遣官员，他指出："若无国家条约在先作为保证，就向广州派遣官员保护英国在华贸易，就当今之英中关系论，不仅于事无补，反而会严重损害皇家政府之荣耀与尊严。" ② 律劳卑最后的命运证实，小斯当东竟然一语成谶。

另外，关于商务监督作用的认知也不同。清政府是为了防止英国东印度公司特许状到期后，英商群龙无首、滋生事端，因此要求

———————

① 刘诗平认为："1834 年 4 月，东印度公司垄断对华贸易的特权终结，中英经贸关系开始进入一个新的时代。英国政府、广州英商，以及广东地方政府都试图以此为契机，构筑新的经贸关系"（刘诗平，《洋行之王：怡和与它的商业帝国》，第 66 页）；"在卢坤看来，东印度公司垄断权的解除，也许是中英关系改变的契机"（前引书，第 72 页）。刘诗平举下例为证：1834 年（清）叶钟进《英吉利国夷情记略》记述："近闻公司之期久满……公司一散，海疆可保永绥……散后则各管各船，各自牟利，此为易制。"事实上，广东地方政府并不期望原有的中英经贸关系有所改变，只是希望英国政府能够延续商务大班管理驻华英商的传统做法。早在 1831 年 1 月，两广总督李鸿宾就要求行商传谕英国东印度公司："若果公司散局，仍酌派晓事大班来粤，总理贸易。"（马士：《中华帝国对外关系史》（第 1 卷），上海书店出版社 2006 年版，第 100 页）1834 年两广总督卢坤告谕律劳卑："天朝设官，文以治民，武以御暴。贸易细事，向由商人自行经理，官不与闻其事。该夷贸易，如有更定章程等事，均应该商等会同查议，通禀粤海关监督暨本部堂应准应驳听候批示。若事关创始，应候恭折奏明大皇帝，奉有谕旨再行饬遵。天朝大臣，例不准与外夷私通书信"（道光十四年六月二十五日，佐佐木正哉，《鸦片战争前中英交涉文书》，第 5 页）；"天朝命官，从不经理贸易细事。广东自准外夷通市以来，一切交易事宜及约束夷商，均系责成该商等经理，从无与夷目文移往还之事"（道光十四年七月十四日，佐佐木正哉，《鸦片战争前中英交涉文书》，第 7 页）。英国历史学家弗兰克·韦尔什评论道："广州当局意识到外国商人中发生了变故。很显然，英国国内政局的变化，以中国人无法理解的方式导致了商人群体的人事变动。在清朝官员看来，洋人不论由谁来做代表都一样，只是洋人必须明白一点，无论什么人与朝廷谈判，都必须立足于现有的、既定的基础。"（韦尔什，《香港史》，第 80 页）

② 斯当东，《小斯当东回忆录》，第 77 页。

英国政府派遣"晓事大班"来广州管理和约束在华英侨；但渣甸、马地臣等在华英商希望律劳卑首要任务不是管束散商，而是凭借皇家海军的兵威向清政府谋求平等贸易的权力，协助改善广州落后的贸易体制。因此，当渣甸得知曾担任东印度公司大班的德庇时、罗宾臣分别被任命为第二、第三商务监督时，显得十分气愤，他致信威亭说："你若是知道第二和第三商务监督都是商馆指派的人，一定会吃惊的。我敢肯定广州侨民将一致谴责把国王与公司混为一谈……我不认为这只是临时性的安排，可我不会说什么。"①

为了能够将诉求直达律劳卑，渣甸、马地臣等人不遗余力地部署了迎接律劳卑来华的准备工作。律劳卑抵华前两个月，渣甸等人已在广东沿海派出多艘快蟹船进行巡游，只要律劳卑抵达澳门，就立即将他接往马地臣的澳门私宅居住。1834 年 7 月 15 日律劳卑携带家眷，乘坐英国皇家海军"安德洛玛刻号"（Andromache）巡洋舰抵达澳门。德庇时曾派船前往迎接，但渣甸等人抢先将律劳卑接走。因此律劳卑没有下榻英国东印度公司的客房，而是住进了怡和洋行马地臣的私宅。律劳卑、渣甸和马地臣都是苏格兰人，政治派别都属于辉格党，三人关系自然十分密切。渣甸不仅将律劳卑与德庇时等主张温和政策的原东印度公司广州特选委员会成员隔离开来，还不失时机地向律劳卑谈论广州贸易现状和激进主张，成了律劳卑最亲近的顾问。两年后，克里托在《广州周报》上发表评论文章，批评渣甸、马地臣等人"将造成那年②不幸和屈辱事件的狂暴情绪感染了（律劳卑）勋爵"③，

---

① 怡和档案，1834 年 6 月 10 日，"发给私人的函件稿簿"，威廉·渣甸。韦尔什，《香港史》，第 88 页。

② 即 1834 年。

③ Crito, *"To the Editor of The Canton Register"*, The Canton Press, January 30th, 1836. 吴义雄，《条约口岸体制的酝酿》，第 22 页。

渣甸、马地臣等人的所作所为和思想观念严重影响了律劳卑的政治立场。

1834 年 7 月 21 日两广总督卢坤获悉律劳卑来华后，传谕行商前往澳门通知律劳卑务必遵守天朝礼制，非奏奉皇帝谕旨不得擅来广州。但律劳卑没有理会卢坤的谕令，在没有呈请清政府批准的情况下，于 7 月 23 日搭乘"威廉要塞号"兵舰强行闯入虎门向广州进发。7 月 25 日凌晨 2 点律劳卑在渣甸的陪同下，入驻广州十三行的英国商馆。

7 月 26 日卢坤要求浩官伍秉鉴、茂官卢文蔚以及"威廉要塞号"保商严启祥出面晓谕律劳卑立即离开广州，然后在澳门按照既定章程呈交禀文，申请进入广州的红牌。律劳卑态度强硬，拒绝遵守谕令，声称自己来广州的目的就是要改变旧有的不合时宜的贸易制度。当晚渣甸陪同律劳卑在英国商馆共进晚餐。

7 月 27 日律劳卑根据巴麦尊关于"阁下到广州后，应立即以公函通知（两广）总督"①的训令，试图绕过保商，用马礼逊翻译好的中文信函直接与卢坤通信。但广东当局的官员不接受除"禀帖"以外的信函，也不接受没有经过行商转递的任何外国信件。因此律劳卑的信函没人敢收，投递失败。

7 月 31 日浩官伍秉鉴将卢坤的三道谕令交给律劳卑。但律劳卑拒绝阅读经行商转递的信件，也不允许浩官按惯例大声宣读信件内容。浩官只好把谕令内容告诉渣甸，请渣甸转告律劳卑。渣甸告诉律劳卑，卢坤的谕令仍是敦促律劳卑遵守规定、离开广州前往澳门，最后一道谕令甚至要求律劳卑离开中国。律劳卑对此一概嗤之以鼻、置若罔闻。

---

① 马士：《中华帝国对外关系史》（第 1 卷），上海书店出版社 2006 年版，第 139 页。

8月7日德庇时建议律劳卑采取"平静、无所举动"的做法，反对律劳卑激进强硬的对华态度。而广东地方当局屡次要求律劳卑离开，却又一直没有采取任何实际行动。因此律劳卑对双方分歧的和平解决抱有乐观看法。他极度鄙视清政府，认为广东地方当局这种虚张声势的做法既可怜又可笑。但很快律劳卑就失去了维持和平的耐心。8月14日律劳卑致信伦敦外交部，要求英国政府派军队前来中国，对这个"低能"的政府下达最后通牒，以维护商务代表们的名誉和英商的利益。① 刚愎自用的律劳卑非但没有采纳德庇时的建议，还于8月底将德庇时打发到澳门。在渣甸的影响下，律劳卑对颠地等主张温和妥协的英商也十分不满，认为他们"不关心国王尊严，无视商务总监存在"②。

实际上，广东当局的屡次警告并非完全没有效果，至少行商们非常紧张，因为卢坤申斥了粤海关和公行，责怪他们失职放纵③，才

---

① 实际上，英国政府对发生在遥远东方的事件并非总是十分关注。1836年初，马地臣在伦敦面见巴麦尊时，巴麦尊亲口告诉马地臣：律劳卑在1834年寄给英国外交部的信件，一直放在外交部的箱子里，至今仍没人拆看。

② 刘诗平，《洋行之王：怡和与它的商业帝国》，第78页。

③ "律劳卑事件"后，公行主要行商受到了清政府的追责。见《香山明清档案辑录》第503页"两广总督卢坤等奏报究办于英夷目来粤一事失于查禀之洋商等情片"[道光十五年二月初七日（1835年3月5日）]"……奏奉谕旨：该夷目胆敢抗违，有无内地汉奸暗中唆使，必应严饬该府县密速访拿，从重惩办。其外夷贸易系洋商（按：行商）专责，兹该夷目来粤，该商等既不先行禀报，节饬传谕，又一无能为，殊属玩忽。著该督等查明有无情弊，严参究办。……其洋商人等审无别有情弊，惟查捐纳布政司理间职衔之洋商严启祥即严显文，于夷目律劳卑来至省外夷馆以前，已知其在该商所保之港脚夷船居住，并不即时禀报，殊属违玩，应革去职衔，照违制律，杖一百，折责发落。总商伍敦元（按：又称伍秉鉴）、卢文锦充当洋行商总，于夷目来粤，既不先行查禀，迨节饬传谕，又无能为，实属不合，应各照不应重律，杖八十。散商潘绍光、谢棣华、李应桂、梁承禧、潘文涛、马佐良、潘文海、吴天垣失于查禀，亦属疏忽，应各减总商罪一等，杖七十，与伍敦元等均系职员照例纳赎"。

导致"夷目"进驻广州。8月16日左右为难的保商严启祥宣布封舱，停止给英国商船供货，此举获得了卢坤的赞赏。同月，渣甸致信曼彻斯特商会主席约翰·麦克维卡，嘲讽广东当局的恐吓，同时也抱怨英国政府授予律劳卑的权力太小："你将会从《广州纪录报》上看到，英国对华贸易目前暂时中断，货运船遭拒绝入港，但迄今官方并无谕令明令禁止。除掉所有废话，问题的症结不过是：律劳卑男爵是该致函两广总督？还是该像过去东印度公司驻粤特别委员会一样，以禀帖的方式透过行商转呈总督阁下？男爵阁下坚决拒绝，两广总督则以永久终止贸易为胁，欲迫使他认错。我们在此依照当局所指示的，发抖'凛遵'，等待结果。……国内对这件事的安排一直很糟，我恐怕律劳卑爵士并无足够的权限。转呈北京或许有益，我们根本不期望此地官府，会就此放弃权力和挪用公款等事。"①

为了统一在华英商的思想和行动，律劳卑于8月16日提议成立"广州英国商会"。律劳卑对英国商人夸口说："如果需要，女王陛下的战舰将驶至黄埔；如两艘战舰待在那里还不足保护侨民，它们应停泊广州城下。"②律劳卑不仅违背巴麦尊关于不得向英国海陆军寻求保护、不得违反中国法律和习俗的训令③，还无视巴麦尊提出的要取得原东印度公司职员协助的训令。律劳卑不与英国东印度公司在华工作多年的老职员，同时又是自己副手的德庇时、罗宾臣等人商议时局，却与渣甸、马地臣等散商秘密谋划。主要原因是律劳卑认为

---

① 布雷克，《怡和洋行》，第72—73页。

② 《广州纪录报》(7.33：130)，1834年8月19日。张馨保，《林钦差与鸦片战争》，第58页。引文中的"女王陛下"应改为"国王陛下"，此时英国国王是威廉四世（在位时间1830—1837年），维多利亚女王在位时间是1837—1901年。

③ 美国学者张馨保研究指出，律劳卑刚到广州才两天就违反了六条中国规章。张馨保，《林钦差与鸦片战争》，第55页。

英国东印度公司以往的对华政策过于软弱，有失大国风范，而渣甸、马地臣的主张正切合律劳卑好大喜功的性格特点。

渣甸坚定地支持律劳卑的各项措施，并积极献策于密室。马地臣也代表英商宣布他们将保持一致行动。即使遭遇清政府封禁英国贸易，渣甸、马地臣仍对律劳卑的政策表示乐观。他们都认为清政府不堪一击，只要英国海军进行武装恐吓，广东当局就会不战而屈。8月21日律劳卑致信印度的格雷伯爵（Earl Grey），充分表现出自己的狂妄和对清朝军队的蔑视："一支手持弓箭、长矛和盾牌的军队怎么能对付得了一小组训练有素的英国士兵？我敢肯定他们根本不敢对抗或迎敌，虎门的炮台毫不足道：炮台里不会有人影的。"[①] 律劳卑甚至提出武力占领香港。由于渣甸几年前就已经提出过占领香港的设想，因此律劳卑的这个主张可能是受到渣甸的影响。

8月23日卢坤派出广州知府、潮州知府、广州协台以及公行商人等前往英国商馆，以了解律劳卑此行意图和离开广州时间。律劳卑宣称英国对战争"有充分的准备"，并认为两广总督派人前来拜访体现了广东当局的软弱。由于双方在座位朝向和礼节等事务上互不相让，会面最终不欢而散。事后，卢坤愤然将广州知府撤职。

律劳卑彻底暴露出自己的无知和莽撞，他竟然无视中国国情，试图发动舆论攻势向广东当局施压。8月26日律劳卑发布《中英关系现状》文告，翻译成中文后，在广州城内广为散发张贴。文告中，律劳卑宣称此行广州是受到前任两广总督李鸿宾的请求、英国皇家委员会正式任命派遣的，目的是在互利原则下扩大中英贸易；但由于现任两广总督卢坤的"无知和顽愚"，"使得成千上万依靠贸易为

---

① 张馨保，《林钦差与鸦片战争》，第59页。

生的勤劳中国人将由于他们政府的刚愎自用而受苦吃亏"。①私自张贴告示、公然抨击朝政、诋毁封疆重臣、煽动挑拨百姓，这在中国封建社会里都是重罪。律劳卑的做法，只能激怒广东当局，对问题的解决没有任何益处。果然，8月31日恼羞成怒的卢坤再次要求律劳卑即刻离开广州。

9月2日浩官、茂官拜访渣甸，要求他帮忙联系律劳卑，商议妥善解决当前争端的具体措施。渣甸同意了两位行商的请求，表示可以向律劳卑转达行商提出的任何建议。9月3日下午浩官、茂官卢继光和其兄长卢棣荣，把草拟的解决方案提交给渣甸。这个解决方案就是首先由英国商人通过公行向两广总督呈请贸易正常化，卢坤收到申请后立即下令开舱贸易；然后律劳卑在开舱贸易之日起四五天内离开广州，广东当局不颁布任何布告；在卢坤接奉皇帝允许接待律劳卑的旨意之前，律劳卑可以短暂返回广州，广东当局不予过问。行商们保证卢坤一定会同意这个方案，希望渣甸能够说服律劳卑。但当天下午7时，浩官再次返回，很遗憾地跟渣甸说，上述方案违反了清政府对外商的管理规定，广东巡抚祁𡎴和其他官员已致函卢坤表示坚决反对。渣甸立刻将这一情况转告了律劳卑。

9月4日两广总督卢坤和广东巡抚祁𡎴联合发布告示，正式宣布终止中英贸易，而且将广州英国商馆的中国通事、买办、杂役全部撤出。"这份布告贴在一块薄板上，悬挂在勋爵阁下下榻的（东印度公司）商馆的大门上，（按：广东当局）并派了约20名士兵守卫。"②律劳卑将张贴于英国商馆前的告示扯掉后，冲突陡然升级，清军封

---

① 《广州纪录报》(7.35：139)，1834年9月2日。张馨保，《林钦差与鸦片战争》，第56页。

② 亨特，《广州番鬼录·旧中国杂记》，第128页。

锁商馆周围街道，水师兵船停泊在商馆后面的河道，以威慑英国商人。律劳卑认为自身安危受到威胁，便通知"伊莫金号"（Imogene）战舰的布莱克伍德船长①，立即率领战舰从穿鼻洋进犯广州，并派遣一中队海军陆战队于9月6日进驻广州英国商馆。

9月7日、9日英国两艘巡洋舰"伊莫金号"和"安德洛玛刻号"驶过虎门时，与虎门炮台进行了互相炮击。9月8日律劳卑发布公告，污蔑广东当局开启了战争，他要直接向道光皇帝控诉两广总督欺诈背信的行为。9月11日黄昏，英国战舰闯入黄埔。这一天，卢坤发布谕令给公行，对律劳卑的控诉进行了驳斥，指责律劳卑不遵守清政府既定的管理外夷章程，甚至公然武力挑衅广东当局。卢坤加紧进行珠江防御，使用沉船塞石、木排铁缆等方式阻止英国战舰进入广州内河。卢坤封锁内河河道的措施是有效的，1840年5月渣甸在英国议会上称，广东地方当局成功阻止了英国船只继续驶往广州。②

9月11日晚上，浩官、茂官和潘启官拜访渣甸，再次请求他努力协调，尽快平息目前事端。渣甸为了防止重蹈上次议而不决的情况，专门询问他们是奉广东当局委派还是自行前来协商。三位行商颇费踌躇地回答：虽然他们是自愿前来，但如果律劳卑把军舰撤出虎门，这次他们有把握让广东当局立即允许开舱贸易。于是渣甸将此事告诉了律劳卑。9月12日律劳卑写了一份函件给渣甸，提出与广东当局的和解应"根据那些符合英国荣誉和国王代表团尊严的原则"③，首先广东当局应该发放许可证、恢复商馆仆役供应、撤销珠江航行禁令，律劳卑将驻扎在商馆的海军陆战队士兵撤回停泊在黄埔

---

① 同时也是渣甸一艘鸦片飞剪船的船长。

② 英国《议会文件特派委员会关于与中国之贸易的报告》（1840年），第93页。张馨保，《林钦差与鸦片战争》，第250页。

③ 胡滨，《英国档案有关鸦片战争资料选译》，第63页。

的军舰；然后广东当局允许开舱贸易，律劳卑让军舰撤出黄埔，并通知驻扎印度的舰队司令不再派出援军；最后，律劳卑提出应享有来往广州和澳门之间的特权等。律劳卑的信件在公行进行宣读后，行商一致认为可以确保信中条款获得同意。浩官、茂官于是一起进城，希望能获得广东当局的首肯。但广东当局再次否决了行商与律劳卑的议定方案。9月13日早晨，浩官、茂官又试图向渣甸提出其他方案。此时，渣甸已对他们的出尔反尔极为不满，拒绝倾听他们的意见，只要求他们用书面告知。

不过，随着局势恶化，律劳卑开始有点骑虎难下了。一方面广东当局态度强硬，律劳卑的军事威慑没有产生多大效果；另一方面英国兵舰进退失据，只能停泊在黄埔，无法进入广州内河，不能对英商构成有效保护。况且英商内部意见分歧较大，部分英商对律劳卑持有异议。渣甸、马地臣、福克斯（Thomas Fox）、因义士、特纳（R.Turner）等人在中国沿海进行鸦片走私的规模较大，能够承担广州暂停贸易的损失；而且他们认为只有对清政府采取强硬措施，才能保障沿海走私收益的稳定增长。所以马地臣代表"广州英国商会"表示与律劳卑保持一致行动，支持律劳卑的激进对抗政策。但颠地、怀特曼、布赖特曼等人由于在广州口岸的贸易额较大，广州停止贸易对他们造成的影响较为严重，所以主张采取息事宁人的温和妥协政策。

9月初，颠地等人就曾私下里向粤海关监督申请重开贸易。粤海关监督表示：律劳卑违反了中国法律，只要他离开广州，英商贸易可以恢复。此时，律劳卑患上严重的疟疾，渣甸外甥安德鲁·约翰斯顿医生力劝他前往澳门休养。因此律劳卑于9月15日通告渣甸、马地臣和颠地等所有在华英商，宣布将择日离开广州。他不无遗憾地写道："我考虑到目前的纠纷已非商业本身，而只牵扯到我个人了。我安心退出广州，是因为我知道你们的利益不至受到牵累。我曾幻想，有朝一日有一种不可动摇的权力，使我置身于适当的地位，我虽然想竭尽全力来实现陛下意旨，但还没有成效，虽有两次，也是功败垂成。我不能设想自己再继续留下去，而要求你们宽恕了。"①律劳卑认识到，如果再一味固执地滞留广州，不仅无法迫使广东当局满足自己的要求，还会极大损害英商的实际利益，并使反对他的声浪越来越大。

9月19日律劳卑与浩官、茂官等行商进行会谈，渣甸作陪。律劳卑同意向广东地方当局申请牌照前往澳门，并命令"伊莫金号""安德洛玛刻号"两艘战舰撤出黄埔和虎门。9月21日身患重病的律劳卑离开广州。卢坤禁止他乘坐军舰离开，只能搭乘中国帆船。经过缓慢航行的暑热煎熬和沿途中国人的嘲弄喧嚣，律劳卑于9月26日才抵达澳门与妻女会合，此时律劳卑已经奄奄一息。9月29日卢坤下令开舱，恢复了中英贸易。

10月11日律劳卑在澳门病逝，时年48岁。律劳卑的葬礼十分隆重，由裨治文牧师主持，渣甸、马地臣等大多数英国商人都前往参加。"六名海军军官扛着威廉·约翰（律劳卑）覆盖着国旗的灵柩……（澳门）总督晏德那、大多数葡萄牙驻澳门的文职和军职人员、当地所有的英国商人和许多居住于澳门的外国人将其送往坟墓。"②不

---

① 《中国丛报》第3卷第7期，1834年11月，广东省文史研究馆译，《鸦片战争史料选译》，中华书局1983年版，第17页。

② Priscilla Napier, *Barbarian Eye*: *Lord Napier in China*, *1834*, *the Prelude to HongKong*, London, Washington: Brassey's, 1995, p.200. 转引自郑永福、李道永《关于律劳卑事件的不同解读——从律劳卑纪念碑谈起》（《纪念虎门销烟一百七十周年学术研讨会论文集》）。1834年律劳卑葬于基督教坟场。该坟场由英国东印度公司建于1821年，原称为东印度公司坟场。1858年基督教坟场关闭，停止入葬，因此也称旧基督教坟场。律劳卑的汉语翻译和助手马礼逊也于1834年葬于此处。

仅如此，在华英商为了宣扬律劳卑的"功德"，还决定筹资在澳门设立律劳卑纪念碑。最终，他们一共筹集约 2000 银圆（折合 500 英镑）。其中，渣甸、马地臣各捐出 100 银圆，是在华英商里捐款最多的两个人；随同律劳卑来华的 4 名英国官员也各自捐了 100 银圆。马地臣专门前往英国精选了一块"合适的、好看的"石料，运到澳门制成纪念碑。纪念碑上用英文篆刻了律劳卑的"丰功伟绩"，称赞他努力执行当时形势下的艰巨任务，将

香港历史博物馆所藏律劳卑纪念碑

其宝贵的一生奉献给了"所钟爱的事业"。纪念碑起初安放在粤海关澳门关部行台（今澳门关前正街、关前后街一带），后来一度下落不明，现为香港历史博物馆馆藏。

　　"死后是非谁管得，满村听说蔡中郎。"律劳卑虽然病逝了，但其在华短短三个月的所作所为注定会成为长久的话题。尽管律劳卑的强硬政策没能改善在华英商的地位和待遇，甚至还造成了中英小规模军事冲突，但渣甸始终坚定不移地为律劳卑辩护。他透露律劳卑原本意图"一直是打算离开中国而不愿让贸易停顿到 10 月以后"[①]。因为 10 月是新的贸易季节开始的时期，渣甸认为律劳卑主观上不愿影响到新季节的贸易。1836 年 7 月 10 日渣甸又回忆说：当

---

　　① 怡和档案，1834 年 10 月 23 日，"发给私人的函件稿簿"，威廉·渣甸。格林堡，《鸦片战争前中英通商史》，第 176 页。

1834 年渣甸与中国政府交涉失败时，律劳卑曾出面居中调解。渣甸还认为颠地等人暗中与清政府勾结，破坏了律劳卑的既定政策。1834 年 10 月渣甸致信伦敦的威亭："你会发觉有些隐讳的说法与暗示，指向这里的某些人，他们暗中反对爵士阁下的行事，并穷尽一切力量诱导中国方面对抗，例如向浩官提供不实的消息，包括爵士的权限、官位大小等。这些事永远无法证明，但在与浩官及茂官多次谈话中，我有理由相信，就是这么回事。"①

1835 年 4 月 14 日英国外交部收到一份备忘录，是 1834 年 12 月 8 日渣甸在律劳卑病逝之后写的。备忘录称："下面的事例可以作为中国驻广州官员们在认为必须欺骗皇帝时，是不惜费用和不怕麻烦地进行欺骗的一个证据。当我们同他们发生任何误会时，十分之九的情况便是如此。在律劳卑勋爵和总督之间的事情发生后，他们起草呈交皇帝的正式奏报时，所有各部门都必须取得一致意见。有一位官阶很高的御史驻在广州，他被北京方面派来调查那些官阶也很高的官员们的行为，所以他们必须把他争取过去。从下述情况可以推断出他们所使用的论据：他没有携带款项，在广州也没有得到款项；但当他离开广州时，他带走了很多黄金，所以他派去购买黄金的那些人提高了金价一百先令左右，即每两提高了四分之三元，或从每盎司二十三点五元提高到二十四又四分之一元，然后他们才获得他们所需要的全部黄金——提高了百分之三又四分之三。这个消息来自最可靠的方面。"②渣甸在备忘录中反映的问题，引起了英国外交部的重视。按照渣甸的说法，广东当局为了在律劳卑事件上与御

---

① 布雷克，《怡和洋行》，第 82 页。

② 胡滨，《英国档案有关鸦片战争资料选译》，第 32 页。

史保持上奏口径一致，对御史进行了巨额行贿。外交部估算后认定，那位御史离开广州所带走的黄金价值至少达到 10 万英镑，势必会影响到广州的金融市场。

二、反对妥协忍让

英国东印度公司垄断时期，为了维持垄断茶叶的地位，东印度公司一般主张恪守清政府规定。而英印散商则主张全面开放中国港口，进行自由商业竞争。1829 年 7 月广州黄埔口岸出现英船"延不进口"事件时，英印散商曾希望通过东印度公司广州特选委员会主席部楼顿向广东地方当局谏言放宽贸易限制。部楼顿奉行保守主义，认为"中国政府不会受委员会的威吓言词所强迫，而改变中华帝国的商业法律、规章和惯例"[①]，只要两广总督李鸿宾做出一定让步，英国商人就应该立即组织商船进入黄埔、恢复贸易，避免拖延日久对中英贸易造成恶劣影响。但特选委员会其他成员盼师、米利特、班纳曼主张对华强硬，要求全面改变广州的贸易体制，并妄言诉诸武力。12 月底双方分歧益发明显，两种观念不断博弈。

1830 年 1 月部楼顿返回英国，盼师接任特选委员会主席。盼师继续用"延不进口"的方式对广东当局施加压力；甚至致函英国驻孟加拉省总督本廷克，请求其派遣皇家海军战船驻扎中国水域进行军事威慑。直到 2 月广东当局做出一定让步，盼师才允许滞留虎门

① 马士，《东印度公司对华贸易编年史》（第 4 卷），第 229 页。

口外的商船进入黄埔。英国东印度公司董事会得知此事后十分震惊，认为盼师的行为几乎危及了当季的英国对华贸易，便于 1830 年 11 月将其撤换。渣甸对此抨击道："董事部采取了残酷和轻率的做法将其首次保护英国（对华）贸易的普遍利益的仆人抛弃，代之以将自身行为仅限于关注东印度公司的特殊利益的旧体制。"[①] 他致信伦敦的托马斯·威亭，对东印度公司董事会大肆嘲讽："英国的大人先生们除去对于茶叶和从茶叶得来的税收而外，再也不想有关中国的事情，只要安安静静地得到这两样，任何屈辱也甘心忍受"，但他还是对东印度公司董事会抱有期望，"前届委员会是第一个把这一口岸的英国贸易置于他们的保护之下，或给私人的财产及利益以保护的。我希望你能劝说你的董事会的朋友们，最好根据本国的批准，采取一比较果断的处理方针，如能获得英国陛下的批准，那就更好了，……广州的一般意见认为，如果作适当的要求，是可以从中国方面得到许多宝贵的让步的"[②]。

　　1831 年 5 月因广东当局派员擅闯英国商馆、监禁通事并强行拆毁英国商馆的围墙、码头等建筑物，东印度公司特选委员会主席马治平最初决定采取对抗策略。英印散商也蠢蠢欲动。5 月 29 日渣甸致信马地臣，认为如果中方不能满足英方要求，特选委员会就应该提议签署"由（中国）皇帝和我们国王批准的平等商约"。渣甸声称不需要登陆作战，只要摧毁从穿鼻洋到黄埔的中国炮台，并威胁中国人要炮击广州，让其"品尝英国武力的滋味"，就能够让中国人签

　　① Herbert John Wood, *Prelude to War, The Anglo-Chinese Conflict 1800—1834*, pp.398-400，407. 吴义雄，《条约口岸体系的酝酿》，第 438—439 页。

　　② 怡和档案，1830 年 12 月 27 日，"发给私人的函件稿簿"，威廉·渣甸。格林堡，《鸦片战争前中英通商史》，第 163 页。

订城下之盟。① 但很快，马治平考虑到英国东印度公司董事会对贸易安全高度重视，因此放弃了将暂停贸易作为威胁手段的设想。渣甸、马地臣等人认为东印度公司临阵变卦将导致功亏一篑，便幻想着能够自行鼓动英印散商群体暂停对华贸易，却又担心实力太弱、影响不大而效果无几，只得继续采取抗议手段宣泄对清政府的不满。7月初，渣甸、马地臣、因义士等 17 名英印散商，联名向广东巡抚朱桂桢和粤海关监督中祥递交抗议书，宣称两广总督李鸿宾颁布的"防范外夷八条章程"是不合理的，"强烈希望阁下纠正弊端，在将来保护（我们的）财产。我们向阁下要求的仅是友好国家之间在贸易方面的相互权利；我们向皇帝抗议实行规条，因为那必定将使生活更为可悲，财产更无保障"。② 这份抗议书不仅公开指责两广总督李鸿宾，还对皇帝旨意进行抗议。朱桂桢和中祥大为震怒，认为渣甸等人狂悖乖张、愚不知惧。他们回复称如果外商胆敢不服从章程，要么广东当局派兵施以雷霆之威，要么外商自行退出中国，不必远来贸易。渣甸等人当然没有退出对华贸易，广东当局也没有派兵威吓。清政府的禁令不断颁布，渣甸等外商虽时有收敛，但多数时间仍然我行我素。此时，东印度公司董事会再次表现出一贯的谨慎态度，不仅严厉谴责马治平等人的鲁莽作为，全面否定了特选委员会采取的对抗措施，而且还要求他们不要受到渣甸等散商激进思想的影响，应该以贸易作为对华交往的唯一目标，恪守清政府在贸易方面制定的法规。

　　1834 年律劳卑时期，广州英商形成了"维持现状"和"彻底变

---

　　① Herbert John Wood, *Prelude to War*, *The Anglo-Chinese Conflict 1800–1834*, pp.398–400, 415. 吴义雄，《条约口岸体系的酝酿》，第 443 页。

　　② 吴义雄，《条约口岸体系的酝酿》，第 444 页。

革"两种不同意见。不可调和的意见分歧使得广州外籍散商分成了严重对立的两派——"和平派"和"敌对派"。① 赞同忍让、妥协政策的颠地等人认为:"许多英国商人,看到他们(因律劳卑的行为)面临重大损失,就向他们国家的代表指出这点,要他停止实行导致这种损失的措施。我们认为这是很自然的,不必加以指责,考虑到律劳卑预定采取的策略几乎没有可能取得成功,而且英国商务监督

---

① 根据吴义雄教授研究,"和平派"(pacific party)主要成员有:兰斯洛特·颠地、罗伯特·英格利斯(Robert Inglis)、阿尔波特(T.Allport)、坎贝尔(A.E.Campbell)、单耶厘(A.S.Daniell)、莫勒(Edmund Moller)、考克斯(R.H.Cox)、克雷格(J.Cragg)、福斯特(W.H.Foster)、贝尔(W.Bell)、吉布(T.A.Gibb)、哈顿(W.H.Harton)、J.亨利(J.Henry)、J.伊尔贝里(James William Ilbery)、F.伊尔贝里(F.Ilbery)、莱斯利(W.Leslie)、麦考希(H.W.Maccaughey)、麦考克(A.McCullock)、麦肯齐(W.Mackenzie)、里维思(J.R.Reeves)、威廉·麦凯(William Mckay)、斯图尔德(P.Steward)、怀特曼(J.C.Whiteman)、贝里斯(J.Baylis)、钦纳利(G.Chinery)、克利夫(J.Cliff)、克罗克特(J.Crocket)、哈德雷(J.Hadley)、雷顿(T.H.Layton)、波特乌斯(W.Porteous),以及打打皮(Dadabhoy Rustomjee)等巴斯商人。

敌对派[hostile party,后称"战争派"(war party)]主要成员有:马地臣、渣甸、福克斯(Thomas Fox)、罗伯逊(P.F.Robertson)、布伦金(W.Blenkin)、波义德(S.Boyd)、安德鲁·约翰斯顿(Andrew Johnston)、基廷(Arthur S. Keating)、詹姆士·因义士(James Innes)、特纳(R.Turner)、亚历山大·马地臣(Alexander Matheson)、罗伯聃(Robert Thom)、H.莱特(Henry Wright)、韦伯斯特(D.Webster)、康普顿(J.B.Compton)、约翰·施莱德(John Slade)、安德鲁·渣甸(Andrew Jardine)、礼士(John Rees)、考德威尔(D.R.Caldwell)、安思礼(J.Ainsley)、爱德华·巴里(Edward Parry)、约恩西(F.Jauncey)、米都尔顿(J.Middleton)、贝克(T.Baker)、查尔斯·马克威克(Charles Markwick)、希莱特(W.Haylett)、哥达德(James Goddard)、贾斯特(L.Just)、比尔(T.Beale)、费尔安(Christopher Augustus Fearon, 1788—1866)、R.马克威克(R.Markwick)。上述31名成员均参与了1834年马地臣领衔的向英王上书请愿一事。吴义雄教授称:"还有4名签名的英商因某种原因未列入上述签字英商的名单,即实际上查顿—马地臣为首的英商集团有35人。"当然,两个阵营的界限并非严格分明,人员归属也时有变化。见 The Canton Register, October 20th, 1835。吴义雄,《条约口岸体制的酝酿》,第24—25页。

的行为造成的损失很可能无法得到补偿"①；而主张继承律劳卑政策的渣甸、马地臣等人则利用陈情函、请愿书、《广州纪录报》、宣传小册子和拜会英国政府高层等各种渠道和途径表达主战诉求。

　　早在 1831 年渣甸、马地臣、因义士和特纳等 21 名英国散商通过决议，声援特选委员会对抗广东当局时，较为保守的颠地、英格利斯等人就没有在决议上签名。这可以看作是英商内部意见分歧的肇始。1834 年底，渣甸、马地臣等人致英国国王请愿书，颠地为首的另一群人也拒绝联署签名。这个传统最终沿袭下来，直到 1867 年宝顺洋行倒闭前，怡和洋行和宝顺洋行这两个最主要的在华英国商行都不肯共同签署同一份文件，始终都是各行其是。

　　律劳卑逝世后，原东印度公司大班德庇时、罗宾臣相继担任英国驻华商务总监督。与律劳卑的激进对抗政策不同，德庇时、罗宾臣均采取了保持缄默、维持现状、息事宁人的做法，并告诫在华英商克制审慎地遵守清朝法令，极力避免与广东当局发生冲突。德庇时称："要避免采取一切未经请求的与该政府发生交往的措施，并且在提交本国以前，保持完全沉默。"②1834 年 10 月 28 日《广州纪录报》发表评论，强烈要求德庇时继承律劳卑既定的策略方针，摒弃其提出的静观以待英国政府训令的主张。但德庇时置若罔闻，甚至自愿让位给罗宾臣，以"归国休假"的方式辞职返英。

　　更为可笑的是，为了避免接触清政府官员，罗宾臣竟然从澳门搬到伶仃洋上的"路易莎号"船上办公。颠地等人对"沉默政策"大加赞赏："罗宾臣的手腕、脾性和谨慎都产生了最好的效果：每件

---

　　① 《广州周报》编者评论，*The Canton Press*，November 3rd，1838。吴义雄，《条约口岸体制的酝酿》，第 23 页。

　　② 胡滨，《英国档案有关鸦片战争资料选译》，第 48 页。

事好像都回到了旧日的轨道。无论英国人或中国人都没有抱怨的。"①
最初罗宾臣对渣甸等人的鸦片走私行为视若无睹，但看到怡和洋行
的飞剪船在伶仃洋面频繁往来运送鸦片，又担心会影响到中英的合
法贸易。1836 年 2 月，罗宾臣致信巴麦尊，表示要采取措施约束英
印散商的鸦片走私行为。孰料巴麦尊站在了渣甸的一边。他明确指
示罗宾臣，不得干涉鸦片贸易，而应着力保护和扶助英商在华贸易，
维护英国国家利益。巴麦尊对德庇时、罗宾臣等人坐领高额薪水却
采取"沉默政策"的行为十分不满。6 月 7 日巴麦尊致函罗宾臣，通
知他在接到公函后终止职务，并告诉他英国政府有意撤销驻华商务
总监督一职。12 月 14 日罗宾臣将档案和印章移交义律，卸任返回英
国，义律就任英国驻华商务监督。

　　义律出身豪门，与律劳卑、渣甸、马地臣一样，都是苏格兰
人，同属辉格党。义律早年同律劳卑一样也在海军服役。义律的出
身和阅历，意味着他的思想更倾向于强硬和激进，但也更加自大狂
妄和固执。1837 年 1 月 25 日义律在致英国外交部的公函中称："照
我看来，英王政府所要用以维持和促进同这个帝国商业交往的那种
和平妥协政策，在广州五六十名侨商中，一般是不很受拥护的；要
是想把这种政策的实施靠我来作决定的话，那么这将会是我所要作
的一件最不得人心的事。"②与律劳卑、渣甸、马地臣等人有所不同的
是：义律是个狂热的加尔文派教徒③，反对奴隶贸易和鸦片贸易，被
誉为"奴隶保护人"。马地臣曾一度担心义律"对鸦片有铭记于心的

---

　　① 《中国事务》，《季度评论》(65.130：552)，1840 年 3 月。张馨保，《林钦差与
鸦片战争》第 65 页。

　　② 杨国桢：《林则徐传》，人民出版社 1995 年版，第六章。

　　③ 加尔文派：Calvinists，也称"加尔文宗""长老会""归正宗"，是基督教新教
三个原始宗派之一。

成见"①。

1837 年 2 月 2 日义律从澳门致信巴麦尊，指出 1836 年英国输入中国的鸦片价值为 1800 万银圆，抵消英国从中国输出的生丝、茶叶等货物价值后，还富余 400 万银圆。他对于英国对华贸易严重依赖"一宗有毒、价昂，常大幅度波动的奢侈品的大规模违禁买卖"而深感不安。② 义律还向巴麦尊报告两广总督邓廷桢在过去几个月内执行了严格且有效的禁烟政策。这一年，以渣甸、因义士为首的鸦片贩子，公然使用悬挂英国旗帜的欧洲武装快船，向广东沿海运送鸦片。义律由于无权制止渣甸等人疯狂的鸦片走私，只得致信巴麦尊，指出英国政府必须进行积极干涉，否则整个英国对华贸易将受到严重威胁。

虽然义律反对鸦片贸易，但这并不妨碍他执行英国政府的鸦片政策。"事实上，义律仍然质疑这种贸易是否道德，但他首先是一名战士，其次才是道德家，他必须遵守的是命令而不是良心"③；"义律上校承认自己并非这种药物（按：鸦片）的朋友，在原则上反对它，但他在如此重要的事务上并未让自己的个人情感干扰他的公共职责"④。英国政府官员普遍认为鸦片贸易对英国利益攸关，应想方设法予以扩大和促进，但对于如何处理合法贸易和鸦片贸易之间的关系，英国政府内部又有很多分歧。因此巴麦尊给义律的训令十分简单，只是重申英国政府的一贯政策，要求他不要干涉鸦片贸易。

---

① 格林堡，《鸦片战争前中英通商史》，第 195 页。

② 英国《议会文件·有关中国的书信》，第 156、190 页。张馨保，《林钦差与鸦片战争》，第 52 页。

③ 特拉维斯·黑尼斯三世，《鸦片战争》，第 99 页。

④ 吴义雄：《权力与体制：义律与 1834—1839 年的中英关系》，原载《历史研究》2007 年第 1 期。

　　义律严格遵守巴麦尊对鸦片贸易的训令，同时又试图在与清政府交往方面突破前任罗宾臣的做法。巴麦尊的训令明确要求驻华商务监督应当直接与广东当局对等通信，义律却于 1836 年 12 月 14 日自作聪明地写了一份"禀帖"，内容是宣布自己就任英国驻华商务监督，并申请前往广州的牌照。12 月 16 日身在澳门的义律发给渣甸、颠地等 4 名英商一封密件，请他们协助将那份"自降身份"的禀帖通过总商呈交给两广总督邓廷桢。12 月 20 日接到义律密件后，渣甸等 4 名英商立刻联系总商浩官到场，浩官接到禀帖后当天即前往广州城内转呈邓廷桢。此后浩官、茂官回访过渣甸等人，就禀帖内的一些措辞进行了询问。12 月 23 日早上渣甸等人收到了浩官转递的邓廷桢谕令。邓廷桢要求义律暂居澳门等候，待奏请道光皇帝批准后，才准许义律在规定季节内居住澳门、广州两地。义律只好耐心等待，直到获得清政府牌照才启程前往广州。1837 年 4 月 12 日义律抵达广州英国商馆，正式升起英国国旗。正在义律为此得意扬扬时，6 月 12 日巴麦尊复信严厉批评了义律，并告诫他不得降低身份向广东当局呈禀、不得由行商代转信件、不得擅自采取任何未经批准的行动。此后，深受训令束缚的义律再也无法跟广东当局有效沟通，中英贸易也因持续禁烟而大受影响。12 月 2 日无所作为的义律将英国商馆前的英国国旗降下，匆匆迁回澳门。

　　虽然渣甸与义律的主张类似，但义律始终瞧不起靠贩卖鸦片发家的渣甸、马地臣、颠地等人，认为他们贪婪胆大。渣甸、马地臣等人也不认可义律处理危机的能力和办事水平。随着中英冲突愈演愈烈，尤其是清政府禁烟政策的严厉执行，义律一直疲于被动应对。义律返回澳门后，为了向广东当局示威，曾向英国皇家海军求助。1838 年 7 月初，英国驻印度海军司令马他仑率领舰队抵达伶仃洋东南的铜鼓岛，向英国臣民宣示了一般训令。这次武力示威虽然表达了和平友好的意图，但足以给义律、渣甸等人壮胆。7月26日义律在广州英国商馆重新升起英国国旗，并直接致信两广总督邓廷桢告知英国海军舰队的意图，不过邓廷桢拒收此信。7月31日义律只得降下英国国旗，再次灰溜溜地返回澳门。

1839年3月底，林则徐在广州严厉禁烟，要求外商不得擅离广州。义律获悉后，竟然单枪匹马从澳门跑到广州商馆，成为林则徐的"瓮中之鳖"，最后只得乖乖上缴鸦片以求脱险。颠地的主要合伙人茵格斯曾在1840年向对华贸易专门委员会（Select Committee on China Trade）坦承："如果当时（义律）能以技巧与胆识处理这件事（按：上缴鸦片给林则徐一事）的话，讨价还价是有可能的。"①

义律的对华政策要么"俯首称臣"，要么军事威胁，缺乏灵活性，这也引发了英国各界的诸多批评。在华英商中以渣甸、马地臣为首的"战争派"认为义律不够果断；以颠地、英格利斯为首的"和平派"认为义律过于草率。义律无权承诺赔偿鸦片商贩的损失，而他却擅自替英国政府大包大揽了一切，搞得英国政府十分被动。义律本人十分反对鸦片贸易，甚至在林则徐禁烟后，还曾主动压制鸦片贸易，马地臣一度抱怨道："（义律）已经采取了帮助（中国）政府对付自己国人的奇特的行动。"②可见，义律受到了各方诘难，强硬派和保守派都指责义律没有灵活处理冲突事件。《泰晤士报》调侃说："（义律）连管一个像样的苹果摊都管不好。"③

第一次鸦片战争爆发后，1840年9月林则徐因"误国病民、办理不善"被革职，1841年7月在镇海接到流放伊犁的圣旨；接替林

---

① 布雷克，《怡和洋行》，第94页。

② 布雷克，《怡和洋行》，第104页。

③ 布雷克，《怡和洋行》，第83页。

则徐的琦善因擅自签订《穿鼻草约》而在 1841 年 2 月被革职解京，后又被抄家流放黑龙江；1841 年 4 月英国内阁决定将义律免职召回，原因是《穿鼻草约》索取的利益太少。交战双方的主要指挥官竟然都被各自服务的政府追究免职，实属罕见。更为罕见的是，主战派代表人物林则徐、邓廷桢和主和派代表人物琦善经历过流放生涯后，又都被道光皇帝启用，再度委以重任，担任一方总督。林则徐死后被追赠太子太傅、谥文忠，琦善死后被追赠太子太保、谥文勤，两人身后可谓备极荣宠。而义律被免职召回英国后，竟也广受赞誉，后又重任殖民地总督，并以海军少将和爵士头衔退休。被义律蔑视的鸦片商贩渣甸和马地臣，回国后也都顺利当选为国会议员，对英国政府各项政策的制定产生了一定影响。历史有时真的会捉弄人，谁对谁错谁人评？正如林则徐在伊犁戍所送别老友邓廷桢时所言："白头到此同休戚，青史凭谁定是非。"

第六章　社会活动

一、"在华实用知识传播会"第二任会长

　　1835 年 10 月 19 日"在华实用知识传播会"在广州十三行美国商馆举行首次年度大会。主要参会代表有：渣甸、英格利斯、滑摩、W. 贝尔、伊纳、奥立芬、桑普森（G.R.Sampson）、麦克尔金（W.Mckilligin）、安德鲁·约翰斯顿、约翰·施莱德、麦肯齐、特纳、卫二畏、J. 亨利、培斯通吉（Framjee Pestonjee）、汉森（F.R.Hanson）、路克伍德（H.Lockwood）、伯驾、裨治文等。^①会议由裨治文主持，滑摩担任大会主席。大会选举渣甸为"在华实用知识传播会"第二任会长；选举渣甸、英格利斯、记连、特纳、斯托基（Russell Sturgis）、裨治文、郭士立、马儒翰为协会委员会委员。

　　此后，"在华实用知识传播会"又组织了数次年度大会。第二次年度大会选举渣甸、W. 贝尔、查尔斯·金、林赛、裨治文、郭士立、

---

　　① *First Report of the Society for the Diffusion of Useful Knowledge in China* ［J］. Chinese Repository，Vol 4，p.354.

马儒翰为委员会委员；渣甸继任会长，贝尔为司库。第三次年度大会选举特纳、马地臣、记连、考克斯 ①、施莱德、裨治文、郭士立、马儒翰为协会委员会委员；特纳为会长，马地臣为司库。

在第四次年度大会上，马地臣建议放宽协会规程中有关会员资格的规定，希望能够尽可能地吸收那些既愿意推动协会目标实现又愿意遵守协会规则的人入会。根据马地臣的提议，大会选举时增加了一名委员名额。大会选举记连、马地臣、林赛、英格利斯、查尔斯·金、裨治文、郭士立、马儒翰、罗伯聃为协会委员会委员；记连为会长，马地臣继任司库。

二、"马礼逊教育会"司库

1834 年 8 月 1 日，在华传教 25 年的马礼逊病逝于广州，后安葬于澳门。为了纪念这位著名的汉学家，"他在广州和澳门的朋友"渣甸、颠地等在华洋商和传教士裨治文等人积极呼吁成立"马礼逊教育会"（Morrison Education Society）。1835 年 1 月 26 日他们发布了一份有 22 人联合签名的倡议通告，并很快募集到了 4860 银圆的捐款。

1835 年 2 月 24 日"马礼逊教育会"临时委员会在广州组建，时任英国驻华商务监督的罗宾臣和渣甸、颠地、奥立芬、马儒翰、裨治文共计 6 人为成员，渣甸任司库，裨治文任召集人和秘书。"马礼逊教育会"临时委员会于次日在广州发布通告，宣称其创会宗旨是："在中国建立并资助一些学校，以教育本地的青年，使他们在掌

---

① 考克斯：R.H.Cox，苏格兰人，医生。

握本国语言的同时，能够阅读和书写英文；并能借助这一工具，掌握西方各种门类的知识"；临时委员会在通告中强调："在这些学校，将要求阅读《圣经》和基督教书籍。"[1] 这就赤裸裸地宣扬了创办"马礼逊教育会"的真实目的是传播基督教。

1836年9月28日"马礼逊教育会"临时委员会在广州十三行美国商馆举行会议，通报筹备情况并讨论章程。11月9日"马礼逊教育会"

马礼逊（Robert Morrison，1782—1834年）

正式宣布成立，并通过该会章程。颠地、福克斯、渣甸、裨治文、马儒翰等5人组成理事会，其中颠地任主席、福克斯任副主席、渣甸任司库、裨治文任执行秘书、马儒翰任会议秘书。1837年9月27日"马礼逊教育会"首届年会提出精英教育计划，力图纠正中国传统教育制度的"错误"，代之以西方"正确"的教育理念和教育模式。

1839年温施蒂与美国传教士塞缪尔·布朗[2]在澳门创办马礼逊学校[3]。11月4日马礼逊学校正式开学，这是中国第一所西式学校，也是中国本土第一所教会学校。学生的学费、书费和食宿费都由"马礼逊

---

① 吴义雄，《在宗教与世俗之间》，第336页。

② 塞缪尔·布朗：Samuel Robbins Brown，美国传教士，毕业于耶鲁大学，曾任教纽约聋哑学校。

③ 即马礼逊纪念学校（Morrison Education Society School）。

教育会"全额资助；课程设置中英文语言教学和西式普通教育内容，全部完成后可达英美初中毕业水平。近代著名活动家、中国留学生事业先驱容闳早年自 1840 年 11 月入校，到 1847 年 1 月 4 日从黄埔启航赴美，在马礼逊学校接受了 6 年多的双语教育。该校著名学生还有黄胜、黄宽等人。"马礼逊教育会"不仅资助马礼逊学校，还资助个别学生。如梁进德长期跟随裨治文在广州学习英文，曾接受"马礼逊教育会"的资助。

1842 年 11 月 1 日马礼逊学校从澳门迁至香港。鸦片战争后，由于五口通商导致传教士和赞助商纷纷离去，"马礼逊教育会"资金来源日蹙。1846 年 1 月 10 日"马礼逊教育会"举行纪念马礼逊长子马儒翰的活动，并成立"马礼逊基金"（Morrison Fund），希望通过投资和吸纳善款来继续运营。早已名存实亡的"在华实用知识传播会"将剩余的 1300 银圆公款，经马地臣、裨治文授权后，由司库怡和洋行转交"马礼逊基金"。马地臣曾任会长的"广州外侨总商会"在濒临解散时，也将余下的 890 银圆公款由司库林赛公司（Lindsay & Co.）转交"马礼逊基金"。①

但上述措施，并没有彻底解决"马礼逊教育会"的经济困难。1850 年初马礼逊学校停办，"马礼逊教育会"也最终解散。

三、"中华医药传教会"副会长

渣甸虽然在 1817 年就弃医从商，但他仍然对外国传教士在中国

---

① 吴义雄，《在宗教与世俗之间》，第 344—345 页。

的行医传教事业十分关心。1838 年 2 月 21 日郭雷枢①、裨治文、伯驾② 等人联合"广州外侨总商会"在广州举行会议，正式成立"中华医药传教会"（Medical Missionary Society of China）。其宗旨是向中国传播西方医疗技术，并通过免费行医改变中国人的敌视态度以促进在华传教。会议选举郭雷枢担任会长，渣甸、伯驾、裨治文、李太郭③ 担任副会长。会议决议设立管理委员会、理事会，以及"中华医药传教会图书馆""中华医药传教会解剖学博物馆"等机构。

"中华医药传教会"是世界上第一个医务传教组织，为基督教在全世界传播开辟了新的道路。该会章程规定捐款 15 元者可当一年会员；一次捐款 100 元者可成为终身会员；一次捐款 500 元者可成为终身董事。渣甸和颠地均是该会的终身董事。

在郭雷枢、伯驾先后主持和奔走呼吁下，"中华医药传教会"逐渐获得各方支持，渣甸等外商和慈善组织、欧美教会、十三行行商纷纷赞助。该会资助外国医生来华行医布道，在中国开设医院免费治病，还开办西医学校培养医生。孙中山就是"中华医药传教会"开办的香港西医书院（香港大学前身）首届毕业生。"中华医药传教会"还资助过伯驾的眼科医院。这家医院创建于 1835 年，是中国第一所西医医院。该医院延续至今，成为现在的"中山大学孙逸仙纪念医院"（别名"中山大学附属第二医院"）。

---

① 郭雷枢：Thomas Richardson Colledge，1796—1879 年，英国医生。1835 年郭雷枢在《中国丛报》上发表《关于雇请开业医生作为传教士来华的建议》（*Suggestions with Regard to Employing Medical Practitioners as Missionaries to China*），提出传教应与行医相结合，这一主张产生了广泛而深远的影响。

② 伯驾：Peter Parker，1804—1888 年，又译作巴驾或派克。美国传教士、医生兼外交官。伯驾是美国第一位来华医疗传教士。

③ 李太郭：George Tradescant Lay，约 1800—1845 年 11 月 6 日，英国自然学家、传教士、外交官。

1838 年 11 月 "中华医药传教会" 召开了首次年度会议。此后随着外商与广东地方当局冲突日趋激烈以及第一次鸦片战争爆发,"中华医药传教会" 的活动被迫中断,直到 1841 年 7 月才在澳门召开第二次年度会议。此时渣甸早已离开中国,一去不返了。

1840 年李太郭在《中国丛报》上发表筹建 "中国与远东医疗慈善会"(Medical Philanthropic Society for China and the Far East)计划书,呼吁在英国建立一个慈善协会,与 "中华医药传教会" 进行友好合作,培养并向中国和其他东方国家派遣传教医生,以此传播欧洲的医疗技术和基督教。此后,"中国与远东医疗慈善会" 获得 "中华医药传教会" 资金支持而设立。

1841 年 7 月 14 日 "中国与远东医疗慈善会" 在伦敦举办会议,讨论医务传教事宜。前英国驻华商务监督罗宾臣主持会议,身在伦敦的渣甸也应邀参会。此次会议将 "中国与远东医疗慈善会" 与刚刚设立的 "中华医药传教会" 伦敦分会筹备委员会合并,使得 "中国与远东医疗慈善会" 成为外国传教士在中国医务传教的主要赞助团体之一。[①]

四、"海员医院筹备会" 主席

为了解决英国商船停泊广州黄埔港期间生病船员的救治问题,早在 1825 年东印度公司特选委员会就曾向广东当局申请在黄埔长洲岛上建立医院或在附近水域建立流动的医疗船,但广东当局认为船

---

①　吴义雄,《在宗教与世俗之间》,第 304 页。

员生病并不是常有之事，况且生病船员可以送往澳门或广州十三行商馆进行医治，因此不允许外国人在黄埔建立医疗机构。①

英国东印度公司贸易垄断结束后，来华散商日益增多。由于散商船只很少配备医生，来华船员的医疗救助问题日趋严重。1834年8月原东印度公司商馆医生加律治②旧事重提，向律劳卑建议在黄埔购买一艘船以建立海员医院，获得了律劳卑的重视。但由于律劳卑随后与广东当局发生争执，筹建海员医院一事暂时搁置。

1835年2月继任驻华商务监督的罗宾臣授权怡和洋行组织召开"英国海员医院筹备会"（British Seaman's Hospital Society），目的是筹款在黄埔或其他合适地点建立英国医院，为英侨或其他人员（包括中国贫民）提供医疗服务。

2月23日"海员医院筹备会"第一次筹备会议在广州十三行英国馆举行。罗宾臣根据国会法案规定自愿捐款总额不低于20英镑或当年捐款不低于3英镑的出席会议人员可享有选举权，但怡和洋行降低了参会者获得选举权的门槛，"个人捐款达到33先令③将获得医院管理委员会的选举权"④。

3月"海员医院筹备会"在英国馆举办第二次会议，成立了制订

---

① 马士，《东印度公司对华贸易编年史》（第4卷），第120页。

② 加律治：Thomas R.Colledge，又译"柯立芝"。马士《东印度公司对华贸易编年史》（第4卷）第155页记载，1827年英国东印度公司在广州有位专职医生名叫"加律治"。"加律治"这一译名又见《道光朝外洋通商案》，载《史料旬刊》第二十五期第916、919页。加律治医生至少在1827年至1833年间受雇于英国东印度公司在广州担任助理医生、医生等职，与怡和洋行加律治（Robert Jardine，罗伯特·渣甸，渣甸侄子）不是同一人。

③ 合1.65英镑。

④ "Hospital for seaman"，Chinese Repository，Vol.V，Oct. 1836.参见张坤《鸦片战争前在华英美海员福利机构及其活动》。

规章的委员会，并选举渣甸为主席，怡和洋行为司库，特纳、里维思（Reeves）、培斯通吉（Framjee Pestonjee）、布伦金（W.Blenkin）为委员。

6月12日"海员医院筹备会"举办第三次会议。此次会议通过了委员会报告和十四条海员医院规则，并决定以4000元为限，购买一艘船只停泊在黄埔作为海员医院①。"海员医院筹备会"还持续发出募捐倡议，获得了英国人和巴斯人的积极响应，但其他欧洲国家商人反应冷淡、不予捐款。渣甸乐观地认为海员医院具有慈善性质，应该会获得广东当局的首肯。但事实证明，这些想法过于天真。

1836年底，"海员医院筹备会"购买载米来华的英国商船"贝克号"（Baker），准备维修后改做医疗船。1837年6月9日义律向广东当局申请雇用工匠维修停泊在黄埔的"贝克号"商船。粤海关监督文祥同意义律对该船维修，但要求维修完毕后尽快载货出口。②为了防止长期碇泊黄埔的"贝克号"商船沦为鸦片趸船，两广总督邓廷桢也多次敦促义律尽快维修"贝克号"并限期离开，但义律以各种理由拖延搪塞。1838年5月27日邓廷桢再次驱逐"贝克号"。渣甸声称以往生病船员可以在黄埔长洲岛上搭棚居住，现在则可以在医疗船上就诊。义律则诡称"贝克号"为公款购买，其去留问题需要禀报英国国王。况且，保商天宝行梁承禧勘查该船后，证实"贝克号"损坏严重，确实无法载货出海。最终，"海员医院筹备会"以8000元的价格将"贝克号"商船卖给行商并由行商拆毁。经过1835年2月至1836年10月暗中筹备和1836年底至1838年6月黄埔医

---

① 该医院称谓不一，主要有"British Hospital at Whampoa"（在黄埔的英国医院），"Hospital for seaman, Seaman's Hospital"（海员医院），"Floating British Hospital at Whampoa"（在黄埔的英国流动医院），"British Seaman's Hospital"（英国海员医院）等。

② 佐佐木正哉，《鸦片战争前中英交涉文书》，第106页。

疗船的偷偷启用之后，"海员医院筹备会"筹建海员医院的举措在广东当局的坚决反对下，最终彻底失败。[1]

五、其他

第一次鸦片战争前，为了改善外侨在华单调枯燥的娱乐生活，英国东印度公司和散商不顾清政府禁令，擅自在黄埔和澳门组织各种各样的体育活动，尤其以划船比赛规模较大。渣甸对此积极支持

广州的划艇比赛（约 1850 年绘）

---

[1]　参见张坤《鸦片战争前在华英美海员福利机构及其活动》。

并踊跃参与。

1833 年 10 月 30 日至 31 日英国东印度公司举办了第六届，也是其在华组织的最后一届划船比赛。比赛前夕，10 月 15 日船赛组织者在怡和洋行所在的十三行"小溪馆"召开指挥会议，专门讨论该赛季的比赛事宜并制定港脚船只参加比赛的规则。讨论结论是港脚船要想参赛，需捐赠一笔赞助费并与东印度公司赛艇一样缴纳入场费。渣甸慷慨解囊，给参赛港脚船赞助了一个银赛杯，价值 100 基尼（Guineas）[1]。

1835 年初，渣甸派遣麦凯船长指挥"仙女号"与美国沃士船长指挥"约翰·吉尔平号"进行了两次竞速比赛，均取得了胜利。1837 年"广州船赛俱乐部"成立后，渣甸派遣 33 吨的"蓟号"（Thistle）快艇参加该俱乐部在澳门海面组织的第二次比赛，但没取得优胜。[2]

---

[1]　*The Canton Register*，Vol.6，5th December，1833. NO.18. 参见张坤《19 世纪 20—30 年代广州与澳门的英商船赛》，《广东社会科学》2010 年第 4 期，第 112—113 页。

[2]　亨特，《广州番鬼录·旧中国杂记》，第 485 页。

第七章　煽动战争

在华经商多年，渣甸饱受广东地方当局的勒索和歧视之苦。最初他幻想英国政府能够通过武力恐吓、和平谈判的方式与清政府签订通商条约。但随着清政府政策日趋强硬，渣甸认识到要想达到"平等、自由通商"的目的，战争就不可避免。渣甸在致马地臣的信中，时常对英国政府无所作为的对华政策表示不满。曾有一名英国海军军官被清政府拿捕并被戴上枷锁，渣甸赌气地说："我由衷地希望陛下的大臣们也都和他一起披枷戴锁。"[1]1832年，台湾天地会张丙等人聚众起义抗清[2]时，渣甸密切关注这一事件，认为此时英国政府应出兵协助张丙并伺机谋求利益。但张丙起义仅三个月就被清政府镇压下去，事后渣甸不无惋惜地称："这真是一个好机会，只要我们给他们一点帮助就可以在岛上得到一个立脚点。"[3]

---

① 怡和档案，1832年3月16日，"发给私人的函件稿簿"，威廉·渣甸。格林堡，《鸦片战争前中英通商史》，第180页。

② 张丙：？—1833年，中国台湾台南店仔口人（今白河镇），1832年10月发动反清起义，后失败被杀。

③ 怡和档案，1833年1月3日，"发给私人的函件稿簿"，威廉·渣甸。格林堡，《鸦片战争前中英通商史》，第164页。

　　1833 年 12 月《中国丛报》刊登了一篇署名"英国商人"的文章，这篇文章认为英国东印度公司在对华贸易的百年时间里，只懂得小心翼翼、卑躬屈膝，一味服从清政府地方当局对外商的各种禁令，是毫无价值和无所助益的。文章要求英国政府选派较为强硬的官方代表取代软弱无能的英国东印度公司特别委员会主席，与中国政府进行直接往来，并取缔将公行作为贸易中介的传统做法，"我们（按：英国）的资本、制造业、纺织业都在呼喊着，只要能帮我们找到买主，多大的货量我们都能提供"。文章极力煽动对华战争："众所周知，清朝已经漂浮在表面平静无波，实则暗潮汹涌的海上，它的存在全系于百姓对威权惯于服从。清廷对此心知肚明，因而憎恨任何可能造成骚乱的事物。中国所尊敬英国者，海军是其中之一。目前所需要的不是偶尔展现武力，而是最好找一个远离广州、靠近北方的港口，可从该地一次登陆一万人对付北京。新政府代表的基本目标，应该是迫使中国对外贸易。过去几任使团缚手缚脚的行为，应全面扬弃。"① 由于这篇文章与六年后臭名昭著的"渣甸计划"的观点几乎完全一致，因此英国历史学家考利斯认为，这篇文章很可能出自渣甸的手笔。

　　1835 年马地臣前往英国四处活动，试图鼓动英国政府出兵中国。但马地臣没有达到既定目标，只得满怀失望地返回中国。随着中国禁烟形势的日益严峻，渣甸决定亲自前往英国为发动战争摇唇鼓舌。②1839 年 1 月 26 日渣甸离开广州。渣甸此次离开，即是永别，此

---

　　①〔英〕摩里斯·考利斯著，吴琼、方国根译：《鸦片战争实录》，香港安乐文潮出版公司 1997 年版，第 91 页。

　　② 两广总督邓廷桢把促令渣甸返英列为自己政绩。见《香山明清档案辑录》第 268 页 "两广总督邓廷桢奏为堵逐鸦片船只事折"："一面翻译夷文刊成谕帖，散给各国夷人，晓以利害祸福，饬将趸船尽数遣还，各安贸易正业，并促令住省年久之港脚嘧嚥于上年十二月附船回国。"

后他再也没有回到中国。机缘不巧的是，当渣甸启程离开广州的时候，林则徐已于 1 月 8 日离京南下，正在日夜兼程赶往广州的路上。

渣甸，一个臭名远扬的大鸦片贩子；林则徐，一个被誉为"林青天"的禁烟派首领。两人竟然擦肩而过，历史有时就是这般诡谲难测。虽然从未谋面，林则徐却是听过渣甸的昭彰劣迹。因为渣甸恶名早已声闻于朝堂，朝廷大员的奏折里也屡次称渣甸为"奸夷渠魁"。例如，道光十八年十月太仆寺少卿杨殿邦在奏折中提到："闻有英咭唎国夷民颠地及铁头老鼠两名终年逗留省城，凡纹银出洋、烟土入口，多半经其过付。该夷民常与汉人往来，传习夷字，学写讼词，购阅邸钞，探听官事，不惜重资。又复从汉人学习中国文字，种种诡秘，不可枚举。此等匪徒，心多机械，窃恐愚民听其教诱，奸民结为党援，大为风俗人心之害"；道光十九年正月甲子邓廷桢、怡良奏称："密查该夷喳嗰，又名喳唲，为英吉利属国港脚夷人，来粤贸易已有十余载。其初资本甚微，既合众夷之财以操奇赢之术，贾逾三倍，驯至坐拥厚资，无与比数。趸船所贮鸦片，多半系其经营，该夷仍坐省照料。奸夷效尤，因以日甚。虽数十年来卖烟不自该夷始而该夷实为近年渠魁"。[1] 因此，林则徐得出结论："鸦片之到处流行，实以该夷人为祸首。"尚在北京时，林则徐就"密遣捷足，飞信赴粤，查访其人，以观动静"[2]。

据马地臣记载，林则徐曾向一名翻译询问："颠地先生和渣甸先生哪一个是最大的鸦片商？渣甸先生值 300 万元，对吗？"翻译回答道："不，可能还要多 100 万。"[3] 林则徐似乎不太可能称渣甸和颠地

---

① 《道光朝筹办夷务始末》卷五，页一四、二三至二四。

② 刘诗平，《洋行之王：怡和与它的商业帝国》，第 91 页。

③ 怡和档案，1839 年 5 月 1 日，"马地臣致渣甸"，广州 553。张馨保，《林钦差与鸦片战争》，第 269 页。

为"先生"。"先生"一词应是马地臣向渣甸转述这件事时自行添加的。林则徐最终没能查访到渣甸,只得向道光皇帝奏明:"喳嚬实已回国。"①

渣甸返回英国时,携带了一份由数百名英国商人联名签署的请愿书和一封义律的引荐信。引荐信写道:"这位绅士(按:渣甸)已经有几年时间是我们的商业社团的领袖,由于长期以来的慈善行为和公众精神,光荣地赢得整个外国社团的尊敬。"渣甸归国的一个重要使命就是鼓动英国政府发动对华战争。实际上,在他返回英国之前,就已经通过伦敦"马格尼亚克·史密斯行"的约翰·阿拜·史密斯向巴麦尊施加影响了。史密斯是巴麦尊的密友和"机密顾问",巴麦尊很多关于中国的情报都来源于史密斯。渣甸带着义律和广州外商的重托,接替马地臣继续游说巴麦尊和国会议员,很快就成为对华强硬派的幕后核心人物。

长期以来,为了保障合法贸易的持续开展,英国政府和东印度公司一直极力撇清与鸦片贸易的关系。但这种置身事外的想法是不现实的。英国商界对于政府对鸦片商贩不予保护的表态极为不满,纷纷上书或面见巴麦尊寻求支持。1839 年 6 月 3 日孟买商会在致英国"东印度与中国协会"的信函中,明确揭露出英国政府与鸦片贸易的关系:"这项贸易是在不列颠政府的授权与明令照准之下,由印度政府完全为了国家的目的,加以鼓励、怂恿与指导,而通过她的臣民之手的资本、劳力与企业发展起来的。……把广州不列颠贸易的公开数字拿来稍一检视,就会发现印度对于中国的贸易价值对于广州到英国的直接贸易具有何等巨大的重要性,而印度对中国的贸

---

① 《香山明清档案辑录》第 270 页,"钦差两江总督林则徐奏报喳嚬实已回国现在查明伙党一并驱逐片"。

易价值主要地却又得自鸦片贸易。没有印度贸易，（东印度公司）董事会不可能这样顺利地为'国内开支'取得他们大量的汇款，英格兰的商人也不可能买到现在那么大量的茶叶而不需向中国送出大量的白银。"①

　　7月4日加尔各答鸦片商贩集体在向英国枢密院递交的请愿书中，也指出："孟加拉不列颠政府是孟加拉全省鸦片的唯一生产者。……印度不列颠政府是比哈尔土（Behar）和贝拿勒斯（Benares）的唯一种植者与制造者。这个政府利用一切机会探询中国消费者的需要和愿望。鸦片运到中国以后，要是中国人发现其品质不像国家所保证的标准那么好，这个政府就提供赔偿。"加尔各答商贩们举例称："有一回，鸦片的分量不足，于是就有要求赔补不足数额的支票开到东印度公司来，公司对这张支票是照数付了款子的。"②加尔各答商贩们指出根据加尔各答海关统计，1832年至1838年的六个贸易年度内从加尔各答运销中国的鸦片共计67,083箱，占到加尔各答鸦片六年总出口量的84.2%，可见从加尔各答大量运销鸦片前往中国，是英印政府认可的并且是英印政府重要的财政来源。加尔各答商贩认为为了填补因鸦片贸易造成的白银流通不足，清政府加大了对国内银矿的开采，英国政府更是由此获得了重大利益。加尔各答商贩最后指出："贩运鸦片人的利润是很少超过政府售价的5%至15%，而制造鸦片者的利润，亦即印度不列颠政府的利润，却达到制造成

---

　　① F.O.17/35，"有关对华鸦片贸易当前情况的若干文件"。《近代史资料》第4期，第23页。

　　② F.O.17/35，"有关对华鸦片贸易当前情况的若干文件"。《近代史资料》第4期，第25—26页。

本的 200% 至 500% 的庞大数字。"①

　　无数事实都表明英国政府参与了鸦片贸易并从中获得了巨大收益，因此鸦片商人认定英国政府对发生在遥远中国的林则徐禁烟一事不可能袖手旁观。8 月 5 日义律关于林则徐谕令鸦片烟贩缴烟的报告送抵英国外交部。此时颠地已被林则徐驱逐返回了伦敦。8 月初至 9 月底，以渣甸、颠地为代表的鸦片贩子们和伦敦棉、毛纺织等工业资本家不遗余力地鼓动和聒噪，以促成英政府对华战争政策的确立。巴麦尊也频繁接见各界代表，充分听取意见。

　　8 月 7 日早上，麦克维卡召集颠地、拜兹②、亚历山大·格兰特③、奥斯瓦尔·史密斯（Oswald Smith）、托马斯·史密斯（Thomas Smith）、下议院议员威廉·克劳复、下议院议员暨银行家约翰·阿拜·史密斯、下议院议员暨"伦敦东印度和中国协会"主席拉本德等人召开紧急会议。这些人都与对华贸易甚至鸦片贸易有关。他们商议应该去面见巴麦尊，但暂时不提鸦片赔偿问题，只是探听英国政府的看法。8 月 8 日除拜兹外，其余人都去巴麦尊私邸面见了他。会谈持续了约一个小时，巴麦尊详细询问了对华贸易情况。威廉·克劳复从巴麦尊的态度中推测出英国政府将采取强硬措施，不久就会派出海军封锁珠江口以及珠江到东北一线的沿海口岸，甚至有可能要占领厦门，以便截断台湾米粮向福建的供应，因此他在会面结束的当天就致信孟买的罗伯特·克劳复（Robert W. Crawford），要其在下半年迅速办结生意，并谨慎地处理第二年的进货事宜。威廉·克劳复还在信中提及曾收到渣甸从意大利那不勒斯发来的一封

---

　　① F.O.17/35，"有关对华鸦片贸易当前情况的若干文件"。《近代史资料》第 4 期，第 27 页。

　　② 拜兹：Bates，英国人，任职巴林兄弟公司（Barings Brothers & Co.）。

　　③ 格兰特：Alexander Grant，曾任怡和行鸦片飞剪船队的队长。

信。此时渣甸尚未抵达英国。威廉·克劳复预计再过一周，渣甸就会与罗伯逊①一起到达伦敦。

9月14日巴麦尊致信约翰·阿拜·史密斯，告诉他关于政府对华问题的决策无可奉告，政府在最后决定采取措施之前，必须等候义律发来更为详细的报告。9月18日约翰·阿拜·史密斯回信巴麦尊，称伦敦和孟买许多人都迫切想知道英国政府将采取怎样的应对措施，因为这涉及商人们将如何调整对华贸易方案，以便更大程度地保护商业利益。史密斯认为不必再等待义律的报告，他们所提供的信息已经足够英国政府决策了。史密斯甚至还愿意提供一艘能够在三个半月时间从伦敦到达广州的快船，听候政府调遣，以比平时更快的方式向广州或澳门传递公务文书。

渣甸抵达伦敦后，于9月27日第一次拜会了巴麦尊，当面向他煽动对华战争。但巴麦尊没有立即表态支持战争和赔偿鸦片，这让心急如焚的渣甸颇为不满。实际上，渣甸用不着担心，因为三天后的10月1日英国内阁会议即通过决议，决定向中国派遣军队。只是由于涉及军事机密，渣甸没能第一时间探知这一消息而已。10月5日渣甸致信孟买的詹姆塞特吉·吉吉博伊，简述了他与巴麦尊的会见情况：

> "至今为止，巴麦尊勋爵对于中国问题，一直故意保持沉默。他回答国内各代表说：'我的耳朵是开着的，然而我的嘴巴是封着的。'他同我们这一伙倒是健谈得很。他仔细研究我们带去的地图、表册，发了许多问题，问道出产茶叶的地区、茶叶运到广州的路线、沿海最容易遭受攻击的

---

① 罗伯逊：P.F.Robertson，英国商人。

地点，以及［中国］战船的作战力等等。

我集中全副精神回答他的问题。当他问起我建议什么办法时，我说'教他们（按：清政府）对于污辱女王陛下代表（按：义律）的事情道歉；赔偿从这位代表手里抢去的财产；签订一个商约作为不再发生这等行为的保证；为我们的航运业开放北部海口；来一次计划周到的武力示威，并由一位冷静果断的交涉家统率其事，那样极可能不费一枪一弹就会达到前两项目标的'。勋爵听取大家谈论中英之间的长远距离，以及要干就必须干得有效等等，可是很小心地避免承认采取任何行动方针。下礼拜一我们可以听到他一些意见。

在收到义律的字据以前，我们不能公开鼓动鸦片赔偿问题。不过，随着人们进一步了解事情的是非曲直，一般意见也逐渐变得对我们有利了。过去全然不懂事实真相的若干方面，抱着许多错误的看法，存有许多错误的印象，我不得不和他们搏斗。我对于鸦片之获得赔偿，全无疑虑。我所焦急的倒在我们政府应该毫不迟疑地立刻负起责任来，防止信心的丧失；失去信心，其影响所及，将使印度和中国商务发生悲惨的后果。你可以确信我会尽我一切力量，用各种方法去求得赔偿问题的早日解决的。"①

10月10日渣甸等人组成的九人委员会的核心成员拉本德、史密斯、克劳复面见巴麦尊。巴麦尊仍然没有明确透露英国政府已经决

---

① 怡和档案"私人通信""火奴鲁鲁—伦敦"盒，1839年10月5日"渣甸致杰姆塞特依·介依布浩依（詹姆塞特吉·吉吉博伊）"。《近代史资料》第4期，第31页。

定对华作战，只是让他们自行判断，并叮嘱广州商人小心生命财产安全。巴麦尊提醒说不管政府采取什么行动，都不应该有什么话语和行动去提前惊动中国人。

10月14日渣甸给詹姆塞特吉·吉吉博伊去信，谈到英国国内对鸦片赔偿问题有两种意见：巴麦尊主张付给赔偿，约翰·霍布浩斯爵士（Sir John Hobhouse）反对赔付。渣甸表示正在进行各种活动，以博取广泛同情，尤其是国会议员们的支持。渣甸说如果政府不支持赔偿，就要起诉政府。

"巴麦尊勋爵终于满足公众的希望，说明大臣们已经决心为污辱与抢劫要求赔偿了，只不过还没有决定要采取的确切步骤。为此，他说他们渴望大家供给各种情报，我们正在替他们预备一份文件，把许多暗示混杂在大批有用的情报里。

发到中国去的政府公文和信件，两三天内就要由政府邮递机构送往苏彝世，从那儿再由阿里尔号（Ariel）转递，公文副本则由慕尔号（Mor）发送。许多航运家值此来货可能减少的时机，急于想到中国碰碰运气，向我们兜揽货运，我们都加以阻止，否则就向他们指出各种有利与不利投机的因素，让他们自己去决定。

上一次信上我提到我们正在等候从中国发来的鸦片收据，好让我们向政府提出被劫财产的赔偿要求。同时我们也正在努力探询大臣们对于这个问题的看法。现在国内对我们的态度分为两派，一派同情我们，一派反对我们。据报告巴麦尊勋爵是主张付给赔偿的，而约翰·霍布浩斯爵士却宣称，他个人是反对的。这个，我是从和霍布浩斯谈话的那位绅士那儿听来的。为了对我们的要求取得法律上的支持，我们正在做起诉的准备。不过我们极其乐于由政府自行承认。不承认，我们当然就必得尽力做各种活动，以取得人们，——特别是国会议员们，对我们的同情了。"①

同日威廉·克劳复从伦敦致信罗伯特·克劳复，称英国政府对鸦片赔偿问题还没有明确的处理方案。威廉·克劳复保证自己会毫不保留地尽最大力量为鸦片商贩摇旗呐喊。他还预言对华战争会在1840年4月开始，海军上将马他仑可能会被派往中国指挥战争。针对广东当局收缴的鸦片将被解送北京的传言，威廉·克劳复认为如果清政府愿意花费50万元的运输成本，就意味着这批鸦片不可能被销毁，极有可能被卖到中国市面上去。如果清政府售卖这批鸦片，英国政府就有正当理由进行索赔。这真是典型的"以小人之心，度君子之腹"。

10月18日巴麦尊致信义律，告诉他英国政府已经决定派遣远征军前往中国，并简要告知义律英国政府的战略规划。为了维护战争爆发之前的贸易安全，巴麦尊要求义律务必保密，并要求他在1840年3月前后，劝告英国商人将人员、财产悉数撤出中国。

1839年10月26日、27日，渣甸连续给巴麦尊写了两封信。渣甸在信中详细记述了中国沿海形势、战争策略、作战所需军队和战舰补给，以及战后英方应提出五口通商、赔偿烟款、订立条约等要求，史称"渣甸计划"。"渣甸计划"明确建议英军迫使中国开放距离毛织品消费区与丝茶出产区较近的口岸。为了达此目标，渣甸建

---

① 怡和档案"私人通信""火奴鲁鲁—伦敦"盒，1839年10月14日"渣甸致杰姆塞特依·介依布浩依（詹姆塞特吉·吉吉博伊）"。《近代史资料》第4期，第34页。

议直接派兵前往北京附近进行谈判，因为渣甸深知清政府作为中央集权政府，皇帝一言九鼎，具有绝对的话语权，只有将战争引向靠近北京的地方，皇帝才会重视，效果才会明显。渣甸还自作聪明地帮英国政府想好了如何回复中国当局可能针对鸦片问题的诘难。11月2日外交部遵照巴麦尊的指示，将渣甸两封信抄送印度事务大臣，11月16日抄送海军大臣。

渣甸写于10月26日的信：

"可能陛下政府对于中国政府所加于陛下在华〔商务〕监督的污辱，已经决定要求赔补。并对于中国政府用恐吓手段从他手里掠夺去的财产要求赔偿，因此，我谨冒昧向勋爵阁下奉呈下列意见，我希望这些意见是会有用的。

头一个问题是，应该怎么办？为了回答这个问题，我建议提出下列四点要求：

对于污辱事件充分道歉；

赔偿用恐吓手段掠夺去的财产；

订立平等通商条约以防今后重犯同类行为；

可能时，开放全部帝国口岸对外通商，不然，尽可能地多多开放，譬如说，福州府、宁波、上海、扬子江和kuen-son-chow（按：疑为Kuen-Shan and Su-Chow，即昆山和苏州）我们可以通过这些口岸去和毛织品消费区与丝茶出产区取得更直接的接触。

要取得上述要求，必须用充分的武力做交涉后盾。武力用以封锁中国沿海的主要港口从约莫北纬40度的山海关起，一直封锁到约莫北纬20度的电白或海南岛，并至少占领两三个近海岛屿，暂时掌握在手。然后，随即进到北京附近，经由特派人员把我们的控诉放到皇帝面前去。

我确信，我们不必动用武力，就可取得第一、第二两项要求。但是为了其余两项，却必须占领沿海某些岛屿，例如约在北纬30度的大舟山岛，和约在北纬25度的厦门和金门岛。这些岛屿拥有安全而广阔的战船停泊港。如果认为不必占领台湾大岛的话，就从这些岛屿上也可以很容易地截断对台湾的贸易。

……

我以为上述几个岛屿已经够了。要是中国人的表现，很是反对我们占用，那么我们就可以建议放弃占有，而以达到要求为条件，特别是要达到最后那一项——即开放沿海港口的要求。

如果我们认为我们必须占有一个岛屿或是占有一个临近广州的海港，可以占香港。香港拥有非常安全广阔的停泊港，给水充足，并且易于防守。

谈判交涉，中国当局可能抓住鸦片问题。果尔，我看答复是极其简单的：'文明国家通常是互相不干涉财政措施的，各国保卫自己的海岸，施行自己的法律。请你们记得，我们从来没有保护过走私的鸦片船，也从来没有埋怨过中国政府对这些船只的任何侵害。我们所控诉的是你们攻击我们的代表，而缴出的财产也是在外海上面，并不在中国管辖之内的。'"①

---

① F.O.17/35，"威廉·渣甸致巴麦尊"，1839年10月26日伦敦发。《近代史资料》第4期，第43—44页。

渣甸写于 10 月 27 日的信：

"昨已奉上一函，今再就实现建议所需武力问题，奉呈附件。熟知中国沿海与中国战船威力的人，都认为这样的武力就已经足够了。

据我所知，比我更适于这份任务的人们正在准备类似的意见书，不过这件事情已经拖延太久了，不管我的备忘录如何不够全面，我总不愿不把它提出来就离开伦敦。

如果认为我有留在伦敦的必要，请立即通知朗巴街史密斯先生。

附件：备忘录

第一级最大型战舰一艘——这不是说实际就会用到这么大威力的一艘战舰。这样一艘集中威力的战舰之出现就可以教中国人信服我们力量的强大，觉悟他们的软弱。有这样一艘战舰泊在一个安全的港湾里，许多小型鸦片船就可从她那儿获得武装，并归入皇家海军军官们的指挥之下。船上的大副水手（他们一般是非常熟悉中国海岸和岛屿的）接受他们的命令行动。

七十四尊或八十尊炮战船一艘。

大型巡洋舰两艘。

小型巡洋舰两艘。

小兵船两艘或三艘。

大型轮船两艘。

小型平底轮船两艘，以便在内河行动；这种船只可能必须拆开来运去，到了中国以后再装配起来。

运输船只需有两千吨的容量，水兵须配足六千至七千人。"①

　　11 月 2 日渣甸九人委员会的核心小组成员史密斯、拉本德、威廉·克劳复联合致信巴麦尊，再次明确指出英国政府和东印度公司鼓励、支持鸦片生产销售，并且长期从中获益。他们认为："对于如此其直接间接由最高当局核准了的鸦片贸易或经营这项生意的商人投以任何责难憎恶之词，都是极端不公平的。……鸦片贸易加上输华金属品、制造品，构成英印进行对华贸易的手段，便利茶叶和生丝的买进，并且扭转了贸易平衡，使其对我们有利。"②史密斯等人在信中详细阐述了渣甸提出的对华战争策略和方案。他们还提出通商条约应包括取消行商垄断、协议海关税则、通商自由、商务监督派驻北京或通商口岸等。

　　11 月 4 日、23 日巴麦尊通过第 16 号、19 号训令将侵华方案秘密通知义律。除了 19 号训令删除一句话外，两份训令其余完全相同。这句话是："不列颠政府从来绝对没有为英王臣民要求享有进入那些和不列颠未订通商条约的外国国家去的权利，也没有在这些国家要求商务上的特殊权利，或免受该国已有的法律规章所约束。"③看来巴麦尊在 16 号训令中写下这句话时是心虚的，所以要在 19 号训令中删除。巴麦尊在训令中阐述英国侵华计划分三步：第一步封锁珠江口，通过两广总督向皇帝提出要求；第二步占领舟山群岛，拦

---

　　①　F.O.17/35，"威廉·渣甸致巴麦尊"，1839 年 10 月 27 日伦敦发。《近代史资料》第 4 期，第 45 页。

　　②　F.O.17/36，"拉本德、史密斯、克劳复致巴麦尊"。《近代史资料》第 4 期，第 46 页。

　　③　F.O.17/40，1839 年 11 月 4 日伦敦发，第 16 号发文，机密件，"巴麦尊致义律"。《近代史资料》第 4 期，第 55—56 页。

截沿海商船；第三步英国海军直驶北直隶湾的白河河口，与清政府谈判通商条约。巴麦尊专门提到："据对中国有丰富知识的人说，像我所描写的那样行动，有这样的海军力就能完成。"很明显，"对中国有丰富知识的人"就是指渣甸等人。可见，英军的侵华部署基本上是依据"渣甸计划"进行的。

只是渣甸曾设想只要封锁中国海岸进行武力示威就会迫使清政府就范，最后证实是痴人说梦。统摄八荒、唯我独尊的"中央之国"可不是那么好吓唬的，至少表面上看起来兵多将广、人多势众。在天朝上国的视野里，那些蕞尔小国不过是化外蛮夷，不足为虑。可是当时很多英商竟然认为只要强大的英国海军（即使是几艘军舰）出现在中国海面，清政府就会立即屈服。难道他们不知道中国人最爱面子？"奄有四海，恩泽万邦"的优越感是不容易被外夷的"奇技淫巧"所动摇的。

当然，英国人中还是有人保持清醒头脑的。11 月 17 日约翰·巴罗（John Barrow）在致巴克豪斯的信中对"渣甸计划"提了几点异议。

"渣甸的头一封信建议四点要求：一、对污辱作适当的道歉；二、赔偿用恐吓手段抢去的财产；三、订立平等商约；四、开放帝国口岸对外通商。我认为可能诱导中国人答应第一第三两点。但是他确信第二点也可以不用武力就获得让步，我感觉全不是这么一回事。为了成功地榨取这种让步，渣甸知道该要多少武力吗？

然而，为了获致二四两点，渣甸认为或有占领沿海某些岛屿的必要，他列举了几个岛屿的名字。进一步他就说，如果可能的话，订商约开放帝国口岸对外通商，并列举了七八个港口的名字；接着他就说明所有这些想象中的要求如何取得。而这些要求，我坚决相信，如果有可能（而这是不可能的），也会根本破坏了整个目标。

占领他们几个岛屿是开头时相当强有力的行动，对于为了我们的商务利益而要去对付的那班对手不会是一种安慰。岛屿之一的台湾，大得不像一个岛。但是这并不是他建议侵略的全部，他告诉我们说，为了得到这些要求，必须拿足够的武力做后盾，这支武力要足够封锁约从北纬40度的长城起，到北纬20度的海南岛为止的全部中国海岸。这就是说，封锁一条长达一千五百英里以上的、充满了港湾的海岸线。作这种有效的封锁，需要把英格兰舰队的一半兵力都开过去。诚然，渣甸先生所建议的兵力，不论船只或人员，都不算多。但是，不谈封锁，他多少前后矛盾地说是要立刻前往北京附近'通过一个特派代表把我们的控诉放到皇帝面前去'。

渣甸先生所建议派遣的兵舰之一，他称之为'第一级最大型战斗舰'。这样一条有甲板炮一百二十尊的战斗舰，去北京附近！北京在内地一百四十英里，可泊六十四尊炮军舰的最近海岸的最近港口深入北直隶浅湾十五英里有余，假如他竟有机会进得去，他就再没机会出得来！而那位被任为代表去向皇帝呈上我们控诉的人物，却还是没有机会望得见北京。从前洪任辉（Flint）到北直隶去'把我们的控诉放到皇帝面前'，他自己却被放到监牢里去过了好多年。"①

---

① F.O.17/35，1839 年 11 月 17 日，"约翰·巴罗致巴克豪斯"。《近代史资料》第 4 期，第 55—56 页。

约翰·巴罗认为："除非拿强大的武力做后盾，我认为任何方式的交涉，都不可能获得成功。但是，就是有了这么一支武力，首先，我还是满足于占领香港，把行动局限在广州。香港在虎门口外，有很好的淀舶港可容许多船只，淡水充足。在香港架上少数几尊炮，做些工事，有一艘战斗舰就足够保护商船了，别的海军则用于封锁珠江口，占领黄埔。黄埔扼珠江内河及其主要出海水道，就从那儿和两广总督取得联系。"①

虽然有反对的声音，但12月14日渣甸还是坚持向巴麦尊建议，通过占领"三到四个岛屿，即福摩萨②、金门和厦门……还有重要的舟山岛"，达到强迫清政府开放除了广州之外的"宁波、上海，如果我们能办得到，还有胶州"等通商口岸。③

所谓仁者见仁，智者见智。历史已经证明"渣甸计划"对英国政府和侵华英军的具体决策都产生了恶劣影响，渣甸成功地让巴麦尊相信使用少量武力就能迫使清政府妥协。而约翰·巴罗的部分意见也被历史证实是符合客观实际的。中华民族自古以来就不缺少硬骨头，明知不可为而为之并捐躯为国的民族英雄数不胜数。比如1840年7月4日，浙江定海镇总兵张朝发被英军劝降时，他承认英国炮舰威力巨大，但宣称："我仍然必须迎战！"④最终张朝发在舟山保卫战中身死报国。因此巴麦尊派往中国的海军军力比原先设想的更为庞大，也没有按照"渣甸计划"中提到的封锁北纬40度至20

---

① F.O.17/35，1839年11月17日，"约翰·巴罗致巴克豪斯"。《近代史资料》第4期，第55—56页。

② 即台湾。

③ 《关于中国的通讯》，渣甸致巴麦尊，1839年12月14日。韦尔什，《香港史》，第107页。

④ 张馨保，《林钦差与鸦片战争》，第203页。

度中国海岸线的不切实际的想法进行军事部署。

渣甸之所以积极鼓动英国政府发动侵华战争，归根结底是受到商业利益的驱动。一方面以他为首的英国散商迫切希望拓展中国市场；另一方面他急切需要英国政府出面为林则徐禁烟时怡和洋行上缴的鸦片进行索赔。因此，他对义律有关上缴鸦片赔偿问题的态度十分敏感。1840 年 4 月 3 日，渣甸见到义律寄到伦敦的函件，便立即致信马地臣对义律进行猛烈抨击。

> "今天下午我第一次看到义律最近的发文，他说，'托马斯·考兹'号（Thomas Coutts）的进口把谈判打断了，说是你们商人倒因为停止贸易得了某种好处。这是一份意在损害我们赔偿要求，非常蠢笨而又语无伦次的文件。这个怪物大谈其公司和个人从两万多箱鸦片的毁灭上赚到利钱，说是当缴出鸦片以保全女王陛下人民的生命时，新旧鸦片都不值钱，而放开他自己那条一文不值的狗命不提。他对于缴出财产而又使我们政府对所缴出的财产的负责的事，是否已开始觉悟其愚蠢，我很怀疑。"[1]

5 月 4 日渣甸从伦敦致信孟买的詹姆塞特吉·吉吉博伊，告诉他下议院委员会要传讯相关人员了解上缴鸦片的情况。渣甸希望英国政府能够尽快明确鸦片赔偿方案。

> "4 月 3 号以来，关于中国问题小有作为，不过这点点

---

① 英国剑桥大学图书馆藏怡和洋行档案"伦敦通信""1836—1844 年"盒，"威廉·渣甸致詹姆斯·马地臣"。《近代史资料》第 4 期，第 80—83 页。

作为却是尽我所能想象得到的令人满意。委员会开过一次会，其结果正符合主席的愿望。委员会允许我们的辩护律师佛莱希费尔德（Freshfilld）陈述我们的情况，并同意在开会期间让他和我们国会的代理人考德奈（Courtney）留在会场，这与惯例不合，是对我们特别客气才允准的。

你知道委员会本来是克劳复任主府的，可是他的身体太坏，不能到会，他已经搬到布拉顿（Brighton）去有一些时候了。

克劳复缺席，委员会就选举史密斯担任主席，他在大臣和委员之间大力调解，结果非常成功。而在我们中间，我以为换掉主席，对我们的问题是有好处的。克劳复足够能干，对于事情也非常热心，不过他的态度不如史密斯的温和，在大臣和委员会中间的影响也不如史密斯的大。当史密斯向巴麦尊勋爵请求另选一个人代替克劳复的时候，巴麦尊立刻说'你不独可另选一个，而且可以任意选一个。'史密斯选上了布隆里格（Brownrigg）。委员会到礼拜四要再度开会，到时候要传问茵格斯（Inglis）、塔克船长（Capt.Thacker）和但尼尔（Daniell），问他们关于鸦片缴给义律上校的经过。

你可以从报纸上看到，葛拉汉爵士提出中国问题动议时，他和他的朋友说了许多废话。而当你看到巴尔麦（G.Palmer）反对他兄弟和他的股东们的意思的那篇文告时，无疑地你会觉得奇怪的。作为一个经理印度贸易的行家的首脑，巴尔麦怎么会对这样一个动议发出那样议论，我们一点也不能理解，我们希望他还能收回他的文告。

假如我们能够让委员会建议就拿义律上校的收据去抵押

票据，用以预付我们的赔偿要求，哪怕就是付一半，也确实对我们的事情大有裨益，因为这就是承认我们的要求了。"①

不过，英国政府对如何处理上缴鸦片的赔偿问题迟迟未能做出决议。一直到 1842 年初，鸦片战争已经进行了快两年时间，鸦片商人还是没有收到鸦片赔偿款，便进一步向英国国会施压。该年 3 月 17 日英国下议院讨论鸦片赔款一事，渣甸在议会上做了演讲，要求英国政府优先考虑赔付鸦片款。渣甸说："再清楚不过的是，在考虑此次远征的花费之前，应当首先赔偿商人的损失。"②

1841 年 4 月 30 日，英国国会否决了《穿鼻条约》草案，并将义律撤职，改由璞鼎查担任全权代表。璞鼎查与义律相反，他本人不排斥鸦片贸易，而且对渣甸等人抱有好感。接到任命后，璞鼎查立即向渣甸请教。有一次，渣甸与璞鼎查共进晚餐，亚历山大·马地臣作陪。深夜 10 点时，下议院议员约翰·阿拜·史密斯还赶来与璞鼎查相见，他们充分探讨了对华战争的发展和前景。5 月 31 日渣甸向马地臣报告说："我曾经和他（璞鼎查）有过两三次非常圆满的谈话。"③

巴麦尊给璞鼎查的最初训令是北上黄海，逼近天津、北京。但璞鼎查接受渣甸的建议，改为沿长江溯流而上，试图控制长江下游，攻取京杭大运河与长江交汇处的镇江，一举将中国切成两半。1842 年 7 月底，英军不惜付出重大代价，攻占镇江，切断南粮北运的漕

---

① 怡和档案，"私人通信""火奴鲁鲁—伦敦"盒，1840 年 5 月 4 日伦敦发，敦发敦发"渣甸致杰姆塞特依（詹姆塞特吉·吉吉博伊）"。《近代史资料》第 4 期，第 86—87 页。

② 韦尔什，《香港史》，第 176 页。

③ 怡和档案，1841 年 5 月 31 日，"来文汇编"，威廉·渣甸致詹姆士·马地臣。格林堡，《鸦片战争前中英通商史》，第 195 页。

运通道。镇江之战惨败，南京门户大开，道光皇帝才真正认识到清军不是英军对手，迅速做出了议和决定。8月29日中英签订《南京条约》，历时两年多的第一次鸦片战争宣告结束。

《南京条约》及《中英五口通商章程》《通商章程善后条约》的签订，实现了渣甸索赔鸦片价款、开放五口通商和取消十三行垄断等诉求，也实现了渣甸关于割占香港的主张。1842年11月28日，卸任外交大臣一年多的巴麦尊在致史密斯的信中，称赞史密斯、渣甸等人提供的关于中国海陆军和外交事务的相关情报十分精确而且全面：

> "基于你（我亲爱的史密斯）和渣甸先生热心提供的协助和情报，我们才能给予驻华的海军、陆军及外交人员那样详细的指示，从而导致后来令人满意的结果。
>
> 一八三九年秋天，我们从你们那儿及其他人处得到的情报，后来成为一八四〇年二月我们训令的基础。那些情报是如此地精确及完整，以致我们的继任者认为似乎没有修改的必要；后来事情证明，决定性的军事行动果然发生在长江，早在一八四〇年二月我们便对海军将领做出这样的建议。而且和谈的条件也正如当年我们对全权代表懿律和璞鼎查的指示一样。
>
> 这个事件将成为人类文明进步的一章，而且必将为英国带来商业利益上的最大优势。"①

---

① 布雷克，《怡和洋行》，第112页；韦尔什，《香港史》，第112页。

另：《近代史资料》第4期（总第21号）第88页标注巴麦尊写此信的日期是1842年4月28日。此时英军虽然屡屡获胜，但道光皇帝战和不定，战争仍在继续。直到8月29日《江宁条约》（即《南京条约》）签订，战争才结束。因此《近代史资料》标注的巴麦尊写信日期为误。

仔细研究《南京条约》，可以发现一些条款与 1835 年清政府与中亚强国浩罕汗国签订的协议条款类似。19 世纪初期，浩罕可汗反复提出在喀什噶尔享受贸易特权的要求，均被清政府拒绝。此后浩罕可汗多次煽动叛乱并于 1830 年入侵喀什等地。几经权衡，1835 年清政府与浩罕汗国议和，签订了清朝历史上第一个不平等条约《阿连巴依协定》，同意浩罕汗国向新疆六城地区派遣政治代表或商务代办——"阿克沙哈勒"，直接对浩罕商人征税、行使治外法权。在六城地区，外国商人可以直接与中国商人做生意，所有外国商人均获免税待遇。清政府还向浩罕人补偿了白银。

目前难以考证，中浩协定的相关条款是否给渣甸带来过灵感，但"渣甸计划"中提到的赔偿损失、开设通商口岸、取缔公行垄断等诉求，确实可以在《阿连巴依协定》中找到类似条款。渣甸设想的鸦片战争后新的中外贸易体系也早已在中国西北边境的六个城市里率先实施了。

第八章　最后岁月

起于青萍之末，止于草莽之间。

1838 年 11 月某天，客居中国 20 年的渣甸行将返回英国，旅华外侨在广州十三行新英国馆为渣甸举办了饯行宴会。这个商馆金碧辉煌，豪华奢靡，安装有当时广州仅有的一台大时钟。在一条伸向河边的宽阔而有列柱的长廊山墙上篆刻着英国国徽和一句拉丁文格言——"为了国王和英国政府的利益"[1]。当晚的宴会规模极其盛大，出席嘉宾不少于 166 位。广州十三行的所有行商都赶来赴宴，还有大批随从仆役。这反映了渣甸在华经商 20 年来，积累了丰富的人脉资源。当大家举杯祝福渣甸"身体健康，早日觅得如花美眷"时，依旧单身的渣甸风趣地回应称："（只是期望找一个）年近四十，体态丰腴的美妇。"[2] 宴会一直持续到后半夜，共筹得 1000 英镑用于制

---

[1]　亨特，《广州番鬼录·旧中国杂记》，第 35 页。

[2]　布雷克，《怡和洋行》，第 90 页。亨特《广州番鬼录·旧中国杂记》第 134—135 页记载，"在查顿离开广州前的几天，全体外国侨民都到东印度公司商馆的宴客厅为他饯行。各国人士出席者共约 80 人，其中包括印度人。宴会一直持续到午夜后好几个小时才结束。这是以后外国侨民经常谈起的一件大事，我们中的几个人常把这个日子作为话题"。实际上并非全体外国侨民都去参加宴会，且出席人数存疑。

作告别纪念银盘。宝顺洋行此时仍然不能放下嫌隙，没有派员参加欢送渣甸的宴会，也没有参与集资。

1839 年 1 月 26 日，渣甸搭乘"波尔顿号"（Bolton）从澳门前往英国。当日渣甸给马地臣写了一封告别信，对马地臣的能力表达了充分信任：

> "有关晚宴、演说、在大街上跳舞等等我就不说了，我的侄子小渣甸[①]会告诉你这些乱七八糟的事。有一件事我谨向你保证：我绝对相信，洋行在你的带领之下，必如同我在时般蒸蒸日上。你只需对自己有信心，相信你自己的能力绝不在我之下，甚至超乎我。你会需要一些时间来赢得中国人的信任，不过时间不会太长。在未达到这个目标前，我对你的经营手腕信心十足，对于把洋行交到你手里也很放心。"[②]

渣甸途经孟买时，拜别了詹姆塞特吉·吉吉博伊等巴斯友人和印度代理商。此时孟买的老牌商行"巴伦治行"[③]正处于财政危机，一些商人组织正在为该行创办人加华治·巴伦治[④]捐款。渣甸便以他本人和马地臣的名义，捐助了三分之一的款项，帮助"巴伦治行"

---

① 即大卫·渣甸。

② 布雷克，《怡和洋行》，第 90 页。

③ 巴伦治行：Cowasjee Pallonjee & Co.，又称广昌洋行、加华治·巴伦治洋行。

④ 加华治·巴伦治：Cowasjee Pallonjee，印度巴斯商人，创办"巴伦治洋行"。1794 年"巴伦治洋行"在广州设立分公司，主营鸦片、香料和丝绸贸易。"巴伦治洋行"在 1836 年至 1861 年几乎垄断广州—澳门香港—孟买的商贸航线，是第一家在中国香港开设办事处的印度公司。

渡过了难关。随后，渣甸又沿着陆路前往苏伊士港，并到地中海游玩。8月渣甸抵达意大利西北部的热那亚[①]。由于林则徐禁烟形势紧迫，渣甸急需获得英国政府的支持，因此只得加快行程。经过半年多时间、约18,000公里的旅程奔波后，渣甸于9月初顺利抵达伦敦。

　　渣甸早年离英时只是个名不见经传的小商人，现在已经身家高达数百万英镑，成为具有传奇色彩的商业巨头，因此受到英国商界的欢迎。[②]在渣甸面见巴麦尊并呈上"渣甸计划"后，伦敦商人还专门为他举办了一场公开而盛大的晚宴。归国不久，渣甸就凭借雄厚的经济实力，在苏格兰中部佩思郡（Perthshire）的兰瑞克镇（Lanrick）买了一块地用于置业。渣甸原本希望能够在出生地附近的卡索密克镇（Castlemilk）买地，但从商业角度来看，兰瑞克镇更为划算。[③]1854年侄子约瑟夫·渣甸在卡索密克镇购买了一块产业，完成了渣甸的生前心愿。

　　早在1835年，马地臣在伦敦时就是"马格尼亚克·史密斯行"的重要股东。1839年末，渣甸也成为"马格尼亚克·史密斯行"的

---

　　① 热那亚：意大利语 Genova，英语 Genoa，意大利最大商港和重要工业中心。

　　② 多米尼克·士风·李在《鸦片说客》一文中记载："（渣甸）带了二百五十万英镑回英国，用以游说国会议员，支持继续在中国贩卖鸦片。其中一百万英镑是从在中国的鸦片商所筹集，二万英镑是从中国本土的鸦片分销商所募得，还有一百万英镑则是他向印中商会募集得来的，他们是在英国的另一伙鸦片贩子……渣甸把十万英镑送给巴麦尊，使他能修建在修咸顿的私邸'广厦'。此外，他又捐了二十万英镑给贝利爵士，用作兴建'大本钟'之用，这是西敏寺皇宫的新钟楼。之后，渣甸花了一个月时间在他的老家苏格兰，四处拜访国会中的苏格兰议员，并送钱给他们。他又花了几天在格林美斯古堡，那是史特摩·京邦伯爵，乔治·格林美斯的居住地。格林美斯在上议院有相当的影响力，而且他也十分支持海外的苏格兰商人。渣甸成功地说服了他，使他坚信鸦片贸易对于苏格兰经济的重要性。渣甸回到伦敦，便住在圣加大利码头附近，差不多拜访了每一位国会议员，也送了每人一点金钱。目的是催促他们向中国宣战。"

　　③ 布雷克，《怡和洋行》，第121页。

合伙人。其办公室设在商行所在地——伦敦金融中心朗伯德街 3 号，寓所在海德公园附近的上贝尔格雷街（Upper Belgrave Street）的高级住宅区内。1841 年渣甸购买了史密斯家族的股权，将"马格尼亚克·史密斯行"改称为"马格尼亚克·渣甸行"。

　　回国后的渣甸，并不从事具体的金融业务。他更乐于担任合伙人的角色，利用自己的名声和社会关系为"马格尼亚克·渣甸行"招揽业务。同时，渣甸还对政治发生了浓厚兴趣。1840 年 4 月 3 日，渣甸从伦敦致信孟买的詹姆塞特吉·吉吉博伊，介绍了下议院委员会成立一事，并抱怨了国会内部的党争问题。同月渣甸致马地臣的信中也提出了同样的问题。也许从这时起，渣甸就意识到自己必须在国会里占有一席之地，这样才能更好地维护鸦片商人尤其是怡和洋行的利益。

　　　"为了搞一个委员会来考察我们的赔偿要求，克劳复和史密斯两位先生在下议院内外尽力活动，我们得大大地感谢他们。史密斯在大臣中的私人影响，在这次布置上起了绝顶重要的作用。因为有几个大臣原先本是极端坚决地反对我们成立委员会的，就在委员会推定以后，他们的支持人还是极其害怕他在议员中间的私人影响，所以坚持要增加委员会的人数，从十五个人增加到二十一个人，借此把他们自己的朋友放到委员会里去。杰姆斯·葛拉汉爵士关于中国问题要有一个动议，大臣们战栗着唯恐失去多数票，如果那样他们多半就得接迫辞职。这样的变动与我们的目的不合，我们对辉格党政府有赔款要求，要是托莱党上台，我们会什么都得不着的。巴麦尊和罗素两位勋爵起初对我们的要求是有好感的，而墨尔本勋爵则顽固地事事反对，最后史密斯告诉他说'假如你拒绝成立委员会，逼得我们把这件事情造成党争问题，我们确信，我们是可以搞成我们的委员会的，而大臣们遇到葛拉汉爵士的动议时，却可能受到大多数票的反对'。这句话产生了预期的效果，委员会应运而生，而女王陛下大臣们对于如何笼络和鸦片问题有关的议员来支持他们这个问题，也就焦急起来，史密斯发现了这种情况以后，便表示他是准备以友谊立场和他们相处的，只要他们向他保证，委员会能够建议而他们也会采取这样一个计划：就是，用票据或是用义律收据做担保来发行公债，预付赔款的半数，这样和他的朋友们咨商，经考虑成熟后，同意由大臣们去掌握这个委员会。不过这个建议没有成功，因为这种谅解，如果意外地被人发现，是会产生恶劣的后果的。克劳复几天来专忙他自己公司的事情，史密斯替他在活动。史密斯对于委员会现在的组成分子相当满意，他希望他们的报告会对我们有些帮助。然而不论委员会的结果如何，你可以信任史密斯和我两人，为了取得赔款，我们是不会没有精力的。我们认为我们有权利向女王陛下的政府要求全部赔款，不过我以最诚恳的心情希望女王陛下的政府最后能教中国人来偿付。不独偿付鸦片赔款，而且要赔偿对他们作战的军事开支。现在我们必须给委员会准备我们的证件，而更必须准备忍受严厉的盘问。各方面已在报纸上攻击我，这次讯问中，我无疑地也将受到各方面的攻击。托莱党对于大臣们的攻击意在推翻内阁，对于我们的要求，一般都是不大关心的。同时有些托莱党员也是决定地同情赔偿我们的。这封信里有些话并没有在这儿传布出去，你最好尽量地不要和人家谈到这封信的内容。"①

　　1841年2月6日，渣甸由辉格党党鞭斯坦利②提名，辉格党党员爱德华·埃利斯③联名推荐，被选为布鲁克斯总会（Brooks's）会员。布鲁克斯总会是伦敦两个最古老的著名社团之一。渣甸还加入了"东方俱乐部"（Oriental Club）。这是伦敦著名的私人俱乐部，成立于1824年，威灵顿公爵是首任名誉主席。"东方俱乐部"主要讨论与亚洲贸易有关的事宜，渣甸凭借自己多年从事对华贸易的经历，具有更令人信服的发言权。

　　7月渣甸在大选中获得辉格党在苏格兰德文郡（Devon Shire）阿什伯顿市（Ashburton）的提名。渣甸的竞选主张是自由贸易，反对关税和商业限制。阿什伯顿市另一个提名人是颠地的同伙，属于保守党，自知竞争不过渣甸，便在最后一刻放弃了参选。渣甸在没有竞争对手的情况下，众望所归轻松当选下议院议员。

　　不幸的是，渣甸很快就罹患重病。1842年夏季，当马地臣回到英国时，渣甸正忍受着肺水肿的折磨，呼吸很急促，且会咳嗽胸痛。12月2日马地臣从苏格兰格拉斯哥致信孟买的詹姆塞特吉·吉吉博伊，谈及渣甸健康问题时称："我深感悲痛，渣甸先生的病情越发严重，恐怕他不能坚持多久了。"④果然不出马地臣所料，1843年初渣

　　① 怡和档案，"私人通信""火奴鲁鲁—伦敦"盒，1840年4月3日"渣甸致杰姆塞特依（詹姆塞特吉·吉吉博伊）"。《近代史资料》第4期，第83—84页。

　　② 斯坦利：E.J.Stanley，后被封为奥尔德利爵士（Alderley）。

　　③ 爱德华·埃利斯：Edward ELLice，1781—1863年，苏格兰籍辉格党著名政治人物。

　　④ James Matheson（Glasgow）to Jamsetjee Jejeebhoy（Bombay），2 December 1842, Incoming Correspondence–Great Britain/Private, MS JM, B1/8. Richard J. Grace: *Opium and empire*, p.295.

甸已经虚弱到难以站立，大部分时间只能面朝下躺在一张充水床垫上缓解病痛，但"他仍然在早晚餐时，像往常一样享用着葡萄酒和啤酒"①。

功名富贵眼前花，旭日方升转瞬斜。1843年2月27日，刚刚过完59岁生日才三天，渣甸就病逝于伦敦寓所。4月14日渣甸归葬于丹弗里斯郡洛赫梅本镇的家族墓地内，距离他出生的博德霍姆农场仅有两英里，算是"落叶归根"了。渣甸身后留下的大笔遗产由侄子安德鲁·渣甸继承。

渣甸去世时，虽然名望和地位已经很高，但他始终没能获封爵位。相反，与渣甸合作多年的巴斯人詹姆塞特吉·吉吉博伊在1842年被维多利亚女王封为爵士，1858年又被授予可以世袭的从男爵爵位，是第一个获得英国爵位的印度人；与渣甸长期合伙的马地臣在1850年被维多利亚女王封为"第一代刘易斯从男爵"；渣甸的侄子加律治也在19世纪末担任国会议员时获封从男爵。孟子曰："有天爵者，有人爵者。仁义忠信、乐善不倦，此天爵也；公卿大夫，此人爵也。"按照中国传统儒学观点，渣甸既未获得"人爵"显贵，也不符合"天爵"标准。人生凡事有前期，尤是功名难强为。渣甸由一个穷苦农民之子，经过近40年的商场鏖战，最终成为超级富豪、跻身上流社会，但却没能获封爵位，这也许是渣甸的终生遗憾。

不仅如此，渣甸还终身未娶，没有子女。巧合的是，马地臣也没有子女，怡和洋行两位创始人都没有子嗣继承白手起家创建的庞大商业帝国。渣甸未婚，并不能说明其情商太低或没有幽默感。他

---

① James Matheson（Glasgow）to Jamsetjee Jejeebhoy（Bombay）, 6 January 1843, Incoming Correspondence–London/Private, MS JM, B1/10. Richard J. Grace: *Opium and empire*, p.295.

曾致信伦敦赫立伯顿（F.Haliburton）说："祝你追求另一半的计划成功。至于你要我代购一个美观、大方的针线箱，我要听到你已取得那位小姐的首肯，并用你那百转千回的方式赢得芳心、一亲芳泽后，再加上几句牧师的贺词，我才会进行。"① 渣甸还会偶尔开开玩笑，比如他给马格尼亚克写信时会将"章官"比作英国名人"梅尔维尔勋爵"。

渣甸终其一生都感恩兄长在早年时期的资助，他与马地臣一样都十分注重在生意场上提携和栽培后辈。虽然自 1817 年 5 月起渣甸就不再担任船医，但他还是希望后辈能够接受他所经历过的历练。因此 1818 年底离开伦敦前往孟买前，渣甸介绍外甥安德鲁·约翰斯顿到东印度公司商船"巴金汗希尔号"上担任外科医生。安德鲁·约翰斯顿也确实按照渣甸指定的人生路线进行职业规划：首先成为船医，然后于 1824 年开始从事私人贸易；1831 年前后，安德鲁·约翰斯顿离开英国东印度公司；1833 年至 1836 年，安德鲁·约翰斯顿加入怡和洋行，成为渣甸和马地臣的合伙人。但安德鲁·约翰斯顿喜好声色犬马，追求名驹美女，终生未婚，并且没有长远的抱负。所以他赚到足够金钱后便于 1836 年 4 月从怡和洋行退休，返回英国过起了富足的庄园主生活。相反，渣甸的侄子大卫·渣甸既有商业头脑，又有政治理想。大卫·渣甸从 1838 年起在中国经商，经常受到渣甸、马地臣的教导。香港开埠后，大卫·渣甸曾担任香港立法局议员。

渣甸和马地臣都不断资助苏格兰的亲戚们。马地臣家族由于有其他事业可供资助，因此不需要马地臣过多寄钱，但渣甸家族却需求较大。对于亲戚和晚辈提出的资助要求，只要是合理、正当的，

---

① 布雷克，《怡和洋行》，第 36 页。

渣甸一般都不会悭吝。渣甸曾在致安德鲁·约翰斯顿的信中，提及要资助约翰斯顿的表弟法兰克一个农场。渣甸写道："他是个不错的年轻人，应该有自己的农场……但我的资助应当照顾家族的整体利益，而不是针对法兰克一人，免得他忘了自己是谁。……你知道，我极为反对奢侈与怠惰，我相信你会就此事对你年轻的表弟耳提面命，我绝不会帮助那些懒惰、浪费的（人），不论他和我的关系有多亲。不过，我已准备在尽可能范围内，帮助那些行为有节、勤勉向上的亲戚。"①

渣甸一生传奇的经历和巨额财富使得他声名远扬。本该遗臭万年的鸦片贩子在当时就获得了尊敬和吹捧，最早进入中国内河的那艘轮船即以"渣甸号"为名。1835 年怡和洋行在新加坡建造一艘58 吨重的最新式快轮，命名为"渣甸号"。"渣甸号"长 85 呎②、船幅 17 呎、吃水 6 呎，动力为 26 匹马力。5 月 20 日，"渣甸号"驶进广州内河，这是第一艘进入中国内河的蒸汽轮船。"渣甸号"可谓"命运多舛"，最初计划在澳门、广州及内伶仃岛之间定期运送乘客和邮件，但被清政府地方当局发觉而未能得逞。③1835 年 12月，"渣甸号"曾被时任英国驻华第二商务监督的义律阻止驶往广州。1836 年 1 月 1 日，"渣甸号"在虎门航行时受到炮台攻击，便退出广州内河航运，转航新加坡。由于屡出故障，最终"渣甸号"引擎被拆卸，安装到了糖厂。"渣甸号"则被改造成为帆船，用于在伶仃洋上走私鸦片。

美国商人亨特对渣甸和马地臣推崇备至，他在《广州番鬼录》

---

① 布雷克，《怡和洋行》，第 35 页。

② 1 呎（英尺）=12 吋（英寸）=30.48 厘米。

③ 〔日〕浅居诚一：《日清汽船株式会社三十年史及追补》，日清汽船会社 1941年版，第 5 页。

中写道："在经营其巨大的商业业务方面，查顿（按：渣甸）看来是机智和明断的，是一个精力充沛而且非常慷慨的人。他是在东印度公司 200 年的独占快要结束时，第一个运出'自由茶'往伦敦的人。"①渣甸在后世也获得了殖民者的纪念和顶礼膜拜，至今香港仍留有渣甸山、渣甸街②、渣甸台、渣甸坊、渣甸园等地名。怡和洋行在纪念成立 100 周年的书中记载了一段对渣甸的评语："他的诚实和荣誉永远洁白无瑕。在与他相识的人中，没有一个人能想得出他在品格上有任何一点不足之处。你随时可以清楚地看到像粗野或狭隘一类的东西与他的天性显然毫无关系，而且这些坏的品质在他的心中是丝毫不存在的。"③这样的评论简直是要把渣甸吹捧成"圣人"了。

虽然也有人对渣甸曾经从事过鸦片走私提出批评，并以此作为渣甸的毕生污点。但面对巨大利润的刺激，道德的力量有时十分微弱，况且从众行为往往会降低整体的责任感和道德感。渣甸最早是随船医生，应该知道鸦片对人体的伤害是永久性的。可是他却不管所谓"医者仁心"、"救死扶伤"的伦理道德，一味追求巨额利润，向中国大肆走私鸦片，损害了无数中国人的体质和精神。1845 年英国政治家、文学家狄斯累利④在小说《女巫》中刻画了一个鸦片暴发户"麦克毒品"的形象，以此暗讽渣甸："一个可怕的人！一个比科

---

① 亨特，《广州番鬼录·旧中国杂记》，第 134 页。
② 渣甸街位于香港港岛铜锣湾，由西向东单向行车。由于 20 世纪初期怡和洋行购入邻近一带的土地而得名。
③ 刘诗平，《洋行之王：怡和与它的商业帝国》，第 122 页。
④ 狄斯累利：Benjiamin Disraeli，1804—1881 年。19 世纪下半期英国著名的资产阶级国务活动家、政治家和文学家，保守党领袖。曾三次出任财政大臣，两次出任首相，是维多利亚女王时代与格拉斯顿齐名的最重要首相之一。

尹西斯 ① 还要有钱的苏格兰人。他刚从广州来,名叫麦克毒品(Mc Druggy),两边口袋各装满一百万的鸦片,抨击贪污腐败,大吼大叫着要自由贸易。……(他)一到,呼喊就改变了,镇上贴满了布告,上面写着'请投麦克毒品及我们年轻的女王一票',好似他和女王已结为一体。"② 活脱脱的鸦片贩子形象跃然纸上。

对于贴上鸦片走私贩的标签,渣甸是不服气的。1839 年 1 月 26 日,渣甸在离开广州返回英国前夕,对他和其他鸦片商贩的走私行为进行了辩护:"先生们,我很看重广州商界。我认为,即使在东方的商界同行中,我们广州商界也是很有地位的。但是我也知道,在此以前,最近,我们这个商业社会被谴责为一群走私贩。我坚决否认这一点;我们不是走私贩。先生们! 走私的是中国政府,是中国官员们,是他们在默许并鼓励走私;不是我们! 再瞧这东印度公司——嗨,它才是走私的老祖宗,东印度公司全是走私贩。"③ 渣甸此言虽然否认了自己的罪恶,但也揭穿了英国东印度公司的老底和清政府的腐败。无独有偶,1835 年 4 月 14 日《广州纪录报》也曾公开宣称:清政府才是"最大的走私贩"④。

早期重商主义时代只是个别商人为了牟取暴利而从事小规模走私,但到了发达的重商主义时代,欧洲许多贸易公司如英国东印度公司为了加快资本原始积累,已经广泛投入到走私贸易中了。"商人和贸易公司一方面在他国领土上精心安排走私贸易,另一方面则

----

① 科尹西斯:Croesus,又译作克罗伊斯,小亚细亚西部古国里底亚(Lydia)最后一代国王,以财富甚多闻名。

② 布雷克,《怡和洋行》,第 101 页。

③ 张馨保,《林钦差与鸦片战争》,第 52 页。

④ 《广州纪录报》(8.15:59),1835 年 4 月 14 日。张馨保,《林钦差与鸦片战争》,第 50 页。

要求自己政府采取最坚决最严厉的措施反对自己国家境内的走私贸易。"① 无论东印度公司如何掩饰自己的行为，也改变不了其参与鸦片贸易的性质。

然而，资本逐利的本性和财富带来的地位，有时会让人丧失理智判断。《中国丛报》评论道："最有地位的商人们一无顾忌地贩卖烟土；没有任何人会由于在东方靠贩卖鸦片发大财而不受到广州上层社会的热情接待。直到今天，在整个印度和中国，许多出类拔萃的商人——那些标榜非正当、非光彩行业不干的先生们——都曾经是孜孜于这项贸易的最大的鸦片商。"② 在一个价值观扭曲的重商时代，利欲熏心之人将会主动拜倒在金钱之下。这是时代的悲哀，还是个人的悲剧？

1905 年怡和洋行作为大股东投资武汉"西商赛马场"，将马场与租界之间长 500 米、宽 20 米的新修柏油路命名为"渣甸路"。"渣甸路"自命名之日起，就打上了殖民地的烙印，玷污着武汉的名声，遭到了江城人民的唾弃。所幸，正义不会缺席，审判终将进行。1958 年新中国人民政府将"渣甸路"这个名称彻底取缔，改为"解放公园路"（东段）。鸦片分子的"荣光"如同昨日黄花，最终被历史毫不留情地扫进垃圾堆。

有道是：

> 旅华半生，毁誉一世；
> 贪名逐利，终为幻影。

---

① 乌加罗夫著、孙松林等译：《国际反走私斗争》，中国对外翻译出版公司 1982 年版，第 3 页。

② 《中国丛报》（8：3），1839 年。张馨保，《林钦差与鸦片战争》，第 34 页。

附录

一、渣甸生平

1784年2月24日，威廉·渣甸出生于英国苏格兰南部的丹弗里斯郡洛赫梅本镇附近的一个叫博德霍姆的农庄。

1793年父亲安德鲁·渣甸去世。威廉·渣甸时年9岁，靠兄长大卫资助读书。

1800年至1801年间，渣甸就读于爱丁堡医学院，学习解剖学、临床和产科学课程。

1802年3月2日，渣甸从医学院毕业，取得爱丁堡皇家外科学院的医学文凭。随即，年仅18岁的渣甸前往伦敦，担任英国东印度公司来华商船"布伦兹维克号"的船医助理。9月4日渣甸首次随船抵达澳门，9月7日渣甸到达广州黄埔。

1803年至1814年，渣甸分别担任英国东印度公司来华贸易商船"布伦兹维克号""格拉顿号""温德海号"外科医生，随船往返广州伦敦。

1817 年，渣甸放弃船医工作，成为散商。

1819 年，渣甸彻底脱离英国东印度公司，常驻印度孟买从事贸易。该年到 1822 年，渣甸与伦敦托马斯·威亭、孟买化林治·加华治合作贩卖鸦片。

1820 年 5 月，渣甸与詹姆士·马地臣在孟买首次相遇。

1822 年，渣甸开始在贸易季节常驻广州，非贸易季节在澳门居住。

1825 年，渣甸加入"马格尼亚克行"，成为合伙人。

1828 年，马地臣卸任丹麦领事，渣甸接任。

1832 年 7 月 1 日，渣甸与马地臣成立"渣甸·马地臣公司"，后发展成为怡和洋行。

1834 年底，马地臣离开广州返回伦敦，渣甸继任"广州英国商会"主席。同年，渣甸与颠地等在澳门组织"马礼逊教育会"，并捐资开办学校。

1839 年 1 月 26 日，渣甸离开广州，返回英国。9 月 27 日渣甸谒见英国外交大臣巴麦尊，煽动对华战争。10 月 26 日、27 日，在给巴麦尊的两封私人信件中，提出了著名的"渣甸计划"。

1841 年，渣甸当选苏格兰阿什伯顿市下议院议员。同年，渣甸购买史密斯家族的股权。"马格尼亚克·史密斯行"改称"马格尼亚克·渣甸行"。

1843 年 2 月 27 日，渣甸在伦敦去世，时年 59 岁。

二、渣甸主要家庭成员 [①]

家庭关系	姓名	配偶	子女
父亲	安德鲁·渣甸 Andrew Jardine （1740—1793）	不详	珍·渣甸（女）、玛格丽特·渣甸（女）、大卫·渣甸、威廉·渣甸、伊丽莎白·渣甸（女）、其余不详
大姐	珍·渣甸 Jean Jardine	大卫·约翰斯顿 David Johnstone	玛丽·约翰斯顿（女）、安德鲁·约翰斯顿（1798—1857）、玛格丽特·约翰斯顿（女，1808—1864）、约翰·约翰斯顿（1822—1884）
二姐	玛格丽特·渣甸 Margaret Jardine （1782—?）	詹姆士·渣甸 James Jardine	大卫·渣甸（1819—1853）、南茜·渣甸（女）、罗伯特·渣甸（1822—1873）、玛格丽特·渣甸（女）
哥哥	大卫·渣甸	蕾切尔 Rachel	安德鲁·渣甸（1812—1889）、伊丽莎白·渣甸（女）、大卫·渣甸（1818—1856）、约瑟夫·渣甸（1822—1861）、罗伯特·渣甸［又名加律治，1825—1905，妻：玛格丽特·布坎南（Margaret Buchanan），子：罗勃·布坎南–渣甸（Sir Robert Buchanan–Jardine）］、玛丽·渣甸（女，1820—1904）
妹妹	伊丽莎白·渣甸 Elizabeth Jardine （1786—?）	威廉·杜比 William Dobbie	

---

① 资料来源：Maggie Keswick，The Thistle and The Jade. A Celebration of 150 years of Jardine Matheson & Co.，Mandarin Publishers limited，1982。

三、怡和洋行沿革表

时间	行号	合伙人	备注
1782 年	考克斯·里德行	约翰·亨利·考克斯、丹尼尔·比尔、约翰·里德	
1787 年	考克斯·比尔行	丹尼尔·比尔、托马斯·比尔	
1799 年	哈弥顿·里德行	托马斯·比尔、罗伯特·哈弥顿、大卫·里德、亚历山大·歇克	该行号启用时间不晚于 1799 年
1800 年	里德·比尔行	托马斯·比尔、大卫·里德、亚历山大·歇克	
1801 年	里德·比尔行	托马斯·比尔、亚历山大·歇克、查尔斯·马格尼亚克	
1803 年	比尔·马格尼亚克行	托马斯·比尔、亚历山大·歇克、查尔斯·马格尼亚克	
1811 年	比尔行	托马斯·比尔、亚历山大·歇克、查尔斯·马格尼亚克、霍林沃思·马格尼亚克	
1817 年	歇克·马格尼亚克行	亚历山大·歇克、查尔斯·马格尼亚克、霍林沃思·马格尼亚克	

续表

时间	行号	合伙人	备注
1819 年	查尔斯·马格尼亚克行	查尔斯·马格尼亚克、霍林沃思·马格尼亚克	1819 年马地臣与罗伯特·泰勒合伙在广州口岸走私鸦片
1823 年	查尔斯·马格尼亚克行	查尔斯·马格尼亚克、霍林沃思·马格尼亚克、丹尼尔·马格尼亚克	1818 年至 1823 年，渣甸参与伦敦托马斯·威亭和孟买化林治·加华治的生意，并作为自由代理商，参与"马格尼亚克行"的鸦片生意。1821 年至 1827 年马地臣与伊里萨里合伙经营"伊里萨里行"
1824 年	马格尼亚克行	霍林沃思·马格尼亚克、丹尼尔·马格尼亚克	
1825 年	马格尼亚克行	霍林沃思·马格尼亚克、丹尼尔·马格尼亚克、威廉·渣甸	
1827 年	马格尼亚克行	霍林沃思·马格尼亚克（隐名合伙人）、丹尼尔·马格尼亚克、威廉·渣甸	1827 年"伊里萨里行"改称"马地臣行"
1828 年	马格尼亚克行	霍林沃思·马格尼亚克（隐名合伙人）、威廉·渣甸、詹姆士·马地臣	1828 年 1 月，詹姆士·马地臣和其外甥亚历山大·马地臣正式加入"马格尼亚克行"，詹姆士·马地臣是合伙人
1832 年	渣甸·马地臣行	威廉·渣甸、詹姆士·马地臣	1835 年亚历山大·马地臣成为合伙人

资料来源：格林堡《鸦片战争前中英通商史》

四、散商跨国任职情况（1779—1839 年）

姓名	原籍	职位	任职时间	备注
约翰·里德 John Reid	英国	奥地利领事	1779—1787	
丹尼尔·比尔 Daniel Beale	英国	普鲁士领事	1787—1797	曾任英国东印度公司会计
约翰·亨利·考克斯 John Henry Cox	英国	瑞典海军军官	？—1791	
施奈德 C.Schneider	英国	热那亚最高共和国副领事	1793—？	
迪克森 Dickerson	英国	波兰王朝代表	1794—？	职位不详
托马斯·比尔 Thomas Beale	英国	普鲁士领事丹尼尔·比尔秘书	？—1797	
		普鲁士领事	1797—1820	
查尔斯·马格尼亚克 Charles Magniac	英国	普鲁士副领事	1802—1819	
		普鲁士领事	1819—1824	
霍林沃思·马格尼亚克 Hollinworth Magniac	英国	普鲁士副领事	1811—1826	
丹尼尔·马格尼亚克 Daniel Magniac	英国	普鲁士领事秘书、副领事	1819—？	
詹姆士·马地臣 James Matheson	英国	丹麦领事	1820—1828、1839—1842	
托马斯·颠地 Thomas Dent	英国	撒丁王国领事	1823—1831	

续表

姓名	原籍	职位	任职时间	备注
威廉·渣甸 William Jardine	英国	丹麦领事	1828—1839	
大卫·里德 David Reid	英国	丹麦皇家陆军上尉		改入丹麦籍
亚历山大·罗伯逊 Alexander Robertson	英国	西西里领事	1825—?	改入西西里籍
戴维森 W.S.Davidson	英国		1811—?	改入葡萄牙籍
爱德华·瓦茨 Edward Watts	英国	奥地利东印度公司和中国总领事	1807年6月2日—?	1782年7月19日入籍奥地利
哥达德 James Goddard	英国	奥地利驻广州领事	1821—?	
罗伯特·贝里 Robert Berry	英国	瑞典东印度公司广州代办	1813年9月22日—?	
		瑞典领事	1823—?	
衣庇厘 Ilberry	英国	汉诺威王家领事	1826—?	
费尔安 Christopher Augustus Fearon	英国	汉诺威王家副领事、领事	1827—?	
多贝尔 P.Dobell	美国	俄罗斯领事	1821—?	

资料来源：格林堡《鸦片战争前中英通商史》、马士《东印度公司对华贸易编年史》

五、鸦片在广州价格表（1804—1839年）

（单位：银圆/箱）①

年份	名称及产地			
	公班土	刺班土	白皮土	金花土
	孟加拉省 巴特拿 （Patna）	孟加拉省 贝拿勒斯 （Benares）	麻洼 （Malwa）	土耳其 （Turkey）
1800 年	560			
1804—1805 年	1400	1300	低于 400	
1806 年中		1130		
1817 年	1300			
1818 年	840		680	
1819 年初			730	
1819 年 7 月	1170			
1820 年 2 月	2500		1320	
1820 年 12 月		高于 1800		
1821 年 2 月	2500	2075	1800	1200
1822 年 3 月	1552	1552	1290	1025
1822 年 8 月	高于 2500， 一度高达 3000		1500	
1823 年 6 月	1600	1600	1120	
1823 年 9 月	1420	1050	925	1270

---

① 数据来源：格林堡《鸦片战争前中英通商史》、张馨保《林钦差与鸦片战争》、吴义雄《条约口岸体制的酝酿》。

续表

年份	名称及产地			
	公班土	刺班土	白皮土	金花土
	孟加拉省 巴特拿 （Patna）	孟加拉省 贝拿勒斯 （Benares）	麻洼 （Malwa）	土耳其 （Turkey）
1824 年 8 月	1175	1175	550	
1825—1826 年	913	913	723	
1826 年 5 月	1350	1002	942	
1827 年 2 月	810	1300	880	510
1827—1828 年	1120	1120	1400	780
1828—1829 年	1105	981	1157	737
1829—1830 年	867	845	865	697
1830—1831 年	870	878	588	674
1831—1832 年	970	968	705	553
1832—1833 年	808	803	659	700
1833—1834 年	675	661	676	695
1834—1835 年	576.75	545.2	596.99	580
1835—1836 年	744.82	704	601.81	566
1836—1837 年	785	710	550	611
1837 年底	620	560	517	513
1838 年 1 月	520	460		
1838 年 2 月	450	400	400	
1838 年 5 月初	300			
1838 年 5 月末	580			
1838—1839 年	532	497	569	384

六、第一次鸦片战争前
广州口岸"西学东渐"的发展及影响

　　摘要：论文主要研究第一次鸦片战争前，伴随海上丝绸之路通商贸易而来的"西学东渐"在广州口岸萌芽和发展过程，以及对古老广府文化的影响。第一部分是第一次鸦片战争前"西学东渐"在广州口岸萌芽和发展过程。首先，广州外贸持续繁荣为"西学东渐"创造了条件，一是海洋贸易兴起，二是广州长期一口对西方通商，三是粤海关管理对外贸易。其次，在粤洋人群体为"西学东渐"建立了渠道：一是创办报刊，宣扬西方自由贸易和政治观念；二是创作翻译，介绍西方宗教思想和人文地理；三是创立协会，推介西方实用科学和艺术知识；四是创设学校，引进西方教学理念和方法；五是创建医院，推广西方医疗技术；六是创始外侨船赛，传播西洋体育运动。最后，广州口岸有识之士如政府开明官员、对外贸易商人和民间知识分子"开眼看世界"，为"西学东渐"打开局面。第二部分是"西学东渐"对广州口岸的三方面影响：首先，形成"敢为天下先"的性格和开放、分享、共赢的精神；其次，近代教育理念和学术思想逐渐深入人心；最后，中外语言融合形成"广州英语"，最终演变为"洋泾浜英语"。第三部分是余论，对"西学东渐"三个阶段和在广州口岸发展的特点进行了论述。

　　关键字：西学东渐　广州口岸　19 世纪初期　广府文化

　　自 15 世纪起，欧洲船队开始大规模探索世界各处广袤的海洋，寻找新的贸易路线。富庶的东方大陆，成为欧洲商人远洋航行的首选目的地，海上丝绸之路变得更加繁荣。随着大航海时代中外贸易的逐渐发展，西方宗教、历史、地理、科学技术等知识也开始向中国传播，最终形成明朝末年至近代的"西学东渐"现象。广州口岸由于具有优越的历史、地理条件，成为外国人介绍西学、中国人接触和接受西学的发轫之地。

（一）第一次鸦片战争前"西学东渐"在广州口岸萌芽和发展

1. 广州外贸持续繁荣为"西学东渐"创造条件

（1）海洋贸易兴起

广州是中国古代海上丝绸之路的始发港、发祥地和世界海上交通史上唯一两千年长久不衰的贸易大港。汉代时，中国与印度、马来半岛通过广州外港已经有海路交往。"中国与罗马等国贸易，自公元 3 世纪以前，即以广州及其附近为终止点。"①隋唐时期航海往来更加密切，广州外港黄埔更是"海舶所集之地"。唐朝中期以后，中国失去了对中亚地区的控制力，以都城为中心，通往波斯、地中海和北印度的"陆上丝绸之路"逐渐衰落，中国的对外贸易逐渐由陆路转向以海路为主。明初郑和下西洋，海上丝绸之路发展到巅峰状态。但郑和之后的明清两代，随着海禁政策的严厉实施，我国航海业逐渐衰败，以南海为中心的"广州通海夷道"②逐渐消亡，取而代之的是西方国家从欧洲至亚洲的远航路线。广州港是海港兼有河港，其通往东南亚、非洲、欧洲的航线，比我国其他港口更为便捷。得天

---

① 梁廷枏，《粤海关志》，前言第 2 页。

② 据《新唐书》记载："广州通海夷道"是指从广州出发，至阿拉伯帝国首都巴格达和今东非坦桑尼亚的达累斯萨拉姆一带为止的海上航线。

独厚的地理条件，让广州口岸的海洋贸易持续保持繁荣。

（2）广州长期一口对西方通商

1757 年乾隆皇帝谕令广州黄埔一口对西方通商，禁止西方商人前往广州以外的海港城市进行贸易。自此至 1842 年中英《南京条约》开放五口通商前，广州口岸成为中国对西方贸易一口通商之地，时间长达 85 年。"除了俄国商队跨越中国北方边疆，葡萄牙和西班牙的商船往来澳门而外，中华帝国与西方列国的全部贸易都聚会于广州。"①

对国际贸易而言，广州一口对西方通商是对自由贸易的严重束缚，但在客观上造就了广州口岸对外贸易的长期繁荣，也为"西学东渐"在广州口岸酝酿发展创造了条件。正如广州民谣所唱："皇帝患边行禁海，单留一口使通商。八十五载万樯集，西人逐利只此来。"广州口岸成为古老中国承接西方文明的桥头堡。

（3）粤海关管理对外贸易

1685 年康熙皇帝设立海关机构："江之云台山②、浙之宁波、闽之厦门、粤之黄埔，并为市地，各设监督，司榷政。"③云台山负责国内沿海各港贸易；宁波负责对日贸易；厦门负责对南洋各国贸易；黄埔负责对西方各国贸易。粤海关承担征收关税、船舶监管、查缉走私的职责。

粤海关对葡萄牙商船、其他外国商船和国内民船实行三种不同的进口税率。其中对居住在澳门的葡萄牙人实行特别优惠政策，对葡萄牙商船实行低税则。总体来说，与同时期欧洲各国税率相比，

---

① 姚贤镐：《中国近代对外贸易史资料（1840—1895）》（第一册），中华书局1962 年版，第 304 页。

② 今江苏省连云港市附近。

③ （清）梁廷枏：《夷氛闻记》卷一，中华书局 1959 年版，第 1 页。

粤海关执行的税率较低。由于粤海关长期的低税率政策，以及多次减免进出口关税，吸引外国商人纷纷前来开展对华贸易。完成工业革命的西方国家工业品大量倾销广州，一定程度上冲击了中国手工业的发展。当然，粤海关与清政府其他部门一样存在腐败和敲诈勒索现象，但当时洋商公开承认："在广州做生意比在世界上任何其他地方都更加方便和容易。"①

2. 在粤洋人群体为"西学东渐"建立渠道

明末清初来华商人和传教士以澳门为中继站，在贸易往来和传播基督教教义的同时，将数学、天文、地理等实用科学技术知识介绍到中国。但由于只有个别皇帝和少部分士大夫阶层对西学感兴趣，因此西方科学技术没有获得很好的流传，甚至在雍正年间一度衰落下去。1757年开始实行的广州一口对西方通商的外贸政策，限定了外国人在中国的活动范围。随着对华贸易的发展，西方国家陆续在广州设置商馆，作为外商居住、贸易及处理外交事务的场所，在华洋人数量也逐渐增加。虽然清政府禁止外商在广州过冬，并要求外商随贸易船只归国。但由于广东地方当局执令不严，外商除长住澳门以外，也会以各种理由在贸易完毕后滞留广州十三行商馆。西方科学技术知识便随着洋人在澳门、广州等地的生活、经商、传教等活动以各种途径进入广州口岸。"精神舶来品与物质舶来品形影不离，几乎同步登上广州口岸。"②

值得注意的是，部分在粤洋人积极向中国传播西学，一方面是

---

① 英国《下议院审查委员会报告》，1830年，阿金（1892）、戴维森（1592）、贝茨（3203）、麦克斯威尔（3205）等。格林堡，《鸦片战争前中英通商史》，第55页。

② 蔡鸿生：《广州与海洋文明》，中山大学出版社1997年版。

基于强烈的文化优越感和传教士的使命感，一方面也是为了更好地资本侵略、掠夺资源和殖民扩张，具有一定的历史局限性。马克思指出："他（资本家）要按照自己的面貌为自己创造出一个世界。"①

（1）创办报刊，宣传西方自由贸易和政治观念

1815年8月5日，马礼逊②、米怜③在马六甲创办教会期刊《察世俗每月统记传》④。这是世界上第一份中文期刊，免费向华人介绍基督教的教义，具有浓厚的宗教色彩，同时该刊也略有介绍天文地理、各国概况以及时政等知识，甚至还介绍了法国大革命、拿破仑称帝、波旁王朝复辟20年间的法国历史事件。由于清政府限制，该刊不能在中国境内发行，但该刊发行不久便被携带来华，流传到广州口岸，成为中国近代报业的开端。1822年《察世俗每月统记传》中介绍世界五大洲各国概况的内容被汇集成《全地万国纪略》小册子，在马六甲出版。此外，麦都思于1823年至1826年在巴达维亚发行中文期刊《特选撮要每月统记传》、基德⑤于1828年至1829年在马六甲发行中文报纸《天下新闻》。

1822年9月12日，澳门议事会主席巴波沙与医生阿美达在澳门创办《蜜蜂华报》（Abelha da China）。这是中国境内出版的第一份近代报纸、中国第一份由外国人创办的报纸、澳门有史以来的第一份

---

① 《马克思恩格斯选集》（第一卷），第255页。

② 马礼逊：Robert Morrison，1782—1834年，英国基督教新教来华传教第一人、著名汉学家、商人、外交家、教育家，曾任英国驻华商务监督义律的翻译。约翰·马礼逊是其子。

③ 米怜：William Milne，1785—1822年，英国传教士。

④ 发行时间1815年至1822年，共计7卷，发行范围包括东印度群岛所有华人居住区，还包括暹罗、交趾支那，以及中国本土部分地区。

⑤ 塞缪尔·基德：Samuel Kidd，1799—1843年，又译称"修德"，英国新教传教士、汉学家。1824年赴马六甲，历任英华书院中文教师、院长等职。

报纸，在中国近代新闻史上具有重要地位。1823 年 12 月 26 日，《蜜蜂华报》停刊。此后，澳门又短暂出版过《澳门报》(Gazeta de Macau) 等葡文报刊。这些报纸发行对象主要是在澳葡人，大多为政治性报刊，发行时间较短，影响均较小。

　　1827 年 11 月 8 日，马地臣在广州创办中国第一份英文报纸《广州纪录报》。该报广泛刊登政治时事、新闻评论、货价行情和远洋航运消息等，甚至还刊登小道消息，是一份具有强烈政治色彩的商业性报纸。该报

1823 年尚德者（麦都思）纂《特选撮要每月统记传》

发行量较大，影响力也较大，读者远及南洋、印度和英美主要商埠。1828 年马礼逊被聘为《广州纪录报》编辑。他在该报上发表的阐述出版自由理念的文章，是中国境内报刊上对这一问题的最早论述。1835 年起，《广州纪录报》开始接受华人订户。该报大肆揭露了清政府吏治腐败尤其是粤海关关政不修、贪污成风，抨击广州口岸一口对西方通商的商业政策，并进而宣扬西方自由贸易和政治观念，成为西方殖民者的喉舌。清政府虽然严控言论及出版，但对这份英文报纸却未做干涉。

　　1833 年郭士立在广州创办月刊《东西洋考每月统记传》①，这是

---

　　①《东西洋考每月统记传》: *Eastern Western Monthly Magazine*，1833 年 8 月 1 日由郭士立在广州创刊，其前身是《察世俗每月统记传》。1834 年出版第 10 期后休刊，1835 年 2 月复刊，出版 6 期后再度休刊，可见到的最后一期出版于 1838 年 7 月。

外国人在中国境内发行的第一份中文期刊。该刊内容十分丰富，一经问世就受到了极大欢迎。第一期马上销售一空，不仅"在广东一带影响较大……还被寄到北京、南京和其他城市"①。1834 年 1 月该刊登载一篇介绍西方报纸的文章《新闻纸略论》，作者郭士立创造了"新闻纸"一词。此外，一些传教士和商人也纷纷创办各类刊物，在宣传西方宗教思想的同时，介绍西方科学、文化、政治、商业、新闻等知识。当时影响较大的报刊还有：1831 年美国人威廉·伍德创办并任编辑的《中国信使报》②；1831 年英国东印度公司在澳门出版的月刊《广州杂志》③；1832 年马礼逊和美国传教士裨治文合作创办的中国第一份英文月刊《中国丛报》④；1833 年约翰·马礼逊创办的《中国杂志》⑤；1835 年弗兰克林、莫勒⑥等创办的《广州周报》⑦等。

（2）创作翻译，介绍西方宗教思想和人文地理

明清之际，广州口岸的外籍传教士为了吸引华人入教，先后翻

---

① 时蕾：《传教士郭实腊的中国经历》，《中华读书报》2004 年 5 月 19 日。

② 《中国信使报》：*Chinese Courier and Canton Gazette*，又名《华人差报与广州钞报》，美国商人威廉·伍德于 1831 年 7 月 28 日在广州法国馆创刊发行。该报是美国人在华创办的第一份英文报刊。

③ 《广州杂志》：*The Canton Miscellany*，封面以锦缎装订，售价昂贵，仅出版 5 期。撰稿人多为在华英国名流，但文章并不署名。

④ 《中国丛报》：*The Chinese Repository*，1832 年 5 月创刊，1851 年 12 月停刊。

⑤ 《中国杂志》：*Miscellanea Sinica*，又称《福音传播者》（*Evangelist*），1833 年 5 月创刊。

⑥ 莫勒：Edmund Moller。

⑦ 《广州周报》：*The Canton Press and Price Current*，又译作《广东周报》《澳门新闻录》，英商颠地洋行资助发行，逢周六出版。1839 年迁往澳门，1844 年停刊。《广州周报》的版面比《广州纪录报》大一倍，内容更加丰富，且载有外国情报，但影响力不如《广州纪录报》。

译了大量西方著作，涉及宗教、天文、地理、数学、物理、医学等学科。比如，天主教在中国传教的最早开拓者之一——利玛窦[①] 于1583 年进入广东肇庆。此后，利玛窦在驻居肇庆、韶关等地 11 年期间，广泛结识当地士大夫，相继传入了现代数学、几何、世界地图、天文学、西洋乐等西方文明。虽然传教士的预期传教目标没能达到，但在客观上促进了中西方科学文化的交流，一定程度上推动了当时中国趋于停滞的科技发展。

　　1807 年马礼逊来华，此后长期居住在澳门和广州，在很多方面都对"西学东渐"具有首创之功。马礼逊曾在澳门出版《英国文语凡例传》，该书是第一部中文版西方语法书。1819 年马礼逊在中国境内首次将《圣经》完整翻译为中文，由于翻译质量较高，所以马礼逊翻译的《圣经》在很长时间内成为来华传教士使用的中文版本。1823 年马礼逊出版了中国第一本汉英对照字典——《华英字典》[②]。这本词典收录汉字 4 万多个以及大量成语、俗语，成为英汉语言学习的有力工具，对提升西方人与中国人之间的交流能力大有裨益。马礼逊还首次在中国本土采用西方铅活字印刷术制作中文字模、浇铸中文铅活字，使得中国印刷技术步入机器印刷时代，因此是将西方近代印刷术传入中国的第一人。1831 年裨治文曾向美部会报告称："印刷术早在中国 10 世纪即早于欧洲四五百年就被广泛知晓，自古至今，中国人的印刷模式一直极为简单。字被雕刻在纸页大小的木板上形成一块整的书版。通过这些书版，印刷由一人手工完成，没有任何机械的运用……但是对大的书籍来讲，雕版无疑是笨重的，

---

　　① 利玛窦：Matteo Ricci，1552—1610 年，意大利传教士。

　　②《华英字典》共三卷。第一卷于 1815 年出版，书名《字典》，依笔画（字根）进行编排；第二卷各部分在 1819 年后陆续出版，名为《五车韵府》，根据汉字注音系统进行编排；第三卷为《英汉字典》，1822 年出版。整部字典于 1823 年出齐。

需要占据更多的空间，对零碎的短文性质的小作品来讲，它也需要耗费更多的时间与费用去完成。因而活字铅模一直被认为是一个在讲汉语民族中传播基督知识的迫切需要之物。"[①]

1819 年麦都思[②]在马六甲出版启蒙教科书《地理便童略传》[③]，对世界主要国家如美国、英国、德国、俄国、埃及、印度和中国的边界、面积、物产、人口、政治制度和宗教情况进行了简述。[④]该书是新教传教士出版的第一部中文地理学通论，由于通俗易懂，很快就在南洋和广州口岸传播开来。麦都思在 1833 年《东西洋考每月统记传》创刊时就连载编年体史书《东西史记和合》，将同一时期中国和西洋历史过程进行对比，试图引导中国人"视万国当一家"，不要排斥西方国家。

1830 年抵华的裨治文，以美国商人的身份留居同孚洋行，此后他在广州、澳门等地居住了 17 年。在最初来华途中，裨治文写道："我虽然很渺小，但我的行为将会影响许多人，甚至影响整个中国。"他认为中国人的智力并非低下，只是由于长期闭塞，才对外国缺乏了解。因此，1838 年裨治文用中文撰写《美国志略》[⑤]，向华人介绍美国历史、地理、文化、宗教信仰、政治制度和印第安人相关风俗。裨治文在书中把美国描绘成发达的文明国家，批评了中国新闻业落后以及女子不入学堂等陋习。

---

① 转引自张海林：《在华实用知识传播会探析》，《南京大学学报（哲学·人文科学·社会科学）》2005 年第 1 期。

② 麦都思：Walter Henry Medhurst，1796—1857 年，英国传教士。

③ 《地理便童略传》：*Geographical Catechism*，曾作为英华书院简明教材。

④ 熊月之：《近代西学东渐的序幕——早期传教士在南洋等地活动史料钩沉》，《史林》1992 年第 4 期。

⑤ 《美国志略》：*A Brief Account of the United States of America*，最初出版名称为《美理哥合省国志略》。

1832 年郭士立与林赛沿中国东部沿海做窥探航行时，曾携带英国东印度公司广州特选委员会主席马治平撰写的小册子《大英国人事略说》①，广为散发。该册子驳斥了清政府视英国为贱陋夷国的观点，声称英国是疆域广大、兴旺文明的国家，清政府应优先与之修好。福建巡抚魏元烺、山东巡抚纳尔经额都见过该册子。纳尔经额甚至将该册子附在奏折中上呈道光皇帝。

郭士立等人还陆续撰写文章，试图改变中国人长久以来的"华夷观念"。1835 年郭士立撰写《是非略论》，对英国政治、经济、地理、科技、文化和社会风气等进行了介绍，对清政府对外贸易政策和"天朝上国"观念进行了批判。

第一次鸦片战争前外国人撰写的其他中文著作还有：1818 年米怜《生意公平聚益法》、1819 年马礼逊《西游地球闻见略传》、1822 年米怜《全地万国纪略》、1824 年麦都思《咬留吧总论》、1834 年郭士立《大英国统志》、1839 年郭士立《犹太国史》等。② 由于清政府严禁外国人在中国出版和印刷中文书籍，上述著作只能出版于马六甲、巴达维亚、新加坡等南洋地区，但也在广州口岸流传。

（3）创立协会，推介西方实用科学和艺术知识

马地臣等外国商人在长期对华贸易中发现中国人对外国知识尤其是科学技术和艺术等方面的了解相当匮乏，便于 1834 年 11 月在广州创办"在华实用知识传播会"。该会自我标榜主要宗旨是出版发行中文书刊以传播西方实用科学和艺术知识，打破中国人封闭自大的观念，启迪中国人的智慧。该会称："我们现在做这个实验，是在把天朝带进与世界文明各国联盟的一切努力失败之后，她是否会在

---

① 据吴义雄教授研究，《大英国人事略说》一书的中文译者可能是马礼逊。
② 吴义雄，《在宗教与世俗之间》，第 428—429 页。

智力的炮弹前让步，给知识以胜利的棕榈枝。我们路途的终点是遥远的，壁垒是很高的，路途是崎岖的，通道是艰巨的。因此，我们的前进可能是缓慢的。"①

"在华实用知识传播会"是广州外侨自发成立的各类社团中规模较大的一个，会员最多发展到83人，召开过4次年度大会。马地臣为首任会长，奥立芬任司库，郭士立、裨治文、马儒翰等人任中英文秘书，各国驻广州领事任名誉会员。

1835年"在华实用知识传播会"资助并续办已休刊的《东西洋考每月统记传》。郭士立在1833年6月23日曾称："这个月刊是为了维护广州和澳门的外国公众的利益而开办的。它的出版意图，就是要使中国人认识我们的工艺、科学和道义，从而清除他们那种高傲与排外的观念。刊物不必谈论政治，也不要在任何方面使用粗鲁的语言去激怒他们。这里有一个较为巧妙的表明我们并非'蛮夷'的途径，这就是编者采用摆事实的方法，让中国人确信，他们需要向我们学习的东西还是很多的。"②可见，《东西洋考每月统记传》办刊的宗旨与"在华实用知识传播会"的宗旨是一致的，都是以传播西学知识为手段，破除中国蒙昧自大观念，从而为西方对华贸易谋取更大利益和促进在华传教事业。

第一次鸦片战争爆发前，"在华实用知识传播会"出版了多种书籍，如郭士立《古今万国纲鉴》《万国地理全集》，裨治文《美国志略》，罗伯聘翻译的《伊索寓言》等，向中国人推介了许多新颖的从未接触过的外部世界和世界最新的科技成果。

---

① 顾长声，《传教士与近代中国》，上海人民出版社2004年版，第37页。

② Chinese Repository，vol.2，p.187. 方汉奇：《中国新闻传播史》，中国人民大学出版社2009年版，第49页。

（4）创设学校，引进西方教学理念和方法

早在 1610 年，艾儒略[①]就在澳门耶稣会修道院里教授数学。艾儒略学识渊博，精通汉学，有"西来孔子"的美誉[②]。1623 年艾儒略在《职方外纪》一书中对欧洲国家的教育制度进行了介绍，但在当时没有引起广泛关注和重视，对中国教育制度没有造成有力的冲击和影响。直到 19 世纪初，西方传教士在澳门建立新式学堂，西方教育理念和教学方法才逐步被中国人了解和接受。

1818 年马礼逊、米怜在马六甲创办"英华书院"（Anglo-Chinese College）。这所西式学堂的最终目标是"有利于基督教信条的和平传播，和东半球向普遍的文明境域迈进"[③]。课程设有神学、数学、历史（英国和欧洲历史）、地理、天文、逻辑、哲学等，采用中英文授课形式。米怜担任首任校长。1825 年该校开始招收女生，1843 年迁到香港。该校第七任校长理雅各[④]曾评论说："这不是一所初级学校，而是一所超越'神学院'更具有人文目标的学校。"1823 年至 1827 年袁德辉在英华书院学习，成为精通拉丁文、英文等西方语言的杰出人才。在校期间，袁德辉将凯思（Keith）的《天体论》（Treatise on Globes）和一本拉丁文的希伯来词典翻译成中文，还参编了一本教材《英华学生口语手册》（*English and Chinese Students'Assistant，or Colloquial Phrases*）。[⑤]

---

①　艾儒略：Giulio Aleni，1582—1649 年，字思及，意大利耶稣会传教士。1610 年（明万历三十八年）来华。

②　潘凤娟：《西来孔子艾儒略——更新变化的宗教会遇》，中国台北：基督教橄榄文化事业基金会，2002 年 12 月。

③　吴义雄，《在宗教与世俗之间》，第 319 页。

④　理雅各：Rev. James Legge，英国著名汉学家，来华传教士，1839 年至 1867 年担任英华书院校长。

⑤　吴义雄，《在宗教与世俗之间》，第 330—331 页。

清朝年间位于马六甲的英华书院

　　1834 年为了纪念已故著名汉学家马礼逊，渣甸和颠地等在华洋商和传教士裨治文等人倡议成立"马礼逊教育会"（Morrison Education Society），并于 1835 年 2 月 24 日在广州组建临时委员会，裨治文担任召集人和书记。"马礼逊教育会"临时委员会宣称其创会宗旨是："在中国建立并资助学校，教育中国青年在掌握汉语的基础上，能读、写英文，并通过英语语言学习，传播西方国家各学科的知识。"

　　1835 年 9 月 30 日在英国一个妇女组织"印度与东方女性教育促进会"（Association for the Promotion of Female Education in India and the East）的资助下，郭士立夫人温施蒂①在澳门家中创办一间小型学塾，招收男女学生，实行中英文教学，课程包括历史、地理等。

----

　　① 温施蒂：Wanstall，德国籍传教士郭士立的英国籍妻子。

"马礼逊教育会"临时委员会委员渣甸等人从英美各国募捐一笔资金，每年向温施蒂开设的学塾资助312银圆。略晚于温施蒂，美国浸礼会传教士叔未士的夫人也在澳门家中设塾授课。

1836年9月28日"马礼逊教育会"在广州美国商馆召开筹备会议。11月9日"马礼逊教育会"正式宣布设立。该协会宣称要为中国培养德智体三位一体全面发展的有用人才。1837年9月27日教育会首届年会提出精英教育计划，力图纠正中国传统教育制度的错误，代之以西方正确的教育理念和教育模式。

1839年温施蒂关闭所办学塾，与美国传教士塞缪尔·布朗在澳门创办马礼逊学校[1]。11月4日马礼逊学校正式开学，这是中国第一所西式学校。学制三至四年；学费、书费和食宿费都由"马礼逊教育会"全额资助；课程有英语、汉语、数学、物理、化学、历史、地理、生物、音乐、美术等；半天读中文，半天读英文；读书八小时，其余三四小时户外运动和娱乐；教学目标是训练德、智、体。[2]1842年11月1日马礼逊学校从澳门迁至香港，1850年停办。

（5）创建医院，推广西方医疗技术

西洋医学最早于1569年传入中国，这一年澳门天主教首任主教卡内罗（D. Melchior Carneiro）在澳门创建西医院。澳门成为西医在中国发展的中心地区。但当时西医临床治愈效果并不明显，因此影响不大。直到19世纪初，具有显著临床效果的西方医疗技术通过对华贸易商人引入广州口岸，才逐步扭转了中国人的医疗观念，产生了重要影响。

1820年马礼逊与英国东印度公司医生李文斯顿（John Livingston）

---

① 即马礼逊纪念学校，Morrison Education Society School。

② 〔清〕容闳：《西学东渐记》，湖南人民出版社1981年版，第83页。

在澳门开办了一间中西医合作的诊所。马礼逊聘请中西医师，提供免费医疗服务，以此作为传教手段。1827 年马礼逊在澳门增设一间眼科医院。1828 年英国东印度公司医生郭雷枢 [①] 在澳门也开办了一间眼科医院。

1838 年 2 月 21 日，在英国东印度公司支持和建议下，郭雷枢、裨治文、伯驾等人联合洋商在广州发起成立"中华医药传教会" [②]。郭雷枢担任会长，渣甸、伯驾、裨治文、李太郭 [③] 担任副会长。该会是世界上第一个医务传教组织，其宗旨是向中国传播西方医疗技术，并通过免费行医改变中国人的敌视态度以促进在华传教。

在郭雷枢、伯驾先后主持和呼吁奔走下，"中华医药传教会"逐渐获得各方支持，渣甸等外商和慈善组织、欧美教会、十三行行商纷纷赞助。该会资助外国医生来华行医布道，在中国开设医院免费治病，还开办西医学校培养医生。孙中山就是"中华医药传教会"开办的香港西医书院（香港大学前身）首届毕业生。"中华医药传教会"还和当时广州十三行总商伍秉鉴、伍绍荣父子，同孚洋行老板奥立芬一起资助伯驾的广州眼科医局 [④]（博济医院前身），使得这家创建于 1835 年的中国内地第一所西医医院，得以持续开办，最终发展

---

① 郭雷枢：Thomas Richardson Colledge，1796—1879 年，英国医生。1836 年郭雷枢撰写《任用医生在华传教商榷书》（*Suggestions with Regard to Employing Medical Practitioners as Missionaries to China*），提出传教应与行医相结合，这一主张在欧美产生广泛而深远的影响。

② 中华医药传教会：Medical Missionary Society of China，又译"中国医务传道会"。

③ 李太郭：George Tradescant Lay，约 1800—1845 年，英国自然学家、传教士、外交官。

④ 广州眼科医局：西方文献一般称之为 "Ophthalmic Hospital"，中国文献称之为"新豆栏医局"。

广州眼科医局（"新豆栏医局"）

成为现在的中山大学孙逸仙纪念医院。由于看病人数太多，伯驾发明了"挂号制度"，使得病人可以循序就诊，这一制度现被世界各地医院普遍采用。广州眼科医局先后实施了多例西医手术，开创了中国外科手术的先河。伯驾还注重培养中国西医人才。早在1837年广东人关亚杜（Kwan A-to）就作为伯驾助手，在广州眼科医局学习和实践，最终成为较为出色的西医医生。

（6）创始外侨船赛，传播西方体育运动

第一次鸦片战争前，西方体育运动已经在广州口岸进行传播，其中规模较大、影响较广的是外侨船赛。外侨船赛最早可以追溯到18世纪中期，此时广州、澳门等地已有零星自发的比拼速度的划船比赛。1760年清政府曾颁布禁令，禁止在华洋人在珠江上赛船取乐①。1828 年至 1833 年，英国东印度公司为了丰富在华洋人的娱乐生活，不顾清政府管理外夷的诸多禁令，连续举办了六届划船比赛。划船比赛声势浩大，每届用时 2 至 6 天，地点在黄埔河段或澳门附近海面。六届比赛共举办了 50 多场，共计 77 个比赛项目。东印度公司组织的划船比赛是难得一见的体育盛事，也是鸦片战争前英商在华活动的重要组成部分，获得了在华外侨的广泛关注，也吸引了广州城乡居民的围观，船赛中还有中国人负责守卫和充当舵手。②1834 年以后，英国散商继续举办船赛，但是仅限于两三艘船只参加的性能测试赛。③1837 年"广州船赛俱乐部"（Canton Regatta Club）成立，随后组织了两次黄埔河道赛会和两次澳门海面赛会。船赛经费来源于捐赠赞助和参赛船的入场费，主要用于获胜者的奖金、奖杯和工作人员的开支。西方体育运动风貌和赛事规则对近代中国体育运动的萌芽发展具有十分重要的借鉴意义。④

为了营造轻松愉悦的比赛气氛，西方开展体育运动时往往需要演奏西洋音乐。这也是西洋音乐向中国传播的途径之一。1837 年 11 月 13 日至 14 日"广州船赛俱乐部"在黄埔河道举办船赛。每场船

---

① 杨向东：《中国体育通史》（第 2 卷），人民体育出版社 2008 年版，第 395 页。

② 亨特《广州番鬼录·旧中国杂记》第 195 页记载："在这个有名的地角上（按：牡驴尖 Jackass Point），有兄弟三人，住在小艇或木屋里，他们的责任是守望着从黄埔的大船上来的小艇。这三人是由官府批准干这一行的。他们的名字是'老头'（Old Head）、阿启（Akae）和阿细（Asae）；他们干这一行已有多年了，主要替美国居民干活，替他们照看划艇和帆船"；第 486—487 页记载："'老头'在转向点上站着岗……中国船只对这项运动也表露出浓厚的兴趣，它们自己也在防止有人出来妨碍比赛……'老头'的弟弟阿细当我们的舵手"。

③ Passtimes of the Moonites, the Regatta. The Canton Register, 1835-11-10（45）.

④ 参见张坤《19 世纪 20—30 年代广州与澳门的英商船赛》，《广东社会科学》2010 年第 4 期。

赛都有西洋乐队根据获胜者的名称和身份演奏不同的乐曲①。西洋乐队有时还会被邀请到广州十三行商馆区进行演奏。② 这些都扩大了广州口岸中国人的音乐视野。

3. 广州口岸有识之士为"西学东渐"打开局面

从明末起，西学就通过广州口岸缓慢传播呈现在中国人面前。虽然在很长一段时期，部分中国人认为西方科学技术是"奇技淫巧"，甚至一度耻谈西学、排斥西学，但也有少数有识之士认识到西学技艺确有其优越之处，本着经世致用的原则，着力宣传和推介，从而逐渐打开中国封闭的文化大门。

（1）政府开明官员

清康熙皇帝对西学十分赞赏，也热衷于研究西学。康熙皇帝早期对传教士在华传教持宽容态度，还多次催促广东当局将西洋人才送往京城。1700 年意大利画家杰凡尼·切拉蒂尼③ 抵达广州后，先暂居十三行商馆进行绘画创作，随后被广东当局推荐入京。1715 年

---

① The Canton Register, Vol.10, November 21st, 1837. No.47. "负责此项工作的是凯德将军号（原东印度公司船）上的乐队，他们'每天都参加服务工作'，他们根据获胜者的名称和身份进行不同的乐曲演奏，如获胜船罗伯森先生的龙号演奏'看这些征服英雄来了'；为获胜船康普顿先生的雏菊号演奏'快乐的水上年轻人'；为获胜船亨利先生的泼妇号演奏'我妻子是个放荡女人'；为获胜船德拉诺先生的不要这样苍翠号（Mr. Delano's Not-so-Green）演奏美国佬涂鸦（Yankee Doodle）等等。"（张坤，《19 世纪 20—30 年代广州与澳门的英商船赛》，《广东社会科学》2010 年第 4 期）

② 亨特《广州番鬼录·旧中国杂记》第 105—106 页记载："有的船上还有乐队，以奏乐来款待客人。'范西塔特号'的乐队甚至还到广州商馆来演奏过一次，他们在广场上演奏，招待全体外国侨民。乐声还吸引了许多中国人，这对于他们来说是极为新鲜的事。乐队成员身穿红色制服。……这是在广场听到的第一次和唯一的一次外国乐队的演奏。"

③ 杰凡尼·切拉蒂尼：Giovanni Gherardin，意大利画家。

意大利传教士朗世宁^①抵达广州。居住广州期间，郎世宁用西洋技法和材料绘制了众多以广州市井风情为题材的绘画作品，不久便被广东巡抚杨琳举荐赴京，成为清朝中叶著名的宫廷画师。

1698 年法国使者和传教士乘坐"安菲特里特号"（L'Amphitrite）抵达黄埔，"安菲特里特号"是第一艘抵达广州口岸的法国商船，粤海关豁免了该船应缴关税。广东当局还允许法国人在广州设置临时商馆。1715 年英国东印度公司在广州率先设立常驻商馆。此后，西班牙、荷兰、丹麦、瑞典等商馆在广州十三行商馆区相继建立。外国商馆的设立为洋人居住、贸易和西方文化的传入提供了方便。有诗赞曰："广州城郭天下雄，岛夷鳞次居其中。香珠银钱堆满市，火布羽缎哆哪绒。碧眼蕃官占楼住，红毛鬼子经年寓。濠畔街连西角楼，洋货如山纷杂处。洋船争出是官商，十字门开向二洋。五丝八丝广缎好，银钱堆满十三行。"^②

虽然由于"礼仪之争"使得康熙皇帝后期禁止天主教在华传教，雍正、乾隆等皇帝对西方人传教事业也有禁令，广东当局还颁布法令禁止外商印刷中文刊物、使用中文禀帖和接触当地官员，但总体来说，清朝政府对"西学东渐"并没有极力抵制，部分开明地方官员也注意研究西学。1766 年乾隆皇帝下旨："嗣后西洋人来广，遇有愿进土物及习天文、医科、丹青、钟表等技，情愿赴京效力者，在澳门令告知夷目，呈明海防同知，在省令告知行商，呈明南海县，随时详报总督具奏请旨，护送进京。仅带书信等物件，由海防同知、南海县交提塘转递。"^③乾隆年间，前后两任澳门海防军民同知印光

---

① 朗世宁：Giuseppe Castiglione，1688—1766 年，意大利传教士、画家。

② （清）屈大均：《广东新语》卷 15，《货语》。

③ （清）卢坤、（清）邓廷桢主编，王宏斌等校点：《广东海防汇览》，河北人民出版社 2009 年版，第 895 页。

任、张汝霖共同编纂了世界上最早发行的一部关于澳门的书籍《澳门记略》，对西方地理和火炮器物有所介绍，还用粤话注音 305 个葡语单词。

1834 年两广总督卢坤在广州越华书院设立广东海防书局，组织人员纂修《广东海防汇览》。1838 年该书在继任两广总督邓廷桢主持下完成编纂，其中辟有专章简介了外洋诸国的地理、物产和风土人情。1836 年粤海关监督豫堃设立粤海关志局，1837 年聘请梁廷枏总纂中国第一部海关志——《粤海关志》。1839 年《粤海关志》完成，成为研究我国古代海关史、海外交通史和对外贸易史的重要文献。该书对外国地理物产等也略有介绍。

林则徐在担任钦差大臣和两广总督期间，开眼看世界，"日日使人刺探西事，翻译西书，又购其新闻纸"[1]。林则徐不仅购买西洋大炮，积极了解西方国家的政治、军事、经济、历史、风俗；还设立译馆，请伯驾医生和袁德辉合译瑞士法学家瓦泰尔[2]的著作《各国律例》中有关战争、封锁、扣船等部分内容，获得了西方国际法中"治外法权"等知识[3]。在林则徐的主持下，梁进德[4]等四位华人陆续

---

[1] （清）魏源：《魏源集》，中华书局 1976 年版，第 174 页。

[2] 瓦泰尔：Emmerich De Vattel，又译作：滑达尔，1714—1767 年。《各国律例》，又称《万国公法》（*Le Dvoit des Gens*；*The Law of Nations*），全称《国际法运用在行为和民族与主权事务的自然法则的原则》（*Principles of Law of Nature Applied to the Conducts and Affairs of Nations and Sovereigns*），出版于 1758 年。

[3] 学者 Immanuel Hsü 考察了伯驾的译文，认为其翻译水平一般。*Immanuel Hsü, China's Entrance into the Family of Nations*，Cambridge：Harvard University Press，1960，pp.123–125.

[4] 梁进德：即梁植，又名亚秩，1820—1862 年，清代翻译家、林则徐幕僚。其父是中国基督教（新教）首位牧师梁发。梁进德曾跟随裨治文学习英文。

翻译一些外国书籍，如翻译《华事夷言》《番鬼在中国》^①，辑译西方史地资料《四洲志》^②等，首开近代中国人研究西学的先河。林则徐曾委托梁进德前往澳门拜访裨治文，请裨治文去广州见面详谈。林则徐向裨治文索要了一本马礼逊编撰的《华英字典》，还邀请裨治文等外国人现场观摩虎门销烟。1839 年 6 月 10 日林则徐还派出三名代表与伯驾会谈，了解地理方面的知识。伯驾还将一本地图集、一部地理书和一驾地球仪送给了林则徐。^③

　　林则徐较早关注到西方议会制度、国际法等，对西医疗效也较为认可。1839 年林则徐在广州患有小肠疝气疾病，曾托人请伯驾医生开过诊疗药方，并询问了伯驾所办眼科医院的情况。两广总督耆英的皮肤病，也曾被伯驾开方治愈。耆英多次公开赞扬西医技艺，并赠送"妙手回春，寿世济人"的手书条幅。

　　（2）对外贸易商人

　　广州口岸对外贸易商人的典型群体是广州十三行行商。商人逐利本性使得行商对西方文明持有积极态度。

　　为了满足清朝皇帝及高官贵族们的享乐需要，行商大量购买各种新奇稀缺的西方先进器物，比如各种自鸣钟、时辰钟、千里镜、玻璃水晶器皿、机器玩具等。乾隆皇帝尤为痴迷钟表等物，曾要求粤海关监督花费重金订购顶级钟表。虽然 1785 年乾隆皇帝认识到此举增加了行商负担，下旨免除行商进贡钟表、洋货等珍奇物件。但 1820 年嘉庆皇帝又要求粤海关监督通过行商，"准进朝珠、钟表、镶

《番鬼在中国》：*Fan-quis-in-China*，唐宁（C. Toogood Downing，英籍）著述，记载其在华见闻。

②　1836 年慕瑞（Hugh Murray，英籍）编著《地理百科全书》（*The encyclopaedia of Geography*）。1839 年梁进德等人摘译《地理百科全书》一半内容，命名为《四洲志》。

③　来新夏，《林则徐年谱长编（上卷）》，第 336—337 页。

嵌挂屏、盆景、花瓶、珐琅器皿、雕牙器皿、伽南香、手串、玻璃镜、日规、千里镜、洋镜"①。

十三行商人致力于使用西方科技改造中国传统工艺。行商邀请洋人教习本地工匠，借鉴西洋技法创制出"铜胎烧珐琅"的技艺，并使用进口颜料，在白瓷胎上制作出广彩瓷。由于广彩瓷器高贵艳丽，清政府列为贡品，外国王室贵族也纷纷求购。外国商人还提供彩瓷图案交由行商进行来样加工，专供出口。十三行商人雇请画师模仿西洋透视、立体和投影等技法，创造出"广州外销画"，受到欧美客户的广泛欢迎。

十三行行商积极向清政府输送西学人才。比如十三行总商潘振承就曾推荐熟悉天文兼通音律的梁栋才、精于钟表维修的李俊贤和擅长西洋绘画的潘廷章等外国人赴京效力。

在广州口岸率先推广西方种痘术方面，十三行商人更是功不可没。1805年会隆行行商郑崇谦设立牛痘局，并与英国汉学家小斯当东一起，将英国东印度公司外科医生皮尔逊（Alexander Pearson，1780—1874年）编写的介绍英国牛痘接种技术的小册子翻译成中文，题名为《英吉利国新出种痘奇书》。1806年起，广州英国商馆的中国杂工游贺川跟随皮尔逊学习种痘技术。皮尔逊归国后，游贺川在十三行伍秉鉴的资助下，为广州及周遍地区的市民实施种痘免疫，游贺川成为最早学习和传播种痘技术的中国人。1810年十三行商伍秉鉴、潘有度、卢观恒等人捐款给种痘善局用于推广牛痘接种技术，此后该技术迅速在广州口岸传播开来。原本在澳门经商的邱熺，在自身试种牛痘获得成功后，专门从事种痘职业，成为中国最早的痘师之一。据邱熺记载，1816年他曾经给盐运使曾燠以及广东学政傅

---

① 梁廷枏，《粤海关志》，第495页。

棠的幼儿种痘。1817年邱熺将牛痘技术和中国传统医学结合起来，出版了种痘技术本土化的书籍——《引痘略》，引发了广泛影响。当年，时任两广总督（1817年至1826年）的阮元，将邱熺请到家中给族里小孩接种牛痘。阮元还应邱熺所请，写了一首称赞种痘技术的诗相赠："阿芙蓉毒流中国，力禁犹愁禁未全；若将此丹传各省，稍将儿寿补人年。"

第一次鸦片战争期间，十三行商人纷纷捐资购买和仿制西洋兵船和火器，成为清朝新式兵器工业的滥觞。主要有：行商伍秉鉴、潘绍光购买外国战舰；潘世荣仿制火轮船，潘仕成研制攻船水雷等。

（3）民间知识分子

广州口岸具有悠久的对外贸易传统。生活在这里的人们，视野较为开阔，思想较为包容，易于接受新知识。

广东人谢清高[①]早年随商贾出海，游历世界共计约14年。1793年前后，谢清高定居澳门，从事翻译和开设店铺。1820年同乡杨炳南在澳门笔录谢清高口述的游历见闻，著成《海录》一书。该书记载了90多个国家和地区的风俗物产、岛屿厄塞，并最早向中国人介绍公元纪年法和北极极昼现象。该书成为当时知识界争相购阅的书籍，引发了中国有识之士对西洋的浓厚兴趣。"中国人著书谈海事，远及大西洋、外大西洋，自谢清高始。"[②]林则徐曾向道光皇帝奏报："《海录》一书，系嘉庆二十五年在粤刊刻，所载外国事颇为精审。"[③]徐继畬《瀛环志略》里有8处引用了《海录》原文，魏源编纂的

---

① 谢清高：1765—1821年，祖籍广东梅县。

② 〔清〕谢清高口述、杨炳南笔录、安京校释：《海录校释》，商务印书馆2002年版，第331页。

③ 《香山明清档案辑录》第278页，"钦差两江总督林则徐奏报查明广东夷船出口间有私带华民但非收买幼孩等情折"〔道光十九年七月二十四日（1839年9月1日）〕。

《海国图志》收录了《海录》全部内容。

马地臣等洋商发起的"在华实用知识传播会"客观上促进了西方科学知识在中国的传播，引发了中国知识分子对西学的关注和思考，并通过中国知识分子的研究和论著，在更大程度上扩大了西学的影响范围。据研究，《海国图志》引用《东西洋考每月统记传》文字达28处，徐继畬《瀛环志略》、梁廷枏《海国四说》也参考了该报刊相关内容。

魏源《海国图志》、梁廷枏《合省国说》和徐继畬《瀛环志略》等书辑录征引了裨治文的《美国志略》，对美国的政治制度加以介绍。徐继畬还对美国政治制度和开国总统华盛顿给予高度评价，这在封建专制制度长期统治下的中国具有振聋发聩的作用。

广东香山县人黄宽和容闳，均在马礼逊学校接受西学教育。1850年黄宽考取英国爱丁堡大学医科，成为中国第一个留英学生。1857年获得西医博士学位的黄宽返回香港。黄宽后来在广州博济医院当医生，成为中国第一代西医生。1863年黄宽被聘为粤海关医务处医官。1864年博济医院招收西医学生，1866年博济医院附设南华医学堂，黄宽积极参与培养中国学生的教学工作并创立了一整套医疗体系，为中国培养了第一代西医人才，促进了西医在中国的传播。

1850年容闳考取美国耶鲁大学，是中国第一个留美学生。从美国学成回国后，容闳致力于实业救国，成为著名的社会活动家和教育家，并推动清政府自1871年起分批派遣幼童留学美国。4期12—14岁的留美幼童共计120人，大部分是广东香山县籍。这些留美幼童后来大多成为近代中国的优秀人才，在不同岗位上为中国现代化做出了贡献。

值得一提的是，广东高明县人梁发最初作为印刷工，协助马礼逊、米怜刻印中文书籍，后往来奔走于广州、澳门及南洋之间，进行著述和传道，成为第一位华人传教士。1837 年梁发曾协助美国公理会牧师帝礼仕 ① 翻译出版《新加坡栽种会敬告中国务农之人》，以期改良中国农业 ②。梁发著于 1832 年的《劝世良言》一书，对广东花县人洪秀全的影响极大。1843 年洪秀全从《劝世良言》一书中吸收基督教部分教义创建"拜上帝教"，并于 1851 年在广西金田发动了太平天国农民起义。

（二）"西学东渐"对广州口岸的影响

"西学东渐"沿着海上丝绸之路登陆广州口岸，使古老的广府文化最先遭受近代西方文明的猛烈冲击。"西学东渐"对广府文化的影响是多方面、全领域、长期性的，本文不做一一赘述，仅列举三个方面的影响。

1. 形成"敢为天下先"的性格和开放、分享、共赢的精神

在漫长的历史时期里，广府人通过不断吸收先进文化、摒除落后文化，最终重构融合形成现代广府文化。现代广府文化作为中华文明的重要组成部分，兼具大陆文明和海洋文明的双重特性，是南越土著文化、中原文化、海外文化三种文化融合而成，既有中国传统文化的仁爱、中庸、崇德，又有海洋文化的开放、包容、进取。尤其是海洋文明，赋予了广府人"敢为天下先"的冒险精神，形成

---

① 帝礼仕：Rev. Ira Tracy，又译作崔理事、杜里时，1806—1875 年。1833 年 6 月，帝礼仕和卫三畏一起乘坐"马礼逊号"从纽约出发，10 月 26 日抵达广州。

② 罗荣渠：《论美国与西方资产阶级新文化输入中国》，《近代史研究》1986 年第 2 期，第 56 页。

了务实、低调、重商的社会风气。广府人身处中西经济文化交流的最前沿，勇于走出国门、探索广阔的海外世界，积极开拓了海上丝绸之路，并维持了千年繁荣，使中国丝绸、茶叶、功夫走向世界。广府人最早向海外移民，使得粤语成为一种世界语言。据《海录》记载，早在19世纪初，已有数万粤籍华人在东南亚各地从事着贸易、采矿、耕种等工作。

在西学影响下，广府文化不仅具有人类文明共有的优秀要素，也乐于向全世界分享中国光辉灿烂的文化，对世界文明进行"中学西渐"式的反哺。中国经典名著和诸子百家等书籍纷纷被传教士、中国早期翻译家翻译成外文，成为西方国家了解中国的重要渠道。

2. 近代教育理念和学术思想逐渐深入人心

由于教会学校在广州口岸最先兴办和发展，所以广府人最先接受西方先进教学理念，最先重视西学在教育实践中的传播。广州口岸的教会学校，为近代中国培养了大批西学教师和各类杰出人才，成为广东乃至全国各地西学学校的教师摇篮。

教会学校新颖的教学方法、广泛的教学内容、全面的教学体系完全有别于中国传统私塾教育模式。中国传统基于儒家的学术思想的藩篱在广州口岸率先被打破，"中学"知识体系逐渐被具有严密逻辑性和实用性的"西学"所渗透、同化。接受了西方文明的广府人，不仅开中国近代文明风气之先，积极进行科学探索和实证研究；同时又创造出新的政治理念和思想，为中华民族和世界民族独立运动注入了新的动力。

3. "广州英语"萌芽并演变为"洋泾浜英语"

"西学东渐"不仅有知识的传播，更有语言的融合。16世纪末到 18 世纪早期，广府人在澳门等地与外商进行贸易时使用的交往语言是"广东葡语"（Pidgin-Portuguese），即用粤语对葡萄牙单词进行发音的一种混杂语言。这种语言又被称为"澳译"①。"从 1637 年到 1715 年，广州的中国商民和被称为'红毛番'的英国人已打了大半个世纪的交道。在这漫长的岁月中，中国人渐渐记住了后者一再重复的、对生意来说至关重要的字眼，极力模仿'红毛番话'那古怪的发音，然后按自己的语言习惯拼凑成句子，用以完成日常接触沟通。"②18 世纪中叶，随着中英贸易的发展，使用粤语注读英语成为贸易必备手段，"广东葡语"逐渐演变为"广东英语"（Canton English）③。"广东英语"混杂了英语、葡萄牙语、马来语、印度语、粤语、中国官话等单词，运用汉语的词序句法，表意直白，简单易学，甚至可以无师自通。"广东英语"是当时中国人和外国人之间交往的通用语言，在中外早期商业和文化交流中发挥了重要作用。"广东英语"也为现代英语和汉语贡献了一些新的词汇④。

第一次鸦片战争之后，随着上海开埠，广东通事、买办将"广东英语"传播到上海口岸洋泾浜一带。经过与上海、宁波等地方言的融合，"广东英语"最终演变为著名的"洋泾浜英语"⑤。

---

① 印光任、张汝霖著，赵春晨点校：《澳门记略》，广东高等教育出版社 1988 年版，第 83 页。

② 吴义雄：《"广州英语"与 19 世纪中叶以前的中西交往》，《近代史研究》2001 年第 3 期，第 184 页。

③ 马士《东印度公司对华贸易编年史》（第 1 卷）第 65—66 页记载："从 1715 年起，中国商人本身学会一种古怪方言，即广东英语，此后变成中国贸易的通用语。"

④ 比如：乳酪 Cheese 的广东英语是 Che-Sze，粤语称之为"芝士"。Beer 的广东英语是 Pe-Urh，中文为"啤酒"，20 世纪初传入中国。

⑤ 洋泾浜英语：Pidgin English，也称"皮钦语"，属于"混合语"。

（三）余论

1. "西学东渐" 三个阶段

虽然广义上的"西学东渐"泛指有史以来西方科学技术向东方传播的历史过程，但通常是指明朝末年至民国初年，欧美学术思想传入中国的过程。目前史学界将"西学东渐"分为两个阶段：明末清初、清末至民初。这样的划分人为地将其割裂成两个孤立的时期。实际上文化的传播不是跳跃式发展，而是渐进的。人类文明的融合与发展，是大势所趋、不可阻挡的。虽然会有低潮，但总体是连续的。另外，文化的交流不是孤立的，必然要与贸易发展、政治事件、人员往来紧密联系。马克思主义政治经济学原理指出，经济基础决定上层建筑。1840 年以前，我国长期处于封建社会；第一次鸦片战争后，中国开始沦为半殖民地半封建社会。1911 年辛亥革命，清政府被推翻，中国进入民国时期；尤其是 1919 年"五四运动"爆发，中国进入新民主主义革命时期。重要历史事件必然会对文化交流造成重大影响。[①] 笔者认为，划分"西学东渐"的时期，不能脱离重要历史节点，应该将"西学东渐"分为三个连续的时期：一是萌芽期，从 15 世纪大航海时代开始至 1840 年鸦片战争爆发；二是发展期，从 1840 年至 1911 年的晚清时期，中国人民向西方寻找救国真理；

---

① 吴义雄教授在《在宗教与世俗之间》绪论中提出："从 1807 年伦敦会的马礼逊到广州，到 1851 年新教传教士所办的《中国丛报》停刊，是近代新教在华传教运动以广州为中心的阶段。不以 1840 年鸦片战争为界划分研究阶段，是因为在笔者看来，研究这个问题，不应过分注重政治事件的象征意义，而应尊重新教在华传教史自身的规律。"本文认为 1840 年鸦片战争之后中国社会性质发生彻底变化。五口通商后，中国对外贸易中心由广州转移到上海。随着中国国门被打开，外国人大量进入中国，"西学东渐"的深度和广度前所未有，因此本文将 1840 年作为"西学东渐"重要历史节点。

三是繁荣期,从 1911 年至 1949 年的民国时期,中国人民经历了血与火的考验,最终选择马克思列宁主义。当然,文化交流不是单方向的,"西学东渐"的过程,同时也是东西方文化相互交流、相互借鉴、共同发展的过程。

2. "西学东渐"在广州口岸早期发展的特点

"西学东渐"率先从广州口岸萌芽、发展,进而向中国内地发展。明末清初时传播者是个别传教士,参与者是朝廷少数高级官员和士大夫。中国人对西学的态度开始主要是猎奇,后来认识到西学中有部分内容如天文、数学和地图学等优于中国传统知识。19 世纪初的传播者是广东口岸的散商和传教士,参与者是各个阶层的有识之士。中国人对西学的态度转为实用主义,从小心探寻到"洋为中用",但也并没有将西学当作与中学对等的文化,只是试图解决中国科学技术落后局面。

明末清初时"西学东渐"主要以澳门为中继站。西方科学技术通过葡萄牙人租住的澳门地区向中国内地进行少量传播。19 世纪初开始以广州为桥头堡,逐渐向沿海少数城市扩散。西方商人和传教士在长期经商、生活、传教的广州澳门等地,进行科学技术和学术思想的传播。

明末清初时"西学东渐"主要传播的是数学、天文、地理等西方科学技术;19 世纪初主要传播的是西方政治、经济、哲学、艺术和自然科学等全面知识。

明末清初时"西学东渐"主要以传教士和一些士大夫翻译西方科学著作为主。19 世纪初时除了图书翻译,还出现了报纸杂志的定期出版、新式学校教育的发展、西式医院的创办等。

明末清初时"西学东渐"的传播者对中华文化十分推崇。19 世纪初时"西学东渐"的传播者则充满了对西方文化的高度优越感。马儒翰曾傲慢地指出："（明末清初时）许多西方学者竟然毫不犹豫地把中国人视为世界上最文明的种族，把中国文化视为其他民族必须吸取真正的科学知识原则的伟大之源。我们必须反对这样的错误观点。"①

以马地臣、渣甸等人为代表的外商和以马礼逊为代表的各国传教士成为继明末清初"西学东渐"尝试后的第二批开拓者。这一次，他们通过传播自然科学技术，宣扬价值观念，并极力鼓吹鸦片战争从而打开了中国禁闭的文化社会生活，最先引发广州口岸的知识分子对西学的持续关注和思考。

受光于隙见一床，受光于牖见室央，受光于庭户见一堂，受光于天下照四方。②从林则徐在广州口岸仿制西方战舰、洪秀全在广东创办拜上帝教，到康有为、梁启超发起维新变法，再到孙中山提出"三民主义"，"西学东渐"使广州口岸"风气日开，智慧日出"，并长久深远地影响着近现代中国。

七、广州十三行地名位置略考

第一次鸦片战争前十三行商馆区是外商在广州唯一合法居住和经商的地区。经历两次鸦片战争和多次大火后，原十三行商馆建筑

① *Proceedings Relative to the Formation of a Society for the Diffusion of Useful Knowledge in China*，*The Chinese Repository*，Vol 3，p.379. 张海林：《在华实用知识传播会探析》，《南京大学学报（哲学·人文科学·社会科学）》2005年第1期。

② 魏源：《默觚下·治篇十二》。

早已荡然无存。由于时代久远，各类史料对十三行商馆区个别街道和机构名称记载不一。兹考证如下 ①。

（一）同文街与靖远街

曾做过美国旗昌洋行合伙人的威廉·C. 亨特于 1882 年、1885 年分别出版《广州番鬼录》《旧中国杂记》。由于亨特 1825 年到达广州，1829 年加入旗昌洋行，1837 年成为该行合伙人，其作为目击者，见证了早期中西关系和中西贸易发展，因此其所著书籍具有原始资料价值，历来为中外研究人员所重视。但这两本书的中文版 ②（以下简称亨特中文版）对第一次鸦片战争前十三行商馆区个别街道和机构名称标识存在错误。内容涉及：第 13 页"广州商馆图"、第 191 页"十三行商馆平面图"（章文钦译）均将丹麦馆与西班牙馆之间的街道标识为"靖远街"，将章官行（明官行）与美国馆之间的街道标识为"同文街"；第 34 页记载"从西边起，第一家为丹麦馆；与之相连的是一列中国人的店铺，临着靖远街，隔街东面为西班牙馆，再东为法国馆，紧挨着整个法国馆的为行商章官的行号；再东为同文街，再东为美国馆……"；第 35 页记载"在同文街北面尽头处的对面，矗立着一组很漂亮、宽敞的中国式建筑，称为'公所'，或'洋行会馆'"；第 36 页记载"在同文街到猪巷之间的商馆前面有一条很宽的用石头砌成的人行道，人行道至江边是一个广场，约 300 英尺"，"在同文街与美国馆的拐角处设有一个守卫所，有 10 到 12 名中国士兵驻扎，作为警察以防止中国人骚扰'番鬼'"；第 38 页记

---

① 考证过程承蒙广州海关许学山老师的指导，特此致谢。
② 亨特，《广州番鬼录·旧中国杂记》，广东人民出版社 2009 年 12 月第 1 版。

载"除了在美国馆和同文街的拐角处经常有士兵守卫外，在外国人经常出入的地方或郊区，都有士兵驻守"。

根据曾昭璇、曾新、曾宪珊《广州十三行商馆区的历史地理——我国租界的萌芽》①（以下简称曾昭璇文）一文所引"1832年前的十三行馆区的马礼逊文字地图""1845年李太郭所绘十三行馆区简图""1856年巴特等实测十三行馆区地图""1885年亨特的十三行馆区简图""1925年马士的十三行馆平面图"所示，亨特中文版提及的同文街与靖远街位置与曾昭璇文中图示位置相反。

曾昭璇等人认为"在亨特《旧中国杂记》书中，有十三行平面及说明一节。该书出版于1885年，但从平面图看来，似早于1885年时科技水平所作。因平面图中，各部分未设有比例，也没有测量资料，而是作者凭印象绘出，内文纪事亦似较早"，而马礼逊文字简图作于1832年之前，"反映道光年间各行位置准确（1832—1842）"。曾昭璇绘制的"十三行分布图"（图一）中同文街位于丹麦馆与西班牙馆之间；靖远街位于万和行与鹰行之间。结合广州十三行相关文献，曾昭璇文中的同文街和靖远街方位正确，亨特中文版的同文街和靖远街方位为误。考察亨特英文原著②，亨特中文版错误原因应是翻译时将"老中国街""新中国街"代指的"靖远街""同文街"混淆引起。亨特英文原著引用了英军绘图，图中"老中国街"，应为靖远街，而非同文街。

同时，曾昭璇文也存在一些问题，一是第32页"1856年巴特等实测十三行馆区地图"中"行商公所"位置对应"靖远街"北端，

---

①　《岭南文史》1999年第1期。

②　*The 'FAN KWAE' AT CANTON Before Treaty Days*, *1825–1844*, by An Old Resident（William C. Hunter）, Published by "ORIENTAL AFFAIRS", 1921 Avenue Edward VII, Shanghai, China.

十三行分布图

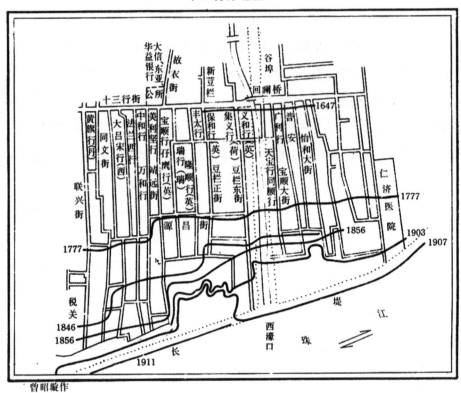

曾昭璇绘制的"十三行分布图"（图一）

但第 30 页却使用了亨特关于"同文街北面尽头是公所"的类似说法——"同文街北口行商公所及公所前有一空地亦已绘出"，记述有误。二是第 32 页"1885 年亨特的十三行馆区简图"中，"18- 行商公所"对面应是靖远街，但图中错误标识为"3- 同文街"。曾昭璇文不仅没有指出该处错误，还在第 33 页延续此错误——"正对同文街北口是行商公所"。

（二）老中国街与新中国街

曾昭璇文第 29 页将"1832 年前的十三行馆区的马礼逊文字地图"中的街道名翻译为"旧中国街，或同文街……中国街或靖远街"；第 30 页记载英国驻广州第一任领事李太郭于 1843 年 10 月 27 日绘制的十三行简图中，"同文街又名老中国街，改为新中国街……中国街或靖远街改为老中国街"。可见，在第一次鸦片战争前，老中国街是同文街，中国街是靖远街。但第一次鸦片战争后，广州十三行商馆区重建，同文街（原老中国街、旧中国街）改称为新中国街；靖远街（原中国街）改称为老中国街。

实际上第一次鸦片战争后，新中国街并非在同文街原址所建，而是新开辟街道。同文街以东，是商馆区；同文街以西是新辟街。

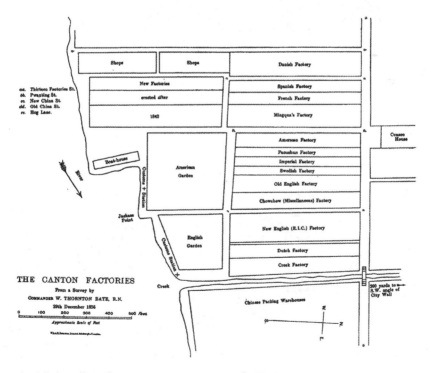

亨特英文原著所引"The Canton Factories"原图

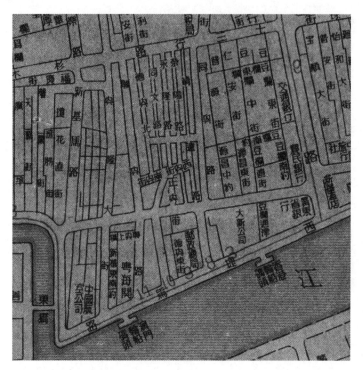

《1948年广州地图》

外国人在美国馆以西的新填地里养羊

位于新填地的新中国街（1850 年）

民国时德兴街

曾昭璇绘制的"十三行分布图"中标注"黄旗行"和"同文街"之间的街道是德兴北街；标注"同文街"和"大吕宋行"之间的街道是同文街。德兴北街和同文街往南，共通南面没有标识路名的街道今"德兴路（德兴街）"（见《1948 年广州地图》），是真正意义上的"新中国街"，是 1777—1846 年间形成的新填地。

（三）税馆

亨特中文版第 13 页"广州商馆图"、第 191 页"十三行商馆平面图"均将美国花园、英国花园前面东南处靠近珠江水道的两处机构标注为"税馆"；第 36 页记载"对着宝顺馆和小溪馆的江边上，设有税馆，是粤海关的一个分支机构"。曾昭璇文第 30 页记载"江边两处海关亦已表示"；第 32 页所附图二"1856 年巴特实测图"美国花园、英国花园前均标注有"海关税站"。查亨特英文原著所引地图标识为"Customs Station"。

经查梁廷枏《粤海关志》等相关文献，美国花园前机构应该为粤海关行后口。该口"为总巡口所辖小口，不征银两。人役自洋船进口日差派稽查，洋船出口完日撤回"[①]。地点即为今南方大厦，当时连同原美国花园的地皮一起卖给大新公司。英国花园前的机构是粤海关在西濠口增设的稽查哨所或观望棚之类的设施，也有可能是广州协，属清兵。广州协一直与海关联合监管。清兵协勤的兵弁，洋人都认为是"海关官员"。

---

① 梁廷枏，《粤海关志》，第 195 页。

"行后口图"（梁廷枏《粤海关志》）

正中机构为粤海关行后口

悬挂四个白色牌子的粤海关行后口

粤海关行后口地皮后售予大新公司

（四）河泊所

亨特中文版第13页"广州商馆图"将美国花园前西南处的机构"boat house"译作"河泊所"，应属于误译。"河泊所"是清前期的官衙，不会建在商馆区。该处实际是洋人的舢板船屋，来往黄埔的交通艇停泊之处，曾昭璇文译作"泊船所"较为合理。

八、人为因素对近代珠江航道的影响

摘要：本文利用粤海关税务司编制的"广州口岸贸易报告"和"十年报告"中涉及的珠江航道情况，结合近代海关绘制的珠江航道图，研究证明人为因素对近代珠江主航道的演变起到重要作用，从而反思人类活动与自然发展的辩证关系，为城市发展和水文环境保护决策提供借鉴。

关键词：海关报告　珠江航道　人为因素

（一）人类活动对近代珠江航道的影响

远古时期珠江三角洲是个大海湾，江面极为宽阔。经过漫长的地质演变和泥沙堆积，珠江不断收窄，三角洲逐渐形成。西江、北江、东江三江在广州汇合后，流入伶仃洋入海口。到距今 2000 年前广州初始建城时，珠江主航道[①]宽度仍达 2000 米以上。此后，珠江

[①]　本文所指珠江主航道为广州市区河段，包括广州前后航道。

1403 年永乐大典《广州府境之图》

以平均每年六七十厘米的速度缩窄，到宋代时，江面约宽 1200 米。
珠江流域内河道纵横、水网密集，航运业素来兴旺发达。宋元以来，
为了保障航运和抵御水患，珠江三角洲即开始修筑堤围、固定河床。

　　明清时期，虎门至黄埔的港湾形成漏斗形的狮子洋江面，黄埔
至广州的港湾由内湖形成河道，现代珠江水系的河道基本成型。

　　到清朝末年，由于江水大量泥沙自然沉积，再加上人类活动剧
烈开展，对珠江主航道的影响加剧，导致广州口岸水道"素著狭
隘"①。清中期珠江主航道宽约 550 米，民国时期缩窄到 350 米左右，
而现在珠江平均宽度仅为 264 米。②

---

① 《光绪二十七年广州口华洋贸易情形论略》，第 408 页。

② 宫清华、袁少雄、陈波：《珠江在广州城区河段的演变及其对城市生态环境的
影响》，《热带地理》2013 年第 33 卷第 4 期，第 395 页。

1. 生产生活占用河床

清末民初，珠江下游长期生活着一群居住在船舶上的水上居民、流动渔民，数量较为庞大，被称为"疍家人"或"水上人"。他们往往选择河湾滩地，几十艘小艇连船聚居。[①]直到解放前，珠江两岸还有众多疍家艇成群结队泊满河岸。"从内地来的货船、客船、水上居民和从内地来的船艇、政府的巡船及花艇等，其数目是惊人的。此外，还有舢板，以及来往河南的渡船，还有一些剃头艇和出售各种食物、衣服、玩具及岸上店铺所出售的日用品的艇等，另外还有算命和耍把戏的艇——总而言之，简直是一座水上浮城。"[②]

珠江河岸成为城市垃圾的堆放场。大量本地民船小艇，经常会向河里倾倒大量生活垃圾等杂物。每天数以百计的来往省港轮船，轮船停泊港口时，会将蒸汽机煤渣等杂物丢弃在河中。遇到冬天河水干涸时，汽轮常常在沙面、洲头咀等处搁浅。沿河船只停泊时间较长，就会造成河水流通不畅，泥沙容易淤积。仅1888年至1891年三年间，沙面外抛锚地比如怡和洋行和中国轮船招商局等远洋轮船的抛锚地的泥沙已经积淤1英尺多。

1893年"再因省河一带，华洋各色船只，非徒拥挤不堪，抑且不分界限，实于生意场中颇形不便。有如本关码头历至海珠以下，河面窄狭，大小轮渡，杉板华船，加以烟花酒艇丛杂其间，亟宜划分段落，肃清河道。惜乎早年河北增沙一带，动有工程，起卸泊岸，乃事未竟而中止。一二年后，倘不力图整治，将见来往船只年盛一

[①] 亨特《广州番鬼录·旧中国杂记》第211页记载："从广场上望珠江，可以看到各式各样大大小小的船艇在不停地来往，几乎把整个江面都盖满了。"

[②] 亨特，《广州番鬼录·旧中国杂记》，第27页。

清末民初拥挤的珠江北岸

年，那时河道阻塞，不复畅行矣"①。"省城谷埠河面，向为花舫聚集之区"②，光绪二十年（1894 年）八月间，该段河面发生大火，将所有花船付之一炬。但很快就有新造船只逐利而来重新占据河面，恢复往日拥挤状态。宣统元年正月初九（1909 年 1 月 30 日）系泊大沙头的花艇发生火灾。由于该地花艇连樯栓泊、排同街巷，火灾突起时所有人都忙于逃命，没人去砍断船缆断开连环船只，导致大火顺风蔓延，约 60 艘花艇付之一炬，700 多人死于非命。同时由于匪患严重，原本停泊广州城下河道的花艇，逐渐转移到沙面上游，因为那里有外国炮艇驻泊，可以形成保护。不过，沙面附近停泊大量舢板船，因此航道秩序较乱。

　　1900 年 6 月之后，海军战舰占据沙面泊位。由于沙面水深仅够将战舰浮起，泊位水流严重受阻，泥沙淤积迅速增加，1 年半时间淤积厚度即增加到 3—4 英尺。1901 年广东当局曾对位于沙面和花地

---

① 《光绪十九年广州口华洋贸易情形论略》，第 345 页。
② 《光绪二十年广州口华洋贸易情形论略》，第 352 页。

外围的港内礁石进行测量，原本计划清除，但由于清除费用太高而未能实施。

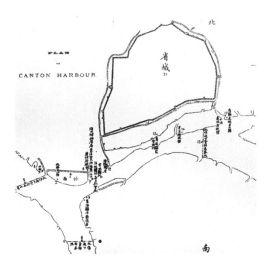

《广东省城河图》(图片来源：《五十年各埠海关报告 1882—1931（二）》)

1901 年之前，珠江内河沿岸，商铺鳞次栉比，有的为了扩充房舍而占用河面，有的打木桩并填石以修筑埠头。由于侵占了河道，因此两广总督严禁未经批准私自修筑渡口。但如果对商务有利，对河道没有阻碍，经过粤海关勘察批准后，可以进行修筑。

广州口岸上游水道阻塞，主要原因是黄沙鱼栏和该处水面建有小屋。粤海关理船厅多次向广东当局报告此事，但由于政局动荡，迁移鱼栏的布告始终没有颁行。1924 年 12 月发生大火，将黄沙鱼栏全部焚毁。

民国建立到 1919 年的 8 年时间里，黄沙沿岸并没有严重淤积。从 1919 年起，黄沙附近水面逐渐变窄，1922 年已经积成浅滩，落潮时高出粤海关水标零度达 5 英尺。

1918 年孙中山发表《实业计划》，提出在黄埔建设"南方大港"的构想。同时，孙中山提出要规划建设由黄埔到佛山，包括沙面水路在内的新广州市。孙中山设想，新广州的商业区应建在河南，工业区建在花地与佛山之间，码头建在后航道至黄埔一带。他提出要填塞广州城的前航道（即河南河北之间的水道），其范围自河南头至黄埔岛，"以供市街之用"，使广州成为花园城市。

1919 年广东省政府拆除广州翼城，在原址上修建主干马路并且填平西濠口，修筑成太平南路（今人民南路）。1922年海关验货厂前面淤泥较多，虽然时有挖掘，但由于许多等待查验的驳船必须在此处停泊，因此水流较缓，淤积严重。直到1929年才得以疏浚。

沙面河滩和沙基涌西入口的淤塞主要是受到西端鱼市的影响，这个鱼市建在水中木桩上的一大片竹木棚屋内。鱼市下方杂物较多，甚至阻碍了潮汐水流。1924年鱼市场被大火烧毁，并于次年迁往泮塘涌上游。

珠江河道中间原本有一个小岛海珠岛，在泥沙长期作用下，逐渐靠近珠江北岸。1925年广州市政府将该岛辟为海珠公园，此时海珠岛距离珠江北岸不足30米。1931年广州市修筑新堤，即今沿江西路。海珠岛上礁石海珠石被炸掉露出地面的部分。此后海珠岛被填为平地与珠江北岸连成一片。

珠江航道中原有一块巨型礁石，由红色砂岩和沙砾岩构成，因形似印章而得名"海印石"。清末海印石改建为炮台，称为东定炮台或东水炮台，是广州的江防重地。由于东侧的筑横沙不断扩张，逐渐靠近海印石，最终在同治年间海印石埋入地下成为东濠东岸陆地的一部分。1930年广州市政府在海珠岛西端三江交汇的滩涂地洲头咀（也称河南岛）和海印石两地开始进行填地筑堤。现海印石位于现广九大马路与广九三马路范围内。

2. 军事防卫设置水栅

清末以来，为防止外国海军沿珠江入侵广州，珠江航道上设置了许多横贯河床的障碍物。这些障碍物使航道变窄，水流受阻，一定程度上促进了泥沙的淤积。

1840年广东当局在珠江后航道、广州下游约6.5英里处使用木桩和石头堆积河床，修筑大石栅（Taishek Barrier）。距离北岸设置

《1660 年广州高视角透视图》，此时河岸线位于今文明路一带，前方左右两侧城堡分别位于海珠石、海印石上，是广州城最后一道水路防线。现海珠石、海印石以北水道均已成为陆地。

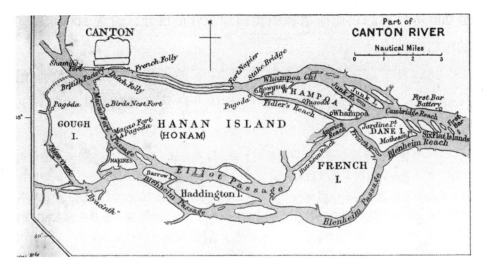

《19 世纪中期广东省河图》，图中海珠石被称为"荷兰愚蠢"（Dutch folly），海印石被称为"法国愚蠢"（French folly）。

120 英尺宽航道，春天涨潮时，可供吃水 17 英尺深的船只通航。同年，广东当局在珠江前航道、广州下游约 4 英里处使用红沙岩设置障碍物，修筑猎德江栅（Whampoa Barrier）。该栅距离北岸仅数英尺，向西南延伸 1200 英尺，再转向东南延伸 700 英尺，水位较浅。①

1883 年至 1885 年中法战争期间，尤其是 1884 年张之洞被任命为两广总督后，广东当局加强了广州沿岸的军事防御。为了防止法国军舰溯流而上，珠江航道上新增了四条木桩封锁线，分别位于海心沙、舺艚四沙海（NO.4 Flat Island，Collinson Reach）、舺艚鱼珠（NO.3 Flat Island，Cambridge Reach）和黄埔岛上端旧封锁线猎德江栅的上游。"通往广州的深水道——后航道——在 9 月 8 日通知发出 4 小时后封闭了，因此，黄埔成了吃水较深船舶的唯一抛锚地。虎门（Bogue）以下的部分河道，需有能避水雷的引水员引领才能通行，而且夜间禁止航行。"②

1884 年广东当局在黄埔与四沙海南岸之间建设一条横跨珠江的军用木桥即洪福市桥栅（Bridge Barrier）。距离北岸 500 英尺处，设置 200 英尺宽的轮船航道；距离南岸 300 英尺处，设置 100 英尺宽的民船航道。

1884 年广东当局在前航道黄埔下游 1 英里处修建鱼珠栅（Cambrige Barrier，也称琶洲栅）。具体办法是将满载石头的船只沉

① 亨特《广州番鬼录·旧中国杂记》第 144 页记载，"中国人在二道滩上游以大木排拦江，准备对英国人采取敌对行动"；第 147—148 页记载，"'伶仃号'……停泊在城对面的海珠炮台下游……但有一天晚上突然发大水。汹涌的潮水冲击船锚，使它从右边滑到左边，撞到炮台附近的岩石上，船身滑脱，沉入深深的水底。于是中国人把它的桅杆拆下，留下一条高出舱面约 7 英尺高的残余木杆，并在上面挂了一盏小灯笼。从那时起，它就成了指引来往河面小艇的'灯塔'。这是'记录在案'的广州的第一座灯塔。28 年后，当我最后看到这枝桅杆的残部时，船身周围已淤积成一道大的泥堤"。

② 《粤海关十年报告（一），1882—1891》，第 849 页。

入水中，并用大木桩固定这些沉船。距离珠江北岸约 1200 英尺处设置 330 英尺的轮船通道；鱼珠栅北端设置 320 英尺的民船通道。鱼珠栅两条通道均为深水通道。同年，广东当局用同样的办法在猎德江栅的上游不远处修筑船栅，设置 250 英尺宽的轮船通道。

由于河床受到人为限制，因此水流较快，四沙海洪福市桥栅和鱼珠的封锁线部分木桩被冲走。1891 年广东当局在四沙海河段（The Collinson Reach）旧封锁线的上游 115 英尺处修筑了一道横贯珠江后航道的螺旋桩铁栅，即沙路铁栅（Shalu Iron Barrier）。每三根铁桩为一簇，共有数簇，相互间以铁梁、铁链缠结，铁桩之间用石头加固。距离珠江北岸 700 英尺处，设置 150 英尺宽的轮船航道；距离珠江南岸 100 英尺处，设置 130 英尺宽的民船航道。

1902 年 9 月 5 日，清朝商约大臣吕海寰、盛宣怀与英国商务代表马凯在上海签订《中英续议通商行船条约》。根据该条约第五条，所有省河水栅都要被拆除，以免阻碍行船，更易于疏浚河道。在此之前的 1901 年，海心岗栅（High Island Barrier）已被拆除。

1904 年 10 月至 1905 年 9 月，在海关巡工司戴理尔上校的指挥和粤海关飞虎巡船管驾官夏立师督理下，珠江各处栅栏进行了拆除，洪福市桥栅、长洲木栅被全部拆除，沙路铁栅、大石栅、鱼珠栅及猎德栅被拆去一半。

1905 年 6 月 13 日沙路铁栅清障工作竣工后，中段北端约 400 英尺的障碍物被清除，船只通道宽度由 150 英尺增加至 570 英尺。春天低水位时，水深可达 16 英尺。同日洪福市桥栅终端北端的石头和整座桥栅清除工程也告竣工。

5 月 18 日至 6 月 28 日，大石栅北岸航道由 120 英尺加宽到 400 英尺；春天低水位时，北岸航道水深 12 英尺，南边水深 10 英尺。春天高水位时，北岸航道可供吃水 20 英尺深的船只通航。大石栅清理出来的石料达 11，600 吨。

　　6 月 29 日至 7 月 17 日，鱼珠栅的轮船通道由 330 英尺加宽到 450 英尺。7 月 24 日至 8 月 15 日，猎德栅的轮船通道由 250 英尺拓宽至 400 英尺。在春天低水位时，沙路铁栅、长洲木栅和鱼珠栅三处水深可达 16 英尺；猎德栅水深为 9 英尺。

　　大石、猎德、鱼珠等河道加深加宽时，由于河床石块太多，工程进展缓慢，且仅清除部分障碍物。

　　1918 年广东省政府趁旧铁价格高涨，除了保留作为沙路铁栅灯房地基的那一组铁桩外，将其他铁桩进行出售。1918 年 7 月至 1919

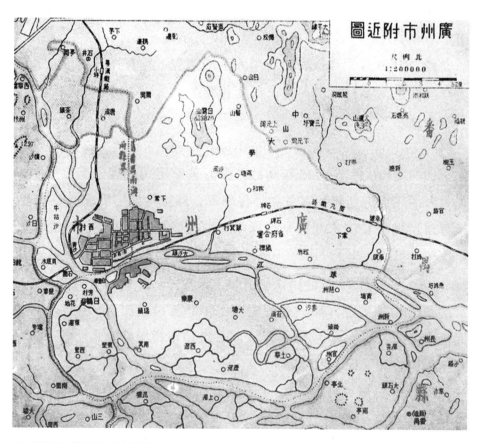

20 世纪 30 年代广州市界图

年2月，沙路铁栅被拆除，仅保留灯房。但最初建设铁栅时填充在铁桩之间的大量石头没有被清除，因此通航水路没有获得改善。

民国时期，广州通海航道成为受潮汐影响的河口水道，以黄埔艍艎洲为界，分为上下两段水域。下段水域，从黄埔艍艎洲到珠江口垃圾尾岛，全长63海里。自北向南依次有大濠洲、莲花山、坭洲头、大虎、虎门、穿鼻、内伶仃和垃圾尾水道。莲花山水道全长约10公里，淤积较为严重，航道较浅。航道中部的浅滩将莲花山河槽分为西槽、中槽、东槽。1937年以前，东槽是大船进出黄埔的主要通道。1938年初，为了阻止日本军舰入侵广州，广州地方政府将百余艘木船装石沉于东槽南段，试图以此封锁航道。从此，大船改由西槽进出黄埔。

抗日战争期间，广州三角洲内遍布水雷，直到1946年2月英国海军扫除水雷后，广州、香港定期轮船才得以恢复航运。

3. 沿河修筑码头堤岸

由于我国地处地球北半球，地转偏向力向右偏，因此从西向东流的珠江北岸比南岸更易淤积泥沙。近代广州城位于珠江北岸，沿岸向江面延伸的码头不仅占用航道，更是泥沙易于淤积的地方。

清朝初年，今长堤沿珠江北岸一线仍是旧广州城外珠江河道的一部分。清朝中期，珠江北岸逐渐淤积成滩涂陆地。清朝末年，广东当局开始在珠江沿岸填筑石质河堤并修筑码头，以方便船舶到口停泊，也方便货物快速卸入仓库后船舶及时起航，从而缓解港口拥挤状况。尤为著名的是1889年两广总督张之洞为了"弭水患，兴商务"而在珠江北岸修筑了长约1.5英里的堤岸马路并改建了"天字码头"。

1901年一家承筑黄沙填地的公司，曾计划填埋沙面附近河岸建

《1865 年广州城全貌》，沙面是位于左下角的椭圆形地块，原是沙滩涂地，1859 年被征为英法租界。

造码头和货栈，用于存贮轮船起卸的货物。该计划虽然于第二年被地方官否决，但地方官将该地转交给铁路官局，用于修筑粤汉铁路末站。

1904 年广东当局从省港轮船码头到东濠口修筑了约 2 英里的堤岸，并预留了 5 丈 2 尺的一条马路，方便行人。由于广东当局经办官员不熟悉勘界工程，因此该堤界由海务巡工司戴理尔（William Ferdinand Tyler）勘定设计的。该年从花地涌滘到绥靖炮台沿岸被各小业主陆续修筑成石堤，再加上太古洋行在芳村建有码头货栈，可以让洋船碇泊时免受拥挤之苦，因此这个地方逐渐成为广州口岸的兴盛旺地。广东当局划定了省河北岸和河南的堤界，拟在沿岸水浅的地方兴筑堤岸，以预防海关前面船舶拥塞。经过海关巡工司勘察，将河南东边末尾的界线进行了更改，伸出河面约 100 英尺。全部堤岸约 15300 英尺。堤岸告成后，便名闻亚洲，而且全世界所有都城的堤岸长度都不及广州口岸堤岸。

1905 年省河北岸的堤岸工程进展缓慢，主要原因是缺乏熟悉筑堤工程的人才。承办工匠随意建造，竟然导致 300 尺的堤岸坍塌入水，还有 1500 尺的堤坝具有严重的坍塌隐患，对河道造成较大损害。1906 年前航道修建堤岸工程中仅建成的 5000 英尺堤岸，有 400 英尺已经坍塌，严重影响前航道的可航性。

1906 年永兴公司的王京东在正对着沙面的花地修筑了一条长 2480 英尺的堤岸，并计划在堤岸前面的 126 亩地产上兴建华人和洋人的商住区。汉堡—美国公司（Hamburg-AmerikaLinie）、林记（Langkat）石油公司、太古公司纷纷修建轮船码头。粤海关在后航道太古公司新建的第三个码头附近修建了一段 326 英尺的堤岸，还修筑了一个关艇船台，并于 1907 年投入使用。

长堤南拓取直河岸线

　　1909 年从西濠到大沙头约 2 英里的河岸均筑成新堤，同时还设置宽广马路方便行人来往。新堤边上还筑有钢铁官码头一座。新堤马路一带，西式房屋逐渐增多，茶楼酒肆和商铺洋行密布。鼎盛时期车水马龙，灯火辉煌，繁华兴盛著称于世。

　　1909 年 5 月间，广东当局商请粤海关，勘测大沙头沿岸土地，以便填筑为归国华侨的居住区。经过粤海关勘测，该地需要填筑 2，458，514 立方码，地面高出珠江退潮最低度数为 12 英尺。

　　1912 年沙面堤岸修筑了一座钢铁小码头。该年冬天，有提议要建筑河南堤岸，地点从粤海关升旗台到广九铁路站头对面的铁水泥厂。

　　1914 年广州整顿河道计划主要有，一是填筑沙面西边上游的河滩；1909 年测量该处河滩，在落潮时高出海关水标零度仅 6 英寸，到 1922 年竟然高出到 3 英尺。而且该处泥滩从洋人船房到领事馆埠头，距离长达 2000 英尺。二是整顿省河航路，试图使吃水较深的大吨位轮船可以直驶沙面。三是填筑海心沙岛。海心沙岛长约 5500 英尺、宽约 1800 英尺，在广州口岸北河道西泊界的下方，地理坐标：纬度 23.114，155，经度 113.318，977。岛的北边，有一条小河，最初方案是修筑河堤、架设桥梁，但粤海关税务司建议将小河封闭，待其日趋淤塞就彻底填平，既增加海心沙岛的面积，又节省筑堤架桥的费用。

　　1915 年大沙头西端开始修筑堤岸。1922 年珠江前后航道修筑了许多伸向河面的栈桥。1924 年南石头炮台（Macao Fort）对面砖瓦厂前的河滩和白蚬壳太古码头上游的大片河滩都被修筑成堤岸。1930 年广州市政府对洲头咀西南至鸡鸭滘涌入口处的河滩进行大规模填土工程，以修建货栈，建造码头。鸡鸭滘后被填平成为马路，即今永兴街。

《1912—1927 年新建码头一览表》

建造时间	建设单位	材质	长度（英尺）	侵占江面长度（英尺）	地点
1913	永亨公司	钢筋混凝土	60	30	长堤电灯公司电站以西 300 英尺处
1913	省港澳轮船公司	钢制螺旋桩、钢筋混凝土平台	140	40	码头东端位于西濠涌以西约 500 英尺
1913	沙面租界工部局	钢制螺旋桩、钢筋混凝土平台		50	沙面南面
1914	广州轮船运输公司	H 型钢桩、钢筋混凝土平台	100	50	位于西堤，紧靠海关验货棚的东面
1915	省港澳轮船公司	钢制螺旋桩、钢筋混凝土平台	140	50	码头东端在西濠涌以西 182 英尺
1915	中国轮船招商局	H 型钢桩、钢筋混凝土平台	100	50	码头东端距离验货棚西 125 英尺
1915	粤海关	钢制螺旋桩、钢筋混凝土平台	230	42	
1919 年秋—1921 年 12 月	广东供电公司	钢筋混凝土		40	
1920—1921	中国轮船招商局	钢筋混凝土	400	60	广州后航道右岸接邻亚细亚石油公司地产南边
1924	广州航运公司				前航道
1924	日本邮船株式会社	木质			该公司的芳村煤炭仓库
1927	怡和洋行				后航道该公司地产外

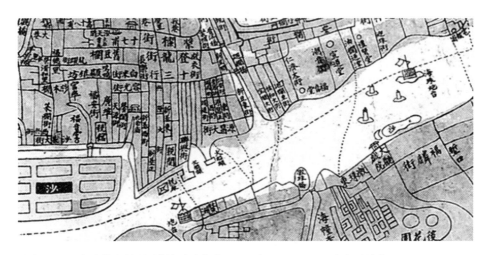

清末沙面至海珠炮台航道（《羊城晚报》2016 年 3 月 5 日，孙海刚绘）

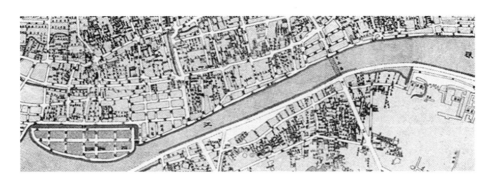

1949 年长堤

4. 上游修建防洪河坝

东江流域从上游到石龙北部，每年被水淹没区域达 65 英方里。[①]1919 年广东治河处利用有限资金，在东江流域的马嘶河（今博罗县园洲镇马嘶闸口）和北江芦苞镇西南处各建设一座水闸，并将上下游现有的基围进行加固。1922 年底，北江芦苞控水闸安装了铁闸门。

1922 年广东省治河处制定了《宋隆流域防潦计划》，1924 年当地着手修建控制西江宋隆河的防洪闸，由瑞典退役上校柯维廉负责设计。工程主要包括："一是设人力启闭之宋隆水口活闸以及挖掘活闸出入口道；二是建筑新堤围于濒江水口，并连接活闸与西江岸边已有基围；三是改筑旧基，包括大榄围与思霖围，沿边建筑各峡横基，还要加固景福围，使之与新筑的宋隆大堤保持相同的高度。四是阻塞与公信围接壤而流向新兴江的河郊峡；堵塞与加高、加固南面的与高明县接壤的鸬鹚峡和平头峡。"[②]1928 年宋隆水闸全面竣工，控制着宋隆河出江口，彻底改变了西江沿岸的防洪格局。

1931 年东江、北江、西江同时发生特大洪水，如果没有宋隆水闸，广州市将会被洪水淹没。

北江、西江上游修建防洪河坝，虽然调节了水势，控制了泥沙含量，但也使珠江下游流速变缓，降低了挟沙能力，使得多余的泥沙沉积在河床。

[①] 广州市地方志编纂委员会办公室，编译：《近代广州口岸经济社会概况——粤海关报告汇集》，广州海关志编纂委员会《中华民国 8 年广州口岸洋贸易情形论略》，暨南大学出版社 1995 年 12 月第 1 版，第 649 页。

[②] 唐元平、衷海燕：《民国时期西江三角洲的水利开发与围际纷争》，《江西社会科学》2011 年第 9 期。

（二）珠江航道变窄的影响

珠江航道在自然和人为双重作用下逐渐变窄，虽然清朝和民国当局已逐渐意识到问题的严重性，不断出台挖泥清淤计划，但实施并不彻底。

1. 广州外港变迁

珠江流域水文地质环境变化导致广州外港地理位置的数次变迁。隋唐时期，黄埔一带已形成广州对外贸易的重要外港，时称扶胥港，是"海上丝绸之路"的重要起点之一，"广州通海夷道"是当时世界上最长的远洋航线。明清时期，广州外港由扶胥港逐渐移至黄埔洲和琵琶洲一带，始称黄埔港。关因港兴，关随港迁。黄埔海关在三百年的酝酿发展过程中，赖以生存和发展的珠江入海口的水系、地貌、经济和社会环境不断变化，政权更迭、水域盈缩、辖区分合以及地名更改不断发生，黄埔口岸海关的关址也不断变迁。在漫长的历史长河中，办公地点有时设在趸船，有时设在岸边，经历数次岸上到船上的来回迁徙。黄埔口岸海关办公地点的变动，一定程度上反映了口岸历史地理的变化。

19 世纪 60 年代粤海关黄埔分关设立之初，海关辖区划定为黄埔长洲岛一带水域。随着广州沙面白鹅潭一带码头设施的发展和管理机构的设立，沙面逐渐取代了设施简陋的黄埔港。同治年间，黄埔水域河沙淤塞，影响商船靠泊，往来船只逐渐减少，黄埔分关被降级为黄埔分卡。随着黄埔港监管业务急剧下降，黄埔关址多次变迁。

1891 年，粤海关理船厅梅先生（J.H.May）报告珠江水道改变："大虎岛（Tiger Island）上面的头岭沙（Towling Flat）有很大发展，正在迅速变成耕地。加尔各答（Calcutta Shoal）的位置已比英国皇家海图（Admiralty chart）第三页'广州河'所标志的地点南移了许多，现在春季低潮时水深只有 7 英尺，而过去标明是 10 英尺。另外，在其下端已出现了明显的泥沙沉积，它弯向沃德罗普岛（Wardrope Island），使其西面的水道变窄了。黎洲头（Blake Point）已经开拓并筑起堤防，使河道缩小了约 600 码。立沙（Amherst Point）已经严重淤积，向上伸入河内。莲花山水道（Second Bar Channels）的深度尚无较大变化，但河岸向前伸延，岸边水浅，在低潮时有些地方已露出水面，无疑，这是由于上游支流的大量堵塞所造成的。"[1]

1928 年广州口岸首次进口印度加尔各答煤炭。运煤轮船载重量是中国通商口岸其他航船载重量的两倍之多，吃水较深，只能停泊于黄埔港。该项贸易引起其他吃水较深不能直达广州内港的轮船效仿，第二年改运煤炭进口的轮船即达 20 多艘。黄埔成为大海轮运煤来粤航线的终点，其港口的商务地位逐渐凸显。

2. 船舶通航受限

1866 年大吨位轮船已不再航行珠江。1902 年从扬子江运米过来的轮船甚至因为珠江河面狭窄而迟延阻滞，不能及时返程。

1900 年粤海关为方便大小船只选择碇泊之地，修筑码头、建造货舱。但是由于广州口岸河道日趋狭窄，而轮船日见其多，"无如粤人囿于积习，又各怀利己私心，诸多窒碍。是粤东虽为中国第二名邦，而欲一旦振兴而丕变之夜，亦殊不易易"[2]。

1912 年东、北江上游和西江各处航道水浅，省港商人争造新式轮船，尤其是建造尾轮浅水的船只，以满足航道要求。此时广州口

---

① 《粤海关十年报告（一），1882—1891》，第 880 页。
② 《光绪二十年广州口华洋贸易情形论略》，第 400 页。

1810 年黄埔古港

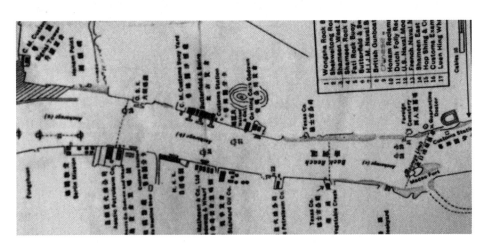

1934 年广州港口地图

岸在潮汐涨满的时候，也只能供吃水 16 英尺以下的轮船驶入沙面。因此大多数船舶要在外港候潮或在黄埔口内碇泊。载重量较大的江轮、海轮，只能在黄埔装卸货物，在经过驳船转运 11 英里，才能抵达广州内港。既增加了运费，又延长了运输时间。

　　1922 年广州口岸航道的宽度已由 780 英尺，缩短为 600 英尺，船只难有更多停泊回旋的余地。

　　距离广州口岸下游 2.5 英里的大尾湾（Taimei Crossing）于 1917 年开始淤积，至 1924 年 4 月淤泥厚度为 4 英尺。该年 9 月再次测量，发现不到 6 个月时间里，厚度竟然迅速增加了 2 英尺，引发了广东航运界对广州轮船口岸地位的普遍担忧。来往省港的小轮船，吃水不超过 11 尺，但遇到退潮也会搁浅，有时搁浅时间长达数小时之久。1928 年大石和大尾汉口的淤泥沉积使得水位下降很多，水深

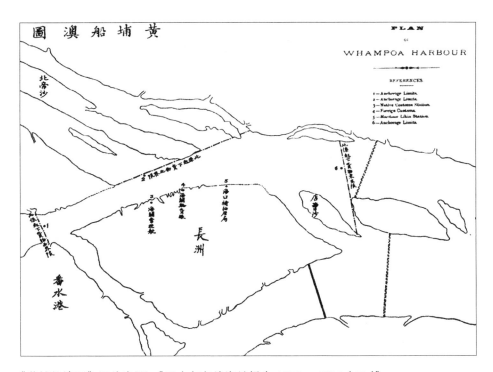

《黄埔船澳图》图片来源:《五十年各埠海关报告 1882—1931（二）》

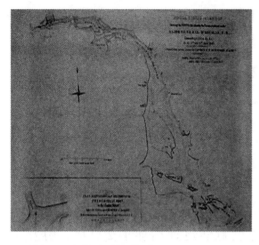

19 世纪 40 年代末珠江水系图

度甚至低于低潮水位，许多进口船舶不得不碇泊在下游等待水涨，严重拖延了航运时间。

1936 年广州市政府计划浚深广州外港水道，在黄埔建筑深水港，以便载重 7000 至 8000 吨的轮船可以直驶黄埔港区。

新中国成立前，5000 吨以下船只可通航黄埔水域；5000 至 8000 吨船只需要等待涨潮时才能进出黄埔；8000 吨以上的船只，必须在虎门外卸下一部分货物后，才能乘潮进入黄埔港区。新中国成立后，珠江航道经过大规模疏浚，通航能力才获得提升。1954 年至 1967 年第一期航道建设工程完成后，万吨级船舶仍不能直驶黄埔港池区；1968 年至 1972 年第二期航道建设工程完成后，载重 1 万吨级的海轮才能满载乘潮进出黄埔港池区；1975 年至 1979 年第三期航道建设工程完成后，载重 2 万吨级的海轮才能满载乘潮进出黄埔港池区。

3. 洪水灾害频发

广东省地势北高南低，西部、北部高地爆发洪水后，如果广州一带河道不能迅速泄洪，就会酿成严重水灾。随着近代以来珠江沿岸大量修建码头堤岸、围垦滩涂，导致河道分流比、分沙比等水系要素发生变化，洪涝灾害的损失较大。[①] 1885 年 6 月西江、北江流

---

① 宫清华、袁少雄、陈波：《珠江在广州城区河段的演变及其对城市生态环境的影响》，《热带地理》2013 年第 33 卷第 4 期，第 394 页。

域爆发特大洪水，广州城内积水达三四英尺。据统计，广州、肇庆等地溺水死亡达 2 万多人。1893 年秋季洪水泛滥成灾。

1908 年广东发生两次特大水灾。首先是 6 月份水灾，由于暴雨连绵，东江、西江、北江三江州县比如英德、清远、三水、花县、南海、肇庆等地方，洪水淹没了待熟农作物、百姓民居、牲畜农器等，导致灾民毙命、哀鸿遍野。北江一带基围，竟然崩塌 37 处。到了 10 月，西江、北江又出现更大洪水，肇庆、阳江、罗定、新宁、新会、三水等地方受灾较为严重。1909 年 5 月、10 月也发生了特大洪水灾害。

1914 年 6 月间，北江、西江河水暴涨，两岸低洼地方虽有泥质基围进行防护，但质量较差，数段基围被冲塌，造成百姓生命财产的极大损失。1915 年 7 月北江基围崩决，导致广州城和沙面等处，浸水深达数尺，只能行船。"水潦为灾，禾造失收，百物腾贵，政局蜩螗，盗风猖獗"①，迫使广东当局于 1915 年设立"督办广东治河事宜处"，聘请华洋工程师，测量各段河道，统一基围建造方法，以保证堤岸坚固耐用，但由于时局动荡，财政经费短绌，所以大多数计划都仅限于纸面，难以付诸实施。

1918 年 5 月、8 月潦水为灾，冲毁基围，百姓流离失所，尤其以东江沿岸各地受灾最为严重，大面积土地淹没在洪水里长达两个月。

4. 口岸业务下降

由于五口通商的开放，全国对外贸易中心逐渐转移到上海。相比经济腹地更为广阔、距离丝茶产区更近的上海，广州自然地理条件并无太大优势。再加上近代以来，珠江航道淤塞严重，曾经的千

---

① 《中华民国 7 年广州口华洋贸易情形论略》，第 616 页。

年商都和唯一对西方贸易的广州口岸，繁华一落千丈。

广州口岸关税从 1860 年的 1,496,293.638 海关两降到 1864 年的 727,889.742 海关两，骤降至 48.6%。1894 年，广州港的进出口总值在全国仅占 10.04%。

为了提升广州口岸的地位，使其摆脱香港成为华南地区的货物转运新中心，广东当局计划开辟黄埔为深水港。

（三）余论

珠江是广州的"母亲河"，是广州城市赖以生存和发展的基础。探究珠江航道尤其是广州城区段的演变，对广州城市生态安全和防洪减灾极为重要。本文研究表明，近代珠江主航道在自然和人为作用下不断缩窄的过程中，人为因素起到重要作用。河道特性的变化反过来又严重影响了广州的生态、经济和社会发展。从人为因素对近代珠江航道的影响来看，人类政治、经济和社会发展必须尊重自然规律，优先保护岸线资源和改善水文地质环境。

九、《黄埔船澳图》中的长洲岛机构

摘要："粤海关十年报告（1882—1891 年）"中刊载了一张《黄埔船澳图》。该图不仅绘制了黄埔锚地界线范围，还标注了长洲岛上的"海关常税艇""海关验货厂""海口补抽厘局"等机构的地理位置。本文通过分析《黄埔船澳图》，并参考《广州府属常关地图》和部分近代地图，对"海关常税艇""海关验货厂"等机构的设置沿革和黄埔锚地界线范围进行考证研究。

关键字：黄埔船澳图　长洲岛　海关机构　锚地

（一）黄埔船澳图

中国海关出版社 2009 年出版的《中国旧海关稀见文献全编》中，《五十年各埠海关报告 1882—1931》（二）[①] "Canton Decennial Report，1882–91"［粤海关十年报告（1882—1891 年）］一章中刊载了一张粤海关绘制的地图 Plan of Whampoa Harbour（黄埔船澳图）。

"澳"即港湾，是指海边弯曲可以停船的地方。《黄埔船澳图》就是黄埔水域锚地图。该图不仅绘制了黄埔锚地界线范围，标注了黄埔"长洲""番水港""北帝沙""店曹沙"等地名，还标注了"海关常税艇""海关验货厂""海口补抽厘局"等重要机构的地理位置。其中："海关常税艇"是粤海常关黄埔总口的代称或俗称，在粤海关澳门总口被迫迁往黄埔长洲岛之后设立。"海关验货厂"是粤海洋关黄埔分卡的代称或俗称。"海口补抽厘局"即黄埔厘金局，负责征收商税。

《黄埔船澳图》没有标注绘制时间。由于该图刊载于 1882 年至 1891 年的《粤海关十年报告》中，可断定该图绘制最晚时间是 1891 年。另外，图中标注的三个机构给该图绘制年限以部分线索。首先，"海关常税艇"是常关机构，设立于 1849 年。1876 年刘坤一等人奏

[①]　刘辉主编：中国旧海关稀见文献全编《五十年各埠海关报告 1882—1931》（二），中国海关出版社 2009 年版，第 193 页。

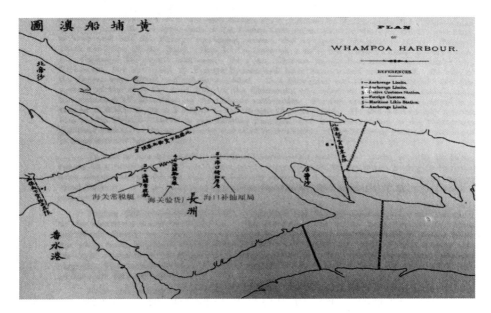

Plan of Whampoa Harbour

准将长洲岛上的黄埔总口迁至小马骝洲常关税厂，就近征税[①]。其次，"海关验货厂"是洋关机构，设立于 1860 年。最后，"海口补抽厘局"是征收商税的机构。1869 年两广总督瑞麟在省城厘务总局附设补抽货厘公所[②]，补抽省河进出口货厘，按货值抽百分之一。长洲岛上"海口补抽厘局"的设立应不早于 1869 年。

因此，该图最初绘制时间应为 1869 年至 1876 年间。

---

① 《大清德宗景皇帝（光绪朝）实录》卷三十五："光绪二年六月癸丑（二十四日）（1876 年 8 月 13 日）两广总督刘坤一等奏，长洲关口，移设附近澳门之小马骝洲，稽征各府往来澳门货税。"参见徐素琴：《晚清粤澳民船贸易及其影响》，《中国边疆史地研究》2008 年第 18 卷第 1 期。

② 江门市地方志编纂委员会：《江门市志》，广东人民出版社 1998 年版，"大事记"。

1. 海关常税艇

《黄埔船澳图》标注的"3—Native Customs Station"，即黄埔常关机构，中文标注为"海关常税艇"。笔者在研读相关文献过程中发现，该机构信息稀见于目前各类公开出版物中。比如：《广州海关志》《黄埔海关志》《广东省志·海关志》《中国海关通志》《中国海关百科全书》等书籍中均没有长洲岛上常关机构的记载。

近代常关的文献资料相对洋关来说十分匮乏，尤其是常关地图尤为稀少。一方面是因为常关较少采用近代洋关实施的一整套先进的西方统计方法和绘图技巧[1]；另一方面是因为常关对档案资料的重要性认识不足、重视不够，因此留存较少[2]。目前所见常关图纸多是常关总口所在的通商口岸，洋人测绘者在其能涉足的有限地方进行少量绘制而来。长洲岛上常关机构设立时间较短，文献记录较少，但其渊源可以上溯到1849年粤海关黄埔总口设立和1876年小马骝洲税厂征收澳门附近百货税厘等一系列广东口岸重大历史事件，因此《黄埔船澳图》虽然绘制简略，但弥足珍贵，具有重要的佐史价值。

2. 澳门总口和黄埔挂号口

1685年（康熙二十四年）清政府在东南沿海设立闽海关、粤海关、浙海关、江海关。其中，粤海关负责监管西方各国来华贸易。

---

① 粤海关大关各口（常关）和税务司公署（新关）都属于"粤海关"，业务上分工合作，机制上也互相补充。税务司远离口岸缉私需要与常关稽查员配合。税务司绘制地图，也需大关协助。
② 广州市地方志编纂委员会办公室等编译：《近代广州口岸经济社会概况——粤海关报告汇集》，暨南大学出版社1996年版，第114页《1874年广州口岸贸易报告》记载："常关方面非常警惕，对该处的贸易情况讳莫如深，习惯于每晚把香港华船的舱单连同其完税底根全部焚烧，从而对实际税收数字予以保密。"

同年粤海关在广州府南海县黄埔村设立黄埔挂号口。在此前一年的12 月，正在筹建中的粤海关在澳门设立正税总口——澳门总口。

第一次鸦片战争后，英国攫取了香港，并将香港作为对华贸易的大本营，直接影响了葡萄牙的商业利益。因此，葡萄牙煞费苦心想把澳门变成在其统治下的"自由港"，不断挑起事端，破坏粤海关澳门总口的相关设施，驱逐清政府在澳门的官吏和海关人员。1849年 5 月两广总督徐广缙、广东巡抚叶名琛、粤海关监督基溥商定实施"以商制夷"的对策，在《奏报酌移税口试办情形折》中奏称：澳门商民（福潮行、嘉应行等商人）不堪澳葡总督的横征暴敛，准备移市黄埔，"现在查勘离省六十里之黄埔，地本适中，房间亦颇凑合，业经悬立招牌，诹吉开市"；他们认为："查该处向为夷人货船停泊之所，本立有小税口，今商栈既多，即将澳门关口丁役人等移派此处同驻，所有添建税馆房屋，应由臣基溥动款办理。再，查澳门关口近三年所收税课，每年不过一万数千两，为数无多，易地亦尚可办"①。道光皇帝准奏后，澳门总口遂迁往黄埔，与黄埔挂号口合并成为黄埔总口。

1859 年（咸丰九年）后，粤海新关（洋关）成立，清政府聘用洋人帮办税务。广州口岸海关机构即有新关与常关的区分。新关，又称为"海关"（Maritime Customs）、"洋关"（Foreign Customs），由外籍税务司掌管，负责洋船贸易监管，执行条约口岸"协定税则"；原海关机构改称"常关"（Native Customs），仍由粤海关监督掌管，负责华商民船贸易监管，执行钦定户部则例"粤海关税则"（又称"户部税则"，后称"常关税则"）。黄埔总口是常关正税口，《黄埔船

---

① 《香山明清档案辑录》，第 794 页 "两广总督徐广缙等奏报酌移税口试办情形折"［道光二十九年闰四月初七日（1849 年 5 月 28 日）］。

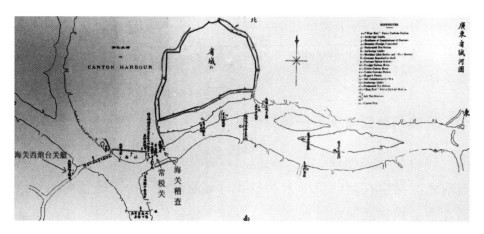

Plan of Canton Harbour

澳图》中将其标识为"海关常税艇"。华商用民船运载进出口货物进出澳门或黄埔，均需到"海关常税艇"缴纳关税。

"海关常税艇"的称谓，来源于常关监管用的交通艇。执行监管任务时，常关胥吏就乘坐停泊码头的交通艇前往民船。"当一艘船在黄埔下碇时，引水通过当地的一个税馆向海关监督上报它的到达……接着，两只小艇很快驶到船边，看看有无走私货物。两只小艇分别停泊于船尾两旁。"① 查同一时期粤海关绘制的 Plan of Canton Harbour（广东省城河图），其中"1—'West Fort' Native Customs Station"的中文标注名与《黄埔船澳图》中的"海关常税艇"类似，其标注为"海关西炮台关艇"，实际是常关花地口②；"11—Native

---

① 亨特：《广州番鬼录·旧中国杂记》，第 100 页。

② 常关花地口也称"花地查河艇分卡""花地查口"，参见 1902 年 3 月粤海关上报总税务 4934 号文附件《关于接收粤海常关及其有关工作情况报告》记载："……五所分卡，经与关部阁下进行几次通函后，业已于本月 15 日予以接管分卡如下：……总巡分卡……东炮台分卡……总查分卡……花地查河艇分卡……西炮台分卡"；《广州海关志》第 82 页："1902 年……同年 5 月 15 日移交总巡口、总查口、东炮台口、西炮台口及花地查口。"

Custom House"的中文标注为"常税关",是粤海关大关,负责征收
税款;"12—Native Customs Station"的中文标注为"海关稽查",是
常关稽查站。

3. 澳门总口与黄埔挂号口合并

1849年,黄埔挂号口与澳门总口合并组成粤海关黄埔总口,清
政府暂时结束在澳门延续160多年的海关管理。由于原黄埔挂号口
所在地黄埔洲的河面淤塞严重,不再适合停泊远洋船只,因此黄埔
锚地迁往长洲岛南麓一带,黄埔总口随之迁移到长洲岛[①]。

澳门总口之所以迁往黄埔,是因为澳门总口周边的海关机构只
有黄埔挂号口是最佳选择。各口地理位置可参见 Canton Decennial
Report,1882-1891(《粤海关十年报告,1882—1891》)所附 Sketch
Map Chu Kiang Or Pearl River。[②]

第一,最临近澳门总口的江门口是广州府内唯一单纯的华商贸
易正税口,负责监管西江、粤西等沿海各地具有进出口贸易性质的
民船贸易,但不负责监管外籍洋船的进出口贸易,而且江门不是条
约通商口岸。

第二,比较临近澳门总口的虎门挂号口,位于狮子洋咽喉处的
横档岛,战略地位十分重要,承担着保卫广州黄埔港的职责。第一

---

① 《香山明清档案辑录》,第799页"粤海关监督曾维奏请裁撤澳门委员以节糜
费片"[咸丰元年五月初七日(1851年6月6日)]记载:"道光二十九年间,澳门行店
因被西夷扰乱,禀请迁移黄埔码头贸易,经督臣徐广缙等会同前监督基溥奏明,将澳门
税口移在附近黄埔之长洲地方安设在案……今澳门税口既经移设长洲,该口附近关署所
有查验货色,征收税饷,现在均由大关经理,尽可归并大关,委员就近稽察。"
② 中国旧海关稀见文献全编《五十年各埠海关报告1882—1931》(二),第
222页。

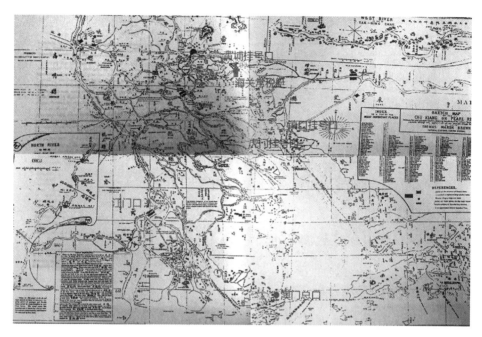

Sketch Map Chu Kiang Or Pearl River（局部）

次鸦片战争前，外国商船甚至不能在虎门口滞留寄泊，必须卸下炮位和违禁商品，才能进入黄埔港，否则虎门驻军可以取消其贸易资格并将商船驱逐出境。第一次鸦片战争后，虎门水道的战略地位并未削弱。从军事防卫角度来说，虎门挂号口不适合与澳门总口合并。

第三，虎门附近的镇口口主要是监管华商进出口贸易的挂号口，监管着来自东江、北江的民船贸易。

第四，长期以来黄埔口岸一直是西方国家对华贸易口岸，黄埔挂号口一直承担着对外贸易的监管职责。虽然第一次鸦片战争后清政府签订的各种条约对海关监管提出了新的要求，但总体上，黄埔口岸海关监管模式较为成熟。1849 年 8 月 6 日徐广缙等人在《奏报遵旨体察办理澳门夷务等情折》中称："至于福、潮行商，现在黄埔建造栈房，开通舟已有四家，月内可以竣工，其余各行约于九、十月间亦可一律藏事。该商省中均有行栈，近来货船络绎，到省城大关纳税，就近起货入栈，照常征收。"①

因此，鉴于澳门总口无法在澳门继续立足，将澳门总口迁往黄埔长洲并与黄埔挂号口合并是广东当局可做选择的最佳方案。正如道光皇帝上谕嘉许的那样："黄埔地本适中，即将澳门关口丁役人等移此驻守，一迁徙间，既可俯顺商情，并足使该夷（按：指澳门总督）坐困，且免糜帑与师，筹计较为周妥。"②

澳门总口迁往黄埔长洲，也引发一些社会问题。比如，在澳华商纷纷撤离澳门，导致澳门商业一度十分萧条；地方当局对澳门事务不再过问，"其流弊所至，如偷漏税课，招纳亡命，拐骗丁口，及作奸犯科等事难以枚举"③。再比如，前山同知英浚每月领取的薪水、工食等款项原本是由澳门总口津贴支付的。澳门总口迁移后，该款项无从筹发。经过徐广缙和粤海关监督明善酌议，自道光三十年四月起，每月大关在黄埔总口（长洲口）饷银项下拨出银280两，由该同知造册，赴大关支领，大关将其列入黄埔总口通关经费内开销。④澳门总口迁往黄埔，也使得清政府对澳门民船贸易的管控力度

① 《香山明清档案辑录》，第795页"两广总督徐广缙等奏报遵旨体察办理澳门夷务等情折"［道光二十九年六月十八日（1849年8月6日）］。
② 《香山明清档案辑录》，第795页"两广总督徐广缙等奏报遵旨体察办理澳门夷务等情折"［道光二十九年六月十八日（1849年8月6日）］。该折记载道光皇帝颁布上谕时间为五月初九日。
③ 《香山明清档案辑录》，第808页"总理各国事务奕劻等奏陈澳门议约事拟于洋药税厘并征案内设法筹办折"［光绪十三年二月二十三日（1887年3月17日）］。
④ 《香山明清档案辑录》，第799页"粤海关监督曾维奏请裁撤澳门委员以节糜费片"［咸丰元年五月初七日（1851年6月6日）］记载："按照大关等口委员书差应领薪水、工食准由税银内作正开销之例，自道光三十年四月起，每月在长洲口饷银项下拨出银二百八十两，由该同知造册，赴关支领，列入通关经费内开销。"

下降。此后，该地区走私贸易盛行，严重影响了清政府的关税收入和广东地方当局的财政收入。

4. "海关常税艇" 撤销

1858 年《中英通商章程善后条约》允许鸦片以"洋药"为名纳税进口。由于香港并非贸易口岸，而且澳门的清政府海关机构被关闭，中外鸦片商贩便在殖民地政府的庇护下，以港澳为基地，使用民船向内地大量走私鸦片。1868 年以后，广东当局在香山县前山和澳门内港入口处拱北湾内的一艘"周历"号船上设立厘卡，征收鸦片厘金。1871 年粤海关监督在拱北湾口小马骝洲岛（距离澳门南面约 1.5 公里）和前山设立常关税厂，自 1872 年起征收鸦片常税和厘金。小马骝洲税厂监管西南海岸与澳门的民船贸易，前山税厂监管西江流域和珠江三角洲地区与澳门的民船贸易。各机构地理位置见 Lappa Report，1887–1891（《拱北关报告，1887—1891》）所附地图 Sketch Map of Immediate neighbourhood of Lappa Stations。[1]

但是，贩运其他货物往来穗澳的民船，仍需要到长洲岛黄埔总口缴纳常税。"由于澳门处在粤西南地区与长洲之间，因此，来自粤西海岸的民船抵达澳门后，需先将货物暂存，待货主赴长洲报关纳税返澳后，才能将货物起岸贸易，给粤西海岸与澳门的民船贸易造成极大的不便。"[2] 长洲岛并非往来穗澳的必经之路，黄埔总口难以对往来穗澳之间的民船贸易进行监管征税，因此"海关常税艇"的业务量很小，形同虚设。而且商民经常抱怨前山进货、长洲缴税的模式十分不便，纷纷要求迁移或撤销长洲岛上的"海关常税艇"。

---

[1] 中国旧海关稀见文献全编《五十年各埠海关报告 1882—1931》（二），第 237 页。

[2] 徐素琴，《晚清粤澳民船贸易税收政策演变》，《人文岭南》第 56 期。

《Sketch Map of Immediate neighbourhood of Lappa Stations》

1876 年（光绪二年）两广总督刘坤一、粤海关监督文铦等人认为长洲岛上的黄埔总口并非"赴澳要路"，既不利于稽查走私，又不利于民船贸易，而且进出澳门的民船载运货物并非全是鸦片，民船走私漏税较为严重，于是"据澳门各商联名禀请，就近设关稽征，以便商旅，并请按部颁旧例输纳"[①]。长洲岛上的"海关常税艇"遂迁往小马骝洲。

外籍税务司对常税、厘金垂涎已久，挖空心思试图染指常关。1885 年中英《烟台条约续增专条》规定："鸦片入口，每箱（百斤）向海关一并缴纳税厘一百一十两（正税三十两、厘金八十两）后，由华商持凭单运往内地销售，中途不再征收任何捐税。"因此，1886 年总税务司赫德（Robert Hart）在香港和澳门分别与英国驻香港总督和葡萄牙驻澳门总督就查禁鸦片走私漏税问题进行谈判，最终商定设立拱北关[②]，取代常关，由税务司并征鸦片税厘。1887 年 4 月，经

---

① 见光绪二年六月二十四日刘坤一、文铦《奏请于小马骝洲地方设关征税折》，《清季外交史料》卷六，第 29—30 页。

② 《拱北海关志》"概述"记载："（拱北洋关）总关设在澳门，办理进口报关以及文书会计等工作，其他进出口货物的实际监管、查验、征税以及缉私等工作，则在澳门外围的分支机构办理"。

清政府批准，拱北关税务司法来格（E.d.Farago）接管小马骝洲、前山的两个常关税厂及其所属的石角、关闸、吉大等三个缉私卡，拱北关（洋关）正式成立。拱北关负责监管进出澳门的华籍民船及其所载货物，按《烟台条约续增专条》征收进口鸦片常税和厘

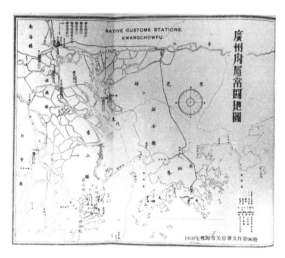

《Native Customs Stations KWANGCHOWFU》
（广州府属常关地图）1908 年绘制

金，按厘金税则代两广总督征收百货厘金。参见 1908 年粤海关绘制的 Native Customs Stations KWANGCHOWFU（广州府属常关地图）①。

1887 年 6 月 27 日两广总督张之洞与粤海关监督增润联名发布告示，宣布自 7 月 1 日起拱北关按户部税则代粤海关监督征收民船百货常税。自此，"海关常税艇"的使命告终，澳门附近的民船可以到拱北关缴纳常税②。

---

① 此图绘制于光绪三十四年（1908 年）八月，刊载于 1910 年粤海常关官署文件第 96 册。China Imperial Maritime Customs v-office series：customs papers No.96，"*Report on the working of the Canton Native Customs*"，Published for the Customs Archives by Order of the Inspector General of Customs，Shanghai Statistical Department of the Inspectorate General of Customs.1910. 厦门海关许毅明同志供图。

② 广东省社会科学院历史与孙中山研究所徐素琴在《晚清粤澳民船贸易税收政策演变》一文中指出："'澳门民船按常税税纳税'的说法失之笼统，并不准确。实际情况是：从 1844 年到 1876 年，所有进出口货物均按新定海关税则纳税；1876 年至 1887 年拱北海关建立前，也只有从澳门转口到内地的土货按常关税则纳税。"

（二）海关验货厂

《黄埔船澳图》标注的"4—Foreign Customs"，即黄埔分卡，中文标注为"海关验货厂"。

1860年1月11日黄埔分关在长洲岛设立，成为粤海洋关第一个隶属海关。第二次鸦片战争后，外籍往来穗港澳的轮船不断增多，对广东民船航运业产生越来越严重的冲击。经营穗港澳航线的轮船通常被称为"河轮""江轮"或"省港澳班轮"，以区别从远洋、沿海来黄埔的海轮和从事内河运输的民船。由于河轮不需在黄埔分关缴纳吨税和引水费，因此外洋轮船纷纷在香港起卸货物通过河轮往来省城。并且这一时期，黄埔水域淤塞逐渐严重，影响商船靠泊，往来船只日趋减少。黄埔分关的业务量下降，被降级为黄埔分卡。清末及民国初年，黄埔分卡的职能逐渐变为单纯的锚地管理。

由于粤港澳轮船大多兼营客运，船员和旅客夹带走私违禁物品

1898 年长洲岛上的粤海关黄埔分卡

的情况较为普遍，因此黄埔分卡经常派遣关员在分卡下游两公里处的艇艚洲一带（即《黄埔船澳图》店曹沙附近）登轮检查。小火轮、拖轮、机帆船等船舶出口时要在黄埔分卡报验，经分卡铃子手登轮检查无误，并在其出口舱单上签字盖印后才可以放行。

（三）黄埔锚地

珠江入海口的浅水古海湾经历漫长的地质年代，至明清时期基本形成现代珠江水系形态，其中广州至黄埔的港湾从内湖形态改为河道形态，黄埔至虎门的港湾形成漏斗形的狮子洋江面。珠江内外航道形态不同，使得广州港分为内港（一般称为广州港）和外港（黄埔港）。

1859 年 10 月粤海新关设立后，黄埔港长洲一带水域——"黄埔锚地"由黄埔分关管辖。1860 年 12 月粤海关税务司吉罗福和黄埔分关副税务司马地臣，根据《中英通商章程善后条约》（1858 年）第十款"任凭总理大臣邀请英人帮办税务并严查漏税，判定口界，派人指泊船只及分设浮桩、号船、塔表、望楼等事"条文，会商粤海关监督毓清和英、美、法等国领事，共同勘定了黄埔锚地泊船和管辖界线："黄埔泊船之界由第三沙滩（龙船沙）之峰，西北对至六步滘之东小冈为东界，或称下界；又由土瓜之南沙峰对至北边一涌，再由新洲头东边直至大河之北岸为西界，或称上界。各船停泊之处须在分关趸船与东界之中；其处在趸船以西至上界唯战船轮或等候招载或欲入澳（修理）等船与起卸木料之船湾泊。锚地内停泊船只由黄埔分关管理。若须停泊下界之下，须由粤海关理船厅指示。"①

---

① 《黄埔海关志》编纂委员会：《黄埔海关志》1996 年 6 月，第 19 页。

黄埔锚地（约 1845 年绘）

　　《黄埔船澳图》中的黄埔锚地与上述文字相符，北界位于今鱼珠码头—长尾围—新洲一线，西界位于今新洲码头至竹港一线，东界位于回龙市至艍艚沙东南一线。其范围比第一次鸦片战争期间英军绘制的《黄埔锚地示意图》的锚地范围要小，原因是 19 世纪初期黄埔挂号口前[①]的水道淤塞并不十分严重。此时黄埔口岸的海关机构仍位于黄埔洲黄埔村，尚未搬迁至长洲岛。

　　英军绘制《黄埔锚地示意图》中仅粗略将黄埔锚地划分为英国河段（English Reach）和美国河段（American Reach）等部分，而粤海关绘制的《黄埔船澳图》则详细标识了番水港经长洲岛店曹沙一带的水域界线。1860 年（咸丰十年）粤海关税务司废止了外籍船舶

----

　　① 英军绘制的黄埔锚地示意图中，标注"户部角"（Hope pt）的位置即为粤海关黄埔挂号口所在地。

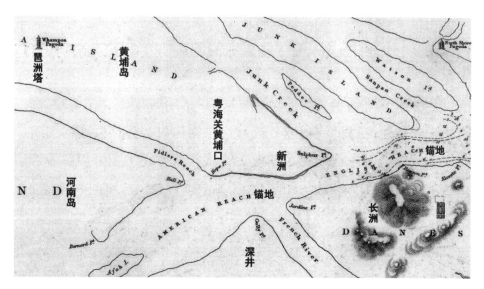

《黄埔锚地示意图》（第一次鸦片战争时期英军绘制）

在虎门停船申报及只准停泊黄埔的规定，允许外轮直驶广州内港停
泊。但随着内港河道淤塞，吨位较大的船舶无法进入内港，必须在
黄埔卸掉部分货物进行减载或者转由小船运往内港。远洋船舶抵达
黄埔水域时，必须首先停泊在《黄埔船澳图》所示的1、2、6界线内，
然后将进口货物卸到驳艇上转运内港；出口货物也要先通过驳艇从
内港运抵黄埔锚地，然后装上远洋船舶[①]。在此区域内起卸货，处于
海关胥吏的视线之内，便于海关监管。不在此区域起卸货，就有走
私嫌疑。

　　民国时期，由于狮子洋沙洲继续发育扩展，广州通海航道成为
受潮汐影响的一条从东南向西北渐狭的河口水道，并以《黄埔船澳

---

　　① 亨特《广州番鬼录·旧中国杂记》第101页记载："装运茶叶的船只在黄埔碇
泊的时间，若非遭遇大的阻碍，平均约3个月；但如果船上的回程舱货有丝，通常要有
6个月的时间才能办妥。届时碇泊所没有一艘外国船留下，都开走了。我曾几次见过这
种情况。"

图》中的"店曹沙"（即今舾艚洲）为界，分为上下两段水域。上段水域从沙面到"店曹沙"；下段水域，从"店曹沙"到珠江口垃圾尾岛。

1980年黄埔海关直属海关总署后，与广州海关划定了分管辖区。其中，珠江北河道的海运监管区域以东圃河口为界，以西河面属广州海关管辖，以东河面属黄埔海关管辖。该界线实际沿用了一百年前《黄埔船澳门图》中所绘的"起下货物北界线"。

（四）余论

《黄埔船澳图》是目前仅见的明确标注长洲岛上常关机构的地图，该机构见证了澳门总口被驱逐的历史事件和黄埔总口的发展变革。从黄埔洲上的"粤海关黄埔挂号口"和澳门的"粤海关澳门总口"到长洲岛上的"海关常税艇""海关验货厂"的160多年间，黄埔口岸海关赖以生存的珠江入海口水系、地貌、经济和社会环境不断变化，辖区水域盈缩、机构分合和关址变迁不断发生。这些变化一定程度上反映了口岸历史地理的变化和对外贸易的发展状况，也与清朝中期到近现代的若干重大历史事件密切相关，理应获得学界的高度重视和深入研究。结合近代海关绘制的航道、锚地、水系、港口等地图研究这些变化，可以以图证史、以图佐史，实现对文字史料的相互补充和印证。

十、从世界博览会展品到近代广东大宗出口货物

——以广东席类商品为例

摘要：本文结合清末海关参加世界博览会时编制的"中国展品目录册"和粤海关"年度贸易报告""十年报告"，对广东东莞、连滩等地出产的席类大宗商品对外贸易情况进行考察。从世界博览会展品来源地变化和粤海关近代出口贸易统计数字上，可以看出广东草席参展博览会极大促进了该类商品的出口贸易，但同时由于质量下降、成本提升、竞争激烈、战争影响以及其他口岸分流等因素，20 世纪初广州口岸草席出口日趋衰落，这从一个侧面反映了近代广东地区外贸经济活动的变化情况。

关键词：世界博览会　广州口岸　草席　出口贸易

明清时期，广东农业商品经济的发展居于全国前列，"一些府、州、县农村经济作物的发展，农产商品化程度，已经超过了江南五府而跃居第一位"[①]。尤其是东莞、连滩等地区的农业生产结构日趋商业化，出现了水草种植等专业生产基地。充足的原料供应，促进了当地水草编织和对外贸易的长足发展。清末广东草席成为广州口岸传统大宗出口商品之一。当地的水草种植、地席生产和出口反映了广州口岸对外贸易的发展状况。

---

① 李华：《明清时代广东农村经济作物的发展》，《清史研究集》第 3 辑第 149 页。

（一）广东草席基本情况

广东地处亚热带，濒临海洋，雨水充足，河流众多，盛产咸水、淡水两类水草。1873 年奥地利维也纳博览会展品目录册中记载："这种水草被称为'Arundo mitis'，包括几种类型，比如其中一种生长在咸水地中，一种生长在淡水中。……绝大部分织造原料产于靠近广州的虎门口（Bogue）东北部的东莞（Tungkun）地区，虎门（Fumun）附近据说盛产咸水草；淡水草生长在连滩［Lintan，靠近广西边界的罗定州（Loting deparment）的一个集镇］附近，足够每年编织 3000 卷席子。"①《粤海关十年报告（1922—1931）》也记载："本省主要农产品有：……水草，在东莞及连滩地区种植。"②除东莞、连滩两地外，广东番禺、中山等地也生产各类水草蒲草。

水草是良好的织席材料，可以编织成为覆盖房屋地面的地席和日常起居用的床席。19 世纪中期，随着美国西部大开发和淘金热的兴起，华工大量进入美国。尤其是广东华工以契约劳工的身份赴美劳作，带去了不同的生产和生活方式，也使得质地优良的广东地席长期畅销欧美，一直延续到民国时期。

1. 莞草和莞席

珠江三角洲沿海地区由于海潮涨退引发咸淡交替，适宜一种杂草生长，当地人称之为"扁草""三丫草""咸草"。这类咸水草以东

---

① China Port Catalogues of the Chinese Customs' Collection at the Austro-hungarian Universal Exhibition, Vienna, 1873. pp.444-445.

② 广州市地方志编纂委员会办公室、广州海关志编纂委员会编译：《近代广州口岸经济社会概况——粤海关报告汇集（1860—1949）》（以下简称《粤海关报告集》），暨南大学出版社 1995 年版，第 1081 页。

莞所产质量最佳，东莞县志统称东莞水草为"莞草"[1]。有研究者认为，东莞得名，就是因为地处珠江三角洲东部、东江下游的水乡地带，且境内盛产莞草。[2]

莞草

莞草茎高柔软，质地坚韧，既是当地先民就地取材的薪火燃料，又是棚居蔽雨、捆物吊重的生产生活物料，后来又被织成席子成为家居用品。以莞草编织的草织品具有编织精细、色泽鲜明、拉力强、长度长等特点。东莞的莞草种植和编织至少已有2000多年的历史。据《礼记》载，周代已有以莞（蒲草）编织的莞席了。南北朝的《宋起居注》记载："广州刺史韦朗，作白莞席三百二十领。"宋朝时期，东莞地区已经大量生产草席。[3]宋文帝元嘉年间（424—453年）已有用莞草编成草席进行贸易的记载。元代，莞席受到波斯等国人民的喜爱。

① 《东莞市厚街镇志》编纂委员会编：《东莞市厚街镇志》，广东人民出版社2015年版，第443页。

② 秦汉时东莞属南海郡番禺县地，部分属博罗县。东汉顺帝时（126—144年）分番禺、立增城，东莞地属增城。三国黄武中（222—229年）分增城，立"东官"郡，并在莞地设置司盐都尉于东官场。东莞得名，可能源于此。东晋咸和六年（331年），东莞立县，初名宝安县。唐肃宗至德二年（757年）更名为东莞。东莞得名另一种说法是：西汉时山东曾置有东莞郡；至今山东省日照市莒县仍置有东莞镇。清末民初陈伯陶主编《东莞县志》认为东莞得名应是中原衣冠士族南下萃居，为北方侨置郡邑的原因。参见黄树森主编《东莞九章：现代化中的东莞现象与东莞想象》，花城出版社2008年版，第117、429页。

③ 徐燕琳编著：《广东传统非物质文化》，暨南大学出版社2012年版，第171页。

明代大量销往东南亚各地。① 清代中期，东莞从连滩等地引入人工种植水草的方法。得益于东莞气候、土壤、水质等优良条件，人工种植的莞草品质上乘，甚至优于久负盛名的祁阳、宁波、郁南等产地的水草。鸦片战争后，莞席获得了外商的格外青睐②。

2.连滩水草及地席

据《广东省志·对外贸易志》记载：嘉庆五年（1800 年）前后，广东郁南连滩及肇庆等地的水草蒲草编织品已有出口。现在仍沿用的家用连滩杂花席、家用连滩草席就以当时的产地连滩命名，肇庆花席花篮是用肇庆、高要一带盛产的蒲草编织而成，在国内及东南亚享有盛名。1995 年版《郁南县志》记载："清朝中期，该县连滩草席已小有名气。转入民国，手工业已相当发达，所产连滩草席驰名遐迩。"③

郁南连滩、河口、大湾等地一带水田盛产"三角草"（方草），旱地盛产"石螆草"（圆草）。生产的草席种类主要有地席、挂席、床席等，尤其以横经席（床席）为传统手工席的典型代表。横经席以席草为纬，麻绳为经，用木机编织为床席，质地平滑幼细、夏凉冬温、厚软适度、结实耐用。而且连滩席草多在淡水田种植，因此气香味淡，无咸味，不易发潮。由于郁南草席久负盛名，清末民初东莞商人也在郁南连滩设庄生产，产品除床席外，还有挂席、地席，出口外洋，获利颇丰。

---

① 东莞市地方志编纂委员会编：《东莞市志》，广东人民出版社 1995 年版，第 2、526 页。

② 《东莞市厚街镇志》，第 443 页。

③ 潘娟：《浅谈横经席制作技艺的传承与保护》，《文艺生活下旬刊》2016 年第 7 期。

清末民初，连滩席、莞席作为广州口岸出口大宗商品，参展了数届世界博览会，获得了较高评价。中国海关编制的 1904 年美国圣路易斯博览会展品目录册中刊登了由英国新旗昌洋行吉尔曼（L.H.Gilman）撰写的草垫和草席的编织工艺介绍文章。吉尔曼记载：连滩和

郁南县横经席制作

东莞是主要产地，前者产品等级较高，后者产品等级通常较低。一些中等等级地席和垫子、地毯等产品在广州附近地区制造。不同等级和质量的席子可从重量上区分出来。最低等级是（每卷）40—45 磅，最高等级 120—125 磅。高等级席子较为稀少，因为用于这种等级的水草产量不高。中等和普通等级的水草每年 8 月、10 月各收割一次，高等级席子用的水草每年仅在 10 月份收割一次。最好的席子是由连滩制造商生产的，两人使用一台织机每月可编织连滩席 3 至 4 卷，东莞工匠可以编织莞席 9 至 10 卷，广州工匠可以编织 5 至 6 卷。[①] 可见，莞席产量较大，但质量一般；连滩席的质量较高，但产量较低。

吉尔曼还记载：用于经线的麻绳来自广东东莞，每卷地席大约需用 10 磅麻线。[②]

---

① China Catalogue of the Collection of Chinese Exhibits At the Louisiana Purchase Exposition ST. LOUIS，1904，pp.313-314.

② China Catalogue of the Collection of Chinese Exhibits At the Louisiana Purchase Exposition ST. LOUIS，1904，p.314.

3. 广东草席参展世博会的情况

清朝末期，广东草席作为广州口岸大宗出口商品参加了数届世博会的展览。在世博会上，广东草席富有浓郁的东方情调，且质优价廉、经济实用，获得了广泛赞誉和参观者的认可。"正如美国学者Jennifer Pitman 所言，中国展品在商业上还是取得了成功，无论博物馆、个人收藏者还是普通参观者，都愿意购买一些富有异国情调的中国展品。"[①]

1873 年清政府第一次以官方名义组织并派代表参加了奥地利维也纳世博会。这届世博会上，广东送展的样品和标本中包括地席（Tee-tsek，i.e."floor mats"）。中国海关编制的博览会展品目录中记载地席"用于覆盖房屋地面"，"织造厂位于三个地方：广州、连滩和东莞。后者仅编织浅色的红白相间格子图案的品种；连滩，也仅生产类似简单花式的席子，而那些更复杂的席子在广州制造。莞草被送往广州、连滩进行编织。少量常见品种的席子在香港制造"。[②]

1876 年美国费城世博会展品目录册中第 229 类"草、藤、椰壳和树皮的编织物"第 2406 条目，记载了参与博览会工作的美国旗昌洋行（Russell & Co.）送展的来自广州口岸的席类展品，这是此次中国展品中唯一的草席（Straw Matting）产品。海关目录简要介绍了草席的原料、加工、价格和外销情况，指出广东省是席子编织业主要地区。[③]参展草席样品获得了博览会主办方的奖励，评语是："不同

---

① 李爱丽：《世界博览会与近代广州外销商品——以 1876 年费城博览会为例》"异趣·同辉——清代外销艺术品国际学术研讨会"论文，2013.8.17 广州，广东省博物馆。

② China Port Catalogues of the Chinese Customs' Collection at the Austro-hungarian Universal Exhibition, Vienna, 1873. pp.444-445.

③ China Catalogue of the Chinese Imperial Maritime Customs Collection at the United States International Exhibition, Philadelphia, 1876. pp.21, 23.

等级的草席样品，相当优秀。"①

　　1878 年法国巴黎世博会展品目录册中第 21 类"地毯、挂毯等装饰织物"第 293、294 条目，记载了美国旗昌洋行（Russell & Co.）送展的来自广州口岸的草席类展品。海关目录简要介绍了草席的原料、产地、加工、价格和外销情况，指出中国南部省份受到亚热带气候影响，主要用水草或藤来编织席子；广州口岸席子出口为大宗。② 在本届巴黎博览会上，广东草席获得了铜奖。③

　　1904 年美国圣路易斯博览会展品目录册中第 43 组中记载了英国新旗昌洋行（SheWan, Tomes & CO.）送展的来自广州口岸的草席类展品。该组 2871—2875 "室内装饰用地毯、挂毯和织物"目录中，记载展品包括：1 套织布机和配件、4 把用于刷洗席子的椰棕、1 个用于缝制包装的竹针、1 把用于劈开草秆的刀、1 把用于切边的刀；5 幅席子制作过程的示意图。该组 2876—2880 "席子"目录中，记载展品包括：1 卷 110—125 磅的无缝白色连滩草席、1 卷 40—45 磅的无缝超精细花式席纹宁波草席、1 卷 110—120 磅无缝花式席纹草席、1 卷 110—125 磅无缝白色宁波草席、1 卷特级锦缎席，上述席类展品的尺寸均为 40 码乘 1 码。④ 该组 2881—2940 "垫子"和

　　① Francis A. Walker ed., International Exhibition, 1876. Reports and Awards. Vol. V. Washington：Government Printing Office，1880. p.57. 转引自李爱丽《世界博览会与近代广州外销商品——以 1876 年费城博览会为例》。

　　② CHINE DOUANES MARITIMES IMPéRIALES CATALOGUE SPéCIAL DE LA COLLECTION EXPOSéE AU PALAIS DU CHAMP DE MARS, EXPOSITION UNIVERSELLE, PARIS, 1878. p.13.

　　③ Inspector general's Circular（总税务司通令）.Vol.II, Second Series, 1876-1882.No.96.p.192. Extract from Mr. Jamieson's Despatch . 转引自李爱丽《中国参加 1878 年巴黎博览会述略》,《中国社会经济史研究》2003 年第 2 期。

　　④ 1 码 ≈ 0.9144 米。

2941—2943"地毯"目录中，记载了各类材质的垫子、地毯等展品。[①]

4. 世博会展品目录册中关于织席工艺的介绍

1873 年奥地利维也纳博览会展品目录册中详细记载了水草的染色工艺和地席的制作过程，指出："地席是一种水草编织品。水草的天然颜色是浅绿色；它们未经漂白，会在使用过程中颜色变浅。为了生产不同品种，其中一些要具有美观雅致的样式，水草在编织前必须染色。通常的颜色是：（1）红色；（2）绿色；（3）黄色；（4）深蓝色（也称为褐色和黑色）。红色是迄今为止使用最多的颜色。在不同种

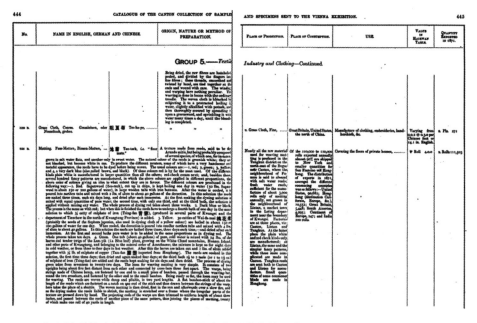

1873 年奥地利维也纳世博会展品目录中有关地席的记载

---

① China Catalogue of the Collection of Chinese Exhibits At the Louisiana Purchase Exposition ST. LOUIS, 1904, pp.312–314.

类中，白色席子生产量比所有其他的都要大；其次是红格花纹的席子；除此之外，对水草按上述颜色的不同比例进行染色，可以编织数百种花式图案。上述颜色的编号顺序显示出它们的受欢迎程度。"①

1876 年美国费城世博会展品目录册中介绍了织席工艺。介绍内容与 1873 年维也纳博览会展品目录中大致相同，但更为简明扼要。首先是介绍了编织席子的原料水草生长环境和自然颜色；然后介绍了染色材料包括苏木、硫酸铜、明矾和硫酸铁等；最后介绍了织布机的工作原理。比 1873 年维也纳博览会展品目录中多介绍了织布机的情况：织布机由两个相距 5 英尺的立柱和 3 英尺宽的横杆连接组成。②

1878 年法国巴黎世博会展品目录册中记载了织席工艺，介绍内容比 1873 年维也纳博览会展品目录中的记载更为简明扼要，又比 1876 年美国费城世博会展品目录中的内容略显详细。其中介绍黄色染料槐花米来自山东，蓝色染料靛蓝来自广东和海南。③

1904 年美国圣路易斯博览会展品目录册中，吉尔曼介绍了织布机工作原理、席草染色过程和地席编织工艺，内容与 1873 年奥地利维也纳博览会展品目录册中记载大致相同。结合其他史料可以看出，清末民初数十年间广东地席编织工艺一直沿袭着传统手工编织方式，生产效率提升有限。吉尔曼指出：席子都是手工制作，两个人不论男女即可操作一台织布机进行编织。在东莞，订货商提供花样和足

---

① China Port Catalogues of the Chinese Customs' Collection at the Austro-hungarian Universal Exhibition，Vienna，1873. p.444.

② China Catalogue of the Chinese Imperial Maritime Customs Collection at the United States International Exhibition，Philadelphia，1876. pp.21，23.

③ CHINE DOUANES MARITIMES IMPÉRIALES CATALOGUE SPéCIAL DE LA COLLECTION EXPOSÉE AU PALAIS DU CHAMP DE MARS，EXPOSITION UNIVERSELLE，PARIS，1878. p.13.

东莞展览馆内展示编席工艺的蜡像

量水草，由织工带回家使用自家织布机编织成席。连滩最大的经销商在广州也设有自己的车间。①

　　虽然编织工艺一直传承沿袭，但染剂有所变化。据《东莞市志》记载：清末东莞从德国进口化学染料，使原本单一红色变成多种颜色的图案花席。②吉尔曼则明确记载：苯胺染料用于低等级水草染色，苏木（进口木材）用于高等级水草染色。③可见当时人工合成染剂如苯胺等已广泛应用于广东水草的染色工序。不过这种人工合成染剂的染色效果虽佳，却比传统染色工艺中使用的天然矿物、植物染料毒性更大，且经日光照射容易褪色。

----

① China Catalogue of the Collection of Chinese Exhibits At the Louisiana Purchase Exposition ST. LOUIS, 1904, p. 313.

②《东莞市志》，第 408 页。

③ China Catalogue of the Collection of Chinese Exhibits At the Louisiana Purchase Exposition ST. LOUIS, 1904, p. 314.

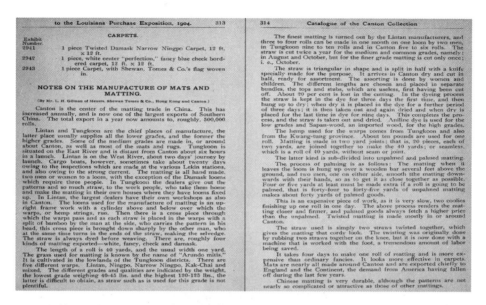

1904 年美国圣路易斯博览会展品目录册中吉尔曼关于地席的介绍文章

（二）广州口岸草席出口情况和贸易特点

1. 出口贸易数据

粤海关"年度贸易报告"和"十年报告"中，记载了广州口岸席类大宗商品的出口情况。但"许多进出口货物是由本地民船载运的，不在洋关的管辖范围之内，而中国人对通过其关卡的货物统计不严，所以，很难对贸易做出准确的评价"[1]；而且"本埠密迩香港，故其海关统计数字，向不足代表贸易之实况"[2]。鉴于粤海洋关无法准确统计穗港之间民船贸易和走私贸易数据，因此粤海关报告中记载的莞席、连滩席等出口量仅可以作为广东草席外贸数据的参考。

---

① 《粤海关报告集》，《1864 年广州口岸贸易报告》，第 4 页。

② 《粤海关报告集》，《民国 28 年海关中外贸易统计年刊》（粤海关部分），第 820 页。

广州口岸地席出口统计表（1860—1948年）

年份	地席出口量（卷、捆）		数据来源	备注
	运往外洋口岸	运往沿海口岸		
1860	87,000		《1864年广州口岸贸易报告》、《1881年广州口岸贸易报告》①	
1861	23,906		《1866年广州口岸贸易报告》	美国内战爆发，需求量不大
1862	41,548		同上	美国内战，需求量不大
1863	24,994		同上	美国内战，需求量不大
1864	37,681		《1864年广州口岸贸易报告》	美国内战，需求量不大
1865	59,730		《1865年广州口岸贸易报告》	美国内战结束，需求量增加
1866	89,853	55	《1866年广州口岸贸易报告》	美国需求量增加，该年另有草席往外洋出口96,723件，往沿海口岸18,757件；草编制品往外洋出口295.78担，往沿海口岸978.77担；草帽往外洋口岸出口654,397件，在沿海口岸1609件。具体产地均不洋

① 《粤海关报告集》第258—259页记载："1860年出口货值超过10万海关两的仅有6个品种，即……地席（214,516海关两）"，根据该书第257页记载1860年地席每卷5.33海关两，可计算出该年地席出口量为40,247卷，与该书第7页记载1860年草席出口8.7万卷数量不符。

续表

年份	地席出口量（卷、捆）		数据来源	备注
	运往外洋口岸	运往沿海口岸		
1867	91,139	22	《1867年广州口岸贸易报告》	该年前8个月，民船载运地席出口约165,474卷，价值827,370元。该年另有草席往外洋出口10,006件，在沿海口岸出口95.56担，在沿海口岸472.65担；草编制品往外洋口岸出口97,695件；草帽往外洋口岸出口236,983件，在沿海口岸2111件。具体产地均不详
1868	71,000		《1868年广州口岸贸易报告》	由于1867年过量出口，导致该年出口减少
1869	87,600		《1869年广州口岸贸易报告》	
1870	72,124		《1871—1872年广州口岸贸易报告》	价值432,737元
1871	111,503		同上	价值66,9018元
1872	115,220		同上①	价值614,507元

① 《粤海关报告集》第81页记载："地席 这是用几种水草，如蒲草或其他类水草编织而成的。地席是广东的一项特产，有各种颜色和各种款式，且用途广泛，在欧洲和北美、南美洲越来越受欢迎……最长的地席，有4英尺宽，30—40码长。在116220卷中，1872表格中1872年出口115,200卷有出入），价值614,507元的地席中，只有2505卷运到中国各口岸；其余的都出口以满足国外国市场需要。"

续表

年份	地席出口量（卷、捆）		数据来源	备注
	运往外洋口岸	运往沿海口岸		
1873	90,576		《1877年广州口岸贸易报告》	
1874	98,229		《1876年广州口岸贸易报告》、《1877年广州口岸贸易报告》	
1875	76,686		同上	
1876	62,008		同上	出口下降原因是对美贸易减少。该年约1万卷地席出口美国
1877	108,263		《1877年广州口岸贸易报告》	除1500卷直接运往外国口岸外，其余全部运往香港后转运美国。该年出口量大增，1876年出口量小，主要原因是1875年，国外存货已经售完
1878	106,000		《1878年广州口岸贸易报告》	1878年法国巴黎世博会展品目录册中记载每年广州口岸出口10000至120000卷席子 ①

① CHINE DOUANES MARITIMES IMPÉRIALES CATALOGUE SPÉCIAL DE LA COLLECTION EXPOSÉE AU PALAIS DU CHAMP DE MARS, EXPOSITION UNIVERSELLE, PARIS, 1878. p.13.

续表

年份	地席出口量（卷、捆）		数据来源	备注
	运往外洋口岸	运往沿海口岸		
1879	84,000		《1879年广州口岸贸易报告》	
1880	160,326		《1880年广州口岸贸易报告》	上年美国市场存货较多
1881	92,192		《1881年广州口岸贸易报告》	大部分运往美国①
1882	122,247		《粤海关十年报告（1882—1891）》	出口值比1880年减少188,716海关两
1883	141,132		同上	
1884	85,504		同上	
1885	72,839		同上	
1886	137,852		同上	
1887	140,018		同上	

① 《粤海关报告集》第259页记载："1881年（出口价值）超过10万海关两的有16个品种，即……地席（324,326海关两）"，根据该书第257页记载1881年地席每卷2.9海关两，可计算出该年地席出口量为111,837卷，与该书第267页记载"1881年出口地席92,192卷"数量不符。

续表

年份	地席出口量（卷、捆）		数据来源	备注
	运往外洋口岸	运往沿海口岸		
1888	155,605		《光绪十五年广州口华洋贸易情形论略》《光绪二十四年广州口华洋贸易情形论略》《粤海关十年报告（1882—1891）》	该年轮船出口15.5万捆，民船出口2万捆①
1889	228,929		《光绪十五年广州口华洋贸易情形论略》《粤海关十年报告（1882—1891）》	出口估值约关平银62万两
1890	177,645		《光绪十六年广州口华洋贸易情形论略》《粤海关十年报告（1882—1891）》	
1891	208,825		《光绪十七年广州口华洋贸易情形论略》《粤海关十年报告（1882—1891）》	该年美国规定地席进口免税，导致输入美国数量大增

① 《粤海关报告集》第310页记载："（1889年）地席一项，运出口者228，929捆，比十四年（按：1888年）多7.3万捆"，据此可计算1888年地席出口约15.5万捆。该书第377页记载："再查前数年合轮渡两船出口地席总数……计光绪十四年出口地席17.5万余捆"，可推断1888年轮船出口地席15.5万捆，民船出口2万捆。

续表

年份	地席出口量（卷、捆）		数据来源	备注
	运往外洋口岸	运往沿海口岸		
1892	约300,000		《光绪十八年广州口华洋贸易情形论略》《光绪二十四年广州口华洋贸易情形论略》《粤海关十年报告（1892—1901）》	轮船出口15.5万捆，民船出口约14.5万捆①；根据《粤海关十年报告（1892—1901）》记载，该年由轮船和民船从广州载运出口美国的地席为25.5万卷，运往欧洲约4万—5万卷
1893	约350,000		《粤海关十年报告（1892—1901）》②	
1894	约280,000		同上	该年由轮船和民船从广州载运出口美国的地席为23.3万卷，运往欧洲约4万—5万卷
1895	约430,000		同上	该年由轮船和民船从广州载运出口美国的地席为38.6万卷，运往欧洲约4万—5万卷

① 根据《光绪十八年广州口华洋贸易情形论略》（见《粤海关报告集》第332页）"（按：1892年）地席出口共有15.5万捆"，《光绪二十三年广州口华洋贸易情形论略》（见《粤海关报告集》第377页）"再查前数年合渡两轮船出口地席总数……十八年出口30万余捆"，可推断1892年轮船出口地席15.5万捆，民船出口约14.5万捆。

② 根据《粤海关十年报告（1892—1901）》，1893年由轮船和民船从广州载运出口美国的地席为31,000卷，运往欧洲约4万—5万卷（见《粤海关报告集》第913页），推断该年由轮船和民船从广州载运出口地席35,000卷，运往欧洲约4万—5万卷。另：《光绪十九年广州口华洋贸易情形论略》记载1893年广州口岸由轮船船运出口地席28.7万捆，估值约关平银103.3万两；该年中国出口地席共计40万捆。（见《粤海关报告集》第341页）

续表

年份	地席出口量（卷、捆）		数据来源	备注
	运往外洋口岸	运往沿海口岸		
1896	约650,000		同上①	
1897	约350,000		同上②	
1898	约450,000		同上③	
1899	约500,000		同上	该年由轮船和民船从广州载运出口美国的地席为45万卷，运往欧洲约4万—5万卷

① 根据《粤海关十年报告（1892—1901）》，1896年由轮船和民船从广州载运出口美国的地席为60万卷，运往欧洲约4万—5万卷（见《粤海关报告集》第913页），推断1896年广州口岸出口地席65万卷，但《光绪二十四年广州口华洋贸易情形论略》（见《粤海关报告集》第377页）记载："二十二年（按：1896年）出口55万担"，数量不符。

② 根据《粤海关十年报告（1892—1901）》，1897年由轮船和民船从广州载运出口美国的地席为30万卷，运往欧洲约4万—5万卷（见《粤海关报告集》第913页），推断1897年广州口岸出口地席35万卷，但《光绪二十三年广州口华洋贸易情形论略》（见《粤海关报告集》第370页）记载："（按1807年）地席在香港出口运往外洋，共约45万捆，均系广州所出。内由轮船装去者28.7万捆，其余悉系民船载往"，数量不符。

③ 根据《粤海关十年报告（1892—1901）》，1898年由轮船和民船从广州载运出口美国的地席为40万卷，运往欧洲约4万—5万卷（见《粤海关报告集》第913页），推断1898年广州口岸出口地席45万卷；但根据《光绪二十四年广州口华洋贸易情形论略》（见《粤海关报告集》第377页）记载："（按1898年）地席，由轮船出口列入本关册内者，本年共20.2万余捆；此外，尚有装渡船自广州出口7万余捆，自东莞出口12.8万余捆，可推断1898年广州口岸出口地席为40万捆。两者数量不符。

续表

年份	地席出口量（卷、捆）		数据来源	备注
	运往外洋口岸	运往沿海口岸		
1900	约500,000		同上	该年由轮船和民船从广州载运出口美国的地席为46万卷，运往欧洲约4万—5万卷。另：《光绪二十六年广州口华洋贸易情形论略》记载出口价值54万余海关两，但出口数量未载
1901	约480,000		同上	该年由轮船和民船从广州载运出口美国的地席为43万卷，运往欧洲约4万—5万卷
1902	260,000		《光绪二十八年广州口华洋贸易情形论略》	出口价值1,773,841海关两
1903	460,000		《光绪二十九年广州口华洋贸易情形论略》	
1904	500,000		China Catalogue of the Collection of Chinese Exhibits At the Louisiana Purchase Exposition ST. LOUIS, 1904	1904年美国圣路易斯博览会展品目录册中，吉尔曼指出：广州是中国席类商品贸易中心。地席已成为华南最大宗出口货品之一。每年出口总量约50万卷①
1905			《光绪三十一年广州口华洋贸易情形论略》	比1904年减少约1.4万捆

① China Catalogue of the Collection of Chinese Exhibits At the Louisiana Purchase Exposition ST. LOUIS, 1904, p. 313.

续表

年份	地席出口量（卷、捆）		数据来源	备注
	运往外洋口岸	运往沿海口岸		
1906			《1906年广州口岸贸易报告》	比1905年减少5万卷
1907	313,580		《光绪三十四年广州口华洋贸易情形论略》	出口价值2,433,380海关两
1908	243,643		同上	出口价值1,890,670海关两
1909	232,777		《宣统二年广州口华洋贸易情形论略》	
1910	315,792		同上	
1911	355,240		《宣统三年广州口华洋贸易情形论略》	
1912	217,641		《中华民国元年广州口华洋贸易情形论略》	
1913	157,259		《中华民国2年广州口华洋贸易情形论略》①	

① 《东莞市志》第408页记载："1910—1914，是草织品出口的高峰，每年输出草织品约18万包，仅东莞地席的出口，数量即很客观。如民国2年（1913）出口262,464捆，款额达2,036,720两（海关两）"；第649页记载："辛亥革命前数年，东莞席类出口每年15万包左右，1914年出口约18万包"。《东莞市志》中的莞席出口数量与粤海关年度报告记载不符。

续表

年份	地席出口量（卷、捆）		数据来源	备注
	运往外洋口岸	运往沿海口岸		
1914	113,472		《中华民国3年广州口华洋贸易情形论略》	
1915	62,486		《中华民国4年广州口华洋贸易情形论略》	
1916	145,590		《中华民国6年广州口华洋贸易情形论略》	
1917	44,146		同上	
1918	21,542		《中华民国7年广州口华洋贸易情形论略》《中华民国8年广州口华洋贸易情形论略》	
1919	98,745		《中华民国8年广州口华洋贸易情形论略》	
1920	约143,745		《中华民国9年广州口华洋贸易情形论略》	地席出口量比1919年增加4.5万卷
1924	171,000		《粤海关民国14年华洋贸易统计报告书》	
1925	63,000		同上	

续表

年份	地席出口量（卷、捆）		数据来源	备注
	运往外洋口岸	运往沿海口岸		
1926	91,205		《粤海关民国15年华洋贸易统计报告书》	出口草席和地席价值共计280万海关两
1930	81,000		《民国20年海关中外贸易统计年刊》（粤海关部分）	出口草席和地席价值共计530万海关两①
1931	70,027		同上	另出口水草1100吨，草绳约350吨
1936	64,000		《东莞市志》②	另年均出口草绳325吨，绳席类约60,000包，蔺席类约5000包
1946—1948	年平均出口草席类约8.5万包		同上	

① 《粤海关报告集》第794页记载："草席及地席，出口价值，由280万两增至530万两。床席，为83.1万条，而上年则仅500万条。地席，则由8.1万卷（民国19年）的500万条，因此此处关于民国20年床席出口83.1万条的记载疑似有误。地席，则由8.1万卷减至70,027卷"，根据草席及地席出口价值增长，而地席出口数量下降判断，床席出口数量应该大于上年。

② 《东莞市志》，第649页。

广州口岸床席出口统计表（1910—1930 年）

年份	床席出口量（条）	数据来源	备注
1910	2,424,318	《宣统二年广州口华洋贸易情形论略》	
1911	2,751,701	《宣统三年广州口华洋贸易情形论略》	
1912	2,420,207	《中华民国元年广州口华洋贸易情形论略》	
1913	2,887,768	《中华民国 2 年广州口华洋贸易情形论略》	
1914	2,670,870	《中华民国 3 年广州口华洋贸易情形论略》	
1915	1,817,400	《中华民国 4 年广州口华洋贸易情形论略》	
1918	521,108	《中华民国 7 年广州口华洋贸易情形论略》、《中华民国 8 年广州口华洋贸易情形论略》	
1919	2,001,687	《中华民国 8 年广州口华洋贸易情形论略》	
1924	3800000	《粤海关民国 14 年华洋贸易统计报告书》	
1925	6,500,000	同上	
1930	5,000,000	《民国 20 年海关中外贸易统计年刊》（粤海关部分）	

2. 贸易特点

（1）地席出口呈"倒 V"字形走势

同治年间（1862—1874 年）广州口岸地席出口缓慢增长，1873 年前后每年出口仅 10 万卷左右。随着广东地席连续参展 1873 年奥地利维也纳博览会、1876 年美国费城世博会、1878 年法国巴黎世博会等博览会，出口量大幅增加。光绪年间（1875—1908 年）后期，尤其是 1900 年前后整体出口量达历史最好水平，成为广州口岸大宗出口商品之一。粤海关报告记载："（1880 年）地席出口值仅次于丝、茶、糖而居第四位。在广州众多的制造业中，没有哪行比编织草席更能赚钱。"[1]

---

[1] 《粤海关报告集》，第 250 页，《1880 年广州口岸贸易报告》。

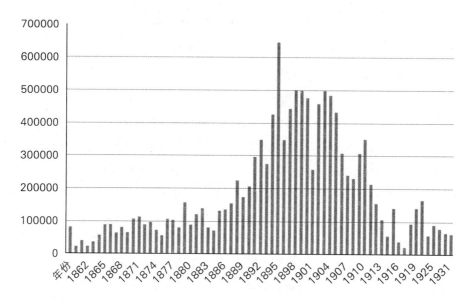

广州口岸地席出口量图

　　1896 年（光绪二十二年）地席出口约 65 万卷，是历年最大出口量。广东地席参展 1904 年美国圣路易斯博览会的当年，出口量达 50 万卷。从广州口岸地席出口整体趋势上看，广东地席在清末民初积极参展近代世博会的 30 年间，出口量有明显增加。可见，参加世博会，有助于提升广东地席的世界影响力，推动国际贸易增长。

　　宣统及民国年间，由于各种原因，广州口岸地席出口贸易急剧萎缩。1918 年广州口岸只出口 21542 卷，一度退回到 55 年前的 1863 年出口水平。此后到解放前，广州口岸每年出口地席仅维持在 10 万卷左右。

　　（2）床席出口短期繁荣

　　粤海关报告中，鲜有民国之前的广东床席出口数据。1910 年至 1915 年，广州口岸床席每年出口约 200 万条。第一次世界大战期间，床席和地席均受到欧美市场影响，出口量极低。战争结束后，床席出口恢复。《中国海关民国 19 年华洋贸易统计报告书》（粤海关部

床席出口量（条）

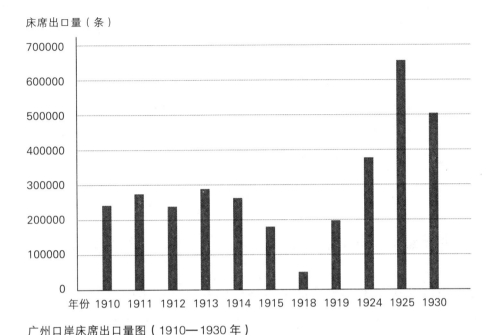

广州口岸床席出口量图（1910—1930 年）

分）记载："床席，向为本埠大宗出口货物，今年行销畅旺，地席出口数量亦复不少。"①

1925 年广州口岸床席出口大幅激增，高达 650 万条。一方面是因为民国以来广州口岸床席出口持续旺盛，同时由于该年广东床席受到西江各埠抵制香港影响而转运广州口岸，但"所有出口之席，大都用于中国"②，也即通过广州口岸运往国内其他口岸内销。

1936 年，粤海关对民国以来广州口岸床席出口旺盛原因进行了分析："本省草席与制伞二业，历史悠久，本埠及内地人民资以为生者，为数颇多，年内欣欣向荣。究其原因，厥有二端：汇价相宜，

① 《粤海关报告集》，第 790 页。
② 《粤海关报告集》，第 728 页，《粤海关民国 14 年华洋贸易统计报告书》。

一也。出品改善，足以迎合国外华侨及外人心理，二也。"[1]

但很快，广州口岸床席出口开始下降。"上年（1936年）草席输出之数，突飞猛进，本年（1937年）稍见减少，但大体言之，出口情形，尚称不恶，上年因出口改善而扩展之新市场，亦克保持勿替"[2]，"（1938年）出口草席，一落千丈"[3]。

（3）英美是主要消费国

第二次鸦片战争后，广州口岸地席主要销往美国。早期使用帆船运输，后来采用轮船，通过两条运输线路前往美国，"（一条是）绕道苏伊士河，至纽约及波天马（波士顿），其余用轮船，过太平洋转运而去"[4]。

1873年中国海关编制的维也纳世博会展品目录中记载了广州口岸地席的消费地区："每年出口的110,000到120,000卷中，大约90%的席子通过轮船运往纽约，少量从香港运往旧金山。1871年出口到不同消费国家的情况如下：美国90,682卷；香港（目的地加利福尼亚州、欧洲等），10,552卷；英国，5448卷；南美洲4295卷；欧洲大陆，247卷；印度200卷。[5] 海关关税：40两/卷。1871年出

---

① 《粤海关报告集》，第809页，《民国25年海关中外贸易统计年刊》（粤海关部分）。

② 《粤海关报告集》，第813页，《民国26年海关中外贸易统计年刊》（粤海关部分）。

③ 《粤海关报告集》，第817页，《民国27年海关中外贸易统计年刊》（粤海关部分）。

④ 《粤海关报告集》，第533页，《中华民国元年广州口华洋贸易情形论略》。

⑤ 该处1871年出口到不同消费国家具体数量总和为111,424卷，与其后"1871出口量：111,503卷"数量不符。另：《粤海关报告集》第75页记载1871年出口数量为111,503卷。

口量：111,503 卷。"①

1876 年美国费城世博会展品目录册中记载：草席从广州口岸通过轮船运往美国和英国。②1878 年法国巴黎世博会展品目录册中记载：广州口岸草席制品的主要消费地是纽约和旧金山，少量销往南美洲、欧洲以及印度地区。③

粤海关贸易报告中也记载广州口岸出口的地席绝大部分从香港转运到美国，纽约是广东地席的主要市场；运往欧洲的地席数量约是运往美国地席数量的 1/10。④粤海关报告同时指出美国市场较不稳定，"由于像美国那样变化无常的市场控制着贸易，生产者很难按照需求来计划或调整生产。假如他们种植的水草过多，说不定会有大量库存积压在手中卖不出去。去年（按：1901 年）的生意比前年清淡，因为美国买主手上尚有大量 1900 年留下的存货，他们想卖清这些存货之后再订货"⑤；"美国所用地席，年多年少，并无一定销数，故码难预定出产若干，以应其求"⑥。

民国时期，美国对广东地席的需求下降，欧洲订购量逐渐超过

---

① China Port Catalogues of the Chinese Customs' Collection at the Austro-hungarian Universal Exhibition, Vienna, 1873. pp.444-445.

② China Catalogue of the Chinese Imperial Maritime Customs Collection at the United States International Exhibition, Philadelphia, 1876. pp.21, 23.

③ CHINE DOUANES MARITIMES IMPéRIALES CATALOGUE SPéCIAL DE LA COLLECTION EXPOSéE AU PALAIS DU CHAMP DE MARS, EXPOSITION UNIVERSELLE, PARIS, 1878. p.13.

④《粤海关报告集》，第 242 页《1879 年广州口岸贸易报告》，第 250 页《1880 年广州口岸贸易报告》，第 913—914 页《粤海关十年报告（1892—1901）》。

⑤《粤海关报告集》，第 913—914 页。

⑥《粤海关报告集》，第 412 页，《光绪二十八年广州口华洋贸易情形论略》。

美国。^①1904 年美国圣路易斯博览会展品目录册中，中国海关已将广州口岸的席子主要出口地改为英国和欧洲大陆。吉尔曼记载："美国的需求在过年几年有所下降。"^②1926 年英国替代美国，首次成为广东地席主要销售地。^③这一时期，连滩草席行销东南亚各国，尤其以西欧的荷兰销量为多，其次是泰国，此外还远销美国的旧金山（三藩市）及澳洲等地，海外侨胞多喜欢采用连滩产品。^④莞席也大量出口美国、英国、荷兰、法国、德国、澳大利亚、印度、泰国，以及南洋群岛和阿拉伯等地区。^⑤

（4）莞席在广州口岸草席出口中占比最大

第一次鸦片战争后，物美价廉的莞席在国外日益畅销。同治年间，东莞太平（今虎门镇中心区）发展成为东江沿岸最大的草织埠头。东莞县下辖厚街、虎门、长安等沿海各乡墟镇的草织品均集中到太平转销港澳地区及欧美各国。

民国初年，莞席仍是广州口岸大宗出口商品。东莞全域种植莞草数万亩，草农 9 万多人，有"源合行""和盛行""永泰行""厚福行"等数十家草织厂，从业人员超过 1 万人。草席产品主要有猪仔

---

① 《粤海关报告集》，第 533 页《中华民国元年广州口华洋贸易情形论略》，第 548 页《中华民国 2 年广州口华洋贸易情形论略》，第 715 页《中华民国 13 年广州口华洋贸易情形论略》。

② China Catalogue of the Collection of Chinese Exhibits At the Louisiana Purchase Exposition ST. LOUIS，1904，p.314.

③ 《粤海关报告集》，第 742 页，《粤海关民国 15 年华洋贸易统计报告书》记载："美国需求甚少，与往时无异，而本年买客来自英国者，在市面甚为活动。历年以来，地席英国为最优之销场，此其首次也。"

④ 郁南县政协文史资料：《南江风物录》，转引自潘娟《浅谈横经席制作技艺的传承与保护》，《文艺生活下旬刊》2016 年第 7 期。

⑤ 《东莞市志》，第 408 页。

席、街市床席、金银绳地席、长席、花绳席、摩登席、时花席、芥黄席等。①

虎门较大的出口商行"和盛行",全盛时每年出口草织品12万卷以上,占草织品全行业出口量的一半以上。在第一次世界大战之前,莞席出口量占全省同类商品的四分之三,仅次于顺德的蚕丝出口量。②《中华民国2年广州口华洋贸易情形论略》记载:"计沽出总数,东莞价廉席子占3/4,其余系省城邻近所出之席及连滩价值较昂之席也。"③

（5）地席出口价格基本稳定

广东地席价格统计表（1860—1908年）
（数据来源：《粤海关报告集》）

年份	价格（/卷）	备注
1860	5.33 海关两	
1872	3.55 海关两	
1873	3.59 海关两	
1874	3.59 海关两	
1875	3.45 海关两	
1876	3.08 海关两	1876 年美国费城世博会展品目录册记载每卷 4 美元③
1877	3.00 海关两	
1881	2.90 海关两	
1888	3.42 海关两	

---

① 《东莞市志》,第 408 页。

② 《东莞市虎门镇志》编纂委员会编:《东莞市虎门镇志》,方志出版社 2016 年版,第 189—190 页。

③ 《粤海关报告集》,第 548 页。

④ China Catalogue of the Chinese Imperial Maritime Customs Collection at the United States International Exhibition, Philadelphia, 1876. pp.21, 23.

续表

年份	价格（/卷）	备注
1889	2.70 海关两	
1893	3.60 海关两	
1902	6.80 海关两	
1907	7.76 海关两	
1908	7.76 海关两	
1912—1921	10 银圆	1 银圆约合库平银 0.72 两 1 海关两约合 1.0169 库平两
1922—1931	10 银圆	

广东地席供应，不仅货源充足，而且价格便宜。1860 年至 1880 年的 20 年间，广东地席的质量和价格保持了相对稳定。大部分出口地席根据订货合同进行编织，这在一定程度上避免了像其他商品那样的价格不稳定的风险。①

1881 年至 1897 年，广东地席虽然在质量和花色品种方面有所改进，但由于受到日本草席的竞争而价格下降，不过整体降幅不大。②1897 年以后，受到美国政府开征地席税影响，地席出口价格提升。③

1902 年至 1931 年每卷 40 码的草席，平均价格为 10 元。④30 年间价格维持在每卷 7 海关两左右，仅是前 40 年平均价格 3.5 海关两的二倍。清末民初几乎所有商品价格都上涨，但 40 码一捆的草席价格却长期保持稳定。原因在于"由于美国和欧洲普遍的不安定而带来的存货大量积压、合约未能按规定执行、美国取消大量订单；还

---

① 《粤海关报告集》，第 242 页，《1879 年广州口岸贸易报告》。

② 《粤海关报告集》，第 872 页。

③ 《粤海关报告集》，第 370 页，《光绪二十三年广州口华洋贸易情形论略》。

④ 《粤海关报告集》，第 1085 页，《粤海关十年报告（1922—1931）》。

有高得惊人的运费和运输短缺，等等"①。总体来说，早期地席因供应充足而价廉，后期地席因市场萎缩而售价难以提升。

（三）20世纪初广州口岸地席出口贸易衰落原因

20世纪初，广州口岸地席出口量大幅下降。粤海关报告中多次记载地席出口贸易颓废之相：1900年"地席出口，亦逐年稀疏"②；1927年"草地席……均较上年大减"③；1929年"地席等，因销路钝滞，贸易继续衰落"④。究其原因，主要有：

1. 莞席质量下降

长期以来，价格低廉的莞席，占据了美国和欧洲主要消费市场。随着美英等国消费水平的提高，莞席质量问题却成为其出口贸易萎缩的重要因素。国际市场上，具有一定消费能力的消费者更喜欢优质地席，"这批消费者不愿用劣等地席，不管其价格多么便宜，他们愿意出高价购买式样和质量与他们的环境相协调的地席"⑤。

莞席在编织工艺上虽然不断改进，但整体质量没有大的提升，相反部分年份质量较差。粤海关报告多次记载虽然东莞地席出口数量较多，但质量略逊于广东连滩出产的连滩草席。⑥《1876年广州口

---

① 《粤海关报告集》，第1049页，《粤海关十年报告（1912—1921）》。
② 《粤海关报告集》，第404页，《光绪二十六年广州口华洋贸易情形论略》。
③ 《粤海关报告集》，第753页，《粤海关民国16年华洋贸易统计报告书》。
④ 《粤海关报告集》，第783页，《粤海关民国18年华洋贸易统计报告书》。
⑤ 《粤海关报告集》，第267页，《1881年广州口岸贸易报告》。
⑥ 《粤海关报告集》，第478页《光绪三十四年广州口华洋贸易情形论略》，第533页《中华民国元年广州口华洋贸易情形论略》，第548页《中华民国2年广州口华洋贸易情形论略》。

岸贸易报告》记载："该年运去美国的部分地席是在香港购买的，约有 1 万卷，大多质量较差。这些质量较差的地席，主要是在东莞制作，然后再用舢板运到香港。"《1878 年广州口岸贸易报告》记载："（草席）很大一部分运往美国。大量在农村制造的较粗劣的品种用民船运往香港市场。"①

上述情况一直延续到 20 世纪初仍未获得改善，甚至出现了以次充好的现象。"春间销流甚广，遂有铺户掺用次等之货，发售与人。"② 为防止这一现象蔓延和扭转地席出口颓势，1903 年广东地席行业公会专门讨论了严禁掺杂次品销售的问题，但收效甚微。

2. 各种成本提高

清末民初，原料草、运费、织工、税金等费用整体成上涨趋势，但地席售价涨幅有限，因此贩席商人获利越来越少。③

1902 年席草收成不佳，产量减少 30%。此后数年席草产量未能提升，价格进一步上涨。1909 年七八月份，席草受台风影响，损坏较多，因此原料价格高昂。④ 贩席商人一般向东莞和连滩的编织工支付清政府法定货币，而外国出口公司购买草席时则向草席商人支付港币，因此贩席商人除获取正常利润外，还可从币制兑换中赚得5%—6.5%。由于受到地席出口价格所限，贩席商人总是不断压低采

① 《粤海关报告集》，第 163、217 页。

② 《粤海关报告集》，第 420 页，《光绪二十九年广州口华洋贸易情形论略》。

③ 《粤海关报告集》，第 377 页，《光绪二十四年广州口华洋贸易情形论略》。

④ 《粤海关报告集》，第 412 页《光绪二十八年广州口华洋贸易情形论略》，第 420 页《光绪二十九年广州口华洋贸易情形论略》，第 437 页《光绪三十一年广州口华洋贸易情形论略》，第 490 页《宣统元年广州口华洋贸易情形论略》。

购价格，"地席生意，买家卖家，均属困难"①。1918 年席草收购价格比 1917 年每担减少 4 钱，"种草之家，不能获利"②。

清末虽然欧洲市场需求较为旺盛，广州口岸地席出口偶有增加，但港币贬值、内地苛捐杂税较多，地席出口持续衰落。③"广州草席生产者在国内遇到重重阻碍，他们不仅要交纳商品出口税，而且还要承担原料水草运往制造场地途中的税捐。"④贩席商人还总是尽可能地压低原料草和草席收购价，使得种草者和编织工生活极度困苦。⑤民国时期，编织工维权意识渐浓，罢工要求加薪的事件层出不穷。⑥尤其是 1925 年爆发的持续 1 年零 4 个月的省港工人大罢工，导致 1925 年地席出口量比 1924 年骤降 63%。《粤海关民国 14 年华洋贸易统计报告书》记载："本地地席工业，继续衰落……其暴落原因，由该业工人罢工，以致自春迄秋，营业几全停滞；抵制港澳，亦有关系。"⑦

1897 年美国政府开征地席税，对地席每码征收税金 7 厘 5 分。该征税额度相当于广东地席单位生产成本，促使广东地席出口价格提升。⑧20 世纪初，美国政府对地席区分等级制定不同税率。1906

① 《粤海关报告集》，第 502—503 页，《宣统二年广州口华洋贸易情形论略》。
② 《粤海关报告集》，第 625 页，《中华民国 7 年广州口华洋贸易情形论略》。
③ 《粤海关报告集》，第 625 页《中华民国 7 年广州口华洋贸易情形论略》，第 643 页《中华民国 8 年广州口华洋贸易情形论略》，第 671 页《中华民国 10 年广州口华洋贸易情形论略》，第 687 页《中华民国 11 年广州口华洋贸易情形论略》，第 705 页《中华民国 12 年广州口华洋贸易情形论略》。
④ 《粤海关报告集》，第 864 页，《粤海关十年报告（1882—1891）》。
⑤ 《粤海关报告集》，第 448—449 页《1906 年广州口岸贸易报告》，第 463 页《1907 年广州口岸贸易报告》。
⑥ 《粤海关报告集》，第 742 页《粤海关民国 15 年华洋贸易统计报告书》。
⑦ 《粤海关报告集》，第 728 页。
⑧ 《粤海关报告集》，第 362 页《光绪二十二年广州口华洋贸易情形论略》，第 370 页《光绪二十三年广州口华洋贸易情形论略》。

年美国财政部不认可广东商人申报的市场实际价格，海关估价员根据错误情报对广东地席采用了高税率，即按每平方码 7 美分，再加25% 的从价税，对实际价格为每平方码 10 美分以下的几批广东地席征税。实际上，美国政府规定每平方码地席价格 10 美分以下的只需征税 3 美分。为此广东商人向美国总领事出具证据进行了申诉。1907 年，在美国商人的呼吁下，美国海关才将广东地席改以较低关税率征税。[1]1921 年美国政府又创设特别税，广州口岸地席出口进一步下降。[2]

3. 同类商品竞争

（1）国内商品竞争

　　1878 年法国巴黎世博会展出了美国旗昌洋行送展的来自广州的草席类展品，同时还展出了粤海关、温州海关送展的藤垫，打狗海关送展的芦苇席等。1904 年美国圣路易斯博览会上不仅展出了广州口岸草席，还展出了来自宁波口岸同类商品。1906 年安徽舒席获得"巴拿马国际商品赛会"篾业一等奖，1917 年又获"芝加哥国际商品赛会"篾业一等奖。[3]民国初年，温州开始用机械代替手工编织，并采用不褪色染料印刷花卉、山水等图案，使得龙须席在国际市场上销路大增。1929 年温州中一席厂生产的草席参加美国马尼拉工商博览会曾获得奖状。[4]这都反映了草席出口市场的竞争越发激烈。

---

　　[1]《粤海关报告集》，第 448 页《1906 年广州口岸贸易报告》，第 463 页《1907 年广州口岸贸易报告》，第 489—490 页《宣统元年广州口华洋贸易情形论略》。

　　[2]《粤海关报告集》，第 671 页，《中华民国 10 年广州口华洋贸易情形论略》。

　　[3]　摘自舒城县人民政府网站，http://www.shucheng.gov.cn/4697711.html，2018 年8 月 21 日。

　　[4]　见 1929 年中一席厂参加美国马尼拉工商博览会所获奖状，温州市博物馆收藏。

（2）国外商品竞争

莞席不仅遭到来自国内生产的地席冲击，也遭到国外同类商品的竞争。

粤海关报告记载日本于 1886 年开始出口草席。一方面，日本席在本国不需缴纳厘金等杂税；另一方面日本席追求样式新颖好看，并不追求长久耐用，这样有利于降低成本和售价。因此日本草席对广东草席逐渐形成了强有力的竞争。[①] 粤海关税务司吴得禄在《光绪十五年广州口华洋贸易情形论略》报告中分析莞席价格低贱的原因是："闻现在西国亦用东洋国地席之故"[②]，也就是说当时西方国家已开始使用日本生产的廉价地席。1893 年中日两国出口地席共计 62 万卷，其中日本出口地席 22 万卷。日本地席出口量高达中国地席出口量的 55%，可见日本地席出口贸易发展十分迅速。[③] 1904 年美国圣路易斯博览会展品目录册中吉尔曼指出：虽然中国地席非常耐用，但不像其他国家的地席那样花纹繁复或受欢迎。[④]

粤海关报告还记载美国曾研制机织地席参与市场竞争。[⑤] 到了1925 年，美国市场更青睐"美丽夺目之油毡"，以致广东地席在美国销路进一步受阻。[⑥]

---

① 《粤海关报告集》，第 864 页《粤海关十年报告（1882—1891）》，第 332—333 页《光绪十八年广州口华洋贸易情形论略》，第 349 页《光绪二十年广州口华洋贸易情形论略》，第 428 页《光绪三十年广州口华洋贸易情形论略》。

② 《粤海关报告集》，第 310 页。

③ 《粤海关报告集》，第 341 页，《光绪十九年广州口华洋贸易情形论略》。

④ China Catalogue of the Collection of Chinese Exhibits At the Louisiana Purchase Exposition ST. LOUIS，1904，p.314.

⑤ 《粤海关报告集》，第 332—333 页，《光绪十八年广州口华洋贸易情形论略》。

⑥ 《粤海关报告集》，第 728 页，《粤海关民国 14 年华洋贸易统计报告书》。

日本草席出口量（1886—1893 年）

年份	草席出口量（卷、捆）	数据来源	备注
1886		《粤海关十年报告（1882—1891）》	出口价值 89 英镑
1887	2000	《粤海关十年报告（1882—1891）》	
1888	5000	《粤海关十年报告（1882—1891）》[①]	
1889	20,000	《粤海关十年报告（1882—1891）》	
1890	50,000	《粤海关十年报告（1882—1891）》	
1891	95,341	《粤海关十年报告（1882—1891）》	
1892	105,000	《光绪十八年广州口华洋贸易情形论略》	
1893	220,000	《光绪十九年广州口华洋贸易情形论略》	

4. 战争影响

第二次鸦片战争后，广州口岸地席主要销往美国。1861 至 1865 年间，受到美国南北战争的影响，广州口岸地席出口一度低迷。美国内战结束后，广州口岸地席出口量快速增长。

民国时期，政局动荡、战乱频繁，广东草席的生产和出口都受到严重影响。《中华民国 9 年广州口华洋贸易情形论略》记载："9 月间，因兵事影响，出席各属，致被隔断。6 星期后重复开场时，已觉甚少，或绝无过问。如兑换低跌，则情形或可进步。但外洋经济状况，大致不佳，故销流似不能甚旺也。"[②]

第一次世界大战期间，广州口岸地席运往欧洲的运费及保险较

---

① 《粤海关报告集》第 332 页记载："本年（按：1892 年）东洋出口之席，约计 10.5 万余捆，较比十四年出口之数，多至 8.5 万捆"，可推断 1888 年（光绪十四年）日本出口地席 2 万捆，与该书第 864 页记载的 1888 年日本出口草席 5000 卷，数量不符。

② 《粤海关报告集》，第 659 页。

高，地席出口欧洲甚至一度暂停。^①抗日战争时期，日本侵占香港后，地席出口销路中断，广东草织业陷于瘫痪状态。^②

5. 民船载运其他口岸出口

清末民初粤海关只能统计广州口岸洋船载运进出口货物的贸易数据，难以准确统计民船贸易情况，因此粤海关报告中显示 20 世纪初广州口岸地席出口下降，其中也有统计口径的因素。比如 1881 年东莞所征地席厘金税仅是广州的三分之一，部分地席改经东莞由民船转运香港出口。^③《粤海关十年报告（1892—1901）》记载："约有 2/3 的地席由民船从广州和东莞运往香港。"^④1897 年广州口岸通过香港出口的地席，民船载运数量是洋船载运数量的一半。^⑤进入 20 世纪，由于常关苛捐杂税较多、民船转运耗时、沿海海盗猖獗、轮船费用低廉等因素^⑥，广东地席又纷纷转由轮船从广州口岸载运出口。1903 年，广东地席"由轮船装载出口者，十居其八"^⑦。

广东地席经省内其他口岸出口，也是广州口岸地席出口下降的原因之一。粤海关报告记载：1891 至 1893 年九龙关出口逐年增加，

---

① 《粤海关报告集》，第 625 页《中华民国 7 年广州口华洋贸易情形论略》，第 687 页《中华民国 11 年广州口华洋贸易情形论略》。

② 《粤海关报告集》，第 818、819 页，《民国 28 年海关中外贸易统计年刊》（粤海关部分）。

③ 《粤海关报告集》，第 267—268 页，《1881 年广州口岸贸易报告》。

④ 《粤海关报告集》，第 913 页。

⑤ 《粤海关报告集》，第 370 页，《光绪二十三年广州口华洋贸易情形论略》。

⑥ 《粤海关报告集》，第 1061、1062 页，《粤海关十年报告（1922—1931）》。

⑦ 《粤海关报告集》，第 420—421 页，《光绪二十九年广州口华洋贸易情形论略》。

分别为约 2.7 万捆、6.7 万捆、11.4 万捆。^①拱北关报告记载：1898 年东莞商人赴澳门设店编织地席，品质优良，由于无须缴纳各项税厘，因此销售较易，一度侵夺了广州口岸的部分贸易份额。三水关也曾有草席大量出口的记载。^②可见，要研究广东地席整体出口情况，还应结合九龙关、拱北关等其他海关和常关出口统计数据。

（四）余论

从粤海关统计数据来看，20 世纪初广州口岸地席出口呈下降趋势。类似情形还出现在世博会上参展的蔗糖、葛麻、爆竹等广东传统优势商品。比如，广东使用葛麻等夏布早于其他省区。明代时桑棉种植扩大，广东生产的棉、丝、麻、蕉、葛等纺织品种类繁多、技艺高超、周流全国，有"广南为布薮"的美誉。^③此后，随着棉区北移，广东棉织原料逐渐依靠长江中下游地区供给。到了清末，世界博览会上夏布展品大多来自宁波、上海等口岸，此时广东夏布在出口市场上已不占优势。

可见近代时期，广州口岸这个曾经唯一对西方国家贸易的商业中心，随着国内通商口岸增多，逐渐失去了对外贸易的主导地位。

---

① 《粤海关报告集》，第 332 页《光绪十八年广州口华洋贸易情形论略》，第 341 页《光绪十九年广州口华洋贸易情形论略》，第 356 页《光绪二十一年广州口华洋贸易情形论略》。

② 中国第二历史档案馆、海关总署办公厅编：《中国旧海关史料》，京华出版社 2001 年版，第 30 册第 269 页《光绪二十五年拱北口华洋贸易情形论略》、第 40 册第 329 页《光绪三十年三水口华洋贸易情形论略》。参见罗小霞、王元林《近代广州港蔗糖、草席出口的盛衰及原因初探》，《海交史研究》2014 年第 1 期。

③ 宋应星：《天工开物》，《乃服》。转引自司徒尚纪：《21 世纪海上丝绸之路》，广东旅游出版社 2016 年版，第 39 页。

后记

    古斯塔夫·勒庞在《乌合之众》中指出："对历史而言，个人命运可能隐藏在很小的一个小数点里，但对个人而言，却是百分之一百的人生。"数年以来，我利用业余时间致力于研究近代中英关系史上的两个重要人物——马地臣和渣甸，努力记录漫长历史中的一个个散落的"小数点"，或考究志乘，或揆诸档案，或徵之典籍；竭力不放过鸿篇巨制里的只言片语，不错失高束庋藏中的沧海遗珠，不遗漏浩繁卷帙内的雪泥鸿爪。而且，不限于仅仅研究马地臣、渣甸的个人生平，更是致力研究以他们为代表的散商群体对近代中英关系的影响，悉力拓展一块至今尚未引起充分重视的研究领域。

    《鬼谷子·抵巇》曰："物有自然，事有合离。有近而不可见，有远而可知。近而不可见者，不察其辞也；远而可知者，反往以验来也。"100多年后的今天，以旁观者的角度来研究马地臣、渣甸，既可以有足够广阔的时空进行观察，又不存在身处当年的情景设定，也不会有愤懑仇视、失去理智的情绪宣泄。当然，这并不意味研究历史时没有立场。历史本身具有客观性，对历史的研究和评价却具有主观性、当代性，正如意大利史学家克罗齐的名言"一切历史都是当代史"。本人不揣谫陋，尽可能理性客观地记录历史，尽量减少主观的个人评价，剀切敷陈一段历史，勾勒出马地臣和渣甸的人生轨迹和历史影响，爰书其事以告读者，由读者自己去判断，而不是先入为主地诱导读者、给读者以桎梏。微言精义总是胜过连篇累牍地刻板说教。

但其作始也简，其将毕也必巨。囿于史事微茫、资料匮乏，以及研究深度不足、广度不够和学术水平有限，本书所做的些微研究确实难以完整还原马地臣、渣甸的人生拼图，展现他们"百分之一百的人生"和更为深入地研究散商影响。衷心感谢我的家人和同事们，尤其是我可爱的女儿袁婉清，你们长期的支持和鼓励促使我在繁重工作之余潜心研究和著述。祝愿你们今生所有的坚持，都如我一样源于热爱。

八年钩沉辑佚，六载展纸濡墨；
而今奉充邺架，敬请方家郢政。

袁峰

2019 年 10 月 25 日